World Wide Web

Springer

Berlin
Heidelberg
New York
Barcelona
Hongkong
London
Mailand
Paris
Singapur
Tokio

Erik Wilde

World Wide Web

Technische Grundlagen

Mit 78 Abbildungen
und 12 Tabellen

Springer

Erik Wilde
Institut für Technische Informatik
und Kommunikationsnetze
ETH-Zentrum, CH-8092 Zürich

Die Deutsche Bibliothek - CIP-Einheitsaufnahme

Wilde, Erik: World Wide Web: technische Grundlagen/Erik Wilde.-Berlin; Heidelberg; New York; Barcelona; Hongkong; London; Mailand; Paris; Singapur; Tokio: Springer, 1999
   ISBN-13:978-3-642-64191-6   e-ISBN-13:978-3-642-59944-6
   DOI:10.1007/978-3-642-59944-6

ISBN-13:978-3-642-64191-6

Umschlaggestaltung: Künkel+Lopka, Heidelberg
Übersetzung, Satz und Umbruch: G & U, Technische Dokumentation, Flensburg

Gedruckt auf säurefreiem Papier   SPIN: 10675001   33/3142PS - 5 4 3 2 1 0

Vorwort

Was ist der Unterschied zwischen einer URL und einer URI? Wie verrichtet HTTP seine Arbeit? Warum benötigen wir XML? Worum dreht es sich dabei überhaupt und wird es möglicherweise HTML ersetzen? Dieses Buch gibt Ihnen Antworten auf diese und eine Reihe anderer Fragen, die sich aufmerksamen Bewohnern des Cyberspace aufdrängen könnten. Das Buch stellt natürlich nicht nur ein Glossar von Abkürzungen und häufig benutzten Ausdrücken dar. Es ist vielmehr eine umfassende und doch prägnante Darstellung der Technologie, welche die Grundlage des World Wide Web bildet. Es ist eine überraschende Feststellung, daß es trotz vieler Tausend veröffentlichter Bücher zum Thema WWW bis heute keines gibt, das detailliert auf die innere Funktionsweise dieser beliebten Internet-Anwendung eingeht, die so einfach zu benutzen und doch so kompliziert ist, wenn es darum geht, die Funktionsweise tatsächlich zu verstehen.

Das Zielpublikum dieses Buchs läßt sich vielleicht am besten dadurch beschreiben, wie der Autor selbst auf die Idee gekommen ist, es zu verfassen: Ein erster Rohentwurf wurde als Begleittext für ein Praxisseminar ausgewählt, das eine kontinuierliche Weiterbildung zum Thema WWW-Technologie bieten sollte. Teilnehmer an diesem Seminar waren Personen, die wußten, was das Web ist und wie es gewerblich eingesetzt werden kann, aber außerdem Kenntnisse darüber benötigten, wie die Technologie funktioniert. Während der Planung dieser Schulung stellte der Autor fest, daß auf dem Markt kein geeignetes Buch zu finden war, und entschied somit, selbst eines zu schreiben. Es ist wohl unnötig, darauf hinzuweisen, daß schon die Entwurfsfassung ihrer Aufgabe der Bereitstellung einer Referenz zu allen Aspekten der Web-Technologie gerecht wurde. Wie Erik Wilde in seiner Einleitung sagt, besteht das offensichtlichste Handicap eines Buchs darin, daß eine Momentaufnahme einer sich so schnell entwickelnden Technologie schon in dem Moment wieder veraltet sein kann, wenn das Manuskript den Schreibtisch des Autors (oder, um genau zu sein, seinen Computer) verläßt. Es wird eine große Herausforderung sein, den Titel auf dem aktuellen Stand der technologischen Entwicklung zu halten und dem Leser zu gegebener Zeit Aktualisierungen zu bieten. Ich frage mich, ob die Jahr-2000-Ausgabe dieses Buchs vielleicht bereits im Web veröffentlicht werden wird...

September 1998   Prof. Bernhard Plattner, ETH Zürich

Einleitung

Die Idee für dieses Buch kam mir, als ich nach einer Publikation suchte, die nicht nur einen Aspekt des Web, sondern alle relevanten Bereiche der heutigen Web-Infrastruktur abdeckt. Es gibt tatsächlich mehrere Hundert Bücher über HTML und Java, eine große Anzahl von Titeln zu CGI- und HTTP-Server-Konfiguration und -Wartung, und auch Bücher zu den Themen CSS und XML erscheinen mit zunehmender Bedeutung dieser Technologien in immer kürzeren Abständen. Beim Durchstöbern verschiedener beeindruckender Geschäfte für Computerbücher fand ich allerdings kein einzelnes Buch, das sich allen diesen Themen widmete.

Dieses Buch stellt dementsprechend einen Versuch dar, eine Wissensquelle bereitzustellen, die alle derzeit relevanten Bereiche der Web-Technologie abdeckt. Diese Aussage beschreibt allerdings zugleich auch das größte Dilemma dieses Buchs, da sich die Formulierung »derzeit«, wenn vom Web die Rede ist, nur auf eine sehr kurze Zeitspanne bezieht. Nahezu jede Woche werden neue Technologien angekündigt und beworben, und es ist kaum möglich, vorherzusagen, welche davon überleben und welche schon in wenigen Monaten wieder vergessen sein werden. Folglich befaßt sich diese Arbeit ausführlich mit den Bereichen, die für das Web mit einiger Wahrscheinlichkeit in den kommenden Jahren von Relevanz sein werden: URI, HTTP, SGML, HTML, CSS und XML. Obwohl Java ganz offensichtlich zu den großen Modeerscheinungen des Web zählt, wird nicht ausführlich darauf eingegangen, da ich glaube, daß eine detaillierte Beschreibung einer Programmiersprache nicht zum Rest des Buchs passen würde, der sich eher der Beschreibung architekturbezogener Konzepte widmet. Dieselbe Einschränkung trifft auch auf die Skriptsprachen zu, die in steigendem Maße in die Web-Umgebung integriert werden, aber zu komplex sind, um in einem Buch, das sich mit vielen anderen Themen beschäftigt, umfassend erläutert werden zu können.

Einige andere Web-bezogene Konzepte und Technologien werden ebenfalls in einer weniger ausführlichen Weise beschrieben, weil sie entweder nicht ganz so wichtig sind oder möglicherweise nicht dauerhaft von Bedeutung sein werden. In einer zweiten Ausgabe dieses Buchs werden aus dem Glossar und dem Index mit Sicherheit einige Dinge spurlos verschwinden, während andere hinzukommen werden, aber dies ist im Zeitalter des Internet der Lauf der

Dinge. Ich bin sehr neugierig, für wie lange dieses Buch als Referenz für die technischen Grundlagen der Web-Technologien geeignet sein wird.

Abschließend möchte ich dem International Computer Science Institute (ICSI) in Berkeley für die Gelegenheit danken, dieses Buch zu schreiben. Es hat mich sehr viel mehr Zeit gekostet als ich ursprünglich annahm, und ich hoffe, daß das Ergebnis sich für viele Personen als sehr nützlich erweisen wird, die nach einem eingehenden technischen Überblick über das Web suchen. Wenn das Buch als Lehrbuch für technisch orientierte Vorlesungen über das Web, als eine Einführung in die Web-Technologie für Leute mit einem minimalen Hintergrundwissen in Sachen Computerkommunikation und als umfassendes Referenzwerk für Web-bezogene Themen eingesetzt wird, dann ist es zu dem Buch geworden, das ich schreiben wollte.

Berkeley, September 1998   Erik Wilde

Inhaltsverzeichnis

Abbildungsverzeichnis

Einführung

Das World Wide Web, in diesem Buch einfach »das Web« genannt, ist eine Ansammlung von Technologien, die ein verteiltes Hypermedia-Dokumentmodell auf der Basis des Internet implementieren. Das Web hat dem Internet zu der Beliebtheit verholfen, die es heute genießt. Dieses Buch beschreibt alle grundlegenden Konzepte der Web-Technologie sowie eine Reihe zusätzlicher und neuer Konzepte.

Eines der Ziele dieses Buchs besteht darin, daß jedes Kapitel über die verschiedenen Konzepte von Web-Technologie einzeln gelesen werden kann, ohne sich eingehend mit allen anderen Kapiteln befassen zu müssen. In vielen Fällen wird es Querverweise zwischen Kapiteln geben, doch sind diese so explizit wie möglich gehalten worden. Ein umfangreiches Glossar und ein Index sollen das schnelle Auffinden von Informationen im Buch ermöglichen und dieses so auch zu einem Referenzwerk machen, das zum Suchen der wichtigsten Begriffe der Web-Technologie verwendet werden kann.

Das Darstellen einer großen Anzahl von Konzepten, die in vielerlei Hinsicht zusammenhängen, in einem sequentiellen Medium wie einem Buch ist eine Herausforderung. Man kann nur sehr schwer entscheiden, welche Reihenfolge der Darstellung den Anforderungen der Leser am besten gerecht wird, die das Buch von vorne bis hinten durchlesen möchten. Die letztlich gewählte Kapitelabfolge gibt den Grad wieder, zu dem ein Konzept als grundlegend für das Web angesehen werden kann. Folglich ist das Buch in drei Teile unterteilt, von denen jeder eine Reihe von Kapiteln enthält. Vor dem ersten Teil wird eine kurze Erläuterung der zugrundeliegenden Infrastruktur gegeben.

Sehr häufig wird das Web mit dem Internet verwechselt. Vom technischen Standpunkt aus gesehen, ist das Web einfach eine Ansammlung von Anwendungen, die auf der vom Internet bereitgestellten Infrastruktur ausgeführt werden. Die in Kapitel 1 dargestellten Grundlagen sind ein Versuch, einen kurzen Überblick über die zugrundeliegenden Konzepte des Internet zu geben (es bietet keine wirkliche Einführung in das Internet selbst, da dies anderen Büchern vorbehalten bleiben soll) und das Web als Anwendung auf der Basis des Internet zu beschreiben. Für einen Leser, der noch keine Vorstellung davon hat, was das Internet wirklich ist und wie es funktioniert, wird dieses Kapitel wahrscheinlich zu viele Informationen bereitstellen. Es soll eher als

Übersicht über die Konzepte dienen, welche die technologische Grundlage für die Konzepte bilden, die das Thema dieses Buchs sind.

- *Teil I – Grundlagen*
  Im ersten Teil werden die grundlegenden Konzepte der Web-Architektur vorgestellt. Die charakteristischste Eigenschaft des Web (und zugleich die, von der es seinen Namen hat) ist die Tatsache, daß alle verfügbaren Dokumente ein großes, verwobenes Netz von Informationsressourcen bilden. Dies wird durch Links zwischen Dokumenten erreicht, die von einem Dokument auf das andere verweisen und denen durch einen einfachen Mausklick gefolgt werden kann. Dementsprechend wird das Modell der Web-Links vor allen anderen grundlegenden Konzepten in Kapitel 2 besprochen.

  Die Tatsache, daß Dokumente im Web nicht nur durch Links verbunden, sondern auch über das gesamte Internet mit Servern überall in der Welt verteilt sind, macht ein Mittel erforderlich, auf entfernte Dokumente zuzugreifen. Wann immer einem Link gefolgt wird, muß das Dokument, auf das der Link verweist, vom es beherbergenden Server abgerufen werden. Dies geschieht mit Hilfe eines Kommunikationsprotokolls, das als *Hypertext Transfer Protocol (HTTP)* bezeichnet wird und Gegenstand von Kapitel 3 ist.

  Obwohl es selbst kein Bestandteil der ersten Web-Versionen war, beeinflußte die in Kapitel 4 beschriebene *Standard Generalized Markup Language (SGML)* ganz erheblich das Design der Inhaltssprache des Web (HTML) und bildet außerdem die Grundlage für eine neue Sprache, die in Zukunft aller Wahrscheinlichkeit nach sehr wichtig werden wird (XML). Ein weiterer Grund dafür, SGML als grundlegendes Web-Konzept zu betrachten, besteht in seiner Trennung von Inhalt und Darstellung. Diese Idee ist für das Verständnis vieler anderer Web-Konzepte von essentieller Bedeutung. Folglich stellt ein fundiertes Wissen von SGML eine sehr gute Grundlage zum Verstehen anderer Web-Konzepte dar.

  Mit den Konzepten von Dokumenten, die mit Hilfe von URIs verknüpft sind und anhand von HTTP übertragen werden, geht ein drittes Konzept einher, welches das Format der im Web benutzten Dokumente beschreibt. Die Sprache für diesen Zweck ist die in Kapitel 5 erläuterte *Hypertext Markup Language (HTML)*. HTML basiert auf SGML, so daß es sinnvoll ist, sich zunächst die Konzepte und Ideen anzusehen, die SGML zugrunde liegen (obwohl diese vielleicht auf den ersten Blick etwas abstrakt wirken), bevor man sich genauer mit HTML auseinandersetzt.

- *Teil II – Fortgeschrittenes*
  Der zweite Teil des Buchs befaßt sich mit fortgeschritteneren Konzepten, die bereits zur Web-Infrastruktur gehören oder gehören werden, aber zum Verstehen der grundlegenden Funktionsweise des Web nicht erforderlich sind. Bevor der Leser sich mit diesen Kapiteln beschäftigt, sollte er mit den Konzepten aus dem ersten Teil vertraut sein, da diese oftmals den entscheidenden Hinweis geben, wie ein Konzept in den Gesamtzusammenhang paßt.

  In Kapitel 6 werden die Cascading Style Sheets (CSS) beschrieben, welche die Aufgabe haben, die Darstellung von Web-Seiten zu definieren. Seit den Anfängen des Web hat sich herauskristallisiert, daß das Design von Web-Seiten hinsichtlich Layout und Darstellung immer wichtiger wird, so daß viele Web-Seiten Inhalt und Darstellung bestimmter Informationen vermischen. Da eines der grundlegenden Konzepte von HTML als Sprache von Web-Seiten darin besteht, Inhalt und Darstellung zu trennen, wurde CSS erfunden, um die Darstellung von Web-Seiten zu beschreiben. Die zwei Hauptvorteile von CSS sind die im Vergleich zu HTML fortgeschritteneren Layoutfunktionen und die saubere Trennung von Inhalt und Darstellung, die Web-Dokumente für bestimmte Personenkreise (zum Beispiel für Blinde) oder Programme (wie beispielsweise Suchmaschinen) zugänglicher macht, die nur nach Inhalt suchen.

  Während sich HTML von seinen eher einfachen Anfängen kontinuierlich bis zu einem Dokumentformat weiterentwickelt hat, das nun eine große Anzahl leistungsfähiger Features besitzt, ist seine Anwendung durch die feste Menge von Elementen und Attributen sowie die mit diesen verbundene Semantik nach wie vor begrenzt. Für mehr Flexibilität ist ein Mechanismus erforderlich, der die Definition benutzerdefinierter Dokumentformate ermöglicht. (HTML ist ein Beispiel für ein solches Format.) Bei SGML handelt es sich um einen solchen Mechanismus, doch hat diese Sprache einige Nachteile, die zur Entwicklung der *Extensible Markup Language (XML)* führten, bei der es sich im wesentlichen um eine Teilmenge von SGML handelt. XML kann benutzt werden, um benutzerdefinierte Dokumenttypen zu definieren und diese Formate und die sie verwendenden Dokumente auszutauschen und verfügt darüber hinaus über Linking- und Style-Sheet-Mechanismen. Eine Beschreibung von XML findet sich in Kapitel 7.

  Obwohl HTML von Version zu Version viel leistungsfähiger geworden ist und CSS den Darstellungsmöglichkeiten sogar noch weitere Features hinzufügt, gibt es noch immer viele Beschränkungen, und es können grundsätzlich nur statische Dokumente entworfen werden. Um dynamische Features hinzuzufügen und somit in der Lage zu sein, Dokumente zu erstellen, die interaktiv benutzt werden können, sind Skript- und Programmiersprachen entworfen worden, die in Dokumente eingebettet werden können und Gegenstand von Kapitel 8 sind. Außerdem befindet sich in diesem Kapitel ein kurzer Überblick zu den Web-bezogenen Architekturen für die verteilte Programmierung.

Normalerweise handelt es sich bei einem Web-Server um ein entferntes Programm, das via HTTP kontaktiert wird, um auf Anfrage ein Dokument bereitzustellen. Im wesentlichen empfängt ein Web-Server einen Request, führt die angefragte Aktion aus und sendet einen Response mit dem Ergebnis. Es gibt eine Reihe von Aspekten, die für alle Web-Server gelten und daher in Kapitel 9 behandelt werden. Darüber hinaus wird als Beispiel dafür, wie einWeb-Server konfiguriert werden kann, ein spezielles Server-Programm vorgestellt. Der Apache-Server, ein kostenloses Produkt und zugleich der beliebteste Web-Server, ist dieses Beispiel für ein Server-Programm. Als letztes server-bezogenes Thema wird der standardmäßige Datenaustausch zwischen einem Web-Server und anderen Programmen auf demselben Computer beschrieben.

Zusätzlich zu den in den Kapiteln 2 bis 9 beschriebenen Hauptkomponenten der Web-Technologie gibt es Reihe weiterer Modelle und Konzepte, die weniger beliebt oder einfach so neu sind, daß über ihre zukünftige Bedeutung kaum eine Aussage getroffen werden kann. In Kapitel 10 stehen viele dieser Themen im Mittelpunkt. Dies ist das Kapitel, das sich in der nahen Zukunft am wahrscheinlichsten vollständig ändern wird. Die Auswahl der Themen in diesem Kapitel erhebt keinen Anspruch auf Vollständigkeit, obwohl die wichtigeren Themen (wie zum Beispiel beliebte Inhaltstypen und neue Architekturkomponenten) berücksichtigt wurden.

Kapitel 10 beschreibt eine Reihe von Konzepten, die speziell für das Web entworfen wurden. Es gibt außerdem einige Technologien, die gemessen an ihrem Ursprung nicht zur Web-Infrastruktur gehören, aber sich dennoch in der heutigen Infrastruktur des Web wiederfinden. Beispielsweise enthalten Browser normalerweise eine Unterstützung zum Lesen von Usenet-Nachrichten sowie zum Senden und Empfangen von elektronischer Post. Ein kurzer Überblick über einige der Technologien, die in heutigen Web-Werkzeugen zum Einsatz kommen, findet sich in Kapitel 11.

- *Teil III – Anhänge*
Außer den in den ersten zwei Teilen vorgestellten Konzepten gibt es eine Reihe von Anhängen mit Listings und Definitionen. Zudem befinden sich in diesem Buch Literaturhinweise, ein Glossar und ein Index.

Einige formale Definitionen von HTTP wurden in Kapitel 3 ausgelassen, da sie das Lesen des Texts erschwert hätten. Dennoch sind einige dieser Definitionen für HTTP wichtig und darüber hinaus als Referenz von

Nutzen, wenn es darum geht, HTTP-Nachrichten zu verstehen oder HTTP-Status- bzw. –Warncodes zu interpretieren. In Anhang A werden diese Definitionen aufgeführt.

Obwohl in Kapitel 5 einige der formalen Definitionen von HTML-Elementen auftauchen, wurden andere weggelassen, weil sie zu komplex sind, um einfach so mitgelesen zu werden. Die interessantesten formalen Definitionen, Tabellen und Formulare werden in Anhang B behandelt. Ferner enthält dieser Anhang die SGML Declaration von HTML, welche die syntaktischen Grundlagen von HTML definiert, sowie die Entities (SGML-Abkürzungen), die in den formalen Definitionen der HTML-Elemente in Kapitel 5 verwendet werden.

XML befindet sich noch immer im Entwicklungsstadium, doch eine der grundlegendsten Definitionen von XML, die SGML Declaration mit den syntaktischen Grundlagen von XML, wird aller Wahrscheinlichkeit nach erhalten bleiben und ist daher in Anhang C aufgeführt. Als Beispiel für einen mit XML definierten Dokumenttyp enthält dieser Anhang außerdem die XML-Definition der *Synchronized Multimedia Integration Language (SMIL)*. Die letzten drei Anhänge sind die Literaturhinweise, das Glossar und der Index. Obwohl dieses Buch im Glossar einige URIs enthält, handelt es sich bei allen Literaturhinweisen um gedruckte Dokumente. Mit ein wenig Erfahrung und der Hilfe der Vielzahl von im Web verfügbaren Suchmaschinen, lassen sich viele dieser Dokumente auch online finden. Allerdings ändern sich Angaben für Online-Orte (URIs) oftmals sehr schnell, während Verweise auf gedruckte Dokumente eine sehr lange Lebensdauer haben. Aus diesem Grund wurde die Anzahl der URIs in diesem Buch so klein wie möglich gehalten (obwohl einige der im Glossar aufgeführten URIs gute Ausgangspunkte darstellen).

Auch wenn es etwas altmodisch scheint, ein Buch über ein Medium zu veröffentlichen, das nach Meinung vieler Personen die papierbasierten Medien auf lange Sicht ersetzen wird, kann ein Buch durch eine Web-basierte Veröffentlichung noch nicht vollständig ersetzt werden. Ob dies nur an der Tatsache liegt, daß die Menschen es im allgemeinen eher gewohnt sind, Bücher zu lesen als Web-Inhalte zu verwenden, oder die greifbare Präsenz eines Buchs es sehr viel einfacher zu handhaben macht als ein abstraktes Netz von Informationsressourcen, ist dabei aber unklar (und stellt noch immer ein Thema dar, das bei Wissenschaftlern, die sich mit diesem Aspekt auseinandersetzen, sehr umstritten ist). Allerdings weist auch ein Buch einige Einschränkungen auf, die nicht vermieden werden können, von denen die zwei wichtigsten die sequentielle Darstellung der Informationen und die Verzögerung zwischen dem Schreiben dieses Buchs und seiner tatsächlichen Veröffentlichung im Buchhandel sind.

Die sequentielle Darstellung wurde mit Querverweisen, einem Glossar und einem Index verbessert, die das Buch nützlicher machen, wenn es darum geht, Informationen oder Zusammenhänge zwischen Konzepten und Technologien zu suchen. Die Verzögerung zwischen dem Schreiben und dem Erscheinen des Buchs wird so klein sein wie möglich, und es ist vorgesehen, den Inhalt des Buchs kontinuierlich zu aktualisieren, um in ungefähr einem Jahr eine zweite Ausgabe zu veröffentlichen. Um in dieser Hinsicht möglichst effektiv vorgehen zu können, wäre es sehr schön, wenn der Leser seine Meinung kundtun würde. Eine solches Feedback kann in vielen verschiedenen Formen erfolgen, wie zum Beispiel durch Korrekturen, Aktualisierungen, Berichte über veraltete und aufkommende Konzepte, Anmerkungen zur Struktur und Abstraktheit dieses Buchs sowieVorschläge bezüglich der Erweiterung von Glossar und Index. Bitte senden Sie all dies und mehr an `dret@tik.ee.ethz.ch`. Es ist jede Stellungnahme herzlich willkommen, und auf diese Weise wird die nächste Ausgabe eine Vielzahl von Verbesserungen erfahren.

1. Grundlagen

Obwohl dieses Buch nicht für Leser ohne eine gewisse Web-Erfahrung oder Kenntnis von Netzwerk- und Internet-Grundlagen gedacht ist, bringen wir eine kurze Einführung in die Ideen, die das Fundament der Web-Technologie bilden. Wir werfen ferner einen kurzen Blick auf die Geschichte des Web, seinen Ursprung und wie alles begann. Wenn Sie einen weniger technischen und sehr informativen Überblick über das Internet und seine Geschichte erhalten wollen, ist das ausgezeichnete Buch von Comer [48] ein guter Ausgangspunkt.

Trotz der Tatsache, daß sich dieses Buch auf die technischen Grundlagen des Web konzentriert, geben wir in diesem ersten Kapitel eine kurze Erklärung der anfänglichen Ziele des Web-Designs. Die ursprüngliche Motivation für die Erfindung des Web war der Wunsch, ein weltweit verteiltes Hypermedia-System aufzubauen. Die zur Schaffung eines solchen Systems verwendeten Konzepte werden in Abschnitt 1.1 kurz erläutert. In Abschnitt 1.2 bringen wir in knapper Form die Geschichte des Web von seinen Anfängen 1990 bis heute.

Nach einer kurzen Einführung in die grundlegende Terminologie des Web in Abschnitt 1.3 geht es weiter mit der Technologie, auf deren Basis das Web aufbaut: das Internet und die Dienste, die es bereitstellt.

Obwohl wir davon ausgehen, daß der Leser mit einigen Grundlagen des Internet, insbesondere seinen Diensten, vertraut ist, betrachten wir diese Konzepte in Abschnitt 1.4. Wenngleich der Abschnitt nicht als Einführung für jemanden ausreicht, der noch nie von diesen Begriffen gehört hat, ist er doch geeignet, die Erinnerung aufzufrischen oder die Konzepte nachzulesen, auf die sich die verschiedenen Komponenten des Web stützen.

1.1 Dokumentmodelle

Die grundlegenden Konzepte des Web sind nicht besonders neu. Schon 1960 enthielt das *Xanadu*-System, beschrieben von Nelson [195], alle Konzepte, die einen Erfolg des Web ermöglicht hätten. Jedoch konnten weder Xanadu noch andere Systeme mit vergleichbaren Eigenschaften größere Erfolge verbuchen. Die geläufigste Erklärung dafür ist die, daß diese frühen Systeme nicht mit einer komfortablen, intuitiven Schnittstelle ansprechbar waren. Diese wurde erst durch den Browser *Mosaic* auf einer Anzahl von Plattformen verfügbar (die erste vollständig grafische Benutzerschnittstelle für denWeb-Zugriff).

Die wesentlichen Konzepte für die Strukturierung von Dokumenten im Web sind Multimedia, Hyperdocuments und verteilte Dokumente. *Multimedia*, beschrieben in Abschnitt 1.1.1, ist die Integration verschiedener Medientypen in ein Dokumentmodell. *Hyperdocuments*, beschrieben in Abschnitt 1.1.2, sind Dokumente, die durch Mechanismen verbunden sind, die das Dokumentmodell bereitstellt. *Verteilte Dokumente* enthalten Teile von oder Links zu Dokumenten auf anderen Computern und werden in Abschnitt 1.1.3 erklärt. Durch die Integration dieser drei Konzepte kann man sagen, daß das Web ein *verteiltes Hypermedia-Dokumentmodell* implementiert. Das ist zwar vereinfacht ausgedrückt, charakterisiert aber anschaulich das Web auf einer recht abstrakten Ebene.

1.1.1 Multimedia

Die ersten computerbasierten Systeme zur Verarbeitung von Dokumenten waren rein textorientiert. Sie setzten einen Medientyp (Text) voraus und stellen darauf zugeschnittene Werkzeuge zur Verfügung. Folglich erlaubte das Dokumentmodell, das von diesen dokumentverarbeitenden Systemen benutzt wurde (und das in vielen Fällen nur durch das Dateiformat definiert war), lediglich Text als Dokumentinhalt. Andere Arten von Medien wie Fotos oder Illustrationen mußten manuell eingefügt werden, wie zum Beispiel, indem man imText Platz freiließ, um danach die Bilder einzufügen.

Es wurde dann auch bald klar, daß ein computerbasiertes, dokumentverarbeitendes System ein Dokumentformat unterstützen mußte, welches mindestens die gleichen Medien enthält wie eineVeröffentlichung auf Papier, nämlich Text, Grafiken[1] und Bilder[2]. In jedem Fall bestimmt ein Dokumentmodell nicht nur, welche Medien möglich sind, sondern es bestimmt auch, wie sie in einem Dokument verwendet werden können.

Beispielsweise sind die meistenTextverarbeitungen, obwohl sie die heute in den Zeitschriften gängigen Medien (Text, Grafiken und Bilder) unterstützen, nicht in der Lage, dasselbe Layout darzustellen. Der Grund dafür ist, daß die komplexe Anordnung von Text, Grafiken und Bildern, womöglich mit

---

[1] Grafiken enthalten eine Ansammlung einfacher Grafikelemente wie Linien und Kreise. Die Vorteile dieser Darstellung im Vergleich zu Bitmaps (Rasterbilder) liegen in der besseren Skalierbarkeit und einfacheren Methoden zur Manipulation eines gegebenen Bildes infolge des einfachen Zugriffs auf seine Komponenten.

[2] Bilder bestehen aus Bildpunkten (oft als Pixel bezeichnet), mit denen das Bild als zweidimensionales Feld beschrieben wird. Eine typische Anwendung sind gescannte (digitalisierte) Fotos.

Überlappungen oder halbtransparentem Inhalt, üblicherweise nicht innerhalb des Dokumentmodells ausgedrückt werden kann.

Demnach hat ein Dokumentmodell zwei wichtige Aspekte: erstens die unterstützten Medientypen und zweitens die möglichen Methoden, diese anzuordnen. Bisher haben wir nur zeitunabhängige Datentypen erläutert, nämlich Texte, Grafiken und Bilder. Es gibt allerdings auch zeitabhängige Medien, die nur mittels einer Zeitskala sinnvoll dargestellt werden können, von denen die gängisten Audio und Video sind. Dokumentmodelle, die zeitabhängige Medien unterstützen, sind noch immer unpopulär, weil die unterschiedlichen Eigenschaften zeitabhängiger und -unabhängiger Medien es schwierig machen, sinnvolle Verknüpfungen zwischen ihnen zu definieren, die über das bloße Klicken auf eine Schaltfläche zum Abspielen von Audio- oder Videodaten hinausgehen.

Es gibt Ansätze, zeitabhängige und zeitunabhängige Medien dadurch zu integrieren, daß Synchronisationstypen für Ereignisse in zeitabhängigen Medien (sog. *Temporal Relationships*) definiert werden. Ein solcher Ansatz ist die in Abschnitt 10.5.6 beschriebene *Synchronized Multimedia Integration Language (SMIL)*.

Wenn über Multimedia gesprochen wird, sind in der Regel zeitunabhängige Medien gemeint. Das ist zulässig, weil der Begriff Multimedia lediglich verschiedene Arten von Medien bezeichnet und nicht unbedingt Medien, die für ihre Darstellung völlig unterschiedliche (zeitunabhängige oder -abhängige) Dimensionen verwenden.

1.1.2 Hypermedia

Während Multimedia versucht, verschiedene Arten von Medien in einem Dokument zusammenzufassen, ist es das Ziel einer weiteren Entwicklung in der Geschichte der Dokumentmodelle, die Anordnung der Informationen zu verallgemeinern. Ein Buch und die meisten anderen traditioneller Medien stellen ihren Inhalt in Form einer festen Reihenfolge dar. Zu einem gewissen Grad kann diese durch Querverweise durchbrochen werden, aber die wesentliche Abfolge des Inhalts bleibt durch die Anordnung in aufeinanderfolgenden Kapiteln und Seiten bestehen. Um das zu umgehen, gibt es ein Konzept, das zunächst *Hypertext* und später *Hypermedia* (um die Kombination von Multimedia und Hypertext auszudrücken) genannt wurde. Dieses Konzept modelliert Dokumente als miteinander verwobene Informationsstückchen.

Ganz grundsätzlich besteht die Idee beim Hypertext darin, sich von der starren sequentiellen Anordnung traditioneller Medien zu lösen. Anstatt ein Dokument als lineare Abfolge von Teilinformationen zu betrachten, kann man es als Ansammlung von Informationsbestandteilen ohne eine Reihenfolge sehen, die dafür aber durch Links von einem Teil zum nächsten verbunden sind (ähnlich einem Karteikasten, in dem jede Karte ein Stückchen Information enthält). Jede dieser Teilinformationen (d.h. jede Karteikarte) kann Verweise zu vielen anderen Teilen enthalten, und seinerseits von vielen anderen Teilen referenziert werden. Demnach hat ein Hyperdokument keine feste Darstellung, sondern wird vom Leser durchquert, der mittels der verbindenden Referenzen von Information zu Information navigiert.

Zusätzlich zu diesem grundlegenden Trend von starr sequentiellen zu frei miteinander verbundenen Informationen enthalten viele Dokumenten Bezüge auf andere Dokumente. Das klassische Beispiel hierfür sind Literaturhinweise, die im wesentlichen Zeiger aus einem Dokument heraus auf ein anderes Dokument darstellen. Allerdings obliegt es beim Lesen solcher Referenzen dem Leser, die Dokumente ausfindig zu machen, sei es in einer Bibliothek oder sonstwo. Im Falle in Textform vorliegender Literaturhinweise (wie zum Beispiel in diesem Buch) unterstützt das Dokumentmodell üblicherweise nicht die Erzeugung wirklicher Links, sondern es betrachtet die Referenzen eher als Zeichenfolge. Dennoch kann ein gegebenes Dokumentmodell so ausgebaut werden, daß es externe Dokumente unterstützt. Dazu müssen zwei Punkte geklärt werden:

- *Einbetten von Links auf externe Dokumente*
  Wenn das Dokumentmodell das Konzept externer Dokumente unterstützt, muß es eine Möglichkeit bereitstellen, diese anzusprechen. Es muß ferner definieren, was ein Verweis auf ein externes Dokument bedeutet und wie er verarbeitet werden soll. Zwei Möglichkeiten, Links auf externe Dokumente zu verarbeiten, sind, das externe Dokument automatisch an der Position des Links einzufügen, oder eine Art Zeiger zu erzeugen. Dieser kann dann während der Darstellung ausgewählt werden, um eine bestimmte Aktion auszulösen (etwa das externe Dokument aufzusuchen und anzuzeigen).

- *Link-Semantik*
  Wenn das Dokumentmodell das Konzept externer Dokumente unterstützt, muß es eine definierte Möglichkeit enthalten, diese Links zu interpretieren. Um eine bestimmte Art automatischer Aktion mit diesen Links auszuführen, muß klar definiert sein, wie ein solcher Link zu interpretieren ist und was getan werden muß, um das referenzierte Dokument aufzufinden.

Wenn diese Fragen geklärt sind, ist es möglich, ein Dokumentmodell zu erstellen, welches die Verbindung von Dokumenten durch sogenannte *Hyperlinks* unterstützt. Ob diese Links nur auf ganze Dokumente zeigen können oder ob es auch möglich ist, auf bestimmte Stellen innerhalb eines Dokuments zu verweisen[3], ist keine wesentliche Veränderung des Grundkonzepts. Es muß nicht notwendigerweise vom Dokumentmodell vorgegeben werden, was bei der Darstellung mit den Hyperlinks geschieht. Der wichtigste Aspekt ist, daß das Dokument nun klar definierte Links auf andere Dokumente enthält und aus anderen Dokumenten heraus erreichbar ist.

Obwohl die ersten Systeme, die diese Art von Dokumentmodell benutzten, um Hypertext darzustellen, nur Text als Medientyp einsetzten, ist es heute üblich, Hypertext und Multimedia zu Hypermedia-Dokumentmodellen zu kombinieren. Eines der ersten Hypertext-Dokumentmodelle, die im großen Maßstab eingesetzt wurden, war das *HyperCard*-System von Apple, dessen Dokumentmodell aus vernetzten kleinen Dokumenten, den sogenannten Cards bestand. HyperCard war allerdings recht beschränkt, was die Verteilung der Dokumente angeht, die im folgenden Abschnitt erläutert wird.

1.1.3 Verteilung

Nachdem die Begriffe Multimedia und Hypermedia eingeführt wurden, bleibt noch ein interessanter Aspekt, nämlich die Frage nach der Verteilung der Informationsbestandteile, oder, etwas allgemeiner, der *Informationsressourcen*. Das Problem mit der Betrachtung eines Hypermedia-Dokuments ist, daß jeder Verfasser einer Informationsressource sie intuitiv als separates Dokument auffaßt. Global betrachtet bildet allerdings bereits die Gesamtheit aller miteinander verwobenen Informationsressourcen ein Hypermedia-Dokument, und jede Informationsressource ist nur ein kleinerTeil des Dokuments. Daher ist es treffender, von Informationsressourcen (oder nur Ressourcen) zu sprechen, wenn es um Hypermedia geht.

Obschon Hypermedia das Konzept externer Dokumente, die über Links erreichbar sind, enthält, sagt dies nichts über das Niveau der Verteilung aus. Beispielsweise war das HyperCard-System auf eine sehr niedrige Stufe der Verteilung beschränkt, da nur Karten im selben Dokument (d.h. in der selben HyperCard-Datei) angesprochen werden konnten. Allgemein können drei Stufen der Verteilung unterschieden werden.

- *Innerhalb einer Datei*
  Dies ist die eingeschränkteste Stufe derVerteilung und bedeutet, daß ein Dokument nur aus Informationen in einer einzigen Datei besteht. Dabei kann das Dokument aber durch Verwendung verschiedener Medien und

---

[3] Bezogen auf Literaturhinweise ist das der Unterschied, ob es nur Verweise auf ganze Dokumente gibt oder ob auch auf bestimmte Kapitel oder Seiten verwiesen werden kann.

einer nichtlinearen Darstellung immer noch als Hypermedia-Dokument dargestellt werden.

Der Vorteil dieses Ansatzes liegt darin, daß das Dokumentmodell abgeschlossen ist. Es muß keine speziellen Eigenschaften der Umgebung, in der es eingesetzt wird, berücksichtigen, da es vollständig von dieser isoliert ist. Hyperlinks innerhalb eines Dokuments sind einfach zu realisieren, da ein Programm, das dieses Dokument verarbeitet, ständig Zugriff auf das gesamte Dokument hat und daher sehr leicht die Gültigkeit und Eindeutigkeit eines Links überprüfen kann.

Der größte Nachteil dieses Ansatzes ist, daß nur jemand, der Zugriff auf die Datei hat, das Dokument ändern kann. Außerdem ist es nicht möglich, einzelne Teile unabhängig vom Rest des Dokuments zu ändern, da der übliche Zugriff auf Daten auf dem Niveau ganzer Dateien stattfindet.

- *Innerhalb eines Dateisystems oder Computers*
  Hyperlinks, die nicht mehr auf Verweise innerhalb der Datei beschränkt sind, arbeiten normalerweise mit Suchpfaden oder Dateinamen auf Computern. Sie stellen die nächste Stufe der Verteilung dar. In diesem Fall kann ein Dokument aus vielen verschiedenen Dateien auf dem Computer bestehen, die alle von verschiedenen Personen erzeugt, gepflegt oder gelöscht werden können. Dies macht das Dokumentmodell anfälliger für ungültige Links, eine Situation, die durch Verwendung eines auf einzelnen Dateien beruhendes Dokumentmodells einfach vermieden werden kann.
  Diese Anfälligkeit läßt sich in einem Aufbau, der nicht unter der Kontrolle nur einer Person steht, nicht vermeiden. Daher muß das Dokumentmodell berücksichtigen, daß ein Link möglicherweise ungültig ist. Ein weiterer Nachteil liegt in der Beschränkung auf einen Computer oder ein Dateisystem, was Dokumente unmöglich macht, die sich über mehrere Rechner erstrecken. Im Vergleich zum Ein-Dateien-Dokumentmodell erlaubt dieses Modell komplexere Dokumente, die über ein Dateisystem verteilt sind. Das macht es einfach, Dokumente zu erstellen, die von mehreren Autoren gepflegt werden. Es kann ohne großen Aufwand ein leistungsfähiges Autorensystem aufgebaut werden, da man die Zugriffsfunktionen eines Dateisystems ausnutzt.

- *Innerhalb eines Netzwerks*
  Die höchste Stufe der Verteilung ist die Verteilung über ein Netzwerk. In diesem Fall kann ein Dokument über viele vernetzte Computer verteilt sein. Ein Zugriff auf Informationsressourcen erfordert hier gewöhnlich den Transfer dieser Ressourcen über das Netzwerk. Dies erfordert eine einheitliche Methode, Informationsressourcen anzusprechen, abzufragen und aufzusuchen.

Dieser Ansatz ermöglicht die allgemeinste Art von Dokumenten. Da sich Dokumente über die Grenzen einzelner Computer hinweg erstrecken können, ist es möglich, alle Informationsressourcen eines solchen Systems irgendwie mit einander zu verknüpfen, um so alle Ressourcen in einem einzigen Dokument vereint zu haben.

Das Ziel der Web-Entwicklung war, basierend auf dieser allgemeinsten Stufe der Verteilung ein globales Hypermedia-System zu erzeugen, in dem Informationsressourcen auf einem Computer irgendwo in der Welt liegen können, solange dieser Computer vernetzt ist und die Standards für die Zugriffe auf Informationsressourcen versteht.

1.2 Geschichte des WWW

Die Geschichte des Web ist eine faszinierende Erfolgsstory. Obwohl die grundlegenden Konzepte (Distributed Hypermedia und das Internet) viel älter sind, wurde die erste Idee für das WWW erst 1989 entwickelt. Wir werfen einen kurzen Blick auf die Geschichte des Web, und zwar unter zwei Gesichtspunkten. Der erste Gesichtspunkt ist die Entwicklung der Struktur, die zeigt, wie sich das Web von einem Forschungsprojekt zu dem allgemein bekannten globalen System heute veränderte. Dieser Gesichtspunkt wird in Abschnitt 1.2.1 beschrieben. Der zweite Gesichtspunkt ist der technische, dargestellt in Abschnitt 1.2.2. Dort beschreiben wir, wie die technische Evolution des Web von den sehr einfachen Modellen der Anfänge zu den vielfältigen verschiedenen Konzepten führte, die heute benutzt oder angestrebt werden.

1.2.1 Struktur

Die ursprüngliche Motivation, ein global verteiltes Hypermedia-System zu entwickeln, war das Verlangen nach besserem Informationsaustausch unter Wissenschaftlern des *European Laboratory for Particle Physics (CERN)*, wo seinerzeit Tim Berners-Lee tätig war. Das erste Papier, das ein System beschrieb, welches den Namen *Mesh* trug, wurde von Berners-Lee im März 1989 verbreitet. 1990 gab es eine Neuauflage des Papiers, und die Entwicklung eines Prototyps (basierend auf NeXT-Rechnern) wurde genehmigt. Der offizielle Name des Projekts lautete *World Wide Web*. Ende 1990 wurde ein funktionierender Prototyp fertiggestellt, der sowohl eine befehlszeilenorientierte als auch eine grafische Benutzerschnittstelle enthielt.

1991 wurden die Quellen des Prototyps öffentlich zugänglich gemacht (durch Bereitstellen in Newsgroups und im Internet), Mailinglisten gegründet und eine erste Präsentation und Demonstration auf einer Konferenz (Hypertext '91 in San Antonio, Texas) durchgeführt. Noch im selben Jahr wurde die Software verbreitet, hauptsächlich auf CERN-Maschinen. Sie nutzte das Web als neue Infrastruktur zur Bereitstellung und zum Zugriff auf Informationen. Des weiteren wurde ein Arbeitspapier für einen ersten US-Server am *Standford Linear Accelerator Laboratory (SLAC)* aufgestellt.

Bis November 1992 gab es weltweit 26 einigermaßen stabile Web-Server, die sich an Orten auf der ganzen Welt befanden, wie Frankreich, Deutschland, den Niederlanden und den USA. Weitere Vorführungen auf Konferenzen machten im Laufe des Jahres das Web wesentlich populärer, und erste Browser für weitverbreitete Plattformen (wie das X-Window-System) wurden verfügbar.

Ein Anwachsen der Anzahl der Web-Server von 50 auf über 200 konnte 1993 beobachtet werden, und erstmals verbrauchte der Datenverkehr des Web einen merklichen Anteil des gesamten Internet-Verkehrs, nämlich etwa 1% des NFS-Backbone-Aufkommens im September 1993. Eine der wichtigsten Entwicklungen, die zum Erfolg des Web im großen Maßstab führten, war 1993 die Bereitstellung eines komfortablen und leistungsfähigen Browsers. Im Februar veröffentlichte Marc Andresseen (der später Netscape gründete) eine Alpha-Version von NCSAs *Mosaic for X*, dem im September Versionen für alle bedeutenden Plattformen (X, Windows und Macintosh) folgten. Zum ersten Mal nahm die Öffentlichkeit Notiz vom Web, mit Artikeln in der *New York Times* und dem *Economist.*

Anfang 1994 wurde von Marc Andresseen und seinen Kollegen das Unternehmen *Mosaic Communications Corp.* (aus dem später Netscape hervorging) gegründet. Die erste WWW-Konferenz fand beim CERN in Genf statt und erregte großes Aufsehen. Mitte des Jahres waren weltweit mehr als 1500 Web-Server registriert. In der zweiten Jahreshälfte 1994 wurde von der NCSA und dem CERN das *World Wide Web Consortium (W3C)* gegründet, um eine internationale Vereinigung für die Entwicklung des Web zu schaffen. Im Oktober wurde eine zweite WWW-Konferenz in Chicago abgehalten. Wegen fehlender finanzieller Mittel entschloß man sich beim CERN, nicht mehr an der Entwicklung des Web teilzunehmen und übergab die Verantwortung an das *French National Institute for Research in Computer Science and Control (INRIA).*

Stammsitz des W3C ist zum einen das *Laboratory of Computer Science (LCS)* beim *Massachusetts Institute of Technology (MIT)* in Cambridge, Massachusetts, und zum anderen INRIA. Das W3C nahm seine Arbeit an den Schlüsseltechnologien zur Entwicklung des Web auf, was zu der Zeit HTML, HTTP und Style Sheets waren. Mittlerweile erfand Netscape neue HTLM-Tags, die als De-facto-Standards auch von anderen HTML-Anwendungen eingesetzt wurden.

Im August 1995 veröffentliche Microsoft den *Internet Explorer* in der Version 1.0 und im November die Version 2.0. Dies markierte den Anfang des sogenannten »Browser-Kriegs«, in dem die beiden Hauptgegner Microsoft und Netscape, jeweils mit jeder neuen Version ihrer Browser neue Features erfanden (entweder als neue HTML-Elemente oder neue Komponenten wie *ActiveX* oder *Java*), um einen Vorsprung im Wettbewerb zu erzielen. Obwohl inzwischen beide Gegner an W3C-Arbeitsgruppen teilnehmen, um allgemeine Standards zu schaffen, findet noch immer ein harter Wettbewerb statt, der sich zum Teil in einer neuen Funktionalität der Browser[4] und zum Teil in Taktiken beim Vertrieb äußert.

1.2.2 Technologie

Obwohl sich das Web seit 1990 enorm weiterentwickelt hat, ist seine grundsätzliche Architektur unverändert geblieben und fußt noch auf denselben Grundlagen der ersten Vorschläge. Die wesentliche Idee der Web-Architektur, die sie von den meisten anderen Hyperdokument-Systemen unterscheidet, ist die Verwendung von netzwerkweiten Links anstelle von Links, die sich auf ein Dokument oder einen Rechner beschränken (wie in Abschnitt 1.1.2 erörtert). Die Schlüsselkonzepte der ersten Ansätze, zusammen mit ihren Namen und einer kurzen Erklärung, wie sie im frühen Web benutzt wurden, sind die folgenden drei Komponenten.

- *URL – Wie man ein Dokument benennt*
  Eine wesentliche Eigenschaft eines Hyperdokuments ist es, eine starre, sequentielle Darstellung durch einen Mechanismus zu ersetzen, bei dem *Links* zum Anordnen der Informationen verwendet werden. Daher wird eine Konvention benötigt, wie eine Information identifiziert (und dann aufgefunden) werden kann. Das für Web-Identifier definierte Modell ist der *Uniform Resource Locator (URL)*, der in Kapitel 2 beschrieben wird.

- *HTTP – Wie man ein Dokument bekommt*
  Nachdem eine Information benannt und danach gefunden werden kann, ist ein Mechanismus nötig, es herbeizuschaffen. Das ist besonders wichtig, da die wichtigste Eigenschaft des Web seine weltweite *Verteilung* ist, die einen Mechanismus für ein weltweites Anfordern von Daten erfordert. Das *Hypertext Transfer Protocol (HTTP)*, beschrieben in Kapitel 3, ist das Übertragungsprotokoll des Web.

---

[4] Es ist für beide Unternehmen lebenswichtig geworden, zuerst für sich in Anspruch nehmen zu können, neue Standards implementiert zu haben. Zur Zeit implementiert keiner der Browser (beide in der Version 4.0) den kompletten HTML- oder CSS-Standard, aber wenigstens ist Microsoft diesem Ziel näher als Netscape.

- *HTML – Das Dokumentformat für Hypertext*
  Letztendlich, nach der Beschaffung der Information, ist es wichtig zu wissen, wie diese zu behandeln ist. Das heißt, es muß Konventionen über das Dokumentformat geben. Dieses Format muß Unterstützung sowohl für Multimedia als auch für Hypermedia bereitstellen. Das Konzept des Web hierfür ist die Hypertext Markup Language (HTML), der Gegenstand von Kapitel 5 ist.

Über die Jahre haben sich die Grundkonzepte zu wesentlich komplexeren und leistungsfähigeren Versionen weiterentwickelt. Die einzelnen Entwicklungen werden in den jeweiligen Kapiteln behandelt. Dennoch sind die Schlüsselkonzepte immer noch dieselben.

Zusätzlich zu den Kernstandards wurden viele zusätzliche Komponenten zur Gesamtarchitektur hinzugefügt und standardisiert. Mit dem wachsenden kommerziellen Interesse der Wirtschaft am Web und durch den Verkauf von Web-Technologie ist es oft kaum vorhersehbar, ob eine Neuvorstellung wirkliche Bedeutung erlangen wird. Derzeit scheint klar zu sein, daß Style Sheets für Web-Dokumente, wie sie durch die *Cascading Style Sheets (CSS)* implementiert werden und in Kapitel 6 beschrieben werden, ein wesentlicher Teil der Webtechnologie werden. Da aber die Unterstützung von Style Sheets noch in den Anfängen steckt, ist es schwer, die weitere Entwicklung vorherzusagen.

Ein anderer heiß diskutierter Trend ist die *Extensible Markup Language (XML)*, die in Kapitel 7 beschrieben wird. XML ist als Plattform für benutzerspezifische Dokumentformate gedacht, im Gegensatz zum festen Dokumentformat von HTML. Die Bedeutung von XML in der Architektur des Web ist allerdings noch unklar, da sich die Entwicklung dieser Sprache und der damit zusammenhängenden Technologien (wie eine Style Language zur Beschreibung der Darstellung eines XML-Dokuments) noch in einer sehr frühen Phase befinden.

Allgemein läßt sich feststellen, das die Einfachheit, einer der schönsten Aspekte am Web, langsam aber sicher verschwindet. Sie macht nach und nach Platz für eine wesentlich kompliziertere Infrastruktur, die aber immer noch auf den gleichen grundlegenden Bausteinen aufbaut. Aber diese grundlegenden Komponenten sind komplexer geworden, und es gibt eine große Zahl neuer Bausteine, mit manchmal komplizierten und verwirrenden Abhängigkeiten. Rückgängig zu machen ist diese Entwicklung aber nicht, zumal viele das Web betreffende Probleme, die anfangs unbedeutend erschienen, durch seine rege Nutzung an Bedeutung gewinnen[5]. Erscheinungen wie die Verfügbarkeit von Metadaten, die Möglichkeit, Hyperlinks in beiden Richtungen zu folgen, und eine höhere Abstraktionsstufe in der Benennung der Ressourcen werden auf vielerlei Weisen angegangen.

Während sich in den ersten Jahren des Web die Entwicklung hauptsächlich auf die Grundbausteine konzentrierte (Erfindung neuer HTML-Eigenschaften oder HTTP-Funktionalität), sind heute viele Entwicklungen selbst Web-Bausteine. Aufgrund der zunehmenden kommerziellen Interessen im Gegensatz zum wissenschaftlichen Geist der Anfänge des Web werden viele der neuen Entwicklungen eher marktschreierisch vermarktet als ernsthaft angekündigt[6], und so ist es ratsam, sich die Neuvorstellungen genau anzusehen. Zusammenfassend läßt sich sagen, daß es zeitaufwendig und schwierig ist, den technologischen Fortschritt im Web im Auge zu behalten, und sich nicht mit unwichtigen Neuerungen aufzuhalten, wenngleich es hilfreich ist, allgemeine Trends zu erkennen und zu unterscheiden, welche der vorgestellten Lösungen sinnvoll sind.

1.3 Terminologie

Wir verwenden in diesem Buch zwar eine einheitliche Terminologie, aber es gibt eine Menge von Abkürzungen, sich teilweise überschneidende Konzepte und mehrere Begriffe für dieselbe Sache. Bei Unklarheiten mit Web-relevanten technischen Begriffen sollte man einen Blick in das Glossar oder den Index werfen, von denen eines hoffentlich eine Definition bereithält. Es gibt allerdings vier zentrale Begriffe im Web, die sehr häufig verwendet und daher hier erläutert werden.

- *Benutzer*
  Der Benutzer ist ein menschlicher Wesen, das mit Hilfe eines bestimmten Programms mit dem Web interagiert. In der allgemeinen Vorstellung ist dies ein Benutzer, der vor einem Computer sitzt, auf dem ein Browser wie Netscape Navigator oder Microsoft Internet Explorer läuft.

- *Browser*
  Ein Browser ist ein Programm, das verwendet wird, um auf Web-Server zuzugreifen und von dort heruntergeladene Dokumente darzustellen. Die beiden am weitesten verbreiteten Browser sind der Netscape Navigator

---

[5] Obwohl das ursprüngliche Design des Web ihm zum heutigen Erfolg verhalf, gibt es immer noch Schwierigkeiten in der Architektur, die wesentlich in dem sehr minimalistischen Ansatz begründet sind. Pam [203] gibt einen guten Überblick über eine Anzahl dieser Bereiche. Viele der in diesem Papier angeführten Probleme sind inzwischen durch weitere Konzepte oder Erweiterungen bestehender Standards gelöst worden oder werden gerade gelöst. Dennoch bleiben einige Probleme bestehen.

[6] Ein gutes Beispiel dafür ist Microsofts *Channel Definition Format (CDF)*, welches für sich beansprucht, eine XML-Anwendung zu sein, sich aber im speziellen doch von dem unterscheidet, was man sich unter einer XML-Anwendung vorstellt.

und der Microsoft Internet Explorer. Im bekannten Client/Server-Szenario ist der Browser der Client eines Web-Servers. Ein weiterer Begriff, der in technischen Dokumentationen oft synonym für Browser verwendet wird, ist der Begriff *User Agent*, der sich auf das Programm (also den Agenten) bezieht, durch welches der Benutzer (engl. User) mit dem Web interagiert. Allerdings meint der Begriff User Agent manchmal eine allgemeinere Vorstellung als der Begriff Browser. Während mit Browser normalerweise ein visuelles Programm mit einer *grafischen Benutzerschnittstelle (GUI)* gemeint ist, können User Agents auch für andere Medien gedacht sein, wie etwa für Sprache oder Braille-Schrift. Der Unterschied ist allerdings nicht klar definiert, und es ist angebracht, den Begriff User Agent als Synonym für Browser zu betrachten.

- *Client*
  Ein Client ist im Web etwas Allgemeineres als ein Browser. Während jeder Browser ein Client ist (d.h. er dient dem Zugriff auf Web-Server), ist nicht jeder Client ein Browser. Weitere Clients (d.h. Programme, die Web-Server kontaktieren und Daten anfordern) sind zum Beispiel Suchmaschinen, die automatisch Dokumente anfordern, um einen Index zu erstellen. Allgemein gesprochen, ein Client ist einfach ein Programm, welches auf Web-Server zugreift.

- *Server*
  Ein Web-Server ist ein Server, der von Clients (etwa Browser oder Suchmaschinen) angesprochen wird, um Dokumente anzufordern. Ein Web-Server ist nicht unbedingt ein bestimmter Computer (d.h. ein Server im physikalischen Sinn, also ein Rechner, der nur diesem Zweck dient). Der Begriff Server bezieht sich im Web-Kontext auf einen Prozeß auf einem Rechner, der die Funktionalität bereitstellt, auf Anfragen von Clients zu antworten. Technisch kann jeder Computer mit Netzwerkverbindung einen Web-Server ausführen. Kapitel 9 gibt einen Überblick über Server-Typen sowie ein Beispiel eines konkreten Produkts.

Zusätzlich zu diesen grundlegenden Begriffen verwendet das Web (wie die meisten Bereiche der Computerwissenschaft oder vielleicht die Wissenschaft im allgemeinen) eine Vielzahl von Abkürzungen und sehr speziellen Begriffen. Ferner wird es durch die fortschreitende Kommerzialisierung des Web gängige Praxis vieler Unternehmen, ihre eigene Terminologie zu kreieren. Manchmal ist es sehr schwierig, herauszufinden, was ein neu erfundener Begriff wirklich (d.h. aus technischer Sicht) bedeutet. Wir haben versucht, die wichtigsten Begriffe zu sammeln und in dieses Buch mit aufzunehmen. Es ist allerdings unvermeidlich, daß einige Wörter fehlen. In diesem Fall ist das Web (unter Verwendung von Verzeichnissen oder Suchmaschinen) zumeist die beste Informationsquelle für einen speziellen Begriff oder eine Abkürzung.

1.4 Das Internet

In diesem Abschnitt werden wir nicht alle Internet-Konzepte einführen. Wir gehen davon aus, daß der Leser die Grundlagen der Computer-Kommunikation im allgemeinen und des Internet im speziellen kennt. Allerdings wollen wir, um eine klare Unterscheidung der manchmal verwechselten Begriffe »Internet« und »World Wide Web« zu schaffen, nachfolgend eine kurze Definition bringen.

> Das *Internet* ist die Gesamtheit aller (durch verschiedene Netzwerktechniken) vernetzten Computer, die das Paket der Internet-Protokolle als oberste Schicht ihrer Netzwerksysteme benutzen. Die Sammlung der Internet-Protokolle implementiert ein paketbasiertes Wide Area Netzwork, das in der Lage ist, Netzwerke mit unterschiedlichen Protokollen und sehr verschiedenen Verbindungscharakteristika miteinander zu verbinden.
> Das *World Wide Web* ist ein verteiltes Hypermedia-System, das auf einigen der Dienste, die das Internet bereitstellt, aufsetzt. Die wichtigsten sind der Benennungsdienst, den das *Domain Name System (DNS)* bereitstellt, und der recht verläßliche, verbindungsorientierte Übertragungsdienst des *Transmission Control Protocol (TCP)*.

Obwohl diese Definitionen sehr knapp (und sicherlich nicht besonders präzise) sind, ziehen sie eine klare Linie zwischen dem Internet, das als Infrastruktur eine Anzahl von Diensten bereitstellt, und dem Web, das als Anwendungsarchitektur auf dieser Infrastruktur aufbaut.

Es gibt diverse Dokumente, die zur Information über das Internet herangezogen werden können. Der Internet Informational RFC 2235 [280][7] beschreibt das Internet im Lauf der Zeit, einschließlich der Anzahl der Hosts, Domains und Web-Server. Das Dokument bietet eine sehr gute Einführung und vermittelt ein Gefühl für die Entwicklung des Internet. Eine gute Internet-Dokumentation für Einsteiger ist der RFC 1594 [168]. Dieser beantwortet die meisten der am häufigsten gestellten Fragen und enthält überdies eine Menge nützlicher Verweise auf detailliertere Dokumentationen.

Wenn es um die allgemeinen Standards bezüglich der Anforderungen an die Software eines Internet-Hosts geht, sollten die RFC 1122 und 1123 [29,

---

[7] Die jeweils aktuellste Version dieses Dokuments ist verfügbar auf dem Webserver der Internet Society (ISOC) unter der Adresse http://info.isoc.org/guest/zakon/Internet/History/HIT.html.

30] herangezogen werden. Diese Standards beschreiben, was ein Host können muß, um als Internet-Host zu dienen.

Das Web benutzt nur einige der Dienste der Internet-Infrastruktur, die in den folgenden Abschnitten knapp beschrieben werden. In Abschnitt 1.4.1 wird erklärt, wie ein Computer an das Internet angeschlossen wird und wie er eine Adresse und einen Namen bekommt (die wichtig sind, um Hyperlinks zu erzeugen). In Abschnitt 1.4.2 wird kurz der Datentransfer über das Internet erläutert. Da es möglich ist, verschiedene Typen von Daten (z.B. Web-Seiten oder Audiodateien) zu übertragen, ist es unerläßlich, diese Datentypen zu unterscheiden. Der dafür verwendete Mechanismus wird in Abschnitt 1.4.3 beschrieben.

1.4.1 Die Internet-Umgebung

In diesem Abschnitt setzen wir uns kurz mit der Internet-Umgebung auseinander. Zwei Dinge sind von Bedeutung. Erstens, wie man eine Verbindung zum Internet bekommt, was sowohl für Webserver, die eine ständige Verbindung benötigen, als auch für Benutzer wichtig ist, die meist eine Einwählverbindung benutzen. Diese Möglichkeiten werden in Abschnitt 1.4.1.1 besprochen. Der zweite Schritt nach dem Verbindungsaufbau mit dem Internet ist die Zuweisung einer Adresse und möglicherweise eines Namens an den Computer[8]. Diese Punkte werden in Abschnitt 1.4.1.2 erklärt.

1.4.1.1 Verbindung zum Internet

Eine Verbindung zum Internet kann auf zwei prinzipiell verschiedene Arten erfolgen. Es gibt für beide Arten eine große Anzahl technischer Lösungen, jedoch lassen sich die beiden grundsätzlichen Alternativen durch die Charakteristika des Anschlusses unterscheiden.

Einwählverbindungen

Wenn ein Computer ausschließlich als Client fungiert, ist es nicht nötig, daß er ständig mit dem Internet verbunden ist. Es reicht aus, die Verbindung nur dann herzustellen, wenn ein Server im Internet (etwa ein Mail- oder ein Web-Server) kontaktiert werden soll. Die gängigste Lösung für diesen Ansatz ist eine Modemverbindung[9] zwischen dem lokalen und einem entfernten Computer, die immer dann aktiviert wird, wenn eine Internet-Verbindung benötigt wird.

---

[8] Tatsächlich müssen dem Computer schon vor dem Verbindungsaufbau Name und Adresse zugewiesen werden. Es macht aber mehr Sinn, zunächst den Verbindungsaufbau zu beschreiben und erst danach, wie man die Verbindung nutzen kann.

Der entfernte Computer dient dabei als Zugriffspunkt zum Internet, indem es den Anruf des lokalen Modems annimmt und sich dann wie eine Relaisstation zwischen lokalem Computer und Internet verhält.

Wenn die Modemverbindung hergestellt ist (d.h., lokaler und entfernter Computer können Daten austauschen), gibt es zwei verbreitete Methoden, Internet-Daten über die Modemverbindung zu schicken. Die ältere Variante ist das *Serial Line Internet Protocol (SLIP)* und die neuere Methode das *Point to Point Protocol (PPP)*, welches einige zusätzliche Features bereitstellt (wie etwa Konfigurationsänderungen und standardisierte Zugangsprozeduren).

Permanente Verbindungen

Wenn der Computer, der mit dem Internet verbunden werden soll, Server-Funktionalität hat, muß er eine ständige Verbindung zum Internet bekommen. Da es für gewöhnlich nicht absehbar ist, wann auf einen Server zugegriffen wird, ist es normalerweise ungünstig, wenn der Server keine ständige Verbindung zum Internet hat.

Theoretisch wäre es möglich, den im vorangegangenen Abschnitt beschriebenen Ansatz (die Verwendung von Modems und einer Telefonleitung) für einen ständigen Anschluß des Computers an das Internet zu nutzen. Allerdings sind in den meisten Fällen die Kosten für eine solche dauerhafte Verbindung zu hoch. Statt dessen werden Standleitungen benutzt. Das Prinzip ähnelt dem der normalen Telefonverbindung, d.h., der Computer wird mit einem entfernten System verbunden, das als Relaisstation zwischen lokalem Computer und Internet fungiert. Die Kosten für diese permanenten Leitungen variieren stark und hängen von einer Anzahl Parameter ab, wie etwa von der Bandbreite (die Datenmenge, die pro Zeiteinheit übertragen werden kann), der Entfernung zwischen lokalem Rechner und entferntem System und der gebotenen Unterstützung im Falle von Verbindungsproblemen.

1.4.1.2 Namen und Adressen

Um die Verbindung ins Internet zu bekommen, bedarf es nicht nur einer Verbindung (wie im vorherigen Abschnitt beschrieben), die Internet-Daten transportiert, sondern man benötigt auch eine Adresse. Adressen im Internet sind sogenannte *IP-Adressen*, die in Abschnitt 1.4.2.2 beschrieben werden. Eine IP-Adresse ist eine 32-Bit-Zahl, mit der man einen Computer global ein-

---

9   Eine Modemverbindung ist eine Telefonverbindung mit Modems an beiden Enden. Ein *Modem* ist in der Lage, digitale Daten über eine Telefonleitung zu übertragen, indem es die Daten zur Übertragung in Töne und empfangene Töne zurück in Daten umwandelt. Technisch ausgedrückt ist das die *Modulation* bzw. *Demodulation* von Signalen in den Frequenzbereich der Sprache, also eine Codierung bzw. Decodierung der zu übertragenden Information. Der Begriff »Modem« ist aus den ersten Silben dieser beiden Wörter abgeleitet worden.

deutig bezeichnet. Im Zusammenhang mit dem Web sind allerdings Computernamen (wie etwa www.w3.org) wesentlich gebräuchlicher als IP-Adressen. Namen im Internet sind sogenannte *DNS-Namen*. Das *Domain Name System (DNS)*, definiert in den Internet-Standards RFC 1034 und 1035 [177,178][10], ist ein globaler Naming Service, der DNS-Namen auf IP-Adressen abbildet.

Abstrakt betrachtet kann man das DNS mit einem Telefonbuch vergleichen, das auch die Funktion hat, Namen auf Adressen abzubilden. (In dem Fall sind die Adressen Telefonnummern.) Obschon das Telefonbuch alphabetisch geordnet ist, muß man für eine weltweite Suche nach einem Namen zunächst einmal das richtige Telefonbuch finden. Ähnlich der geographischen Aufteilung der Telefonbücher verwendet auch das DNS eine Strukturierung seines Namespace. DNS-Namen sind in sogenannten Domains organisiert, die eine hierarchische Anordnung aufweisen.

Das DNS hat zwei bedeutende Vorteile. Der erste Vorteil ist die einfachere Lesbarkeit der Namen. Es ist wesentlich einfacher, sich den DNS-Namen www.w3.org als die dazugehörige IP-Adresse 18.23.0.22 zu merken. Der zweite, eher technische Vorteil ist die höhere Abstraktionsstufe. Möglicherweise wird irgendwann das gesamte Netzwerk von dem W3C umorganisiert, so daß sich sämtliche IP-Adressen ändern, oder der Web-Server wird auf einen anderen Rechner verlagert. In diesen Fällen bleibt der DNS-Name unverändert; lediglich der DNS-Eintrag muß angepaßt werden, um www.w3c.org die neue IP-Adresse des Web-Servers zuzuordnen.

Die Domains der obersten Ebene der Hierarchieebene heißen *Top-Level Domains (TLD)*, und jede TLD ist entweder eine *Country-Code Top-Level Domain (ccTLD)*, dargestellt durch einen aus zwei Buchstaben bestehenden Ländercode nach ISO 3166 [128], oder eine *Generic Top-Level Domain (gTLD)*. Domain-Namen werden von rechts nach links notiert, so daß der oberste Level ganz rechts steht. Folglich benennt der Domain-Name www.ethz.ch einen Host in der ccTLD .ch, die laut ISO 3166 für die Schweiz steht. Die Domain zweiter Stufe lautet ethz, und steht für das Swiss Federal Institute of Technology in Zürich. Der Name ganz links bezeichnet einen Computer, der diesem Fall den Namen www trägt, was nach allgemeiner Übereinkunft einen Rechner angibt, auf dem der Web-Server für eine Domain läuft. Das DNS definiert eine Architektur, in der es möglich ist, von einem beliebigen DNS-Server die Adresse von www.ethz.ch zu abzufragen. Die Abfrage wird dann an den Server weitergeleitet werden, auf dem diese Information, nämlich die IP-Adresse des www.ethz.ch-Rechners tatsächlich gespeichert ist. Die hierarchische Struktur des Namespace macht die Weiterleitung der Anfragen sehr einfach.

---

[10] Für eine leicht verständliche Beschreibung des DNS und seiner Konzepte, sei der Leser auf Albitz und Liu [5] verwiesen.

Obwohl die Organisation der Domains unterhalb des Top-Levels den Organisationen obliegt, welche die jeweilige TLD verwalten, werden die TLDs in ccTLDs und gTLDs und nichts anderes organisiert. Die ccTLDs sind nach Ländern eingeteilt, und üblicherweise übernimmt eine Einrichtung im jeweiligen Land die Organisation unterhalb des Top-Levels. Die folgende Beschreibung der gTLDs wurde sinngemäß dem Internet Informational RFC 1591 [213] entnommen:

- edu
  Diese Domain war ursprünglich für Bildungseinrichtungen gedacht. Viele Universitäten, Hochschulen, Schulen, Bildungsorganisationen und -Konsortien haben sich hier registriert. Später hat man beschlossen, Registrierungen in dieser Domain nur noch für Hochschulen und Universitäten zuzulassen. Schulen u.ä. werden unter den Country Code Domains registriert.

- com
  Diese Domain ist für kommerzielle Einrichtungen, also für Firmen gedacht. Die Domain unterliegt einem enormen Wachstum, und man ist besorgt über die administrative Belastung und die Systemleistung, wenn diese Wachstumsrate anhält. Es wurde vorgeschlagen, diese Domain weiter zu unterteilen und künftige kommerzielle Registrierungen in die Subdomains aufzunehmen.

- net
  Diese Domain soll nur die Computer von Netzwerkdiensten, administrativen Computern und Netzknotenrechnern enthalten. Die Kunden der Netzwerkdienste haben eigene Domain-Namen.

- org
  Diese Domain ist soll Organisationen aller Art aufnehmen, die nicht in die anderen TLDs passen. Einige Organisationen, die, wie zum Beispiel das W3C, nicht der Regierung angehören, sowie andere Standardisierungseinrichtungen passen hier hinein.

- gov
  Diese Domain war ursprünglich für jede Art von Regierungsamt oder -dienststelle vorgesehen. Neuerdings wurde beschlossen, in dieser Domain nur Dienststellen der US-Regierung zu registrieren. Die Regierungsbehörden anderer Staaten und lokale Ämter werden in den ccTLDs erfaßt.

- mil
  Diese Domain wird vom US-Militär verwendet.

- `int`
  Dies ist die Domain für Organisationen, die aus internationalen Verträgen hervorgehen sowie für internationale Datenbanken.

Diese gTLDs wurden seit der Einführung des DNS 1984 benutzt, und bis Mitte der 90er Jahre gab es damit auch keinerlei Probleme, da die Zahl der registrierten Domain-Namen nicht zu groß war. Allerdings wollen infolge des großen Erfolges des Web viele Unternehmen ihre eigenen Domain-Namen, und weil die meisten Firmen die `.com`-Domain den ccTLDs vorziehen oder nicht nur in einem Land ansässig sind, wird diese Domain zu groß.

Aus diesem Grund hat man beschlossen, neue gTLDs zu schaffen, um neue Domain-Namen zu registrieren. Das *Generic Top Level Domain Memorandum of Understanding (gTLD-MoU)* ist eine internationale Grundvereinbarung, in der Verfahren zur Verwaltung der neuen gTLDs definiert werden. Folgende Top Level Domains sollen geschaffen werden:

- `firm` für Geschäfte und Firmen,

- `shop` für Geschäfte, die Waren zum Kauf anbieten,

- `web` für Einrichtungen, die sich mit Web-Aktivitäten befassen,

- `arts` für Einrichtungen mit Schwerpunkt Kultur und Unterhaltung,

- `rec` für Einrichtungen mit Schwerpunkt Erholung und Unterhaltung,

- `info` für Einrichtungen, die Informationsdienste anbieten und

- `nom` für alle, die eine individuelle, persönliche Namensgebung wünschen.

Die technischen Aspekte des Domain Name Systems sind für dieses Buch irrelevant. Sie müssen nur wissen, daß zur Einrichtung eines Internet-Hosts die Angabe einer Adresse eines DNS-Servers gehört[11]. Dieser Server nimmt DNS-Abfragen entgegen und leitet sie weiter, falls er die benötigten Informationen nicht lokal gespeichert hat. Die Antwort enthält dann für gewöhnlich die IP-Adresse zu dem Domain-Namen aus der Abfrage. So werden die meisten Web-Seiten in einem zweistufigen Vorgang geladen, wie Abbildung 1.1 zeigt.

Um eine Web-Seite von einem Server zu laden, muß der Browser zunächst die IP-Adresse des Servers herausfinden. Dazu filtert er den DNS-Namen aus der URL (Details zur URL-Syntax finden Sie in Kapitel 2) und sendet eine Abfrage mit diesem DNS-Namen an den DNS-Server. Als Antwort bekommt

---

[11] Die beliebteste Software für DNS-Server heißt *Berkley Internet Name Domain (BIND)*, entwickelt und gepflegt vom *Internet Software Consortium (ISC)*.

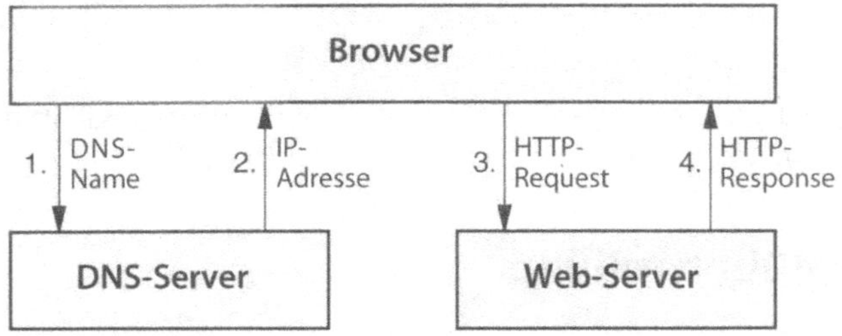

Abb. 1.1 Das DNS als Teil des Ladens von Web-Seiten

der Browser die IP-Adresse des Web-Servers und kann mit dieser Adresse eine Verbindung zum Server aufbauen, um die Web-Seite zu laden.

Obwohl praktisch jede URL einen DNS-Namen enthält, ist sie noch allgemeiner definiert, nämlich in dem Sinne, daß es sich um einen *Fully-Qualified Host Name (FQHN)* handeln muß. Ein FQHN ist ein Name, der ohne Kontext interpretiert werden kann und einen IP-Host eindeutig bezeichnet. Grundsätzlich kann ein FQHN zwei Formen annehmen.

- *Fully-Qualified Domain Name (FQDN)*
  Ein FQDN ist ein Domain-Name, der alle für das benannte Entity relevanten Domains höherer Stufe enthält. Für einen Host enthält der FQDN eine Zeichenkette, die diesen speziellen Host sowie alle Domains bezeichnet, deren Teil der Server ist, bis einschließlich der Top-Level Domain.

- *IP-Adresse*
  Eine IP-Adresse ist schlicht eine 32-Bit-Zahl. Die weitaus gängigste Schreibweise für IP-Adressen ist Dotted Decimal, eine Notation in der Form A.B.C.D, in der jeder Buchstabe für ein dezimal ausgeschriebenes Byte der vier Bytes langen IP-Adresse steht.

Der grundsätzliche Dienst und das Design des DNS sind recht einfach. Das DNS definiert eine Hierarchie von Servern, die Abfragen weiterleiten, für die sie keine lokalen Einträge besitzen, aber die technische Realität ist wesentlich komplizierter. Besonders das Anwachsen der Anzahl der DNS-Namen (die Zahl registrierter DNS-Namen wuchs von 1989 bis Anfang 1998 von unter 100.000 auf über 30 Millionen) machte es notwendig, Techniken zu entwikkeln, die mit diesen Datenmengen effektiv umgehen können. Verbesserungen des grundlegenden DNS-Modells sind der *Mechanism for Prompt Notification of Zone Change (DNS-NOTIFY)*, beschrieben im Internet Proposed Standard RFC 1996 [268], DNS Sicherheitserweiterungen im Internet Proposed Standard RFC 2065 und 2137 [70, 71], der Mechanismus für *Dynamic Updates in the Domain Name System (DNS UPDATE)*, beschrieben im Internet Proposed

Standard RFC 2136 [269], und Konzepte wie der *Naming Authority Pointer (NAPTR)* aus dem Internet Experimental RFC 2168 und das *Negative Caching of DNS Queries (DNS NCACHE)*, das im Internet Proposed Standard RFC 2308 [10] beschrieben wird.

1.4.2 Datenübertragung

Eines der grundsätzlichen Prinzipien bei der Computerkommunikation ist die Schichtung der Kommunikationsarchitekturen. Die Schichtung macht es nicht nur einfacher, die Komplexität der beteiligten Verfahren auf ein leichter zu handhabendes Maß zu reduzieren, sie ermöglicht auch die Kapselung von Funktionalität und somit die Austauschbarkeit einzelner Schichten. Die Schichtung einer Kommunikationsarchitektur kann als eine zunehmende Abstraktion von unten nach oben betrachtet werden. Die unterste Schicht kümmert sich um grundsätzliche Fragen wie die physischen Verbindungen (Stecker, Kabel, verwendete Spannungspegel), während die oberste Schicht gewöhnlich eine Anwendung darstellt, welche die Dienste der Kommunikationsarchitektur nutzt. Allgemein verwendet jede Schicht die Dienste der Schicht direkt darunter und stellt Dienste für die Schicht direkt darüber bereit.

Es gibt viele verschiedene Möglichkeiten, wie die Schichten angelegt werden können. Eine sehr einfache Darstellung (aber ausreichend für unsere Betrachtung des Themas) zeigt Abbildung 1.2. Diese gibt einen ersten Eindruck davon, wie man das Internet als ein Gebilde aus Schichten betrachten kann. Der wichtigste Aspekt des Internet ist, daß es auf jede Netzwerktechnologie aufsetzen kann und eine große Zahl an Anwendungen unterstützt.

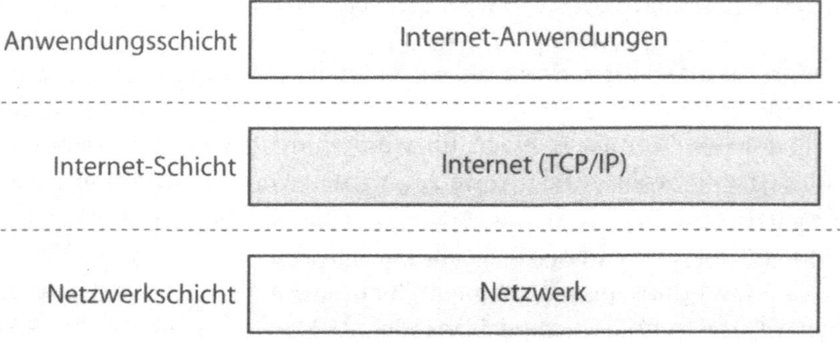

Abb. 1.2 Schichtung von Kommunikationsprotokollen

Einer der Schlüsselaspekte für den Erfolg der Internet-Protokolle ist deren Stabilität. Im Gegensatz zu vielen anderen Netzwerktechnologien, die nur unter perfekten oder annähernd perfekten Bedingungen funktionieren, wurde das Internet so gestaltet, daß es stabil ist und so viele Fehler wie möglich toleriert. Das folgende Zitat beschreibt das Prinzip des Designs und die Motivation dahinter.

»Es gibt eine allgemeine Regel, deren Anwendung bei jeder Protokollschicht riesige Vorteile bezüglich Stabilität und Zusammenwirken bringt: »Sei freizügig in dem, was du annimmst, und vorsichtig, in dem, was du gibst.« Software sollte so geschrieben sein, daß sie mit jedem erdenklichen Fehler umgehen kann, egal, wie unwahrscheinlich er ist. Früher oder später trifft ein Datenpaket mit dieser speziellen Kombination von Fehlern und Attributen ein, und wenn die Software nicht darauf eingestellt ist, führt das zum Chaos. Grundsätzlich geht man am besten davon aus, daß das Netz von bösartigen Entities nur so wimmelt, die Datenpakete mit dem schlimmstmöglichen Effekt aussenden. Diese Annahme führt zu einem hinreichend sicheren Design, wenngleich die schlimmsten Probleme im Internet durch nicht vorhergesehene Mechanismen verursacht wurden, die aus eher unwahrscheinliche Vorgänge resultieren; menschliche Boshaftigkeit allein wäre nie auf so abwegige Dinge gekommen! Der zweite Teil des Prinzips ist fast genauso wichtig: Die Software auf anderen Hosts könnte Defizite haben, so daß es unklug wäre, erlaubte, aber exotische Protokolleigenschaften zu nutzen. Es ist ratsam, vom Weg des Offensichtlichen und Einfachen abzuweichen und so anderswo unerwartete Effekte hervorzurufen. Eine Folgerung daraus ist: 'Achte auf Hosts mit schlechten Manieren'. Host-Software sollte nicht nur darauf eingerichtet sein, das Fehlverhalten anderer Hosts zu überstehen, sondern auch kooperieren können, um die Unterbrechungen zu minimieren, die dadurch im gemeinsam genutzten Netz entstehen,.« *Braden [31]*

Für unsere Betrachtung des Internet reicht es aus, vier verschiedene Schichten zu unterscheiden. Die erste ist die Netzwerkschicht, die Netzwerktechnologie, auf die das Internet aufbaut (siehe 1.4.2.1). Die beiden Hauptprotokolle der Sammlung der Internet-Protokolle werden in den Abschnitten 1.4.2.2 und 1.4.2.3 beschrieben. Zum Schluß werden in Abschnitt 1.4.2.4 die Anwendungen erläutert, die auf dem Internet aufsetzen können.

1.4.2.1 Zugrundeliegende Netzwerke

Wie bereits erwähnt, kann das Internet auf jeder Netzwerktechnologie basieren, da es fast nichts hinsichtlich der Dienste voraussetzt, die von der Netzwerkschicht angeboten werden. Der gebräuchlichste Fall ist die Verwendung des Pakets der Internet-Protokolle auf einem lokalen *Netzwerk (LAN)*. Populäre LANs sind *Ethernet* und *Token Ring*. Dennoch kann das Paket der Internet-Protokolle auch auf Netzwerken aufsetzen, die ein Wide Area Networking (WAN) bereitstellen. Die Möglichkeit, verschiedene zugrundeliegende Protokolle einzusetzen, zeigt Abbildung 1.3.

1.4.2.2 Internet Protocol (IP)

Die beiden Hauptprotokolle des Pakets der Internet-Protokolle sind das *Internet Protocol (IP)* und das *Transmission Control Protocol (TCP)*, das im nächsten Abschnitt beschrieben wird. Die Schichtung dieser beiden Protokolle auf den zugrundeliegenden Diensten zeigt Abbildung 1.3.

IP ist ein verbindungsunabhängiges , optimiertes Protokoll zur Paketübermittlung welches das Routen, Zerlegen und Zusammensetzen der Pakete übernimmt. IP wird im Internet Standard RFC 791 [209] definiert, ist selbst ziemlich alt und hat einige Einschränkungen, die sich in den letzten Jahren gezeigt haben. Die größte Sorge bereitete, hauptsächlich wegen des schnellen Wachstums des Internet seit Anfang der 90er, der Mangel an Adressen. Allerdings gibt es noch mehr Bereiche, die ebenfalls nahelegen, daß in nicht zu ferner Zukunft eine neue IP-Version verwendet werden sollte. Einige davon sind hier aufgelistet:

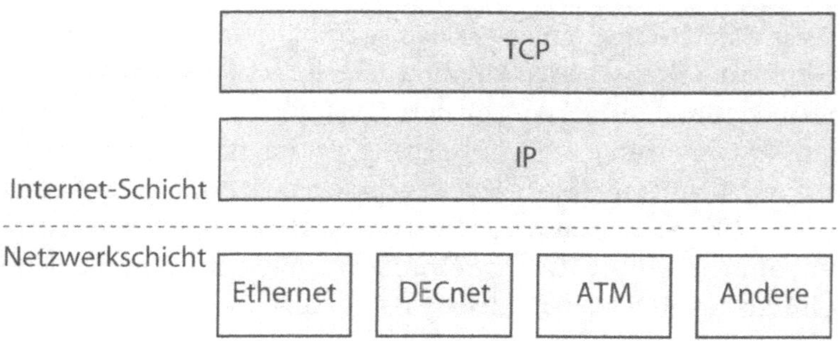

Abb. 1.3 Schichtung von Kommunikationsprotokollen – TCP/IP

- *Mangel an Adressen*
  Obwohl die derzeitige 32Bit-Struktur für Adressen über 4 Milliarden Hosts auf 16,7 Millionen Netzwerken adressieren kann, liegt die Zahl der tatsächlich genutzten Adressen weit darunter – und zwar selbst auf einer theoretischen Basis, wie sie Huitema [107] anführt. Diese Ineffizienz wird durch die grobe Einteilung in Klasse-A-, -B- und -C- Adressen[12] noch verstärkt.

- *Keine Reservierung von Ressourcen*
  Obwohl IP für eine effiziente Datenübertragung recht gut funktioniert,
  kann es für zeitkritische Daten (wie Audio und Video) keine Übertragung
  mit der nötigen Geschwindigkeit sicherstellen. Für solche Datentypen
  wäre es besser, wenn man für sie Ressourcen reservieren könnte, was
  bedeutet, daß das Netzwerk eine Verbindung entweder abweist (wenn
  nicht genügend Ressourcen verfügbar sind) oder akzeptiert und garantiert,
  daß ausreichend Ressourcen vorhanden sein werden.

- *Fehlende Unterstützung mobiler Hosts*
  Eine wachsende Zahl von Computersystemen hält keine permanente Verbindung zum Internet. Das beste Beispiel für diese Art Rechner ist ein Lap-
  top, der von vielen verschiedenen Orten aus mit dem Internet verbunden
  werden kann. Zur Zeit wird diese Anschlußart, die mit zunehmender
  Miniaturisierung der PC-Systeme immer beliebter wird, von IP nicht
  unterstützt.

Die Lösung für diese und andere Probleme der jetzigen Internet-Struktur
heißt *IP next generation (IPng)*, eine Anzahl neuer Protokolle, deren wichtig-
ster Vertreter *IP version 6 (IPv6)*[13] ist, das im Internet Proposed Standard RFC
1883 [61][14] spezifiziert wird. Eine Einführung in dieses Gebiet gibt Thomas
[262]. Da wir aber den aktuellen Zustand des Internet beschreiben wollen und
es noch lange dauern wird, bis IPv6 statt IPv4 das Internet beherrscht, werden
wir nicht weiter auf IPng oder IPv6 eingehen.

1.4.2.3 Transmission Control Protocol (TCP)

Obwohl IP die Möglichkeit bereitstellt, verschiedene Netzwerke grenzüber-
greifend miteinander zu verbinden, mangelt es ihm an der Fähigkeit, einzelne
Prozesse auf Rechnern anzusprechen, und es implementiert nur einen sehr
einfachen Datagram Service. IP-Datagramme können verlorengehen, dupli-
ziert werden und in anderer Reihenfolge als gesendet eintreffen.

Da die meisten Anwendungen eine verläßliche, flußgesteuerte Verbindung
benötigen, wurde das *Transmission Control Protocol (TCP)* entworfen, welches
in dem Standardpaket der Internet-Protokolle auf IP aufsetzt. TCP setzt voraus, daß es auf einen einfachen, potentiell unsicheren Datagram Service aus

---

[12] Die verschiedenen Klassen von IP-Adressen werden verwendet, um IP-Adressen in *Netzwerken* zu
gruppieren. Das macht das Routing im Internet wesentlich einfacher, verschwendet aber Adressen,
wenn nicht alle Adressen innerhalb eines Netzwerks tatsächlich einem Rechner zugewiesen werden

[13] Die aktuelle IP-Version ist IPv4.

[14] Eine dataillierte Erläuterung der Vorteile und Eigenschaften von IPv6 findet sich im Internet
Proposed Standard RFC 1752 [33].

der Schicht unter ihm zurückgreifen kann. (Das ist in fast allen Fällen IP.) TCP sorgt zusätzlich für eine verläßliche Kommunikation, Flow Control, Multiplexing und eine verbindungsorientierte Kommunikation und bietet Vollduplex-Verbindungen zwischen zwei Prozessen. Außerdem fügt TCP jeder IP-Adresse eine *Port*-Nummer hinzu, was das Adressierungsschema vom Rechner (bestimmt durch die IP-Adresse) auf einen Prozeß (bestimmt durch die Port-Nummer, an die der Prozeß gebunden ist) erweitert.

TCP wird im Internet Standard RFC 793 [210] definiert. Obwohl die zusätzlichen Fähigkeiten von TCP (insbesondere die Verläßlichkeit und die verbindungsorientierte Kommunikation) in vielen Fällen nützlich sind, gibt es einige Anwendungsszenarien, in denen ein einfaches Protokoll ausreicht. In diesen Fällen kann das *User Datagram Protocol*, wie im Internet Standard RFC 768 [208] definiert, verwendet werden, das zu IP lediglich eine Prüfsumme und die Adressierbarkeit von Prozessen hinzufügt.

1.4.2.4 Anwendungsprotokolle

In den vorangegangenen Abschnitten wurde das TCP/IP-Protokollpaket kurz beschrieben. Es wird deutlich, daß diese Sammlung von Protokollen eine verläßliche, flußgesteuerte und verbindungsorientierte Kommunikation bereitstellt. Zusätzlich zu diesen Datenübertragungsfähigkeiten bietet ein Internet-Host Zugriff auf weitere Internet-Dienste, wie zum Beispiel auf das DNS. In Abbildung 1.4 wird gezeigt, daß diverse Protokolle der Anwendungsschicht diese Protokollsammlung für ihre Kommunikation nutzen.

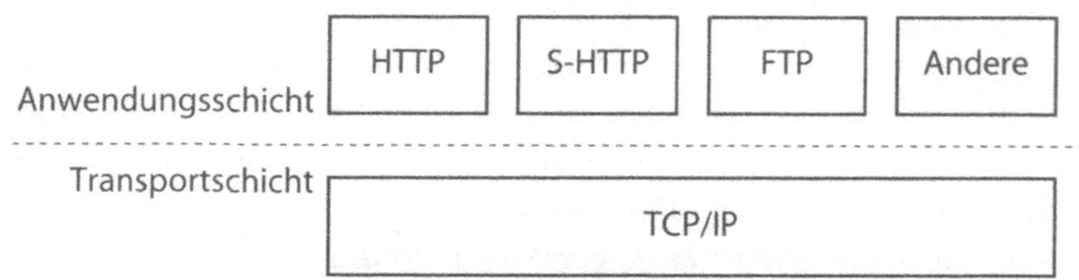

Abb. 1.4 Schichtung von Kommunikationsprotokollen –
Anwendungsprotokolle

Neben den von TCP/IP bereitgestellten Übertragungsfähigkeiten nutzen Anwendungen auch das DNS, um Host-Namen aufzulösen. Das DNS kann normalerweise durch Aufruf einer Systembibliothek genutzt werden, die ihrerseits UDP oder TCP verwendet, um Daten zum DNS-Server zu senden oder von diesem zu empfangen[15]. Die meisten Server implementieren heute gleich mehrere Protokolle auf Anwendungsebene. HTTP als das Web-eigene Protokoll zur Datenübertragung gibt es auf jedem Browser, aber in vielen Fällen sind auch das *File Transfer Protocol (FTP) sowie Protokolle zum Lesen und Verschicken von E-Mail (beschrieben in Abschnitt 11.1) und zum Zugriff auf Usenet Nachrichten (beschrieben in Abschnitt 11.3) in den Browser integriert.*

Anwendungsprotokolle, die auf TCP/IP basieren, können auch auf anderen sicheren, flußgesteuerten und verbindungsorientierten Protokollen aufbauen. Allerdings nutzen diese Anwendungen in den meisten Fällen neben den Datenübertragungsdiensten noch andere Dienste der des Pakets der Internet-Protokolle, so daß es nicht einfach ist, sie in einer anderen Umgebung einzusetzen.

1.4.3 Datentypen

Auf der Anwendungsebene ist es oft wichtig, verschiedene Datentypen unterscheiden zu können. Obschon viele Anwendungen ihr eigenes Datenformat definieren und nur Daten in diesem Format akzeptieren, schafft eine offene Architektur die Möglichkeit, Datentypen zu unterstützen, die zum Zeitpunkt der Programmierung der Anwendung noch nicht bekannt waren. In Abschnitt 1.4.3.1 wird besprochen, wie eine solche Architektur entworfen werden kann. Es gibt für das Internet einen ursprünglich für E-Mail-Nachrichten gedachten Ansatz für verschiedene Datentypen. Da das Web die gleichen Datentypen benutzt, wird dieser Ansatz in Abschnitt 1.4.3 2 kurz beschrieben.

1.4.3.1 Identifikation von Datentypen

In den meisten Anwendungssituationen, in denen Daten empfangen oder verarbeitet werden (wie eingehende Nachrichten in E-Mail-Programmen, oder beim Surfen im Web), müssen die Daten interpretiert werden, um sie darzustellen. Im Falle von text-basierter E-Mail ist das sehr einfach, da man die Nachricht schlicht in einem Textfenster anzeigen kann. Allerdings gilt auch das nur für 7-Bit-Text. Werden im Text 8-Bit-Zeichen mit Umlauten verwendet, kann das bereits zu einem Problem werden, wenn das E-Mail-Programm fälschlicherweise von 7-Bit-Zeichen ausgeht.

Die Frage von 7- oder 8-Bit-Text ist nur ein einfaches Beispiel für die Problematik, die bei der Verarbeitung von elektronischen Nachrichten mit verschiedenen Inhaltstypen auftritt. Grundsätzlich kann man sich gut Nachrichten vorstellen, die Multimediaobjekte wie Bilder enthalten.

---

[15] Während TCP für alle DNS-Aktivitäten verwendet werden kann, ist UDP wegen des geringeren Overheads und besserer Geschwindigkeit vorzuziehen.

Im Falle des Web ist die Frage nach den Inhaltstypen eine ähnliche. Wenngleich die meisten Web-Dokumente in HTML geschrieben sind, das von allen Browsern verstanden wird, gibt es eine Vielzahl anderer Inhaltstypen, mit speziellen Formaten für Bilder, Audio und Video. Obwohl viele moderne Browser die meisten dieser Formate unterstützen, ist es nicht ungewöhnlich, im Netz auf Daten zu stoßen, die ein gegebener Browser nicht darstellen kann.

In beiden Fällen ist die Schaffung einer Architektur zur Klassifizierung des Inhaltstyps die Lösung für das Dilemma der großen und stetig wachsenden Zahl verschiedener Inhaltstypen. Wenn alle gesendeten Informationen eine Bezeichnung des Inhaltstyps enthalten, kann die verarbeitende Anwendung einfach entscheiden, ob sie mit diesen Daten umgehen kann oder nicht. Durch die Verwendung einfacher Erweiterungsmechanismen (wie etwa Konfigurationsdateien) ist es möglich, eine E-Mail- oder Web-Anwendung so zu konfigurieren, daß sie die neuen Inhaltstypen akzeptiert und je nach Inhaltstyp an entsprechende externe Anwendungen weiterleitet.

1.4.3.2 Multipurpose Internet Mail Extensions (MIME)

Der ursprüngliche Standard für Internet-E-Mail-Nachrichten, RFC 822 [53], definiert ein Protokoll zur Nachrichtendarstellung, welches sehr ausführlich auf ASCII-Header für Nachrichten eingeht und den Inhalt bzw. Körper der Nachricht als reinen ASCII-Text sieht. Die Multipurpose Internet Mail Extensions (MIME), die durch eine Reihe von RFCs spezifiziert werden, definieren das Format der Nachrichten neu, um folgendes zu ermöglichen:

- Textnachrichten mit anderen Zeichensätzen als US-ASCII

- Eine erweiterbare Menge verschiedener Formate für andere Inhalte alsText

- Mehrteilige Nachrichten und

- Headertexte mit anderen Zeichensätzen als US-ASCII

Das erste Dokument, der RFC 2045 [80], spezifiziert die verschiedenen Header zur Beschreibung der Struktur von MIME-Nachrichten. Das zweite Dokument, der RFC 2046 [81], beschreibt die allgemeine Struktur des Umgangs mit MIME-Medien sowie einen ersten Satz von Inhaltstypen. Das dritte Dokument, der RFC 2047 [183], enthält Erweiterungen zum RFC 822, um ASCII-fremde Daten in Internet-Mail-Headern zu ermöglichen. Das vierte Dokument, der RFC 2048 [82], spezifiziert diverse *Internet Assigned Numbers Authority (IANA)*-Registrierungsprozeduren für MIME-bezogene Zwecke. Das fünfte und letzte Dokument, der RFC 2049 [79], beschreibt Kriterien für die MIME-Konformität und gibt einige Beispiele für MIME-Nachrichtenformate und -Empfangsbestätigungen sowie die Bibliographie. Grundsätzlich bietet MIME folgendes:

- Ein Header-Feld `MIME-Version`, welches mittels einer Versionsnummer angibt, zu welcher speziellen MIME-Version eine Nachricht konform ist.

- Ein Header-Feld `Content-Type`, das zur Angabe von Typ und Subtyp der Daten im Nachrichtenkörper und zur genauen Spezifikation der ursprünglichen Darstellung (Codierung) der Daten verwendet werden kann. Dafür wurden Inhaltstypen für Text, mehrteilige Dokumente, anwendungspezifische (einschließlich binäre) Daten, Nachrichten, Bilder, Video, Audio und SGML-codierte strukturierte Dokumente definiert.

- Ein Header-Feld `Content-Transfer-Encoding`, in das eine weitere Codierung eingetragen werden kann, die verwendet wurde, um die Daten durch Mail-Transportsysteme zu schleusen, die möglicherweise Daten- oder Zeichensatzbeschränkungen unterliegen.

- Zwei weitere Header-Felder, in denen die Daten im Körper genauer beschrieben werden können: `Content-ID` und `Content-Description`.

Im Zusammenhang mit diesem Buch kommt dem Header-Feld `Content-Type` und seinem Inhalt, dem sogenannten *MIME-Typ* die größte Bedeutung zu. Dieser definiert einen bestimmten Inhaltstyp durch die Angabe eines Media Type- und eines Subtype Identifiers. Allgemein gibt der Medientyp den generellen Datentyp an, während der Sybtyp ein bestimmtes Format für diesen Datentyp bestimmt. Sowohl Medientypen als auch Subtypen werden von der *Internet Assigned Numbers Authority (IANA)* verwaltet. Ein Beispiel für einen MIME-Typ ist `image/gif`, der den Inhalt als Bild (Image) kennzeichnet (den Medientyp), welches als ein *Graphics Interchange Format (GIF)* codiert ist.

Anwendungen können ihr Handeln entweder auf den Medientyp (gängige Typen sind `image`, `audio`, `text` und `video` für inhaltsspezifische Formate sowie `application` für anwendungsspezifische Formate) oder auf den Subtyp stützen. Beispielsweise kann ein E-Mail-Programm alle `image`-Daten an eine andere Anwendung weiterleiten, wie zum Beispiel an einen Bildbetrachter. Das E-Mail-Programm muß nicht wissen, welche Subtypen der Betrachter verarbeiten kann. Das Betrachterprogramm entscheidet anhand des Subtype-Identifiers, ob es ein Bild darstellen kann.

Da MIME es ermöglicht, vorhandener Software dynamisch neue Inhaltstypen hinzuzufügen, muß es auch möglich sein, anzugeben, wie mit den neuen Inhaltstypen umzugehen ist. Obwohl einige Anwendungen eigene Formate verwenden, beschreibt der Internet Informational RFC 1524 [24] einen

Mechanismus zur User-Agent-Konfiguration mittels eines Dateiformats. Im Grunde wird dabei ein Dateiformat definiert, das Abbildungen von MIME-Typen auf Programmnamen festlegt. Mit diesem Mechanismus kann ein User-Agent konfiguriert werden, um ein bestimmtes Programm für die Behandlung von MIME-Typen zu verwenden, die er selbst nicht unterstützt.

2. Universal Resource Identifier (URI)

Die grundlegende Gestaltung des Web ist, wie in Kapitel 1 vorgestellt, die eines verteilten Hypermedia-Systems. Die beiden wichtigsten Architekturkonstrukte auf dieser Stufe sind die einzelnen Informationsteile oder *Informationsressourcen* (zumeist Web-Seiten) und die *Links* zwischen ihnen, welche die einzelnen Informationsteile zu einem Netz von Informationsressourcen verbinden. Diese Informationsteile besprechen wir in späteren Kapiteln. Zunächst werfen wir einen genaueren Blick darauf, was Links sind und wie sie funktionieren.

»Link« ist zwar der gängige Begriff für Zeiger auf Web-Ressourcen, allerdings bezeichnet er nicht genau den Inhalt dieses Kapitels. Ein Link ist ein Mechanismus, der eine Ressource innerhalb eines Rahmenwerks bezeichnet, etwa ein Link auf eine Web-Seite. Die Bezeichnung selbst kann unabhängig von einem Link gesehen werden, und selbst eine Ressource, auf die kein Link zeigt, hat immer noch einen Identifier. Aus diesem Grund ist es wichtig, zwischen *Identifiern* zur Bezeichnung einer Ressource und *Links* zu unterscheiden, die Identifier benutzen, um eine Verbindung zwischen Ressourcen aufzubauen.

Abschnitt 2.1 enthält eine grundlegende Erklärung, warum Identifier im Web so wichtig sind. Das geschieht aus der Sicht des Benutzers und es wird beschrieben, wo Identifier ins Spiel kommen und warum sie notwendig sind. Eine andere Perspektive, die Sicht des Entwicklers, bringt eine technischere Beschreibung der Punkte, die eine Rolle gespielt haben, als Identifier für die Kernarchitektur des Web entworfen wurden. Nach dieser Motivation, warum Identifier nötig sind, beschreibt Abschnitt 2.2 die Syntax von Web-Identifiern, also ihre formale Struktur (die außerordentlich einfach ist). Die Semantik der Web-Identifier, also ihre Bedeutung und ihre Verwendung, beschreibt Abschnitt 2.3. Zum Schluß zeigt Abschnitt 2.4 kurz die zukünftigen Trends für Web-Identifier auf.

2.1 Die Notwendigkeit der Ressourcenidentifikation

Eine der wichtigsten Eigenschaften des Web ist seine weltweite Verteilung und seine Fähigkeit, eine Vielfalt verschiedener Informationsquellen einzubeziehen, die nicht unbedingt Web-spezifisch sein müssen. Das bedeutet grundsätzlich, daß es möglich sein muß, auf diese Ressourcen zu zeigen, und zwar möglichst effizient und doch so einfach wie möglich. Im Web wird das mit Identifiern erreicht, die normalerweise innerhalb von Informationsressourcen verwendet werden, um auf andere Informationsressourcen zu verweisen. Es sollte aber trotzdem möglich sein, diese Identifier extern zu benutzen, so daß eine Möglichkeit geschaffen wird, sie schriftlich oder mündlich (am Telefon) auszutauschen.

Web-Identifier kann man aus zwei unterschiedlichen Perspektiven betrachten. Die erste Betrachtungsweise, die jeder kennt, der schon einmal das Web genutzt hat, ist die Benutzerperspektive. Wir betrachten diese Sichtweise in Abschnitt 2.1.1, den man als kurzen Rückblick darüber ansehen kann, was Web-Identifier im Web bedeuten. Außerdem gibt es noch eine technische, systematische Sichtweise für Web-Identifier, nämlich die vom Standpunkt des Entwicklers. In Abschnitt 2.1.2 besprechen wir die Entwicklungsziele für Web-Identifier und was getan wurde, um diese Ziele zu erreichen.

2.1.1 WWW-Identifier aus der Benutzersicht

Beim Surfen im Web kann man die meisten Links (HTML-Konstrukte, die Identifier enthalten) schon optisch als speziell formatierten Text im normalen Fließtext erkennen (farbig und/oder unterstrichen, je nach Browser und Geschmack des Benutzers). Normalerweise wird der Browser durch die Auswahl eines solchen Links mit der Maus angewiesen, die Daten zu laden, auf die der Link zeigt. Eine weitere Möglichkeit, einen Link darzustellen, ist ein Bild (das möglichst einen visuellen Hinweis, z.B. Text oder grafische Symbole wie Pfeile, enthalten sollte, damit man erkennt, daß es sich um einen Link und nicht nur um eine Abbildung handelt). Diese Art von Link verhält sich genauso wie ein Text-Link, was bedeutet, daß die Auswahl mit einem Zeigegerät den Browser anweist, dem Link zu folgen. In beiden Fällen (d.h., sowohl bei durch Text als auch bei durch Grafiken dargestellten Links) weisen die meisten Browser den Benutzer auf den Link hin, indem sie das Aussehen des Cursors verändern, wenn er über den Link bewegt wird. (Zusätzlich zeigen die meisten Browser den zugehörigen Identifer in einer Art Statuszeile an, so daß der Benutzer erkennen kann, was passiert, wenn der Link ausgewählt wird.)

In den meisten Fällen muß sich der Benutzer keine Gedanken machen, wie ein Link aussieht und wohin er zeigt. Er muß lediglich auf den Text oder die sonstige Darstellung des Links klicken, und der Browser tut, was immer nötig ist, um den Link zu öffnen. Es wird angenommen, daß es einer der Hauptgründe für den Erfolg des Web ist, daß sich der Benutzer nicht explizit mit den Identifiern der Informationsressourcen befassen muß, sondern sie über einfache, intuitive Links erreicht. Selbst wenn der Link nicht aus einer gerade geladenen Seite stammt, sondern aus einem früher besuchten Dokument, ist es oft nicht nötig, sich an den Identifier zu einer Informationsressource zu erinnern. Dieser kann statt dessen aus einem sogenannten *Bookmarks Folder* entnommen werden.

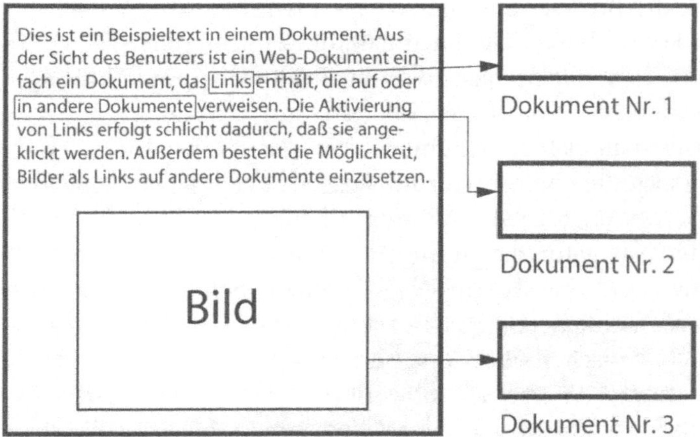

Abb. 2.1 Web-Links aus der Sicht des Benutzers

Ein Bookmark Folder ist nicht mehr als eine Sammlung von Identifiern, die für gewöhnlich mit dem Datum, an dem der Link zuletzt besucht wurde, dem Datum der Bookmark-Erstellung und dem Namen der Ressource verbunden sind, auf die der Link zeigt. (Im Falle von Web-Seiten ist dies üblicherweise der Titel der Seite, wie er im <TITLE>-Element der Seite spezifiziert wird, das normalerweise in der Titelzeile des Browsers erscheint). Der exakte Inhalt und die Struktur des Bookmarks hängt vom Browser ab, das Prinzip ist aber immer das gleiche[1].

---

[1] Ein leistungsfähigeres Modell zur Verwaltung von Bookmarks wurde von Keller u.a. [147] vorgeschlagen. Dies bietet unter anderem eine Einordnung in Kategorien und Bookmark-Sharing, befindet sich aber noch im Entwicklungsstadium.

Bei der Benutzung des Web muß es einen Anfang geben (die erste Informationsressource, die der Browser beim Starten lädt). Normalerweise ist das entweder die Homepage des Browser-Herstellers, die Homepage des Dienstanbieters oder die Homepage der Einrichtung, wo der Browser benutzt wird (etwa die der Firma). Jedoch können alle Browser so eingestellt werden, daß sie beim Start irgendeine Seite laden. Diese Einstellung macht es für den Benutzer einfach, im Web zu surfen, ohne auch nur ein einziges Mal einen Identifier von Hand einzugeben (sprich einzutippen).

Die einzige Situation, in der es wirklich nötig ist, einen Identifier explizit einzugeben (anstatt einen Link auf einerWeb-Seite anzuklicken oder aus den Bookmarks auszuwählen), ist das Besuchen einer neuen Informationsressource, wie etwa einer Suchmaschine, die nie zuvor besucht wurde. Sogar dabei erleichtern die Browser die Eingabe des Identifiers aber erheblich. Beispielsweise würde zum Besuch der Suchmaschine HotBot die korrekte Eingabe (mit Hilfe des Befehls »Open Page« oder einer ähnlichen Funktion des Browsers) `http://www.hotbot.com/`[2] lauten. Jedoch nimmt zum Beispiel der Netscape Navigator automatisch an, daß es sich um eine Web-Adresse handelt (wenn nicht explizit durch ein anderes Präfix als `http` zum Ausdruck gebracht), so daß es ausreicht, `www.hotbot.com` einzugeben. Allerdings kann auch das noch abgekürzt werden, da der Navigator davon ausgeht, daß die meisten Web-Server `www` als Host-Namen und `com` als Top-Level Domain[3] benutzen. Also ist `hotbot` das einzige, was wirklich eingegeben werden muß (und da Internet-Domain-Namen nicht zwischen Groß-und Kleinschreibung unterscheiden, muß man sich nicht einmal an die Schreibweise des Namens erinnern)[4]. Wenn man bedenkt, daß das überall auf der Welt so funktioniert, ist dies eine einfache Methode, einen global einzigartigen Identifier für eine Informationsressource anzugeben.

2.1.2 WWW-Identifier-Design

Bis hierhin war das eine praktische Beschreibung der Web-Identifier und ihrer Verwendung, und obwohl das in den meisten Fällen alles ist, was der Benutzer zum Surfen im Web wissen muß, ist es dennoch interessant, sich die Konzepte dahinter genauer anzuschauen. Grundlegend bei der Einführung des Web war

---

[2] Die Syntax und die Bedeutung dieses Identifiers schauen wir uns in den Abschnitten 2.2 und 2.3 genauer an.

[3] Siehe Abschnitt 1.4.1.2 für eine detaillierte Erläuterung der Prinzipien bei Internet-Host-Namen und -Domains.

[4] Der Internet Explorer von Microsoft geht noch einen Schritt weiter und sucht eine Anzahl potentieller Top-Level Domains (insbesondere `com,` `edu` und `org`) ab, wenn kein DNS-Name angegeben ist.

die Notwendigkeit, eine Methode zur Benennung (und damit Identifizierung) von Informationsressourcen zu definieren. Es ist wichtig, festzustellen, daß die Informationsressourcen sich nicht auf Informationen aus dem Web beschränken. Jede im Internet verfügbare Information sollte mit diesen Identifiern angesprochen werden können. Das gilt nicht nur für Informationsdienste, die älter sind als das WWW, wie etwa File Server, die das *File Transfer Protocol (FTP)* benutzen und über das Web erreichbar sein sollen, sondern auch für neue Informationsdienste, die künftig eingeführt werden.

Der offizielle Name für die Identifier, die innerhalb des Web benutzt werden, ist der Begriff *Universal Resource Identifier (URI)*, was aussagt, daß ein Identifier gewöhnlich auf irgendeine Art Informationsressource zeigt und diese dabei universell und eindeutig bezeichnet. Im weiteren Verlauf dieses Kapitels werden wir den Begriff URI dem mehrdeutigen »Identifier« vorziehen. Bisher haben wir gesehen, wofür man URIs verwenden kann. Allerdings gibt es noch mehr grundsätzliche Anforderungen, die beim Entwurf der URIs berücksichtigt wurden. Die drei wichtigsten Entwicklungsziele waren die folgenden:

- *Erweiterbarkeit*
  Das Ziel der Erweiterbarkeit besagt, daß es jederzeit möglich sein soll, neue Identifikationsschemata von Informationsressourcen hinzuzufügen. Dies ist nötig, um URIs für lange Zeit nutzen zu können, auch wenn neue Identifikationsschemata eingeführt werden.

- *Vollständigkeit*
  Vollständigkeit ist nötig, um sicherzustellen, daß neue Methoden zur Identifikation von Informationsressourcen mit URIs verwendet werden können.

- *Druckbarkeit*
  Da URIs nicht notwendigerweise nur auf elektronischem Wege ausgetauscht werden, muß es möglich sein, eine URI mit Papier und Bleistift aufzuschreiben, und zwar mit einem recht eingeschränkten Zeichensatz (ASCII).

Obwohl diese Ziele ziemlich ehrgeizig und allgemein klingen, war es tatsächlich recht leicht, sie zu erreichen. Das Ziel der Erweiterbarkeit wurde durch eine Zweiteilung der URI-Definition erreicht: eine Hälfte für das Identifikationsschema und eine für den Identifier, der je nach Schema interpretiert wird. Auf diese Weise können neue Identifikationsschemata leicht eingeführt werden, indem man in der ersten Hälfte der URI einen neuen Namen benutzt und für die zweite Hälfte eine neue Interpretation (speziell für dieses neue Identifikationsschema) definiert.

Die zweite Anforderung, Vollständigkeit, wird erfüllt, indem nicht druckbare Zeichen oder allgemein binäre Zeichenfolgen, die in der zweiten Hälfte der URI vorkommen, als druckbare Zeichen codiert werden. Auf diese Weise kann jede Bitfolge ausgedrückt werden, was es erlaubt, ein beliebiges Schema für URIs zu verwenden.

Die Definition einer Menge sicherer Zeichen und einer Methode, unsichere Zeichen zu vermeiden, sind die Lösung der Anforderung Druckbarkeit. (Das %-Zeichen wurde als Escape-Zeichen gewählt, weitere Informationen hierzu werden in Abschnitt 2.2 gegeben).

Nachdem die grundsätzlichen Anforderungen aufgezählt sind und klar ist, man ihnen gerecht werden kann, ist es interessant zu sehen, wie URIs möglicherweise definiert werden. Hauptsächlich sind es zwei diese Definition betreffenden Fragen, die in den folgenden Abschnitten besprochen werden. Diese sind:

- Wie sieht die *Syntax* der URIs aus? (d.h., welche Zeichenfolge bildet eine gültige URI und welche nicht, und welche Art syntaktischer Struktur ist zur Interpretation einer URI nötig?)

- Wie lautet die *Semantik* einer gültigen URI? D.h., worauf verweist eine URI, deren syntaktische Richtigkeit geprüft wurde? (Mit anderen Worten, wenn eine URI vom Benutzer angewählt wurde, was soll der Browser tun, um die identifizierte Ressource zu finden?)

In Abschnitt 2.2 beschreiben wir die recht einfache Syntax der URIs. Per Definition ist eine URI entweder ein *Uniform Resource Name (URN)* oder ein *Uniform Resource Locator,* (siehe Abbildung 2.2). Die Semantik einer URI wird durch die Definition der URN- bzw. URL-Semantik festgelegt. Laut einer gängigen Definition von Shoch [242] »zeigt der Name einer Ressource an, was wir suchen, während eine Adresse angibt, wo sich eine Ressource befindet«. Das trifft im allgemeinen für die meisten Ressourcen im Interne zu. Jedoch ist die Unterscheidung nicht immer sehr deutlich, da die meisten Namen bereits Informationen darüber enthalten, wo ein Objekt gefunden werden kann, wie etwa bei strukturierten Namespaces wie im in Abschnitt 1.4.1.2 beschriebenen Domain Name System. Allerdings sollte beim Entwurf von Namespaces immer ein gewisser Grad an Abstraktion eingebracht werden, um von den zugrundeliegenden Technologien unabhängig zu sein. In vielen Fällen umfaßt die Verwendung von Namen eine Art Naming Service, der Namen auf Adressen abbildet (in der Weise, wie das Domain Name System des Internet Internet-Host-Namen auf IP-Adressen abbildet). Gemäß der Definition von Shoch werden URNs zur Benennung von Informationsressourcen verwendet, während URLs deren Adressen angeben.

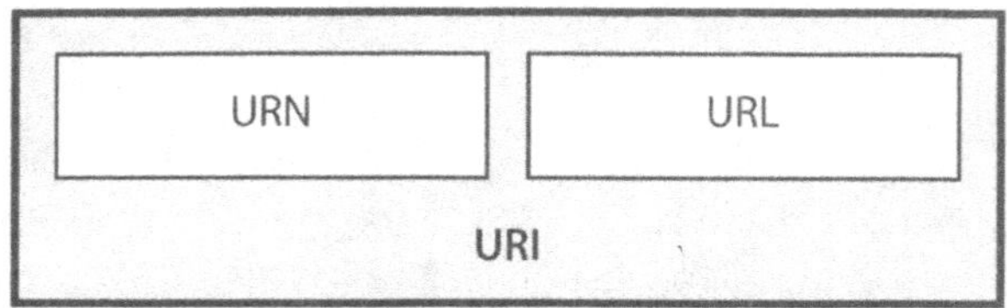

Abb. 2.2 Die Beziehung zwischen URIs, URNs und URLs

Bevor wir uns in Abschnitt 2.3 den technischen Details von URNs und URLs zuwenden, werden wir eine kurze Motivation geben, warum URLs auf lange Sicht nicht ausreichen. Ein gutes Beispiel ist die URL einer persönlichen Web-Seite, die gewöhnlich auf den Server des Unternehmens zeigt, dem der Homepage-Besitzer gerade angehört. Es gibt keinen anderen Weg, das zu tun, da die URL (wie wir in Abschnitt 2.3.2 sehen werden) den Namen des Servers enthält, der zum Abrufen der Seite benötigt wird. Würde man allerdings etwas indirekter vorgehen und die persönliche Homepage als Namen definieren (d.h. als ein URN), ohne firmenspezifische Einzelheiten einzubeziehen, könnte ein Naming Service ähnlich dem Domain Name System des Internet beim Zugriff auf die Homepage diesen firmenunabhängigen URN auf die firmenspezifische URL abbilden.

»Ein *Name* ist ein Symbol – üblicherweise eine für Menschen lesbare Zeichenkette – das eine Ressource oder eine Menge von Ressourcen bezeichnet. [...] Um allerdings von Nutzen zu sein, wird dem Benutzer ein Mechanismus zur Verfügung gestellt, der die Namen auf Adressen abbildet. Der Name (was wir suchen) muß nicht an die Adresse (wo wir die Ressource finden) gebunden sein, bis dieses Abbilden stattfindet. Die Adresse (oder Adressen) können sich im Laufe der Zeit ändern.« *Shoch [242]*

Folglich kann der URN der gleiche bleiben, selbst wenn die Firma gewechselt wird (oder der Internet-Dienstanbieter im Falle einer privaten Homepage). Der einzige Eintrag, der geändert werden müßte, wäre die Abbildung im URN Naming Service[5]. Diese Situation wird in Abbildung 2.3 gezeigt, wo ein *URN Naming Service zum Abbilden von URNs auf URLs verwendet wird. Wie die Adresse dieses UNS gefunden werden kann, wird in Abschnitt 2.4 erläutert.*

Es gab (und gibt unglücklicherweise immer noch) eine Menge Verwirrung über den Zusammenhang zwischen URIs und URLs. Während viele Spezifikationen den Begriff URL benutzen (z.B. die HTML 3.2-Spezifikation [217]),

---

[5] Der Internet Informational RFC 1900 [42] enthält eine gute Begründung, warum ein Naming Service benutzt werden sollte. Dieses Dokument geht insbesondere auf das Problem der IP-Nummer und der DNS-Namen ein, das als analog zur Problematik der URLs und URNs angesehen werden kann.

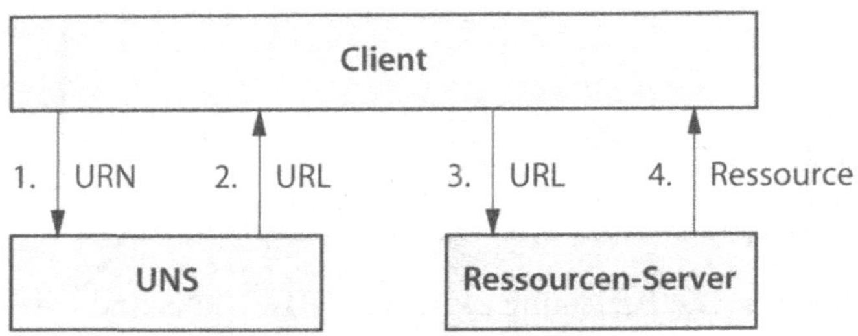

Abb. 2.3 Verwendung eines URN Naming Service (UNS)

benutzen einige andere den Begriff URI (z.B. die HTML 4.0-Spezifikation
[219]), und es wird nicht deutlich, ob diese Unterscheidung immer beabsichtigt ist. Eine Lösung für das Dilemma ist, den Begriff URI völlig zu meiden
und überall URL zu benutzen. Das würde jedoch die Unterscheidung zunichte
machen, die zwischen URLs und URIs gemacht wurde. Die andere Lösung ist
daher, den Begriff URI da zu benutzen, wo es angebracht erscheint (was fast
überall der Fall ist, wo derzeit URL benutzt wird). Der Nachteil dieses Ansatzes ist, daß die breite Öffentlichkeit den Begriff URL kennt und nicht nachvollziehen kann, warum es statt dessen URI heißen sollte. Bisher gibt es keinen Konsens, wie es mit diesem Problem weitergehen soll. Wie beschreiben
daher, unter Benutzung der formalen Definition, die Situation, wie sie heute
ist, und geben in Abschnitt 2.3.1 einen Überblick über URNs und in
Abschnitt 2.3.2einen über URLs.

2.2 URI-Syntax

Der Internet Informational RFC 1630 [17] beschreibt eine Notation für URIs
auf syntaktischer Ebene und, welche Zeichen in welcher Form verwendet werden dürfen, um eine gültige URI zu bilden. Die Syntax ist sehr einfach. Ihre
grundlegende Idee liegt in der Teilung der URI in zwei Teile, wobei ein Teil das
verwendete Identifikationsschema, der andere Teil die tatsächliche Bezeichnung des referenzierten Objekts in einer vom Schema abhängigen Weise enthält. Dadurch wird sichergestellt, daß URIs mit einer beliebigen Anzahl von
Schemata verwendet werden können.

```
Uri = Schema ":" schemaspezifischer Teil
```

Nach dem obigen Beispiel kann die URI http://www.hotbot.com/ in das
Schema »http«, welches definiert, wie Objekte in diesem Schema angesprochen werden können (in diesem Fall mit Hilfe von HTTP, dem Datentransfer-
protokoll des WWW), und den schemaspezifischenTeil » //www.hotbot.com/«

zerlegt werden, welcher das tatsächlich referenzierte Objekt angibt – in diesem Fall das Root Document auf dem Server www.hotbot.com. Eine allgemeinere Beschreibung dieser Basiskomponenten von URIs kann wie folgt angegeben werden:

- *Schema*
  Das Schema einer URI bestimmt das Naming Sheme , welches für diese spezielle URI verwendet wird. Dieser Teil der URI wird durch einen Doppelpunkt vom Rest der URI getrennt. Derzeit gibt es eine ganze Anzahl wohldefinierter Schemata. Die Internet Assigned Numbers Authority (IANA) verwaltet eine Liste dieser Schemata und Verweise auf ihre Definitionen.

- *Schemaspezifischer Teil*
  Der schemaspezifische Teil einer URI enthält in einer vom Schema abhängigen Form die eigentliche Information über ein bestimmtes Objekt. Die Interpretation dieses Teils hängt gänzlich vom verwendeten Schema ab.

Obwohl die tatsächliche Syntax des schemaspezifischen Teils nur vom Schema der URI abhängt, sind einige allgemeine Regeln definiert worden, die von jeder Syntax eines Schemas befolgt werden müssen.

- *Prozentzeichen*
  Das Prozentzeichen »%« wird bei der Codierung von URIs ausschließlich als Escape-Zeichen verwendet. Wenn das Prozentzeichen als echtes Zeichen dargestellt werden soll (nicht als Escape-Zeichen), muß man die Escape-Form benutzen, also in diesem Fall %25 (da das Prozentzeichen im ASCII-Zeichensatz [8] den hexadezimalenWert 25 hat).

- *Hierarchische Formen*
  Da von URIs in vielen Fällen hierarchisch organisierte Objekte bezeichnet werden, wurde ein spezielles Zeichen definiert (der Schrägstrich »/«), mit dessen Hilfe hierarchische Substrings der Objektidentifikation voneinander abgegrenzt werden können. Die Hierarchie ist von links nach rechts definiert, was bedeutet, daß das durch einen Substring bezeichnete Objekt näher an der Wurzel der hierarchischen Struktur liegt, je weiter sich der Substring links befindet[6].

---

[6] Das mag sich kompliziert anhören, ist aber das gleiche wie bei einem Dateisystem eines Betriebsystems, dessen Syntax vom Unix-Dateisystem übernommen wurde. (Windows benutzt statt dessen den umgekehrten Schrägstrich »\«.) Es ist aber wichtig zu beachten, daß URIs keine Dateinamen sind, sondern nur die gleiche Syntax und Struktur haben.

Wenn ein Schrägstrich als Teil der URI, also nicht zur Darstellung einer Hierarchie, verwendet werden soll, muß die Escape-Version (%2F) anstelle des Schrägstrichliterals verwendet werden.

- *Hash-Zeichen*
  Das Hash-Zeichen »#« wird verwendet, um eine Objektreferenz von einem Fragment Identifier zu trennen. Während die Objektreferenz auf ein ganzes Objekt eines gegebenen Identifikationsschemas verweist, zeigt der Fragment Identifier (wenn vorhanden) in das Objekt hinein und bezeichnet einen bestimmten Punkt innerhalb des Objekts. Eine gängige Verwendung hierfür ist die Identifikation von Überschriften oder Kapiteln in einer umfangreicheren Webseite[7].
  Wenn ein Hash-Zeichen als Teil der URI, also nicht zur Darstellung eines Fragment Identifiers verwendet werden soll, muß die Escape-Version (%23) anstelle des Hash-Literals benutzt werden.

- *Query Strings*
  Da es Objekte gibt, die abfragbar sind (d.h., man kann Anfragen an sie schicken und bekommt davon abhängige Ergebnisse vom Objekt geliefert), ist es in URIs möglich, Query Strings zu definieren. Als Trennzeichen zwischen der Identifikation des Objekts (seiner URI) und der Abfrage dient das Fragezeichen »?«.

Die Verwendung einer solchen URI führt zu einem Objekt, bei dem es sich um ein Ergebnis der Abfrage handelt, die auf das von dem URI-Teil vor dem »?« bezeichnete Objekt angewendet worden ist.
Da Abfragen innerhalb des Query Strings oftmals Leerzeichen enthalten (wie zum Beispiel in Zeichenketten, nach denen in einer Datenbank gesucht werden soll), ist das Pluszeichen »+« als Kurzform für ein Leerzeichen definiert. Wirkliche Pluszeichen im Query String müssen mit dem normalen Escape-Mechanismus codiert werden (%2B).
Wenn ein Fragezeichen als Teil der URI, also nicht zur Darstellung eines Query Strings, verwendet werden soll, ist die Escape-Version (%3F) anstelle des wirklichen Fragezeichens zu benutzen.

Diese Liste von Sonderzeichen beendet die Definition der URI-Syntax. Es fällt auf, daß URNs und URLs syntaktisch nicht unterschieden werden können. Das geht nur, indem man den Schemateil der URI interpretiert und dan-

---

[7] Die tatsächliche Interpretation des Fragment Identifier hängt vom Datentyp des Objekts ab. In HTML-Dokumenten bezeichnet der Fragment Identifier ein Element, das durch sein ID-Attribut gekennzeichnet ist, wie in Abschnitt 5.2.2 beschrieben. Bei XML-Dokumenten muß der Fragment Identifier ein *XPointer* sein, wie beschrieben in Abschnitt 7.4.

ach entscheidet, ob es sich um ein URN- oder ein URL-Schema handelt. Aus der Sicht des Entwicklers wäre es ein besserer Ansatz gewesen, eine klare Unterscheidung auf syntaktischer Ebene zu schaffen, was unglücklicherweise aber nicht geschehen ist[8].

Alles, was wir in diesem Abschnitt besprochen haben, reicht aus, um eine komplette URI zu definieren, die ein Schema und einen schemaspezifischen Teil enthält. Jedoch beschreibt der Internet Informational RFC 1630 [17] außerdem eine partielle oder relative Form der URI, die innerhalb wohldefinierter Objekte verwendet werden kann. Einzelheiten dazu, wie relative URIs definiert werden, sind in dem RFC zu finden. Die grundsätzliche Idee ist, solche Teile der URI wegzulassen, die schon durch das Objekt definiert sind, in dem die relative URI benutzt wird. Diese Komponenten können das Schema selbst und Teile des schemaspezifischen Teils sein.

2.3 URI-Semantik

Wie schon im vorherigen Abschnitt erwähnt, wird die Semantik von URIs durch die Semantik von URNs und URLs bestimmt. Da es nicht möglich ist, URNs und URLs syntaktisch zu unterscheiden, ist es stets notwendig, das Schema jeder gegebenen URI zu interpretieren, um entscheiden zu können, ob es sich um einen URN oder eine URL handelt. Zur Zeit befinden sich URNs noch in der Entwicklung. Es gibt keine Infrastruktur, die URNs unterstützt[9]. Daher ist das einzige für URNs bedeutsame Schema das urn-Schema, welches im Internet Informational RFC 1630 reserviert wurde.

2.3.1 Uniform Resource Name (URN)

Im Internet Informational RFC 1737 [246] sind die funktionalen Voraussetzungen für URNs spezifiziert. Ganz allgemein wird gesagt, daß URNs dazu dienen, global eindeutige, dauerhafte Identifier für eine Ressource bereitzustellen. Dieser Identifier sollte für die Erkennung, den Zugriff auf die Eigenschaften eines Objekts und den Zugriff auf das Objekt selbst verwendet werden können. Etwas genauer sind die folgenden funktionalen Fähigkeiten aufgeführt:

---

[8] Zwar wurde für URNs das Schema urn reserviert, doch ist es möglich, daß auch andere Schemata URNs darstellen. Daher gibt es keine Möglichkeit, ohne die Interpretation des Schemateils eine Unterscheidung zwischen URNs und URLs zu treffen.

[9] Um URNs zu verwenden, ist ein Naming Service gemäß Abbildung 2.3 erforderlich. Ein solcher Naming Service existiert zur Zeit nicht, und es wird, selbst wenn es eine technische Lösung gibt, eine Weile dauern, eine Infrastruktur zu schaffen, die für einen zuverlässigen Naming Service für URNs in weltweitem Maßstab nötig ist.

- *Globaler Gültigkeitsbereich*
  Ein URN sollte keine Ortsangabe implizieren und überall das gleiche bedeuten.

- *Globale Eindeutigkeit*
  Es muß sichergestellt sein, daß unter keinen Umständen ein und derselbe URN zwei verschiedenen Ressourcen zugeordnet werden wird.

- *Dauerhaftigkeit*
  Von einem URN wird Beständigkeit erwartet. Der einzige Grund für ein Ende seiner Existenz sollte in explizitem Löschen bestehen. Weder das Löschen der Ressource noch eine Relokalisierung der Ressource sollten ihren URN beeinflussen. Des weiteren sollte die Lebenszeit eines URN nicht vom Vorhandensein eines Naming Service abhängen, der an seiner Erstellung beteiligt war.

- *Skalierbarkeit*
  URNs können jeder im Netz verfügbaren Ressource zugewiesen werden, und sie müssen für eine sehr lange Zeit verfügbar sein.

- *Unterstützung älterer Systeme*
  Es gibt bereits eine Reihe von Naming Systems, wie zum Beispiel ISBN-Nummern, ISO Public Identifiers oder EAN-Produktcodes. URNs müssen in der Lage sein, diese Naming Systems zu unterstützen, indem sie in die syntaktischen Anforderungen von URNs eingebettet werden.

- *Erweiterbarkeit*
  Da neue Anwendungen für URNs auftauchen werden, sobald ein Schema definiert worden ist, muß jedes Schema künftige Erweiterungen zulassen.

- *Unabhängigkeit*
  Naming Authorities sollten voneinander unabhängig sein. Das heißt, daß es einzig der Verantwortung einer Naming Authority unterliegen sollte, die Bedingungen festzulegen, unter denen ein Name vergeben wird .

- *Auflösung*
  Da URNs Namen angeben, muß es einen Auflösungsmechanismus geben, der die Namen auf Adressen abbildet.

Die Folgerung aus diesen funktionalen Anforderungen ist, daß ein Konzept für hierarchische Naming Authorities vorhanden sein muß, und hierarchische Namen unterstützt werden sollten, auch wenn dies nicht zwingend notwendig ist.

Als ersten Schritt in Richtung allgemeineres Konzept für URNs definiert der Internet Proposed Standard RFC 2141 [176] eine URN-Syntax. Diese Syntax berücksichtigt die Implikationen aus dem Internet Informational RFC 1630 [17] (welcher die allgemeine URI-Syntax definiert) und dem Internet Informational RFC 1737 [246] (der die funktionalen Anforderungen an URNs beschreibt).

```
<URN> ::= "urn:" <NID> ":" <NSS>
```

Diese Konvention für URNs verwendet urn als URI-Schema und definiert, daß der schemaspezifische Teil (wie in der URI-Syntax definiert) als *Namespace Identifier (NID)* und *Namespace Specific String (NSS)*, getrennt durch einen Doppelpunkt, angegeben wird. Basierend auf diesem syntaktischen Grundgerüst definiert der Internet Informational RFC 2276 [245] einen zweistufigen Prozeß der URN-Auflösung, der einen *Resolver Discovery Service (RDS)* einsetzt. Nach diesem Modell besteht das Erreichen der in dem URN angegebenen Ressource aus zwei wesentlichen Schritten, die in Abbildung 2.4 zu sehen sind. (Diese Abbildung kann als detailliertere Betrachtung des Modells in Abbildung 2.3 angesehen werden).

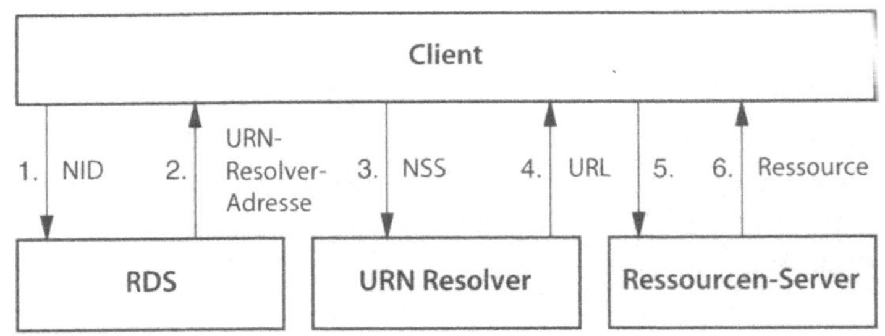

Abb. 2.4 Verwendung eines RDS und eines URN Resolver Service

- *Kontaktieren des RDS*
  Um einen URN aufzulösen, ist es erforderlich, einen RDS zu kontaktieren, der Informationen über den Resolver Service eines bestimmten NID beschafft.

- *Kontaktieren des URN Resolvers*
  Ein Kontaktieren des URN Resolver Service für den NID, der in der URN angegeben ist, ermöglicht die Auflösung des NSS-Teils des URN.

Dieser Prozeß spiegelt sich in der URN-Syntax wieder. Der erste Teil der Syntax definiert, daß eine URI ein URN ist (die das urn-Schema spezifiziert). Das bedeutet, daß ein RDS benutzt werden muß, um den URN Resolver Service für dieses URN-Schema zu finden. Der zweite Teil des URN, der NID, bestimmt den Namespace des URN, und der RDS liefert mit einem Service

Access Point des URN Resolver Service für diesen Namespace, den Auflösungsprozeß. Dieser URN Resolver Service kann zur Auflösung des NSS verwendet werden. Das endgültige Ergebnis dieses Vorgangs ist die Adresse der mit dem URN verknüpften Ressource.

Derzeit beschreibt der Internet Experimental RFC 2168 [60] ein auf dem Domain Name System basierendes RDS-Modell. Dieses wird durch Hinzufügen eines neuen DNS Resource Record, *Naming Authority Pointer (NAPTR)* und der Regeln für das Abbilden von Teilen der URI auf Host-Adressen implementiert, die zur Auflösung der URI kontaktiert werden sollten. Die im RFC 2168 angegebenen möglichen Auflösungsprotokolle sind:

- *Information Retrieval (Z39.50)*, wie durch ANSI [9] standardisiert

- *Trivial HTTP (THTTP)* gemäß Internet Experimental RDF 2169 [59]

- Das *Resource Cataloging and Distribution System (RCDS)*, wie von Moore u.a. [184] beschrieben

- Das *Handle Resolution Protocol*, wie für das *Handle System* [258] spezifiziert

Allerdings befindet sich die Infrastruktur für die Auflösung (und damit die Benutzung) von URNs noch in den Kinderschuhen, und es ist nicht sehr klar, welche Infrastruktur auf lange Sicht verwendet (oder geschaffen) wird. Klar ist jedoch die Notwendigkeit einer solchen Infrastruktur zur Verwendung von URNs anstelle von URLs.

2.3.2　Uniform Resource Locator (URL)

In den Internet Proposed Standards RFC 1738 and 1808 [21, 77] wird die Syntax von URLs und relativen URLs definiert. Allgemein besteht eine URL (als spezielle Form eines URI) aus einem *Schema* und einem *schemaspezifischen Teil*, und die URL-Definition legt eine bestimmte Syntax für den schemaspezifischen Teil sowie eine Anzahl möglicherWerte für das Schema fest. Der schemaspezifische Teil ist syntaktisch wie folgt definiert:

```
"//" [ benutzer [":" kennwort ] "@" ] host [ ":" port ] "/" url_path
```

In dieser Definition treten eine Reihe von Komponenten auf, die (basierend auf dem tatsächlich für URLs verwendeten Schema) folgende Bedeutung haben:

- Benutzer
  Dieser Teil der URL kann weggelassen werden. In manchen Internet-Schemata macht er keinen Sinn, in anderen Fällen ist es nicht empfehlenswert, diese Information in die URL zu übertragen.

- Kennwort
  Da das Kennwort eine noch vertraulichere Information als der Benutzername ist, kann dieser Teil ebenfalls weggelassen werden, selbst wenn ein Benutzername angegeben wird. Es ist auch möglich, ein leeres Kennwort anzugeben. In diesem Fall folgt auf den Doppelpunkt hinter dem user-Eintrag unmittelbar das At-Zeichen, das den Host-Namen einleitet.

- Host
  Der Host-Name kann entweder als Fully-Qualified Domain Name oder als IP-Adresse in dezimaler Form angegeben werden. Fully-Qualified Domain Names müssen der Definition in den Internet-Standards RFC 1034 [177] und RFC 1123 [29] entsprechen.

- Port
  Dieser Teil ist ebenfalls optional, da die meisten Internet-Schemata Verbindungen über Standard-Port-Nummern aufbauen. Daher ist eine Port-Nummer nur bei Internet-Schemata ohne Default Ports und für Hosts erforderlich, die Standarddienste auf nicht standardisierten Ports ausführen (was grundsätzlich nicht empfehlenswert ist).

- URL Path
  Der Rest der URL, bekannt als URL Path, enthält für das Schema spezifische Daten und gibt an, wie auf die Ressource auf dem angegebenen Host zugegriffen werden kann.

Zusätzlich zur Syntax und Interpretation des schemaspezifischen Teils ist für eine ganze Reihe von Schemata definiert, wie verschiedene Komponenten des schemaspezifischen Teils interpretiert werden. Derzeit gibt es mehrere wohldefinierte Schemata, und die *Internet Assigned Numbers Authority (IANA)* verwaltet eine Liste dieser Schemata und Verweise auf ihre Definitionen. Einige der im RFC 1738 enthaltenen Schemata werden in der folgenden Liste beschrieben:

- ftp
  Dieses Schema wird zum Verweisen auf Dateien verwendet, auf die mittels des *File Transfer Protocol (FTP)* zugegriffen werden kann, das im Internet Standard RFC 959 [207] definiert ist. In der URL können ein Benutzername und ein Kennwort angegeben werden, die beim Verbinden mit dem FTP-Server zum Einsatz kommen. Wenn kein Benutzername angegeben

wird, sollten die Konventionen für Anonymous FTP angewandt werden[10].
Ohne Angabe eines Ports, wird der Default-Port 21 verwendet.

- http
  Verweise auf dieses Schema werden benutzt, um auf Informationen zuzugreifen, die über das *Hypertext Transfer Protocol (HTTP)* verfügbar sind,
  welches in Kapitel 3 genauer beschrieben wird. Im Gegensatz zum allgemeinen Schema kann in HTTP-URLs kein Benutzername und kein Kennwort angegeben werden. So ist es nur möglich, einen Host, eine Port-
  Nummer und einen URL-Path festzulegen. Wird die Port-Nummer weggelassen, kommt der Default Port 80 zum Einsatz.

- https
  Im Falle dieses Schemas wird *HTTP over SSL* für die Datenübertragung
  verwendet. Dies ist das Standard-HTTP-Protokoll, das bei einer sicheren
  Transportinfrastruktur benutzt wird (unter Verwendung von Verschlüsse-
  lungstechniken, die in Abschnitt 3.3.1 ausführlicher besprochen werden).
  Da das Übertragungsprotokoll dasselbe bleibt (HTTP), ist die Semantik
  dieses URL-Typs dieselbe wie bei gewöhnlichen HTTP-URLs, nur daß
  dabei eine sichere Infrastruktur vorhanden ist. Ohne Angabe eines Ports
  wird automatisch der Default Port 443 verwendet.

- news
  Das URL-Schema news bezieht sich auf Newsgroups oder einzelne Artikel
  aus Usenet-Nachrichten, wie sie im Internet RFC 1036 [99] definiert sind.
  Da eine Newsgroup oder eine Nachricht keinen bestimmten Standort hat,
  wird in der News-URL kein Host angegeben. Die einzigen Einträge im
  news-Schema sind entweder der Name einer Newsgroup oder die Nach-
  richtenbezeichnung eines einzelnen Artikels.

- nntp
  Es gibt einen Weg, einen einzelnen Nachrichtenartikel auf einem bestimmten Server anzusprechen: das URL-Schema nntp. Das im Internet Proposed
  Standard RFC 977 [146] definierte *Network News Transfer Protocol
  (NNTP)*, ist das Protokoll, mit dem Usenet-News zwischen Servern ausgetauscht werden. Daher lassen sich damit auch einzelne Artikel auf
  bestimmten Servern ansprechen. Die Angabe des Hosts ist zwingend, während die des Ports weggelassen werden kann. Dann kommt der Default
  Port 119 zum Einsatz. Der URL-Path gibt den Namen der Newsgroup und
  die Nummer des Artikels an.

---

[10] Die Konventionen für Anonymous FTP-Sessions verwenden den Benutzernamen »anonymous«
und die E-Mail-Adresse des Benutzers als Kennwort.

- `mailto`

  Dieses Schema wird verwendet, um die Internet-E-Mail-Adresse einer Einzelperson oder eines Dienstes anzugeben. Die E-Mail-Adresse muß dem Internet Standard RFC 822 [53] entsprechen. Da diese Angabe nicht wirklich ein Objekt repräsentiert, muß auch kein Ort angegeben werden. Jedes Programm, das auf eine URL dieses Schemas trifft, sollte den Benutzer nach dem Inhalt der Nachricht und ihren Parametern fragen und sie dann an die Internet-E-Mail-Adresse senden. Es verwendet dabei entweder das *Simple Mail Transfer Protocol (SMTP)*, definiert im Internet Standard RFC 821 [211], oder das *Extended Simple Mail Transfer Protocol (ESMTP)* das im Internet Standard RFC 1869 [149] spezifiziert ist.

- `telnet`

  Das URL-Schema `telnet` wird zur Bezugnahme auf interaktive Dienste, auf die über das Protokoll zugegriffen wird, das im Internet Standard RFC 854 [212] definiert ist. Da die meisten Telnet-Dienste eine Identifikation und Kennwörter erfordern, können der Benutzername- und der Kennwortteil der URL benutzt werden, um die Daten für den Zugriff auf einen bestimmten Server anzugeben. Der Host-Teil der Adresse ist obligatorisch, während die Port-Angabe weggelassen werden kann. Standardmäßig kommt der Port 23 zum Einsatz.

- `ldap`

  Dieses Schema definiert eine Methode zur Abfrage eines Directory Servers[11] mit Hilfe des *Lightweight Directory Access Protocol (LDAP)*, das im Internet Proposed Standard RFC 1959 [102] (siehe Abschnitt 11.2.2). Der Host-Teil der Adresse ist optional. Wird er weggelassen, kann jeder beliebige LDAP-Server kontaktiert werden. Andernfalls ist der angegebene Server zu kontaktieren. werden. Die Port-Angabe kann weggelassen werden. Der Default Value hierfür lautet 389.

Unter Verwendung dieser Definition der URL-Semantik ist es sehr einfach, eine gegebene URL zu interpretieren. Allerdings spielt es immer eine große Rolle, das jeweilige Schema zu kennen, um den schemaspezifischen Teil richtig deuten zu können. Die Liste bekannter und weitverbreiteter Schemata wächst ständig, und Implementierungen, die Gebrauch von URLs machen, sollten sicherstellen, daß die gebräuchlichsten URLs unterstützt oder wenigstens verstanden werden.

---

[11] Es ist nicht notwendig, daß der via LDAP kontaktierte Server wirklich ein X.500-Server ist, es kann auch ein Stand-Alone-Server oder ein Server mit einem anderen Dateisystem sein.

2.4 Die Zukunft der URI

Wie in Abschnitt 2.3.1 beschrieben, ist eine Infrastruktur im Aufbau, die letztlich einen leistungsfähigen Dienst zur URN-Auflösung bereitstellen sollte. Um das zu erreichen, beschreibt der Internet Experimental RFC 2168 [60] einen *Resolver Discovery Service (RDS)*, für den vor kurzem ein Antrag von Mealling [172] publiziert wurde, der einen Teil eines Suchalgorithmus definiert. Ein RDS ist ein Auflösungsdienst, der benutzt wird, um URN Resolution Services zu finden. Ein möglicher URN Resolution Service, der auf *Trivial HTTP (THTTP)* basiert, wird im Internet Experimental RFC 2169 [59] beschrieben. Allerdings befindet sich dieser Bereich noch im Aufbau, und es ist noch nicht klar, welches die endgültige Lösung für die URN-Auflösung sein wird.

Internet Draft Documents von Daigle u.a. [58] sowie Mealling [172] zeigen einen möglichen Weg zur Durchsetzung einer Infrastruktur zur URN-Auflösung. Es gibt jedoch einige Systeme, die bereits funktionierende Lösungen implementieren, wie das *Handle System* oder der *Persistent URL (PURL)*-Ansatz. Es bleibt aber offen, wie sie in ein einheitliches URI-Schema integriert werden können.

Wenngleich sich dieses Kapitels auf URIs, URNs und URLs konzentriert, soll nicht unerwähnt bleiben, daß der Entwurf eines URN Resolution Service auch das Konzept der *Uniform Resource Characteristics (URC)* umfaßt. Beim Auflösen eines URN kann ein Client entweder die Adresse (d.h. die URL) oder aber Informationen über die Ressource einholen, wie beispielsweise ihren Besitzer, Urheberrechtsinformationen, Informationen über mögliche Nutzungsgebühren und Metadaten der Ressource. Allerdings befinden sich URCs noch im Aufbau, und es gibt derzeit noch keinen Standard. Aber da die Arbeit an Web-Metadaten fortschreitet, beispielsweise mit dem *Resource Description Framework (RDF)*, das in Abschnitt 10.5.3 beschrieben wird, ist es wahrscheinlich, daß den URCs in naher Zukunft mehr Beachtung zukommt.

3. Hypertext Transfer Protocol (HTTP)

Im Grunde genommen handelt es sich beim World Wide Web um ein verteiltes Hypermedia-System, bei dem die Informationen in Form von Web-Seiten gespeichert werden, die über Web-Links (besser bekannt unter ihren offiziellen Bezeichnungen URI oder URL) miteinander verbunden sind. Diese Eigenschaft des Web erfordert ein Verfahren zum Zugreifen auf nicht lokal gespeicherte Informationen von Systemen, die Informationen aus der Web-Datenbank abrufen (welche aus allen weltweit zur Verfügung stehenden Web-Seiten gebildet wird) abrufen. Dieses Verfahren für den Zugriff auf nicht lokal gespeicherte Informationen ist das *Hypertext Transfer Protocol (HTTP)*, welches eine der Schlüsselkomponenten des Web darstellt. Dieses Protokoll basiert auf einer Client/Server-Architektur, bei welcher der Client Informationen aus dem Web abrufen möchte und zu diesem Zweck mit einem Web-Server Kontakt aufnimmt.

Obwohl der durchschnittliche Web-Benutzer nie direkt mit HTTP in Berührung kommt, zeigt es sich selbst den Benutzern, wenn zum Beispiel ein Request für irgendeine Ressource den Statuscode `40 4 (not found)` (vermutlich der Teil von HTTP, der den meisten Benutzern am besten bekannt ist) zur Folge hat, wobei es sich eigentlich um einen Statuscode handelt, der den Response des Servers enthält, der die angeforderte Ressource nicht finden konnte. Nach HTML ist HTTP die Komponente der Web-Architektur, mit welcher der Benutzer am ehesten in Berührung kommt. Viele der Interaktionen mit einem Browser, wie beispielsweise das Festlegen der Verbindungseinstellungen oder auch nur ein einfacher Klick auf einen Anchor innerhalb eines Dokuments, haben unmittelbaren Einfluß auf die von dem Browser ausgegebenen HTTP-Nachrichten.

Kenntnisse in HTTP sind nicht nur für diejenigen wichtig, die wissen wollen, wie das Web intern arbeitet (d.h. was eine Information darstellt und was zwischen Client und Server übertragen werden kann), sondern auch für die Administratoren von Web-Servern und *Common Gateway Interface (CGI)*-Programmierer. Weiterhin müssen sich Content Provider mit der Funktionsweise von HTTP auskennen, um abschätzen zu können, welche Dienste sich mit Hilfe von HTTP implementieren lassen.

In diesem Kapitel werden, beginnend mit einem kurzen Überblick über seine Geschichte in Abschnitt 3.1, viele Aspekte von HTTP beschrieben. In

Abschnitt 3.2 wird die neueste Version von HTTP (als HTTP/1.1 bezeichnet) eingehend besprochen. Es gibt zwei Themen, die, obwohl sie keinen integralen Bestandteil von HTTP selbst darstellen, dennoch eine enge Verbindung zu HTTP aufweisen. Das erste ist eine Diskussion der Ansätze und aktuellen Verfahrensweisen, um HTTP um Sicherheitsfunktionen zu erweitern, und wird in Abschnitt 3.3 vorgestellt. Bei dem zweiten handelt es sich um die in Abschnitt 3.4 beschriebene Funktionsweise der sogenannten *Cookies*, die zur Kompensation des zustandslosen Wesens von HTTP dienen.

Da eine theoretische Erörterung eines Kommunikationsprotokolls verglichen mit seiner dynamischen Verwendung zur Datenübertragung ziemlich statisch und abstrakt ist, enthält Abschnitt 3.5 einen kurzen Überblick über einige typische Beispiele für den Einsatz von HTTP im Web. Darüber hinaus werden häufig einige nicht zum Standard gehörende Extensions eingesetzt, obwohl sie nicht Bestandteil irgendeines HTTP-Standards sind. Diese Extensions werden in Abschnitt 3.6 beschrieben.

Wie fast alle die Infrastruktur des Web bildenden Komponenten befindet sich auch HTTP in einer konstanten Entwicklung, obwohl HTTP/1.1 über eine längere Lebensdauer als sein Vorgänger HTTP/1.0 verfügen sollte. In Abschnitt 3.7 finden sich Erläuterungen einiger der Ansätze über die zukünftige Entwicklung von HTTP und der Umgebung, in der es eingesetzt wird.

3.1 Geschichte

Beim ursprünglichen Entwurf von HTTP (eine der drei grundlegenden Komponenten der aus den URL-, HTML- und HTTP-Spezifikationen bestehenden Web-Architektur) wurde das Hauptgewicht auf ein einfach zu implementierendes und das Abrufen von einfachen textbasierten Dokumenten von einem Server ermöglichendes Protokoll gelegt. Die beiden Hauptziele des Entwurfs können wie folgt beschrieben werden:

- *Einfachheit des Protokolls*
  Das Protokoll sollte in dem Sinne einfach sein, daß es sich problemlos auf Servern und Clients implementieren läßt und dort nicht viele Ressourcen für sich beansprucht.

- *Schnelligkeit des Protokolls*
  Da das Datenverteilungsmodell des Web zur Folge hat, daß eine große Anzahl von Dokumenten auf eine große Anzahl von Servern verteilt ist, sollte das Protokoll so schnell wie möglich sein, um das schnelle Abrufen von Informationen zu erleichtern.

Diese Ziele haben sich bis heute nicht geändert. Aufgrund des Wachstums des Web und der mit Hilfe von HTTP übertragenen Informationsmenge sind nun auch Effizienz- und Verwaltungsfragen von großer Bedeutung. In den folgenden Abschnitten finden sich kurze Beschreibungen der verschiedenen HTTP-Versionen sowie ihrer Leistungsmerkmale und Nachteile. In Abschnitt 3.1.1 wird die allererste Version von HTTP beschrieben, die, obwohl sie äußerst einfach ist, den Grundstein für den heutigen Erfolg des Web gelegt hat. Die nächste Version, HTTP/1.0, in Abschnitt 3.1.2 beschrieben, sieht der aktuellen Version von HTTP sehr ähnlich, wies aber mehrere gravierende Nachteile auf. Zum Abschluß wird in Abschnitt 3.1.3 die aktuelle Version von HTTP, HTTP/1.1, beschrieben.

3.1.1 HTTP/0.9

Die erste Version des Protokolls wurde einfach HTTP genannt (ohne eine Versionsnummer), und die Spezifikation des gesamten Protokolls, obwohl diese niemals von einer Organisation formal genehmigt (oder ihr auch nur zu diesem Zweck vorgelegt wurde), bestand lediglich aus einigen Seiten. Diese Version wird mittlerweile häufig als HTTP/0.9 bezeichnet. Sie unterstützte ausschließlich die Methode GET, und ein Client mußte lediglich die Verbindung zum Server aufbauen und eine Zeile mit dem Schlüsselwort GET und dem Namen des Dokuments (durch ein Leerzeichen getrennt) an diesen senden. Der Server antwortete mit dem Dokument selbst und brach die Übertragung ab, um das Ende des Dokuments zu signalisieren.

Nachdem sich das Web jedoch schnell immer weiter ausbreitete und absehbar wurde, daß sich daraus eine wirklich großflächige Anwendung entwickeln würde, waren die Nachteile von HTTP/0.9 klar erkennbar. Die bedeutendste Einschränkung war, daß es keine Möglichkeit gab, etwas anderes als Texte zu übertragen (HTTP/0.9 umfaßte nicht das Medientypenkonzept) und daß ein Client keine Daten an einen Server senden konnte. Bei HTTP/0.9 antwortete der Server einfach mit dem angeforderten Dokument, so daß es nicht möglich war, Informationen über den Request (wie beispielsweise Fehlermeldungen) oder das Dokument zu übermitteln.

3.1.2 HTTP/1.0

Um die Einschränkungen von HTTP/0.9 zu überwinden, wurde 1992 mit der Entwicklung von HTTP/1.0 begonnen. Eine endgültige Version wurde jedoch erst im Mai 1996 freigegeben und selbst dann war HTTP/1.0, veröffentlicht als Internet Informational RFC 1945 [20], nicht als Standarddokument, sondern lediglich zur Information gedacht. Darin wurde nur dokumentiert, was von den Client- und Server-Programmierern als Ergänzung zur grundlegenden HTTP/0.9-Spezifikation implementiert worden war. Der RFC 1945 spezifizierte sowohl HTTP/0.9 als auch HTTP/1.0, aber es war offensichtlich, daß er bald durch eine neue Version des Protokolls ersetzt werden sollten.

HTTP/1.0 stellte jedoch eine wesentliche Verbesserung von HTTP/0.9 dar. Es enthielt das Medientypenkonzept (es übernahm die *Multipurpose Internet Mail Extensions (MIME)*, die bereits einen Rahmen für die Identifikation und den Austausch von Informationen mit Hilfe unterschiedlicher Medientypen beschrieben) und ermöglichte es dem Server, mit mehr als lediglich der Entity zu antworten und Informationen über die Entity (wie zum Beispiel den Medientyp) einzuschließen. HTTP/1.0 definierte ganz allgemein ein flexibles Nachrichtenformat, welches aus einer Anfangszeile sowie aus Header-Feldern mit einer frei wählbaren Anzahl von Zeilen bestand. Diese Header-Felder konnten zum Übertragen von Informationen zwischen Client und Server verwendet werden.

Eine weitere Verbesserung stellte die Methode POST dar, die neben anderen neuen Methoden zu der einzigen in HTTP/0.9 definierten Methode GET hinzugefügt wurde, mit deren Hilfe Clients Informationen an Server senden konnten. Darüber hinaus konnte der Server unter Verwendung des neuen, strukturierten Response-Formats Statuscodes und somit hilfreiche Informationen in seinem Response einschließen, falls ein Request fehlschlug.

Weiterhin wurde mit HTTP/1.0 das Konzept der Benutzerauthentifizierung vorgestellt, welches die Einschränkung des Ressourcenzugriffs durch den Benutzer sowie einen Mechanismus zum Inhalt hat, mit dessen Hilfe sich die Benutzer selbst authentifizieren konnten, um so eine Überprüfung der Authentifizierung zu ermöglichen. Der in HTTP/1.0 definierte Mechanismus stellte eine grundlegende Authentifizierung dar, die immer noch Bestandteil des HTTP-Standards ist.

Im Netzwerkbereich hat sich bei HTTP/1.0 jedoch nicht viel geändert. Es basierte weiterhin auf einer einzelnen Request/Response-Interaktion pro Verbindung und erforderte, daß der Server nach dem Senden des Requests die Verbindung abbrach. Dieses Modell hatte ernsthafte, von Spero [249] beschriebene Probleme zur Folge, deren Ursache in erster Linie in dem langsamen Startmechanismus von TCP[1] lag. Es wurde klar, daß die nächste HTTP-Version eine Verbesserung dieses Modells von Request/Response-Interaktionen beinhalten mußte.

---

[1] Mit dem langsamen Startmechanismus von TCP soll vermieden werden, daß es beim Öffnen einer neuen TCP-Verbindung zu einer Überbeanspruchung der Netzwerkressourcen kommt. Dieser Mechanismus wird in einem älteren Papier von Jacobson und Karels [143] sowie in einem kürzlich erschienenen Internet-Dokument von Stevens [257] beschrieben.

Die Tatsache, daß HTTP/1.0 keine nicht IP-basierten virtuellen Hosts unterstützte (das Konzept der virtuellen Hosts wird in Abschnitt 9.2.2 beschrieben), wurde ebenfalls zu einem anfänglich von niemandem erwarteten Problem, da der Server unmöglich feststellen konnte, an welchen virtuellen Host ein bestimmter Request gerichtet war. Dies machte die Verwendung von IP-basierten virtuellen Hosts erforderlich, was bei großen Hosts zur Folge hatte, daß einem Computer oder einer Netzwerkschnittstelle eine große Anzahl von IP-Adressen zugewiesen werden mußte. Dies verschärfte nicht nur das Problem der Knappheit an verfügbaren IP-Adressen, sondern führte bei manchen Routern auch zu Problemen.

Weitere zu Tage tretende Problembereiche von HTTP/1.0 waren das primitive Cache-Modell, die fehlende Unterstützung für die teilweise Übertragung von Entities sowie der sehr unsichere Mechanismus zur grundlegenden Authentifizierung.

3.1.3 HTTP/1.1

Eines der Gebiete, auf denen HTTP/1.0 unbedingt eine Verbesserung erfahren mußte, war das Modell der Request/Response-Interaktionen, welches zu einfach war und zu einer unzureichenden Ausnutzung der Ressourcen führte. Im Laufe der Erstellung der nächsten Version von HTTP waren verschiedene Methoden zur Lösung dieses Problems und zur Verbesserung der Effizienz im Gespräch, von denen einige in einem Papier von Heidemann u.a. [95] beschrieben werden. Die beiden Hauptkonkurrenten für das zukünftige Modell der Request/Response-Interaktionen waren *Persistent HTTP (P-HTTP)* und *HTTP over Transaction TCP (T/TCP)*.

- *Persistent HTTP (P-HTTP)*
  Der grundlegende Gedanke hinter P-HTTP besteht darin, eine nach einer Request/Response-Interaktion aufgebaute Verbindung bestehen zu lassen und abzuwarten, ob andere Requests an denselben Server gesendet werden müssen. Dies hat effektiv zur Folge, daß eine TCP-Verbindung nicht mehr so häufig geschlossen und wieder aufgebaut werden muß.

- *HTTP over Transaction TCP (T/TCP)*
  Bei diesem Ansatz wird die Verbindung nach einer Request/Response-Interaktion immer noch geschlossen, aber bei der von Braden [31,32] beschriebenen Verwendung von *Transaction TCP (T/TCP)* wird die durch das Aufbauen von mehreren aufeinanderfolgenden Verbindungen zu ein und demselben Server bedingte Ineffizienz reduziert, was beim Einsatz von reinem TCP nicht der Fall ist[2].

Letztendlich entschied man sich für das Modell der persistenten Verbindungen und integrierte es in der neuen HTTP-Version, die im Januar 1997 im Rahmen des Internet Proposed Standard RFC 2068 [75] als HTTP/1.1 freigegeben wurde. HTTP/1.1 verbessert HTTP/1.0 in vielerlei Hinsicht, und man geht davon aus, daß es länger in Gebrauch sein wird als sein Vorgänger. Die folgende Liste führt die wichtigsten Neuerungen von HTTP/1.1 auf:

- *Unterstützung des Header-Felds* `Host`
  Es wurde ein neues für die Unterstützung von nicht IP-basierten virtuellen Hosts erforderliches Header-Feld eingeführt. Mit Hilfe des Header-Felds `Host` geben Clients an, an welchen Host ein Request gesendet wird.

- *Ausgabe einer Fehlermeldung beim Fehlen des Header-Felds* `Host`
  Das neue Header-Feld `Host` ergibt nur einen Sinn, wenn seine Verwendung vorgeschrieben ist. Andernfalls könnten als nicht IP-basierte virtuelle Hosts konfigurierte Server unmöglich feststellen, an welchen Host ein bestimmter Request gerichtet war. Aus diesem Grund zieht ein Request ohne das Header-Feld `Host` eine Fehlermeldung nach sich.

- *Akzeptanz von absoluten URIs in Requests*
  Bei HTTP/1.0 war die Verwendung von absoluten URIs in Header-Feldern von Requests nur zulässig, wenn diese an einen Proxy gerichtet waren. Jetzt können absolute URIs auch in für Server bestimmten Requests sowie zur Angabe des Host-Namens bei einem für virtuelle Hosts zuständigen Server eingesetzt werden.

- *Neue Request-Methoden*
  Es wurde eine Reihe neuer Request-Methoden definiert, die den Leistungsumfang von HTTP/1.1 wesentlich erweitern. Die in HTTP/1.1 neu definierten Request-Methoden sind: `DELETE`, `OPTIONS`, `PUT` und `TRACE`[3].

- Unterstützung der teilweisen Übertragung von Entities
  Clients können jetzt Teile von Entities anfordern, indem sie einen bestimmten Bytebereich der von ihnen angeforderten Ressource angeben. Dies ist besonders in jenen Fällen von Nutzen, in denen die Übertragung einer umfangreichen Ressource unterbrochen wurde und der Client den restlichen Teil davon anfordert.

---

[2] Im Internet RFC 955 finden Sie eine allgemeine Beschreibung von Anwendungen zur Transaktionsverarbeitung und ihrer Anforderungen sowie eine eingehende Besprechung der zugrundeliegenden Konzepte.

[3] Die Methoden `DELETE` und `PUT` werden bereits in der Spezifikation von HTTP/1.0 erwähnt. Sie stellen aber keinen Bestandteil von HTTP/1.0 dar, sondern werden lediglich zur Information aufgeführt, da sie in einigen HTTP/1.0 verwendenden Systemen implementiert wurden.

- *Content Negotiation*
  Mit Hilfe von Content Negotiation wird zwischen verschiedenen Darstellungsformen einer Ressource gewählt, die sich in bezug auf Sprache, Qualität, Codierung oder andere Parameter unterscheiden können, aber keinen Einfluß auf den Inhalt einer Ressource haben.

- *Einführung von Chunked Encoding*
  Mit der Einführung von persistenten Verbindungen kann die Größe einer Ressource nicht mehr implizit durch das Abbrechen der Verbindung mitgeteilt werden. Bei der Mehrzahl der Ressourcen ist deren Größe jedoch von vornherein bekannt. Bei allen anderen Ressourcen (zum Beispiel bei dynamisch erstellten Inhalten) kann das Chunked Encoding eingesetzt werden.

- *Weiterentwickelte Unterstützung des Caching*
  Das Caching bei HTTP/1.0 war viel zu einfach, um einen Einsatz in größerem Umfang zu ermöglichen. HTTP/1.1 führt ein ausgereiftes Caching-Modell ein, mit dessen Hilfe Server und Proxies das Caching für bestimmte Ressourcen bis ins Detail steuern können.

- *Verbesserung der Sicherheit des Authentifizierungsschemas*
  Zusätzlich zu dem sehr unsicheren grundlegenden Authentifizierungsverfahren bei HTTP/1.0 wurde eine Digest Access Authentification-Methode definiert, welche der unverschlüsselten Übertragung von Benutzername und Paßwort ein Ende setzt.

Im November 1997 wurde eine erste Revision der Spezifikation von HTTP/1.1 veröffentlicht. Im März 1998 wurde die neueste Revision veröffentlicht, die man auch als HTTP/1.1 Revision 03 bezeichnen kann [76]. Da neuere HTTP-Versionen vermutlich auf der überarbeiteten Version von HTTP/1.1 aufbauen, haben wir diese letzte Version von HTTP/1.1 als Grundlage für die im nächsten Abschnitt folgende Beschreibung von HTTP/1.1 gewählt.

3.2 Hypertext Transfer Protocol 1.1 (HTTP/1.1)

HTTP stellt ein recht einfaches, auf einem verläßlichen verbindungsorientierten Transportdienst aufbauendes Request/Response-Protokoll dar. Als solches verwendet es die Rollen *Client* (der Requests absendet) und *Server* (der Responses absendet). Abbildung 3.1 stellt die einfachste HTTP-Operation dar, bei der ein Client einen Request direkt an einen Server sendet, der mit einem Response antwortet.

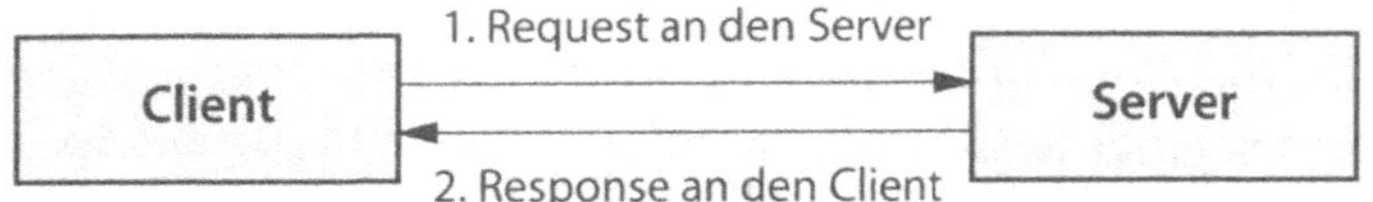

Abb. 3.1   Grundlegende Funktionsweise von HTTP

Neben diesen beiden grundlegenden Rollen können auch weitere Zwischenstationen in dieser Request/Response-Kette vorhanden sein. HTTP definiert *Proxies, Gateways* und *Tunnel* als übliche Formen von Zwischenstationen. Es ist jedoch wichtig, darauf zu achten, daß diese Rollen nicht statisch sind und sich gegenseitig nicht ausschließen, d.h., daß jedes Programm diese Rolle ändern und mehr als eine dieser Rollen gleichzeitig ausüben kann. Diese Rollen sind lediglich im Zusammenhang mit einer einzelnen Request/Response-Interaktion von HTTP statisch.

- *Client*
  Ein Client ist ein Programm, das Verbindungen aufbaut, um Requests zu senden. Normalerweise handelt es sich bei einem Client um einen WWW-Browser, aber er kann auch eine Suchmaschine oder eine andere Art von Programm darstellen. (Dies ist ein automatisierter Client, der ohne Benutzerinteraktion das Web nach Informationen durchsucht. Weitere Informationen dazu finden sich in Abschnitt 10.3).

- *Server*
  Jedes Programm, das Verbindungen zuläßt, um Requests durch die Rücksendung von Responses zu bedienen, wird Server genannt. Ein Server muß den Inhalt eines Request interpretieren und verstehen.

- *Proxy*
  Ein Proxy ist ein sowohl als Client als auch als Server fungierendes Vermittlungsprogramm, das Requests entgegennimmt und dann als Client Requests für andere Clients aussendet. Requests an einen Proxy können jedoch auch intern bedient werden, wenn beispielsweise der Proxy auf seinen Cache zurückgreift (Caching wird in Abschnitt 3.2.9 eingehend erläutert) anstatt einen Request an den Origin Server[4] weiterzuleiten. Abbildung 3.2 zeigt die Funktion eines Proxies bei einer HTTP-Operation. Beachtenswert ist, daß der Request des Clients ausdrücklich an den Proxy adressiert ist, der dann einen Request an den Origin Server sendet.

---

[4]   Ein *Origin Server* ist ein Server, auf dem sich in Abhängigkeit von der Art des Request eine bestimmte Ressource befindet oder erstellt werden soll.

- *Gateway*
  Bei einem Gateway handelt es sich ebenfalls um ein Programm, welches anderen Servern als Zwischenstation dient und das aus diesem Grund einem Proxy ähnlich ist. Ein einen Request an ein Gateway sendender Client weiß jedoch nicht, daß er nicht mit dem Origin Server kommuniziert, während er sich bei der Kommunikation mit einem Proxy dessen explizit bewußt ist.

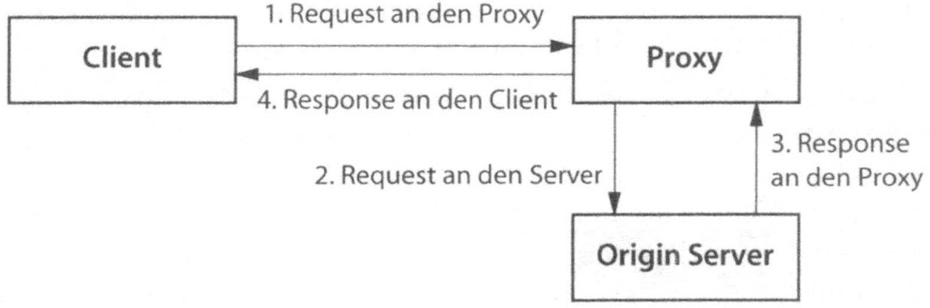

Abb. 3.2 HTTP unter Einbeziehung eines Proxies

- *Tunnel*
  Anders als bei einem Proxy oder Gateway handelt es sich bei einem Tunnel um ein Programm, daß bei der HTTP-Kommunikation als blinde Zwischenstation dient. Dies bedeutet, daß es von ihm weitergegebene Nachrichten weder interpretiert noch versteht (und aus diesem Grunde auch nicht modifiziert). Abbildung 3.3 kann man entnehmen, daß der Tunnel den vom Client gesendeten Request sowie den vom Server geschickten Response lediglich befördert.

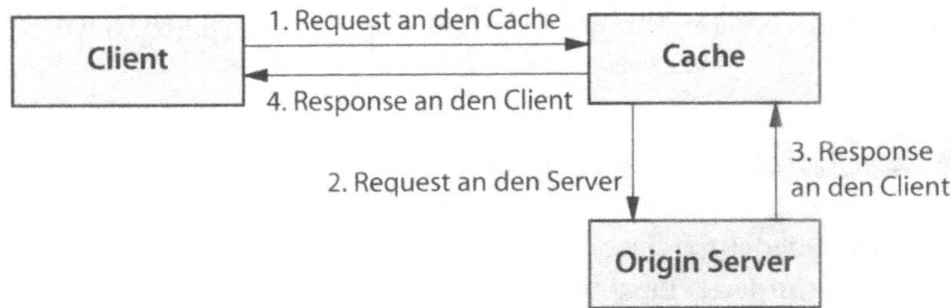

Abb. 3.3 HTTP unter Einbeziehung eines Tunnels

Obwohl HTTP im Prinzip einfach ist, hat es sich so weiterentwickelt, daß das Protokoll mit all seinen Optionen und Einsatzmöglichkeiten nicht mehr so leicht verständlich ist. Die grundlegende Funktion von HTTP besteht im Verschicken einer Nachricht, bei der es sich entweder um einen Request oder um einen Response handeln kann. Die allgemeinen Beschaffenheiten von HTTP-Nachrichten werden in Abschnitt 3.2.1 und die Requests und Responses gemeinsamen Teile von Nachrichten (General und Entity Header) in Abschnitt 3.2.2 beschrieben. Die Methoden und spezifischen Header-Felder von Requests werden in Abschnitt 3.2.3 und die Statuscodes und spezifischen Header-Felder von Responses in Abschnitt 3.2.4 erläutert.

Da viele der Konzepte von HTTP sich nicht nur hinsichtlich von Nachrichten beschreiben lassen, behandeln wir die wichtigsten HTTP-Konzepte in eigenen Abschnitten. Nicht an exakten Einzelheiten der Funktionsweise, sondern an einem Überblick über die dem tatsächlichen Nachrichtenformat zugrundeliegenden wichtigsten Konzepte interessierte Leser sollten zuerst diese Abschnitte lesen und erst bei Bedarf auf den das Nachrichtenformat in allen Einzelheiten beschreibenden Abschnitt zurückgreifen.

In Abschnitt 3.2.5 wird die Content Negotiation beschrieben. Darunter versteht man den Vorgang, bei dem man sich auf eine bestimmte Ressource einigt, falls ein Request mit verschiedenen Ressourcen (beispielsweise mit in unterschiedlichen Sprachen abgefaßten Versionen einer Seite) beantwortet werden könnte. Abschnitt 3.2.6 behandelt die Authentifizierung, also die Vorgehensweise, mit deren Hilfe lediglich berechtigte Benutzer nach erfolgter Anmeldung Zugriff erhalten. Die Behandlung von Client/Server-Verbindungen wird in Abschnitt 3.2.7 besprochen. Die Einführung persistenter Nachrichten machte die Definition einer neuen Art des Transfer Encodings für Ressourcen erforderlich, deren Größe nicht im voraus bekannt ist. Diese Codierung wird als Chunked Encoding bezeichnet und in Abschnitt 3.2.8 beschrieben. Zum Abschluß wird in Abschnitt 3.2.9 das Caching erläutert, wobei es sich um ein Verfahren zur Verbesserung der Effizienz des Web handelt.

3.2.1 Nachrichten

HTTP verfügt über ein äußerst einfaches Interaktionsschema zwischen Client und Server, welches aus einem vom Client an einen Server gesendeten *Request* und einem vom Server an den Client geschickten *Response* besteht. Das Format beider Nachrichtentypen ist ebenfalls sehr einfach, da es sich bei ihnen um zum RFC 822 [53] (welcher das Verfahren zur Übertragung von Textnachrichten im Internet definiert) konforme Nachrichten handelt, die aus einer `start-line`, null oder mehr `message-heade` -Feldern (die man

auch als *Header* bezeichnen kann), einer Leerzeile sowie dem optionalen
message-body bestehen (der, falls vorhanden, das sogenannte *Entity* der
Nachricht enthält). In Übereinstimmung mit dem Standard hat also jede
HTTP-Nachricht folgendes Format:

```
generic-message =
  start-line
  *message-header
  CRLF
[message-body]

start-line =
  request-line | status-line
```

Bei der start-line einer Nachricht handelt es sich entweder um eine
request-line (falls die HTTP-Nachricht einen Request darstellt, der in
Abschnitt 3.2.3 detailliert beschrieben wird) oder um eine status-line
(falls es sich bei der HTTP-Nachricht um einen Response handelt, wie ihn
Abschnitt 3.2.4 erläutert). Nach der start-line enthalten HTTP-Nachrichten null oder mehr Header-Felder, die sich in vier unterschiedlichen Gruppen
zusammenfassen lassen:

- *General Header*
  General Header finden sowohl bei Request- als auch bei Response-Nach-
  richten Anwendung, haben aber keine Auswirkung auf das übertragene
  Entity.

- *Entity Header*
  Falls das durch einen Request oder Response übertragene Entity der
  Beschreibung mit Hilfe einer Metainformation[5] bedarf, kann dies durch
  die Verwendung sogenannter Entity Header in der zu versendenden Nachricht bewerkstelligt werden. Falls kein Message Body (d.h. kein Entity) vorhanden ist, beschreibt die im Entity Header enthaltene Information die im
  Request angegebene Ressource.

- *Request Header*
  Mit Hilfe eines Request Headers kann der Client Informationen über den
  Request und den Client selbst an den Server weitergeben. Request Header
  enthalten keine Informationen über den Nachrichtenkörper (d.h. das
  Entity der Nachricht).

---

[5] Der Begriff Metainformation bezeichnet Informationen über das Entity, wie beispielsweise dessen
   Codierung oder Länge, aber nicht über dessen Inhalt.

- *Response Header*
  Response Header werden vom Server zur Übertragung von Informationen verwendet, die nicht in der `status-line` angegeben werden können (wie in Abschnitt 3.2.4 erläutert). Sie enthalten keine Informationen über den Message Body (d.h. das Entity der Nachricht).

In Tabelle 3.1 werden alle zur Zeit in HTTP/1.1[6] definierten Header-Felder zusammen mit ihrem Typ und der Seite aufgeführt, auf der sie ausführlich besprochen werden. In den folgenden Abschnitten haben wir die Header gemäß ihres Typs zusammengefaßt. General sowie Entity Header werden in Abschnitt 3.2.2, Request Header in Abschnitt 3.2.3 und Response Header in Abschnitt 3.2.4 beschrieben.

3.2.2 General und Entity Header

General und Entity Header können in Request- und Response-Nachrichten verwendet werden. Während die in Abschnitt 3.2.2.1 beschriebenen General Header nicht auf das innerhalb einer Nachricht beförderte Entity anwendbar sind, enthalten die in Abschnitt 3.2.2.2 beschriebenen Entity Header Informationen über das übertragene Entity oder die im Request angegebene Ressource.

3.2.2.1 General Header

General Header betreffen lediglich die übertragene Nachricht und finden sowohl bei Request- als auch bei Response-Nachrichten allgemeine Verwendung. Sie betreffen nicht das übertragene Entity.

Tab. 3.1 Überblick über die Header-Felder von HTTP/1.1

Name des Header-Felds	Typ des Header-Felds	Seite
`Accept`	Request	79
`Accept-Charset`	Request	79
`Accept-Encodin`	Request	79
`Accept-Languag`	Request	80
`Accept-Ranges`	Response	88
`Age`	Response	89

---

[6] Die Header-Felder `Alternates`, `Content-Version`, `Derived-From`, `Link`, `URI`, `Public` und `Content-Base` waren Bestandteil der Spezifikation der ersten Version von HTTP/1.1, wurden aber aus den neuesten Revisions der Spezifikation entfernt.

Tab. 3.1 Überblick über die Header-Felder von HTTP/1.1

Name des Header-Felds	Typ des Header-Felds	Seite
Allo	Entity	69
Authorization	Request	80
Cache-Control	General	66
Connectio	General	66
Content-Bas	Entity	69
Content-Encoding	Entity	69
Content-Language	Entity	70
Content-Length	Entity	70
Content-Location	Entity	70
Content-MD5	Entity	71
Content-Range	Entity	71
Content-Typ	Entity	71
Date	General	67
ETag	Entity	71
Expect	Request	80
Expire	Entity	72
From	Request	81
Host	Request	81
If-Match	Request	82
If-Modified-Since	Request	81
If-None-Match	Request	82
If-Range	Request	83
If-Unmodified-Since	Request	83
Last-Modified	Entity	72
Location	Response	89
MIME-Versio	General	67
Max-Forward	Request	83
Pragma	General	67
Proxy-Authenticat	Response	89
Proxy-Authorization	Request	83
Rang	Request	84
Refere	Request	85
Retry-After	Response	90

Tab. 3.1 Überblick über die Header-Felder von HTTP/1.1

Name des Header-Felds	Typ des Header-Felds	Seite
Server	Response	90
TE	Request	85
Traile	General	67
Transfer-Encoding	General	67
Upgrad	General	68
User-Agen	Request	85
Vary	Response	90
Via	General	68
Warnin	Response	90
WWW-Authenticate	Response	91

- Cache-Control
  Das Header-Feld Cache-Control wird zur Angabe von Direktiven verwendet, die von allen Caching-Systemen zu beachten sind, die diese Felder
  enthaltende Nachrichten versenden. Die Caching-Information dient dazu,
  allen Caching-Systemen mitzuteilen, wie sie mit einer bestimmten Nachricht verfahren sollen. Da das Caching bei HTTP/1.1 eine komplexe Angelegenheit ist, haben wir diesem Thema einen ganzen Abschnitt gewidmet,
  in dem wir das allgemeine Konzept des Caching sowie seine Verwendung
  bei HTTP erläutern. Aus diesem Grunde können Einzelheiten über dieses
  Feld Abschnitt 3.2.9 entnommen werden.

- Connection
  Dieses Header-Feld ermöglicht dem Versender (sowohl dem Client als
  auch dem Server) das Festlegen von Optionen, die für eine bestimmte Verbindung gelten sollen, was bedeutet, daß die Nachricht nicht von Proxies
  über weitere Verbindungen weitergeleitet werden darf. Jeder Proxy muß
  das Header-Feld Connection analysieren und alle Header-Felder einer
  Nachricht entfernen, die dasselbe Token wie das in diesem Feld enthaltene
  aufweisen. Neben den sich auf bestimmte Header-Felder beziehenden
  Token ist bei HTTP/1.1 die eine Verbindung betreffende Option close
  definiert, welche angibt, daß der Versender die Verbindung nach der vollständigen Übertragung des Response abbrechen möchte. Bei Clients oder
  Servern, die keine persistenten Verbindungen unterstützen (wie in
  Abschnitt 3.2.7 beschrieben), muß jede Nachricht die Option close enthalten.

- Date
  In diesem Feld wird das Entstehungsdatum einer Nachricht angegeben, d.h. wann das in dieser Nachricht enthaltene Entity erstellt wurde. Das Header-Feld date ist für Responses obligatorisch – außer in den seltenen Fällen, in denen der Server kein verläßliches Datumsfeld erzeugen kann. Clients sollten das Header-Feld date lediglich Requests einsetzen, die ein Entity enthalten, und selbst dann ist seine Verwendung freigestellt.

- MIME-Version
  Genaugenommen ist HTTP nicht MIME-kompatibel. (MIME wird in Abschnitt 1.4.3.2 beschrieben.) Der Verfasser einer HTTP-Nachricht hat jedoch die Möglichkeit, anzugeben, mit welcher MIME-Version die Nachricht erstellt wurde. Durch die Verwendung dieses Header-Felds wird angezeigt, daß eine HTTP-Nachricht vollständig mit der im Header-Feld MIME-Version angegebenen Version des MIME-Protokolls kompatibel ist.

- Pragma
  Dieses Header-Feld dient zur Angabe von implementierungsspezifischen Direktiven, die möglicherweise jeden Empfänger entlang der Request/ Response-Kette betreffen. Aufgrund der Abwärtskompatibilität zu HTTP/ 1.0 wurde die Direktive no-cache definiert, welche dem HTTP/1.1-Header Cache-Control: no-cache entspricht. Es werden in Zukunft keine neuen Pragma-Direktiven mehr bei HTTP definiert.

- Trailer
  Mit Hilfe des Header-Felds Trailer wird angezeigt, daß die angegebenen Header-Felder im Trailer einer mit Chunked Transfer Coding codierten Nachricht enthalten sind. Dieses Header-Feld ist als Sequenz von Feldnamen definiert und gibt dem Empfänger Aufschluß darüber, welche Header-Felder er im Trailer erwarten kann.

- Transfer-Encoding
  Da ein Message Body vor der Übertragung über eine HTTP-Verbindung codiert werden kann, besteht die Möglichkeit, dies mit Hilfe des Header-Felds Transfer-Encoding anzuzeigen. Beliebte Anwendungen dieses Feldes sind die Direktive chunked, die angibt, daß ein Message Body als Reihe von Chunks versandt wird, sowie die Direktive gzip verwendet, die angibt, daß der Message Body gemäß dem im Informationszwecken dienenden Internet RFC 1952 [63] spezifizierten Dateiformat *gzip* codiert wurde. Die für das Header-Feld Transfer-Encoding möglichen Werte[7] werden von der *Internet Assigned Numbers Authority (IANA) registriert.*

- `Upgrade`
  Mit Hilfe dieses Header-Felds kann ein angeben, welche zusätzlichen Kommunikationsprotokolle er unterstützt und welches er davon einsetzen möchte, falls der Server dieses ebenfalls unterstützt und das Protokoll wechseln möchte. Der Server muß dieses Header-Feld bei einer `101` (`switching protocols`) `-Response` verwenden und angeben, welche Protokolle ausgetauscht werden. Eine mögliche zukünftige Verwendung dieses Header-Felds könnte darin bestehen, daß ein Client es zusammen mit einer HTTP/2.0-Direktive innerhalb eines HTTP/1.1-Requests einsetzt, um anzuzeigen, daß er eine neuere Version von HTTP verwenden möchte, falls diese vom Server unterstützt wird.

- `Via`
  Gateways und Proxies müssen dieses Header-Feld verwenden, um die zwischengeschalteten Protokolle und Empfänger einer Nachricht anzugeben. Dieses Header-Feld soll das Verfolgen von Nachrichten (einschließlich der Protokollfähigkeiten) ermöglichen. Dadurch läßt sich die Bildung von Schleifen verhindern, und man kann auf einfache Weise feststellen, was mit einem bestimmten Request oder Response geschieht. Jede Zwischenstation fügt ein Header-Feld `Via` hinzu, so daß der Empfänger den Weg einer Nachricht durch die verschiedenen Systeme problemlos nachvollziehen kann.

General-Header-Felder lassen sich lediglich durch eine Veränderung innerhalb der Protokollversion verläßlich erweitern, da unerkannte Namen von Header-Feldern standardmäßig als Entity Header behandelt werden. Falls sich jedoch alle Parteien einer geschlossenen Umgebung auf ein neues General-Header-Feld einigen, kann dieses ohne Änderung der Protokollversion eingesetzt werden.

3.2.2.2 Entity Header

Entity-Header-Felder definieren Informationen über den (in einer Nachricht enthaltenen) Entity Body oder, falls ein solcher nicht vorhanden ist, über die in dem Request angegebene Ressource. (Das hierfür geläufigste Beispiel stellt der Response auf einen `HEAD`-Request dar, der lediglich Informationen über das Entity, nicht aber das Entity selbst enthält.)

---

[7]   Diese Codierungstypen werden ebenfalls für den in Abschnitt 3.2.2.2 beschriebenen Entity Header `Content-Encoding` sowie den in Abschnitt 3.2.3.2 beschriebenen Request Header `Accept-Encoding` verwendet.

- `Allow`
  Das Header-Feld `Allow` wird verwendet, um dem Empfänger eine Liste von Methoden zu übermitteln (zum Beispiel mit den in Abschnitt 3.2.3.1 ausführlich beschriebenen Methoden `GET` oder `HEAD`), die von einer bestimmten Ressource unterstützt werden. Ein Server muß dieses Feld verwenden, wenn er einen `405` (`method not allowed`)-Response zurückgibt. Es kann nicht verhindert werden, daß ein Client versucht, sich anderer Methoden zu bedienen, obwohl er dies laut Spezifikation nicht machen sollte.

- `Content-Base`
  Da Entities relative URIs enthalten können, muß der Empfänger eines Entity über wohldefinierte Methoden zum Auflösen dieser URIs verfügen. Im Header-Feld `Content-Base` wird die zum Auflösen relativer URIs innerhalb eines Entity erforderliche Base URI angegeben. Falls kein Header-Feld `Content-Base` vorhanden ist, wird die Base URI entweder durch ihre `Content-Location` (ein weiteres Entity-Header-Feld) oder die beim Einleiten der Request verwendete URI definiert. Weiterhin ist es wichtig, darauf zu achten, daß die Base URI eines Entity innerhalb dieses Entities neu definiert werden kann. Bei HTML kann dies mit Hilfe eines <BASE>-Elements geschehen, das in Abschnitt 5.2.3.1 beschrieben wird.

- `Content-Encoding`
  Das Header-Feld `Content-Encoding` gibt an, welches Codierungsverfahren auf den Message Body angewendet wurde. Aus diesem Grund ist es erforderlich, den entsprechenden Decodierungsmechanismus anzuwenden, um den im nachfolgend beschriebenen Header-Feld `Content-Type` aufgeführten Medientyp zu erhalten. Die für das Header-Feld `Content-Encoding` möglichen Werte[8] werden von der Internet Assigned Numbers Authority (IANA) registriert. Normalerweise wird der Inhalt eines Entity vor dem Speichern auf einem Server codiert, um zum Beispiel Speicherplatz einzusparen[9]. Falls ein Entity mehrfach codiert wurde, müssen die dazu verwendeten Verfahren in der Reihenfolge ihrer Anwendung aufgeführt werden.

---

[8] Diese Codierungstypen werden ebenfalls für den in Abschnitt 3.2.2.1 beschriebenen General Header `Transfer-Encoding` sowie für den in Abschnitt 3.2.3.2 beschriebenen Request Header `Accept-Encoding` verwendet.

[9] Dadurch unterscheidet sich das `Content-Encoding` eines Entity von dem in Abschnitt 3.2.2.1 beschriebenen `Transfer-Encoding`, welches in der Regel nur bei der Übertragung eines Entity zur Anwendung kommt.

- `Content-Language`
  Bei Entities, eine bestimmte Sprache enthalten (in den meisten Fällen in schriftlicher oder gesprochener Form) gibt dieses Header-Feld die natürliche Sprache (oder Sprachen) des angesprochenen Publikums an. Dies umfaßt nicht notwendigerweise alle innerhalb des Entity verwendeten Sprachen. Sprachen werden gemäß Internet Proposed Standard RFC 1766 [7] mit Hilfe von Sprach-Tags angegeben, die aus primären Tags und optionalen Subtags bestehen. Jeder aus zwei Buchstaben zusammengesetzte primäre Tag stellt eine ISO 639 [112]-konforme Sprachabkürzung und jedes wiederum aus zwei Buchstaben bestehende Subtag einen Ländercode gemäß ISO 3166 [128][10] dar.

- `Content-Length`
  Das Header-Feld `Content-Length` wird verwendet, um die Größe des Message Body in einer dezimalen Anzahl von Octets anzugeben. Im Falle eines Response auf einen Request , der die in Abschnitt 3.2.3.1 beschriebene Methode `HEAD` verwendet, wäre dies die Größe des Message Body, der versandt worden wäre, hätte es sich bei dem Request um einen `GET`-Request gehandelt. Falls die in Abschnitt 3.2.7 beschriebene persistente Verbindung verwendet werden sollte, ist es unbedingt erforderlich, daß sowohl der Client als auch der Server für jedes übertragene Entity die Größe angeben.

- `Content-Location`
  Falls auf das von einem Server zurückgegebene Entity auch von einem anderen Ort als der URI der angeforderten Ressource aus zugegriffen werden kann, sollte der Server diesen Ort in einem Header-Feld `Content-Location` angeben. Das ist in Fällen nützlich, wenn eine Ressource mit mehreren Entities assoziiert ist (beispielsweise verschiedensprachigen Varianten einer Web-Seite) und der Server in Abhängigkeit von dem Request eine davon auswählt. Falls kein die `Content-Base` enthaltendes Header-Feld vorhanden ist, definiert die `Content-Location` auch die Base URI des Entity. Die `Content-Location` gibt keinen Ersatz für eine bestimmte URI an, kann aber in zukünftigen Requests verwendet werden, falls der Client lieber auf dieses bestimmte Entity als auf die mit der ursprünglichen URI assoziierte Ressource zugreifen möchte.

---

[10] Sprach-Tags werden auch im in Abschnitt 3.2.3.2 beschriebenen Request-Header `Accept-Language` verwendet.

- Content-MD5
  Das Header-Feld Content-MD5, wie es im Internet Draft Standard RFC 1864 [186] definiert ist, enthält ein MD5 Digest des gesamten Message Body. Dies ermöglicht eine vollständige Integritätsüberprüfung eines Entity, um sicherzustellen, daß dieses auf seinem Weg vom Server zum Client nicht verändert wurde. Weiterhin ist dies beim Aufspüren von versehentlichen Veränderungen des Message Body von Nutzen, kann aber nicht als Sicherheitsmerkmal betrachtet werden[11].

- Content-Range
  Da HTTP/1.1 die Übertragung von partiellen Entities gestattet, muß es einen Weg geben, um festzulegen, an welcher Stelle ein partieller Entity Body in den gesamten Entity Body eingefügt werden soll. Im Grunde genommen gibt es zwei Möglichkeiten. Falls der zurückgegebene Teil eines Entities aus einem Bytebereich besteht, werden die Position und die Größe des Teils des Entity Bodies in dem Header-Feld Content-Range angeben. Falls der zurückgegebene partielle Entity Körpers aus mehreren Bereichen besteht, muß der MIME-Typ multipart/byteranges verwendet werden, und jeder der Bereiche in diesem Format enthält sein eigenes Feld Content-Range[12].

- Content-Type
  Das Header-Feld Content-Type gibt den Medientyp des enthaltenen Entity an. Im Fall eines Response auf einen Request mit der in Abschnitt 3.2.3.1 beschriebenen Methode HEAD enthält das Feld den Medientyp des Message Body, der versendet worden wäre, wenn es sich um einen GET-Request gehandelt hätte. Man muß daran denken, daß die tatsächliche Codierung der Entities aufgrund weiterer auf den Entity Body angewendeten Codierungen von der im Header-Feld Content-Type angegebenen abweichen kann[13].

- ETag
  Falls das Entity mit einem Validierer (wie in Abschnitt 3.2.9.3 beschrieben) verknüpft ist, enthält das Header-Feld ETag das als Validierer verwendete Tag. Das Entity Tag kann benutzt werden, um einenVergleich mit anderen

---

[11] Man könnte leicht einen bösartigen Angriff durchführen, indem man den Rumpf eines Entity abändert und das MD5 Digest des veränderten Message Bodies in das Header-Feld Content-MD5 einfügt.

[12] Sowie möglicherweise weitere Felder, wie beispielsweise das Feld Content-Type mit der Bezeichnung des Medientyps.

[13] Das in Abschnitt 3.2.2.1 beschriebene Transfer-Encoding sowie das in diesem Abschnitt beschriebene Content-Encoding stellen die beiden Möglichkeiten dar, wie es zu einer solchen Codierung kommen kann.

Entities derselben Ressource durchzuführen. Außerdem wird dieses Tag in den Request-Header-Feldern `If-Match`, `If-None-Match` und `If-Range` eingesetzt, die in Abschnitt 3.2.3.2 beschrieben werden.

- `Expires`
  Das Header-Feld `Expires` dient zur Angabe des Datums und der Uhrzeit, nach der ein Entity als veraltet betrachtet werden sollte. Nach diesem Zeitpunkt sollte kein Cache mehr eine Kopie dieses Entity zurückgeben, sondern diese zuerst validieren. Eine vollständige Beschreibung dieses Vorgangs findet sich in dem das Validierungsmodell von HTTP beschreibenden Abschnitt 3.2.9.3. Das Header-Feld `Expires` sollte immer ein dem im Internet Standard RFC 1123 [29] angegebenen Format entsprechendes absolutes Datum und die Uhrzeit enthalten. Falls in einem Response ein die Anweisung `max-age` (ausführlich in Abschnitt 3.2.9.4 beschrieben) verwendendes Header-Feld `Cache-Control` enthalten ist, hat dieses Vorrang vor dem Header-Feld `Expires`.

- `Last-Modified`
  Hierbei handelt es sich um ein Header-Feld, welches eigentlich in jedem Response enthalten sein sollte. Das Header-Feld `Last-Modified` gibt das Datum und die Uhrzeit an, von denen der Origin Server glaubt, daß das Entity zu diesem Zeitpunkt zum letzten Mal verändert wurde. Abhängig vom Typ des Entity (oder der Art der Speicherung auf dem Origin Server) kann es sich hierbei um das Datum einer durch das Dateisystem vorgenommenen Änderung, den Zeitstempel einer Datenbank oder um das aktuelle Datum und die Uhrzeit handeln, wenn das Entity aus sich ständig ändernden Daten dynamisch erstellt wird. Falls sich das Entity aus anderen Entities zusammensetzt, die unterschiedliche Veränderungsdaten aufweisen, sollte das Header-Feld `Last-Modified` das aktuellste Datum enthalten.

- `extension-header`
  Der `extension-heade`-Mechanismus ermöglicht es, zusätzliche Header-Felder für Entities zu definieren, ohne das Protokoll zu wechseln. Man kann aber nicht davon ausgehen, daß diese Felder vom Empfänger erkannt werden. Jedes Header-Feld mit einem nicht dem Standard entsprechenden Namen kann als Erweiterungs-Header-Feld interpretiert werden und ist aus diesem Grund ein Header-Feld eines Entities. Unbekannte Header-Felder sollten vom Empfänger ignoriert und müssen von Proxies weitergeleitet werden.

Da der Erweiterungs-Header-Mechanismus jeden nicht standardmäßigen Header als Entity Header definiert, kann die Liste der Entity-Header-Felder ohne einen Wechsel der Protokollversion erweitert werden.

3.2.3 Request

Die erste Nachricht einer HTTP-Interaktion ist immer eine Request Message. Diese wird nach erfolgtem Verbindungsaufbau vom Client an den Server gesendet und gibt den Request des Clients an. Das Format einer Request Message entspricht dem allgemeinen Nachrichtenformat und ist recht einfach:

```
request =
  request-line
  *( general-header | request-header | entity-header)
  CRLF
  [ message-body ]

request-line =
  method SP request-URI SP HTTP-version CRLF
```

Im Falle einer Request Message handelt es sich bei der standardmäßigen start-line des allgemeinen Nachrichtenformats um eine request-line, welche die wichtigsten Informationen des Requests enthält. Nach der request-line folgen null oder mehr Header, die General Header, Request Header oder Entity Header sein können. Weiterhin kann eine Request Message einen durch eine Leerzeile abgesetzten message-body enthalten. Die request-line weist drei durch Leerzeichen voneinander getrennte Felder auf.

- method
  Das Feld method gibt an, welche Methode der Server auf die in der request-URI angegebene Ressource anwenden soll. Es gibt jedoch Methoden, die auf eine bestimmte Ressource nicht anwendbar sind.

- request-URI
  Bei der request-URI handelt es sich um eine der Beschreibung in Kapitel 2 entsprechende URI, welche die Ressource angibt, auf die der Response anzuwenden ist. Falls der Request nicht auf eine bestimmte Ressource anwendbar ist, sollte das Feld request-URI das Zeichen »*« enthalten. Die absolute Form (diese enthält den Host-Namen) muß verwendet werden, falls ein Request an einen Proxy geschickt wird. Falls sich der Request direkt an den Origin Server richtet, kann die Pfadform eingesetzt werden, welche die Ressource auf dem Server eindeutig angibt[14].

---

[14] Die Pfadform wird deshalb so genannt, da sie lediglich den in Abschnitt 2.3.2 definierten url-path einer URL (mit einem vorangestellten »/«) darstellt.

- `HTTP-version`
  Das Feld `HTTP-version` gibt die Version einer HTTP-Nachricht wieder[15]. Jede Anwendung, die eine der Spezifikation von HTTP/1.1 entsprechende Request Message verschickt, muß dieser als `HTTP-version` die Zeichenfolge `HTTP/1.1` hinzufügen.

Die beiden von der Funktion her wichtigsten Elemente eines Requests sind die Request-Methode, welche die von dem Client vom Server verlangte Aktion festlegt, sowie die Header-Felder, mit deren Hilfe der Client zusätzliche Informationen an den Server weitergibt. Die Request-Methoden werden in Abschnitt 3.2.3.1 beschrieben. Bei den Header-Feldern eines Requests kann es sich um die im vorangegangenen Abschnitt beschriebenen General oder Entity Header oder die in Abschnitt 3.2.3.2 beschriebenen Request Header handeln.

3.2.3.1 Request-Methoden

Die Request-Methoden von HTTP definieren die vom Server auszuführende Aktion. Die einfachste Request-Methode (und die einzige in der allerersten HTTP-Version definierte) ist die Methode `GET`, die eine Ressource vom Server anfordert. Da HTTP jetzt weitere Methoden unterstützt, wurden diese in Übereinstimmung mit zwei Eigenschaften charakterisiert. Wer HTTP implementiert, sollte sicherstellen, daß diese Eigenschaften in der jeweiligen Implementierung beachtet werden.

- *Sichere Methoden*
  Sichere Methoden sollten niemals eine andere Funktionalität beinhalten als die des Abrufens von Informationen. Dadurch können Clients zwischen Methoden unterscheiden, die keine unerwartete Bedeutung für sie selbst oder andere aufweisen oder für die genau dies der Fall sein könnte.

- *Idempotente Methoden*
  Von idempotenten Methoden läßt sich sagen, daß sich mehrere identische Requests in ihrer Wirkung nicht von einem einzelnen unterscheiden[16]. Demzufolge ist jede sichere Methode auch idempotent.

Auf der Basis dieser Definitionen können die in HTTP/1.1 definierten Methoden klassifiziert werden. Das Ergebnis dieser Einteilung wird in Tabelle

---

[15] Der Internet Informational RFC 2145 [182] enthält Richtlinien für die Verwendung und Interpretation von HTTP-Versionsnummern.

[16] Es ist jedoch möglich, daß eine Folge von mehreren idempotenten Requests nicht idempotent ist. Dazu kann es kommen, falls das Ergebnis der gesamten Request-Folge von einem Wert abhängig ist, der innerhalb dieser Sequenz verändert wird.

3.2 dargestellt[17]. Man sollte darauf achten, daß die Methode CONNECT nicht Bestandteil der ursprünglichen Spezifikation von HTTP/1.1 ist, sondern erst ihrer ersten überarbeiteten Version hinzugefügt wurde, auf der unsere Beschreibung von HTTP/1.1 basiert. Soweit es die Spezifikation von HTTP/ 1.1 betrifft, handelt es sich bei dieser Methode jedoch lediglich um eine reservierte Methodenbezeichnung. Die Methode selbst wird vermutlich einer zukünftigen Überarbeitung oder Version dieser Spezifikation hinzugefügt.

Tab. 3.2 Überblick über die Request-Methoden von HTTP/1.1

Name der Request-Methode	Sicher	Idempotent	Seite
CONNECT			75
DELET		●	75
GET	●	●	76
HEAD	●	●	76
OPTIONS		●	77
POST			77
PUT		●	78
TRACE		●	78

- CONNECT
  Bei der Methode CONNECT handelt es sich lediglich um eine in der Spezifikation von HTTP/1.1 reservierte Bezeichnung, deren Verwendung im Internet Draft von Luotonen [163] beschrieben wird. Diese Methode wird für das in Abschnitt 9.2.4.2 beschriebene SSL Proxying verwendet. Im Grunde genommen dient sie zur Schaffung eines transparenten Pfades für die SSL-Kommunikation zwischen einem Client und einem Server, wobei Proxies die Daten einfach weiterleiten.

- DELETE
  Ein Client kann mit Hilfe eines die Methode DELETE enthaltenden Requests die Löschung einer sich auf einem Origin Server befindenden Ressource fordern. Aber selbst wenn der Server die erfolgreiche Durchführung zurückmeldet, kann sich der Client nicht sicher sein, daß die Ressource tatsächlich gelöscht wurde, da der Server lediglich angibt, daß er die Absicht hat, die Löschung vorzunehmen.

---

[17] Die Methoden PATCH, LINK und UNLINK waren Bestandteil der ersten Version der HTTP/1.1-Spezifikation, wurden aber aus der neuesten Überarbeitung dieser Spezifikation entfernt.

Der Server kann die erfolgreiche Durchführung auf mehrere Arten angeben. Falls der Response eines den Zustand beschreibendes Entity enthält, sollte der Response den Statuscode 200 (ok) aufweisen. Falls der Server die Aktion noch nicht durchgeführt hat, sollte er einen Response mit dem Statuscode 202 (accepted) zurückgeben. Falls der Response OK lautet, aber kein Entity enthält, sollte der Response den Statuscode 202 (no content) aufweisen.

Einer einen Cache passierende DELETE-Request sollte durch den Cache interpretiert werden und dazu führen, daß der Cache alle Cache-Einträge markiert, die von der URI als veraltet bezeichnet werden.

- GET

  Die Methode GET wird von einem Client eingesetzt, um die durch die request-URI angegebene Information (in Form eines Entities) abzurufen. Normalerweise handelt es sich dabei um ein Dokument oder um andere statische Informationen (beispielsweise um eine Grafik oder eine Audiodatei), die auf dem Server abgelegt sind. Es ist jedoch auch möglich, daß sich die in der request-line angegebene request-URI auf eine Ressource bezieht, welche die an den Client zurückzuschickenden Daten generiert. HTTP/1.1 unterscheidet nicht zwischen URIs, die sich auf statische Daten oder auf einen Prozeß zur Datenerzeugung beziehen[18].

  Falls eines der Header-Felder If-Match, If-Modified-Since, If-None-Match, If-Range oder If-Unmodified-Since vorhanden ist, ändert die Methode GET ihre Semantik in ein »bedingtes GET« um. Diese Semantik legt fest, daß das Entity, auf das von der Methode GET verwiesen wird, nur unter den in den bedingten Header-Feldern des Requests beschriebenen Bedingungen übertragen werden sollte. Beim Vorhandensein des Header-Felds Range ändert die Methode GET ihre Semantik in ein »partielles GET« um. Diese Semantik legt fest, daß lediglich der im Request angegebene Teil des in der Methode GET bezeichneten Entity übertragen werden soll.

- HEAD

  Die Methode HEAD ist der Methode GET sehr ähnlich. Der einzige Unterschied besteht darin, daß der Server in seinem Response keinen Message Body zurückgeben muß. Diese Methode wird häufig eingesetzt, um URIs auf Gültigkeit, Verfügbarkeit und Änderungen zu überprüfen. Falls der Response auf einen HEAD-Request angibt, daß sich eine Ressource geän-

---

[18] Zwei mögliche Szenarien, in denen die mittels der Methode GET angeforderten Daten nicht statisch sind, wären beispielsweise der in Abschnitt 9.4 beschriebene Zugriff auf ein *Common Gateway Interface (CGI)*-Skript oder die in Abschnitt 9.3.2.5 beschriebene Anforderung eines *Server-Side Includes (SSI)* enthaltenden Dokuments.

dert hat (beispielsweise, wenn eine Veränderung bei den Header-Feldern `Content-Length`, `Content-MD5`, `ETag` oder `Last-Modified` vorliegt), muß ein Cache, durch den dieser Response geht, den zugehörigen Cache-Eintrag (falls sich diese Ressource im Cache befindet) als veraltet markieren.

- `OPTIONS`
  Mit Hilfe dieser Methode kann ein Client Informationen über die für eine bestimmten Ressource möglichen Kommunikationsoptionen innerhalb der Request/Response-Kette einholen. Weiterhin ist es möglich, auf die Angabe einer Ressource zu verzichten (indem man in der `request-line` als `request-URI` das Zeichen »*« einträgt). Der Client wird dadurch über die allgemeinen, nicht nur auf eine bestimmte Ressource zutreffenden Kommunikationsoptionen innerhalb der Request/Response-Kette zu einem Server informiert.

  Der Response auf einen `OPTIONS`-Request sollte alle Header-Felder enthalten, die auf dem Server implementierte optionale Features angeben. Beispielsweise könnte man mit Hilfe des Header-Felds `Allow` alle für die Ressource oder durch den Server allgemein unterstützten Methoden auflisten (je nachdem, ob als `request-URI` das Zeichen »*« oder eine URI angegeben wurde). Die folgenden Header können ebenfalls in einem Response auf einen `OPTIONS`-Request verwendet werden: `Accept`, `Accept-Charset`, `Accept-Encodin`, `Accept-Language` und `Accept-Ranges`.

- `POST`
  Falls ein Client Informationen an ein mit einer URI bezeichnetes Entity senden möchte, kann er dies mit Hilfe der Methode `POST` durchführen. Im Gegensatz zur Methode `PUT`, bei deren Verwendung ein neues Entity erstellt wird, dient die Methode `POST` zum Angeben eines bereits existierenden Entities sowie der dorthin zu übertragenden Daten. Ihre häufigste Anwendung findet die Methode `POST` bei der Übertragung formatierter Daten an CGI-Anwendungen, wie in Abschnitt 9.4.2 ausführlich beschrieben wird.

  Falls die Übertragung erfolgreich abgeschlossen wurde und der Request eine Rücksendung eines Entities zur Folge hatte, sollte der Server mit dem Statuscode `200 (ok)` antworten. Falls die Daten erfolgreich übertragen wurden und der Request keine Rücksendung eines Entities zur Folge hatte, sollte der Server mit dem Statuscode `20 4(nocontent)` antworten. Falls die Daten erfolgreich übertragen wurden und der Request die Erstellung einer neuen Ressource zur Folge hatte, sollte der Server mit dem Statuscode `20 1(created)` antworten.

- PUT

  Die Methode PUT kann von einem Client verwendet werden, um ein Entity unter einer bestimmten URI auf einem Server abzuspeichern. Der Request gibt die request-URI an, wobei es sich um die URI handelt, unter der das Entity gespeichert werden soll, und enthält darüber hinaus ein auf dem Server abzulegendes Entity. Falls dabei ein neues Entity erstellt wird, sollte der Server mit dem Statuscode 20 1(created) antworten. Wird ein bereits existierendes Entity aktualisiert (wie beispielsweise beim Ersetzen eines Dokuments durch eine neuere Version), sollte der Server mit dem Statuscode 200 (ok) oder 204 (n ocontent) reagieren, je nachdem, ob der Response ebenfalls ein Entity enthält.

- TRACE

  Zu Diagnosezwecken kann es für einen Client interessant sein, wie eine an einen Origin Server[19] gesendete Nachricht tatsächlich von diesem empfangen wird, wobei davon ausgegangen wird, daß die Request/Response-Kette einen oder mehrere als Cache fungierende Proxies enthalten sowie Header-Felder verändern oder hinzufügen kann. Der Client verschickt einfach einen die Methode TRACE enthaltenden Request, den der Empfänger mit dem Statuscode 200 (ok) und einem Entity Body beantwortet, der den Request in der Form enthält, in der er vom Empfänger empfangen wurde. Das interessanteste Header-Feld in dem vom Empfänger empfangenen Request wird in der Regel das Feld via sein, das eine Liste der von dem Request durchlaufenen Stationen enthält.

Gemäß der Spezifikation von HTTP/1.1 sind alle Methoden außer GET und HEAD optional, was zur Folge hat, daß auf jedem Server mindestens diese beiden Methoden implementiert sein müssen. Falls eine angeforderte Methode nicht auf einem Server implementiert ist, sollte dieser einen Response mit dem Statuscode 50 1(n otimplemented) zurückgeben. Falls dem Server eine Methode bekannt, diese aber für die im Request angegebene Ressource nicht zulässig ist, sollte der Server einen Response mit dem Statuscode 405 (method not allowed) zurückschicken.

3.2.3.2 Request Header

Request-Header-Felder werden von einem Client zum Übertragen zusätzlicher Informationen über den Request und den Client selbst an den Server verwendet. Demzufolge dienen Request-Header-Felder dem Abändern von

---

[19] Es ist auch möglich, mit Hilfe des Header-Felds Max-Forwards die Anzahl der Hops eines TRACE-Requests einzuschränken. Auf diese Weise kann jede Zwischenstation in der Request/Response-Kette als Empfänger eines TRACE-Requests adressiert werden.

Requests. Während in einigen dieser Header-Felder dem Server lediglich zusätzliche Parameter übergeben werden, die dieser verwenden oder ignorieren kann (wie beispielsweise Informationen über die vom Client verwendete Software), verändern andere auf wirksame Weise die Request-Semantik und müssen vom Server korrekt interpretiert werden (wie beispielsweise Header, die bedingte oder partielle Requests für Ressourcen erzeugen).

- Accept
  Das Header-Feld `Accept` kann zum Festlegen der für den Response akzeptablen Medientypen verwendet werden. Die Angabe des Medientyps kann sehr einfach sein, indem beispielsweise angegeben wird, daß lediglich ein HTML-Dokument als Response akzeptiert wird, oder sich ziemlich komplex darstellen. Ein Beispiel für eine komplexere Spezifikation des Header-Felds `Accept` wäre ein Request für ein Textdokument, welches, falls als solches vorhanden, in Form von HTML, andernfalls in Form einfachen Texts gesendet werden soll. Mit Hilfe dieses Header-Felds können Clients sehr genaue Angaben über ihre Medientypfähigkeiten (d.h. welche Medientypen sie interpretieren können) und Medientyppräferenzen machen (d.h. welche Medientypen sie vorziehen, sofern diese vorhanden sind).

- Accept-Charset
  Mit Hilfe des Header-Felds `Accept-Charset` können Clients angeben, welche Zeichensätze sie in einem Response akzeptieren. Clients, die umfassende oder für besondere Zwecke entworfene Zeichensätze verstehen, können dies dem Server auf diese Weise zu verstehen geben. Man kann davon ausgehen, daß alle Clients den Zeichensatz ISO 8859-1 [111] akzeptieren. Falls ein Server nicht in der Lage ist, einer angeforderten Zeichensatzspezifikation zu entsprechen, kann er entweder einen Response mit dem Statuscode `406(n otacceptable)` zurücksenden oder mit einem inakzeptablen Response antworten (indem er zum Beispiel den Zeichensatz ISO 8859-1 verwendet).

- Accept-Encoding
  Das Header-Feld `Accept-Encoding` kann zur Angabe der für einen Client akzeptablen Codierungen des Inhalts eines Response verwendet werden. Das Fehlen des Header-Felds `Accept-Encoding` bedeutet für den Server, daß der Client jede Inhaltscodierung akzeptiert. Die *Internet Assigned Numbers Authority (IANA)* fungiert als Registrierungsstelle für die möglichen Werte des Header-Felds `Accept-Encoding`[20]. Falls ein

---

[20] Diese Codierungsverfahren werden auch für den in Abschnitt 3.2.2.1 beschriebenen Entity Header `Transfer-Encoding` und den in Abschnitt 3.2.2.2 erläuterten General Header `Content-Encoding` verwendet.

Server eine angeforderte Inhaltscodierung nicht vornehmen kann, sollte er einen Response mit dem Statuscode `40 6`(`notacceptable`) zurückschicken.

- `Accept-Language`
  Dieses Header-Feld ist anderen `Accept-Heade` -Feldern insofern ähnlich, als es Clients ermöglicht, Sprachpräferenzen für Responses anzugeben. Demzufolge kann dieses Feld in manchen Fällen vom Server ignoriert werden (wenn es sich bei dem Response um eine Grafik handelt, die nicht sprachspezifisch ist), während es in anderen Fällen (beispielsweise bei HTML-Seiten, die Text enthalten) beachtet werden sollte. Sprachen werden wie im Internet Proposed Standard RFC 1766 [7] definiert mit Hilfe von Sprach-Tags angegeben, die aus primären Tags und Subtags bestehen. Jeder aus zwei Buchstaben bestehende primäre Tag stellt eine Sprachabkürzung gemäß ISO 639 [112] und jedes wiederum aus zwei Buchstaben bestehende Subtag einen Ländercode gemäß ISO 3166 [128][21] dar. Die Sprach-Tags werden vollständig und als Funktion des Präfix verglichen und erlauben somit perfekte und effiziente Vergleichsmethoden. Der Client sollte die Auswahl der Sprachpräferenzen dem Benutzer oder in seinen Requests auf das Header-Feld `Accept-Language` verzichten.

- `Authorization`
  Das Header-Feld `Authorization` wird von Clients verwendet, um sich selbst bei einem Server zu authentifizieren[22]. In Abhängigkeit von dem vom Client eingesetzten Authentifizierungsverfahren enthält das Header-Feld `Authorization` die Beglaubigung für eine Basic oder Digest Access Authorization. Da das HTTP-Authentifizierungsverfahren eine recht komplexe Angelegenheit ist, beschreiben wir es in einem gesonderten Abschnitt. Weitere Einzelheiten darüber finden Sie in Abschnitt 3.2.6.

- `Expect`
  Falls ein Client von einem Server ein bestimmtes Verhalten erwartet, kann er diese Erwartungen mit Hilfe des Header-Felds `Expect` angeben. Ein Server, der nicht in der Lage ist, den Erwartungen eines Clients zu entsprechen, sollte mit dem Statuscode `417` (`expectation failed`) antworten. Da das Header-Feld `Expect` mit einer ausbaufähigen Syntax für zukünftige Erweiterungen ausgestattet ist, kann es vorkommen, daß ein Server ein Header-Feld `Expect` mit von ihm nicht unterstützten Erweite-

---

[21] Sprach-Tags werden auch in dem in Abschnitt 3.2.2.2 beschriebenen Entity Header `Content-Language` benutzt.

[22] Normalerweise, aber nicht unbedingt, nach dem Empfang eines Response mit dem Statuscode `401` (`unauthorized`).

rungen empfängt. In diesem Falle muß der Server den Statuscode 417
(expectation failed) zurückgeben.

- From
Mit Hilfe des Header-Felds From wird die E-Mail-Adresse des menschlichen Benutzers angegeben, der die Kontrolle über den anfragenden Client
ausübt. Diese Adresse sollte den im Internet Standard RFC 822 [53]
(aktualisiert durch den Internet Standard RFC 1123 [29]) definierten For-
matvorgaben entsprechend angegeben werden. Clients sollten die E-Mail-
Adresse des Benutzers nicht ohne dessen Zustimmung senden. Bei automatisierten Clients (beispielsweise den in Abschnitt 10.2 beschriebenen
Suchmaschinen) sollte das Header-Feld From in den Requests enthalten
sein und eine Kontaktadresse für den Fall angeben, daß der automatisierte
Client dem Server Probleme bereitet.

- Host
Dies ist das einzige Header-Feld, das in jedem an einen HTTP/1.1-Server
geschickten Request enthalten sein muß. Ein Server, der einen Request
ohne das Header-Feld Host erhält, muß darauf mit dem Statuscode 400
(bad request) reagieren. In dem Header-Feld Host wird der Internet-
Host sowie die Port-Adresse der angeforderten Ressource angegeben, wie
sie der ursprünglichen, vom Benutzer bereitgestellten URL bzw. der darauf
verweisenden Ressource entnommen wurde. Dadurch kann der Origin
Server Requests unterscheiden, die an einer mit mehreren Host-Namen
verknüpften IP-Adresse empfangen werden.

- If-Modified-Since
Das Header-Feld If-Modified-Since wird zum Erstellen bedingter
GET-Requests eingesetzt. Wenn ein Server einen Request mit dem Header-
Feld If-Modified-Since empfängt, kann dies drei unterschiedliche
Reaktionen zur Folge haben:

  - Falls die in dem Request angegebene Ressource nach dem im Header-
    Feld If-Modified-Since angegebenen Datum nicht verändert
    wurde, antwortet der Server mit dem Statuscode 304 (not modi-
    fied).

  - Falls die Ressource verändert wurde, entspricht der Response genau
    dem im Falle einer normalen (keine Bedingungen enthaltenden) GET-
    Methode zurückgegebenen.

  - Falls der Request ungültig ist oder einen Response mit einem anderen
    Statuscode als 200 (ok) zur Folge hat, entspricht die Error Response
    genau dem im Falle einer normalen (keine Bedingungen enthaltenden)
    GET-Methode zurückgegebenen.

Dieses Header-Feld ermöglicht ein effizientes Caching. Falls ein sich im Cache befindendes Entity noch gültig ist, kann ein Client dies auf einfache Weise überprüfen, wobei lediglich eine minimale Datenmenge übertragen wird (ein Response mit dem Statuscode `304` (`not modified`)). Falls das sich im Cache befindende Entity jedoch modifiziert wurde, enthält der Response die aktualisierte Fassung, so daß keine zweite Request/Response-Interaktion erforderlich ist. Es sollte bekannt sein, daß die Bedeutung des Header-Felds `If-Modified-Since` durch das Request-Header-Feld `Range` verändert wird.

- `If-Match`
  Das Header-Feld `If-Match` wird zum Erstellen eines bedingten Requests verwendet, indem ein oder mehrere Entity Tags angegeben werden. Dieses Header-Feld kann mit jeder Methode eingesetzt werden. Falls ein Request das Header-Feld `If-Match` enthält, vergleicht der Server das Entity Tag, das mit der im Request angegebenen Ressource verknüpft ist, mit allen Entity Tags, die im Header-Feld `If-Match` festgelegt sind. Falls der Server eine Übereinstimmung feststellt, führt er die Methode wie angefordert aus. Andernfalls sollte der Server einen Response mit dem Statuscode `412` (`precondition failed`) zurücksenden. Für das Vergleichen von Entity Tags sollten ausschließlich Strong Validators (beschrieben in Abschnitt 3.2.9.3) verwendet werden. Ein geläufiges Beispiel für die Verwendung des Header-Felds `If-Match` ist ein `PUT`-Request, der ein Entity nur dann aktualisieren soll, wenn dieses nach dem letzten Abruf durch den Client nicht verändert wurde.

- `If-None-Match`
  Dieses Header-Feld dient insofern demselben Zweck wie das Header-Feld `If-Match`, als es durch die Angabe eines oder mehrerer EntityTags einen Request zu einem bedingten Request macht. Im Falle des Header-Felds `If-None-Match` wird die Operation jedoch nur ausgeführt, falls keine der durch die Entity Tags des Header-Felds `If-None-Match` bezeichneten Ressourcen mehr aktuell ist. Sobald eines der EntityTags mit dem im Falle eines ähnlichen `GET`-Requests als Response (ohne das Header-Feld `If-None-Match`) zurückgegebenen Entity Tag übereinstimmt, sollte der Server die geforderte Methode nicht ausführen. Bei `GET`- und `HEAD`-Methoden sollte er einen Response mit dem Statuscode `304` (`not modified`) senden, während in allen anderen Fällen ein Response mit dem Statuscode `412` (`precondition failed`) die erwartete Antwort darstellt. Eine mögliche Verwendung dieses Headers wäre das Unterbinden gleichzeitiger `PUT`-Operationen.

- `If-Range`
  Falls sich im Cache eines Clients eine partielle Kopie eines Entities befindet
  und er über das gesamte Entity verfügen möchte, könnte er den Rest dieses
  Entities mit Hilfe eines bedingten `GET`-Requests mit dem Header-Feld
  `Range` anfordern. Falls der bedingte `GET`-Request jedoch fehlschlägt,
  müßte der Client das gesamte (modifizierte) Entity mittels eines zweiten
  Requests anfordern. Um diesen zweiten Request zu vermeiden, könnte der
  Client das Header-Feld `If-Range` verwenden, das zusammen mit einem
  Datum (ähnlich dem Header-Feld `If-Unmodified-Since`) oder einem
  Entity Tag (ähnlich dem Header-Feld `If-Match`) eingesetzt werden kann.
  Das Header-Feld `If-Range` muß immer zusammen mit dem Request-
  Header-Feld `Range` benutzt werden. Falls das Entity nicht verändert
  wurde, sollte der Server einen Response mit dem Statuscode
  `20 6(partial response)` senden, während er andernfalls mit einem
  Response reagieren sollte, der das vollständige Entity und den Statuscode
  `200 (ok)` umfaßt.

- `If-Unmodified-Since`
  Mit Hilfe des Header-Felds `If-Unmodified-Since` läßt sich ebenfalls
  ein Request in einen bedingten Request verwandeln. Falls ein Request das
  Header-Feld `If-Unmodified-Since` enthält, sollte der Server die
  Methode nur dann ausführen, wenn die angeforderte Ressource nach dem
  in diesem Feld angegebenen Zeitpunkt nicht mehr verändert wurde.
  Andernfalls sollte der Server die angeforderte Methode nicht ausführen
  und mit einem Response mit dem Statuscode `41 2(precondition
  failed)` reagieren.

- `Max-Forwards`
  Das Header-Feld `Max-Forwards` kann ausschließlich in Verbindung mit
  den Methoden `TRACE` und `OPTION` eingesetzt werden. Mit diesem Header-
  Feld wird eingeschränkt, wie oft ein Request von Proxies oder Gateways
  weitergeleitet werden kann. Jeder Proxy oder jedes Gateway, welches einen
  `TRACE`- oder `OPTION`-Request mit dem Header-Feld `Max-Forwards`
  empfängt, muß dessen Wert vor der Weiterleitung um eins verringern.
  Falls der Wert des empfangenen Header-Felds gleich Null ist, darf der
  Proxy oder das Gateway den Request nicht mehr weiterleiten, sondern
  muß als letzter Empfänger antworten. Dieses Header-Feld soll dem Client
  die Verfolgung von Requests erleichtern, die anscheinend fehlschlagen
  oder in der Mitte der Übertragungskette in eine Schleife geraten.

- `Proxy-Authorization`
  Im Gegensatz zum Request-Header-Feld `Authorization`, mit dem sich ein
  Client bei einem Origin Server selbst authentifizieren kann, wird das Header-

Feld `Proxy-Authorization` von einem Client dazu verwendet, sich bei dem nächsten, eine Authentifizierung erfordernden Proxy zu authentifizieren. Dieses Header-Feld betrifft jedoch nur den nächsten, eine Authentifizierung mit Hilfe des Response-Header-Feldes `Proxy-Authenticate` verlangenden Proxy.(Dieses Feld wird in Abschnitt 3.2.4.2 beschrieben.) Der die Authentifizierung über einen Response mit dem Statuscode `40 7 ( prox yauthenticationrequired)`und dem Response-Header-Feld `Proxy-Authenticate` anfordernde Proxy kann dieses Header-Feld entweder konsumieren (d.h. seine weitere Verbreitung stoppen) oder es an den nächsten Proxy weiterleiten, falls dies die Methode ist, nach der Proxies bei der Authentifizierung eines gegebenen Requests zusammenarbeiten. Einzelheiten hierzu sowie die verschiedenen Verfahren der HTTP-Authentifizierung werden in Abschnitt 3.2.6 beschrieben.

- Range
  Das Header-Feld `Range` wird von Clients zur Festlegung von Bereichs-Requests, d.h. zum Angeben einer Anzahl von Bytebereichen eines Entities verwendet. Bytebereiche können auf unterschiedliche Art und Weise angegeben werden. Grundsätzlich ist es möglich, absolute (am Anfang beginnende) und relative Bereiche (vom Ende her) anzugeben sowie mehrere Bereiche in einem einzigen `Range`-Request zu kombinieren. Falls mehrere Bereiche festgelegt wurden, muß der Client in der Lage sein, mit `multipart/byteranges`-Responses umzugehen, da dies den zum Senden eines mehrere Bereiche umfassenden Response verwendeten Mechanismus darstellt. Bereichs-Requests können bedingt oder unbedingt sein. Falls ein Bereichs-Request Erfolg hatte, antwortet der Server mit einem Response mit dem Statuscode `206 (partial response)`, der die angeforderten Bereiche enthält. Falls ein Bereichs-Request nicht erfüllt werden kann, weil das Entity die angeforderten Bereiche nicht enthält, sollte der Server einen Response mit dem Statuscode `416 (requested range not satisfiable)` senden. Für den Fall, daß ein bedingter Bereichs-Request fehlschlägt, weil die Bedingung nicht erfüllt wird, sollte der Server mit einem Response mit dem Statuscode `304 (not modified)` antworten. Falls ein Proxy einen Bereichs-Request versendet und das vollständige Entity erhält, sollte er das Entity im Cache ablegen und lediglich die angeforderten Bereiche an den Client zurückgeben[23].

---

[23] Dazu kann es kommen, weil die HTTP-Spezifikation festlegt, daß weder Clients noch Server Bereichsoperationen unterstützen müssen. Somit können diese in Requests angegebene Bereichsangaben ignorieren und mit der Übertragung des vollständigen Entities anstelle des geforderten Bereichs antworten.

- `Referer`
  Dieses Header-Feld kann verwendet werden, um dem Server die Adresse (URI) der Ressource mitzuteilen, von der die URI des Requests stammt. Der Server kann diese Information zur allgemeinen Information, zum Eintragen in das Systemprotokoll, zur Verbesserung des Caching oder für andere Zwecke verwenden[24]. Falls die in dem Request enthaltene URI aus einer nicht über eine eigene URI verfügenden Quelle stammt (beispielsweise von einem Bookmark oder einer Tastatureingabe des Benutzers), darf das Header-Feld `Referer` nicht verwendet werden. Falls das Header-Feld `Referer` eine relative URI enthält, sollte diese in Relation zu der in dem Request enthaltenen URI interpretiert werden.

- `TE`
  Das Header-Feld `TE` ist dem Request-Header-Feld `Accept-Encoding` ähnlich, schränkt aber die für den Response möglichen Transfer Encodings ein. Die Anwendung des Header-Felds beschränkt sich auf die unmittelbare Verbindung, weshalb sein Token in dem General Header-Feld `Connection` angegeben werden muß, wann immer ein solches in einer Nachricht vorhanden ist. Falls ein Server keinen dem Header-Feld `TE` eines Response entsprechenden Response senden kann, sollte er mit einem den Statuscode `406` (`not acceptable`) enthaltenden Response antworten.

- `User-Agent`
  Das Header-Feld `User-Agent` enthält Informationen über den Client, von dem der Request ausgeht. Normalerweise handelt es sich dabei um Informationen über den Typ und die Version eines Browsers. Diese Informationen können von dem Server[25] für statistische Zwecke sowie zur Erkennung von User Agents eingesetzt werden, die aufgrund ihrer Einschränkungen oder speziellen Fähigkeiten möglicherweise einen auf sie zugeschnittenen Response erforderlich machen. Das Header-Feld `User-Agent` kann mehrere Produkt-Token enthalten, um zum Beispiel einen bestimmten User Agent sowie die Art der für seine Implementierung eingesetzten Bibliothek zu bezeichnen.

---

[24] Falls die URI eine *Common Gateway Interface (CGI)*-Anwendung bezeichnet, wird mit Hilfe des Header-Felds `Referer` die Umgebungsvariable `HTTP_REFERER` gesetzt, die von der CGI-Anwendung abgefragt werden kann.

[25] Falls der URI eine *Common Gateway Interface (CGI)*-Anwendung bezeichnet, wird mit Hilfe des Header-Felds `User-Agent` die Umgebungsvariable `HTTP_USER_AGENT` gesetzt, welche dann von der CGI-Anwendung analysiert werden kann.

Request-Header-Felder lassen sich nur durch einen Wechsel der Protokollversion verläßlich erweitern, da unbekannte Header-Felder standardmäßig als Entity Header behandelt werden. Falls sich jedoch alle Teilnehmer einer geschlossenen Umgebung auf ein neues Request-Header-Feld einigen, kann dieses ohne einenWechsel der Protokollversion verwendet werden.

3.2.4 Response

Eine Response Message stellt innerhalb einer HTTP-Interaktion immer die zweite Nachricht dar. Sie wird vom Server an den Client gesendet, nachdem der Server den Request des Clients empfangen und verarbeitet hat, und enthält das Ergebnis der Verarbeitung des Requests durch den Server. Das Format einer Response Message entspricht dem allgemeinen Nachrichtenformat und ist demzufolge recht einfach.

```
Response =
  status-line
  *( general-header | response-header | entity-header )
  CRLF
[ message-body ]

status-line =
  HTTP-version SP status-code SP reason-phrase CRLF
```

Im Fall einer Response Message stellt die `start-line` des allgemeinen Nachrichtenformats eine `status-line` dar, welche die wichtigsten Informationen des Response enthält. Nach der `status-line` folgen kein oder mehrere Header, bei denen es sich um General Header, Response Header oder Entity Header handeln kann.

Weiterhin kann ein durch eine Leerzeile abgesetzter optionaler `message-body` Bestandteil einer Response Message sein. Die `status-line` enthält drei durch Leerzeichen voneinander getrennte Felder:

- `HTTP-version`
  Das Feld `HTTP-version` gibt die Version einer HTTP-Nachricht an. Jede Anwendung, die eine der Spezifikation von HTTP/1.1 entsprechende Response Message verschickt, muß ein Feld `HTTP-version` die Zeichenfolge `HTTP/1.1` einfügen.

- `status-code`
  Bei dem `status-code`-Element handelt es sich um den dreistelligen, ganzzahligen Ergebniscode, der bei dem Versuch erzeugt wird, einen Request zu verstehen und zu erfüllen. Die vollständige Definition dieser Codes ist in Abschnitt 3.2.4.1 aufgeführt. Der Statuscode ist für dieVerwendung durch Programme gedacht.

- `reason-phrase`
  Das Feld `reason-phrase` soll dem Benutzer in Kurzform die Bedeutung des Statuscodes darlegen. Der Client muß die `reason-phrase` weder überprüfen noch darstellen. Die Verwendung solcher Beschreibungen wird lediglich empfohlen, und es ist möglich, sie durch lokale Entsprechungen zu ersetzen, ohne daß dies Auswirkungen auf das Protokoll hätte.

Die beiden von der Funktion her wichtigsten Elemente einer Response Message sind der Statuscode, der das Request-Ergebnis gemäß Angabe durch den Server wiedergibt, sowie die Header-Felder, mit deren Hilfe der Client zusätzliche Informationen an den Server weiterleitet. Die Statuscodes werden in Abschnitt 3.2.4.1 beschrieben. Bei den Header-Feldern eines Response kann es sich um die bereits beschriebenen General oder Entity Header oder um die in Abschnitt 3.2.4.2 erläuterten Response Header handeln.

3.2.4.1 Statuscodedefinitionen

Der in jeder HTTP-Response Message enthaltene Statuscode besteht aus einer dreistelligen Zahl, die das Ergebnis des Versuchs des Servers wiedergibt, einen Request zu verstehen und zu erfüllen. Eine Liste aller zur Zeit in HTTP/1.1 definierten Statuscodes finden Sie in Anhang A.2. Die erste Zahl des Statuscodes definiert die Response-Klasse. Die letzten beiden Zahlen dienen hingegen nicht der Kategorisierung. Zur Zeit kann die erste Zahl einen von fünf Werten haben.

- `Informational (1xx)`
  Diese Klasse von Statuscodes zeigt an, daß der Request vom HTTP-Server erfolgreich empfangen wurde und jetzt von ihm bearbeitet wird. Aus diesem Grund hat ein Response mit einem Statuscode dieser Klasse lediglich einen vorläufigen Charakter.

- `Successful (2xx)`
  Nachdem ein Server einen Request empfangen, verstanden und akzeptiert hat, sendet er einen Statuscode dieser Klasse zurück.

- `Redirection (3xx)`
  Wenn ein Client einen Statuscode dieser Klasse empfängt, muß er zum Vervollständigen des Requests weitere Maßnahmen ergreifen, die darin bestehen können, daß er einen Request an einen anderen in dem Response angegebenen Server schickt.

- `Client Error (4xx)`
  Falls ein HTTP-Request nicht bearbeitet werden kann, weil der Client einen Fehler gemacht hat (beispielsweise einen Syntaxfehler oder das

Senden einer Request Message ohne Berechtigung), antwortet der Server mit einem Statuscode dieser Klasse.

- `Server error (5xx)`
  Häufig ist ein Request des Clients möglicherweise korrekt gewesen, aber der Server kann ihn dennoch nicht ausführen. In diesen Fällen antwortet der Server dann mit einem Statuscode dieser Klasse. Der Server sollte angeben, ob es sich bei der Fehlersituation um ein vorübergehendes oder um ein dauerhaftes Phänomen handelt.

Außer mit Zahlen (welche die Semantik der Statuscodes enthalten) ist jeder Statuscode auch mit einer Beschreibung verknüpft. Während der Statuscode für die Verwendung durch Programme gedacht ist, wurde die Beschreibung für den menschlichen Benutzer entworfen und kann durch lokale Entsprechungen ersetzt werden, ohne daß dies Auswirkungen auf das Protokoll hätte. Ein Client muß die Beschreibung weder untersuchen noch darstellen.

Obwohl in der HTTP/1.1-Spezifikation bereits eine Anzahl von Statuscodes definiert ist, ist diese Liste nicht endgültig, was bedeutet, daß Statuscodes erweitert werden können. HTTP-Anwendungen müssen nicht die Bedeutung aller registrierten Statuscodes kennen, sie müssen jedoch in der Lage sein, die mit Hilfe der ersten Zahl angegebene Klasse eines jeden Statuscodes zu verstehen und jeden unbekannten Response als gleichwertig mit dem Statuscode x00 der jeweiligen Klasse zu behandeln.

3.2.4.2 Response Header

Ein Server gibt mit Hilfe der Response-Header-Felder Informationen über den Response weiter, die nicht in der `status-line`, der ersten Zeile der Response Message, untergebracht werden können. Diese Header-Felder enthalten Informationen über den Server sowie die Zugriffsmöglichkeiten auf die im Feld `request-URI` des Client-Requests angegebene Ressource.

- `Accept-Ranges`
  Ein Server kann mit Hilfe dieses Header-Felds anzeigen, daß er Bereichs-Requests für eine Ressource akzeptiert. Im allgemeinen gibt das Header-Feld `Accept-Ranges` die zur Festlegung von Bereichen zu verwendenden Einheiten an, die in Bereichs-Requests benutzt werden können. Bei HTTP/1.1 wurden lediglich die Einheiten `bytes` und `none` zur Festlegung von Bereichen definiert. Dieses Header-Feld kann von Clients ignoriert oder von Servern, die Bereichs-Requests akzeptieren, gar nicht erst gesendet werden. Es ist jedoch möglich, mit Hilfe dieses Feldes die Anzahl der Request/Response-Interaktionen zwischen einem Client und einem Server zu verringern. Wann immer ein Server einen `OPTION`-Request empfängt, sollte er seinem Response das Header-Feld `Accept-Ranges` hinzufügen.

- Age
  Das Header-Feld Age wird zum Übermitteln des geschätzten Alters einer
  aus einem Cache abgerufenen Response Message eingesetzt. Über Caches
  verfügende Server müssen dieses Header-Feld bei jedem von ihnen mit
  Hilfe von Cache-Daten erstellten Response verwenden. Das Header-Feld
  Age gibt den Zeitraum an, der nach der Schätzung des Cache seit der
  Erstellung des Response oder dessen Revalidierung durch den Origin
  Server verstrichen ist. Das Vorhandensein des Header-Felds Age in einem
  Response läßt daher den Schluß zu, daß dieser Response nicht aus erster
  Hand kommt[26]. Eine detaillierte Beschreibung des Caching sowie der von
  Caches durchgeführten und zum Caching eingesetzten Altersberechnun-
  gen wird in Abschnitt 3.2.9 gegeben.

- Location
  Falls ein Client die Erstellung einer Ressource angefordert hat, antwortet der
  Server mit dem Statuscode 201 (created) (falls kein Fehler aufgetreten
  ist) und gibt die URI der neu erstellten Ressource mit Hilfe des Header-Felds
  Location an. Falls der Response einen 3x x(redirection)-Statuscode
  aufweist, wird das Header-Feld Location dazu verwendet, den Empfänger
  auf den neuen Speicherort der Ressource umzuleiten. Dies ist hilfreich, falls
  eine Web-Seite auf eine neue URI verschoben wurde. In diesem Fall können
  die alte URI verwendende Clients mit Hilfe des Header-Felds Location
  automatisch auf die neue URI umgeleitet werden[27].

- Proxy-Authenticate
  Das Header-Feld Proxy-Authenticate muß in jedem Response enthalten sein, der den Statuscode 407 (proxy authentication required)
  aufweist, und kann Bestandteil eines Response mit dem Statuscode 401
  (unauthorized) sein, falls dieser von einem Proxy erzeugt wurde, der
  eine Authentifizierung erwartet. Das Header-Feld Proxy-Authenticate
  enthält zumindest eine Aufforderung, die das Authentifizierungsschema und
  die Parameter angibt, die auf die in dem Request enthaltene Request-URI
  anzuwenden sind. Vom Client wird erwartet, daß er die im Header-Feld
  Proxy-Authenticate enthaltenen Informationen zum Erstellen eines

---

[26] Das Gegenteil trifft nicht zu, da ein HTTP/1.0 verwendender Cache das Header-Feld Age nicht
implementieren wird.

[27] Dieses Verfahren funktioniert jedoch nur dann, wenn der Administrator des Web-Servers diesen
so konfiguriert, daß er auf jeden Request für die alte URI mit einem Response mit dem Header-
Feld Location und dem Statuscode 3xx (redirection) antwortet. Ein Verfahren, bei dem
keine Konfigurierung des Servers erforderlich ist, wird in Abschnitt 3.6.1 beschrieben. Man sollte
jedoch beachten, daß dieses Verfahren auf einem nicht dem Standard entsprechenden Mechanismus beruht.

Requests verwendet, der in seinem Header-Feld `Proxy-Authorization` die gewünschten Authentifizierungsinformationen enthält.

- `Retry-After`
Falls der Server mit dem Statuscode `50 3 (service unavailable)` antwortet, kann das Header-Feld `Retry-After` verwendet werden, um anzugeben, wie lange der Dienst voraussichtlich nicht verfügbar ist. Eine andere mögliche Verwendung dieses Header-Felds besteht darin, den kleinsten Zeitraum anzugeben, den ein User Agent verstreichen lassen sollte, bevor er einen umgeleiteten Request versucht. (Diese Möglichkeit wird mit Hilfe eines beliebigen `3xxx (redirection)`-Statuscodes angezeigt.)

- `Server`
Das Header-Feld `Server` enthält Informationen über den Server, der den Response sendet. Normalerweise handelt es sich dabei um den Typ und die Version irgendeiner auf dem Server laufenden Software. Ein Client kann diese Daten zu statistischen Zwecken nutzen. Das Header-Feld `Server` kann mehrere Produkt-Token enthalten, die beispielsweise eine bestimmte Art von Server-Software sowie den für die Implementierung des Servers verwendeten Bibliothekstyp angeben. Da das Bekanntgeben des Typs und der Version der Software den Server unter Umständen verletzlicher für Angriffe auf bekannte Sicherheitslücken macht, wird empfohlen, daß Header-Feld `Server` als konfigurierbare Option in die Server-Software aufzunehmen.

- `Vary`
Das Feld `Vary` enthält Informationen über die Dimensionen, über die sich ein Response erstreckt, der als Ergebnis einer Server-Driven Negotiation (beschrieben in Abschnitt 3.2.5.1) erzeugt wurde. Es umfaßt eine Liste von Feldnamen, welche die Kriterien angeben, die bei der Auswahl einer bestimmten Darstellung verwendet wurden. Ein aus dem Zeichen »*« bestehender Feldwert signalisiert, daß beim Auswählen der Darstellung eines Response nicht nur Request Header beteiligt waren.

- `Warning`
Im Header-Feld `Warning` können zusätzliche, für einen Response bestimmte Informationen enthalten sein, die nicht mit Hilfe des Statuscodes übermittelt werden können. Dieser Header wird üblicherweise von Caches dazu verwendet, einen Client über den möglichen Mangel an semantischer Transparenz einer Cache-Operation zu informieren, läßt sich aber auch für andere Zwecke einsetzen. Das Header-Feld `Warning` enthält eine oder mehrere Warncodes (deren Syntax der von Statuscodes

ähnelt), die mit einem Zeitstempel verknüpft sein können. Eine vollständige Liste aller zur Zeit in HTTP/1.1 definierten Warncodes finden Sie in Abschnitt 3.2.9.4. Die erste Zahl des dreistelligen Warncodes gibt an, ob die Warnung nach erfolgreicher Revalidierung aus einem gespeicherten Cache-Eintrag gelöscht werden muß oder nicht.

- `1xx warnings`
  Diese Warnung beschreibt die Aktualität bzw. den Revalidierungsstatus der Response Message und muß deshalb nach einer erfolgreich durchgeführten Revalidierung gelöscht werden.

- `2xx warnings`
  Diese Warnungen beschreiben etwas, das nicht durch eine Revalidierung korrigiert wurde, und dürfen daher nach erfolgreicher Revalidierung nicht gelöscht werden.

Jeder Server oder Cache kann einem Response `Warning`-Header hinzufügen, wobei neue `Warning` Header hinter den bereits vorhandenen eingefügt werden sollten. Ein Cache darf keinen mit einem Response erhaltenen `Warning`-Header löschen. Nach einer erfolgreichen Revalidierung sollten die zu dem für ungültig erklärten Eintrag gehörenden `Warning`-Header jedoch aus dem Eintrag entfernt und die in dem Validierungs-Response enthaltenen Einträge dem Eintrag hinzugefügt werden.

- `WWW-Authenticate`
  Das Header-Feld `WWW-Authenticate` muß in jedem Response enthalten sein, der den Statuscode `40 1` (`unauthorized`) aufweist. Das Header-Feld `WWW-Authenticate` enthält zumindest eine Aufforderung, die das Authentifizierungsschema und die Parameter angibt, die auf die in dem Request enthaltene Request-URI anzuwenden sind. Von dem Client wird erwartet, daß er die im Header-Feld `WWW-Authenticate` enthaltenen Informationen zum Erstellen eines Requests verwendet, der in seinem Header-Feld `Authorization` die Authentifizierungsinformationen enthält.

Response-Header-Felder lassen sich nur durch einen Wechsel der Protokollversion verläßlich erweitern, da unbekannte Header-Felder standardmäßig als Entity Header behandelt werden. Falls sich jedoch alle Teilnehmer einer geschlossenen Umgebung auf ein neues Response-Header-Feld einigen, kann dieses ohne einen Wechsel der Protokollversion verwendet werden.

3.2.5 Content Negotiation

In vielen Fällen ist es möglich, daß eine angeforderte Ressource in verschiedenen Varianten auf einem Server vorliegt. Normalerweise verweist jede auf diese Ressource zeigende Referenz gleichzeitig auf alle Varianten. In Abhängigkeit von dem Request muß eine Entscheidung getroffen werden, welche der Varianten verwendet (d.h. dem Benutzer gezeigt) werden soll. Es gibt verschiedene Gründe, aus denen es vorteilhaft sein kann, unterschiedliche Varianten einer Ressource bereitzustellen. Die häufigsten sind nachfolgend aufgeführt.

- *Sprachspezifische Varianten*
  Eine sprachspezifisches Material enthaltende Ressource (wie beispielsweise geschriebener Text in einem Textdokument bzw. einer Grafik oder Sprache in Audio- oder Videodateien) kann in verschiedenen Sprachen gespeichert werden, so daß unterschiedliche Sprachen sprechende Benutzer diese verwenden können.

- *Qualitätsspezifische Varianten*
  Abhängig von der Kapazität der einem Benutzer zur Verfügung stehenden Netzwerkverbindung kann die zumutbare Menge der zu übertragenden Daten sehr unterschiedlich sein. Während ein über ein langsames Modem verbundener Benutzer wahrscheinlich mit einer Grafik mit niedriger Auflösung oder der Graustufenversion einer Grafik am besten bedient wäre, würden andere Benutzer, die über die entsprechenden Möglichkeiten verfügen, lieber eine höher aufgelöste Farbversion sehen.

- *Codierungsspezifische Varianten*
  In Abhängigkeit von den unterschiedlichen Fähigkeiten der verschiedenen Clients kann es von Nutzen sein, über verschiedene Codierungen einer Ressource zu verfügen, die dann den Fähigkeiten eines Clients entsprechend verwendet werden kann. Ein mögliches Beispiel stellt die Codierung von Grafiken dar (zum Beispiel in den weitverbreiteten Formaten GIF und JPEG, die in Abschnitt 5.2.5 beschrieben werden), wobei der Codierungstyp die Qualität und die Komprimierung der Grafiken festlegt.

All diese Variante besitzen die gemeinsame Eigenschaft, daß sie alle dieselbe Ressource enthalten (von einem abstrakten Gesichtspunkt aus betrachtet, der auf dem Inhalt und nicht der Sprache oder Codierung beruht), jedoch in unterschiedlichen Darstellungsformen. HTTP/1.1 definiert Prozeduren zur *Content Negotiation*, derer sich Client und Server bedienen können, um festzulegen, welche Darstellungsform bei einem bestimmten Request für eine Ressource verwendet werden sollte.

Es gibt zwei entgegengesetzte Arten der Content Negotiation. Bei der
ersten handelt es sich um die in Abschnitt 3.2.5.1 beschriebene *Server-Driven
Content Negotiation*, bei der definitionsgemäß der Server für die Auswahl
einer bestimmten Darstellungsform für eine Ressource verantwortlich ist. Die
in Abschnitt 3.2.5.2 beschriebene *Agent-Driven Content Negotiation* stellt die
zweite Form der Content Negotiation dar, bei der die Verantwortung für das
Auswählen einer bestimmten Darstellungsform für eine Ressource auf die Client-Seite verlagert wurde. Da diese beiden Arten der Content Negotiation ent-
gegengesetzt sind, können sie kombiniert werden. Ein mögliches Szenario für
eine solche Kombination ist eine Situation, in der ein Cache die vom Origin
Server zur Verfügung gestellte Information bezüglich der Agent-Driven Negotiation verwendet, um nachfolgenden Requests die Server-Driven Content
Negotiation zu ermöglichen. Dieses Verfahren wird als *Transparent Content
Negotiation* bezeichnet und in Abschnitt 3.2.5.3 behandelt.

3.2.5.1 Server-Driven Negotiation

Falls die Auswahl einer bestimmten Darstellungsform für eine Ressource von
einem sich auf dem Server befindenden Algorithmus vorgenommen wird,
spricht man von einer Server-Driven Content Negotiation. Bei diesem Verfahren wird die Auswahl so dicht wie möglich bei der Ressource plaziert. Bei der
Server-Driven Content Negotiation kann der Server seine Auswahl in Übereinstimmung mit verschiedenen Informationsquellen treffen.

- *Verfügbare Darstellungsformen*
  Da dem Server alle für eine bestimmte Ressource verfügbaren Darstellungsformen bekannt sind, kennt er auch die Dimensionen, wie beispielsweise Sprache, Qualität oder Codierungsverfahren, in denen sich diese
  Darstellungsformen unterscheiden können.

- *Request-Header-Felder*
  Ein Client kann seinem Request spezielle Header hinzufügen, um mit
  deren Hilfe die am besten geeignete Darstellungsform anzugeben. Bei diesen Request-Header-Feldern handelt es sich um die in Abschnitt 3.2.3.2
  beschriebenen Header `Accept`, `Accept-Charset`, `Accept-Encoding`
  und `Accept-Language`. Ein Server kann jedoch auch andere Felder (wie
  beispielsweise das Request-Header-Feld `User-Agent`) als Informationsquelle für die Content Negotiation heranziehen.

- *Andere Informationen*
  Ein Server kann zum Durchführen der Content Negotiation auch auf
  andere ihm zur Verfügung stehende Informationen zurückgreifen. Ein Beispiel für diese Art von Information ist die Netzwerkadresse des Clients.

Mit Hilfe dieser Informationsquellen wählt der Server die Darstellungsform für eine in einem eingegangenen Request angeforderte Ressource aus. Der grundlegende Ablauf dieses Verfahrens ist in Abbildung 3.4 zu sehen. Diese Abbildung zeigt die HTTP-Request/Response-Interaktion zwischen dem Client und dem Server und veranschaulicht, wie auf der Server-Seite eine bestimmte Darstellungsform einer Ressource ausgewählt und in einem HTTP-Response zurückgeschickt wird.

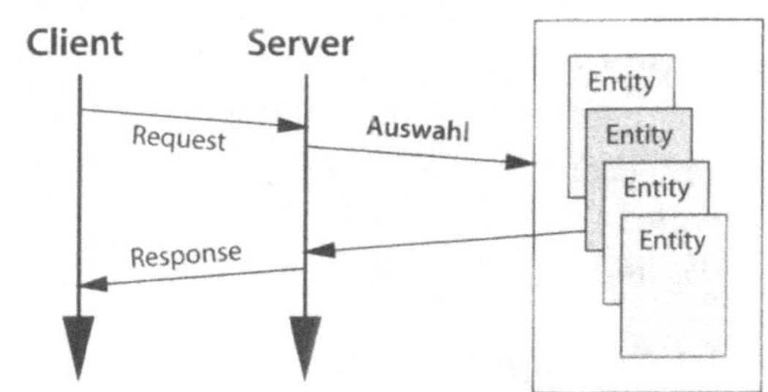

Abb. 3.4 Server-Driven Content Negotiation

Abhängig davon, ob der vom Server erzeugte Response im Cache abgelegt werden kann oder nicht[28], gibt der Standard an, daß der Server ein zur Information des Clients (und, falls der Response im Cache abgelegt wird, der eventuell vorhandenen dazwischenliegenden Caches) über die zur Auswahl der in dem Response enthaltenen Darstellungsform herangezogenen Kriterien dienendes Header-Feld Vary enthalten sollte (bei im Cache ablegbaren Responses) oder kann (bei nicht im Cache ablegbaren Responses).

Die Server-Driven Content Negotiation ist dann von Vorteil, wenn die Auswahl einer Darstellungsform sich dem User Agent nur schwer beschreiben läßt oder vollkommen auf server-internen Kriterien beruht. Die Server-Driven Content Negotiation weist jedoch auch eine Reihe von Nachteilen auf.

- *Die begrenzten Kenntnisse des Servers*
  Abhängig von den Dimensionen, in denen sich die verschiedenen Darstellungsformen unterscheiden, ist es in manchen Fällen für den Server sehr schwierig, unter all den Darstellungsformen die richtige Wahl zu treffen. Theoretisch müßte der Server zum Treffen der optimalen Wahl sämtliche

---

[28] Responses für GET- und HEAD-Requests können im Cache zwischengespeichert werden, falls der Request keinen Header Authorization enthielt. Alle anderen Responses lassen sich nicht im Cache ablegen. Die Responses auf GET- und HEAD-Requests können jedoch nur in den Fällen im Cache abgelegt werden, in denen sie nicht über einen Statuscode oder ein Header-Feld verfügen, welches die Ablage im Cache unmöglich macht.

Fähigkeiten des User Agents sowie die Absichten des Benutzers kennen, was jedoch unmöglich ist.

- *Ineffizienz*
  Da die Ressourcen eines Servers normalerweise lediglich in einer Darstellungsform vorliegen, ist es unwirtschaftlich, daß der Client seine Fähigkeiten und Anforderungen in jedem Request mitteilen muß. In den meisten Fällen reicht es aus, eine Ressource einfach nur anzufordern, da auf dem Server lediglich eine Darstellungsform verfügbar ist.

- *Komplizierte Server-Implementierung*
  Die Server-Driven Content Negotiation verkompliziert die Server-Implementierung und verlangt darüber hinaus vom Server einiges an Rechenleistung. Falls das Server-System stark ausgelastet ist, kann diese zusätzliche Belastung untragbar sein.

- *Caching*
  Da der Response in Übereinstimmung mit einem server-internen Algorithmus festgelegt wird, wird dieser häufig nicht im Cache zwischengespeichert, weil entweder der Cache mehrere Darstellungsformen anzeigende Header vorgefunden oder der Server den Response ausdrücklich als nicht oder nur im privaten Cache ablegbar gekennzeichnet hat. (Weitere Einzelheiten zur Steuerung des Cache sowie zu den verschiedenen Stufen der Cacheability finden sich in Abschnitt 3.2.9.4).

Aufgrund dieser Einschränkungen bei der Server-Driven Content Negotiation definiert HTTP einen zweiten Mechanismus zur Content Negotiation, die Agent-Driven Content Negotiation. Dieser Mechanismus sollte gewählt werden, falls einer der genannten Punkte die Verwendung der Server-Driven Content Negotiation ungeeignet erscheinen läßt.

3.2.5.2 Agent-Driven Negotiation

Bei der Agent-Driven Content Negotiation antwortet der Origin Server mit einer Liste aller verfügbaren Darstellungsformen, und der Client (oder der Benutzer) wählt eine davon aus, die dann schließlich vom Origin Server angefordert wird. Der grundlegende Vorgang wird in Abbildung 3.5 dargestellt. Man sollte beachten, daß der erste Request lediglich eine Menge von Darstellungsformen bezeichnet, während der zweite daraus gezielt eine auswählt, die dann in dem Response zurückgeschickt wird.

Zur Zeit steht keine Möglichkeit zum Durchführen einer automatischen Auswahl auf der Client-Seite zur Verfügung, da HTTP kein Format für die an den Client gesandte Menge von Darstellungsformen angibt. In der Spezifika-

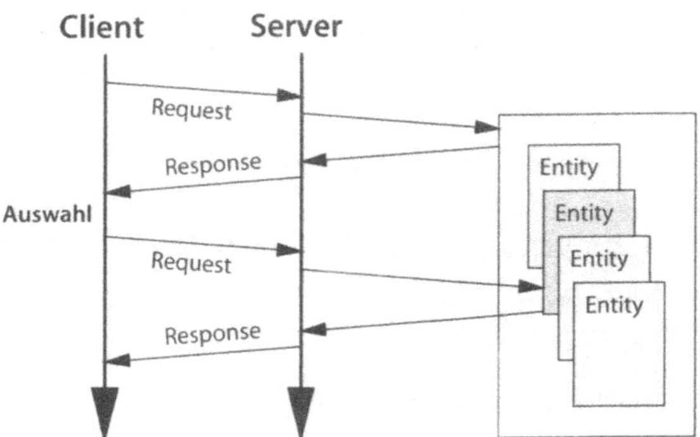

Abb. 3.5 Agent-Driven Content Negotiation

tion wird jedoch der Feldname `Alternates` reserviert, der in einer zukünftigen Spezifikation definiert wird. Aus diesem Grund besteht für den Origin Server die einzige Möglichkeit zum Durchführen einer Agent-Driven Content Negotiation zur Zeit darin, mit einem Entity zu antworten, das alle Darstellungsformen mitsamt ihrer URI enthält. Dieser Response muß den Statuscode `300 (multiple choices)` aufweisen. Da die Spezifikation kein Format für diese Liste definiert, kann ihre Bearbeitung nicht automatisiert werden (wobei der Client seinen eigenen auf seinen Fähigkeiten sowie den Benutzereinstellungen basierenden Algorithmus verwendet). Die einzige Möglichkeit zum Durchführen der Agent-Driven Content Negotiation auf der Client-Seite besteht somit darin, diese Liste dem Benutzer zu zeigen, der dann aus ihr eine Auswahl treffen kann.

Falls der Server eine der in der Liste enthaltenen Darstellungsformen bevorzugt, sollte er diese wie in Abschnitt 3.2.4.2 beschrieben im Response-Header-Feld `Location` angeben. In diesem Fall kann der Client dem Benutzer entweder die Liste der Darstellungsformen anzeigen oder eine automatische Umleitung durchführen und die bevorzugte Darstellungsform ohne Mitwirkung des Benutzers anfordern.

3.2.5.3 Transparent Negotiation

Transparent Content Negotiation stellt eine Kombination von Server-Driven und Agent-Driven Content Negotiation dar. Die der Transparent Content Negotiation zugrundeliegende Idee ist in Abbildung 3.6 dargestellt. Ein Client sendet eine Request für eine Ressource durch einen Proxy, der diesen Request an den Origin Server weiterleitet. Der Server verhält sich wie bei der Agent-Driven Content Negotiation und gibt eine Liste der verfügbaren Darstellungsformen an den Proxy zurück. Der Proxy wählt eine dieser Darstellungsformen aus und fordert diese von dem Origin Server an, ohne mit dem Client zu interagieren. Der die ausgewählte Darstellungsform enthaltende Response vom Origin Server wird an den Client geschickt. Somit stellt der Proxy dem Client eine Server-Driven Content Negotiation zur Verfügung.

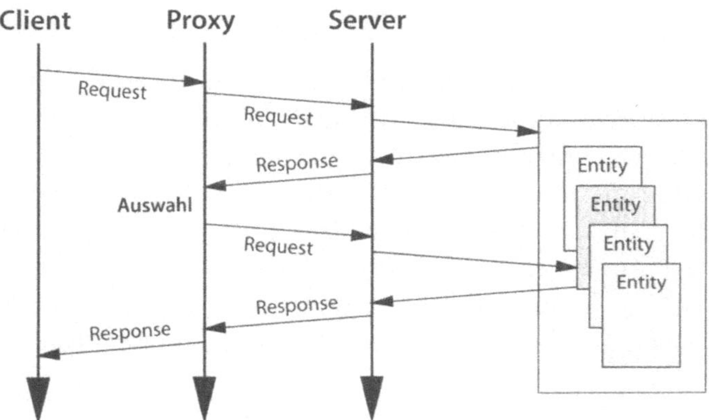

Abb. 3.6 Transparent Content Negotiation

Dieser Ansatz bietet zwei Hauptvorteile. Der erste besteht darin, daß die Last zwischen den verschiedenen Agents verteilt wird. Der zweite Vorteil liegt darin, daß der Client keinen zweiten Request senden muß, da bei der Agent-Driven Content Negotiation der Proxy die Rolle des Agents übernimmt. Dadurch werden sowohl die Verzögerungen im Netzwerk als auch der Netzwerkverkehr verringert. Da in der aktuellen Spezifikation von HTTP/1.1 jedoch kein spezielles Verfahren für die Agent-Driven Content Negotiation (insbesondere für das Format der vom Origin Server zurückgegebenen Liste der verfügbaren Darstellungsformen) definiert ist, gibt es keine Möglichkeit, einen allgemeingültigen Arbeitsmechanismus für die Transparent Content Negotiation zu implementieren.

3.2.6 Authentifizierung

In den meisten Fällen wird das Web anonym verwendet, was bedeutet, daß der Client die gewünschten Informationen ohne Identifizierung oder Berechtigung von einem Server anfordert. Noch wichtiger ist, daß der Client, wie zum Beispiel bei POST- oder PUT-Operationen, Daten ohne jegliche Identifizierung oder Berechtigung an den Server überträgt. Bei der Erörterung von Sicherheitsfragen ist es jedoch erforderlich, daß manche Informationen ausschließlich den Benutzern zugänglich gemacht werden, die zu deren Abruf berechtigt sind (oder, im Falle von POST- oder PUT-Operationen, ausschließlich berechtigten Benutzern die Übertragung von Daten auf den Server zu gestatten)[29]. Bevor wir uns den Einzelheiten zuwenden, werden einige Begriffe erläutert, die mit einer wohldefinierten Bedeutung verwendet werden sollten.

- *Identifikation*
  Grundsätzlich macht Sicherheit in bezug auf Autorisierung eine Form der Identifikation erforderlich, die es ermöglicht, einer Identität eine Gruppe von Zugriffsberechtigungen zuzuweisen. Wann immer diese Identifikation zum Einsatz kommt, wird davon ausgegangen, daß der mit dieser Identität assoziierte Benutzer diese verwendet, und die damit verbundenen Zugriffsberechtigungen (wie beispielsweise das Lesen oder Verändern einer Ressource) werden aus diesem Grunde eingeräumt. Bei Betriebssystemen besteht die Identifikation eines Benutzers im Benutzernamen.

- *Authentifizierung*
  Obwohl die Identifikation zum Realisieren der Autorisierung erforderlich ist, reicht dies nicht aus. Darüber hinaus muß es noch einen Mechanismus geben, der verhindert, daß Angreifer unberechtigterweise eine ihnen nicht gehörende Identität für sich beanspruchen. Dies wird durch Authentifizierungsverfahren sichergestellt, die gewährleisten, daß eine Identität ausschließlich vom damit verbundenen Benutzer verwendet wird. Bei Betriebssystemen stellt das Paßwort die Authentifizierung des Benutzers dar.

- *Autorisierung*
  Falls ein Benutzer identifiziert und authentifiziert wurde, ist bekannt (innerhalb des gegebenen Referenzrahmens), daß er derjenige ist, als der er sich ausgibt. Deshalb besteht die Möglichkeit, dem Benutzer Zugriff auf die Informationen zu gewähren, die als ihm zugänglich registriert wurden. Die Autorisierung wird implementiert, indem eine Identität mit gewissen Zugriffsrechten für Informationsressourcen verbunden wird, wie beispielsweise mit der Berechtigung zum Lesen oder Verändern einer bestimmten Datei. Bei Betriebssystemen basiert die Autorisierung in den meisten Fällen darauf, wer der Eigentümer einer Datei ist (Benutzer und Benutzergruppen) und welche Dateiberechtigungen bestehen (in Abhängigkeit von der Identität und der Gruppenzugehörigkeit).

---

[29] Es sollte beachtet werden, daß in diesem Abschnitt Sicherheitsaspekte lediglich in Hinblick auf die Authentifizierung behandelt werden. Die Frage der sicheren Kommunikation wird in Abschnitt 3.3 diskutiert.

Im Falle des Web müssen die Authentifizierung und Autorisierung auf eine zustandslose Art und Weise gehandhabt werden, da das HTTP-Modell auf zustandslosen Request/Response-Nachrichten aufbaut. Wenn ein Client eine vom Server geschützte Ressource anfordert (auf die der Server ohne erfolgreiche Autorisierung eines Clients keinen Zugriff gewährt), wird der Server mit dem Statuscode 401 (unauthorized) antworten. Weiterhin wird der Server seinem Response den in Abschnitt 3.2.4.2 beschriebenen Response Header WWW-Authenticate hinzufügen. Vom Client wird erwartet, daß er den Request wiederholt und diesem ein die zu seiner Authentifizierung beim Server erforderlichen Informationen enthaltendes Header-Feld Authorization hinzufügt.

Für die Authentifizierung eines Clients bei einem Proxy ist ein sehr ähnliches Verfahren verfügbar. Ein Proxy kann, wie ein Origin Server, vor der Bearbeitung eines Client-Requests eine Autorisierung verlangen. Ein Proxy kann anzeigen, daß er die Authentifizierung eines Clients verlangt, indem er einen Response mit dem Statuscode 401 (unauthorized) oder 407 (proxy authentication required) schickt, der das Response-Header-Feld Proxy-Authenticate enthält. Vom Client wird erwartet, daß er den Request wiederholt und diesem ein die zu seiner Authentifizierung beim Proxy erforderlichen Informationen enthaltendes Header-Feld Proxy-Authorization hinzufügt.

Der Header WWW-Authenticate gibt das vom Server angestrebte Authentifizierungsschema sowie, falls vorhanden, Parameter für dieses Authentifizierungsschema an. Zur Zeit definiert HTTP zwei in den folgenden Abschnitten beschriebene Authentifizierungsschemata. Die bereits bei HTTP/ 1.0 definierte und in Abschnitt 3.2.6.1 beschriebene Basic Authentication stellt ein einfaches (und recht unsicheres) Authentifizierungsverfahren dar. Da die Basic Authentication viele Schwächen aufweist (die gravierendste liegt darin, daß das Paßwort als Klartext übermittelt wird), enthält HTTP/1.1 ein neues Authentifizierungsschema, das in Abschnitt 3.2.6.2 beschrieben wird: die Digest Access Authentication.

3.2.6.1 Basic Authentication

Die Basic Authentication ist ein sehr einfaches Authentifizierungsschema, das schon sehr früh in HTTP vorgestellt wurde. Falls ein Server die Basic Authentication einsetzen will, antwortet er mit dem Statuscode 401 (unauthorized) und dem Response Header WWW-Authenticate, der das Schema der Basic Authentication sowie einen Realm Value angibt. Der Realm Value legt den Protection Space des Servers fest, der von dem Client-Request betroffen ist. Der Client sollte diesen Realm Value anzeigen, wenn er den Benutzer zur Eingabe seines Namens und des Paßworts auffordert. Das Authentifizierungsschema verfügt über keine weiteren Parameter.

Der Client wiederholt seinen Request mit dem Request Header `Authorization`. Dieser Header enthält die Autorisierungsangaben des Requests, d.h. im Falle der Basic Authentication gemäß Internet Draft Standard 2045 [80], die Benutzeridentifikation und das Paßwort des Benutzers in einer *Base64-*Codierung[30].

Die größte Schwäche der Basic Authentication liegt in ihrer Einfachheit, da sie zur Folge hat, daß die Identifikation und das Paßwort des Benutzers im Klartext über das Netzwerk übertragen wird. Dies stellt ein ernsthaftes Problem dar, weil sich ein Angreifer mühelos Zugriff auf diese Informationen verschaffen kann. Aus diesem Grund sollte die Basic Authentication niemals zum Schutz von wichtigen oder wertvollen Informationen eingesetzt werden. Vor diesem Hintergrund wird die Basic Authentication normalerweise ausschließlich zu Identifikationszwecken verwendet, wie zum Beispiel zum Sammeln von Informationen über die Nutzung einer Gruppe von Ressourcen. Man sollte jedoch darauf achten, daß dieses Verfahren nur empfehlenswert ist, wenn der Server den Benutzern eine Benutzerkennung und ein Paßwort gibt, das von diesen nicht verändert werden kann.Wenn dies nicht der Fall ist, werden viele Benutzer ein Paßwort auswählen, das sie bereits auf anderen Systemen (die möglicherweise schützenswerte oder wertvolle Informationen enthalten) verwenden, da Benutzer im allgemeinen die Anzahl der Paßwörter, die sie sich merken müssen, zu verringern suchen. Dieses Paßwort könnte leicht durch einen Angreifer abgefangen und dazu verwendet werden, Zugriff auf andere Benutzerkonten zu erlangen, die dasselbe Paßwort haben.

Zum Beseitigen dieser Schwachstellen der Basic Authentication wird in HTTP/1.1 ein neues Authentifizierungsschema eingeführt, welches das Paßwort des Benutzers nicht als Klartext über das Netzwerk schickt. Deshalb sollte bei jedem Server, auf dem schützenswerte oder wertvolle Informationen gespeichert sind, anstelle der Basic Authentication die neue Methode verwendet werden.

3.2.6.2 Digest Access Authentication

Bei der Digest Access Authentication handelt es sich um ein Authentifizierungsschema, mit dessen Hilfe vermieden wird, daß das Benutzerpaßwort in Form von Klartext über das Netzwerk läuft. Obwohl die Digest Access

---

[30] Es spielt eine große Rolle, daß es sich bei der Base64-Codierung nicht um eine Verschlüsselungsmethode handelt, da sie sich einfach und ohne einen Schlüssel oder einen anderen Sicherheitsmechanismus decodieren läßt. Aus diesem Grund bietet die Base64-Codierung des Benutzernamens und des Paßworts keine Sicherheit.

Authentication Bestandteil von HTTP/1.1 ist, wird sie in einem anderen Dokument, dem Internet Proposed Standard RFC 2069 [78], beschrieben. Der Grundgedanke der Digest Access Authentication basiert auf Funktionen, welche die Berechnung der Eingabe auch dann unmöglich machen, wenn die Ausgabe vorliegt. Der im Internet Informational RFC 1321 [227] aufgeführte und zur Verschlüsselung von Nachrichten verwendete MD5-Algorithmus stellt eine dieser Funktionen dar. Um die Klartextübermittlung des Paßworts zu vermeiden, wird dessen MD5-codierte Version (auch *Fingerabdruck* genannt) übertragen, wodurch es für einen Angreifer fast unmöglich wird, das Paßwort durch Lauschen zu bekommen.

Falls jedoch ausschließlich das mit Hilfe von MD5 verschlüsselte Paßwort übertragen werden würde, könnte ein Angreifer dieses Paßwort abfangen und damit (ohne das Paßwort selbst zu kennen) versuchen, Zugriff auf den Server zu erlangen. Zur Verhinderung eines derartigen Angriffs wird im RFC 2069 festgelegt, daß das Paßwort zusammen mit anderen Informationen des Requests mit MD5 verschlüsselt sein muß, womit es dem Angreifer faktisch unmöglich gemacht wird, die MD5-codierte Nachricht für einen anderen Request wiederzuverwenden. Die folgenden Informationen eines die Digest Access Authentication verwendenden Requests werden mit Hilfe von MD5 codiert:

- *Benutzername*
  Der Name des Benutzers, unter dem er dem Server bekannt ist. Der Benutzername ist wichtig für die Identifikation, da der Server die Identität des anfordernden Benutzers kennen muß, um die Autorisierung des Requests überprüfen zu können.

- *Realm*
  Dieser Realm String war ursprünglich im Header-Feld `WWW-Authenti-cate` des Server-Response mit dem Statuscode `40 1(unautorized)` enthalten. Die Zeichenfolge sollte dem Benutzer angezeigt werden und ausreichend Informationen enthalten, so daß dieser weiß, welchen Benutzernamen und welches Paßwort er verwenden muß.

- *Paßwort*
  Das letztendliche Ziel der Digest Access Authentication liegt in der Authentifizierung des anfragenden Benutzers. Das Paßwort wird zur Überprüfung der Authentizität des anfragenden Benutzers verwendet.

- *Nonce*
  Bei dem Nonce-Wert handelt es sich um eine vom Server erzeugte, Daten enthaltende Zeichenfolge (die im Header-Feld `WWW-Authenticate` des Server-Response mit dem Statuscode `401 (unauthorized)` angegeben

ist), die vom Server zur Abwehr von Angriffen verwendet wird, bei denen
dieselbe Authentifizierung wiederholt eingesetzt wird. Ein sorgfältig aus-
gesuchter Nonce-Wert sollte zumindest die IP-Adresse des Clients, einen
Zeitstempel sowie einen privaten Server-Schlüssel enthalten.

- *HTTP-Methode*
  Dies ist einfach die im Client-Request angegebene Methode, also eine
  Kopie der ersten Zeile des vom Client ausgehenden Requests (welche
  immer die HTTP-Methode enthält).

- *Angeforderte URI*
  Hierbei handelt es sich einfach um die im Client-Request angeforderte
  URI, d.h. um eine Kopie der ersten Zeile des vom Client ausgehenden
  Requests (welche immer die angeforderte URI enthält). In Übereinstim-
  mung mit der Definition aus dem RFC 2068 kann die angeforderte URI
  entweder ein Sternchen (d.h., der Request hat keine bestimmte URI zum
  Inhalt), eine absolute URI oder ein absoluter Pfad sein.

Sobald der Server einen MD5-codierte Informationen enthaltenden
Request empfängt, erstellt er eine Zeichenfolge, die ebenfalls alle oben aufgeführten Informationen enthält (im Request ist alles außer dem Paßwort enthalten, welches in der Benutzerdatenbank des Servers gespeichert ist) und
berechnet den MD5-Fingerabdruck davon. Falls der berechnete MD5-Finger-
abdruck mit dem des Requests übereinstimmt, kann der Server davon ausgehen, daß das vom Client verwendete Paßwort korrekt ist und die Authentifizierung als erfolgreich betrachtet werden kann, und überprüft danach die
Autorisierung des Benutzers. Falls sich die beiden MD5-Fingerabdrücke
unterscheiden, schlägt die Authentifizierung fehl, und die Notwendigkeit zur
Überprüfung der Autorisierung des Benutzers entfällt.

Ein anderes Merkmal der Digest Access Authentication besteht in der
Möglichkeit, in die Transaktion ein *Entity Digest* aufzunehmen[31]. Obwohl ein
Entity Digest nicht die Geheimhaltung des übertragenen Entity gewährleisten
kann (das Entity wird immer noch in Form von Klartext oder einer Übertra-
gungscodierung übermittelt), kann man sich mit seiner Hilfe der Integrität
des Entity versichern, was für manche Anwendungen möglicherweise ausreicht.

Man muß jedoch beachten, daß die Digest Access Authentication trotz des
Umstands, daß das Paßwort zum Zweck der Authentifizierung nicht in Form
von Klartext übertragen werden muß, kein sicheres Verfahren zur ersten

---

[31] Ein Entity Digest ist einfach der MD5-Fingerabdruck des Entities und aller Informationen, die
auch im Response Digest enthalten sind (mit Ausnahme der angeforderten URI). Insbesondere gilt
dies für das Paßwort, welches ausschließlich dem Client und dem Server bekannt ist.

Übertragung des Paßworts darstellt (entweder vom Server zum Client, falls das Paßwort vom Server erzeugt wurde, oder vom Client zum Server, falls der Benutzer ein Paßwort angeben kann). Nur wenn diese erste Übertragung des Paßworts mit Hilfe eines sicheren Verfahrens vorgenommen wird, kann gemessen an der Basic Authentication eine wesentliche Verbesserung der Sicherheit erreicht werden.

Obwohl die Digest Access Authentication als wesentliche Verbesserung des schwachen Authentifizierungsschemas bei der Basic Authentication betrachtet werden kann, ist sie immer noch nicht für sichere HTTP-Transaktionen geeignet. Insbesondere unterstützt die Digest Access Authentication nicht die Verschlüsselung des Inhalts, d.h. die Übertragung der vom Server an den authentifizierten und autorisierten Client gesendeten Ressource erfolgt in Form von Klartext. Anwendungen, die eine Verschlüsselung des Inhalts erforderlich machen, müssen sich zusätzlicher, in Abschnitt 3.3 ausführlich beschriebener Sicherheitsmechanismen bedienen.

3.2.7 Persistente Verbindungen

Einer der großen und in Abschnitt 3.1 kurz angesprochenen Nachteile von HTTP/1.0 lag in der Einschränkung auf eine Request/Response-Interaktion pro Client/Server-Verbindung. Dies hatte schnell die Entwicklung von Clients zur Folge, die routinemäßig eine Vielzahl von parallelen HTTP-Verbindungen verwendeten, was zur Beschleunigung der Datenübertragung führte, aber auch eine Reihe anderer Probleme nach sich zog, wie eine extrem hohe Belastung durch viele TCP-Operationen zum Öffnen und Schließen von Verbindungen, die Verwendung vieler Betriebssystemressourcen zum Aufrechterhalten einer großen Anzahl von parallelen Verbindungen[32] sowie ein im Vergleich mit anderen, lediglich eine Verbindung pro Client verwendenden Internet-Protokollen (zum Beispiel FTP) unfaires Verhalten.

Um diese Probleme zu überwinden, führt HTTP/1.1 das Konzept der persistenten Verbindungen ein und legt fest, daß Clients mit nur einem Benutzer über maximal zwei gleichzeitige Verbindungen zu einem Server oder Proxy verfügen sollten. Mogul [180] liefert eine gute Begründung, warum persistente Verbindungen wünschenswert sind. Persistente Verbindungen werden durch die Übertragung mehrerer Request/Response-Interaktionen über eine einzelne Verbindung zwischen Client und Server definiert. Abbildung 3.7 stellt das allgemeine Konzept der persistenten Verbindungen dar. In dieser

---

[32] Insbesondere das Problem, daß die TCP-Spezifikation es erforderlich macht, die Control Blocks einer Verbindung für eine gewisse Zeit aufrechtzuerhalten (der Standardwert liegt bei 120 Sekunden), nachdem die Verbindung geschlossen wurde.

Abbildung verwendet der Client eine Verbindung, um drei Requests über eine HTTP-Verbindung zu senden (auf der rechten Seite der Abbildung), während es bei den früheren HTTP-Versionen (insbesondere bei HTTP/1.0) erforderlich gewesen wäre, für jede Request/Response-Interaktion eine eigene Verbindung auf- und abzubauen (dargestellt auf der linken Seite der Abbildung).

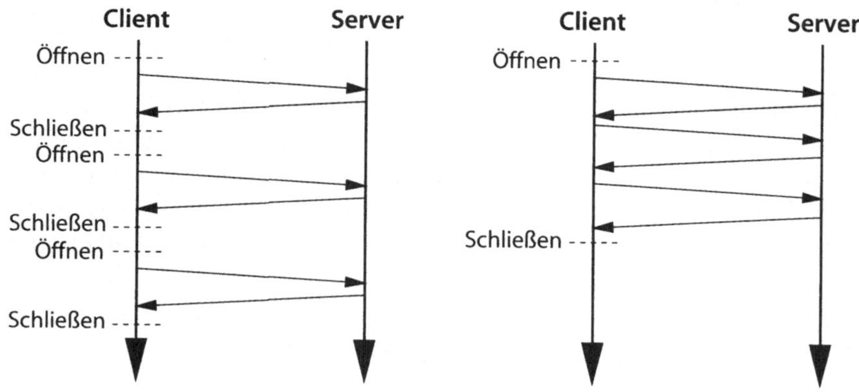

Abb. 3.7 Persistente HTTP-Verbindungen

Da sowohl der Client als auch der Server in der Lage sein muß, das Ende einer Nachricht (d.h. in dem Bytestrom, der über die TCP-Verbindung empfangen wird, den Anfang der nächsten HTTP-Nachricht) zu erkennen, ist es erforderlich, daß jede ein Entity enthaltende Nachricht ein in Abschnitt 3.2.2.2 beschriebenes Header-Feld `Content-Length` aufweist. Falls dieses Feld nicht vorhanden ist, kann der Empfänger der Nachricht unmöglich feststellen, wo das Entity endet und die nächste HTTP-Nachricht beginnt. Bei nicht persistentem HTTP wurde dies durch den Verbindungsabbau eindeutig signalisiert.

Falls ein Client oder Server aus irgendeinem Grund eine Verbindung nach einer Request/Response-Interaktion nicht mehr aufrechterhalten will, kann er das General-Header-Feld `Connection` in Verbindung mit der Option `close` verwenden, um anzuzeigen, daß die Verbindung nach dem Fertigstellen des Response geschlossen wird. HTTP/1.1-Anwendungen, die keine persistenten Verbindungen unterstützen, müssen diese Angabe in jeder Nachricht einschließen.

Eine von Nielsen u.a. [196] durchgeführte Untersuchung zeigt, daß die durch die Verwendung der persistenten Verbindungen von HTTP/1.1 erzielte Leistungssteigerung verglichen mit dem in HTTP/1.0 verwendeten Modell signifikant ist. Es gibt jedoch Fälle, in denen die persistenten Verbindungen von HTTP/1.1 eine wesentlich schlechtere Leistung als HTTP/1.0 erbringen. Heidemann [94] hat einen dieser Fälle untersucht. Diese Probleme werden jedoch durch spezielle Optimierungen von TCP-Implementierungen verursacht und deuten nicht auf ein generelles Designproblem bei den persistenten HTTP/1.1-Verbindungen hin. Wir weisen auf diese Tatsache hin, da es wichtig ist, über diese möglicherweise bei der Verwendung von HTTP/1.1 auftretenden Probleme Bescheid zu wissen. HTTP/1.1 reagiert empfindlicher als HTTP/1.0 auf die Art und Weise, wie Implementierungen Verbindungen abbauen.

Die Verwendung persistenter Verbindungen bietet eine Reihe von Vorteilen, die sich wie folgt zusammenfassen lassen:

- *Betriebssystemressourcen*
  Es sind zwei Betriebssystemressourcen, die am meisten davon betroffen sind, daß die für HTTP ohne persistente Verbindungen erforderliche große Anzahl von TCP-Verbindungen vermieden wird. Bei der ersten Ressource handelt es sich um die Prozessorzeit, die eingespart wird, da weniger Aufwand zum Auf- und Abbauen von Verbindungen erforderlich ist. Die für jede TCP-Verbindung benötigten TCP Control Blocks (die auch nach dem Schließen der Verbindung noch eine Zeitlang erhalten werden) sind die zweite Ressource.

- *Pipelining*
  Falls es möglich ist, mehrere Requests über eine Verbindung zu senden, ist es auch möglich, diese Requests zu senden, ohne vor dem Übertragen des zweiten Requests den Empfang des ersten Response abzuwarten. Dieser Mechanismus wird als *Pipelining* bezeichnet und am Ende dieses Abschnitts besprochen.

- *Weniger Pakete*
  Da es weniger Verbindungsauf- und abbauphasen gibt, werden weniger Pakete über das Netzwerk geschickt, welches aus diesem Grund entlastet wird. Da das Auf- und Abbauen von TCP-Verbindungen recht kompliziert ist (dazu wird ein in drei Richtungen gehender Handshake-Mechanismus verwendet), kann sich die Anzahl der zwischen Client und Server verschickten Pakete dramatisch verringern, falls es sich um eine große Anzahl von Interaktionen mit demselben Server handelt[33].

---

[33] Dieses Szenario ist realistisch, da viele Web-Seiten eine große Anzahl von kleinen Grafiken enthalten, die vom selben Server abgerufen werden müssen.

- *Größere Toleranz bei Unverträglichkeiten zwischen verschiedenen HTTP-Versionen*
  Da mehrere Requests über eine Verbindung versandt werden können, haben Clients die Möglichkeit, neue Leistungsmerkmale zukünftiger HTTP-Versionen auszuprobieren, ohne das Risiko des Schließens einer Verbindung einzugehen. Falls dieses Feature bei einem Server oder einer älteren HTTP-Version nicht implementiert ist, antwortet er mit einer Fehlermeldung, und der Client kann über dieselbe Verbindung einen weiteren Request (mit einer älteren Semantik) senden.

In dieser die Vorteile aufführenden Liste wurde auch die Möglichkeit erwähnt, im Zusammenhang mit persistenten Verbindungen Pipelining einzusetzen. Dem Pipelining liegt ein einfacher Gedanke zugrunde. Bei der Verwendung persistenter Verbindungen ist es nicht nur möglich, mehrere Requests über eine Verbindung zu übertragen, sondern es besteht außerdem die Möglichkeit, mehrere Requests zu senden, ohne den Empfang der Responses abzuwarten. Abbildung 3.8 zeigt, wie sich das Pipelining zur Optimierung der Übertragung zwischen Client und Server einsetzen läßt. Da der Client vor dem Senden des nächsten Requests nicht den Empfang des jeweiligen Response abwartet, wird die Verbindung besser ausgelastet. Insbesondere wird die Anzahl der Fälle, in denen der Client die Vervollständigung einer kompletten Request/Response-Interaktion abwarten muß, auf Null verringert. Er schickt einfach alle seine Requests ab und wartet darauf, daß die Responses eintreffen.

Da es dem Server durch das Pipelining der Requests möglich wird, zur selben Zeit mehr als einen Request zu bearbeiten, könnte er die Responses in der Reihenfolge an den Client schicken, in der er ihre Bearbeitung abgeschlossen hat. (Dies hätte die effizienteste Übertragung zur Folge, da die Wartezeiten minimiert würden.) Es gibt bei dem HTTP jedoch keine Möglichkeit, um Requests mit Responses zu verbinden (außer implizit mit Hilfe der Reihenfolge, in der sie gesendet oder empfangen wurden). Aus diesem Grund legt die Spezifikation von HTTP/1.1 fest, daß der Server die Responses auf nach dem Pipelining-Verfahren gesendete Requests in der Reihenfolge verschicken muß, in der er die Requests empfangen hat.

3.2.8 Chunked Encoding

Vor HTTP/1.1 wurde durch das HTTP-Modell festgelegt, daß genau eine Request/Response-Interaktion pro Verbindung stattfinden konnte, und deshalb wurde das Ende einer Ressource implizit durch die Beendigung der Datenübertragung vom Server an den Client definiert. Mit der Einführung

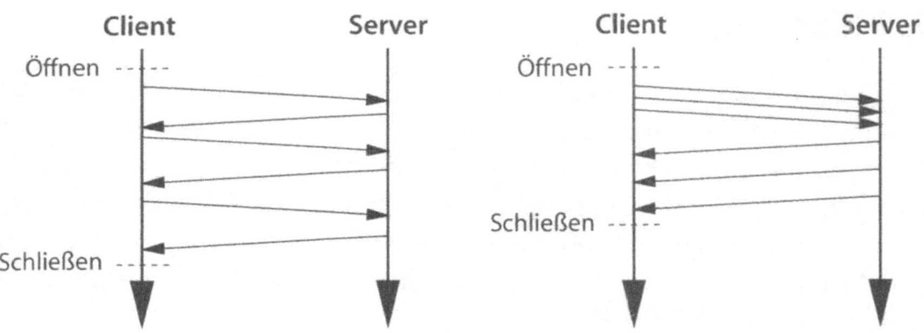

Abb. 3.8 HTTP Request Pipelining

persistenter Verbindungen kann dieses Verfahren nicht länger eingesetzt werden. Bei den meisten Ressourcen kennt der Server deren Länge im voraus und kann sie im Header-Feld Content-Length des Response angeben. Es gibt jedoch einige Fälle, in denen die Größe einer Ressource nicht von vornherein bekannt ist, wie zum Beispiel, wenn diese Ressource durch ein *Common Gateway Interface (CGI)*-Skript erzeugt wird. Für diesen Zweck definiert HTTP/1.1 ein *Chunked Transfer Encoding*, das in dem General-Header-Feld Transfer-Encoding einer Nachricht angegeben werden kann. Dieses Codierungsverfahren wird in Abbildung 3.9 veranschaulicht. (Die Abbildung zeigt, wie ein Message Body, also ein Entity im Sinne des Chunked Transfer Encoding, codiert wird.)

Chunk-Größe	Chunk-Daten	Chunk-Größe	Chunk-Daten	Größe 0	Trailer

Abb. 3.9 Chunked Transfer Coding

Das Entity wird einfach in Teile bekannter Länge aufgespalten, und der Server oder die CGI-Anwendung kann diese Teile in jeder Länge erzeugen, die für die Anwendung angebracht erscheint. Falls keine Daten mehr zu übertragen sind, wird ein von einem optionalen Trailer gefolgtes Feld der Größe 0 gesendet. Ein Beispiel für einen möglicherweise hilfreichen und im Anschluß an das Entity zu sendenden Entity Header stellt das Header-Feld Content-MD5 dar, das einen Fingerabdruck des Entity enthält und nur berechnet werden kann, falls ein vollständiges Entity erzeugt wurde.

3.2.9 Caching

Im allgemeinen ist HTTP ein Protokoll, welches zur Übertragung von Informationen in verteilten Informationssystemen, insbesondere demWorld Wide Web, dient. Da viele der zur Informationsübertragung eingesetzten Verbindungen von ihrem Wesen her langsam (wie beispielsweise Einwählverbindungen) oder fast durchgehend überlastet sind(wie eine Reihe von transatlantischen Verbindungen), ist es sinnvoll, sich über möglicheVerbesserungen der Informationsübertragung Gedanken zu machen.

Der Grundgedanke hinter der Verringerung der Menge des durch Anwendungen erzeugten Netzwerkverkehrs hat die Implementierung intelligenterer Kommunikationsteilnehmer zum Gegenstand, die mit Hilfe einer Form von Intelligenz das erzeugte Verkehrsaufkommen reduzieren. Eine weitverbreitete Idee liegt in der Verwendung von Komprimierungstechniken, welche die Datenmenge drastisch reduzieren können (aber auch ganz erheblich von der Art der zu komprimierenden Daten abhängig sind)[34].Ein noch weiter gehender Gedanke ist die Anwendung von Caching-Verfahren. Unter einem *Cache* versteht man einen Speicher, der zur temporären Speicherung von Responses dient. Er ist die dritte Komponente in einem typischen Client/Server-Szenario und befindet sich zwischen dem Client und dem Server (wie in Abbildung 3.2 gezeigt ist, wo der Proxy auch als Cache fungieren kann). Im allgemeinen ist ein Cache jedoch nicht mehr als ein Speicher mit einer schnelleren Antwortzeit als das ursprüngliche Speichermedium. Demzufolge sind in einem HTTP-Szenario drei Arten von Caches möglich, die in Abbildung 3.10 veranschaulicht werden.

1. *Client Side Cache*
   Der Client Side Cache befindet sich innerhalb des Clients und legt von diesem empfangene Responses ab. Der in fast allen Browsern zu findende History-Mechanismus stellt eine weit verbreitete Anwendung dieses Cache-Typs dar. Der Browser speichert einfach die letzten vom Benutzer aufgesuchten Seiten und zeigt nach einem Klick auf die Zurück-Schaltfläche die im Cache abgelegte Kopie, anstatt das Dokument noch einmal vom Server anzufordern.

2. *Der Cache als Zwischenstation in der Request/Response-Kett*
   Bei dieser Art von Cache handelt es sich um eine separate Komponente, welche sich irgendwo in der Request/Response-Kette zwischen Client und

---

[34] Mogul u.a. [181] bieten eine gute Einführung in die bei HTTP verwendbaren Komprimierungsverfahren sowie einige experimentelle Ergebnisse.

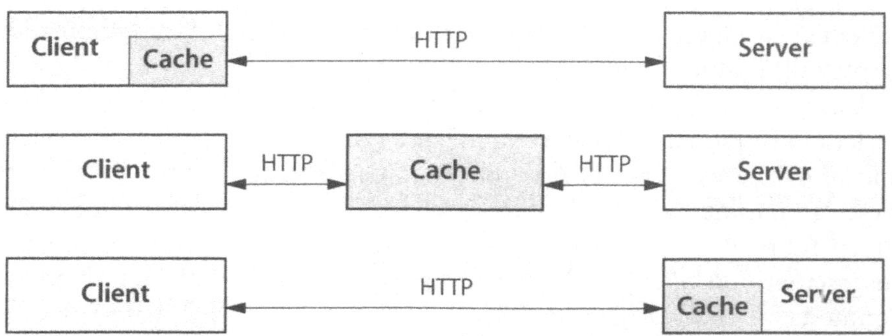

Abb. 3.10 Mögliche Cache Locations

Server befindet[35]. Ein Client muß speziell für den Einsatz dieses Cache-Typs konfiguriert werden, da Requests für Ressourcen nicht direkt an den Origin Server, sondern statt dessen an den Cache gerichtet werden. Der Cache entscheidet, was er mit dem Request macht. Falls sich eine lokale Kopie der angeforderten Ressource im Cache befindet, kann der Request aus dem Cache-Speicher bedient werden. Andernfalls muß der Cache den Request an den Origin Server weiterleiten. Er könnte den Request jedoch auch an einen anderen Cache schicken und somit eine Cache-Hierarchie erstellen.

3. *Server Side Cache*
   Der Server Side Cache ist innerhalb des Servers angesiedelt und speichert die vom Server verschickten Responses. Dieser Cache-Typ ist dann von Nutzen, wenn der Server eine große Anzahl von Requests erfüllen muß. Häufig angeforderte Ressourcen ließen sich im Hauptspeicher ablegen, während andere Ressourcen im Dateisystem gespeichert werden[36]. Markatos [169] beschreibt, wie eine relativ kleine als Cache innerhalb eines Servers verwendete Hauptspeichermenge dessen Leistungsfähigkeit erheblich steigern kann.

In den folgenden Seiten dieses Abschnitts werden wir lediglich das zweite Caching-Verfahren behandeln, bei dem der Cache als Zwischenstation innerhalb der Request/Response-Kette betrachtet wird. Die beiden anderen Verfahren sind eine Frage der Implementierung von Client oder Server und deshalb im Kontext unseres Themas (das zwischen unterschiedlichen

---

[35] Obwohl es sich hier von einem logischen Standpunkt her um eine separate Komponente handelt, kann sich diese Art von Cache auf demselben Rechner wie der Client oder der Server befinden

[36] Der Zugriff auf im Hauptspeicher abgelegte Dokumente ist wesentlich schneller als der auf ein im Dateisystem auf einer Festplatte abgelegtes Dokument.

verteilten Komponenten der Web-Architektur eingesetzte Kommunikationsprotokoll) uninteressant[37].

Das am häufigsten verwendete Beispiel für die Anwendung von Caching-Verfahren ist ein Firmennetzwerk, welches nur über eine (ziemlich langsame und möglicherweise teure) Anbindung an das Internet verfügt. Falls der für diese Anbindung (d.h. das System, welches das Firmennetzwerk mit der nach außen führenden Leitung verbindet) eingesetzte Rechner mit einem Cache ausgestattet und intelligent genug ist, um HTTP-Requests zu interpretieren, könnte er in vielen Fällen verhindern, daß aus dem Firmennetzwerk kommende Requests in das Internet weitergeleitet werden müssen. Eine von einem Benutzer innerhalb der Firma bereits aufgerufeneWeb-Seite könnte im Cache gespeichert und bei einem zweiten Aufruf dieser Web-Seite (auch von einem ganz anderen Benutzer, der überhaupt nicht weiß, daß bereits von einem anderen Benutzer innerhalb der Firma auf diese Seite zugegriffen wurde) vom Cache bereitgestellt werden, wodurch die Weiterleitung des Requests in das Internet überflüssig gemacht und der Netzwerkverkehr im Internet verringert würde, was für die Firma niedrigere Kommunikationskosten und für den Benutzer kürzere Antwortzeiten zur Folge hätte.

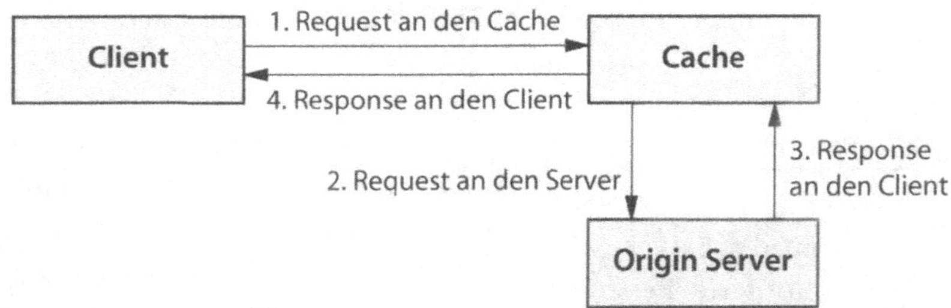

Abb. 3.11 HTTP Caching mit Cache Miss

Die Grundidee ist in den Abbildungen 3.11 und 3.12 dargestellt. Die erste Abbildung zeigt einen Cache mit einem *Cache Miss*, d.h. die angeforderte Ressource befindet sich nicht im Cache und muß deshalb mit Hilfe einer normalen HTTP-Request/Response-Interaktion von dem Origin Server (d.h. von dem Server, auf dem die Ressource gespeichert ist) angefordert werden, wobei der Cache als Client fungiert. Bei der zweiten Abbildung, die einen sogenannten *Cache Hit* zeigt, kann der Server den Request aus dem internen Speicher

---

[37] Es ist jedoch möglich, die Caching-Mechanismen von HTTP zum Steuern von Client Side oder Server Side Caches einzusetzen.

bedienen und muß aus diesem Grund keinen Request an den Origin Server senden.

Wenn das Caching also so eine tolle Sache ist und für alle Beteiligten nur Vorteile mit sich bringt, wieso wurde es nicht von Anfang an eingesetzt und warum unterscheiden sich die Caching-Verfahren von HTTP/1.0 und HTTP/ 1.1 so sehr voneinander? Die Antwort ist, daß die Implementierung eines schnellen, effizienten und verläßlichen Caching trotz der scheinbar einfachen Grundidee nicht so einfach ist. Falls in dem obigen Beispiel die nach dem ersten Request im Cache gespeicherte Web-Seite zwischen dem ersten und zweiten an den Cache gerichteten Request von dem Eigentümer verändert worden wäre, würde der zweite Benutzer, der sie anfordert, eine alte Version aus dem Cache bekommen. Aus diesem Grund sind bei der Realisierung von Caching-Strategien eine Reihe von Mechanismen zum Implementieren einer Cache-Steuerung erforderlich (bzw. einer *Cache Consistency*, wie das Ziel, den Inhalt des Cache mit der ursprünglichen Ressource auf dem Origin Server in Übereinstimmung zu halten, auch genannt wird).

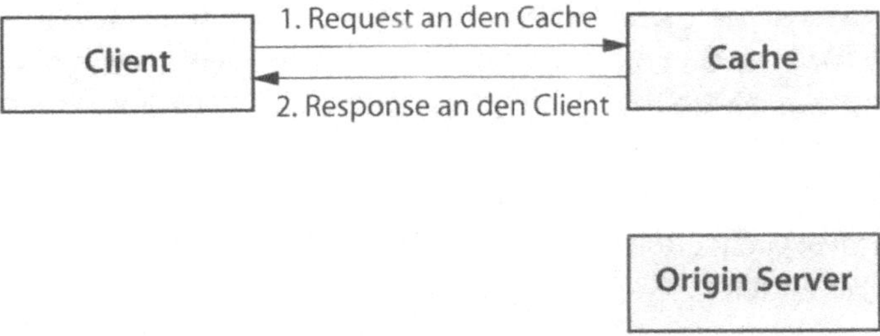

Abb. 3.12 HTTP Caching mit Cache Hit

Allgemein ließe sich anmerken, daß das Caching in hohem Grad vom Vorhandensein einer allen beteiligten Parteien gemeinsamen Zeitbasis abhängig ist. Andernfalls würde die Verwendung von Zeitstempeln für Verfallsdaten oder Validierungsüberprüfungen nicht zu den gewünschten Ergebnissen führen. Aus diesem Grund wird in der HTTP-Spezifikation empfohlen, daß alle HTTP einsetzenden Hosts, ganz besonders Origin Server und Caches, ihre Uhren mit Hilfe eines Protokolls mit einem weltweit genauen Zeitstandard abgleichen sollten. Das im Internet Draft Standard RFC 1305 [175] angeführte *Network Time Protocol (NTP)* stellt ein solches Protokoll dar.

Obwohl das Caching bereits in HTTP/1.0 definiert war, war es sehr einfach und wies viele Nachteile und Einschränkungen auf. Deshalb beschlossen viele, das Caching zu ignorieren (oder es, wann immer möglich, absichtlich zu umgehen), anstatt es zu verwenden. Aufgrund dieser Tatsache wurde das

Caching bei HTTP/1.1 wesentlich verbessert. Der Rest dieses Abschnitts ist einer ausführliche Beschreibung des Cachings bei HTTP/1.1 gewidmet. In Abschnitt 3.2.9.1 werden die Verbesserungen des Caching bei HTTP/1.1 im Vergleich zum Caching-Mechanismus von HTTP/1.0 beschrieben. In den Abschnitten 3.2.9.2 und 3.2.9.3 wird das Fälligkeits- bzw. das Validierungsmodell von HTTP/1.1 behandelt. Abschnitt 3.2.9.4 liefert eine mehr die Praxis berücksichtigende Erklärung des Caching und es wird beschrieben, wie HTTP/1.1 die Steuerung des Cache mit Hilfe eines besonderen Header-Felds unterstützt. Zum Schluß wird in Abschnitt 3.2.9.5 kurz beschrieben, wie sich das Caching unter Verwendung der in den vorangegangenen Abschnitten erläuterten Mechanismen implementieren läßt.

3.2.9.1 Geschichte des HTTP Caching

Wie bereits erwähnt, wurde das Caching bereits in HTTP/1.0 definiert, aber die dort definierten Mechanismen waren so einfach, daß eine wirksame Unterstützung eines effizienten und transparenten Caching nicht möglich war. Dies ist einer der wichtigsten Aspekte des Caching. Ein Caching-Verfahren sollte soviel *semantische Transparenz* wie möglich bereitstellen. Von einem Cache sagt man, daß er über semantische Transparenz verfügt, wenn seine Verwendung ausschließlich der Verbesserung der Leistungsfähigkeit dient, wenn ein Request für ein im Cache gespeichertes Entity vom Cache und nicht vom Origin Server bedient wird. Abrams u.a. [1] haben eine interessante Studie über die Möglichkeiten und Einschränkungen von als HTTP-Zwischenstationen fungierenden Caches veröffentlicht.

Caching in HTTP/1.0

Drei Header-Felder stellten die grundlegenden Mechanismen von HTTP/1.0 zur Unterstützung des Caching dar. Ein Server konnte mit Hilfe des Header-Felds `Expires` den Zeitpunkt angeben, nach dem ein Entity als veraltet betrachtet werden sollte. Das Header-Feld `If-Modified-Since` konnte dazu verwendet werden, einen `GET`-Request bedingt zu machen und ein Entity nur dann anzufordern, falls dieses nach dem angegebenen Datum verändert worden war. Der letzte Header war das Feld `Pragma`, welches zusammen mit der Anweisung `no-cache` dazu diente, einen Client anzuweisen, ein Entity nicht im Cache zu speichern.

Diese rudimentäre Unterstützung des Caching hatte zur Folge, daß viele der für Implementierungen zuständigen Personen Caching überhaupt nicht unterstützten und eine große Anzahl von Systemadministratoren sich entschloß, routinemäßig Header mit dem Feld `pragma: no-cache` zu erzeugen, um so das Speichern von Responses im Cache zu verhindern. (Dieses Verfahren wird *Cache Busting* genannt.) Als Folge davon wurde offensichtlich, daß bei der nächsten Version von HTTP auf dem Gebiet des Caching unbedingt Verbesserungen vorgenommen werden mußten.

Verbesserungen des Caching in HTTP/1.1

Das Hauptziel des Caching in HTTP/1.1 lag in der Verwirklichung der *semantischen Transparenz*. Ein Cache verhält sich semantisch transparent, wenn seine Verwendung weder Auswirkungen auf den anfordernden Client noch auf den Origin Server hat, sondern ausschließlich zur Leistungssteigerung dient. Bei einem semantisch transparenten Cache erhält ein Client genau den gleichen Response, als wäre sein Request unmittelbar vom Origin Server bedient worden. Das Designprinzip des Protokolls besteht darin, daß von der semantischen Transparenz nur in den Fällen abgewichen wird, wenn dies ausdrücklich von einem Client oder Origin Server verlangt wird, oder es wird eine explizite Warnung an den Benutzer ausgegeben. Weiterhin sollte jedes Abweichen von der semantischen Transparenz dem Benutzer mitgeteilt werden, so daß dieser eine Entscheidung über sein weiteres Vorgehen treffen kann.

- *Präzise Steuerung des Cache*
  Die in HTTP/1.1 bereitgestellte Cache-Steuerung ermöglicht es, in Requests und Responses eine Reihe von Caching-Anweisungen anzugeben. Diese Anweisungen werden vom Cache interpretiert und können dazu verwendet werden, das Verhalten des Cache sowie das zur Bearbeitung von Requests und Responses verwendete Verfahren zu steuern.

- *Mindestanforderungen für das Cache-Verhalte*
  HTTP/1.1 definiert einige Caches betreffende Mindestanforderungen, die bei jeder Cache-Implementierung zu erfüllen sind. Dadurch wird die Definition von Cache-Anweisungen ermöglicht, die von einem Cache mit Sicherheit befolgt werden.

- *Warncodes*
  Obwohl HTTP/1.1 mit dem Ziel der Bereitstellung der semantischen Transparenz entworfen wurde, läßt sich dies in manchen Situationen (auf Verlangen des Clients oder erzwungen durch die Umgebung, beispielsweise bei einem Verbindungsabbruch) nicht erreichen. Der Benutzer wird mit Hilfe einer Reihe von Warncodes informiert, falls es zu Problemen mit der semantischen Transparenz kommt. In diesen Fällen entscheidet der Benutzer, ob ein Response akzeptiert oder ignoriert wird.

Die folgenden Abschnitte beschreiben einige der Schlüsselaspekte des Caching in HTTP/1.1, nämlich das Fälligkeits- sowie das Validierungsmodell.

Danach werden die von HTTP/1.1 zur Steuerung des Cache-Verhaltens bereitgestellten Protokollmechanismen behandelt.

3.2.9.2 Fälligkeitsmodell

Vieles beim HTTP Caching beruht auf der Fälligkeit von Responses. Dieses Modell geht davon aus, daß Responses über eine gewisse Lebensdauer verfügen. Vor dem Überschreiten dieser Lebensdauer wird ein Response als *fresh*, danach als *veraltet*[38] bezeichnet. Der Grundgedanke des HTTP Caching liegt darin, daß ein Cache alle Fresh Responses speichern sowie die Lebensdauer eines Response verfolgen sollte (durch Überwachung der Freshness). Falls ein Response veraltet ist, sollten mit ihm keine Requests mehr beantwortet werden (mit Ausnahme von Situationen, in denen der Client ausdrücklich veraltete Responses akzeptiert, oder wenn es unmöglich ist, Verbindung mit dem Origin Server aufzunehmen und von diesem eine gültige Kopie des veralteten Response zu erhalten). HTTP verfügt über zwei grundlegende Modelle zum Festlegen der Lebensdauer eines Response.

- *Server-bestimmte Fälligkeit*
  Ein Server kann die Fälligkeit eines Response bestimmen. Dies kann mit Hilfe des Header-Felds `Expires` oder durch die Verwendung des Header-Felds `Cache-Control` in Verbindung mit der Anweisung `max-age`[39] geschehen. Dadurch setzt der Server die Lebensdauer eines Response fest. Bei der vom Server angegebenen Lebensdauer handelt es sich um den Zeitraum, in dem sich ein Response voraussichtlich nicht auf semantisch signifikante Weise verändert. Nach dem Verstreichen der server-bestimmten Fälligkeit behandelt ein Cache ein Response als veraltet. Davor wird angenommen, daß der Response das Freshness-Kriterium erfüllt.
  In manchen Fällen (etwa bei dynamisch erzeugten Seiten mit ständig wechselndem Inhalt, wie zum Beispiel bei laufend aktualisierten Statistiken) wird ein Server unter Umständen ausdrücklich angeben wollen, daß ein Response überhaupt nicht in Form eines Fresh Response im Cache gespeichert wurde. In diesem Fall stehen dem Server zwei Möglichkeiten zur Verfügung.

  - *Requests sollten revalidiert werden*
    Falls ein Server eine in der Vergangenheit liegende Fälligkeit angibt, wird der Response sofort als veraltet betrachtet und muß bei Anforde-

---

[38] Falls ein Response über eine unbegrenzte Lebensdauer verfügt, wird er niemals veralten, und falls er eine Lebensdauer von null Sekunden hat, niemals fresh sein.

[39] Falls beide Verfahren eingesetzt werden, hat die Anweisung `max-age` Vorrang vor dem Header-Feld `Expires`.

rung aus dem Cache revalidiert werden. Falls der Request jedoch angibt, daß veraltete Responses akzeptabel sind oder der Cache keine Verbindung mit dem Origin Server aufnehmen kann, kann der Cache den veralteten Response zusammen mit dem Warncode 110 (response is stale) zurückgeben.

— *Requests müssen revalidiert werden*
Falls ein Server beschließt, daß ein Response revalidiert werden muß, kann er dazu das in Abschnitt 3.2.9.4 beschriebene Header-Feld Cache-Control zusammen mit der Anweisung must-revalidate einsetzen. In diesem Fall muß der Cache, falls der Request aus dem Cache angefordert wird, diesen revalidieren. Wenn der Cache keine Verbindung mit dem Origin Server aufnehmen kann, um diesen Request zu revalidieren, muß er einen den Warncode 504 (gateway time-out) enthaltenden Response zurückschicken.

Ein Server kann dementsprechend selbst entscheiden, ob ein Response überhaupt eine Fälligkeit hat und wie der Cache mit einem veralteten Response verfahren sollte.

- *Heuristische Fälligkeit*
HTTP verlangt von Origin Servern nicht, daß sie Fälligkeiten festsetzen, weshalb Caches vermutlich eine Vielzahl von Responses ohne Fälligkeit empfangen. In diesen Fällen bleibt es dem Cache überlassen, diesen Responses mit Hilfe von heuristischen Algorithmen ein Fälligkeitsdatum zuzuweisen. Wenn man davon ausgeht, daß ein über längere Zeit hinweg nicht veränderter Response sich auch in nächster Zeit nicht ändert, könnte das Header-Feld Last-Modified eine mögliche Quelle eines solchen heuristischen Verfahrens sein.
Da jedoch mit heuristischen Fälligkeiten arbeitende Caches negative Auswirkungen auf die semantische Transparenz haben können, ist es empfehlenswert, sie mit der gebotenen Vorsicht einzusetzen und bezüglich der Fälligkeitszeiten eher pessimistisch als optimistisch zu sein. Origin Server werden von HTTP ermutigt, server-bestimmte Fälligkeiten einzusetzen, um so die Verwendung von heuristischen Fälligkeitszeiten wann immer möglich zu vermeiden. Falls ein Cache einem Response auf der Basis heuristischer Verfahren eine Freshness-Periode von mehr als 24 Stunden zuweist und der Response älter als 24 Stunden ist, muß er diesem Response den Warncode 113 (heuristic expiration) hinzufügen, wenn er ihn ohne vorherige Validierung versendet.

Sobald die Fälligkeit eines Response bekannt ist, sei es, weil sie durch den Origin Server angegeben oder mit Hilfe eines heuristischen Verfahrens zugewiesen wurde, muß ein Cache Berechnungen über den Status eines Response anstellen. Da derartige Berechnungen sowohl auf der Ortszeit als auch auf von anderen Hosts festgelegten Zeitangaben beruhen, sollten Caches das *Network Time Protocol (NTP)* oder ein anderes Verfahren einsetzen, um ihre Uhr mit einem weltweit genauen Zeitstandard in Übereinstimmung zu bringen.

- *Altersberechnungen*
  Ein Cache muß in jedem von ihm versendeten Response dem Header-Feld Age einen Wert zuweisen. Dieses Header-Feld gibt an, wie lange der Response in jedem der verschiedenen Caches entlang des Wegs vom Origin Server gespeichert war (falls mehrere Caches vorhanden sind) und welche Zeit für die Übertragung benötigt wurde. Zum Berechnen des Alters eines Response stehen zwei Möglichkeiten zur Verfügung. Eine dieser Möglichkeiten basiert auf dem Header-Feld Date des Response (welches dem Response vom Origin Server hinzugefügt werden sollte), die andere auf dem Header-Feld Age des Response (falls ein solches vorhanden ist).

- *Fälligkeitsberechnungen*
  Die zweite wichtige, vom Cache vorgenommene Berechnung ist die Fälligkeitsberechnung, mit deren Hilfe bestimmt wird, ob der Response fresh oder veraltet ist. Grundlage dieser Berechnung ist ein Vergleich der Dauer der Freshness-Periode eines Response mit dessen Alter. Zum Berechnen der Freshness-Periode stehen drei Verfahren zur Verfügung.

  1. Falls ein Response ein Header-Feld Cache-Control in Verbindung mit der Anweisung max-age enthält, entspricht die Freshness-Periode dem in der Anweisung max-age angegebenen Zeitraum.

  2. Falls ein Response über das Header-Feld Expires verfügt (aber nicht über die Anweisung max-age), entspricht die Freshness-Periode dem Ergebnis der Subtraktion des Wertes des Header-Felds Date von dem des Header-Felds Expires. Da sowohl der Wert des Header-Felds Expires als auch der des Header-Felds Date vom Origin Server festgelegt werden, ist dieses Verfahren unempfindlich gegenüber Zeitunterschieden.

  3. Falls der Response weder das Header-Feld Expires noch die Anweisung max-age enthält, kann der Cache die Freshness-Periode mit Hilfe eines heuristischen Verfahrens berechnen.

Auf der Basis des Alters und der Freshness-Periode eines Response kann der Cache dann einfach entscheiden, ob ein Response fresh ist. Ein Response ist fresh, wenn seine Freshness-Periode größer als sein Alter ist

Diese beiden Aspekte (die Angabe von Fälligkeitszeiten sowie die Berechnung von Alter und Fälligkeit) stellen den Kern des Fälligkeitmodells von HTTP dar. Die meisten Aktionen von Caches basieren auf der Freshness eines Response. Falls ein Response fresh ist, kann er aus dem Cache genommen werden (anstatt ihn von dem Origin Server anzufordern). Es ist jedoch immer noch nicht geklärt, wie ein Cache mit einem Request für einen veralteten Response verfährt. In diesem Fall könnte der Cache einfach einen neuen Response vom Origin Server anfordern, aber HTTP definiert ein ausgefeilteres Modell, mit dessen Hilfe Caches veraltete Responses *validieren* können. Mit Hilfe der Validierung kann bestimmt werden, ob ein veralteter Response noch brauchbar ist und deshalb vom Cache verwendet werden kann, anstatt eine neue Kopie vom Origin Server anzufordern.

3.2.9.3 Gültigkeitsmodell

Der Validierung liegt der Gedanke zugrunde, daß ein veralteter Response in vielen Fällen noch gültig ist (d.h. die Ressource auf dem Origin Server wurde nicht verändert), so daß die erneute Übertragung vom Origin Server zum Cache eine Verschwendung von Bandbreite wäre. Deshalb überprüft ein Cache, falls er einen veralteten Eintrag findet, den er gern als Response auf den Request eines Clients verwenden würde, beim Origin Server, ob der sich im Cache befindende Response noch benutzbar ist. Dieser Vorgang wird in Abbildung 3.13 dargestellt[40].

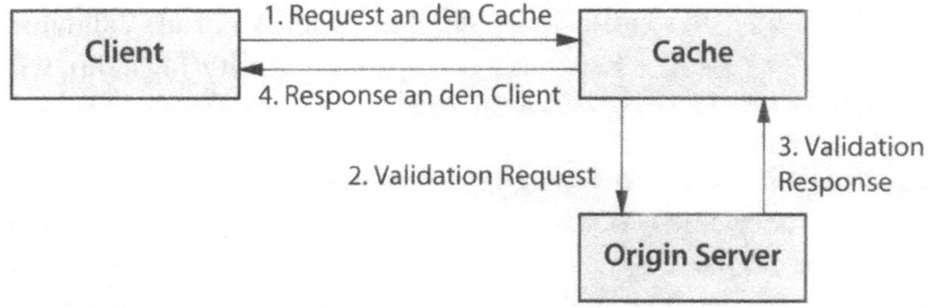

Abb. 3.13 HTTP-Validierung zwischengespeicherter Entities

Die Schlüsselidee hinter diesem Validierungsmodell liegt in der Verwendung eines mit einer Ressource verbundenen *Validators*. Wenn ein Origin Ser-

---

[40] Der Unterschied zu dem in Abbildung 3.11 dargestellten Cache-Miss-Szenario besteht darin, daß, wenn der sich im Cache befindende Response noch verwendet werden kann, der der Validierung dienende Response normalerweise wesentlich kleiner sein wird, da die Ressource selbst nicht erneut übertragen wird.

ver einen Response aussendet, sendet er mit diesem auch einen Validator, der die in dem Response enthaltene Ressource bezeichnet. Dieser Validator wird zusammen mit dem Response in allen diesen Response empfangenden Caches sowie im User Agent gespeichert. Falls ein Client (User Agent oder Cache) einen Request zur Validierung dieses Response abschickt, sendet er lediglich den Validator dieses Response. Der Origin Server verbindet den Validator mit der Ressource und kann eine Entscheidung treffen, ob der den Validator enthaltende Response noch verwendbar ist.

Falls der Response noch verwendet werden kann, sendet der Origin Server einen Response mit dem Statuscode `304` (`not modified`), aber ohne einen Entity Body. Falls der Response jedoch nicht mehr brauchbar ist (da die damit assoziierte Ressource auf dem Origin Server verändert wurde), sendet der Origin Server einen vollständigen Response zurück. Auf dieseWeise ist in beiden Fällen nur eine Request/Response-Interaktion zwischen dem die Validierung anfordernden Client und dem Origin Server erforderlich. Dieser Vorgang beruht auf dem Vorhandensein von Validatoren, von denen mit HTTP zwei Arten eingesetzt werden können:

- Das Header-Feld `Last-Modified`
  In diesem Fall wird das Datum der letztenVeränderung einer Ressource als Validator verwendet. Demzufolge wird ein Cache-Eintrag als gültig erachtet, falls die damit verbundene Ressource nach dem im Header-Feld `Last-Modified` angegebenen Datum nicht mehr verändert wurde.

- Das Header-Feld `ETag`
  Neben dem Veränderungsdatum kann ein Server auch ein als Validator dienendes Entity Tag für eine Ressource erzeugen. Ein Entity Tag kann, wie im folgenden Text beschrieben, entweder *stark* oder *schwach* sein.

Es sind Szenarien denkbar, in denen eine Ressource eines Origin Servers verändert wurde, es aber sinnvoll wäre, zwischengespeicherte Responses mit dieser Ressource als verwendbar zu behandeln. Der hauptsächliche Anreiz hierfür liegt in dem allgemeinen Ziel von HTTP, beim Caching semantische Transparenz zu ermöglichen. Um Origin Server zu unterstützen, die ein auf der Semantik der Ressourcen basierendes Caching-Verfahren implementieren wollen, unterstützt HTTP zwei Arten von Validatoren:

- *Strong Validators*
  Bei einem Strong Validator handelt es sich um einen Validator, der sich bei jeder Änderung des von ihm repräsentierten Entity ebenfalls ändert. Somit kann man einen Strong Validator als einen Validator betrachten, der ein einziges Entity, oder, falls ein Entity mehrfach verändert wurde, eine einzige Version eines Entities bezeichnet.

- *Weak Validators*
  Bei einem Weak Validator handelt es sich um einen Validator, der sich bei
  jeder semantisch signifikanten Änderung des von ihm repräsentierten
  Entity ebenfalls ändert. Somit kann man einen Weak Validator als einen
  Validator betrachten, der eine Menge von semantisch gleichwertigen Entities bezeichnet. Falls beispielsweise auf einer Web-Seite die Rechtschreibfeh-
  hler korrigiert würden, würde sich ein Weak Validator vermutlich nicht
  verändern, da die korrigierte Rechtschreibung keine Veränderung der
  Semantik dieser Web-Seite zur Folge hat[41].

Während sich Strong Validators in jedem Zusammenhang verwenden lassen, können Weak Validators nur in bestimmten Situationen benutzt werden.
Falls beispielsweise ein Client einen Bereichs-Request aussendet (unter Verwendung der Header-Felder `Range` oder `If-Range`), muß der Server genau
dieselbe Semantik verwenden wie der Client (d.h. in diesem Fall eine starke
Semantik). Andernfalls kann es vorkommen, daß der Client ein beschädigtes
Entity erhält, wenn er das lokale Entity mit dem angeforderten Bereich kombiniert. Also definiert HTTP zwei Vergleichsfunktionen: eine für Zusammenhänge, in denen Strong Validators erforderlich sind, und eine für Zusammenhänge, in denen sowohl Strong als auch Weak Validators verwendet werden
können.

- *Starker Vergleich*
  Um die starke Vergleichsfunktion auf Validatoren anwenden zu können,
  müssen beide Validatoren stark und in jeder Hinsicht identisch sein.

- *Schwacher Vergleich*
  Um die schwache Vergleichsfunktion auf Validatoren anwenden zu können, müssen beide Validatoren in jeder Hinsicht identisch sein, aber einer
  oder beide können schwach sein.

Auf der Grundlage dieser Regeln über Fälligkeitszeiten, Validator-Typen
und die Vergleichsfunktionen für Validatoren können HTTP-Clients, Caches
und Origin Server ein Caching-Modell implementieren, welches in vielen Fällen dazu beitragen wird, die Leistungsfähigkeit von HTTP durch die Vermeidung von Übertragungen von Entities wesentlich zu steigern. Weiterhin ist
offensichtlich, daß das HTTP Caching hochgradig von der Kooperation zwischen Clients, Caches und Origin Servern abhängig ist. Nachdem das grundlegende Fälligkeits- und Validierungsmodell beschrieben wurde, konzentrie-

---

[41] Es ist jedoch nicht möglich, eine klar definierbare Grenze zwischen semantisch insignifikanten und
semantisch signifikanten Veränderungen zu ziehen. Es bleibt dem Origin Server überlassen, diese
Grenze festzulegen und in Übereinstimmung mit dieser Definition Weak Validators zuzuweisen.

ren wir uns als nächstes auf die Frage, wie Caches und Origin Server miteinander kommunizieren können, um das Caching so gut wie möglich zu nutzen. Dieses Thema wird im nächsten Abschnitt behandelt.

3.2.9.4 Cache-Steuerung

Das wichtigste Header-Feld für das Caching ist das General-Header-Feld `Cache-Control`, mit dessen Hilfe von allen Caching-Mechanismen entlang der Request/Response-Kette zu beachtende Anweisungen angegeben werden. Falls ein Request oder ein Response von einem nicht über Caching-Funktionen verfügenden Proxy oder Gateway weitergegeben wird, müssen Caching-Anweisungen mit durchgereicht werden, da die Anweisungen unter Umständen auf einen danach kommenden Empfänger anwendbar sind.

Da die Syntax der General-Header-Felds `Cache-Control` wesentlich komplexer ist als die der meisten anderen Header-Felder, wird sie hier aufgeführt[42], um einen Überblick über die zur Verfügung stehenden Cache-Anweisungen zu geben.

```
Cache-Control= "Cache-Control" ":" +cache-directive

cache-directive= cache-request-directive
            |cache-response-directive

cache-request-directive=
            "no-cache"       [ "=" <"> +field-name<"> ]
            | "no-store"
            | "max-age"         "=" delta-seconds
            | "max-stale"    [ "=" delta-seconds ]
            | "min-fresh"       "=" delta-seconds
            | "only-if-cached"

cache-response-directive =
            "public"
            | "private"      [ "=" <"> +field-name<"> ]
            | "no-cache"     [ "=" <"> +field-name<"> ]
            | "no-store"
            | "no-transform"
            | "must-revalidate"
            | "proxy-revalidate"
            | "max-age"         "=" delta-seconds
```

---

[42] Das Pluszeichen »+« vor einem Begriff bedeutet, daß er an dieser Stelle ein- oder mehrmals vorkommen kann. Ein vertikaler Strich »|« steht für Alternativen, und eckige Klammern »[]« stehen für optionale Syntaxbestandteile. Normalerweise werden doppelte Anführungszeichen »"« als Delimiter für Zeichenfolgen verwendet. Wenn aber die Zeichenfolge selbst doppelte Anführungszeichen enthält, werden spitze Klammern <>« als Delimiter für die Zeichenfolge eingesetzt.

Es ist ersichtlich, daß die Cache-Anweisungen in zwei große Gruppen aufgeteilt werden, nämlich in Anweisungen für Requests und in Anweisungen für Responses. Einige der Anweisungen lassen sich jedoch sowohl mit Requests als auch mit Responses verwenden. Im Zusammenhang mit dem General-Header-Feld `Cache-Control` benutzte Cache-Anweisungen können in verschiedene, in der folgenden Liste aufgeführte Gruppen unterteilt werden:

- *Einschränkungen bezüglich dessen, was sich zwischenspeichern läßt*
  Es gibt Standardregeln, die definieren, in welchen Fällen ein Response zwischengespeichert werden kann. Diese Regeln berücksichtigen die Request-Methode, die Header-Felder des Requests sowie den Zustand des Response. Ein Origin Server kann diese Vorgabewerte jedoch mit Hilfe von speziellen `Cache-Control`-Response-Anweisungen überschreiben, die angeben, ob ein Response zwischengespeichert werden kann.

  - `public`
    Dieser Wert gibt an, daß ein Response in jedem Cache zwischengespeichert werden kann, selbst wenn er normalerweise (d.h. ohne Überschreibung der Standardregeln) nicht oder lediglich in einem nicht gemeinsam genutzten Cache zwischengespeichert werden könnte (die Standardvorgabe für Responses auf Requests, die das Request-Header-Feld `Authorization` enthalten).

  - `private`
    Dieser Wert zeigt an, daß ein Response nicht in einem gemeinsam genutzten, sondern nur in einem privaten Cache[43] zwischengespeichert werden kann, selbst wenn er unter normalen Umständen (d.h. ohne die Standardregeln zu überschreiben) überhaupt nicht oder auch in einem gemeinsam genutzten Cache zwischengespeichert werden könnte. Ein speziell für einen Benutzer erzeugter, und für keinen anderen Benutzer gültiger, Response stellt ein typisches Beispiel eines solchen Response dar.

  - `no-cache`
    Es gibt zwei Möglichkeiten, um die Anweisung `no-cache` zur Cache-Steuerung einzusetzen, die sich durch das Vorhandensein oder Fehlen von für die Anweisung `no-cache` angegebenen Feldnamen unterscheiden.

---

[43] Man muß beachten, daß hier lediglich festgelegt wird, wo der Response zwischengespeichert wird. Die Geheimhaltung der Response wird hierdurch nicht gewährleistet.

- *Keine Feldnamen*
  Falls in der Anweisung `no-cache` kein Feldname angegeben wird, werden Caches angewiesen, den Response nicht ohne eine vorherige erfolgreiche Revalidierung beim Origin Server zum Bedienen eines nachfolgenden Requests zu verwenden. Auf diese Weise lassen sich selbst Caches, deren Konfiguration auch das Zurückgeben veralteter Responses auf Requests von Clients erlaubt, zum Verwenden der Revalidierung zwingen.

- *Feldnamen*
  Falls in der Anweisung `no-cache` Feldnamen angegeben werden, werden Caches angewiesen, die angegebenen Feldnamen in einem dem Cache entnommenen Response nicht zu verwenden. Es können auch weitere Einschränkungen bezüglich der Zwischenspeicherung des Response zutreffen, aber in diesem Fall werden mit Hilfe der Anweisung `no-cache` lediglich bestimmte Header-Felder von der Zwischenspeicherung ausgeschlossen.

- *Einschränkungen bezüglich der Art der zwischengespeicherten Daten*
  Falls zu schützende Informationen über das Netz verschickt werden, kann es unter Umständen nicht ausreichen, daß der Client oder Server angibt, daß die in der HTTP-Nachricht enthaltenen Informationen nicht zwischengespeichert werden sollten. Aus diesem Grund kann sowohl in Requests als auch in Responses mit Hilfe einer Cache-Anweisung die Zwischenspeicherung einer Nachricht durch einen Cache verhindert werden.

  - `no-store`
    Falls die Anweisung `no-store` gesetzt wird, sollte der Cache keinen Teil der Nachricht in nicht flüchtigem Speicher (wie zum Beispiel auf einer Festplatte) speichern und die größten Anstrengungen unternehmen, um die Nachricht sobald wie möglich nach der Weiterleitung aus dem flüchtigen Speicher zu entfernen.
    Allerdings kann der Benutzer den Response auch bei Verwendung dieser Anweisung immer noch außerhalb des Cache-Systems ablegen, und es ist ebenfalls möglich, daß der User Agent den Response in seinem normalen History-Puffer speichert.

- *Veränderungen am grundlegenden Fälligkeitsmechanismus*
  Normalerweise übernimmt der von einem Cache verwendete, grundlegende Fälligkeitsmechanismus das Fälligkeitsdatum des Response (welches explizit oder mit heuristischen Verfahren, wie in Abschnitt 3.2.9.2 beschrieben, definiert werden kann), um sein Vorgehen festzulegen. Es ist

jedoch möglich, mit Hilfe einer Reihe von Anweisungen den Fälligkeitsmechanismus eines Cache zu steuern.

- `max-age`
  Diese Anweisung gibt an, daß der Client willens ist, einen Response zu akzeptieren, dessen Alter das in Sekunden angegebene nicht überschreitet. Die Anweisung `max-age` kann auch in einem Response enthalten sein, um dessen Fälligkeit anzugeben. Falls ein Response das Feld `Cache-Control` zusammen mit der Anweisung `max-age` aufweist, hat diese Kombination Vorrang vor dem Header-Feld `Expires`.

- `min-fresh`
  Ein Client kann einen Response anfordern, der während eines bestimmten Zeitraums fresh bleibt. Somit muß der Cache durch das Addieren der aktuellen Zeit zu der mit der Anweisung `min-fresh` angefragten Zeit sicherstellen, daß der Response zum festgelegten Zeitpunkt noch fresh ist.

- `max-stale`
  Hiermit gibt der Client zu erkennen, daß er bereit ist, einen veralteten Response zu akzeptieren (d.h. einen Response, dessen Fälligkeitszeit überschritten ist). Die Anweisung wird von einem User Agent gesetzt und kann verwendet werden, um die Wahrscheinlichkeit eines Cache Hit zu erhöhen. Falls kein Wert angegeben wird, akzeptiert der Client einen veralteten Response beliebigen Alters. Durch die Angabe eines Werts wird festgelegt, daß der Benutzer bereit ist, einen veralteten Response zu akzeptieren, dessen Fälligkeit um maximal die angegebene Anzahl von Sekunden überschritten sein darf. Falls ein Cache einen veralteten Response zurückgibt, muß er diesem einen `Warning`-Header mit der Warnung `110 (response is stale)` hinzufügen

- *Steuerung der Cache-Revalidierung und des Neuladens des Cache-Inhalts*
  Neben den Szenarien, in denen das Steuern des grundlegenden Fälligkeitsmechanismus erforderlich ist, kann es Situationen geben, in denen das Verhalten des Cache in bezug auf die Validierung (beschrieben in Abschnitt 3.2.9.3) verändert werden sollte. Es gibt eine Reihe von Anweisungen, mit deren Hilfe sich die Validierung sowie das erneute Laden von zwischengespeicherten Responses steuern läßt.

  - `no-cache`
    Wenn diese Anweisung in einem Request enthalten ist und keine Feldnamen mit ihr verbunden sind, wird der Response immer neu vom Origin Server geladen.

- `must-revalidate`
  Die Anweisung `must-revalidate` kann lediglich in Responses angewendet werden. Sie weist Caches an, daß der Response zwar im Cache
  abgelegt werden kann, nach seiner Veraltung aber zu revalidieren ist.
  Der Cache muß der Anweisung `must-revalidate` unter allen
  Umständen folgen (selbst wenn der Client in seinem Request die
  Anweisung `max-stale` verwendet). Falls der Cache den Origin Server
  zum Zweck der Revalidierung nicht erreichen kann, muß er anstelle
  eines veralteten Response den Statuscode 504 (`gateway time-out`)
  senden.

- `proxy-revalidate`
  Diese Anweisung ist in ihrem Wesen der Anweisung `must-revali-
  date` sehr ähnlich. Der einzige Unterschied besteht darin, daß er nicht
  gemeinsam genutzten User-Agent-Caches die Verwendung veralteter
  Responses gestattet. Alle Caches entlang der Request/Response-Kette
  müssen dieselben Regeln wie bei der Anweisung `must-revalidate`
  befolgen.

- `only-if-cached`
  In einigen Fällen, wie beispielsweise bei sehr schlechten Netzwerkverbindungen, kann ein Client von einem Cache verlangen, daß dieser
  lediglich von ihm gespeicherte Responses zurückgibt, ohne sie vorher
  neu von dem Origin Server zu laden oder bei diesem zu revalidieren.
  Mit Hilfe der Anweisung `only-if-cached` kann in einem Request
  angegeben werden, daß der Cache einen Response weder neu laden
  noch revalidieren soll. Ein Cache sollte entweder mit einem Cache-Eintrag oder dem Statuscode 504 (`gateway time-out`) antworten.

- *Steuerung der Transformation von Entities*
  In manchen Fällen kann es vorkommen, daß der Cache Entities transformieren will, um beispielsweise durch die Verwendung eines anderen Algorithmus zum Komprimieren von Grafiken den von Cache-Einträgen
  belegten Speicherplatz zu verringern. Es gibt jedoch Anwendungsszenarien, in denen eine solche Transformation nicht wünschenswert ist.

  - `no-transform`
    Falls ein Request die Anweisung `no-transform` enthält, darf der
    Cache dieses Entity nicht verändern. Aus diesem Grund sollten von
    absolut identischen Entities abhängige Anwendungen in ihren Requests
    die Anweisung `no-transform` einschließen. User Agents können
    durch das Überprüfen auf den Warncode 214 (`transformation
    applied`) feststellen, ob von einem dazwischenliegenden Cache eine
    Transformation vorgenommen wurde.

Neben diesen Cache-Anweisungen, mit deren Hilfe sich das Caching auf unterschiedliche Weise steuern läßt, wurden noch mehrere Warncodes definiert, die zusätzlich zu den in Abschnitt 3.2.4.1 beschriebenen, zum HTTP-Standard gehörenden Statuscodes eingesetzt werden können. Das Response Header-Feld `Warning` wird zum Übermitteln verschiedener Arten von Warnungen verwendet, bei der aktuellen HTTP-Version dient es jedoch ausschließlich zur Übertragung von das Caching betreffenden Warnungen. Die erste Zahl des dreistelligen Warncodes gibt an, ob eine Warnung nach erfolgreicher Revalidierung aus einem gespeicherten Cache-Eintrag gelöscht werden muß (1xx-Warncodes) oder nicht (2xx- Warncodes). Die HTTP-Spezifikation definiert die folgenden Warncodes:

- `110 (response is stale)`
  Diese Warnung muß in jedem veralteten Response enthalten sein. Ein Cache kann einem Response diese Warnung hinzufügen, die sich aber nur aus einem Response entfernen läßt, wenn der Cache weiß, daß dieser fresh ist.

- `111 (revalidation failed)`
  Diese Warnung muß von einem Cache zurückgegeben werden, dessen Versuch, einen Response zu revalidieren, fehlschlug. Die Ursache des Fehlschlagens der Revalidierung liegt darin, daß der Cache keine Verbindung mit dem Origin Server des Response aufnehmen konnte.

- `112 (disconnected operation)`
  Falls ein Cache für eine bestimmte Dauer absichtlich vom Rest des Netzwerks abgekoppelt wurde (beispielsweise kann der Cache einer Firma in Betrieb sein, aber die Verbindung zum Internet ist wegen Wartungsarbeiten unterbrochen), sollten vom Cache gegebene Responses diese Warnung enthalten.

- `113 (heuristic expiration)`
  Diese Warnung muß in einem vom Cache zurückgegebenen Response enthalten sein, falls der Cache mit Hilfe heuristischer Verfahren die Freshness-Periode auf einen Zeitraum von mehr als 24 Stunden festlegt und das Alter eines Response 24 Stunden überschreitet.

- `214 (transformation applied)`
  Ein Cache muß diese Warnung hinzufügen, falls er die Codierung des Inhalts (angegeben im Header `Content-Encoding`) oder den Medientyp (im Header `Content-Type`) eines Response transformiert.

User Agents, Caches und Origin Server können mit Hilfe der Header-Felder `Cache-Control` und `Warning` ein leistungsfähiges Caching-System implementieren. Man sollte jedoch beachten, daß HTTP lediglich Mechanismen zum Austausch von Informationen über das Caching definiert. Die Caching-Richtlinien für User Agents, Caches und Origin Server sind hingegen nicht vorgegeben. In manchen Fällen ist die HTTP-Spezifikation sehr starr, aber bei diesen Fällen ist es wichtig zu verhindern, daß Caches Responses zu lange oder ohne Revalidierung speichern.

Allgemein gesehen reflektiert dieses Modell der kooperierenden Caches, von denen jeder seine eigene Caching-Strategie implementiert, die Designphilosophie des Internet, indem lediglich ein Minimalstandard definiert wird, der eingehalten werden muß, um die korrekte Funktion des gesamten Systems zu gewährleisten.

3.2.9.5 Caching-Implementierung

Wie bereits im vorhergehenden Abschnitt erwähnt, definiert die HTTP-Spezifikation lediglich allgemeine Regeln darüber, wie Informationen über Ressourcen, Fälligkeitszeiten oder die Validierung von Responses und Warnungen ausgetauscht werden können. Es liegt jedoch an der Implementierung eines Caches, was mit dieser Information geschieht, solange sie den in der HTTP-Spezifikation definierten Anforderungen entspricht. Um Ihnen einen Eindruck von den möglichen Implementierungsvarianten zu geben, finden sich unten Beispiele möglicher (aber nicht unbedingt sinnvoller) Arten der Implementierung eines HTTP-Caches.

- *Kein Caching*
  Da die HTTP-Spezifikation lediglich verhindern will, daß ein Cache Responses zu lange oder ohne Revalidierung speichert, stellt ein Cache, der Responses überhaupt nicht speichert, eine gültige Implementierung eines HTTP-Caches dar. Eine Implementierung in dieser Form ergibt jedoch keinen Sinn, da ein solcher Cache Requests in jedem Fall durch die zusätzlich anfallende cache-interne Verarbeitungszeit verzögern würde.

- *Aktive Caches*
  Obwohl meistens reaktive Caches implementiert werden, die lediglich als Reaktion auf eine eingehende Nachricht aktiv werden, läßt sich ein Cache aber in der Weise konfigurieren, daß er Cache-Einträge unmittelbar nach ihrer Veraltung automatisch validiert. Dies bringt das Risiko mit sich, unnötige Validierungen durchzuführen, hat aber auch den Vorteil, daß die Cache-Einträge beim Eintreffen eines Requests mit größerer Wahrscheinlichkeit fresh sind. Weiterhin könnte der Cache eine Strategie implemen-

tieren (beispielsweise indem er zählt, wie oft ein Response angefordert wurde), um eine Entscheidung zu treffen, ob er einen veralteten Response automatisch revalidieren oder vor dem Durchführen einer Revalidierung auf das Eintreffen eines Requests warten soll.

- *Proprietäre Inter-Cache-Protokolle*
  Obwohl ein Cache in dem durch HTTP definierten Modell ein System darstellt, das zum Nachrichtenaustausch mit anderen Caches ausschließlich HTTP einsetzt, ist auch ein System aus kooperierenden Caches denkbar, die ein anderes Kommunikationsverfahren als HTTP einsetzen. Auf diese Weise ließen sich mehr Informationen über den Cache-Inhalt austauschen, als dies mit HTTP möglich ist. Alle kooperierenden Caches würden zusätzlich auch HTTP-Nachrichten akzeptieren und erzeugen, aber mit Hilfe eines proprietären Inter-Cache-Protokolls ließe sich ein fortschrittlicheres Caching-System konstruieren.

Diese Beispiele sind alle recht einfach, sollten aber ausreichen, um zu zeigen, daß die HTTP-Spezifikation lediglich ein Rahmenwerk darstellt, innerhalb dessen der Implementierer eines Caches über eine sehr große Freiheit bei der Auswahl der seinen Ansprüchen am ehesten entsprechenden Cache-Strategie verfügt. In den Arbeiten von Dingle und Partl [66], Wooster und Abrams [276] sowie Scheuermann u.a. [236] werden verschiedene Aspekte der Cache-Implementierung behandelt. Außerdem gibt es eine Vielzahl anderer Arbeiten, die sich mit den unterschiedlichen Gesichtspunkten des Cache-Entwurfs befassen.

3.3 Sicherheit

Bis jetzt haben wir Sicherheitsaspekte lediglich vor dem Hintergrund der in Abschnitt 3.2.6 behandelten Authentifizierungsmethoden von HTTP hinsichtlich der Authentizität besprochen. Obwohl die Authentizität für eine Reihe von Anwendungen ausreichend sein mag, besteht in sehr vielen Fällen ein Bedarf an Geheimhaltung und somit an Mechanismen zum Sicherstellen, daß alle zwischen Client und Server ausgetauschten Informationen ausschließlich von diesen beiden Partnern interpretiert werden können. Im allgemeinen ist es nicht möglich, das Netzwerk physisch vor Angreifern zu schützen. Die dem Internet zugrundeliegende Architektur bietet nur wenige Möglichkeiten zur Einflußnahme auf die Art und Weise der Datenübertragung zwischen zwei Kommunikationspartnern. Aus diesem Grund finden Mechanismen Anwendung, mit deren Hilfe durch Lauschen oder andere

Methoden erlangte Daten für den Angreifer wertlos werden. Dies wird durch die Verwendung von Verschlüsselungsmethoden erreicht.

Es gibt jedoch verschiedene Arten von Angriffen, und in Abhängigkeit von den zum Sichern der Kommunikation verwendeten Verfahren sollte es bekannt sein, welche Arten von Angriff technisch möglich und zu erwarten sind. Ein einfaches, Lauschangriff genanntes Verfahren, stellt eine einfache Möglichkeit zum Angreifen einer Internet-Verbindung dar und besteht aus einer dritten Stelle, die alle zwischen zwei Kommunikationspartnern übertragenen Daten abhört. Ein komplizierterer und wirkungsvollerer Angriff besteht in der Plazierung einer Mittelperson in der Mitte zwischen den beiden Kommunikationspartnern. Dieser Angreifer kann nun die Daten vor der Übertragung an die Gegenstelle verändern. Obwohl man sich mit Hilfe einiger Verfahren zur Kommunikationssicherheit vor Lausch- und Mittelpersonenangriffen schützen kann, gibt es andere Verfahren, die lediglich einen Schutz vor Lauschangriffen darstellen und bei Angriffen über eine Mittelperson unwirksam sind.

Aus Anwendungssicht gesehen existieren zwei Wege zum Sichern der Kommunikation zwischen Client und Server, je nachdem, ob die Sicherheitsmaßnahmen innerhalb der Transportinfrastruktur oder innerhalb der Anwendungen implementiert werden sollten[44].

- *Verwenden einer sicheren Transportarchitektur*
  Bei diesem Szenario wird das Anwendungsprotokoll nicht verändert. Es wird davon ausgegangen, daß dieTransportinfrastruktur selbst die Sicherheit bereitstellt, so daß als einzige zu entscheidende Frage übrigbleibt, ob die normale (unsichere) oder die sichere Transportinfrastruktur verwendet werden sollte und wie sich eine die sichere Transportinfrastruktur einsetzende Verbindung herstellen läßt. Diese Art der Sicherheit kann von allen Anwendungen genutzt werden, welche die sichere Transportinfrastruktur erkennen.

- *Verwenden eines sicheren Protokolls auf Anwendungsebene*
  Im zweiten Fall wird davon ausgegangen, daß dieTransportinfrastruktur unsicher ist und aus diesem Grund das Anwendungsprotokoll dahingehend abgeändert wird, daß es selbst über Sicherheitsmerkmale verfügt. Bei diesem Ansatz sind die Anforderungen bezüglich der Transportinfrastruktur wesentlich niedriger, aber die innerhalb der Anwendung zu erledigen-

---

[44] Dadurch erhebt sich auch die Frage, ob ein Benutzer der lokalen Transportinfrastruktur (die normalerweise Teil des Betriebssystems ist), der lokalen Anwendung (die in den meisten Fällen von einem anderen Hersteller als das Betriebssystem stammt) oder keinem von beiden vertraut. Diese Frage würde den Rahmen dieses Buchs sprengen, stellt aber einen wichtigen Punkt bei der Planung von sicheren Kommunikationsarchitekturen dar.

den Arbeiten (das Hinzufügen von Sicherheitsmerkmalen zum Protokoll der Anwendungsebene) um so schwieriger. Darüber hinaus lassen sich die Sicherheitsmerkmale lediglich für eine bestimmte Anwendung verwenden.

Es ist eine sehr komplexe Frage, für welchen der beiden Ansätze man sich entscheiden soll. Während der erste Ansatz den Vorteil hat, modular aufgebaut zu sein und eine auch für andere Anwendungen verwendbare sichere Transportinfrastruktur bereitzustellen, hat bei dem zweiten Ansatz der Designer des Anwendungsprotokolls mehr Steuerungsmöglichkeiten, und es ist weniger Vertrauen in die sichere Transportinfrastruktur erforderlich. Bei dieser Frage handelt es sich nicht um eine rein technische, die sich mit einem für alle denkbaren Szenarien richtigen Verfahren beantworten läßt, sondern vielmehr um eine Frage der Philosophie.

Soweit HTTP betroffen ist, wurde beiden Ansätzen nachgegangen. In Abschnitt 3.3.1 wird *HTTP over SSL (HTTPS)* besprochen. Bei dieser Lösung wird das normale HTTP über einer sicheren Transportinfrastruktur eingesetzt (dem *Secure Sokkets Layer (SSL)*). Der ein neues Anwendungsprotokoll definierende Ansatz, *Secure HTTP (S-HTTP)*, wird in Abschnitt 3.3.2 beschrieben. Zur Zeit stellt HTTPS die übliche Lösung für sichere Transaktionen erfordernde Web-Anwendungen dar, während S-HTTP anscheinend fast vollkommen verschwunden ist. Da jedoch beide Ansätze zur Sicherheit von HTTP interessant sind, wird in diesem Abschnitt auch kurz auf S-HTTP eingegangen.

3.3.1 HTTP über SSL (HTTPS)

Bei der Suche nach einer Möglichkeit zum Bereitstellen sicherer Transaktionen im Web beschloß Netscape, eine eigene Lösung zu implementieren, die nun als *HTTP over SSL (HTTPS)*[45] [222] bekannt ist. Bei HTTPS wird der Ansatz einer sicheren Transportinfrastruktur verfolgt, die in Form einer zusätzlichen Schicht zwischen der normalerweise verwendeten TCP/IP-Schicht und HTTP als dem Anwendungsprotokoll liegt. Diese Architektur ist in Abbildung 3.14 dargestellt. Weiterhin wird aus der Abbildung ersichtlich, daß sich der mit HTTPS verfolgte Ansatz auch problemlos zum Hinzufügen von zusätzlicher Sicherheit zu normalerweise auf der TCP/IP-Schicht aufsitzenden Anwendungen verwenden läßt.

---

[45] Die eigentliche Bezeichnung des Internet Draft lautet »HTTP over TLS« und verwendet die IETF-Version von SSL, die Transport Layer Security (TLS) genannt wird. (Diese befindet sich in der Entwicklung und wird in einem anderen Internet Draft mit dem Titel »The TLS Protocol Version 1.0« [64] dokumentiert). Da TLS SSL sehr ähnlich und mit diesem kompatibel ist, stellt dieser Entwurf die genaueste, momentan erhältliche Beschreibung der gängigen Praxis dar.

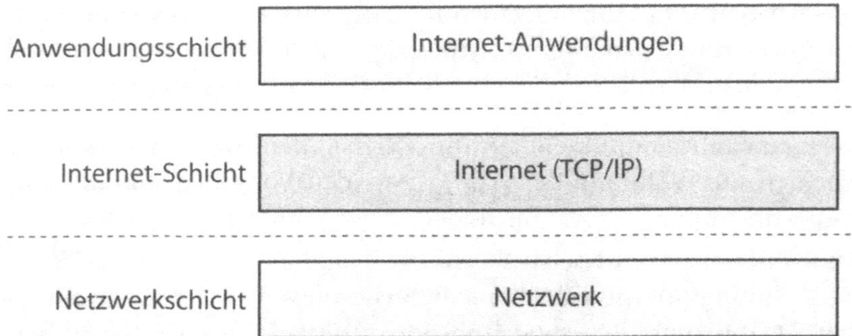

Abb. 3.14 Schichtung der Kommunikationsprotokolle
bei der Verwendung von SSL

Obwohl SSL für die Verwendung über einer verläßlichen Transportinfrastruktur gedacht ist und von jeder normalerweise eine unsichere Transportinfrastruktur verwendenden Anwendung zum Realisieren einer sicheren Kommunikation eingesetzt werden kann, liegt es hauptsächlich und in den meisten Fällen über TCP/IP und wird als sichere Transportinfrastruktur für HTTP verwendet. Da es sich bei SSL und HTTP jedoch um unterschiedliche Konzepte handelt, beschreiben wir zunächst in Abschnitt 3.3.1.1 kurz die Funktionsweise von SSL. In Abschnitt 3.3.1.2 wird dann erläutert, wie HTTP und SSL zusammen zur Bildung von HTTPS verwendet werden.

3.3.1.1 Secure Sockets Layer (SSL)

SSL verdankt seine Bezeichnung der gängigsten Programmierschnittstelle von TCP/IP, der ursprünglich in frühen UNIX-Betriebssystemversionen implementierten Sockets-Library. Obwohl TCP/IP ein wohldefiniertes Protokoll für die Kommunikation zwischen Computern darstellt, ist nicht definiert, wie auf die von ihm bereitgestellten Dienste innerhalb einer Programmierumgebung zugegriffen werden kann. UNIX-Sockets in der von Stevens [256] beschriebenen Form haben sich zum De-facto-Standard bei der Netzwerkprogrammierung entwickelt. SSL gibt jedoch keine Programmierschnittstelle an, sondern lediglich ein Protokoll. Somit weisen unterschiedliche SSL-Implementierungen verschiedene Programmierschnittstellen auf und sind nicht ohne Veränderungen an der sie verwendenden Software austauschbar[46].

---

[46] In manchen Fällen könnte es möglich sein, Wrapper für bestimmte SSL-Implementierungen zu schreiben, mit deren Hilfe es möglich ist, eine SSL-Implementierung (zusammen mit dem Wrapper) in derselben Weise wie andere SSL-Implementierungen zu verwenden. Normalerweise müssen SSL verwendende Anwendungen jedoch für die Verwendung einer anderen SSL-Implementierung portiert werden.

Mit dem Ziel vor Augen, eine sichere Kommunikation über ein unsicheres Medium zu ermöglichen, definiert SSL ein Protokoll, das eine Verbindungssicherheit bereitstellt, die drei grundlegende Eigenschaften besitzt.

- *Verbindungssicherheit*
  Nach einem anfänglichen Handshake wird mit Hilfe eines Verschlüsselungsverfahrens ein geheimer Schlüssel definiert. Zur Datenverschlüsselung wird eine symmetrische Verschlüsselungsmethode verwendet.

- *Optionale Authentifizierung*
  Die Identität des Kommunikationspartners kann mit Hilfe eines asymmetrischen Verschlüsselungsverfahrens (d.h. mit Hilfe eines öffentlichen Schlüssels) authentifiziert werden.

- *Zuverlässigkeit einer Verbindung*
  Die Verbindung ist zuverlässig. Die Nachrichtenübertragung schließt eine mit Hilfe eines verschlüsselten *Message Authenication Code (MAC)* vorgenommene Integritätsüberprüfung der Nachrichten ein. Die MAC-Berechnung wird unter Verwendung sicherer Hash-Funktionen vorgenommen.

Im folgenden werden die Ziele des SSL-Protokolls nach ihrer Wichtigkeit geordnet aufgeführt.

- *Kryptografische Sicherheit*
  SSL sollte dazu verwendete werden, eine sichere Verbindung zwischen zwei Stellen aufzubauen.

- *Interoperabilität*
  Unabhängige Programmierer sollten SSL einsetzende Anwendungen entwickeln können, die in der Lage sind, Verschlüsselungsparameter auszutauschen, ohne jeweils den Code der anderen zu kennen[47].

- *Erweiterbarkeit*
  SSL versucht, einen Rahmen bereitzustellen, innerhalb dessen sich neue Verfahren sowohl zur Erstellung von öffentlichen Schlüsseln als auch zur Verschlüsselung großer Datenmengen den Erfordernissen entsprechend miteinander verbinden lassen. Auf diese Weise werden auch zwei Sekundärziele erreicht: es entfällt die Notwendigkeit der Erstellung eines neuen Protokolls (und damit die Möglichkeit des Auftretens neuer Schwächen),

---

[47] Nicht alle Instanzen von SSL (selbst innerhalb derselben Anwendungsdomäne) werden in der Lage sein, erfolgreich eine Verbindung miteinander aufbauen zu können. Falls der Server beispielsweise ein bestimmtes Hardware-Token unterstützt, der Client aber nicht auf ein solches zugreifen kann, wird der Verbindungsaufbau erfolglos bleiben.

und es wird umgangen, eine vollkommen neue Sicherheitsbibliothek implementieren zu müssen.

- *Relative Wirksamkeit*
  Kryptografische Verfahren, insbesondere Operationen mit öffentlichen Schlüsseln, sind häufig sehr rechenintensiv. Aus diesem Grund enthält SSL ein Schema zum Caching von Sitzungen, um so die Anzahl der von Grund auf neu aufzubauenden Verbindungen zu reduzieren. Außerdem wurde darauf geachtet, die Netzwerkbelastung gering zu halten.

Im allgemeinen lassen sich mit Hilfe von SSL drei unterschiedliche Arten von Verbindungen zwischen Client und Server aufbauen, die sich bezüglich des jeweils eingesetzten Authentifizierungsverfahrens unterscheiden. Zum Zwecke der Authentifizierung wird ein von einer akzeptablen Authentifizierungsstelle ausgegebenes Zertifikat benötigt[48].

- *Anonymität*
  Bei diesem Szenario werden weder der Client noch der Server authentifiziert.

- *Server-Authentifizierung*
  Bei der Server-Authentifizierung muß der Server ein vom Client akzeptiertes Zertifikat vorweisen. Obwohl dem Server die Identität des Clients nicht bekannt ist, kann sich der Client über die Identität des Servers sicher sein.

- *Authentifizierung beider Parteien*
  Bei diesem Szenario werden sowohl der Client als auch der Server durch Zertifikate authentifiziert, d.h. es kennt jeder die Identität des anderen.

Man sollte beachten, daß das anonyme Szenario lediglich Schutz vor Belauschung bietet, während Angriffe von zwischengeschalteten Personen immer noch möglich sind. Falls SSL in einer Umgebung eingesetzt wird, in der mit einem solchen Angriff gerechnet werden muß, sollte zumindest eine Server-Authentifizierung zum Schutz vor Angriffen von zwischengeschalteten Personen stattfinden.

SSL besteht aus zwei Phasen. Während der ersten Phase findet ein Handshake statt, bei dem die jeweiligen Fähigkeiten beider Seiten festgestellt werden und eine optionale Authentifizierung vorgenommen sowie das bei dieser Sitzung verwendete Verschlüsselungsverfahren ausgewählt wird. SSL basiert auf dem Sitzungskonzept. Unter Verwendung leistungsfähiger Verschlüsselungsverfahren wird ein Sitzungsschlüssel ausgetauscht, der zum Verschlüs-

---

[48] Die Entscheidung darüber, welche Zertifizierungsstelle er für akzeptabel hält, bleibt dem Benutzer überlassen.

seln der zwischen Client und Server ausgetauschten Daten dient. Dieser Sitzungsschlüssel verwendet ein schwächeres (aber effizienteres) Verschlüsselungsverfahren als das zum Austauschen der Schlüssel eingesetzte. Dies ist vertretbar, da der Schüssel lediglich für die Dauer einer Sitzung eingesetzt wird[49]. SSL definiert eine Reihe unterschiedlicher Algorithmen sowohl für den Schlüsselaustausch als auch für die Sitzungsschlüssel. EinTeil der Handshake-Phase dient zur Ermittlung der stärksten von beiden Seiten für den Schlüsselaustausch sowie den Sitzungsschlüssel unterstützten Algorithmen.

3.3.1.2 Kombinieren von HTTP und SSL

Obwohl normales HTTP das auf der Anwendungsschicht zwischen einem HTTP einsetzenden Client und einem entsprechenden Server eingesetzte Protokoll darstellt, muß der Client wissen, daß er anstelle einer normalen (unsicheren) TCP-Verbindung eine SSL-Verbindung zu einem Server aufbauen muß. Dies wird mit Hilfe eines neuen Naming Schemes für HTTPS erreicht, in dem das Präfix »https« für URLs definiert ist. (Mehr über Naming Schemes für URLs beschreibt Abschnitt 2.3.2).

In einem Internet Draft von Rescorla [222] ist beschrieben, wie HTTP over SSL (oder TSL) eingesetzt werden sollte. Im Hinblick auf eine tatsächliche HTTPS-Implementierung sind die beiden unterschiedlichen, in Abbildung 3.15 dargestellten Szenarien möglich.

Obwohl SSL (oder TSL) als Transportschichtprotokoll entworfen ist, das nicht nur die Verwendung mit einem speziellen Anwendungsschichtprotokoll vorsieht, ist es zur Zeit in keiner der von den meisten Betriebssystemen bereitgestellten standardmäßigen Transportprotokollschichten enthalten. Aus diesem Grund muß eine Anwendung (beispielsweise ein Browser oder ein HTTPS unterstützender Server) eine in dem Diagramm auf der linken Seite von Abbildung 3.15 dargestellte SSL-Implementierung enthalten. In dem rechten Diagramm ist die Idealsituation abgebildet, in der SSL vom Betriebssystem bereitgestellt wird und die Anwendung SSL lediglich mit Hilfe der SSL-Implementierung des Betriebssystems implementieren muß.

Es wird jedoch noch eine geraume Zeit verstreichen, bevor SSL standardmäßig ein Bestandteil von Betriebssystemen sein wird. Bis zu diesem Zeitpunkt enthalten HTTPS-Anwendungen SSL-Implementierungen, wodurch einige der strukturellen Vorteile von HTTPS gegenüber S-HTTP verloren-

---

[49] Daneben enthält SSL ein das Caching von Sitzungen betreffendes Konzept, demzufolge der Schüssel sowohl auf der Server- als auch auf der Client-Seite zwischengespeichert wird. Falls beide Seiten übereinkommen, den im Cache abgelegten Schlüssel für eine neue Sitzung zu verwenden, kann die Schlüsselaustauschphase übergangen werden. Falls eine der beiden Seitem davon ausgeht, daß der Sitzungsschlüssel nicht mehr sicher ist, wird ein neuer Handshake inklusive der Erzeugung eines neuen Sitzungsschlüssels eingeleitet.

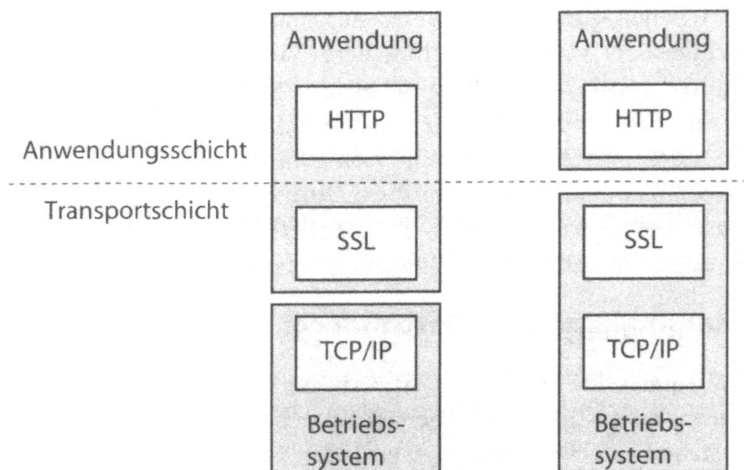

Abb. 3.15 Mögliche Plazierung der SSL- und der TCP-Implementierung

gehen. Wenn beispielsweise zwei HTTPS unterstützende Browser auf einem Computer eingesetzt werden, verwenden beide jeweils ihre eigene SSL-Implementierung, obwohl es hinsichtlich der Größe der Anwendungen sinnvoller wäre, wenn sie gemeinsam eine vom Betriebssystem bereitgestellte SSL-Implementierung nutzen könnten.

Darüber hinaus ist die Frage interessant, wie HTTPS bei einer durch einen Proxy gehenden Client/Server-Verbindung gehandhabt werden sollte. Einer der beiden grundlegenden Ansätze sieht vor, daß alle Daten von dem Proxy transparent weitergeleitet werden. Dieser Ansatz wird als *SSL Proxying* bezeichnet, Bei dem anderen, *HTTPS Proxying* genannten Ansatz, muß der Proxy die Daten »verstehen«. Diese beiden Ansätze werden in Abschnitt 9.4.2 eingehender besprochen.

3.3.2 Secure HTTP (S-HTTP)

Die Alternative zu HTTPS stellt das von Rescorla und Schiffman [223] beschriebene S-HTTP dar. Obwohl die Verschlüsselungsfähigkeiten beider Protokolle ähnlich sind, ist S-HTTP weitaus weniger verbreitet. Abbildung 3.16 zeigt das grundlegende Muster, nach dem sich S-HTTP in das Bild mit den anderen Protokollen der Anwendungsschicht einfügt.

S-HTTP definiert ein auf HTTP basierendes Nachrichtenformat. Dieses erweitert HTTP durch Sicherheitsmerkmale, die eine Authentifizierung, sichere Datenübertragung sowie Verhandlungsoptionen zwischen Client und Server ermöglichen. Der grundlegende Gedanke von S-HTTP liegt in der

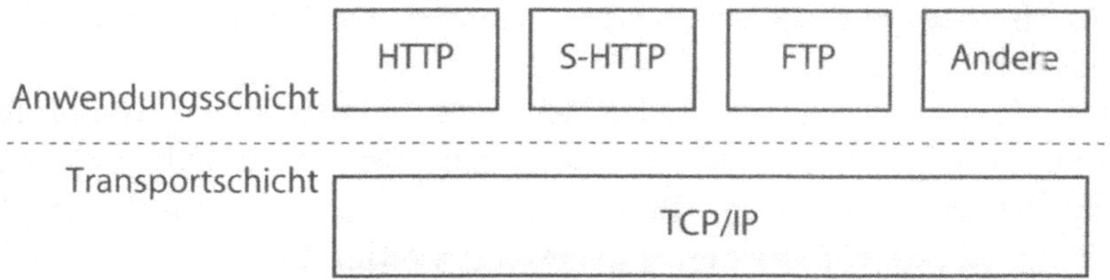

Abb. 3.16 Schichtung von Kommunikationsprotokollen mit S-HTTP

sicheren Kapselung von HTTP-Nachrichten. S-HTTP ist nicht von einer bestimmten HTTP-Version abhängig, da die Kapselung von HTTP-Nachrichten nicht auf der exakten HTTP-Syntax beruht.

S-HTTP unterstützt zwei kryptografische Standardformate von Nachrichten. Bei dem einen handelt es sich um das Format gemäß der *MIME Object Security Services (MOSS)*, bei dem anderen um das durch die *Cryptographic Message Syntax (CMS)* definierte Format. S-HTTP ist jedoch nicht auf diese beiden Formate beschränkt, und es ist problemlos möglich, neue kryptografische Standardformate für Nachrichten in S-HTTP aufzunehmen.

3.4 Cookies

Eines der Hauptmerkmale von HTTP ist, daß es sich bei ihm um ein zustandsloses Protokoll handelt. Dies bedeutet, daß der Austausch von HTTP-Nachrichten nicht in einen größeren Rahmen eingebettet ist (beispielsweise in aus mehreren Request/Response-Interaktionen bestehenden Sitzungen). Anders als bei Sitzungen haben vorangegangene Interaktionen keinen Einfluß auf die zwischen Client und Server stattfindenden Request/Response-Interaktionen, die ihrerseits keinen Einfluß auf nachfolgende Interaktionen haben. In vielen Anwendungsszenarien wäre dies jedoch vonVorteil, so zum Beispiel bei virtuellen »Einkaufszentren«, in denen dem Kunden eine Art »Einkaufswagen« zur Verfügung stehen sollte, der zum Sammeln der vom Kunden gewünschten Artikel sowie zur späteren Auftragserteilung dient.

Am Anfang stand eine von Netscape erstellte Lösung, die aus keinem ersichtlichen Grund *Cookie* genannt wurde. Im Grunde genommen handelt es sich bei einem Cookie um eine zwischen Client und Server ausgetauschte Information, die zum Aufrechterhalten der nicht von HTTP abgedeckten Information über den Zustand dient. Demzufolge hat der aus der ursprüngliche Spezifikation von Netscape hervorgegangene Internet Proposed Standard RFC 2109 [152][50] den Titel »HTTP State Management Mechanism«. Die aktuellste Version dieses Internet-Dokuments definiert einen Cookie-Mechanismus, der dem von Netscape vorgeschlagenen sehr ähnlich und zu diesem kompatibel ist.

Dem Cookie-Mechanismus liegt der Gedanke zugrunde, Zustandsinformationen zwischen Client und Server auszutauschen und auf diese Weise eine logische Sitzung herzustellen, die keinen Bezug zu einer physikalischen Entsprechung wie beispielsweise einer persistentenVerbindung aufweist. Ein Server kann einem Client mit Hilfe des neuen Response Headers `Set-Cookie` ein Cookie schicken, welches von dem Client gespeichert wird. Wenn der Client diesem Server einen Request sendet, schließt der Client darin das Cookie mit Hilfe des neuen Request Headers `Cookie` ein, wodurch es dem Server ermöglicht wird, durch eine Analyse des Cookie-Inhalts die Sitzung zu identifizieren.

Dieser Prozeß wird in Abbildung 3.17 dargestellt. Bei dieser Abbildung wird davon ausgegangen, daß die Verarbeitung des Cookie auf dem Server durch eine separate Anwendung vorgenommen wird (d.h. nicht unmittelbar von dem HTTP-Server) und daß die Information zwischen dem HTTP-Server und der den Cookie auswertenden Anwendung mit Hilfe des *Common Gateway Interface (CGI)* ausgetauscht wird, das Gegenstand von Abschnitt 9.4 ist. Durch diese Abbildung wird deutlich, daß der Server dadurch, daß er dem Client im ersten Response einen Cookie schickt, beide Request/Response-Interaktionen durch das Erkennen des von dem Client im zweiten Request zurückgeschickten Cookie als eine logische Sitzung behandeln kann.

Um dieses Schema in die Tat umzusetzen, muß der Client wissen, welchen Cookie er an welchen Server senden muß, da es nicht nur unpraktisch wäre, sondern auch einen Sicherheitsverstoß darstellen würde, wenn der Client alle von ihm gespeicherten Cookies an alle Server versenden würde, an die er Requests sendet. Der zu diesem Zweck verwendete Mechanismus ist wirklich ganz einfach, da es sich um einen simplen Vergleich der Server-Namen handelt (d.h. um einen Vergleich der Internet-Host-Namen, die, wie in Abschnitt 1.4.1.2 beschrieben, Domänennamen oder IP-Adressen darstellen können). Falls ein Client einen Request an einen Server sendet, für den er einen Cookie gespeichert hat (basierend auf einem Vergleich der Host-Namen), schließt er den Cookie im Request mit Hilfe des Header-Felds `Cookie` ein. Andernfalls enthält der Request keinen Cookie.

---

[50] Während dieses Buch geschrieben wird, befindet sich ein Internet Draft [153] in Vorbereitung, der später möglicherweise den RFC 2109 ersetzen wird.

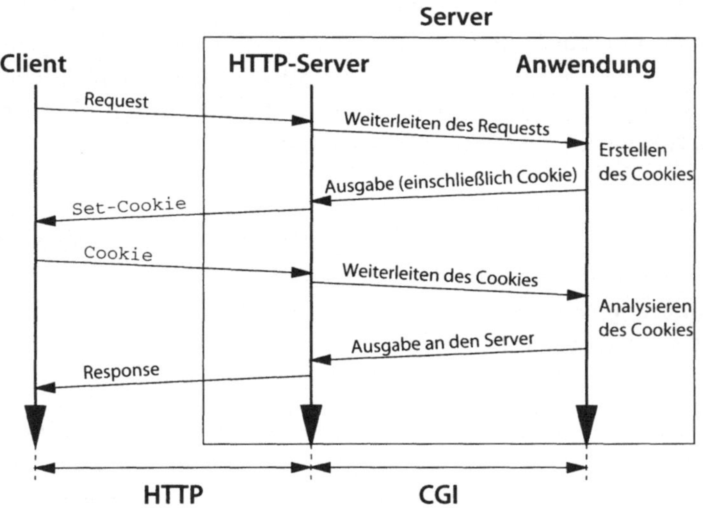

Abb. 3.17 HTTP State Management mit Cookies

- `Set-Cookie`
  Der Response Header `Set-Cookie` wird vom Server verwendet, um ein Cookie auf dem Client einzurichten, d.h. dem Client ein Cookie zu senden, das dieser speichern soll (falls der Client Cookies unterstützt; andernfalls wird er das Header-Feld `Set-Cookie` einfach ignorieren). Dieses Header-Feld enthält ein oder mehrere durch einen Namen und eine Anzahl im folgenden erklärten Attribut/Wert-Paare definierte Cookies.

- `Cookie`
  Ein Client sendet Cookies mit Hilfe des Request Headers `Cookie` an einen Server. Die Entscheidung des Clients, ob einem Server ein bestimmtes Cookie gesendet werden soll, basiert auf dem Namen des Servers, der angeforderten URI und dem Alter des Cookie. Falls alle Kriterien erfüllt sind, schließt der Client mit Hilfe des Header-Felds `Cookie` ein oder mehrere Cookies in seinem Request ein.

Bis jetzt haben wir noch nichts über die tatsächlich in einem Cookie übertragenen Informationen gesagt. Man muß sich vor Augen halten, daß das Cookie-Konzept eher eine Möglichkeit zum Identifizieren der tatsächlichen Zustandsinformationen auf dem Origin Server (d.h. auf dem Rechner, auf dem der Cookie erstellt wurde) darstellt, als ein Verfahren zum Übertragen dieser Informationen. Falls die einen Cookie-Server implementierende Person dieses Prinzip nicht verletzt, ist es sehr unwahrscheinlich, daß ein Cookie

Informationen enthält, die geschützt werden müssen[51]. Ein Cookie wird jedoch nicht nur durch die auf dem Origin Server des Cookie gespeicherten tatsächlichen Zustandsinformationen, sondern auch durch einen von dem Origin Server festgelegten Namen und Wert sowie durch eine Anzahl von meist optionalen Attribut/Wert-Paaren identifiziert.

- `Comment`
  Dieses optionale Attribut enthält Informationen, mit denen der Server die beabsichtigte Verwendung des Cookie dokumentieren kann. Der Benutzer kann diese Informationen einsehen, um zu bestimmen, ob er dieses Cookie tatsächlich verwenden will.

- `Domain`
  Mit Hilfe dieses optionalen Attributs kann der Server die für dieses Cookie gültige Domäne angeben. Auf diese Weise lassen sich Cookies erstellen, die nicht nur für einen einzelnen, durch seinen Namen angegebenen Server gültig sind, sondern auch für eine durch ihre DNS-Domäne festgelegte Gruppe von Servern.

- `Max-Age`
  Da viele Cookie-Anwendungen auf eher kurzlebige Interaktionen ausgerichtet sind, können Server mit Hilfe des optionalen Attributs `Max-Age` die Lebensdauer eines Cookies in Sekunden festlegen. Nach dem Verstreichen dieser Lebensdauer sollten Clients diese Cookies verwerfen.

- `Path`
  Da ein Cookie möglicherweise nicht auf alle URIs eines Servers anwendbar ist, kann der Server mit Hilfe des Attributs `Path` eine Untermenge von URIs bestimmen, auf die ein Cookie angewendet werden kann.

- `Secure`
  Dieses optionale Attribut weist den Client an, zum Zurücksenden des Cookie an den Origin Server ausschließlich sichere Übertragungswege zu verwenden. Es wird jedoch nicht angegeben, welche Übertragungswege der Client als sicher betrachten sollte[52]. Demzufolge kann man dieses Attribut als Rat des Servers an den Client ansehen, den Inhalt des Cookie zu schützen.

---

[51] Andererseits stellt ein Cookie einen Verweis auf Informationen dar, die in den meisten Fällen ein gewisses Maß an Schutz benötigen. Falls ein Server also über keinen ausreichenden Schutz vor einem unberechtigten Client, der ein Cookie eines anderen Clients verwendet, verfügt, bleibt es immer noch eine Sicherheitsfrage, wie gut Cookies geschützt werden.

[52] Mögliche Verfahren zur sicheren Kommunikation mit HTTP werden in Abschnitt 3.3 erläutert.

- Version
  Hierbei handelt es sich um das einzige vorgeschriebene Attribut, das die
  Version der State-Management-Spezifikation angibt, der das Cookie ent-
  spricht.

Obwohl Cookies im allgemeinen kontrovers diskutiert werden und viele
ihrer Verwendung recht negativ gegenüberstehen, da sie als mögliche Gefähr-
dung der Privatsphäre und der Sicherheit betrachtet werden, ist dieser Mechanismus nicht leistungsfähig genug, um eine ernste Gefahr für die Benutzer
darzustellen. Da dieser Mechanismus außerdem vollständig von der Mitwirkung des Clients abhängig ist, läßt er sich einfach abschalten, indem der
Client auf eine Weise konfiguriert wird, daß keine Cookies mehr akzeptiert
oder verschickt werden[53]. In diesem Fall können jedoch Web-Sites, deren
Benutzerinteraktion auf dem Cookie-Mechanismus beruht, nicht mehr verwendet werden, wodurch möglicherweise die Anzahl der verwendbaren kommerziellen Web-Sites drastisch reduziert wird.

3.5 Benutzung von HTTP

Obwohl es sich bei HTTP um ein ziemlich einfaches Protokoll handelt, läßt
sich seine tatsächliche Verwendung in manchen Fällen nicht so leicht herausfinden. Einer der Gründe hierfür liegt darin, daß der Benutzer im Normalfall
HTTP-Nachrichten niemals zu Gesicht bekommt. In den meisten Fällen ist
dies genau das, was der Durchschnittsbenutzer verlangt, aber manchmal wäre
es schon interessant zu sehen, wie HTTP verwendet wird, d.h. welche Header
vom Browser erstellt und welche von einem Server zurückgeschickt werden.

Tab. 3.3 Header-Zählung von HTTP-Responses

	Anzahl von Headern	Häufigkeit	Prozent
1.	5	10844	41,73%
2.	6	6615	24,45%
3.	8	4008	15,42%
4.	3	2444	9,40%
5.	4	1047	4,03%
6.	7	909	3,50%

---

[53] Die am weitesten verbreiteten Browser lassen sich auch dahingehend konfigurieren, daß sie den
Benutzer fragen, bevor sie Cookies akzeptieren oder versenden. Auf diese Weise läßt sich einfach
feststellen, welche Sites Cookies verwenden, und es wird eine auf dem jeweiligen Fall basierende
Entscheidung ermöglicht.

Tab. 3.3 Header-Zählung von HTTP-Responses

	Anzahl von Headern	Häufigkeit	Prozent
7.	9	50	0,19%
8.	2	46	0,18%
9.	0	20	0,08%
10.	1	4	0,02%
11.	10	1	0,00%

Eine von Beck [15] über Web-Server in Großbritannien durchgeführte Studie hat eine Reihe von Zahlenwerten ergeben, die sich als repräsentativ für das gesamte Web betrachten lassen, obwohl diese Werte lediglich anhand von Web-Servern in Großbritannien ermittelt wurden. Die Daten wurden auf recht einfache Weise gesammelt, indem alle Domänen in Großbritannien nach Hosts mit der Bezeichnung www durchsucht wurden, und beim Vorhandensein eines solchen ein HTTP-Request an dessen standardmäßigen HTTP-Port (80)[54] gesendet wurde.

Auf diese Weise wurde lediglich auf die Homepages der Server zugegriffen, was einige statistische Verzerrungen zur Folge haben kann, da Web-Server mit einer großen Anzahl von Web-Seiten genauso wie Server mit nur einigen Seiten gewichtet wurden. Die Daten sind jedoch immer noch interessant und ermöglichen einige Beobachtungen. Mit Hilfe des oben erläuterten Verfahrens wurden von sich in Großbritannien befindenden Web-Servern 25988 Homepages abgerufen und deren HTTP-Responses analysiert (wobei insbesondere die Header-Felder von Interesse waren). Tabelle 3.3 enthält eine Zusammenfassung über die Anzahl der in den Responses vertretenen Header-Felder. Bei 67% der Responses enthielt die Response-Nachricht fünf oder sechs Header-Felder, so daß man dies als den Normalfall betrachten kann. Die am häufigsten verwendeten Header-Felder sind mit der absoluten Anzahl ihres Auftretens sowie einem Prozentsatz (bezüglich der Gesamtzahl von 25988 Responses) in Tabelle 3.4 zusammengefaßt. In der Tabelle sind lediglich die Header-Felder aufgeführt, die in mindestens einem Prozent der Responses enthalten waren.

Man sieht, daß es eine Gruppe von fünf Header-Feldern, `Content-Type`, `Server`, `Date`, `Last-Modified` und `Content-Length`, gibt, die in den meisten Responses vertreten waren. Die ersten drei dieser Felder kamen in fast

---

[54] Obwohl die Beschreibung der Untersuchung dem Original der Studie entnommen wurde, stammen die hier angeführten Ergebnisse von einer neueren Untersuchung (durchgeführt im August 1997), welche unter der Adresse `http://www.hensa.ac.uk/uksites/survey/` zur Verfügung steht.

Tab. 3.4 Häufigkeit der Header-Felder in HTTP-Responses

	Name des Header-Felds	Häufigkeit	Prozent	Seite
1.	Content-Typ	25960	99,89%	71
2.	Server	25951	99,86%	90
3.	Date	25679	98,81%	67
4.	Last-Modified	22353	86,01%	72
5.	Content-Length	20945	80,59%	70
6.	Accept-Ranges	9666	37,19%	88
7.	Connectio	4780	18,39%	66
8.	ETag	4033	15,52%	71
9.	Expire	1493	5,74%	72
10.	MIME-Versio	1358	5,23%	67
11.	Set-Cooki	1115	4,29%	137

jedem Response vor. Ohne das Header-Feld Content-Type ist ein Response für den Client fast wertlos, da er nicht feststellen kann, wie das in dem Response enthaltene Entity zu interpretieren ist[55]. Das Header-Feld Server läßt sich vom Server problemlos hinzufügen, da es für eine Server-Instanz statisch ist und standardmäßig in jedem Response eingeschlossen werden kann. Auch das Header-Feld Date kann sehr einfach erstellt werden, da es das Datum der Absendung durch den Server enthält. Die Header-Felder Last-Modified und Content-Length sind nicht so allgegenwärtig wie die drei ersten Felder, aber da auch sie wichtige Informationen über das Entity (wie das Datum, an dem das Entity zum letzten Mal verändert wurde sowie seine Größe) enthalten, werden sie ebenfalls sehr häufig von Servern verwendet.

3.6 Nicht zum Standard gehörende HTTP Extensions

Obwohl bei HTTP/1.1 die Anzahl der standardisierten Header-Felder im Vergleich zu HTTP/1.0 wesentlich erhöht wurde, gibt es immer noch einige nicht zum HTTP/1.0-Standard gehörende Header-Felder, die trotzdem häufig verwendet und unterstützt werden. Während einige dieser Header-Felder in den

---

[55] Theoretisch könnte der Client auf der Basis der URI des Entities eine fundierte Abschätzung vornehmen, da in den meisten Fällen die URI einige Angaben über den Medientyp enthält (beispielsweise Dateinamen mit den Endungen .html, .gif oder .jpeg). Hiervon wird aber ausdrücklich abgeraten, da URIs gemäß Definition diese Semantik nicht enthalten sollten.

ersten Entwürfen von HTTP/1.1 enthalten waren, dann entfernt wurden, um in späteren Versionen wieder aufgenommen zu werden (wie zum Beispiel das in Abschnitt 3.6.1 beschriebene Header-Feld `Refresh`), sind andere Header-Felder vollkommen proprietär und werden vermutlich niemals zum Standard gehören (wie beispielsweise die in Abschnitt 3.6.2 beschriebenen Header für Seitenübergänge von Microsoft).

3.6.1 Neuladen von Web-Seiten

Das am weitesten verbreitete und nicht zum Standard gehörende Header-Feld das Header-Feld `Refresh`, das normalerweise bei Web-Seiten dazu dient, diese nach einer gewissen Zeit automatisch aufzufrischen (d.h., neu zu laden)[56]. Obwohl es meistens, wie in Abschnitt 5.2.3.1 beschrieben, unmittelbar in dem <META>-Element eines HTML-Dokuments eingesetzt wird, stellt es formal gesehen einen HTTP-Header dar, da es in dem Attribut HTTP-EQUIV des <META>-Elements verwendet wird. Die Verwendung des Header-Felds `Refresh` innerhalb einer Web-Seite hat gegenüber dem Einsatz als HTTP-Header-Feld in einem vom Server erzeugten Response jedoch den Vorteil, daß der Autor einer Web-Seite es ohne Änderung der Server-Konfiguration benutzen kann.

Im Grunde genommen läßt sich das Header-Feld `Refresh` zu zwei Zwekken einsetzen. Der erste Zweck liegt in der Möglichkeit, eine Seite in regelmäßigen Intervallen neu zu laden (beispielsweise, um regelmäßig vorgenommene Änderungen auf der Web-Seite eines Servers wiederzugeben). Der Wert des Header-Felds `Refresh` ist in dem Attribut CONTENT des <META>-Elements angegeben.

```
<META HTTP-EQUIV="Refresh" CONTENT="300">
```

Falls der Document Header einer Web-Seite diesen HTML-Code enthält, wird der Browser das aktuelle Dokument in Abständen von 300 Sekunden neu laden (vorausgesetzt, er unterstützt das Header-Feld `Refresh`). Je nachdem, ob die neu geladene Seite ebenfalls das Header-Feld `Refresh` enthält, wird das so lange wiederholt, bis der Benutzer die Seite verläßt (falls die nachgeladene Seite das Header-Feld `Refresh` enthält), oder das automatische Neuladen wird beendet (falls die nachgeladene Seite nicht das Header-Feld `Refresh` enthält, wie beispielsweise aus dem Grund, daß es auf dem Web-Server keine Aktualisierungen dieser Seite mehr geben wird).

```
<META HTTP-EQUIV="Refresh" CONTENT="0; URL=http://www.w3.org/">
```

---

[56] Es ist auch möglich, statt derselben Web-Seite eine andere zu laden.

In vielen Fällen ist es nicht erforderlich, dasselbe Dokument noch einmal zu laden, sondern den Browser anzuweisen, ein neues Dokument anzufordern. In diesem Fall (dies wird meistens verwendet, wenn ein Dokument auf eine neue URI verschoben wurde, die alte URI aber während einer gewissen Übergangszeit noch verwendbar sein soll) gibt das in dem Dokument enthaltene Header-Feld Refresh eine Verzögerung von null Sekunden sowie die neue URI an (obwohl die Syntax aus historischen Gründen die Angabe des Schlüsselworts URL erfordert). Wenn der Browser ein solches Header-Feld Refresh erkennt, wird er automatisch auf die neue URI umgeleitet. Falls ein Dokument verschoben wurde, enthält die alte URI normalerweise ein kleines HTML-Dokument, das lediglich die benötigten HTML-Elemente sowie ein <META>-Element zur Umleitung des Browsers auf die neue URI aufweist. Da man jedoch nicht als sicher voraussetzen kann, daß jeder Browser das Header-Feld Refresh unterstützt, wird empfohlen, für dieses Header-Feld nicht unterstützende Browser auf der Seite einen minimalen HTML-Code (beispielsweise den Text und einen Hyperlink) einzuschließen.

```
<HTML> <HEAD>
<META HTTP-EQUIV="Refresh" CONTENT="10; URL=http://www.w3.org/">
</HEAD > <BODY>
<P>Diese Seite <A HREF=" http://www.w3.org/"> wurde verschoben.</A>
</BODY > <HTML>
```

Da es in einigen Fällen erforderlich sein kann, die Benutzer über die Verschiebung der Seite zu informieren, können die vom Header-Feld Refresh bereitgestellten Optionen des verzögerten Neuladens und der Umleitung kombiniert werden. In diesem Beispiel wird die Nachricht zehn Sekunden lang angezeigt, bevor die neue Seite automatisch geladen wird. Falls der Browser das Header-Feld Refresh nicht unterstützt, kann der Benutzer durch Auswählen des Links auf die neue Seite gelangen.

3.6.2 Übergänge zwischen Seiten

Microsoft hat einen eher proprietären Mechanismus zum Angeben der Übergänge zwischen Seiten vorgestellt. Diese Übergänge werden mit Hilfe einiger vordefinierter Effekte rein visuell gestaltet. Es ist möglich, sowohl die Dauer eines Effekts als auch den Effekt selbst anzugeben. Vier mögliche Übergänge wurden definiert, die (ähnlich wie bei dem im vorangegangenen Abschnitt beschriebenen Header-Feld Refresh) mit den Attributen HTTP-EQUIV und CONTENT des <META>-Elements festgelegt werden. Diese Übergänge sind: Page-Ente , Page-Exit, Site-Enter und Site-Exit. Sie werden zum Bestimmen des zu verwendenden Übergangs eingesetzt, wenn ein Benutzer auf eine Seite bzw. eine Site geht oder sie verläßt.

3.7 Die Zukunft von HTTP

Obwohl für den Benutzer des Web HTTP nicht so deutlich in Erscheinung tritt wie HTML, die Beschreibungssprache für Web-Dokumente, wird das Design und die Leistung von HTTP für den Benutzer durch die Zeit erkennbar, die es dauert, um Dokumente von Web-Servern abzurufen. Da HTTP zu einem wesentlichen Faktor der Bandbreitennutzung in fast allen Teilen des Internet geworden ist, werden viele Anstrengungen zur Verbesserung von HTTP unternommen. Momentan läßt sich eine Reihe von Gebieten nennen, auf denen Verbesserungen von HTTP/1.1 möglich wären.

- *Caching*
  Obwohl bei HTTP/1.1 das Caching im Vergleich mit HTTP/1.0 wesentlich verbessert wurde, bleibt noch einiges zu tun. Die von Scheuermann u.a. [236] vorgeschlagene Verbesserung der Caching-Algorithmen stellt eine der Arbeiten dar, in denen dieser Aspekt diskutiert wird.

- *Hit Count Reporting*
  Zur Zeit gibt es kein verläßliches Verfahren, mit dessen Hilfe ein Origin Server die Verwendungsdaten eines Dokuments feststellen könnte, da das Dokument möglicherweise auch bei Proxies gespeichert ist. In einem Internet Draft von Mogul und Leach [179] wird ein neues HTTP-Header-Feld vorgeschlagen, das Header-Feld `Meter`, um Meldungen über Hits von den Proxies an die Origin Server weiterzuleiten. Ein neuerer, von Pitkow [205] beschriebener Ansatz basiert auf dem aus der mathematischen Statistik bekannten Stichprobenverfahren. Es ist nicht ersichtlich, welchem Ansatz in Zukunft gefolgt wird, aber es herrscht Übereinstimmung darüber, daß HTTP Hit Count Reporting über Proxies hinweg unterstützen muß.
  So, wie die Dinge momentan stehen, haben Origin Server keine Möglichkeit, verläßliche Daten über die Verwendung ihrer Seiten zu erheben. Das *Cache-Busting* stellt ein häufig verwendetes Verfahren dar, bei dem mit cache-spezifischen Header-Feldern alle Versuche zur Zwischenspeicherung abgewehrt werden (zum Beispiel mit den Header-Feldern `Cache-Control` und `Expires`). Dieses Verfahren verbraucht sehr viele Ressourcen und ist darüber hinaus nicht zuverlässig, da es von der Mitarbeit der Caches abhängig ist. Aus diesen Gründen ist es unbedingt erforderlich, einen verläßlichen und wirksamen Mechanismus für Hit Count Reporting in HTTP zu integrieren.

- *Komprimierung*
  In der aktuellen Version von HTTP ist keine Datenkomprimierung definiert, obwohl diese Version eine gewisse Verbesserung bezüglich des Zwi-
  schenspeicherns von Daten aufweist (d.h. die Netzwerkbelastung wird
  durch die Verringerung der Anzahl der erforderlichen Datenübertragungen gesenkt). Mogul u.a. [181] beschreiben zwei Bereiche, auf denen sich
  die Komprimierung von Daten positiv auswirken würde.

  - *Datenkomprimierung*
    Es ist offensichtlich, daß Verbesserungen auf diesem Gebiet am drin-
    gendsten erforderlich sind. Es wird davon ausgegangen, daß HTTP
    standardisierte Komprimierungsalgorithmen enthält, die sich auf jede
    Nachricht anwenden lassen. Die Wirksamkeit dieser Algorithmen wird
    wesentlich von der Art der zu komprimierenden Daten beeinflußt. Wie
    in der Untersuchung, die auf der Verwendung eines Standardalgorith-
    mus zur Komprimierung sowie eines breiten Querschnitts von HTTP-
    Nachrichten basiert, angeführt wird, lassen sich Grafiken im GIF-For-
    mat nicht gut komprimieren (da sie bereits komprimiert sind), wäh-
    rend die Größe eines normalen HTML-Dokuments um durchschnitt-
    lich fast 70% verringert werden kann.

  - *Delta Encoding*
    Die zweite Möglichkeit zum Komprimieren von Daten besteht aus der
    Verwendung von Delta Encoding zum Aktualisieren des Cache. Anstatt
    das neue Dokument vom Origin Server an den Cache zu senden, würde
    die Übersendung des Teils, in dem sich die neue und die im Cache
    abgelegte Version unterscheiden, ausreichen. In dem vorgeschlagenen
    Header `Delta` könnte ein Client oder Proxy die Gruppe der unterstütz-
    ten Algorithmen für das Delta Encoding angeben.

  Die Einsatzmöglichkeiten der Datenkomprimierung bei HTTP sind offensichtlich, und es ist abzusehen, daß zukünftige HTTP-Versionen diese
  unterstützen. Die Frage, welcher Komprimierungsalgorithmus verwendet
  werden soll, kann jedoch zu einem Problem werden, so daß es nicht auszuschließen ist, daß trotz einer in zukünftigen HTTP-Versionen unterstützten Datenkomprimierung inkompatible Komprimierungsalgorithmen auf
  Clients und Servern in manchen Fällen eine Datenkomprimierung
  unmöglich machen.

- *Distributed Authoring und Versioning von Web-Dokumenten*
  Obwohl HTTP eine `PUT`-Methode definiert, fällt die Unterstützung von
  Authoring und Versioning minimal aus. Dementsprechend werden diese
  Funktionen nicht oft verwendet. *WWW Distributed Authoring and Ver-*

sioning (WebDAV) stellt einen Ansatz zum Definieren von HTML-Erweiterungen zur Unterstützung von Werkzeugen für Distributed Authoring von Web-Dokumenten dar. Eine erste Version der von WebDAV vorgeschlagenen Protokollerweiterungen wird für den Herbst 1998 erwartet.

- *Transparent Content Negotiation*
  In der aktuellen HTTP-Spezifikation werden verschiedene Mechanismen der Content Negotiation beschrieben. Allerdings leidet insbesondere die in Abschnitt 3.2.5.3 beschriebene Transparent Content Negotiation unter einem Mangel an Semantik in der vom Origin Server zurückgegebenen Liste der verfügbaren Darstellungsformen. Hier ist zusätzliche Arbeit vonnöten, um einen durch automatisierte Verfahren verwendbaren Mechanismus für die Transparent Content Negotiation zu definieren. Die Internet Experimental RFCs 2295 und 2296 [97, 98] beschreiben eine Darstellung der Liste der verfügbaren Darstellungsformen sowie einen *Remote Variant Selection Algorithm (RVSA)*, der definiert, wie eine solche Liste verarbeitet werden sollte.

- *Erweiterbarkeit des HTTP-Protokolls*
  Obwohl der Leistungsumfang von HTTP hinsichtlich der Methoden, Header-Felder und Statuscodes beim Schritt von HTTP/1.0 zu HTTP/1.1 wesentlich verbessert wurde, handelt es sich dabei immer noch um eine beschränkte und starre Menge. Ein Mechanismus zur Erweiterung von HTTP wäre wünschenswert, da offensichtlich ist, daß ein offeneres Konzept hilfreich wäre, das die dynamische Definition von Protokollerweiterungen ohne Definition einer neuen Protokollversion gestattet. Es sind mehrere Ansätze möglich, die unterschiedliche Ebenen der Erweiterbarkeit zum Ziel haben. Ein Ansatz wird in Abschnitt 3.7.1 beschrieben.

- *Multiplexing von HTTP-Streams*
  Persistente HTTP/1.1-Verbindungen und Pipelining verringern den Netzwerkverkehr und die durch das Öffnen und Schließen von TCP-Verbindungen verursachte allgemeine Belastung. Das serialisierte Verhalten des HTTP-Pipelining sorgt nicht für eine angemessene Unterstützung der gleichzeitigen Darstellung von Inline-Objekten, die heutzutage Teil der meisten Web-Seiten sind. Aus diesem Grunde wäre das Multiplexing mehrerer Datenübertragungen vorteilhaft. Einen möglichen Ansatz dafür stellt das in Abschnitt 3.7.3 beschriebene *Multiplexing Protokoll (SMUX)* dar.

Obwohl die obenstehende Liste eine Reihe von Punkten enthält, die in zukünftigen HTTP-Versionen verbessert werden könnten, steht noch nicht fest, wann eine solche Version erstellt wird. HTTP/1.1 scheint nun ein stabiles Protokoll zu sein, welches noch eine geraume Zeit in Gebrauch sein wird.

Es gibt verschiedene Ansätze für das Design einer zukünftigen HTTP-Version. Der erste Ansatz basiert auf dem Entwurf von HTTP/1.2, welches in seiner Art HTTP/1.1 sehr ähnlich wäre und lediglich neue Methoden, Header-Felder und Statuscodes enthielte. Ein offenerer und in Abschnitt 3.7.1 beschriebener Ansatz liegt in der Definition eines Erweiterungsmechanismus, mit dessen Hilfe man ohne laufende Aktualisierungen der grundlegenden HTTP-Spezifikationen HTTP dynamisch Features hinzufügen könnte. Bei einem revolutionäreren Ansatz würde der einfache, textbasierte Ansatz von HTTP vollständig durch ein vollkommen neues, binäres Protokoll ersetzt. Dieser Ansatz wird in Abschnitt 3.7.2 beschrieben. In Abschnitt 3.7.3 wird erläutert, wie mit Hilfe eines zugrundeliegenden Multiplexing-Mechanismus sowohl das alte HTTP-Protokoll als auch das neue binäre Protokoll gleichzeitig über eine Transportverbindung genutzt werden können.

3.7.1 Protocol Extension Protocol (PEP)

Die mit HTTP gesammelten Erfahrungen haben gezeigt, daß Protokollerweiterungen häufig dynamisch erstellt werden. Der Implementierer einer HTTP-Anwendung verfügt über die Möglichkeit, HTTP durch das Einführen neuer Header-Felder zu erweitern. Das in dem Internet Draft [84] beschriebene *Protocol Extension Protocol (PEP)* ist für die dynamische Erweiterung von HTTP gedacht. Die hauptsächlichen Beweggründe für PEP liegen darin, daß drei Schlüsselbereiche von HTTP derzeit durch die Spezifikation eingeschränkt werden:

- *Methoden*
  Gegenwärtig definiert HTTP eine kleine Anzahl von in Abschnitt 3.2.3.1 beschriebenen Methoden. Falls ein Server einen Request mit einer von ihm nicht unterstützten Methode empfängt, sendet er einen Response mit dem Statuscode 405 (method not allowed) zurück.

- *Statuscodes*
  Bei den in den Abschnitten 3.2.4.1 und A.1 beschriebenen HTTP-Statuscodes handelt es sich um einen durch einen dreistelligen Integerwert ausgedrückten Code, der das Ergebnis eines Versuchs beschreibt, einen Request zu verstehen und zu erfüllen. Statuscodes sind Token von Methoden in der Hinsicht ähnlich, daß ein Response höchstens einen Statuscode enthalten kann. Statuscodes lassen sich jedoch leichter erweitern, da unbekannte Statuscodes wie ein x00-Code dieser Klasse zu behandeln sind.

- *Header*
  Header-Felder können zum Weiterleiten von Informationen über eine an einer Transaktion beteiligte Partei, die Transaktion selbst oder die in der

Request-URI angegebenen Ressource dienen. Header haben den Vorteil, daß der Header-Bereich verglichen mit dem von Methoden oder Statuscodes relativ offen ist. Neue Header können eingeführt und müssen vom Empfänger ignoriert werden, falls dieser den Header nicht erkennt. Dies hat keinen Einfluß auf das Resultat einer Transaktion. Die in Abschnitt 3.6 beschriebenen und nicht zum Standard gehörenden HTTP-Erweiterungen stellen ein Beispiel für Header-Felder dar, die recht häufig anzutreffen sind, aber nicht zum HTTP-Standard gehören.

Zum Erreichen der gewünschten Flexibilität wurde PEP so entworfen, daß der Header-Bereich, und nicht unmittelbar HTTP-Methoden und Statuscodes zum Beschreiben der Erweiterungen verwendet wird. Statt dessen führt PEP im Methoden- oder Statuscodebereich jeweils einen Platzhalter ein und stellt auf diese Weise sicher, daß alle Interaktionen mit bestehenden HTTP-Anwendungen in Übereinstimmung mit der PEP-Spezifikation ablaufen. Die beiden Platzhalter sind

- eine spezielle `PEP`-Methode und das Methodenpräfix `PEP-`, welches anzeigt, daß ein Request eine oder mehrere PEP-Erweiterungen enthält, die befolgt werden müssen, oder daß, falls dies nicht möglich ist, die Transaktion abgebrochen werden muß, und

- ein besonderer Statuscode `420 (policy not fulfilled)`, der anzeigt, daß die Richtlinie für den Zugriff auf die Ressource nicht befolgt wurde und weitere Informationen für die Fehlerdiagnose in dem Response gefunden werden können.

Diese beiden Platzhalter ermöglichen die gleichzeitige Erstellung mehrerer PEP-Erweiterungen, ohne den Methoden- oder Statuscodebereich zu überladen. PEP sollte wie folgt verwendet werden:

- Eine Partei entwirft und definiert eine Erweiterung, weist der Erweiterung eine URI als Identifier zu und stellt unter dieser eine oder mehrere Darstellungen der Erweiterung zur Verfügung.

- Eine Partei, die einen PEP-fähigen Agent mit einer Implementierung der Erweiterung einsetzt, möchte diese verwenden; der Agent deklariert die Verwendung der Erweiterung durch einen Verweis auf deren URI in einer PEP Extension Declaration.

- Informationen über Erweiterungen können zwischen Agenten zusammen mit Informationen darüber, wo und unter welchen Bedingungen diese Erweiterungen eingesetzt werden können, ausgetauscht werden.

Falls eine Erweiterung überall eingesetzt wird, kann sie in eine neue Version des zugrundeliegenden Protokolls eingearbeitet werden und sich auf diese Weise von einer dynamischen in eine statische Erweiterung verwandeln. In diesem Fall können Anwendungen auf die neue Protokollversion anstelle der PEP-Erweiterung verweisen.

3.7.2 HTTP Next Generation (HTTP-ng)

Im Gegensatz zu der Evolution der HTTP-Versionen (wie beispielsweise der Schritt von HTTP/1.0 zu HTTP/1.1), die die allgemeinen Designprinzipien von HTTP unberührt läßt, versucht die *HTTP next generation (HTTP-ng)*-Initiative, eine HTTP-Version zu entwerfen, die sich grundlegend von HTTP/1.1 unterscheidet. Obwohl der Anwendungsbereich gleich bleibt, hat das Protokoll selbst nicht mehr viel mit HTTP/1.1 zu tun. Ein erster Entwurf [114] wurde bereits veröffentlicht. Die HTTP-ng-Initiative befindet sich jedoch noch in einem sehr frühen Stadium, und es ist noch unklar, ob die erzielten Ergebnisse zur Definition einer neuen HTTP-Version verwendet werden sollen, die den aktuellen Entwurf von HTTP ersetzt.

Einen Teil der HTTP-ng-Initiative stellt das in Abschnitt 3.7.3 beschriebene *Multiplexing Protocol (SMUX)* dar, welches für das Multiplexing mehrerer HTTP-ng-Verbindungen (oder auch von gleichzeitigen HTTP-ng- und HTTP-Verbindungen) über eine einzige Transportverbindung eingesetzt werden könnte.

3.7.3 Multiplexing Protocol (SMUX)

Obwohl HTTP/1.1 im Vergleich mit HTTP/1.0 viele Verbesserungen bezüglich der Leistungsfähigkeit aufweist, wie zum Beispiel persistente Verbindungen und Pipelining, gibt es immer noch einige Einschränkungen. Die wichtigste liegt darin, daß Requests und Responses nach wie vor für die TCP-Verbindung serialisiert werden müssen und daß es aus diesem Grund nicht möglich ist, Requests und Responses parallel über eine einzige HTTP-Verbindung zu übertragen. Diese Serialisierung ließe sich vermeiden, wenn HTTP auf einem die parallele Übertragung mehrerer Requests und Responses gestattenden Multiplexing-Mechanismus aufbauen würde. Das in [86] beschriebene *Multiplexing Protocol (SMUX)* stellt ein solches Protokoll dar, das als zwischen der Transportschicht (TCP) und der Anwendungsschicht (HTTP) liegende Schicht entworfen wurde. SMUX liegt die Idee zugrunde, mehrere HTTP-Übertragungen gleichzeitig über eine einzige Transportverbindung zu schicken.

4. Standard Generalized Markup Language (SGML)

1986, mehrere Jahre vor der Erfindung des Web, wurde eine *Standard Generalized Markup Language (SGML)* genannte Sprache definiert und im ISO International Standard 8879 [110] standardisiert[1]. Um HTML und XML besser zu verstehen, ist es vorteilhaft, SGML-Kenntnisse zu haben sowie etwas über das dieser Sprache zugrundeliegende Konzept zu wissen. DeRose [62] beantwortet viele der Fragen, die bei einer näheren Betrachtung von SGML möglicherweise aufkommen.

Den am weitesten verbreiteten Standard im Web stellt sicherlich die in Kapitel 5 beschriebene *Hypertext Markup Language (HTML)* dar, die zum Schreiben von Web-Seiten verwendet wird. Obwohl es möglich ist, HTML ohne Kenntnisse über die dasWeb betreffenden Standards zu erlernen, ist ein Blick auf die HTML zugrundeliegenden Gedanken sehr sinnvoll und hilft darüber hinaus, bessereWeb-Seiten zu erstellen.

Die in Kapitel 7 beschriebene *Extensible Markup Language (XML)* gewinnt immer mehr an Bedeutung, da sie sich bei der Erstellung von Dokumenten flexibler einsetzen läßt. Obwohl sich XML noch in einer frühen Phase befindet, ist bereits klar zu erkennen, daß diese Sprache in der Zukunft mehr Bedeutung erlangen wird. Da XML eine große Ähnlichkeit zu SGML aufweist und HTML auf SGML aufbaut, werden Grundkenntnisse in SGML immer wichtiger.

Die in diesem Buch enthaltene Beschreibung von SGML beschränkt sich auf die für HTML (und XML) relevanten Konzepte und Konstrukte und erwähnt manchmal einige der nicht bei HTML oder XML verwendeten fortgeschritteneren Leistungsmerkmale von SGML nur am Rande. In Abschnitt 4.1 werden die grundlegenden Konzepte von SGML beschrieben. Dieser Abschnitt enthält die Grundlagen für dasVerständnis von HTML und dessen Design sowie die Beweggründe für die Schaffung von XML. In Abschnitt 4.2 wird die Umsetzung dieser Konzepte in SGML eingehender erläutert, d.h.

---

[1] Eine mit Anmerkungen versehene, zahlreiche nützliche Erklärungen bietende und von einem der Erfinder von SGML verfaßte Version des Standards wurde von Goldfarb [88] in Buchform veröffentlicht. Noch aktueller ist ein Buch von Bryan [39], das SGML und HTML sowie die Beziehung zwischen beiden erklärt. (Leider basiert es auf HTML 3.2, und nicht auf HTML 4.0, aber die grundlegenden Konzepte sind bei beiden Versionen gleich.)

welche Mechanismen in SGML verwendet werden, um diese Konzepte auf eine EDV-Umgebung anzuwenden. Abschnitt 4.3 behandelt die heutige Verwendung von SGML und wie sich SGML-Software für das Web von SGML-Software in anderen Umgebungen unterscheidet. Schließlich enthält Abschnitt 4.4 einen sehr kurzen Ausblick auf die Zukunft von SGML (In Bezug auf das Web).

4.1 SGML-Konzepte

Der Grundgedanke von SGML liegt in der Trennung zwischen Inhalt und Darstellung. SGML beschäftigt sich lediglich mit dem Inhalt und dessen Struktur und überläßt die Darstellung des strukturierten Inhalts anderen Mechanismen. Travis und Waldt [263] liefern eine gute Einführung in die Prinzipien von SGML und ihre Anwendung als Sprache zum Strukturieren von Informationen.

Obwohl SGML auf vielen Gebieten eingesetzt wird, insbesondere im Verlagswesen sowie in der Luftfahrt-, Halbleiter-, Verteidigungs- und anderen Industrien, war diese Sprache zu keinem Zeitpunkt außerhalb dieser Industrien in wirklich größerem Ausmaß bekannt. Nachdem HTML die Sprache für Veröffentlichungen im Web wurde[2], hat sich das geändert, und zur Zeit kann man HTML (und demzufolge auch SGML als HTML-Basis) als das bekannteste und am weitesten verbreitete Verfahren zur Informationsstrukturierung bezeichnen[3].

Die bei SGML vorgenommene Aufteilung der Informationen in logisch strukturierten Inhalt und darstellungsspezifische Informationen wird in Abschnitt 4.1.1 beschrieben. Um HTML zu verstehen und zu erkennen, warum es gute und nicht so gute Möglichkeiten für den Einsatz von HTML gibt, ist das Verständnis dieses Konzepts äußerst wichtig. SGML definiert ein Rahmenwerk für die Strukturierung des Inhalts sowie eine abstrakte, *Markup* genannte Syntax, die in Abschnitt 4.1.2 beschrieben wird.

Das Verständnis des Document Contents, seiner Strukturierung und des Markups führt auch zu einem anderen Konzept von SGML, den in Abschnitt 4.1.3 beschriebenen Document Classes. Obwohl dieses Konzept für HTML

---

[2] In der ersten Spezifikation erschien HTML wie eine SGML-Anwendung (da HTML sich die Syntax sowie einige Strukturierungsregeln bei SGML auslieh), obwohl dies nicht der Fall ist. Das hat sich mit HTML 2.0 geändert. Diese Sprache war die erste eine echte SGML-Anwendung darstellende HTML-Version, die auf einer formalen SGML-Definition basiert.

[3] Es hat sich jedoch herausgestellt, daß HTML als ein spezifischer SGML-Dokumenttyp nicht alle Anforderungen der Informationsstrukturierung abdeckt. Dies stellt den Grund für die Schaffung eines neuen Konzepts, der in Kapitel 7 eingehend beschriebenen *Extensible Markup Language (XML)*, dar.

nicht so wichtig ist (da HTML genau eine Klasse von Dokumenten definiert und deshalb von einer einzigen SGML Document Class definiert wird), wächst seit dem Erscheinen der *Extensible Markup Language (XML)*, einer Sprache zum Beschreiben verschiedener Document Classes, seine Bedeutung für das Web.

Schließlich stellt sich die Frage, wie sich der strukturierte Inhalt darstellen läßt, vorausgesetzt, es steht ein wohldefiniertes Verfahren zu seinem Austausch zur Verfügung. Obwohl diese Frage über den Rahmen von SGML hinausgeht, wird in Abschnitt 4.1.4 kurz darauf eingegangen. Sie ist besonders bei der Betrachtung der Anwendung der SGML-Konzepte auf das Web relevant, da Mechanismen wie *Cascading Style Sheets (CSS)* und die *Extensible Style Language (XSL)* speziell für diese Aufgabe entwickelt wurden.

4.1.1 Inhalt und Darstellung

Die Schlüsselidee von SGML liegt in der Trennung des *Inhalts* eines Documents von dessen *Darstellung*. Die *Document Style Semantics and Specification Language (DSSSL)* [127] wurde als Standard für die Aspekte der Darstellung von SGML-Dokumenten definiert, und obwohl DSSSL nicht unmittelbar für Web-Anwendungen eingesetzt wird, verwendet die neueste Entwicklung auf dem Gebiet der Style Sheets (dabei handelt es sich um den im Web verwendeten Mechanismus zur Definition der Aspekte der Darstellung von Dokumenten), die in Abschnitt 7.5 beschriebene *Extensible Style Language (XSL)*, Teile des DSSSL-Standards. Weiterhin greift der in Kapitel 6 beschriebene, ebenfalls relativ neue Mechanismus der *Cascading Style Sheets* auf DSSSL-ähnliche Konzepte und Mechanismen zurück (obwohl er nicht so leistungsfähig ist wie DSSSL).

Zum Verständnis des SGML-Konzepts der Trennung zwischen Document Content und Document Presentation hilft es, sich ein Dokument in Form einer Anzahl logischer Elemente wie Kapitel, Abschnitte (die Teile der Kapitel darstellen), Unterabschnitte (die wiederum Teile von Abschnitten darstellen), Listen, Absätze, Tabellen, Abbildungen usw. vorzustellen, die durch ihren Inhalt definiert sind. Die strukturelle Organisation dieser Elemente ist hierarchisch. Aus diesem Grund kann man von jedem dieser Elemente feststellen, welche anderen Elemente ein Teil von ihm sind und zu welchem anderen Element es selbst gehört. Beispielsweise stellt dieser Absatz einen Teil des Kapitels über SGML sowie einen Teil des Abschnitts über Inhalt und Darstellung dar. Diese Struktur läßt sich mit Hilfe einer baumähnlichen und deshalb auch *Document Tree* genannten Darstellung ausdrücken, die in Abbildung 4.1 gezeigt wird.

Man muß unbedingt beachten, daß der strukturierte Inhalt vollkommen unabhängig von der Darstellung ist. Ob der Inhalt dieses Buchs auf einem Computerbildschirm angezeigt oder für die Drucklegung formatiert wird und wie diese Formatierung aussieht, hat überhaupt nichts mit dem Inhalt dieses Buchs selbst zu tun. Aus diesem Grund ist SGML für das Verlagswesen so interessant. Ein Autor stellt lediglich den Inhalt eines Buches bereit, und abhängig von den Layoutrichtlinien des Herausgebers kann ein Kapitel so formatiert werden, daß es mit einem Leerraum, auf einer neuen Seite oder auf einer sich rechts befindenden neuen Seite beginnt. Formatierungsaspekte können geändert werden, ohne daß deshalb eine Veränderung des Inhalts erforderlich wäre. Aus diesem Grund reflektiert die Trennung von Inhalt und Darstellung die Unterteilung des Vorgangs der Veröffentlichung in zwei verschiedene Stadien. Im allgemeinen lassen sich folgende Betrachtungen bezüglich des Inhalts und der Darstellung eines Dokuments anstellen:

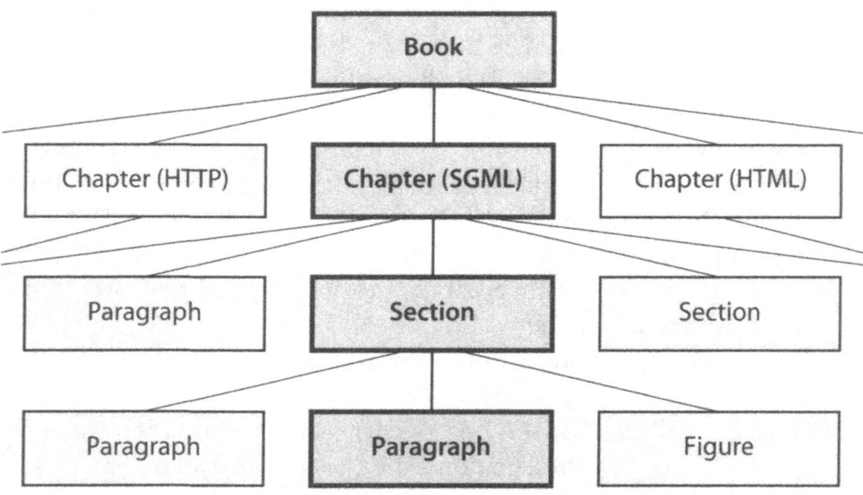

Abb. 4.1   Beispiel für strukturierten Inhalt

- *Document Content*
  Der Document Content besteht aus der logischen Struktur eines Dokuments sowie des tatsächlichen Inhalts der strukturellen Elemente. (Beispielsweise stellt eine Kapitelüberschrift das strukturelle Element und der Text der Kapitelüberschrift den tatsächlichen Inhalt dieses strukturellen Elements dar.) Die logische Struktur ist von der Anwendung abhängig. Bei einem normalen Dokument besteht sie aus unterschiedlichen Abschnittsebenen, strukturiertem Text (wie zum Beispiel aus Listen und Tabellen, speziellen Methoden zum Hervorheben von Text wie beispiels-

weise von Zitaten und technischen Begriffen) sowie speziellenTextelementen (wie zum Beispiel Fußnoten, Index- oder Glossareinträgen).

- *Document Presentation*
  Unter der Document Presentation versteht man ein Verfahren zur physischen Darstellung eines Dokuments, sei es auf Seiten, dem Bildschirm oder auf jede andere vorstellbare Weise. Normalerweise gibt es Regeln für die Darstellung des Inhalts. Diese Regeln sind unabhängig von der Art des Inhalts, und mit Hilfe unterschiedlicher Regelmengen lassen sich unterschiedliche Darstellungen desselben Inhalts (d.h. des Dokuments) erzielen. Einige der möglichen Arten von Regeln zur Darstellung werden unten aufgeführt:

  - *Abschnittsnumerierung*
    Abschnittsüberschriften können automatisch numeriert werden. Es gibt verschiedene Schemata zur Handhabung der Abschnittsnumerierung sowie dafür, bis zu welcher Tiefe Abschnittsüberschriften numeriert werden sollten. Darüber hinaus lassen sich die Abschnittsüberschriften in einem Inhaltsverzeichnis zusammenfassen, welches sich dem Dokument als eigenständiger, während der Darstellung automatisch hinzugefügter Abschnitt angliedern läßt.

  - *Abschnittsformatierung*
    Abschnitte können unterschiedlich formatiert werden. Bei der Darstellung auf Papier handelt es sich dabei meistens um die Frage, ob ein Abschnitt auf neuen (und möglicherweise nur auf ungeraden) Seiten beginnt und welcher Zwischenraum sich zwischen den Abschnitten befinden sollte. Bei der Erstellung von Web-Seiten ist eine Änderung der bei der Erstellung getrennter Web-Seiten verwendeten Abschnittsebene möglich, falls ein Dokument in mehr als eine Web-Seite gegliedert ist[4].

  - *Fußnotenplazierung*
    Die am häufigsten anzutreffende Form der Darstellung von Fußnoten bei Printmedien ist deren Abdruck am unteren Rand der Seite, auf der sie erscheinen. Es gibt jedoch Darstellungsformen, bei denen Fußnoten am Ende eines Kapitels oder des gesamten Buchs aufgeführt werden. (Diese Anmerkungen werden manchmal auch als Endnoten bezeich-

---

[4] Das ursprünglich von Drakos [67] implementierte Werkzeug zur Umwandlung von LaTeX-Dokumenten in HTML-Dokumente LaTeX2HTML mit seiner Vielzahl von Optionen stellt ein gutes Beispiel für die vielen unterschiedlichen Verfahren zur Darstellung eines Dokuments dar. Veröffentlichungen mit Hilfe von HTML werden in Abschnitt 5.3 eingehend besprochen.

net.) Bei der Document Presentation im Web wird meistens einer dieser Endnotenansätze verwendet (oder die Fußnoten werden auf einer gesonderten Seite aufgeführt), da hier das bei der Darstellung auf Papier vorhandene Konzept eines unteren Seitenrands nicht existiert.

Die Art und Weise, auf die eine Web-Seite von verschiedenen Browsern dargestellt wird, ist ein Web-spezifisches Beispiel für die Document Presentation. Selbst wenn eine Web-Seite keine browser-spezifischen HTML-Konstrukte aufweist, wird sie von unterschiedlichen Browsern unterschiedlich dargestellt. Der Grund hierfür liegt darin, daß jeder Browser einen anderen Satz von Regeln für das Darstellen von Web-Seiten implementiert. (Obwohl die grundlegende Formatierung stets die gleiche ist, ist es höchst unwahrscheinlich, daß eine mit verschiedenen Browsern betrachtete Web-Seite über ein absolut identisches Aussehen verfügt.)

Nicht nur, daß der strukturierte Inhalt von Fragen der Darstellung völlig unabhängig ist, er ermöglicht auch die automatische Verarbeitung eines Dokuments, wie beispielsweise die Erstellung eines Inhaltsverzeichnisses, einer Liste der Abbildungen oder der Tabellen, die sich der Darstellung eines Buchs ohne Veränderung des Inhalts dieses Buchs hinzufügen lassen.

4.1.2 Strukturierung durch Markup

Auch bei der Verwendung des Konzepts der Trennung von Inhalt und Darstellung stellt sich immer noch die Frage, wie der strukturierte Inhalt eines Dokuments dargestellt werden kann, d.h. wie der Inhalt und seine Struktur so codiert werden können, daß Menschen (wie dem Autor eines Buchs) und Software (beispielsweise dem Formatierungsprogramm der die Veröffentlichung vornehmenden Person) eine unzweideutige Interpretation des Dokuments ermöglicht wird.

Die Verwendung des Markups folgt dem Grundgedanken der Vermischung von Inhalt und Informationen über den Inhalt in einem Dokument. Unter Markup versteht man im allgemeinen im Inhalt eingebettete Informationen über den Document Content, die im Laufe der Interpretation des Dokuments irgendwie identifiziert werden können. Dies wird normalerweise mit Hilfe eines speziellen Zeichens oder einer speziellen Zeichenfolge zum Kennzeichnen von Markup erreicht. Ein das Dokument interpretierendes Programm kann einfach nach diesem speziellen Zeichen (oder der speziellen Zeichenfolge) suchen und so den Inhalt von Markup unterscheiden.

Markup kann jede Art von Informationen enthalten, und bei den frühen Systemen zur Dokumentverarbeitung wurde ein Großteil des Markups für die Darstellung betreffende Informationen verwendet, wie zum Beispiel für die

Angabe von Seitenumbrüchen, Änderungen des Schriftgrades oder die Steuerung des Zwischenraums zwischen zwei Elementen eines Dokuments. Durch
die Trennung von Inhalt und Darstellung kann das Markup jedoch auch zum
Angeben von Strukturierungsinformationen beispielsweise über Kapitel,
Abschnitte und Absätze eingesetzt werden. Das ein solches Dokument inter-
pretierende Programm muß ein Kapitel formatieren und beispielsweise einen
Seitenumbruch einfügen können, sobald es auf Markup für ein neues Kapitel
stößt.

Markup selbst läßt sich sehr einfach definieren. Strukturbezogene Informationen werden in Form von *Elementen* mit eindeutigen Elementnamen wie
chapter oder heading definiert. Um diese Namen jedoch als Elementnamen
zu kennzeichnen und vom Document Content zu unterscheiden (zum Beispiel vom Text einer Überschrift), werden Elementnamen zwischen *Markup
Delimitern* plaziert, die bei einem Element Anfang und Ende des Markups
markieren. Jedes Vorkommen von zwischen Markup Delimitern stehenden
Elementnamen wird als *Tag* bezeichnet.

Zur Erläuterung des Markup-Konzepts zeigt das folgende Fragment, wie
das Dokument aus Abbildung 4.1 mit Hilfe von Markup codiert werden
könnte. Der Anfang des in diesem Beispiel gezeigten Markups wird durch das
Zeichen »<« und das Ende mit dem Zeichen »>« gekennzeichnet. Bei diesen
beiden Zeichen handelt es sich also um die Markup Delimiter[5].

```
<book><author>Erik Wilde</author>
<heading>WWW</heading>
<chapter>...
<chapter><heading>Standard Generalized Markup Language</heading>
<paragraph>...
<section><heading>Inhalt und Darstellung</heading>
<paragraph>...
<paragraph> Die Schlüsselidee von SGML liegt in der Trennung...</
paragraph>
<figure>...
</section>
<section>...
</section>
<chapter>...
</chapter>
</book>
```

Bei diesem Beispiel sind mehrere Punkte zu beachten. Das Markup enthält
leicht erkennbare Informationen über die darauf folgende strukturelle Komponente des Dokuments. Beispielsweise zeigt das Tag <chapter> den Anfang

---

[5] Ein »<«-Zeichen, das im Text erscheinen (d.h. das nicht als Markup Delimiter, sondern als Teil des
Document Contents betrachtet werden) soll, würde mit Hilfe eines in Abschnitt 4.2.2.6 beschriebenen Entities eingegeben.

eines neuen Kapitels an. Weiterhin kann man feststellen, daß es zwei Typen von Markup gibt. Einer beginnt mit dem Zeichen »<« und der andere mit der Zeichenfolge »</«. Während der erste Markup-Typ den Beginn eines Strukturelements anzeigt (beispielsweise den Beginn einer Kapitelüberschrift), kennzeichnet der zweite Typ das Ende eines Strukturelements (beispielsweise das Ende einer Kapitelüberschrift).

Da sowohl Anfang als auch Ende eines Elements durch ein Element-Tag gekennzeichnet werden, bezeichnet man diese Tags als Start-Tags (mit den Zeichen »<« und »>« als Markup Delimiter) und als End-Tags (mit den Zeichenfolgen »</« und »>« als Markup Delimiter). Aufgrund der Tatsache, daß SGML eine Struktur als eine strikt hierarchischen Regeln folgende Anordnung definiert, müssen Tags den Regeln entsprechend verschachtelt werden. So ist es beispielsweise erforderlich, vor dem Beenden eines Kapitels den Absatz abzuschließen (falls das letzte innerhalb eines Kapitels verwendete Tag ein Start-Tag eines Absatzes war).

Wie sich jedoch dem oben angeführten Beispiel entnehmen läßt, wurden einige der End-Tags ausgelassen. Abhängig von der Verwendung von SGML kann dies zulässig sein (dies ist in HTML, aber nicht in XML gestattet), doch ist es das in jedem Fall nur, solange aus dem Zusammenhang hervorgeht, wo ein End-Tag zu erwarten ist. Falls sich beispielsweise der Definition eines Document Types (eingehend beschrieben im nächsten Abschnitt) eindeutig entnehmen läßt, daß das Vorhandensein eines Absatzes in einer Abschnittsüberschrift nicht zulässig ist, kann das End-Tag der Überschrift weggelassen werden, da das folgende Start-Tag eines Absatzes implizit das Überschriftselement abschließt.

Weiterhin ist es wichtig, die verschiedenen Elementstrukturen zu beachten. Während einige Elemente andere enthalten (beispielsweise enthält das Element book das Element author), stellt eine Folge von Elementen den zweiten Typus der strukturellen Beziehung dar (wenn beispielsweise dem Element author ein chapter-Element folgt). Diese beiden Beziehungstypen entsprechen der vertikalen und horizontalen Anordnung in Abbildung 4.1. Dies kann auch als unterschiedliche Abstraktionsebene angesehen werden, da jedes Buch einen Autor hat, also jedes Element book das Element author einschließt, und jedes Buch sowohl über einen Autor als auch über Kapitel verfügt, also jedes Buch ein von einem oder mehreren chapter-Elementen gefolgtes Element author aufweist.

Da in vielen Fällen zusätzliche Informationen in einem Element enthalten sein müssen (wobei es sich nicht um den Inhalt eines Elements, sondern um Informationen über das Element handelt), definiert SGML ein Attributskonzept, welches das Einschließen dieser zusätzlichen Informationen im Start-Tag eines Elements erlaubt. Unten findet sich ein Beispiel für die Verwendung dieses Konzepts, in dem auch die Weglassung der End-Tags des Überschriftenelements demonstriert wird.

```
<chapter id="sgml"><heading>Standard Generalized Markup Language
<paragraph>...
<section id="content"><heading>Inhalt und Darstellung
<paragraph>...
```

Nun enthalten die Elemente chapter und section zusätzliche Informationen, in diesem Fall eine Kennzeichnung, die sich für zukünftige Verweise innerhalb des Buchs verwenden läßt. Beispielsweise könnte dieVerarbeitungssoftware Verweise auf die ids durch Abschnitts- oder Seitenzahlen oder beides ersetzen, wie in dem folgenden SGML-Fragment gezeigt wird:

```
... in Abschnitt <reference type="section" id="content"></reference>
auf Seite <reference type="page" id="content">...
```

In diesem Beispiel wird ein zweites Attribut type vorgestellt, das den zu erzeugenden Typ des Verweises angibt, also in diesem Fall entweder section (wodurch eine Abschnittsnummer erzeugt wird) oder page (zum Erzeugen einer Seitenzahl). Je nach Art der Formatierung kann dies zu unterschiedlichen Effekten führen (da beispielsweise das Konzept der Numerierung von Seiten bei Web-Seiten oder anderen Medien, die man sich mit Hilfe von Scrolling ansieht, nicht vorhanden ist). Weil der Verweis selbst nicht über einen Inhalt verfügt (außer type und id, die in den Attributen enthalten sind), ist das Element leer, so daß beim ersten Auftreten des Elements des Start-Tag unmittelbar das End-Tag folgt. Da jedoch offensichtlich ist, daß das Element reference immer leer ist, kann das End-Tag, wie beim zweiten Vorkommen des Elements gezeigt, weggelassen werden.

4.1.3 Document Classes

In den Beispielen des vorhergehenden Abschnitts dient dieses Buch als potentielles SGML-Dokument. Da SGML jedoch in der Lage sein sollte, die Struktur einer Anzahl von Dokumenten anzugeben, ist es hilfreich, sich dieses Buch als lediglich eine Instanz mehrerer in ihrer Struktur ähnlicher Dokumente vorzustellen, die alle Bücher darstellen. SGML definiert ein Verfahren zum Angeben dieser Klasse von Dokumenten in Form einer *Document Type Definition (DTD)*. Mit Hilfe dieser Definition einer Document Class können Autoren und Herausgeber Bücher austauschen, solange diese der definierten Buch-DTD entsprechen. In dem unten dargestellten Beispiel wird gezeigt, wie eine sehr einfache Buch-DTD aussehen könnte:

```
<!ELEMENT book      (author,heading,chapter+) >
<!ELEMENT chapter   (heading,(paragraph|figure)*,section*) >
```

```
<!ELEMENT  section    (heading,(paragraph|figure)*) >
<!ELEMENT  author     (#PCDATA) >
<!ELEMENT  heading    (#PCDATA) >
<!ELEMENT  paragraph (#PCDATA|reference)*) >
<!ELEMENT  reference EMPTY >
```

Die exakte Syntax dieses Beispiels wird in Abschnitt 4.2.2 erläutert. Dieses kurze Beispiel einer DTD enthält eine Vielzahl strukturbezogener Informationen in Form von Definitionen, wie sich ein Buch aus verschiedenen Elementen zusammensetzen läßt. Gemäß dieser Definition enthält ein book einen author, ein heading (den Titel des Buchs) sowie eine Anzahl chapter (das Zeichen »+« zeigt an, daß es zumindest ein chapter geben muß).

Ein chapter enthält ein heading und möglicherweise eine Folge von paragraphs und figures (das »*« zeigt an, daß null oder mehr paragraphs oder figures vorhanden sein können) sowie eine Anzahl von sections. Eine section enthält analog zu der bereits erfolgten Definition des Elements chapter ebenfalls ein heading und möglicherweise eine Folge von paragraphs und figures. Bis zu diesem Zeitpunkt definiert die DTD lediglich die Strukturierung der Elemente (beispielsweise muß ein chapter über ein heading verfügen), aber daraus geht nicht hervor, wo der eigentliche Inhalt (im Gegensatz zu der Struktur des Inhalts) eingesetzt werden kann.

Die Elemente author und heading enthalten ausschließlich Zeichen, was durch das Schlüsselwort #PCDATA angegeben wird, so daß es sich hierbei um einen zur Verwendung des eigentlichen Inhalts (den Namen des Autors oder den Text einer Überschrift) geeigneten Ort handelt. Ein paragraph enthält eine Mischung aus Zeichen und references. Aus diesem Grund kann ein Absatz, wie im vorhergehenden Abschnitt gezeigt, Verweise enthaltendenText einschließen. Schließlich verfügt das Element reference selbst, wie durch das Schlüsselwort EMPTY angegeben wird, über keinerlei Inhalt.

Mit Hilfe dieses Beispiels einer einfachen DTD und des zuerst in Abbildung 4.1 gezeigten Beispiels eines Buchs kann man, wie in Abbildung 4.2 gezeigt, den Document Tree als aus SGML-Elementen bestehenden Baum abbilden. Im Grunde genommen definiert eine DTD die Konstruktionsweise dieses Baums (hinsichtlich der verwendbaren Elemente und der mit ihnen möglichen Kombinationen), und ein Dokument stellt eine bestimmte Instanz (d.h. einen Baum) aus dieser Menge möglicher Bäume dar.

Zum Schluß definieren die *Element Declarations* (wie sie in SGML genannt werden) die möglichen Strukturen von Dokumenten, d.h. die Möglichkeiten der Verwendung der in der DTD definierten Elemente beim Erstellen eines Dokuments. Ein Dokument (in diesem Beispiel ein bestimmtes Buch) ist eine Instanz dieses Dokumenttyps, was bedeutet, daß es eine Möglichkeit der Verwendung der Buch-DTD zum Erstellen eines tatsächlichen Buchs darstellt.

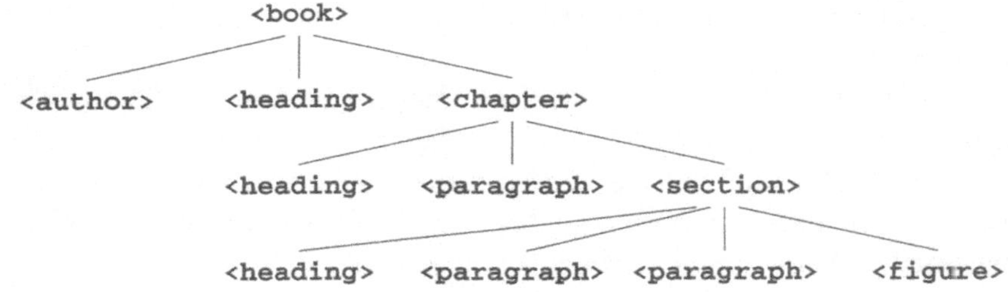

Abb. 4.2 Hierarchische Struktur eines SGML-Dokuments

Da die Attribute ebenfalls Bestandteil des Dokumenttyps sind, müssen sie in der DTD definiert werden. Die genaue Syntax des folgenden Beispiels wird ebenfalls in Abschnitt 4.2.2 erklärt.

```
<!ATTLIST   (chapter|section)
   id        CDATA   #IMPLIED >
<!ATTLIST   reference
   id        CDATA   #REQUIRED >
type         (section|page)section >
```

Die erste Definition spezifiziert die Liste der Attribute der Elemente chapter und section, die dieselbe Definition aufweisen. Sie definiert ein einzelnes Attribut mit der Bezeichnung id, das Zeichen als Wert akzeptiert (definiert durch das Schlüsselwort CDATA). Dieses Attribut ist optional, was durch das Schlüsselwort #IMPLIED angegeben wird, da ein Kapitel oder ein Abschnitt nicht notwendigerweise über eine Kennung verfügen müssen[6].

Da ein Verweis, in dem nicht auf ein Element verwiesen wird, sinnlos ist, ist das Attribut id des Elements reference zwingend erforderlich. Dies wird durch das Schlüsselwort #REQUIRED angegeben. Das Element reference verfügt über ein zweites Attribut, mit dem angegeben wird, ob ein Verweis eine Abschnittsnummer oder Seitenzahl erzeugen sollte. Dementsprechend wird in der Definition dieses Attributs festgelegt, daß es die beiden möglichen Werte section und page aufweisen kann, wobei section den Standardwert darstellt, von dem ausgegangen wird, wenn der Autor nicht ausdrücklich das Attribut angibt.

Die *Attribute Declarations* (wie sie in SGML genannt werden) definieren wiederum die Attribute von Elementen, ihre möglichen Werte sowie ihre Verwendungsweise (zum Beispiel durch die Festlegung, ob sie optional oder zwingend erforderlich sind). Wie auch im Fall der Element Declarations der

---

[6] Natürlich bleibt diese Entscheidung dem DTD-Designer überlassen. Es wäre durchaus vertretbar, das Attribut id als notwendig zu definieren und auf diese Weise die Autoren zu zwingen, jedes Kapitel und jeden Abschnitt identifizierbar zu machen.

DTD definieren die Attribute Declarations die Verwendungsmöglichkeiten von Attributen.

Die möglichen Strukturen eines Dokuments sind mit den Element und Attribute Declarations wohldefiniert. Aus diesem Grund ist es möglich, diese Definition als Basis für Software zur Verarbeitung von Dokumenten zu verwenden. Im Grunde genommen gibt es zwei Möglichkeiten, wie eine Anwendung eine DTD oder ein Dokument verwenden kann.

- *Document Generation*
  Anhand der DTD kann ein Programm zur Dokumentverarbeitung einen Benutzer durch das Erstellen eines Dokuments führen, indem es ihn beispielsweise bei der Erstellung eines neuen Kapitels zur Eingabe einer Kapitelüberschrift auffordert oder die möglichenWerte von Attributen anzeigt, wenn Elemente mit diesen Attributen erzeugt werden. Auf diese Weise kann ein Autorensystem einen Benutzer sehr gut unterstützen, wenn es die Struktur des zu erstellenden Dokuments kennt.
  Ein zweiter Vorteil dieses Verfahrens liegt darin, daß auf diese Weise erstellte Dokumente immer gültig sind, da das Programm zur Dokumentverarbeitung die Erstellung von der DTD nicht entsprechenden Dokumenten einfach nicht zuläßt.

- *Document Validation*
  Während die Erstellung eines Dokuments mit einem Programm zur Dokumentverarbeitung in jedem Fall ein der DTD entsprechendes Dokument zur Folge hat, kann unmöglich gewährleistet werden, daß alle bei einem Verleger eingereichten Dokumente tatsächlich mit einem solchen Werkzeug erstellt wurden. Aus diesem Grund ist es wichtig, die Gültigkeit eines Dokuments überprüfen zu können. Mit einem die DTD sowie ein gegebenes Dokument interpretierenden Programm läßt sich die Gültigkeit eines Dokuments einfach überprüfen, indem festgestellt wird, ob es sich bei dem Dokument tatsächlich um eine Instanz der DTD handelt. Auf der Basis dieser Entscheidung kann das Dokument entweder als nicht der DTD entsprechend zurückgewiesen oder verarbeitet werden, um beispielsweise eine gedruckte Version davon zu erstellen.

Demzufolge kann man eine durch eine SGML DTD definierte Document Class als Verknüpfung zwischen den verschiedenen Verarbeitungsschritten in einer SGML-Umgebung betrachten, die es allen Teilnehmern einer Umgebung ermöglicht, dieselbe Definition einer Document Class zu verwenden. Falls zu einem gewissen Zeitpunkt eine neue Document Class definiert wird, möglicherweise weil der Verleger beschließt, daß einige optionale Elemente zwingend vorgeschrieben sein sollten oder umgekehrt, muß lediglich die vom

Verleger neu definierte verteilt werden. Nach der Verteilung der DTD sind alle auf SGML basierenden Anwendungen dieser Verarbeitungsumgebung (insbesondere das vom Autor eingesetzte Programm zur Dokumentverarbeitung und die vom Verleger benutzten Werkzeuge zur Document Validation und zur Formatierung) in der Lage, Dokumente in Übereinstimmung mit der neuen DTD zu verarbeiten.

4.1.4 Darstellung von Inhalt

Bisher wurde in Abschnitt 4.1.1 das allgemeine Konzept der Inhaltsstrukturen, in Abschnitt 4.1.2 dieVerwendung von Markup zu ihrer Codierung und im vorangegangenen Abschnitt der der Definition der möglichen Verfahren zur Verwendung der Inhaltsstrukturen mit Hilfe von Document Classes zugrundeliegende Gedanke besprochen. Es bleibt aber immer noch die Frage offen, wie, um das Beispiel aus dem vorangegangenen Abschnitt weiter auszuführen, ein Verleger in die Lage versetzt werden kann, zum Erstellen eines formatierten Buchs ein Dokument tatsächlich zu verarbeiten.

In einem sehr einfachen System könnte man nach der Überprüfung, ob ein Dokument einer gegebenen DTD entspricht, einfach jedes Element mit Hilfe eines Formatierungswerkzeugs durch Formatierungsanweisungen (wie Änderungen der Schriftart, der Schriftgröße oder der Abstände) ersetzen. Beispielsweise könnte der Anfang eines Elements heading so formatiert werden, daß zwei Leerzeilen eingefügt werden und auf Fettschrift umgestellt wird, während sich das Ende eines heading-Elements so formatieren ließe, daß eine Leerzeile eingefügt und wieder Normalschrift verwendet würde. Dies stellt das einfachste Verfahren zum Formatieren von SGML-Dokumenten dar und entspricht dem von der Mehrzahl der Textverarbeitungen eingesetzten Verfahren. Es gibt zwei weitere Aspekte, mit denen sich fortgeschrittenere Formatierungen eines Dokuments definieren lassen.

- *Elementkontext*
  In vielen Fällen sollten Elemente in Abhängigkeit von dem Kontext, in dem sie erscheinen, unterschiedlich formatiert werden. Beim Beispiel mit dem Element heading ist es wahrscheinlich, daß der Anfang eines Kapitels anders formatiert wird als der eines Abschnitts, indem beispielsweise ein anderer Schriftgrad und ein anderer Zwischenraum verwendet wird. Obwohl die Formatierung unter Umständen eine andere ist, ist es trotzdem möglich, dasselbe Element heading sowohl für den Anfang eines Kapitels als auch für den Anfang eines Abschnitts zu verwenden, da ein SGML-Formatierungswerkzeug die Formatierung auf der Basis des Kontextes vornehmen kann, in dem das Element heading auftritt.

Die meisten Textverarbeitungen unterstützen diese kontextspezifische Formatierung nicht, obwohl dadurch nicht nur die Erstellung eines Dokuments erleichtert wird (da man lediglich ein Element heading und nicht ein Element heading für jede einzelne Abschnittsebene berücksichtigen muß), sondern auch die Erstellung von Dokumenten mit einer übersichtlichen Struktur durchgesetzt wird. Mit einer normalen Textverarbeitung kann man unmittelbar nach einem Abschnitt der ersten Ebene einen der dritten Ebene verwenden, ohne einen Abschnitt der zweiten Ebene einzufügen. Dies ist möglich, da die Textverarbeitung den Kontext nicht berücksichtigt. Mit einer SGML-Verarbeitungsumgebung ließe sich andererseits sicherstellen, daß sich ein Abschnitt der dritten Ebene ausschließlich innerhalb eines Abschnitts der zweiten Ebene verwenden läßt, so daß die Erstellung von schlecht strukturierten Dokumenten verhindert wird[7].

- *Zusätzliche Processing Instructions*
  Neben dem einfachen Ersetzen der Start- und End-Tags eines Elements durch Formatierungsanweisungen wäre auch die Verwendung zusätzlicher für Elemente möglich. Bei den Überschriften könnte eine Dokumentverarbeitung beispielsweise nicht nur die Überschrift in den Fließtext einfügen, sondern diese sowie automatisch erzeugte Abschnittsnumerierungen zusätzlich in einen gesonderten Abschnitt schreiben, der nach dem Verarbeiten aller Überschriften als Inhaltsverzeichnis verwendet wird.

```
<!ELEMENT   book     (author,heading,contents*,chapter+) >
<!ELEMENT   contents (#PCDATA) >
<!ATTLIST   contents
    level NUMBER  1 >
```

Bei dieser neuen Buchdefinition kann mit Hilfe optionaler contents-Elemente angezeigt werden, daß vor den eigentlichen Kapiteln (möglicherweise mehrere) Inhaltsverzeichnisse eingefügt werden sollten, wobei der Inhalt des contents-Elements den Titel des Inhaltsabschnitts enthält. Ein Attribut level (mit einem Default Value von eins) gibt die Gliederungstiefe an, bis zu der das Inhaltsverzeichnis zusammengestellt werden sollte.

```
<book><author>Erik Wilde</author>
<heading>WWW</heading>
<contents level="2">Überblick</contents>
<contents level="4">Inhalt</contents>
<chapter>...
```

---

[7] Dies funktioniert selbstverständlich nur, wenn die DTD so entworfen wurde, daß Abschnitte der dritten Ebene ausschließlich innerhalb von Abschnitten der zweiten Ebene zulässig sind.

Mit dieser neuen Buchdefinition ließe sich das Verfahren zur Darstellung des Inhaltsverzeichnisses in diesem Buch mit Hilfe zweier Zeilen SGML-Code angeben, die vom Formatierungsprogramm der Verlegers verarbeitet werden.

Bis jetzt wurde die Darstellung eines Dokuments innerhalb des Formatierungswerkzeugs des Verlegers definiert und konnte nicht mit anderen Werkzeugen zur Formatierung von Dokumenten ausgetauscht werden (es sei denn, sie verwenden dasselbe Format der Formatierungsspezifikation, bei dem es sich aber wahrscheinlich um ein proprietäres Format der verwendeten Software handelt). Es gibt jedoch Anwendungen, bei denen das Austauschen von Formatierungsanweisungen unabhängig von einem bestimmten Softwareprodukt erforderlich ist. Die im Zusammenhang mit diesem Buch wichtigste Anwendung stellt das Austauschen von Formatierungsanweisungen für HTML- sowie für XML-Dokumente dar.

- *Darstellung von HTML-Dokumenten*
  In der ersten HTML-Version war die Formatierung ein Teil des HTML-Dokuments selbst, was man auch bei der aktuellen Version von HTML noch beobachten kann. (Dies wird eingehend in Abschnitt 5.2.1 besprochen.) Die Erfindung der in Kapitel 6 erläuterten Cascading Style Sheets (CSS) ermöglicht jedoch nun die Definition des Inhalts eines Dokuments in einem HTML-Dokument und das Angeben seiner Darstellung in einem CSS Style Sheet. Da sowohl HTML als auch CSS standardisiert sind, lassen sich Informationen bezüglich des Inhalts und der Darstellung auf plattformunabhängige Weise austauschen.

- *Darstellung von XML-Dokumenten*
  Da HTML auf einen einzigen Dokumenttyp beschränkt ist, hat man XML eingeführt, um den Austausch beliebiger Dokumenttypen und Dokumente zu ermöglichen. Weil bei einem benutzerdefinierten Dokumenttyp dessen Formatierung unklar ist, wurde die in Abschnitt 7.5 beschriebene Extensible Style Language (XSL) als Teil des XML-Pakets vorgestellt. XSL ermöglicht dem Benutzer, das Formatierungsverfahren für Dokumente einer bestimmten XML Document Class zu definieren und diese Informationen auf plattformunabhängige Weise auszutauschen.

SGML als Sprache zur Definition von Document Classes für die Verarbeitung von Dokumenten in einer entsprechenden Verarbeitungsumgebung benötigt ebenfalls ein Verfahren zur Angabe der Formatierung von Dokumenten. Ob diese Informationen auf plattformunabhängige Weise austauschbar sein sollten oder ein auf eine bestimmte Plattform beschränktes Verfahren verwendet werden kann, hängt vollkommen von der Anwendung ab. Der ISO International Standard für das Angeben austauschbarer Formatierungsinformationen ist die *Document Style Semantics and Specification Language (DSSSL)* [127]. Sowohl CSS2 (die nächsteVersion der Cascading Style Sheets, kurz vorgestellt in Abschnitt 6.6.2) als auch XSL basieren zum Teil auf DSSSL, aber DSSSL selbst wird im Web nicht eingesetzt.

4.2 Der SGML-Standard

Im vorangegangenen Abschnitt wurden die SGML zugrundeliegenden Konzepte erklärt. Um jedoch die Austauschbarkeit von SGML DTDs und SGML-Dokumenten zu gewährleisten, muß es eine wohldefinierte Syntax und Semantik für alle Komponenten einer Verarbeitungsumgebung für SGML-Dokumente geben. Da SGML einen sehr komplexen Standard darstellt, werden die Features, die am wichtigsten und am relevantesten für die Anwendung von SGML auf das Web sind, hier kurz vorgestellt. Für eine eingehendere Erklärung von SGML sollte der Standard selbst oder eines der in der Einführung dieses Kapitels erwähnten Bücher (für SGML selbst das von Goldfarb [88] verfaßte Buch, für SGML und seine Beziehung zu HTML das von Bryan [39] geschriebene Buch) zu Rate gezogen werden.

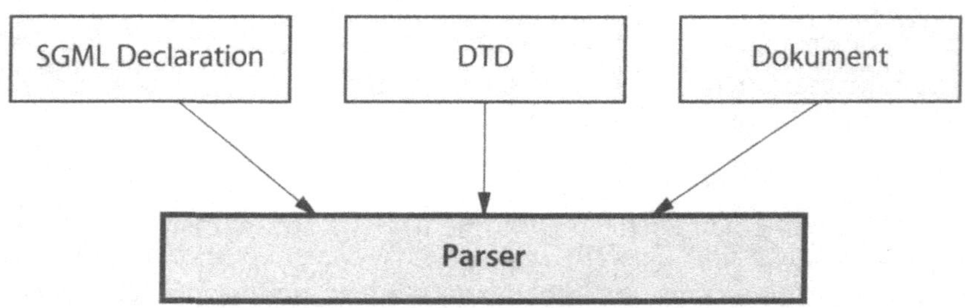

Abb. 4.3 Ein allgemeiner SGML Parser

Abbildung 4.3 zeigt eine sehr allgemeine Ansicht eines SGML-Verarbeitungssystems (oder eines *SGML Parsers*, wie der die eigentliche Analyse der Dokumentstruktur vornehmende Teil oft genannt wird). Neben den beiden bereits vorgestellten Komponenten (die DTD und das Dokument) taucht in dieser Abbildung eine dritte Komponente auf: die *SGML Declaration*. Eine formalere Definition dieser Komponenten findet sich im folgenden:

- *SGML Declaration*
  Da SGML lediglich die abstrakte Syntax einer Markup-Sprache beschreibt,

muß es einen Weg geben, um festzulegen, wie diese abstrakte Syntax (die abstrakte Markup Delimiters definiert) auf konkrete Zeichen (wie auf die bisher verwendeten Zeichen »<« und »>«) abgebildet wird. Weiterhin definiert SGML eine Anzahl von auf verschiedene Weise einsetzbaren Optionen. Ebenso müssen die verwendeten Character Sets und einige Kapazitätsdefinitionen (die Verarbeitungsbeschränkungen wie die Maximallänge von Elementnamen deklarieren) definiert werden. Alle diese Sachen müssen vor der Definition der eigentlichen DTD angegeben werden. Dies wird in der in Abschnitt 4.2.1 beschriebenen SGML Declaration vorgenommen.

- *Document Type Definition (DTD)*
  Während die SGML Declaration eine konkrete, für den Austausch von DTDs und Dokumenten zu verwendende Syntax definiert, legt die DTD die Regeln fest, nach denen ein Dokument strukturiert werden muß. Sie erledigt dies durch die Definition der Elemente (welche die strukturellen Komponenten eines Dokuments bezeichnen), deren Attribute und ihrer Verwendungsmöglichkeiten. Eine eingehende Beschreibung der SGML DTDs findet sich in Abschnitt 4.2.2.

- *Dokument*
  Die dritte und spezifischste Komponente, die in den Parser geht, ist das eigentliche Dokument, das die in der SGML Declaration definierte Syntax und die in einer DTD definierten Elemente einsetzt. Mögliche Beispiele für SGML-Dokumente findet sich in Kapitel 5, in dem die HTML SGML Declaration verwendende HTML-Dokumente sowie die HTML DTD eingehend beschrieben werden, und in Kapitel 7, welches die Verfahren beschreibt, mit denen XML von benutzerdefinierten DTDs Gebrauch macht, um den Austausch von Dokumenten mit beliebigen DTDs über das Web zu ermöglichen. Ein kurzer Überblick über SGML-Dokumente findet sich in Abschnitt 4.2.3.

Abbildung 4.3 zeigt den allgemeinsten SGML Parser, der sich für jede SGML Declaration und DTD und deshalb sehr flexibel verwenden läßt. Es gibt jedoch zwei weitere Möglichkeiten, um einen SGML Parser zu implementieren. In Abbildung 4.4 wird gezeigt, wie man einen über eine integrierte SGML Declaration verfügenden SGML Parser verwenden kann, der aber sowohl eine DTD als auch ein Dokument als Eingabe akzeptiert. Solch ein Parser würde eine festgelegte, konkrete Syntax mit allen anderen in der SGML Declaration definierten Features von SGML implementieren und Benutzern dennoch die Angabe ihrer eigenen DTDs sowie das Parsen von Dokumenten mit diesen gestatten. Ein Beispiel für diese Art Parser ist ein XML Parser mit integrierter XML SGML Declaration, der DTDs und XML-Dokumente als Eingabe akzeptiert.

Die dritte Möglichkeit zum Konstruieren eines SGML Parsers wird in Abbildung 4.5 gezeigt. Diese Abbildung zeigt, daß ein Parser auch über eine integrierte SGML Declaration und eine integrierte DTD verfügen und nur Dokumente akzeptieren könnte, die von beidem Gebrauch machen. Diese Art Parser ist die am wenigsten allgemeine Art zum Konstruieren eines SGML Parsers, da lediglich Dokumente einer vordefinierten DTD verwendet werden können und bei jeder Änderung der DTD der Parser selbst dahingehend verändert werden muß, daß er die neue DTD enthält.

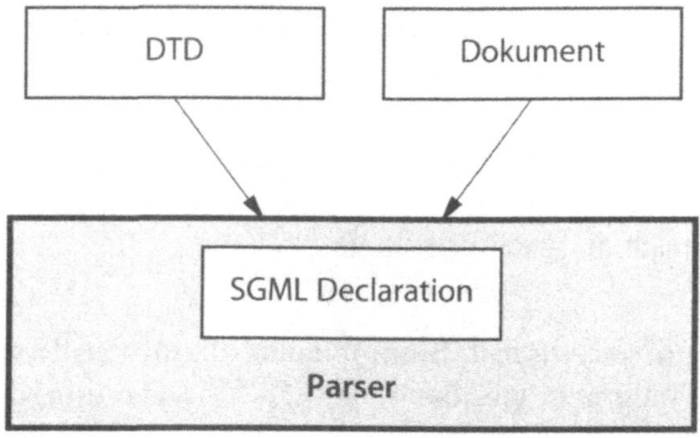

Abb. 4.4   Ein spezialisierter SGML Parser (z. B. für XML)

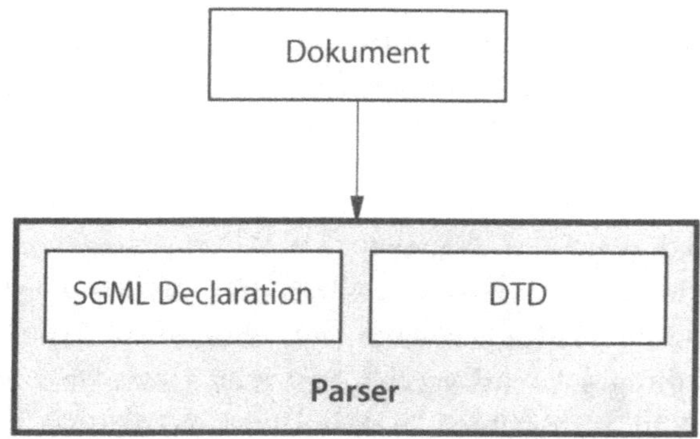

Abb. 4.5   Ein spezialisierter SGML Parser (z. B. für HTML)

Ein Beispiel für diesen Typ von Parser stellt ein HTML Parser dar (eine Komponente eines Browsers, die eine Web-Seite vor ihrer Formatierung analysiert), in dem sowohl eine HTML SGML Declaration als auch eine HTML

DTD integriert ist. Bei jedem Wechsel der DTD (beispielsweise bei einer Versionsänderung von HTML 3.2 auf HTML 4.0) muß auch der Parser verändert werden, damit er die neue DTD enthält und somit auf dieser basierende Dokumente akzeptiert.

4.2.1 SGML Declaration

Die SGML Declaration stellt die grundlegendste Komponente einer auf SGML basierenden Umgebung zur Verarbeitung von Dokumenten dar. Sie wird von dem Parser zum Definieren einer Anzahl von Parametern verwendet, die zum Parsen sowohl der DTD als auch des Dokuments selbst erforderlich sind. Die in Anhang B.1 aufgeführte HTML SGML Declaration und die in Anhang C.1 aufgeführte XML SGML Declaration stellen Beispiele für SGML Declarations dar.

Die SGML Declaration besteht aus einer Anzahl von Abschnitten, die in der SGML-Terminologie *Clauses* genannt werden. Jede dieser Clauses definiert einen speziellen Aspekt der Verarbeitung von SGML DTDs und Dokumenten. Wie zuvor wird unsere Beschreibung der Clauses der SGML Declaration auf jene beschränkt, die für die im Web verwendeten SGML Declarations am interessantesten sind.

In Abschnitt 4.2.2.1 wird die Syntax Clause erläutert, die den in SGML beschriebenen abstrakten syntaktischen Elementen die eigentlichen Zeichen zuweist. Abschnitt 4.2.1.2 beschreibt das Verfahren zur Definition von Character Sets in SGML Declarations. Die Verarbeitungsmechanismen einer SGML-Implementierung sind in einer in Abschnitt 4.2.1.3 beschriebenen Capacity Clause definiert. Schließlich definiert SGML eine Anzahl von optionalen Features, die mit Hilfe der in Abschnitt 4.2.1.4 beschriebenen Features Clause aktiviert bzw. deaktiviert werden.

4.2.1.1 Definieren einer konkreten Syntax

Obwohl in den bisher gegebenen Beispielen bestimmte Zeichen als syntaktische Delimiter bei SGML-Konstrukten eingesetzt wurden (beispielsweise die Zeichen »<« und »>« als Delimiter für das Markup von Elementen), verwendet SGML abstrakte Konzepte zum Definieren der Syntax. Dies führt zur Verwendung von zwei Arten der Syntax bei SGML:

- *Abstrakte Syntax*
  Eine abstrakte Syntax definiert syntaktische Elemente einer Sprache hinsichtlich deren Funktion, wie zum Beispiel Delimiter für Markups. In der abstrakten Syntaxnotation von SGML stellen der Start-Tag Open Delimiter

(STAGO) sowie der Tag Close Delimiter (TAGC) die Delimiter für die Start-Tags von Elementen dar.

- *Konkrete Syntax*
  Eine konkrete Syntax weist den in der abstrakten Syntax definierten syntaktischen Elementen tatsächliche Zeichen zu. Bei der Reference Concrete Syntax[8] gibt es eine Zuordnung, die definiert, daß der abstrakte Start-Tag Open Delimiter (STAGO) durch das Zeichen »<« und der abstrakte Tag Close Delimiter (TAGC) durch das Zeichen »>« repräsentiert wird.
  Die in der SGML Declaration enthaltene SYNTAX-Clause definiert diesen und andere Aspekte der konkreten Syntax, die für eine Menge von Dokumenten verwendet werden müssen. Insbesondere enthält die SYNTAX-Clause der SGML Declaration eine Reihe von Sub-Clauses:

- SHUNCAR
  Diese Sub-Clause definiert die von dem Programm zur SGML-Verarbeitung zu ignorierenden Zeichencodes, da es sich bei diesen um Steuerzeichen (sogenannte Shunned Codes) handelt.

- BASESET und DESCSET
  Das *Base Character Set* definiert das bei der konkreten Syntax zu verwendende Character Set, während das *Described Character Set* definiert, wie diese Zeichen zum Definieren der konkreten Syntax eingesetzt werden müssen.

- FUNCTION
  Mit Hilfe der Sub-Clause FUNCTION kann eine Anzahl von speziellen *Function Characters* definiert werden.

- NAMING
  Die *Naming Rules* definieren, welche Zeichen in den verschiedenen, von SGML definierten syntaktischen Elementen verwendet werden können. Beispielsweise definiert die Sub-Clause NAMING, welche Zeichen in Elementnamen verwendet werden können und ob bei Elementnamen auf Groß/Kleinschreibung geachtet werden sollte.

- DELIM
  Die Sub-Clause DELIM der SYNTAX-Clause definiert die in einem Dokument zu verwendenden Markup Delimiters (wie die Zeichen für die oben beschriebenen abstrakten Syntaxkonstrukte *Start-Tag Open* und *Tag Close*).

---

[8] Bei der *Reference Concrete Syntax* handelt es sich um eine bestimmte konkrete, durch den SGML-Standard definierte Syntax. Dies ist die konkrete Syntax, die standardmäßig verwendet wird, wenn keine andere konkrete Syntax angegeben ist.

- NAMES
  Die Sub-Clause NAMES definiert die *Reserved Names* für in einer DTD verwendete SGML-Konstrukte, wie beispielsweise ELEMENT und ATTLIST.

- QUANTITY
  Das *Quantity Set* definiert eine Anzahl von für die Dokumentmenge definierten Werten, wie die Maximallänge von Elementnamen, die maximale Verschachtelungstiefe in verschiedenen Kontexten, die maximale Anzahl von geöffneten Elementen sowie eine Reihe andererWerte.

Bei diesen Sub-Clauses kann in jedem Fall ein bestimmter Wert definiert oder mit Hilfe des Schlüsselworts SGMLREF auf die Definitionen der Reference Concrete Syntax verwiesen werden. Es ist ebenfalls möglich, auf die Reference Concrete Syntax zu verweisen und danach ausgewählte Einstellungen von dieser zu verändern. Ein Beispiel dafür stellt die Sub-Clause QUANTITY der in Anhang B.1 aufgeführten HTML SGML Declaration dar.

4.2.1.2 Benutzte Character Sets

Die Sub-Clauses BASESET und DESCSET der SYNTAX-Clause (die im vorangegangenen Abschnitt beschrieben werden) definieren das für die Dokumentsyntax zu verwendende Character Set. Die Sub-Clauses BASESET und DESCSET der CHARSET-Clause definieren hingegen die *Character Set Description*, bei der es sich um das für das Dokument zu verwendenden Character Set handelt.

4.2.1.3 Processing Capacities

Die CAPACITY-Clause wird zum Definieren des Reference Capacity Sets verwendet, welches eine Anzahl von Capacity Restrictions für Dokumente definiert. Man sollte darauf achten, daß die in der Reference Concrete Syntax für die CAPACITY-Clause angegebenen Werte sehr konservativ (mit anderen Worten, zu restriktiv) sind, da sie in erster Linie auf den Capacity Restrictions von Rechnern aus der Zeit der Standardisierung von SGML (1986) basieren. Aus diesem Grund ist es allgemein üblich, für die CAPACITY-Clause größere als die in der Reference Concrete Syntax angegebenen Werte zu verwenden.

4.2.1.4 Features

Da SGML einen sehr flexiblen Standard mit vielen optionalen Funktionen darstellt, wird die FEATURE-Clause der SGML Declaration zum Angeben der optionalen Funktionen verwendet, die für eine Dokumentmenge aktiviert sind. Es werden lediglich die für HTML und XML wichtigen SGML-Features behandelt, für einen vollständigen Überblick sollte man den SGML-Standard zu Rate ziehen.

Das wichtigste Feature von SGML ist die *Markup Minimization*, die bereits in früheren Beispielen dieses Kapitels vorgestellt wurde. Hinter der Markup Minimization steht der Gedanke, daß in vielen Fällen nicht die vollständige SGML-Syntax zum eindeutigen Interpretieren eines Dokuments erforderlich ist. Beispielsweise können End-Tags häufig weggelassen werden, falls aus dem Kontext klar hervorgeht, daß ein End-Tag erforderlich ist.

Im Grunde genommen wurde die Markup Minimization für den menschlichen Autor entworfen, dem es ermöglicht werden sollte, weniger Markup zu erstellen, solange dieser unzweideutig interpretierbar bleibt. Diese Betrachtung betrifft SGML-Autoren, die ihr Dokument mit Allzwecktexteditoren schreiben und das SGML-Markup manuell eingeben. Für die automatisierte Verarbeitung von SGML-Dokumenten ist Markup Minimization jedoch nicht wirklich erforderlich, da ein Programm leicht so entworfen werden kann, daß es vollständigen Markup erzeugt. Andererseits ist es bedeutend schwieriger, ein Programm zum Interpretieren eines Markup Minimization einsetzenden Dokuments zu schreiben, als ein Programm, das lediglich vollständiges Markup akzeptiert.

HTML (1990 geschaffen) gestattet Markup Minimization, und am Anfang war die Erstellung von HTML-Dokumenten ausschließlich mit einem Allzwecktexteditor möglich, da keine HTML-Editoren verfügbar waren. Selbst heute erstellen viele Leute auf diese Weise HTML-Code, und da sowohl die Markup Minimization als auch die Fehlertoleranz der HTML-Browser die Erstellung akzeptabler HTML-Seiten sehr einfach machen, stellt dies in vielen Fällen eine gangbare Alternative dar. Durch die wachsende Verfügbarkeit von HTML-Editoren werden »von Hand« erstellte HTML-Seiten immer unpopulärer. Weitere Informationen zu diesem Thema finden sich in Abschnitt 4.3.3.

XML (geschaffen 1996) läßt Markup Minimization nicht zu. Es wird davon ausgegangen, daß praktisch die gesamte Verarbeitung von XML-Dokumenten mit Hilfe von XML-Software vorgenommen wird. Für diese Programme ist es viel einfacher, wenn die Dokumente immer vollständiges Markup verwenden. Darüber hinaus ist das Verarbeiten von Dokumenten ohne Kenntnis ihrer DTD nur möglich, wenn Markup Minimization nicht zulässig ist. Weitere Informationen zu diesem Thema finden sich in Abschnitt 7.2.

Die beiden wichtigsten Features von SGML im Zusammenhang mit Markup Minimization (und die beiden einzigen in HTML oder XML verwendeten) sind die beiden in der folgenden Liste beschriebenen:

- OMITTAG

  Falls *Tag Omission* verwendet wird, können andere Mechanismen für Markup Minimization verwendet werden. *Start-Tag Omission* ermöglicht das Weglassen eines Start-Tags (falls aus dem Kontext eindeutig hervorgeht, daß ein Start-Tag erforderlich ist). *End-Tag Omission* ermöglicht das Auslassen eines End-Tags (falls aus dem Kontext eindeutig hervorgeht, daß ein End-Tag erforderlich ist).

```
<book>Erik Wilde
<heading>WWW
<contents level="2">Überblick
<contents level="4">Inhalt
<chapter>...
```

Bei diesem kleinen Beispiel wurden sowohl das Start- als auch das End-Tag des Elements author weggelassen. Dies ist möglich, da aus der einfachen, auf Seite 164 dargestellten DTD klar hervorgeht, daß ein Element book ein Element author enthalten muß (weshalb das Start-Tag weggelassen werden kann) und daß das Element heading das Ende des Elements author darstellt (weshalb das End-Tag weggelassen werden kann).

- SHORTTAG

  Das *Short Tags*-Feature ermöglicht die Verwendung von *Empty Tags*, *Unclosed Tags*, *Null End-Tags* und *Attribute Name Omission*. Von allen diesen Features ist lediglich die Attribute Name Omission bei der Mehrzahl der HTML-Browser implementiert[9]. Diese gibt es in zwei Varianten:

  - *Weglassen der Delimiter des Attributwerts*
    Falls der Wert eines Attributs ausschließlich aus für die Bildung von Namen verwendbaren Zeichen besteht (in Übereinstimmung mit der die Naming Rules betreffenden Sub-Clause der SYNTAX-Clause), können die Literal Delimiter des Attributwerts weggelassen werden. Bei HTML bedeutet dies, daß die üblicherweise durch Anführungszeichen »"« um einen Attributwert dargestellten Start or End of Literal String Delimiter (LIT) weggelassen werden können.

  - *Weglassen von Attributsnamen*
    Falls der Attributwert als Element einer Menge von gültigen Attributwerten deklariert wurde, können sowohl der Attributsname als auch der darauffolgende Value Indicator Delimiter (VI) (normalerweise »=«) weggelassen werden.

Diese beiden Regeln ermöglichen eine Markup Minimization des kleinen auf Seite 159 gezeigten Beispiels:

---

[9] Dies ist eines der Gebiete, auf denen offensichtlich wird, daß fast kein HTML-Browser eine echte SGML-Implementierung darstellt. Normalerweise implementieren HTML-Browser lediglich in HTML häufig verwendete Features, und nicht die vom SGML-Standard geforderten Features.

```
...in Abschnitt <reference section id=content></reference>
auf Seite <reference page id=content>.
```

Da die Werte der Attribute section und page in der DTD vordefiniert sind, ist das Weglassen sowohl der Literal Delimiter als auch des Attributsnamens möglich. Da das Attribut id jedoch als aus Zeichendaten bestehend definiert ist, muß der Attributsnamen dennoch vorhanden sein, während die Literal Delimiter tatsächlich weggelassen werden können (da der Wert des Attributs ausschließlich aus zur Bildung von Namen verwendbaren Zeichen besteht).

Die FEATURE-Clause verfügt über eine Anzahl von anderen Sub-Clauses und Verwendungen, die in diesem Abschnitt nicht behandelt werden. Am interessantesten bei dieser Clause ist, wie sich das Feature OMITTAG in den SGML-Declarations von HTML und XML unterscheidet. Während bei HTML OMITTAG als aktiviert angegeben ist, ist es bei XML deaktiviert. Sowohl bei HTML als auch bei XML ist das Feature SHORTTAG aktiviert[10].

4.2.2 Document Type Definition (DTD)

Eine *Document Type Definition (DTD)*, wie sie in Abschnitt 4.1.3 vorgestellt wurde, definiert eine Klasse von Dokumenten, die alle vom gleichen Typ sind. Eine DTD definiert in erster Linie zwei Aspekte:

- *Die Elemente einer Document Class*
  Ein Dokument wird von SGML als eine Sammlung von Elementinstanzen betrachtet, wobei jede dieser Instanzen einem bestimmten Elementtyp angehört. Die DTD definiert alle Elemente eines Dokumenttyps sowie die für diese Elemente definierten Attribute.

- *Regeln zum Kombinieren dieser Elemente*
  Da SGML ein Dokument als strukturierte Sammlung von Elementinstanzen betrachtet (die immer in einer baumartigen Hierarchie angeordnet sind), muß stets definiert werden, wie die Elemente angeordnet werden können. Aus diesem Grund gibt die DTD für jedes Element ein Content Model an, welches den für ein Element zulässigen Inhalt definiert.

Die formale Definition einer SGML DTD besteht aus einer Anzahl verschiedener Konstrukte, die in den folgenden Abschnitten beschrieben werden. In Abschnitt 4.2.2.1 wird die allgemeine Definition von Elementen beschrieben. Bei der Definition von Elementen gibt es einige andere Aspekte, wie zum Beispiel die Definition des zulässigen Inhalts, die mit Hilfe der in Abschnitt

---

[10] Obwohl es in HTML nur sehr unzureichend unterstützt wird und seine Verwendung in XML auf einen bestimmten Anwendungsbereich, die sogenannten *Null End-Tags*, beschränkt ist.

4.2.2.2 beschriebenen sogenannten *Model Groups* vorgenommen wird. Eine spezielle Art von Elementen kannText enthalten (und nicht nur andere Elemente). Diese Elemente werden *Textelemente* genannt und in Abschnitt 4.2.2.3 beschrieben. Da sich der zulässige Inhalt von Elementen nicht nur mit Hilfe von Model Groups, sondern auch durch Inclusion oder Exclusion definieren läßt, wird der für die Inclusion bzw. Exclusion verantwortliche SGML-Mechanismus, die sogenannten *Exceptions*, in Abschnitt 4.2.2.4 beschrieben.

Neben dem Grundmodell der Elemente verwendet SGML das Konzept der Elementattribute. Die formale Definition von Attributsdefinitionen findet sich in Abschnitt 4.2.2.5. Als letzter Aspekt der DTDs werden in Abschnitt 4.2.2.6 *Entities* (Verweise auf Zeichen und Folgen von Zeichen) beschrieben.

4.2.2.1 Elemente

Eine *Element Declaration* besteht aus dem *Markup Declaration Open Delimiter* (MDO), der normalerweise durch »<!« und den von dem Namen des Elements gefolgten reservierten Namen ELEMENT[11] dargestellt wird. Nach dem Namen des Elements kommt das sogenannte *Model,* welches den für dieses Element zulässigen Inhalt angibt. Die Element Declaration wird durch einen *Markup Declaration Close* Delimiter (MDC) abgeschlossen, der üblicherweise durch das Zeichen »>« angegeben wird.

```
<!ELEMENT author      (#PCDATA) >
```

Es ist ebenfalls möglich, daß mehrere Elemente dieselbe Element Declaration aufweisen. In diesem Fall werden die Elementnamen mit Hilfe von Klammern in Gruppen zusammengefaßt oder durch den Connector OR (beschrieben in Abschnitt 4.2.2.2) getrennt. Mit dieser kurzen Form der Notation[12] ließe sich das Beispiel von Seite 160 wie folgt knapper angeben:

```
<!ELEMENT  (author|heading)(#PCDATA) >
```

In Abhängigkeit von dem Eintrag OMITTAG in der FEATURES-Clause der SGML Declaration kann die *Tag Omission* aktiviert sein (was bei HTML zutrifft, wie man der in Anhang B.1 aufgeführten HTML 4.0 SGML Declaration entnehmen kann). In diesem Fall muß jede Element Declaration innerhalb einer DTD zwischen dem Namen und dem Model zwei Zeichen enthalten, um anzugeben, ob die Start- oder End-Tags der Elemente weggelassen werden können.

---

[11] Diese Bezeichnung kann mit Hilfe der Sub-Clause NAMES der in der SGML Declaration enthaltenen SYNTAX-Clause geändert werden.

[12] In XML ist diese Form der kurzen Schreibweise nicht zulässig. Alle Elemente müssen über ihre eigene, getrennte Declaration verfügen.

```
<!ELEMENT  author      O O (#PCDATA) >
```

Bei diesen Zeichen handelt es sich um den Buchstaben »O«, der angibt, daß das Start- oder End-Tag weggelassen werden kann, oder um den Bindestrich »-«, der angibt, daß das Tag nicht weggelassen werden kann[13].

4.2.2.2 Model Groups

Nach dem Elementnamen (oder den OMITTAG-Festlegungen, falls die SGML Declaration diese Funktion aktiviert hat) folgt die *Model Group*, die den für ein Element zulässigen Inhalt angibt. Eine Model Group besteht aus einem oder mehreren miteinander verbundenen Elementnamen. Da Model Groups die Möglichkeiten angeben, wie Elemente innerhalb anderer Elemente auftreten können, gibt es verschiedene Arten von *Connectors* für die unterschiedlichen Arten des Auftretens von Elementen. Diese Connectors werden in Tabelle 4.1 aufgeführt.

Tab. 4.1 SGML Connectors

Standardzeichen	Bezeichnung des Delimiters	Bedeutung
,	*SEQ*	Alle Elemente müssen in der angegebenen Reihenfolge auftreten.
&	*AND*	Alle Elemente müssen in beliebiger Reihenfolge auftreten.
|	*OR*	Es muß (genau) ein Element auftreten.

Der Connector *sequence* wird zum Angeben von Elementen verwendet, die in einer Sequenz auftreten müssen. In dem folgenden Beispiel muß das Element book ein Element author, ein Element body und ein Element trailer in Folge enthalten[14]:

```
<!ELEMENT  book     (front,body,trailer) >
```

Falls die Elemente der Model Group in beliebiger Reihenfolge auftreten können (aber dennoch vollständig aufgeführt sein müssen), kann der Connector *AND* eingesetzt werden[15]. Die folgende Definition gibt an, daß das

---

[13] Da in XML Tag Omission nicht zulässig ist, geben Element Declarations in XML niemals Tag Omission an.

[14] Um die Beispiele so einfach wie möglich zu halten, wird bei den folgenden Beispielen davon ausgegangen, daß keine Tag Omission verwendet wird.

[15] Die Verwendung des Connector *AND* ist in XML nicht gestattet.

Element front die Elemente author, title und data in beliebiger Reihenfolge enthält:

```
<!ELEMENT front   (author & title & date) >
```

Falls nur ein Element einer Elementmenge auftreten darf, wird der Connector *OR* verwendet. Das folgende Beispiel definiert ein Element author, das entweder ein Element editor oder ein Element writer enthalten muß:

```
<!ELEMENT author   (editor|writer) >
```

Es ist möglich, das Auftreten eines Elements außer durch Connectors auch mit Hilfe eines *Occurrence Indicators* zu beschreiben. Die bei SGML verwendbaren Occurrence Indicators werden in Tabelle 4.2 gezeigt.

Tab. 4.2 SGML Occurrence Indicators

Standardzeichen	Bezeichnung des Delimiters	Bedeutung
+	*PLUS*	Wiederholbar, muß mindestens einmal vorkommen
*	*REP*	Optional, kann mehrfach vorkommen
?	*OPT*	Optional, kann höchstens einmal vorkommen

Der *Required and Repeatable Occurrence Indicator* (PLUS) wird verwendet, um anzugeben, daß ein Element mindestens einmal erscheinen muß, aber wiederholt werden darf. Das folgende Beispiel definiert ein Element body, das mindestens ein Element chapter enthält:

```
<!ELEMENT body   (chapter+) >
```

Falls ein Element wiederholt vorkommen kann, aber nicht mindestens einmal auftreten muß (wie bei dem Occurrence Indicator *PLUS*), kann der *Optional and Repeatable Occurrence Indicator* (REP) eingesetzt werden. Falls ein Element höchstens einmal erscheinen darf (d.h. es ist optional), kann der *Optional Occurrence Indicator* (OPT) eingesetzt werden. Die folgende Definition gibt an, daß das Element trailer eine Folge von null oder mehr appendix-Elementen, ein optionales glossary-Element und ein zwingend vorgeschriebenes Element index enthält:

```
<!ELEMENT trailer (appendix*,glossary?,index) >
```

Wie im letzten Beispiel gezeigt, lassen sich durch das Kombinieren von Connectors und Occurrence Indicators komplexere Model Groups bilden[16].

Ein sehr gutes und realistisches Beispiel für die Verwendung verschachtelter Connectors und Occurrence Indicators ist das in Abschnitt 5.2.4.3 beschriebene HTML-Element <TABLE>.

4.2.2.3 Textelemente

Bis jetzt wurde lediglich erläutert, wie Model Groups angegeben werden können, die das Auftreten von Elementen innerhalb von Elementen definieren. An einem gewissen Punkt wird es bei der Definition von Elementen normalerweise notwendig, innerhalb eines Elements Zeichendaten verwenden zu können. Diese Zeichendaten stellen den eigentlichen Document Content im Gegensatz zur Dokumentstruktur dar, die mit Hilfe verschachtelter Instanzen verschiedener Elemente angegeben wird.

```
<!ELEMENT   chapter    (heading,(paragraph|table)*) >
<!ELEMENT   heading    (#PCDATA) >
<!ELEMENT   paragraph  (#PCDATA|emphasis)+ >
<!ELEMENT   emphasis   (#PCDATA) >
```

Bei diesem Beispiel können die Elemente heading, paragraph und emphasis Daten enthalten, was durch den Reserved Name #PCDATA angegeben wird. In der Model Group des Elements paragraph ist festgelegt, daß Zeichendaten mit Elementinstanzen von emphasis vermischt werden können, was bedeutet, daß ein aus Text bestehender Absatz mit Hilfe eines speziellen emphasis-Elements mit Markup versehen werden kann.

4.2.2.4 Exceptions

Obwohl in den meisten Fällen die in den beiden vorangegangenen Abschnitten beschriebenen Model Groups für Elemente ausreichend sind, definiert SGML weitere Mechanismen zum Angeben des Inhalts eines Elements. Diese Mechanismen können zum Ein- oder Ausschließen von Elementen verwendet werden. (XML läßt die Verwendung dieser Inclusions und Exclusions im allgemeinen nicht zu.):

- *Inclusions*
  Falls innerhalb der Definition eines Elements Inclusions verwendet werden, bedeutet dies, daß sich die eingeschlossenen Elemente jederzeit in der Model Group einsetzen lassen (d.h. innerhalb des aktuellen Elements oder eines darin eingebetteten Elements).

---

[16] Diese Verschachtelung kann bis zu der in der Sub-Clause QUANTITY der in der SGML Declaration enthaltenen SYNTAX-Clause angegebenen Tiefe fortgesetzt werden.

- *Exclusions*
  Exclusions geben hingegen Elemente an, die nicht innerhalb des Kontexts
  des aktuellen Elements verwendet werden können.

SGML definiert, daß Inclusions und Exclusions zwischen der Model
Group und dem Closing Delimiter der Element Declaration angegeben werden. Weiterhin müssen eventuell vorhandene Exclusions vor den Inclusions
angegeben werden. Inclusions werden mit Hilfe einer eingeklammerten Liste
mit einem vorangestellten »+«-Zeichen angegeben, Exclusions mit Hilfe einer
eingeklammerten Liste mit einem vorangestellten »-«-Zeichen.

```
<!ELEMENT  chapter    (heading,(paragraph|table)*) +(emphasis) >
<!ELEMENT  paragraph  (#PCDATA) >
<!ELEMENT  emphasis   (#PCDATA) -(emphasis) >
```

Falls das Element emphasis durch Inclusion in das Element chapter definiert ist (was bedeutet, daß das Element emphasis überall im Kontext des Elements chapter verwendet werden kann), ist es normalerweise angebracht, das
Element emphasis aus seinem eigenen Content Model auszuschließen (in welchem es aufgrund der Inclusion in das Element chapter enthalten ist), da
andernfalls verschachtelte emphasis-Elemente gestattet wären.

Inclusions und Exclusions verschlechtern die Lesbarkeit von DTDs, da
nicht mehr so gut zu erkennen ist, welche Elemente tatsächlich innerhalb
anderer Elemente erscheinen können (beim obigen Beispiel gibt es in der
Definition des Elements paragraph keine Angaben darüber, daß das Element
emphasis zulässig ist). In einigen Fällen stellen Inclusions und Exclusions dennoch sehr nützliche Konstrukte dar, aber man sollte sie nur zurückhaltend
einsetzen und wann immer möglich reguläre Model Groups verwenden.

4.2.2.5 Attribute

Eine *Attribute Definition List Declaration* besteht aus dem *Markup Declaration
Open Delimiter* (MDO), normalerweise »<!«, und dem Reserved Name
ATTLIST[17], gefolgt von dem Namen des Elements, für das Attribute definiert
werden sollen. Auf den Namen des Elements folgen wiederum eine oder meh-
rere *Attributsdefinitionen*. Die Element Declaration wird durch einen *Markup
Declaration Close Delimiter* (MDC) abgeschlossen, der normalerweise durch das
Zeichen »>« dargestellt wird. Ein Beispiel für eine solche Attribute Definition
List Declaration ist die erstmals auf Seite 161 erschienene Attribute Declara-
tion des Elements reference.

---

[17] Diese Bezeichnung kann mit Hilfe der Sub-Clause NAMES der in der SGML Declaration enthaltenen SYNTAX-Clause geändert werden.

```
<!ATTLISTreference
  id      CDATA            #REQUIRED
  type    (section|page)   section >
```

Eine *Attributsdefinition* besteht aus einem *Attributsnamen*, einem *Declared Value* und einem *Default Value*, die voneinander durch *Parameter Separators* getrennt sind (normalerweise Leerzeichen, Zeilenumbrüche oder Tabulatorschritte). Attributsnamen müssen mit einer bestimmten Art von Zeichen beginnen (einem gültigen *Name Start Character*) und sind auf ein beschränktes Character Set (die gültigen *Name Characters*) und eine gewisse, in der SGML Declaration definierte Länge eingeschränkt. In Übereinstimmung mit der standardmäßigen SGML Declaration bedeutet dies, daß Attributsnamen aus nicht mehr als acht alphanumerischen Zeichen, Punkten oder Bindestrichen bestehen können und mit einem Buchstaben anfangen müssen. Die HTML 4.0 SGML Declaration erhöht die Maximallänge von Namen jedoch auf 65536 Zeichen, so daß es in HTML keine echte Begrenzung der Länge von Attributsnamen gibt.

Der Declared Value eines Attributs besteht entweder aus einer in Klammern zusammengefaßten Liste von *Attributwerten* oder einem *Reserved Name*, die bzw. der den für dieses Attribut zulässigen Wertetyp angibt:

```
type    (section|page)section
```

Der Declared Value dieses Attributs ist (section|page), was bedeutet, daß das Attribut Type einen der beiden Werte section und page aufweisen kann. Falls in einer Elementinstanz kein Wert angegeben ist, wird von dem Default Value section ausgegangen.

```
id      CDATA            #REQUIRED
```

Bei dem aus der Attribute Definition List Declaration desselben Beispiels entnommenen Attribut id verwendet der Declared Value des Attributs den Reserved Name CDATA und zeigt auf diese Weise an, daß Zeichendaten als Attributwert eingesetzt werden können. Der Default Value ist mit dem Reserved Name #REQUIRED angegeben, wodurch die Verwendung dieses Attributs zwingend vorgeschrieben wird (d.h. jede Elementinstanz des Elements reference muß einen Wert für das Attribut id festlegen).

Im allgemeinen werden Reserved Names von Declared Values zum Angeben der Wertetypen von Attributen verwendet. Die folgende Liste zeigt alle in HTML verwendeten Reserved Values[18]:

---

[18] Neben diesen Reserved Names definiert SGML ENTITY, ENTITIES, NAMES, NMTOKEN; NMTOKENS, NOTATION, NUMBERS, NUTOKEN und NUTOKENS als Reserved Names für Attribute Declared Values.

- CDATA
  Dieser Attributtyp zeigt an, daß Zeichendaten, darunter jedes gültige SGML-Zeichen, insbesondere SGML Delimiter, als Attributwert verwendet werden können.

- ID
  Dieser Attributtyp zeigt an, daß dem Element ein eindeutiger Identifier zugewiesen wurde. Dies bedeutet, daß eine bestimmten Instanz eines Elements innerhalb des Bereichs eines Dokuments eindeutig bezeichnet wird.

- IDREF
  Mit Hilfe des eindeutigen Identifiers aus dem Attributtyp ID referenziert der Attributtyp IDREF innerhalb des Dokuments ein Element über dessen eindeutigen Identifier.

- IDREFS
  Dieser Typ entspricht dem Typ IDREF, mit dem Unterschied, daß er statt einem eine Anzahl von IDREF-Werten angibt.

- NAME
  In diesem Fall muß der Attributwert ein gültiger SGML-*Name* sein, was bedeutet, daß die in der SGML Declaration angegebenen Einschränkungen bezüglich der Zeichen und Längen beachtet werden müssen.

- NUMBER
  Dieser Reserved Name gibt an, daß der Attributwert eine Zahl sein muß. Es ist nicht möglich, Einschränkungen für Zahlen anzugeben (wie beispielsweise Zahlenbereiche).

Neben diesen Reserved Names für Declared Values definiert SGML auch einige Reserved Names für die Default Values von Attributen, die in der folgenden Liste beschrieben sind[19]:

- #IMPLIED
  Falls im Dokument kein Parameterwert angegeben wird, kann das Programm, welches das Dokument interpretiert, einenWert annehmen.

- #REQUIRED
  Dieser Attributwert muß innerhalb des Start-Tags des Elements angegeben werden und ist für die Verarbeitung des Dokuments erforderlich.

- #FIXED
  Dieser Attributtyp wird verwendet, falls für ein Element ein Attribut definiert

---

[19] Neben diesen reservierten Default Values definiert SGML auch die Reserved Names #CURRENT und #CONREF für die Default Values von Attributen.

wurde, dieses aber immer auf denselben Wert gesetzt werden sollte, ohne daß die Möglichkeit besteht, es innerhalb eines Dokuments zu verändern.

Mit Hilfe dieser für Declared Values und Default Values reservierten Werte ist es möglich, Attribute auf vielerlei Weise zu definieren. Für viele Anwendungsszenarien (beispielsweise HTML- und möglicherweise viele XML-Anwendungen) sind die möglichen Attributsdefinitionen semantisch zu schwach. In diesem Fall ist es allgemein üblich, SGML-Kommentare zu verwenden (die im *Start Or End Of Comment* Delimiter (COM) eingeschlossen sind und normalerweise durch doppelte Bindestriche »--« wiedergegeben werden), um nach der Attribute Declaration die zusätzlichen Anforderungen in Form von einfachem Text niederzuschreiben. Diese in der HTML DTD häufig eingesetzte Verfahrensweise erfordert ein spezialisierteres Parsing als das eines reinen SGML Parsers, da die zusätzlichen Anforderungen nicht von einem SGML Parser überprüft werden können. Ein zusätzlicher Verarbeitungsschritt ist erforderlich, um sicherzustellen, daß die Attributwerte tatsächlich mit den in den SGML-Kommentaren angegebenen zusätzlichen Anforderungen übereinstimmen. Aus diesem Grund ist es möglich, daß eine HTML-Seite, obwohl sie über gültigen SGML-Code verfügt und der HTML DTD entspricht, unter Umständen ein ungültiges HTML-Dokument darstellt. Ein HTML Parser implementiert einen SGML Parser und darüber hinaus Prüfmechanismen für die Einschränkungen von HTML, die kein formaler Bestandteil der HTML DTD sind.

4.2.2.6 Entities

Das Konzept der Verwendung von Markup zum Angeben der Dokumentstruktur sowie die Vermischung von Markup und Document Content ermöglichen es, Sonderzeichen als Markup Delimiter zu definieren[20]. Normalerweise aber handelt es sich bei diesen um Zeichen, welche auch imText eines Dokuments verwendbar sein sollten. Um beispielsweise das Zeichen »<« in einem HTML-Dokument benutzen zu können, ist die Verwendung von »<« erforderlich, wodurch auf das Zeichen »<« verwiesen wird, ohne es tatsächlich zu verwenden. Zusätzlich zu den Zeichen, denen zum Darstellen von Markup bereits bestimmte Rollen zufallen gibt es auch eine große Anzahl von nicht auf der Tastatur verfügbaren Zeichen, die aber ebenfalls in SGML-Dokumenten einsetzbar sein sollten. So kann beispielsweise der griechische Großbuchstabe Sigma »$sigma« (wie auch eine Vielzahl anderer Buchstaben

---

[20] Wie im Fall der Reference Concrete Syntax die Zeichen »<« und »>«. Markup Delimiter lassen sich jedoch mit Hilfe der Sub-Clause Delimiters der SYNTAX-Clause frei definieren.

aus fremden Schriften und spezieller Symbole) in HTML durch Verwenden von »&Sigma« benutzt werden.

Das Konzept eines *Entities* wird in SGML im allgemeinen als »Sammlung von Zeichen, auf die als Einheit verwiesen werden kann« definiert. Das SGML-Konzept der Entities unterscheidet zwischen *Entity References* und *Entity Declarations*. Bei dem gerade angegebenen Beispiel handelt es sich um eine Entity Reference, die einenVerweis auf eine in der HTML DTD angegebene Entity Declaration darstellt (für das lt-Entity). Es werden zwei Arten von Entity References unterschieden:

- *General Entity References*
General Entity References werden verwendet, um auf Entity Declarations zu verweisen[21], die Teil der DTD oder des Dokuments sind. Eine solche Entity Declaration definiert ein Entity einfach durch die Angabe von dessen Namen und des Replacement Texts, der erzeugt werden sollte, wann immer das Entity innerhalb eines Dokuments verwendet wird. General Entity References werden eingesetzt, indem der Entity Reference Open Delimiter (ERO), normalerweise das kaufmännische Und »&« unmittelbar gefolgt von dem Entity Name und dem Entity Reference Close Delimiter (REFC) angegeben wird, bei dem es sich in der Regel um ein Semikolon »;« handelt.

- *Character Entity References*
Mit Hilfe von Character Entity References können Zeichen eines Character Sets unmittelbar angegeben werden. Normalerweise handelt es sich dabei um Zeichen, die einem auf der Tastatur nicht zur Verfügung stehen[22]. Character Entity References werden eingesetzt, indem der Character Reference Open Delimiter (CRO), normalerweise die Zeichenfolge »&#« unmittelbar gefolgt von dem Dezimalwert des benötigten Zeichens in dem Character Set sowie dem Entity Reference Close Delimiter (REFC) angegeben wird, bei dem es sich in der Regel um ein Semikolon »;« handelt.

Eine *Entity Declaration* besteht aus dem *Markup Declaration Open Delimiter* (MDO) normalerweise einem »<!« und dem Reserved Name ENTITY[23], gefolgt von dem Namen des Entity. Auf den Namen des Entity folgt

---

[21] Man sollte beachten, daß fast alle Browser keine Entity Declarations innerhalb von Dokumenten unterstützen, so daß lediglich General Entity References auf Entity Declarations der HTML DTD möglich sind.

[22] Da Character Entity References direkt auf in dem Character Set des Dokuments enthaltene Zeichen verweisen, existiert keine »Character Entity Declaration« oder etwas ähnliches.

[23] Diese Bezeichnung kann mit Hilfe der Sub-Clause NAMES der in der SGML Declaration enthaltenen Clause SYNTAX geändert werden.

das optionale Schlüsselwort CDATA[24] sowie der *Replacement Text* des Entity. Die Entity Declaration wird mit dem *Markup Declaration Close Delimiter* (MDC), üblicherweise dem Zeichen »>«, abgeschlossen.

```
<!ENTITY   Sigma      CDATA"&#931;" >
```

Diese General Entity Declaration (aus der HTML DTD) legt fest, daß das Entity Sigma durch die Character Entity Reference »Σ« ersetzt wird, die auf den griechischen Großbuchstaben Sigma des ISO 10646-Character Set verweist. Somit verwendet dieses Beispiel eine Entity Reference innerhalb einer Entity Declaration, was in SGML möglich ist.

4.2.3 SGML-Dokumente

Theoretisch schließt der Austausch eines SGML-Dokuments immer einen Austausch der assoziierten SGML Declaration und der DTD ein. Da HTML und XML über festgelegte SGML Declarations verfügen, ist ein Austausch der SGML Declaration nicht erforderlich. Darüber hinaus hat HTML eine festgelegte DTD, so daß auch die DTD nicht ausgetauscht werden muß. Da es jedoch verschiedene HTML-Versionen gibt, muß auf die für eine bestimmte HTML-Seite verwendete HTML-Version verwiesen werden. Dies wird mit Hilfe einer *Document Type Declaration* vorgenommen, die vor der eigentlichen Instanz eines Dokuments angegeben wird (und mit dem <HTML>-Element beginnt):

```
<!DOCTYPE HTML PUBLIC "-//W3C//DTD HTML 4.0//EN"
"http://www.w3.org/TR/REC-html40/strict.dtd">
```

Dies ist die Document Type Declaration, die für ein HTML-Dokument verwendet werden muß, das die in Abschnitt 5.2.1 beschriebene Strict HTML 4.0 DTD einsetzt. Obwohl viele HTML-Dokumente keine Document Type Declaration enthalten, sollte man diesen Teil immer angeben, da dies die einzige Möglichkeit zum Erkennen der für dieseWeb-Seite verwendeten HTML-Version darstellt.

Da XML-Dokumente im Gegensatz zu HTML keine allgemeine DTD verwenden, jedoch auf einer benutzerdefinierten XML DTD basieren können, setzen XML-Dokumente ein komplexeres Verfahren zum Verweisen auf die DTD ein.

- *Internal DTD*
  In diesem Fall ist die DTD ein Teil des Dokuments, was bedeutet, daß sich

---

[24] Dieses Schlüsselwort legt fest, daß der Replacement Text eines Entities als Zeichendaten behandelt wird, wodurch eventuell innerhalb des Replacement Text vorhandenes Markup ignoriert wird.

der eigentliche, Element- und Attributsdefinitionen enthaltende Text der DTD innerhalb des Dokuments befindet. Ein solches Dokument kann mit einem XML Processor verarbeitet werden, ohne auf externe Ressourcen verweisen zu müssen.

- *External DTD*
  Ähnlich dem für HTML beschriebenen Ansatz ist ein Verweis auf eine externe DTD möglich. Der Unterschied liegt in diesem Fall darin, daß der XML Processor die DTD tatsächlich abrufen muß, während diese (oder zumindest eine Version davon), in einem HTML Processor normalerweise integriert ist.

- *Keine DTD*
  Es ist ebenfalls möglich, auf die Angabe einer DTD zu verzichten. In diesem Falle kann der XML Processor das Dokument lediglich als Well-Formed Document verarbeiten, es aber nicht anhand einer DTD validieren. Weitere Informationen zu diesem Thema finden sich in Abschnitt 7.2, in dem Valid und Well-Formed XML Documents diskutiert werden.

Nach dieser Document Type Declaration (die bei XML weggelassen werden kann) beginnt die eigentliche Dokumentinstanz, bei der es sich um die hierarchisch strukturierte Elementmenge handelt, die den in der SGML Declaration und der DTD definierten Regeln entspricht.

4.3 Benutzung von SGML

In den nächsten zwei Abschnitten werden die Möglichkeiten zum Einsetzen von SGML unter Berücksichtigung der speziellen Anforderungen von Web-Anwendungen behandelt. In Abschnitt 4.3.1 werden *SGML Profiles* beschrieben, die eine Untermenge aller SGML-Funktionen darstellen. (Bei XML handelt es sich um ein SGML Profile.) In Abschnitt 4.3.2 werden SGML Applications erklärt, die eine Möglichkeit zum Einsetzen von SGML in einem bestimmten Anwendungsbereich darstellen (d.h. in einer bestimmten DTD). Um einen Eindruck über die tatsächliche Verwendung von SGML zu geben, finden sich in Abschnitt 4.3.3, der die SGML-Validierung behandelt, einige Beispiele für die korrekte Anwendung von SGML (in Form von HTML) im Web.

4.3.1 SGML Profiles

Bei SGML handelt es sich um einen komplexen Standard, der zu der Zeit entworfen wurde, als das manuelle Bearbeiten von SGML-Dokumenten unter Verwendung von universellen Texteditoren noch gängige Praxis war. Mittlerweile sind spezielle Programme zum Verarbeiten von SGML-Dokumenten (insbesondere SGML-Editoren) weit verbreitet, und die Anzahl von SGML-Dokumente unterstützenden Arbeitsumgebungen wächst. Angesichts dieser Entwicklung sind die zahlreichen und komplexen Features zur Markup Minimization (in den vorangegangenen Abschnitten wurde lediglich ein Bruchteil der Features der SGML Markup Minimization beschrieben) nicht mehr unbedingt erforderlich. In der Tat ist die programmgesteuerte Verarbeitung von SGML-Dokumenten mit vollständigem Markup viel einfacher als die von Dokumenten, in denen starker Gebrauch von der Markup Minimization gemacht wird.

Als offensichtlich wurde, daß HTML als einzige Content-Sprache im Web nicht ausreichen würde, war SGML als Basis von HTML ein guter Kandidat für den Entwurf einer Sprache zum Definieren von maßgeschneiderten Dokumenttypen. SGML erschien jedoch zu komplex und überladen mit unnötigen Funktionen, so daß schließlich entschieden wurde, eine funktionale Untermenge, oder ein *Profile*, von SGML zur Definition einer neuen Sprache für das Definieren von benutzerdefinierten Dokumenttypen heranzuziehen.

Die in Kapitel 7 beschriebene *Extensible Markup Language (XML)* stellt eine funktionale Untermenge von SGML dar. XML wurde mit der Zielsetzung entworfen, eine speziell für Web-Anwendungen geeignete »SGML-Variante« zu schaffen. Ein von Clark [46] durchgeführter Vergleich von SGML und XML stellt eine vollständige und ausführliche Liste der Unterschiede zwischen diesen beiden Standards bereit. XML erlegt DTDs und Dokumenten viele Beschränkungen auf, die für eine SGML-Kompatibilität nicht erforderlich sind. Also handelt es sich bei jedem XML-Dokument im wesentlichen um ein SGML-Dokument, obwohl es viele SGML-Dokumente gibt, die keinen gültigen XML-Code darstellen. Durch einen Versuch, SGML-Dokumente in XML umzuwandeln, können jedoch viele der Unterschiede zwischen SGML und XML automatisch beseitigt werden. Es gibt jedoch einige Unterschiede, die eine Umwandlung von SGML in XML sehr schwierig oder sogar unmöglich machen. (Dies hängt von der SGML Declaration sowie der DTD ab.)

Das Hauptziel der meisten Beschränkungen von XML liegt darin, XML-Anwendungen das Verarbeiten von XML-Dokumenten ohne eine DTD zu ermöglichen. Für die Interpretation von SGML-Dokumenten ist immer eine DTD erforderlich, da möglicherweise mit Hilfe von Markup Minimization

Start- oder End-Tags von Elementen weggelassen worden sein könnten, so daß deren Existenz lediglich durch Interpretieren der DTD zweifelsfrei festgestellt werden kann. Da XML die Verwendung vollständigen Markups erfordert, ist es möglich, ein Dokument zu verarbeiten, ohne seine DTD zu benutzen. (Weitere Informationen zu diesem Thema finden sich in Abschnitt 7.2, in dem *Valid* und *Well-Formed* XML Documents besprochen werden.)

Einer der offensichtlichsten Unterschiede zwischen SGML und XML ist die Tatsache, daß XML auf einer bestimmten SGML Declaration basiert (aufgeführt in Anhang C.1), während es SGML einer Anwendung überläßt, ihre eigene SGML Declaration bereitzustellen.

4.3.2 SGML Applications

Ein wie im vorangegangenen Abschnitt beschriebenes SGML Profile stellt eine über weniger Features verfügende funktionale Untermenge von SGML dar, die aber demselben Zweck (dem Definieren von Dokumenttypen) dient. Das letztendliche Ziel von SGML (und XML als SGML Profile) liegt jedoch in der Definition von tatsächlichen Dokumenttypen. Jeder Dokumenttyp (zusammen mit einer SGML Declaration) wird als SGML *Application* bezeichnet. Die bekannteste SGML Application stellt die in Kapitel 5 beschriebene *Hypertext Markup Language (HTML)* dar.

Obwohl HTML und XML die offensichtlichsten SGML Applications im Web darstellen, sollte man beachten, daß HTML nicht als XML Application betrachtet werden kann. Dies liegt an der HTML SGML Declaration, die in XML unzulässige Features (beispielsweise *Tag Omission* und *Attribute Name Omission*) bereitstellt. Das Schreiben eines Programms zum Konvertieren von HTML-Dokumenten in XML-Dokumente wäre recht einfach. Um dies zu erreichen, müßte die HTML DTD jedoch in eine XML DTD umgewandelt werden, da XML mehrere in SGML DTDs zulässige Features (die auch in der HTML DTD verwendet werden) nicht zuläßt. Weitere Informationen zu diesem Thema finden sich in Abschnitt 7.6.1.

4.3.3 SGML-Validierung

Die Theorie, wonach SGML DTDs und mit diesen übereinstimmende Dokumente definiert, ist eine Seite und die Praxis im Web die andere. Da die Mehrzahl der HTML-Seiten im Web manuell erstellt wurde (und nicht mit Programmen, welche die HTML DTD kennen)[25], enthält die typische Web-Seite Fehler, die es strenggenommen zu einem ungültigen HTML-Dokument machen.

In einer frühen, 1996 durchgeführten Untersuchung von Bray [34] wurde ein sehr einfaches Verfahren zur Validierung von Web-Seiten verwendet, bei dem Web-Seiten in drei Kategorien unterteilt wurden. Diese Kategorien basierten darauf, ob eine Web-Seite kein <TITLE>-Element (welches vorgeschrieben ist), ein <TITLE>-Element, aber keine Document Type Declaration (die in einem SGML-Dokument ebenfalls erforderlich ist) oder ein <TITLE>-Element und eine HTML Document Type Declaration enthielten. Eine eigentliche Validierung wurde jedoch nicht durchgeführt, so daß die Zahlen ziemlich optimistisch sind. Gemäß diesen Kategorien enthielten 12,6% der Seiten nicht einmal ein <TITLE>-Element, 82,5% enthielten ein <TITLE>-Element, aber keine Document Type Declaration, und lediglich 4,9% enthielten tatsächlich eine Document Type Declaration.

Bei einer anderen Studie über Web-Seiten ging man einen Schritt weiter und setzte einen SGML Parser ein, um die Dokumente tatsächlich zu validieren (d.h. sie auf syntaktische Korrektheit gemäß den in HTML definierten syntaktischen und strukturbezogenen Regeln zu überprüfen). Diese Studie nahm die Dokumente zunächst einmal nicht so genau unter die Lupe, in Dokumenten ohne Document Type Declaration eine standardmäßige DTD zum Einsatz kam (die von HTML 3.2, welche zur der Zeit, als die Studie durchgeführt wurde, die neueste Version darstellte). Mit diesem Verfahren wurden die in Tabelle 4.3 aufgeführten Ergebnisse zutage gefördert.

Diese Resultate stammen aus einer von Beck [15] durchgeführten Studie über Web-Server in Großbritannien. Diese führt zu Zahlen, die man als repräsentativ für das gesamte Web ansehen kann, obwohl bei der Datensammlung lediglich Web-Server in Großbritannien berücksichtigt wurden. Das zur Erhebung der Daten verwendete Verfahren ist recht einfach. Zunächst wurden alle Domänen in Großbritannien nach Hosts mit der Bezeichnung www durchsucht, und dann wurde beim Auffinden eines solchen ein Request an den standardmäßigen HTTP-Port (80) gesendet[26].

Tab. 4.3   Validierung von HTML-Seiten

	Ergebnis der HTML-Validierung	Zählung	Prozent
1.	Validierung mit Standard-DTD fehlgeschlagen	15766	60,67%
2.	Validierung fehlgeschlagen	8730	33,59%
3.	Validierung mit Standard-DTD erfolgreich	1013	3,90%

---

[25] Durch die zunehmende Komplexität von HTML, neue Mechanismen wie die in Kapitel 6 beschriebenen *Cascading Style Sheets (CSS)* sowie die zunehmende Verfügbarkeit von Software-Werkzeugen zum Erstellen von Web-Seiten wird sich dies ändern. In der nahen Zukunft jedoch wird es nach wie vor viele manuell erstellte Seiten im Web geben.

Tab. 4.3 Validierung von HTML-Seiten (Forts.)

	Ergebnis der HTML-Validierung	Zählung	Prozent
4.	Validierung erfolgreich	335	1,29%
5.	Keine DTD vorgefunden	144	0,55%

Trotz der Tatsache, daß die meisten HTML-Dokumente im Web bei strenger Sichtweise ungültig sind, ist es für Browser dennoch wichtig, in diesen Fällen tolerant zu sein. Ein im Web surfender Benutzer wäre sehr enttäuscht, wenn der Browser bei mehr als 90% der Web-Seiten einfach eine Fehlermeldung anzeigen würde, wonach die Seite keinen gültigen HTML-Code enthielte.

Weiterhin sollte erwähnt werden, daß die Validierung eines HTML-Dokuments mit einem SGML Parser zum Sicherstellen der Gültigkeit eines HTML-Dokuments nicht ausreicht. Mit Hilfe einer mit einem universellen SGML Parser durchgeführten Validierung kann man alle formalen in der HTML SGML Declaration und der DTD angegebenen syntaktischen und strukturbezogenen Regeln überprüfen, aber zu einer Überprüfung anderer Sachverhalte ist ein solcher Parser nicht geeignet. Ein Beispiel dafür sind als CDATA-Werte definierte Attribute, die (aus der Sicht eines SGML Parsers) Buchstaben enthalten können, aber (aufgrund von Kommentaren in der HTML DTD, die der Parser nicht versteht) Zahlen, wie beispielsweise Längenangaben, enthalten müssen. Aus diesem Grund ist ausschließlich ein spezialisierter HTML Parser, der streng die SGML-Konformität überprüft und ebenso die nicht formalen Aspekte der HTML DTD kennt, zu einer echten Überprüfung der Validität eines HTML-Dokuments in der Lage.

Alle HTML-Browser implementieren SGML Parser so, daß sie die größtmögliche Fehlertoleranz aufweisen. In der Mehrzahl der Fälle stellen diese Browser Web-Seiten dar, selbst wenn diese möglicherweise (wie es fast immer der Fall ist) Fehler aufweisen. Da die Interpretation von ungültigen SGML-Dokumenten nicht durch den Standard definiert ist (ein normaler SGML _Parser würde ein solches Dokument einfach zurückweisen), ist die Darstellung eines fehlerhaften Dokuments nicht wohldefiniert.

---

[26] Obwohl die Beschreibung der Untersuchung dem ursprünglichen Papier entnommen wurde, stammen die hier dargestellten Zahlen aus einer neueren Untersuchung (im August 1997 durchgeführt), die unter http://www.hensa.ac.uk/uksites/survey/ verfügbar ist.

4.4 Die Zukunft von SGML

Vor seinem Erfolg im Web war SGML ein Standard, der im Gegensatz zu vielen anderen EDV-Standards auf sehr breiter Basis akzeptiert und in vielen Anwendungsbereichen verwendet wurde. Durch die zunehmende Verbreitung der *Extensible Markup Language (XML)* wird auch SGML wesentlich an Bedeutung gewinnen, da die Konvertierung zwischen SGML und XML sehr einfach ist. Auf einer SGML-Infrastruktur aufbauende Firmen können Anwendungen zur Informationsverteilung im Web einfach hinzufügen, und Web-Publishing für eine unbegrenzte Anzahl von Benutzern wird durch die Verwendung von benutzerdefinierten Dokumenttypen und Formatierungsanweisungen einfach und leistungsfähig werden. (Es kann jedoch noch einige Zeit dauern, bis XML mit allen dazugehörigen Standards, insbesondere der *Extensible Style Language (XSL)*, eine stabile und großräumig implementierte Gruppe von Standards darstellt.)

Der aktuelle SGML-Standard ist schon recht alt, und einige Aspekte davon sind nicht sehr gut für die Anwendung von SGML auf Web-Technologien geeignet. Beispielsweise wurden die in der FEATURES-Clause der SGML Declaration an- und ausschaltbaren Funktionen im Hinblick auf den menschlichen Benutzer entworfen, der SGML-Markup manuell eingibt. Um SGML an neue Anwendungsbereiche anzupassen, wurde die Sprache *WebSGML* definiert, die einen integralen Bestandteil des überarbeiteten SGML-Standards darstellt.

In der SGML Declaration wurde eine Anzahl zusätzlicher Parameter definiert. Ein bekanntes Beispiel ist der Eintrag SHORTTAG der FEATURES-Clause der SGML Declaration, der in SGML die separate Angabe der Features *Empty Tags*, *Unclosed Tags*, *Null End-Tags* und *Attribute Name Omission* unzulässig macht. WebSGML definiert eine Möglichkeit zur getrennten Angabe dieser Features, so daß die verbreitete Praxis vieler Web-Browser, lediglich die Attribute Name Omission zu unterstützen und die anderen Features zu ignorieren, nun ihren Niederschlag in der HTML SGML Declaration finden könnte (falls diese so umgeschrieben wird, daß sie WebSGML-konform ist).

Es ist zu erwarten, daß zukünftige Versionen von HTML, XML oder anderen auf SGML basierenden Web-Technologien eher auf WebSGML als auf dem normalen SGML basieren. Weiterhin wird die wachsende Bedeutung des HyTime-Standards, bei dem es sich ebenfalls um eine SGML Application handelt, die zukünftige Bedeutung von SGML erhöhen.

5. Hypertext Markup Language (HTML)

Der für Benutzer greifbarste Teil der Web-Technologie ist die *Hypertext Markup Language (HTML)*, die zum Gestalten von Web-Seiten verwendete Sprache. Normalerweise wird eine Web-Seite formatiert angezeigt, was bedeutet, daß der Browser die HTML-Seite zum Erstellen einer formatierten Darstellung interpretiert. Da jedoch die Anzahl der HTML-Konstrukte begrenzt ist, können sich Seiten sehr ähneln, wenn sie auf die gleichen Konstrukte zurückgreifen. Seit der Erfindung im Jahre 1990 wurde HTML vielen Überarbeitungen und Erweiterungen unterzogen, und die aktuelle Version (4.0) ist bei weitem leistungsfähiger als die erste. Die in frühen Veröffentlichungen über das Web festgehaltenen Entwurfsziele von HTML lassen sich wie folgt zusammenfassen:

- *Leistungsfähigkeit*
  HTML sollte leistungsfähig genug sein, um eine große Anzahl möglicher Anwendungen zu unterstützen. Dieses Ziel läßt sich nur erreichen, wenn HTML allgemein genug gehalten ist, um in vielen verschiedenen Anwendungsbereichen eingesetzt werden zu können.

- *Einfachheit*
  Auf der anderen Seite sollte HTML einfach zu verwenden sein, so daß seine Anwendung leicht ist und viele Autoren ermutigt werden, HTML einzusetzen. Einem durchschnittlichen Benutzer (d.h. keinem Informatiker) sollte das Verstehen der Konzepte von HTML sowie die Erstellung von HTML-Seiten leichtfallen.

- *Zugänglichkeit und Plattformunabhängigkeit*
  HTML sollte eine Sprache sein, die sich mehr mit dem Inhalt als mit der Darstellung befaßt. Durch einen inhaltsorientierten Ansatz hat unabhängig von der Darstellungsform (deren bekannteste Vertreter die visuelle und die akustische Darstellung sind) ein großes Publikum Zugang zu den Informationen über HTML-Seiten. Darüber hinaus wird HTML durch die Konzentration auf den Inhalt plattformunabhängig.

HTML basiert auf der in Kapitel 4 beschriebenen *Standard Generalized Markup Language (SGML)*. SGML wurde ausgewählt, da es sich zum Definieren beliebiger Typen von Dokumenten und problemlos ohne spezielle Verarbeitungssoftware verwenden läßt (da HTML-Dokumente normalerweise vollkommen auf Text basieren und mit universellen Texteditoren bearbeitet werden können) und auf eine lange und erfolgreiche Geschichte als Basis für den plattformunabhängigen Austausch von inhaltsorientierten Dokumenten zurückblickt.

In Abbildung 4.5 (auf Seite 168) wird gezeigt, wie ein spezialisierter SGML Parser eine SGML Declaration und eine DTD umfaßt. Die Anwendung von SGML auf HTML (d.h. die Betrachtung von HTML als *SGML Application* im Sinne von Abschnitt 4.3.2) führt zu der in Abbildung 5.1 dargestellten Konfiguration, bei der ein HTML Parser ein Programm mit integrierter HTML SGML Declaration und HTML DTD darstellt. Ein HTML Parser ist Bestandteil jeder Software zum Verarbeiten von HTML, so daß beispielsweise jeder Browser einen HTML Parser enthält.

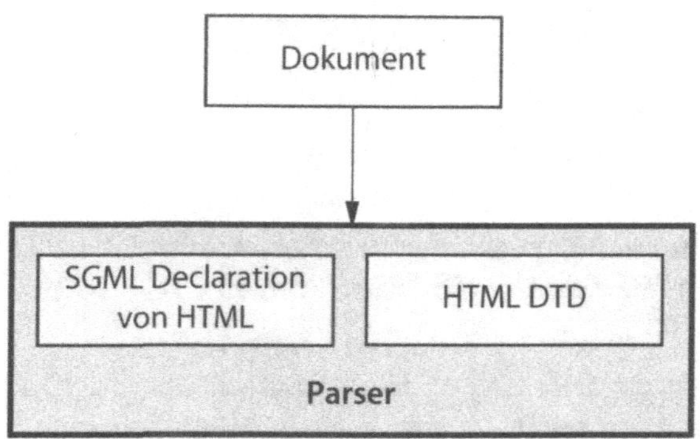

Abb. 5.1　　Ein HTML Parser

Die folgenden Abschnitte bieten einen Überblick über HTML und eine Einführung in die Verwendung der Sprache sowie eine Beschreibung der meisten Elemente. In Abschnitt 5.1 wird kurz auf die Geschichte von HTML eingegangen und die Entwicklung von den sehr einfachen Anfängen bis hin zu der recht komplexen Version dargestellt, die heute in Gebrauch ist. Im größten Abschnitt dieses Kapitels, in Abschnitt 5.2, wird die aktuellsteVersion von HTML ausführlich beschrieben.

In Abschnitt 5.3 wird das Web-Publishing mit Hilfe von HTML erläutert. Unter Web-Publishing versteht man die Verwendung von benutzerdefinierten Dokumentformaten zur Erzeugung von über das Netz verfügbaren Inhalten.

Um Ihnen eine Vorstellung über die eigentliche Verwendung von HTML zu geben, werden in Abschnitt 5.4 Statistiken über HTML-Dokumente im Web vorgestellt. Zum Abschluß wird in Abschnitt 5.5 ein kurzer Ausblick auf die Zukunft von HTML gegeben.

5.1 Geschichte

HTML-Implementierungen (wie beispielsweise Browser) folgten immer der Regel, ihnen unbekannte Elemente und Attribute einfach zu ignorieren. Die verschiedenen HTML-Versionen machen von dieser Regel Gebrauch, indem sie neue Funktionen so definieren, daß diese der richtigen Interpretation einer Web-Seite nicht im Wege stehen, falls der Implementierung diese neuen Funktionen unbekannt sind und demzufolge ignoriert werden. Ein gutes Beispiel für diese Art Design stellt das in Abschnitt 5.2.8.2 beschriebene Element <OBJECT> oder das in Abschnitt 5.2.7.2 beschriebene und in Formularen verwendete Element <OPTGROUP> dar.

Die sehr frühen, bei den ersten Implementierungen eingesetzten HTML-Versionen werden in Abschnitt 5.1.1 beschrieben. Bedingt durch das ständige Wachstums des Web dauerte es eine Zeitlang, bis die Standardisierung wieder mit den HTML-Implementierungen gleichauf war. Die erste offiziell veröffentlichte Version war HTML 2.0, beschrieben in Abschnitt 5.1.2 . Selbst diese Version war ziemlich schnell überholt und wurde durch das in Abschnitt 5.1.3 beschriebene HTML 3.2 ersetzt. Das in Abschnitt 5.1.4 beschriebene HTML 4.0 stellt die neueste Version von HTML dar. Dieser Abschnitt beschreibt jedoch lediglich die historischen Aspekte dieser Version. Der HTML-4.0-Standard selbst wird ausführlich in Abschnitt 5.2 erklärt.

5.1.1 Frühe Versionen

Im Mai 1989 wurde der erste Projektvorschlag für ein verteiltes Hypermedia-System am *European Laboratory for Particle Physics (CERN)* verfaßt und zur Stellungnahme in Umlauf gebracht. HTML als Sprache für die Übertragung von Hypermedia-Dokumenten bildete einen zentralen Teil dieses Konzepts. Im September 1990 begann die Entwicklung eines ersten, auf NeXT-Workstations basierenden Prototyps (der einen Server und einen Browser einschloß). Bis zum Ende des Jahres 1990 war eine erste Version des Prototyps fertiggestellt. Dieser Prototyp umfaßte bereits einen zeilenorientierten und einen grafischen Browser, so daß die Verwendbarkeit von HTML auf verschiedenen Plattformen demonstriert werden konnte.

Das erste Konferenzpapier über das Web wird im Mai 1992 von Tim Berners-Lee [16] nach einer Kurzeinführung und Demonstration auf einer anderen Konferenz im Dezember 1991 vorgestellt. Diese grundsätzlichen Ausführungen beschreiben bereits alle Basiskonzepte des Web, also URLs, HTTP und HTML. Verglichen mit dem neuesten Standard war die Funktionsweise der frühen HTML-Versionen recht einfach. Sie enthielten Elemente fürTextüberschriften auf verschiedenen Ebenen sowie für Ordered Lists, Unordered Lists und Definition Lists. Selbstverständlich war auch der wichtigste Aspekt von HTML, das Element <A> zum Angeben von Hypertext-Links, von Anfang an ebenfalls ein Bestandteil von HTML.

5.1.2 HTML 2.0

Nachdem die ersten Prototypen von Web-Software auf der Basis der allerersten HTML-Version erstellt wurden, entwarf Dave Ragget (der ebenfalls zu den Autoren von HTML 4.0 zählt) Ende 1991 eine verbesserte Version, die HTML+ genannt wurde. Diese HTML-Version wurde im Browser *Arena* implementiert (der in den Folgejahren vom W3C zum Testen von neuen HTML-Versionen und Style Sheets eingesetzt wurde), erreichte jedoch niemals einen formalen Status. Während der Entwicklung von Arena im Jahre 1993 arbeitete auch NCSA an einem *Mosaic* genannten Browser. Mosaic enthielt eine Anzahl von Erweiterungen der ersten HTML-Version, die sich natürlich von dem bei Arena verwendeten HTML+ unterschieden.

Nachdem offensichtlich wurde, daß das Web weiterhin schnell wachsen würde, und die neuen Mosaic, Arena und anderen Browsern hinzugefügten Funktionen auf irgendeine Weise in einer einzigen HTML-Version zusammengefaßt werden sollten, wurde im Juli 1994 eine neue HTML-Version freigegeben. HTML 2.0 [18] war auch die erste HTML-Version, die eine echte SGML Application darstellte, da diese Version durch eine SGML DTD definiert wurde. Schon bald nach der Freigabe von HTML 2.0 wurde jedoch Ende 1994 Netscape gegründet, und das Unternehmen begann gleich mit dem Erfinden neuer Elemente. Obwohl diese Elemente für den Erfolg von Netscape maßgeblich waren und auch zur Beschleunigung der Entwicklung von HTML beitrugen, führten sie fast unmittelbar zum Veralten der neuen Version.

5.1.3 HTML 3.2

Zu den ersten Empfehlungen, die vom Ende 1994 gegründeten *World Wide Web Consortium (W3C)* gemacht wurden, gehörte ein Entwurf für HTML 3.0. Dieser wurde in Form eines Internet Drafts veröffentlicht, aber niemals verabschiedet. Während des Ratifizierungsprozesses wurden Browser mit Erweiterungen von HTML 3.0 freigegeben (die aber HTML 3.0 selbst nicht vollständig unterstützten), so daß am Ende diese HTML-Version bereits vor dem Erreichen eines offiziellen Status veraltet war.

Obwohl in neuen Browser-Versionen oder -Implementierungen neue HTML-Funktionen (wie Tabellen, Frames und Skripte) auftauchten, stellte HTML 2.0 immer noch die einzige offizielle Version von HTML dar. Dies änderte sich erst im Januar 1997, als HTML 3.2 [217] freigegeben wurde. Diese Version verfügte über Tabellen, Applets, Textfluß um Bilder, Sub- und Superskripte sowie andere Funktionen, die zur Zeit der Freigabe von HTML 3.2 bereits recht weit verbreitet waren. Frames waren jedoch kein Bestandteil von HTML 3.2, obwohl ein erster Vorschlag für Frames schon im September 1995 von Netscape vorgelegt wurde.

5.1.4 HTML 4.0

Da HTML 3.2 bereits bei der Veröffentlichung nicht mehr den Stand der Dinge darstellte, wurde offensichtlich, daß bald eine neue Version folgen müsse. Dieses Mal dauerte es bis zum Erscheinen der nächsten Version weniger als ein Jahr, und im Dezember 1997 wurde eine erste Version der Recommendation für HTML 4.0 [219][1] veröffentlicht. Wie bereits vorher, implementierte das W3C die vorgeschlagenen HTML-Funktionen zunächst in ihrem Test-Browser, bei dem es sich zu diesem Zeitpunkt um *Amaya* (die Entwicklung des Browsers Arena wurde mit dem Erscheinen von HTML 3.0 eingestellt) handelt.

Zu den neuen Funktionen von HTML 4.0 zählen imVergleich mit HTML 3.2 die im Internet Proposed Standard RFC 2070 [279] beschriebene Internationalisierung, Unterstützung von Style Sheets, Frames, ein wesentlich verbessertes Tabellenmodell, Unterstützung für die allgemeine Einbindung von Multimedia-Objekten und besser ausgestattete Formulare.

Neben dem vom W3C verabschiedeten Dokument wird HTML 4.0 jetzt auch von der ISO standardisiert. Zur Zeit ist es Gegenstand eines Entwurfs für die ISO 15445 [135]. DieISO-Version von HTML 4.0 (auch als *ISO-HTML* bezeichnet) stellt eine Untermenge der W3C-Spezifikation dar[2]. Sie ist strenger, was die Durchsetzung einer guten HTML-Praxis betrifft, und verbietet ausdrücklich HTML-Konstrukte, die nicht mehr eingesetzt werden sollen (da sie veraltet sind oder da an ihrer Stelle Style Sheets verwendet werden sollen).

---

[1] Die neueste Version der HTML 4.0 Recommendation des W3C wurde im April 1988 veröffentlicht.

[2] Dies bedeutet, daß jedes ISO-HTML entsprechende Dokument auch dem HTML 4.0 des W3C entspricht.

5.2 Hypertext Markup Language 4.0 (HTML 4.0)

Die neueste Version der Hypertext Markup Language, HTML 4.0 [219], wurde vom W3C im Dezember 1997 spezifiziert. Diese Empfehlung wurde danach überarbeitet und die neuesteVersion, auf der dieser Abschnitt basiert, im April 1998 veröffentlicht. Obwohl die HTML 4.0 Recommendation verglichen mit anderen Standards und Empfehlungen leicht zu lesen ist, ist sie als Einleitung möglicherweise nur schwer verständlich[3]. Die u.a. von Raggett [220] (einem der Autoren der HTML 4.0 Recommendation) veröffentlichte Beschreibung von HTML 4.0 bietet eine gute Einführung in HTML.

Obwohl es sich bei HTML 4.0 um eine HTML-Version handelt, wurden in der Recommendation drei verschiedenen Zwecken dienende DTDs definiert. Diese drei DTDs sowie der Grund für ihre Definition werden in Abschnitt 5.2.1 beschrieben. Da eine Reihe von Attributen mit einer großen Anzahl von Elementen verwendet werden kann, werden diese Attribute in Abschnitt 5.2.2 vor der eigentlichen Beschreibung der HTML-Elemente erläutert. Die grundlegende Struktur eines HTML-Dokuments sowie die zum Definieren dieser Struktur verwendeten Elemente werden in Abschnitt 5.2.3 beschrieben.

Als eigentlicher Document Content (der Teil des Dokuments, der tatsächlich von einem Browser dargestellt wird) kann, wie in Abschnitt 5.2.4 beschrieben, Text unterschiedlicher Struktur verwendet werden. Bilder und Image Maps (anklickbare Bilder) werden in Abschnitt 5.2.5 ausführlich beschrieben. Die Verwendung von Hyperlinks in HTML-Dokumenten wird in Abschnitt 5.2.6 erläutert. Die komplexesten Verfahren zum Erstellen von HTML-Dokumenten, die Frames oder Formulare einsetzen, werden in Abschnitt 5.2.7 eingehend besprochen. Zum Abschluß werden in Abschnitt 5.2.8 die Verfahren zum Definieren von dynamischen Dokumenten mit Skripten und Multimedia-Objekten beschrieben.

5.2.1 HTML 4.0 DTDs

Da sich das Web ständig weiterentwickelt, ergibt es keinen Sinn, handstreichartig eine neue HTML-Version einzuführen und auf diese Weise alle älteren Web-Seiten ungültig zu machen. HTML 4.0 löst dieses Problem durch die Einführung des Konzepts der *Deprecated Language Constructs*. Dahinter steht der Gedanke, daß HTML-4.0-Implementierungen in der Lage sein sollten,

---

[3] Eine sehr gute Online-Referenz von HTML 4.0 (die sich auch besser lesen läßt und hilfreicher ist als die HTML-4.0-Spezifikation des W3C) steht auf der Web-Site der Web Design Group (WDG) unter `http://www.htmlhelp.com/` zur Verfügung. Es ist auch möglich, die Referenz herunterzuladen und lokal zu installieren.

diese Konstrukte zu verstehen, sie aber keinesfalls zum Erstellen von HTML-4.0-Inhalten verwendet werden sollten.

Um dieses Konzept zu unterstützen, definiert HTML 4.0 drei SGML-Document Type Definitions (DTDs), die zum Interpretieren und Erstellen von HTML-Dokumenten herangezogen werden können.

- *Transitional DTD*
  Hierbei handelt es sich um eine DTD, die ausschließlich zum Interpretieren, und nicht zum Erzeugen von HTML-4.0-Dokumenten verwendet werden sollte. Sie enthält eine Anzahl von Elementen und Attributen, die nicht verwendet werden sollten, aber dennoch gültigen HTML-Code darstellen (obwohl sie vermutlich nicht mehr Bestandteil der nächsten HTML-Version sein werden).
  Die Elemente <BASEFONT>, <CENTER>, <FONT>, <S>, <STRIKE> und <U> sind lediglich ein Teil der Transitional DTD. Sie dienen zum Angeben der Formatierung, die jetzt mit Hilfe der in Kapitel 6 vorgestellten CSS Style Sheets vorgenommen werden sollte.
  Es gibt auch einige Elemente in der Transitional DTD, die zukünftig durch andere ersetzt werden sollten. Dies sind das Element <APPLET>, das durch <OBJECT>, die Elemente <DIR> und <MENU>, die durch <UL>, und das Element <ISINDEX>, das durch ein in einem <FORM>-Element enthaltenes Element <INPUT> ersetzt werden sollte.
  Neben diesen Elementen enthält die Transitional DTD eine Anzahl von nicht mehr zu verwendenden Attributen. Die meisten dieser Attribute stehen mit der Formatierung in Zusammenhang, die nun mit den in Kapitel 6 vorgestellten CSS Style Sheets vorgenommen werden sollte.

- *Strict DTD*
  Da eine Anzahl von Elementen und Attributen der Transitional DTD nicht mehr verwendet werden sollte, wurde eine diese Konstrukte nicht enthaltende Strict DTD definiert. Deshalb sollte zum Erzeugen von HTML-4.0-Code, beispielsweise mit Hilfe von HTML-Editoren, die Strict DTD eingesetzt werden.

- *Frameset DTD*
  Falls Frames verwendet werden (die in HTML 4.0 eingeführt wurden), wird der Inhalt einer Seite (wie er vom Browser dargestellt wird) eigentlich in verschiedenen HTML-Dokumenten definiert, wobei eines die Struktur der Frames eines Fensters (Frameset genannt) angibt und eine Reihe anderer Dokumente den eigentlichen HTML-Code dieser Frames enthalten (was in Abschnitt 5.2.7.1 eingehender erläutert wird). Aus diesem Grund spezifiziert HTML 4.0 eine dritte DTD, die für das die Spezifikation des Framesets enthaltende Dokument verwendet wird.

Idealerweise sollten Web-Seiten eher der Strict DTD als der Transitional DTD entsprechen. Dies könnte mit Hilfe eines Konvertierers erreicht werden, der ein der Transitional DTD entsprechendes Dokument einliest und ein der Strict DTD entsprechendes HTML-Dokument und möglicherweise ein damit verbundenes Style Sheet ausgibt (falls das Dokument beizubehaltende Formatierungsinformationen enthielt). Dieser Vorgang wird in Abbildung 5.2 veranschaulicht.

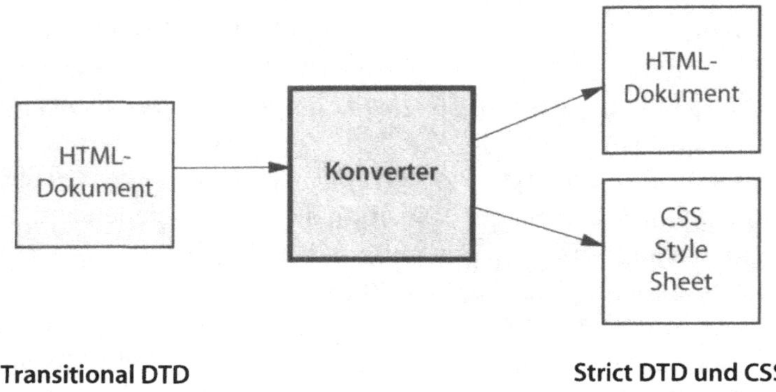

Abb. 5.2 Konvertierung einer Transitional DTD in Strict HTML 4.0

Obwohl dieser Prozeß in vielen Fällen automatisiert werden kann (beispielsweise durch Übertragen von Formatierungsinformationen von HTML-Elementen und -Attributen auf ein CSS Style Sheet), wird es immer wieder vorkommen, daß zum Ermöglichen der Konvertierung zusätzliche Informationen angegeben werden müssen. Weiterhin existieren Web-Seiten oft nicht in Form getrennter Entities, sondern werden entweder offline oder online dynamisch erzeugt. In diesen Fällen müßte der Konvertierer in die Umgebung integriert werden.

5.2.2 Gemeinsame Attribute

Die Beschreibungen der HTML-Elemente in den nachfolgenden Abschnitten enthalten häufig die Element- und Attributspezifikation der HTML 4.0 Strict DTD[4]. Die Syntax und Semantik dieser Spezifikationen wird in Abschnitt

---

[4] Bei einer Reihe von Elementen wurde die formale DTD-Spezifikation jedoch nicht angegeben. Aus diesem Grund stellt dieses Buch kein vollständiges Nachschlagewerk der formalen Grundlagen von HTML 4.0 dar, sondern enthält alle Informationen, die zur Verwendung von HTML in fast allen Situationen erforderlich sind. Bei den seltenen Gelegenheiten, in denen eine vollständige HTML 4.0 DTD erforderlich ist, wird der Leser auf den HTML-4.0-Standard verwiesen.

4.2.2 beschrieben. Die HTML 4.0 DTD verwendet zum Definieren von Attributen jedoch auch eine Anzahl von Entities, die als Kürzel für einzelne Attributsdefinitionen dienen. Der Vorteil dieser Methode liegt in einer kleineren DTD und der Möglichkeit der Wiederverwendung von Attributsdefinitionen unter Vermeidung von Inkonsistenzen. Alle in den Element- und Attributsdefinitionen verwendeten Entities werden in der Tabelle B.1 von Anhang B.2 aufgeführt, in der auch die meisten der Entities kurz erklärt werden. Es gibt jedoch einige Entities (die einige für viele Elemente definierte Standardattribute festlegen), die sehr häufig verwendet werden. Diese werden in den folgenden Absätzen erklärt.

```
<!ENTITY % COREATTRS
  "ID      ID             #IMPLIED
   CLASS   CDATA          #IMPLIED
   STYLE   %STYLESHEET;   #IMPLIED
   TITLE   %TEXT;         #IMPLIED" >
```

Das Entity `%COREATTRS;` definiert einige für fast alle HTML-Elemente wichtige Attribute. Dabei handelt es sich um Attribute zum eindeutigen Identifizieren von Elementinstanzen, zum Markieren dieser Instanzen als Member von Klassen und zum Angeben von Formatierungsinformationen sowie um Attribute, die zusätzliche Informationen über eine Instanz eines Elements enthalten.

- ID
  Das Attribut ID dient zur eindeutigen Identifikation eines Elements innerhalb eines Dokuments. Dies läßt sich für zwei Zwecke nutzen. Die erste Verwendung eines ID-Attributs besteht in der Kennzeichnung einer Elementinstanz als möglicher Destination Anchor[5], wie es in Abschnitt 5.2.6.2 beschrieben wird. Die zweite Möglichkeit zur Verwendung des Attributs liegt darin, wie in Abschnitt 6.3.2.2 beschrieben, eine Elementinstanz für einen aus einem Style Sheet kommendenVerweis zu markieren.

- CLASS
  Das Attribut CLASS zeigt die Zugehörigkeit einer Instanz eines Elements zu einer bestimmten Klasse von Elementen an. Anders als das Attribut ID gestattet es das Attribut CLASS, daß derselbe Klassenname mehreren Elementinstanzen zugewiesen wird, und ermöglicht darüber hinaus, daß verschiedene Elementtypen Klassennamen gemeinsam nutzen. Der hauptsächliche Verwendungszweck von Klassen besteht darin, Elemente, wie in

---

[5] Man sollte jedoch beachten, daß heutzutage die meisten Browser diesen Typ von Destination Anchor nicht mehr unterstützen, obwohl der Bestandteil des HTML-4.0-Standards ist. Statt dessen muß ein Element <A> mit dem Attribut <NAME> verwendet werden.

Abschnitt 6.3.2.2 beschrieben, für dieVerwendung von Style Sheets anzugeben. Man muß jedoch darauf achten, daß einem Element mehrere Klassen zugeordnet werden können. In diesem Fall wird das Attribut CLASS in
Form einer durch Leerzeichen voneinander getrennten Liste der Klassennamen angegeben.

- STYLE
  Obwohl die Verwendung von Style Sheets zum Angeben von Formatierungsinformationen vorgeschlagen wird, kann das Festlegen der Formatierung eines Elements mit Hilfe des Attributs STYLE auch direkt vorgenommen werden Dies wird in Abschnitt 6.3.2.2 beschrieben.

- TITLE
  Das Attribut TITLE wird verwendet, um zusätzliche, nicht im normalen
  Textfluß erscheinende Informationen über eine Elementinstanz bereitzustellen. Die Mehrzahl der das Attribut TITLE unterstützenden Browser
  implementieren dies, indem sie den Attributinhalt als »Kurzhinweis« verwenden, der angezeigt wird, wenn sich der Mauszeiger über dieser Elementinstanz befindet. Am hilfreichsten ist das Attribut TITLE in Verbindung mit den Elementen <A>, <LINK>, <IMG> und <OBJECT>. Weiterhin
  hilft es bei der Angabe der mit <ABBR> oder <ACRONYM> angegebenen
  langen Form einer Abkürzung.

Diese Attribute stellen die Kernattribute dar und wurden für fast alle
HTML-4.0-Elemente definiert. Falls in späteren Versionen von HTML neue
Elemente eingeführt werden, wird ihre Definition ebenfalls diese Attribute
einschließen.

```
<!ENITITY % I18N
  "LANG %LANGUAGECODE; #IMPLIED
  DIR  (LTR|RTL)       #IMPLIED" >
```

Die Unterstützung der Internationalisierung[6] von Web-Seiten stellt eine
wichtige, neue Funktion von HTML 4.0 dar. Diese wurde zuerst im Internet
Proposed Standard RFC 2070 [279] (der auf HTML 2.0 basiert) beschrieben,
ist aber jetzt ein integraler Bestandteil des HTML-4.0-Standards. Zum Unterstützen der Internationalisierung muß es möglich sein, die Sprache des
Inhalts festzustellen sowie die Schreibrichtung[7] anzugeben, die beim Darstellen des Inhalts zu verwenden ist.

---

[6] Das Entity %I18N; hat seinen Namen von der Länge des Worts »internationalization«, was bedeu-
     tet, daß dem Buchstaben »i« zunächst 18 Buchstaben und dann ein »n« folgen.
[7] Die *Schreibrichtung* eines Texts gibt die Richtung des Buchstabenflusses an. Bei den westlichen
     Sprachen ist dies von links nach rechts, manche andere Sprachen verwenden andere Schreibrich-
     tungen (hebräisch wird von rechts nach links geschrieben).

- LANG

  Ein User Agent kann mit Hilfe der im Attribut LANG angegebenen Informationen zur Sprache die Darstellung auf unterschiedliche Art und Weise
  steuern. Die möglichen Werte dieses Attributs werden im Entity %LAN-
  GUAGECODE; definiert. Es gibt eine Reihe von Situationen, in denen vom
  Autor bereitgestellte Informationen zur Sprache hilfreich sind.

  – Zur Unterstützung von Suchmaschinen

  – Zur Unterstützung von Sprachsynthesizern

  – Um einem User Agent dabei zu helfen, für eine hohe Ausgabequalität
    der Schrift verschiedene Varianten von Glyphen auszuwählen

  – Um einem User Agent bei der Auswahl einer Art von Anführungs-
    zeichen zu helfen

  – Um einem User Agent dabei zu helfen, eine Entscheidung über das
    Setzen von Bindestrichen und Ligaturen sowie das Kerning zu treffen

  – Zur Unterstützung der Überprüfung der Rechtschreibung und der
    Grammatik

  Sprachen werden gemäß Internet Proposed Standard RFC 1766 [7] mit
  Hilfe von Sprach-Tags angegeben, die aus primären Tags und optionalen
  Subtags bestehen. Jeder aus zwei Buchstaben zusammengesetzte primäre Tag
  stellt eine ISO 639 [112]-konforme Sprachabkürzung und jedes wiederum aus
  zwei Buchstaben bestehende Subtag einen Ländercode gemäß ISO 3166 [128]
  dar.

- DIR

  Das Attribut DIR gibt sowohl die Schreibrichtung von Text als auch die von
  Tabellen an. In den meisten Fällen ist die Angabe dieses Attributs jedoch
  nicht erforderlich, da die Schreibrichtung eines Elements von den verwendeten Zeichen abgeleitet werden kann. Lediglich wenn verschiedeneTexte
  mit unterschiedlichen Schreibrichtungen verschachtelt sind (beispielsweise hebräische Zitate in einem englischen Text), kann es erforderlich
  werden, die Schreibrichtung des Texts explizit anzugeben.

Zusätzlich zu den Kern- und Internationalisierungsattributen gibt es eine
Reihe von Attributen, die Unterstützung für Skripte auf der Client-Seite bereitstellen. Diese Attribute dienen als Haken, mit deren Hilfe Skripte mit einer
Anzahl von Ereignissen verknüpft werden können. Aus diesem Grund sind
diese Attribute für die Verwendung von *Dynamic HTML (DHTML)*[8] unab-
dingbar.

```
<!ENTITY % EVENTS
  "ONCLICK      %SCRIPT; #IMPLIED
  ONDBLCLICK   %SCRIPT; #IMPLIED
  ONMOUSEDOWN  %SCRIPT; #IMPLIED
  ONMOUSEUP    %SCRIPT; #IMPLIED
  ONMOUSEOVER  %SCRIPT; #IMPLIED
  ONMOUSEMOVE  %SCRIPT; #IMPLIED
  ONMOUSEOUT   %SCRIPT; #IMPLIED
  ONKEYPRESS   %SCRIPT; #IMPLIED
  ONKEYDOWN    %SCRIPT; #IMPLIED
  ONKEYUP      %SCRIPT; #IMPLIED" >
```

Obwohl HTML eher darauf abzielt, eine Inhaltssprache zu sein, als die Darstellung eines Dokuments anzugeben, verletzt die Unterstützung von Skripten dieses Schema in gewisser Weise, da sie sich auf grafische Benutzerschnittstellen mit einem Zeigegerät konzentriert. Dies spiegelt sich in den Namen und Definitionen der Scripting-Attribute wieder. Jedes Attribut kann ein Skript enthalten. (In vielen Fällen stellt dieses Skript lediglich einen Funktionsaufruf einer an einer anderen Stelle innerhalb des Dokuments, üblicherweise im Element <SCRIPT> im Document Head, definierten Skriptfunktion dar).

- **ONCLICK**
  Dieses Attribut gibt ein Skript an, das bei einem Klick auf das dazugehörige Element ausgeführt wird, was bedeutet, daß der Mauszeiger auf das Element bewegt und die Maustaste gedrückt und wieder losgelassen wurde.

- **ONDBLCLICK**
  Das Attribut **ONDBLCLICK** gibt ein Skript an, das bei einem Doppelklick auf das dazugehörige Element ausgeführt wird, was bedeutet, daß der Mauszeiger auf das Element bewegt und die Maustaste zweimal gedrückt und wieder losgelassen wurde.

- **ONMOUSEDOWN**
  Ebenso ist das Angeben eines Skripts möglich, das beim Drücken der Maustaste über einem Element ausgeführt wird. Dieses Skript wird aufgerufen, bevor die Maustaste wieder losgelassen wird.

---

[8] Außer der Unterstützung von Skripten innerhalb von HTML verfügt DHTML über weitere Komponenten, wie zum Beispiel die in Kapitel 6 vorgestellten *Cascading Style Sheets (CSS)*, die in Abschnitt 8.1.1 beschriebene Skriptsprache ECMAScript sowie das in Abschnitt 10.5.5 erläuterte *Document Object Model (DOM)*.

- ONMOUSEUP

  Als Gegenstück zum Attribut ONMOUSEDOWN gibt das Attribut ONMOUSEUP ein Skript an, das beim Loslassen der Maustaste aufgerufen wird.

- ONMOUSEOVER

  Es ist auch möglich, Skripte für Ereignisse zu definieren, bei denen das Drücken einer Maustaste nicht erforderlich ist. Das Attribut ONMOUSEOVER ist ein Skript, das beim Bewegen des Mauszeigers auf das Element aufgerufen wird.

- ONMOUSEMOVE

  Dieses Attribut gibt ein Skript an, das aufgerufen wird, wenn die Maus bewegt wird, während sich der Mauszeiger über dem Element befindet.

- ONMOUSEOUT

  Die dritte Möglichkeit zum Bewegen des Mauszeigers besteht darin, ihn vom Element weg zu bewegen. Das Attribut ONMOUSEOUT gibt ein Skript an, das in diesem Falle ausgeführt wird.

- ONKEYPRESS

  Dieses Attribut gibt ein Skript an, das aufgerufen wird, wenn eine Taste gedrückt und losgelassen wird, während sich der Mauszeiger über dem Element befindet.

- ONKEYDOWN

  Das Attribut ONKEYDOWN definiert ein Skript, das aufgerufen wird, wenn eine Taste gedrückt wird, während sich der Mauszeiger über dem Element befindet.

- ONKEYUP

  Als Gegenstück zum Attribut ONKEYDOWN gibt das Attribut ONKEYUP ein Skript an, das beim Loslassen einerTaste aufgerufen wird.

Bei der Verwendung dieser Attribute sollte man daran denken, daß die mit ihnen assoziierten Skripte unter Umständen sehr oft aufgerufen werden. (Dies trifft besonders auf das mit dem Attribut ONMOUSEMOVE verbundene Skript zu.) Außerdem sollte man darauf achten, nicht zu komplexe Skripte anzugeben.

```
<!ENTITY % ATTRS
  "%COREATTRS;%I18N; %EVENTS;" >
```

Das Entity %ATTRS; faßt einfach die drei beschriebenen Entities zusammen. Da alle drei Entities recht grundlegende Attribute von HTML-Elementen beschreiben, verwenden viele Elemente das Entity %ATTRS; in ihren Attributsdefinitionen.

5.2.3 Grundlegender Aufbau eines HTML-Dokuments

Beim Schreiben von HTML-Dokumenten sollte man als erstes die verwendete HTML-Version angeben. Wie in Kapitel 4 erklärt, muß dies mit Hilfe der *Document Type Declaration* vorgenommen werden, die in jedem SGML-Dokument als erstes erscheint und eigentlich einen Zeiger auf eine in Abschnitt 4.3.2 beschriebene *Document Type Definition (DTD)* darstellt.

```
<!DOCTYPEHTML PUBLIC "-//W3C//DTD HTML 4.0 //EN"
          "http://www.w3.org/TR/REC-html40/strict.dtd" >
```

Wie in Abschnitt 5.2.1 beschrieben, werden im HTML-4.0-Standard drei DTDs definiert, nämlich die Transitional DTD, die Strict DTD und die Frameset DTD. Da die Transitional DTD nicht zum Erstellen, sondern lediglich zum Interpretieren von Dokumenten verwendet werden sollte und die Frameset DTD ausschließlich für die in Abschnitt 5.2.7.1 beschriebenen Framesets eingesetzt wird, wird in den meisten Fällen die Strict DTD zum Schreiben oder Erstellen von Dokumenten herangezogen.

Wie in Abbildung 5.3 dargestellt, besteht ein HTML-Dokument aus zwei Teilen, dem Document Head und dem Document Body. Der Document Head enthält Informationen über das Dokument, die nicht zum eigentlichen Document Content gehören, sondern zu seiner Beschreibung dienen. Der Document Content wird im Document Body definiert. Dabei handelt es sich um den Teil des Dokuments, der beim Betrachten mit Hilfe eines visuellen User Agents tatsächlich dargestellt wird.

Wie bereits in Abbildung 4.2 gezeigt, kann jedes SGML-Dokument als ein die hierarchischen Beziehungen zwischen den einzelnen Elementinstanzen eines bestimmten Dokuments darstellender Document Tree betrachtet werden. Da HTML eine SGML Application ist, läßt sich auch jedes HTML-Dokument als ein Document Tree ansehen, der aus einer Anzahl von in Übereinstimmung mit den durch die HTML DTD definierten Regeln angeordneten HTML-Elementinstanzen besteht. Abbildung 5.4 zeigt ein sehr kleines Beispiel eines solchen Baums (mit nur sehr wenigen HTML-Elementen).

Man sollte daran denken, daß die Darstellung in Form eines Baums nur bei Dokumenten möglich ist, während sich Dokumenttypen nicht durch einfache Bäume beschreiben lassen. Diese müssen mit Hilfe einer Sprache beschrieben werden, die das Beschreiben einer aus potentiellen Bäumen bestehenden Menge ermöglicht. Dies wird durch die Angabe von Regeln für die Zusammensetzung eines bestimmten Baums vorgenommen. (SGML verwendet zu diesem Zweck die in Abschnitt 4.2.2.1 beschriebenen Content Models.) Die in diesem Kapitel durchgängig verwendeten Auszüge aus der HTML DTD sind nicht mehr als das. Sie beschreiben, wie HTML-Elemente zum Bilden eines gültigen HTML-Dokuments verwendet werden müssen.

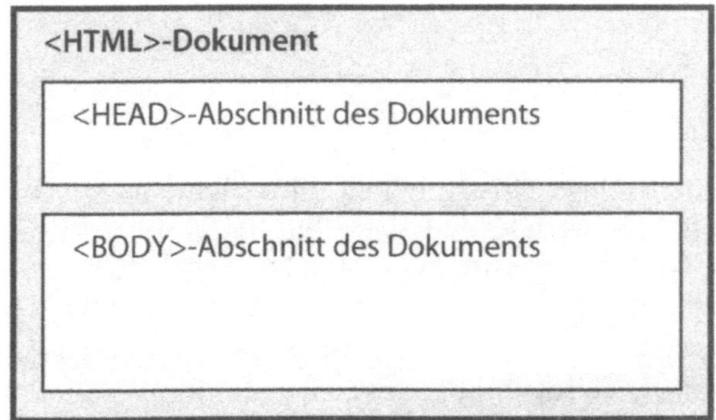

Abb. 5.3 Grundlegender Aufbau eines HTML-Dokuments

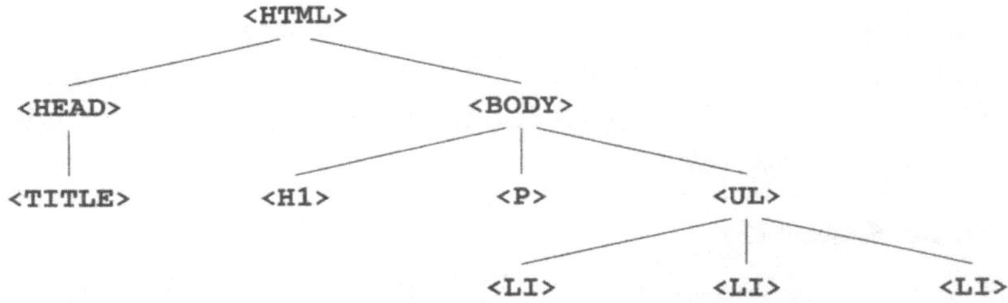

Abb. 5.4 Hierarchie eines HTML-Dokuments

```
<!ELEMENTHTML O O(HEAD, BODY) >
<!ATTLISTHTML
  %I18N; >
```

Wie bereits in Abbildung 5.3 gezeigt, besteht jedes HTML-Dokument aus einem Document Head und einem Document Body. Beide Elemente sind zwingend vorgeschrieben und müssen in der im Content Model definierten Reihenfolge verwendet werden. Sowohl das Start-Tag als auch das End-Tag des <HTML>-Elements sind optional. Die einzigen Attribute, die mit dem Element <HTML> verwendet werden können, sind die die Sprache und die Schreibrichtung definierenden Internationalisierungsattribute.

5.2.3.1 Document Head

Der Document Head enthält Informationen über ein Dokument, wie seinen Titel, Schlüsselworte, eine Beschreibung, Style Sheets und andere Informationen. Der Document Head ist insbesondere zum Angeben von Informationen von Bedeutung, die von automatisierten Clients wie beispielsweise Suchmaschinen zur Verarbeitung verwendet werden können.

```
<!ELEMENT  HEAD O O   (TITLE & BASE?)+(%HEAD.MISC;) >
<!ATTLIST  HEAD
  %I18N;
  PROFILE  %URI;      #IMPLIED
```

Der Document Head wird mit Hilfe des Elements <HEAD> angegeben, wobei sowohl sein Start- als auch sein End-Tag optional sind. Das Element <HEAD> enthält das vorgeschriebene Element <TITLE> sowie ein optionales <BASE>-Element[9]. Weiterhin umfaßt das Element <HEAD> das Entity `%HEAD.MISC;`, das null oder mehr Inclusions der Elemente <SCRIPT>, <STYLE>, <META>, <LINK> und <OBJECT> gestattet.

Neben den Internationalisierungsattributen definiert das Element <HEAD> auch ein Attribut **PROFILE**. Dieses Attribut gibt durch Leerzeichen getrennt den bzw. die Orte eines oder mehrerer Metadatenprofile an. Diese Profile ermöglichen Autoren die Zuweisung ausführlicherer maschinenlesbarer Informationen über HTML-Dokumente und andere über das Netzwerk erreichbare Ressourcen. Das Profil selbst basiert auf dem in Abschnitt 10.5.3 beschriebenen *Resource Description Framework (RDF)*. Zur Zeit befindet sich RDF noch in der Entwicklung.

Ändern der Base URI

HTML-Dokumente können relative URIs enthalten, wodurch es erforderlich wird, die für diese URIs zu verwendende Base URI zu kennen. Standardmäßig handelt es sich dabei um die URI des HTML-Dokuments selbst. Diese kann jedoch entweder mit Hilfe des in Abschnitt 3.2.2.2 beschriebenen Entity Headers `Content-Base` von HTTP[10] oder mit Hilfe des Elements <BASE> geändert werden.

Falls sowohl ein <BASE>-Element als auch ein Entity Header `Content-Base` vorhanden sind, überschreibt der Wert des <BASE>-Elements den im Entity-Header-Feld `Content-Base` angegebenen.

```
<!ELEMENT  BASE - O  EMPTY >
<!ATTLIST  BASE
  HREF     %URI;          #REQUIRED
  TARGET   %FRAMETARGET;  #IMPLIED >
```

---

[9] Bei der Transitional DTD kann auch das Element <ISINDEX> im Element <HEAD> enthalten sein. Das Element <ISINDEX> wurde dazu verwendet, ein HTML-Dokument als durchsuchbaren Index zu kennzeichnen und somit dem Benutzer zu gestatten, eine Textzeile einzugeben, die dann an den Server gesendet wurde. Man sollte jedoch beachten, daß das Element <ISINDEX> zu den Deprecated Constructs zählt. Benutzereingaben erfordernde Dokumente sollten statt dessen mit Hilfe des in Abschnitt 5.2.7.2 beschriebenen Formularmechanismus erstellt werden.

[10] Hier muß die in Content-Base enthaltene Information zum Zeitpunkt der Übertragung des Dokuments durch HTTP bereitgestellt werden.

Das Element <BASE> ist leer, was bedeutet, daß sein Start-Tag angegeben werden muß(da es die für dieses Element wichtigen Informationen enthält), während das End-Tag kann weggelassen werden kann. Mit dem Element <BASE> muß das Attribut HREF festgelegt werden, das eine absolute URI angibt, welche als Base URI zum Auflösen relativer URIs fungiert. Wenn das Dokument, wie in Abschnitt 5.2.7.1 beschrieben, mit Framesets und Frames verwendet wird, kann mit Hilfe des Attributs TARGET der als Target Frame für alle Links innerhalb des Dokuments dienende Frame angegeben werden. Hierbei handelt es sich um den Frame, in den das Dokument geladen werden sollte, auf das durch irgendein Element mit einer Referenz auf eine externe Ressource verwiesen wird (solange dies nicht explizit innerhalb der einzelnen Elementinstanzen geändert wird). Die für das Attribut TARGET möglichen Werte werden durch das Entity %FRAMETARGET; beschrieben.

Links auf andere Dokumente

Ein in Zukunft größere Bedeutung erlangender Aspekt von HTML-Dokumenten ist die Verknüpfung von Dokumenten. Zur Zeit werden Dokumente ausschließlich mit Hilfe der traditionellen Hypertext-Links verknüpft, die das Element <A> verwenden. Solch ein Link verfügt jedoch nicht über eine zusätzliche Semantik, und genau an diesem Punkt stellt das Element <LINK> weitere Funktionen bereit.

Anstatt Inhalt innerhalb eines Dokuments mit einer Ressource zu verknüpfen, verknüpft das Element <LINK> vollständige Dokumente. Der größte Vorteil dieser Links besteht in der Tatsache, daß sie, da sie einen Typ haben, über eine Semantik verfügen. Weiterhin ermöglicht das Element <LINK> die Verwendung von vorwärts- und rückwärtsgerichteten Links.

```
<!ELEMENT  LINK - O EMPTY >
<!ATTLIST  LINK
  %ATTRS;
  CHARSET     %CHARSET;         #IMPLIED
  HREF        %URI;             #IMPLIED
  HREFLANG    %LANGUAGECODE;    #IMPLIED
  TYPE        %CONTENTTYPE;     #IMPLIED
  REL         %LINKTYPES;       #IMPLIED
  REV         %LINKTYPES;       #IMPLIED
  MEDIA       %MEDIADESC;       #IMPLIED
  TARGET      %FRAMETARGET;     #IMPLIED
```

Da alle Informationen über den Link in den Attributen des Elements <LINK> angegeben werden, wird dieses als leer definiert. Wie bei allen leeren Elementen ist auch hier das Start-Tag erforderlich und das End-Tag optional. Zusätzlich zu den im Entity %ATTRS; definierten Standardattributen definiert das Element <LINK> eine Reihe weiterer Attribute.

- CHARSET

  Mit Hilfe dieses Attributs wird der in der Ressource, auf die der Link zeigt, verwendete Character Set angegeben. Die für dieses Attribut möglichen Werte sind im Entity `%CHARSET;` definiert.

- HREF

  Das Attribut HREF zeigt auf die Ressource, was bedeutet, daß es die URI eines Links angibt. Im Grunde genommen stellt es das wichtigste Attribut des Elements <LINK> dar, da es den Link selbst definiert. Es läßt sich jedoch nicht auf sinnvolle Weise einsetzen, wenn nicht zumindest der Typ des Links mit Hilfe des Attributs TYPE angegeben wird.

- HREFLANG

  Wie beim Attribut CHARSET kann mit Hilfe des Attributs HREFLANG die Sprache der Ressource angegeben werden, auf die der Link zeigt. Die für dieses Attribut möglichen Werte sind im Entity `%LANGUAGECODE;` definiert. Sprachen werden gemäß Internet Proposed Standard RFC 1766 [7] mit Hilfe von Sprach-Tags angegeben, die aus primären Tags und optionalen Subtags bestehen. Jeder aus zwei Buchstaben bestehende primäre Tag stellt eine ISO 639-konforme [112] Abkürzung für die Sprache (beispielsweise »en« für englisch) und jedes wiederum aus zwei Buchstaben bestehende Subtag einen Ländercode gemäß ISO 3166 [128] dar (beispielsweise »US« für USA, woraus sich die Abkürzung »en-US« für amerikanisches Englisch ergibt).

- TYPE

  Dieses Attribut gibt den Content Type der Ressource an, auf die der Link zeigt. Die für dieses Attribut möglichen Werte sind im Entity `%CONTENT-TYPE;` definiert. Wenn das Element <LINK> ein externes Style Sheet mit einem Dokument verknüpft, gibt das Attribut TYPE die Sprache des Style Sheets und das Attribut MEDIA das für die Darstellung vorgesehene Medium (oder die Medien) an. User Agents können Zeit sparen, indem sie lediglich die für das aktuelle Gerät benötigten und in einer von ihnen verstandenen Sprache vorliegenden Style Sheets aus dem Netzwerk laden.

- REL

  Das Attribut REL gibt die Beziehung zwischen dem Dokument, welches das Element <LINK> enthält, und dem Dokument an, auf das der Link verweist. Eine Verwendungsmöglichkeit für das Attribut REL besteht in der Angabe, daß ein anderes Dokument als Index für das Dokument fungiert, in dem das Element <LINK> enthalten ist. Die für dieses Attribut möglichen Werte sind im Entity `%LINKTYPES;` definiert. Es ist möglich, mit Hilfe einer durch Leerzeichen unterteilten Liste von Link-Typen mehr als einen Link-Typ anzugeben.

- REV
  Während das Attribut **REL** vorwärtsgerichtete Links angibt, handelt es sich
  bei dem Attribut **REV** um sein Gegenstück, das rückwärtsgerichtete Links
  festlegt (engl. reverse – daher der Name). Beispielsweise könnte man dieses
  Attribut verwenden, um anzugeben, daß das Dokument, welches das Element <LINK> enthält, das Inhaltsverzeichnis des Dokuments darstellt, auf
  das in dem Link verwiesen wird. Aus diesem Grund entsprechen die für
  dieses Attribut möglichen Werte denen des Attributs **REL** und werden im
  Entity %LINKTYPES; definiert. Es ist möglich, mit Hilfe einer durch Leerzeichen unterteilten Liste von Link-Typen mehr als einen Link-Typ anzugeben.

- MEDIA
  Das Attribut **MEDIA** ermöglicht die Angabe des Medientyps, für den ein
  bestimmtes Style Sheet entworfen wurde. Mit Hilfe dieses Attributs ist es
  deshalb möglich, in Abhängigkeit vom verwendeten Medium automatisch
  verschiedene Style Sheets einzusetzen, also beispielsweise ein Format für
  die Darstellung auf einem normalen Computerbildschirm und ein anderes
  für die kompaktere Darstellung für tragbare Geräte. Die verwendbaren
  Medientypen sind im Entity %MEDIADESC; definiert. (Eine Liste dieser
  Medientypen findet sich in Anhang B.2.)

- TARGET
  Wenn es, wie in Abschnitt 5.2.7.1 beschrieben, mit Framesets und Frames
  eingesetzt wird, läßt sich mit Hilfe des Attributs **TARGET** angeben, welcher
  Frame beim Auswählen des Links als Target Frame dienen soll, d.h. in wel-
  chen Frame das Dokument geladen werden sollte, auf das im Attribut
  HREF verwiesen wird. Die für dieses Attribut möglichen Werte sind im
  Entity %FRAMETARGET; definiert.

Obwohl das Element <LINK> über zahlreiche Einsatzmöglichkeiten verfügt, wird es derzeit fast ausschließlich zur Angabe von Links auf Style Sheets
verwendet, wie beispielsweise auf die in Kapitel 6 beschriebenen *Cascading
Style Sheets (CSS)*. (In Abschnitt 6.3.5.1 wird ausführlich beschrieben, wie
HTML-Dokumente mit CSS Style Sheets verknüpft werden.)

Die Menge der möglichen Link-Typen läßt sich zum Ausdrücken der
semantischen Beziehungen zwischen HTML-Dokumenten einsetzen. Ein Beispiel für eine Gruppe von HTML-Dokumenten, die Links unterschiedlichen
Typs verwenden, ist in Abbildung 5.5 dargestellt. Es gibt im Web bereits eine
große Anzahl von auf diese Weise aufgebauten Dokumenten, doch verwenden
diese derzeit Untyped Links, wobei die Art des Links meistens im Text innerhalb des Elements <A> angegeben wird.

Die Verwendung von Untyped Links bringt den Nachteil mit sich, daß sich die Beziehungen zwischen den verschiedenen HTML-Seiten nicht von automatisierten Clients nutzen lassen und daß sich die Navigation zwischen den verschiedenen HTML-Seiten vollkommen dokumentspezifisch gestaltet. Mit Hilfe von Typed Links ist es hingegen möglich, automatisierten Clients[11] diese Beziehungen zwischen Seiten zugänglich zu machen. Weiterhin können Browser Navigationshilfen wie Schaltflächen für den Zugriff auf das Inhaltsverzeichnis oder den Index erzeugen. Diese Schaltflächen sind browser-spezifisch und bei allen Dokumenten gleich.

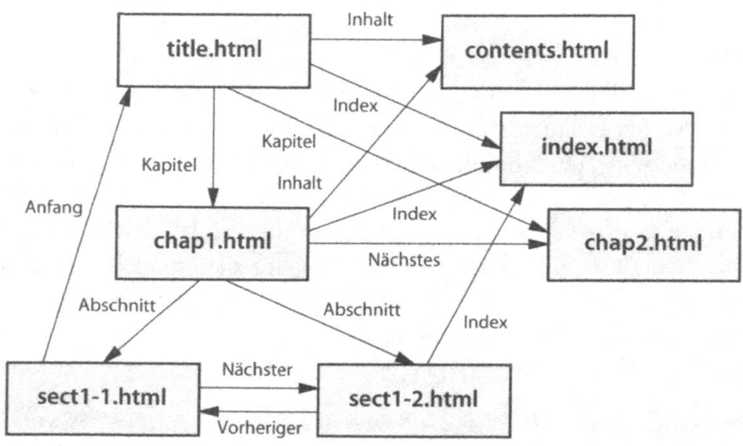

Abb. 5.5 Mit <LINK> ausgedrückte Beziehungen zwischen Dokumenten

Das Attribut **REL** des Elements <LINK> läßt sich auch zum in Abschnitt 10.2.2 beschriebenen Prefetching einsetzen. So kann beispielsweise ein User Agent zunächst das Inhaltsverzeichnis eines Dokuments ohne dessen einzelne Kapitel laden. Darüber hinaus hat ein User Agent die Möglichkeit, konfigurierbares Prefetching bereitstellen, bei dem ein Benutzer die zum Prefetching zu verwendenden Link-Typen angeben kann.

Metadaten eines Dokuments

Mit Hilfe des Elements <META> können die Metadaten eines Dokuments angegeben werden. Die Metadaten eines Dokuments lassen sich im Gegensatz

---

[11] Beispielsweise kann eine Suchmaschine diese Informationen zum Erstellen eines Index der vollständigen Dokumente anstatt der einzelnen HTML-Seite verwenden, oder sie kann sich dafür entscheiden, alle Links, die Suchbegriffe innerhalb der HTML-Seite eines Dokuments bezeichnen, auf die Titelseite anstelle der ursprünglichen HTML-Seite umzuleiten.

zu den im Dokument enthaltenen Informationen als Informationen über ein Dokument betrachten. Im allgemeinen enthalten alle Elemente des Document Heads Metadaten. Während das Element <META> einen allgemeinen Mechanismus zum Angeben von Name/Wert-Paaren für die Metadaten eines Dokuments darstellt, werden alle anderen Elemente des Document Heads jedoch für eine besondere Form von Metadaten verwendet (die vom Typ des Elements abhängt).

```
<!ELEMENT META - 0 EMPTY >
<!ATTLIST META
  %I18N;
  HTTP-EQUIVNAME    #IMPLIED
  NAME        NAME  #IMPLIED
  CONTENT     CDATA #REQUIRED
  SCHEME      CDATA #IMPLIED >
```

Das Element <META> besitzt keinen Inhalt, sondern alle Informationen werden mit Attributen angegeben. Wie bei allen leeren Elementen ist das Start-Tag vorgeschrieben und das End-Tag optional. Zusätzlich zu den Internationalisierungsattributen des Entity `%I18N;` definiert das Element <META> eine Reihe weiterer Attribute.

- HTTP-EQUIV
  Dieses Attribut wird zum Angeben eines HTTP-Header-Feld-Namens verwendet. Ein User Agent, der ein Dokument mit einem <META>-Element empfängt, welches das Attribut **HTTP-EQUIV** verwendet, sollte sich so verhalten, als ob der das Dokument enthaltende HTTP-Response auch das im <META>-Element angegebene Header-Feld enthielte. Der Wert des HTTP-Header-Felds wird im Attribut **CONTENT** des Elements <META> festgelegt.

- NAME
  Das Attribut **NAME** gibt den Namen eines in einem <META>-Element spezifizierten Name/Wert-Paares an. HTTP 4.0 legt keine bestimmten Werte für das Attribut **NAME** fest.

- CONTENT
  Das Attribut **CONTENT** enthält den Wert der normalerweise in einem <META>-Element angegebenen Name/Wert-Paare. Die für dieses Attribut zulässigen Werte hängen vom Attribut **NAME** ab, das den Typ des Attributs **CONTENT** definiert.

- SCHEME
  In einigen Fällen, wie beispielsweise, wenn für einen Attributsnamen mehrere verschiedene Attributtypen zulässig sind, kann es hilfreich sein, einem Name/Wert-Paar zusätzliche Informationen bereitzustellen. In diesem Fall

kann man das Attribut **SCHEME** dazu verwenden, den Wert des Attributs **CONTENT** korrekt zu interpretieren.

Obwohl der HTML-Standard keine Werte für das Attribut **NAME** definiert, gibt es einige Werte, die gemeinhin eingesetzt werden, um Suchmaschinen beim Indizieren einer Web-Seite zu unterstützen. Diese Werte sind in Abschnitt 10.3 beschrieben.

Gemeinsames Nutzen von Daten zwischen Frames

Normalerweise stellt ein <OBJECT>-Element einen Teil des Document Body, und nicht des Document Heads dar. Es gibt jedoch Fälle, in denen ein Einfügen eines <OBJECT>-Elements in den Document Head sinnvoll sein kann. Falls ein Objekt innerhalb eines Dokuments mehrmals verwendet wird, kann es hilfreich sein, die Implementierung dieses Objekts nur einmal anzugeben, wobei es sich bei jedem Auftreten dieses Objekts dann um Instanzen der im Document Head deklarierten Implementierung handelt. Das Element <OBJECT> selbst wird in Abschnitt 5.2.8.2 ausführlich erklärt.

Eine zweite Möglichkeit der Verwendung eines <OBJECT>-Elements im Document Head wäre die gemeinsame Nutzung von Daten über mehrere Frames hinweg in einem Frameset Document (beschrieben in Abschnitt 5.2.7.1). In diesem Fall wird die Implementierung des Objekts im Document Head des Frameset Documents deklariert. Diese Implementierung läßt sich in allen Frames des Frameset Documents einsetzen und ermöglicht auf diese Weise die gemeinsame Nutzung der Implementierung eines Objekts in mehreren Dokumenten.

Skripte

Das Element <SCRIPT> dient dazu, Skripte für eine HTML-Seite zu definieren, die innerhalb des Document Body verwendet werden können. Das Scripting selbst wird in Abschnitt 8.1 erklärt. Beim Erstellen einer Web-Seite sollte man darauf achten, daß die Web-Seite auch mit einem Browser betrachtet werden kann, der Scripting nicht unterstützt oder bei dem es deaktiviert wurde. Eine Möglichkeit dazu besteht in der Verwendung des Elements <NOSCRIPT>. Weitere Hinweise bezüglich der Verwendung von Skripten in Web-Seiten sind in Abschnitt 5.2.8.1 enthalten.

Das Element <SCRIPT> kann sowohl im Document Head als auch im Document Body eingesetzt werden, obwohl es im Regelfall im Document Head benutzt wird. Mit Hilfe dieses Elements kann man entweder ein Skript in das Dokument einbetten (also das eigentliche Skript in das Dokument aufnehmen) oder auf ein externes, ein Skript enthaltendes Entity verweisen.

```
<!ELEMENT SCRIPT - -%SCRIPT; >
```

```
<!ATTLIST SCRIPT
  CHARSET   %CHARSET;       #IMPLIED
  TYPE      %CONTENTTYPE;   #REQUIRED
  LANGUAGE  CDATA           #IMPLIED
  SRC       %URI;           #IMPLIED
  DEFER     (DEFER)         #IMPLIED
  EVENT     CDATA           #IMPLIED
  FOR       %URI;           #IMPLIED >
```

Im Grunde genommen gibt es zwei Möglichkeiten zur Verwendung des Elements <SCRIPT>. Falls man mit seiner Hilfe ein Skript in ein Dokument einbettet, stellt, wie durch das Entity `%SCRIPT;` festgelegt, der Inhalt des Elements <SCRIPT> das Skript dar. Falls das Attribut **SRC** zum Angeben der URI eines externen Skripts verwendet wird, sollte der User Agent den Inhalt des Elements ignorieren und das Skript anhand der URI abrufen. Sowohl das Start-Tag als auch das End-Tag des Elements <SCRIPT> sind zwingend erforderlich.

- **CHARSET**
  Dieses Attribut legte den Character Set fest, falls das Attribut **SRC** auf ein externes Skript verweist. Das Attribut **CHARSET** trifft nicht auf eingebettete Skripte zu, die den Character Set des Dokuments verwenden. Die für dieses Attribut möglichen Werte sind im Entity `%CHARSET;` definiert.

- **TYPE**
  Das Attribut **TYPE** wird zum Angeben des Skripttyps verwendet. Die für dieses Attribut möglichen Werte sind im Entity `%CONTENTTYPE;` definiert. Der HTML-Standard empfiehlt jedoch die Verwendung einer Default Script Type Declaration (mit Hilfe eines <META>-Elements, bei dem das Attribut **HTTP-EQUIV** auf `Content-Script-Type` gesetzt wurde[12]) anstelle von Typendeklarationen für einzelne <SCRIPT>-Elemente.

- **LANGUAGE**
  Vor der Einführung des Attributs **TYPE** wurde die Skriptsprache mit dem Attribut **LANGUAGE** angegeben. Man sollte jedoch beachten, daß man das Attribut **TYPE** anstelle des Attributs **LANGUAGE** verwenden sollte, da dieses mittlerweile zu den Deprecated Constructs zählt.

- **SRC**

---

[12] Das Header-Feld `Content-Script-Type` ist in HTTP/1.1 nicht definiert. Da es jedoch im HTML-4.0-Standard spezifiziert wird, sollte es zum Setzen des standardmäßigen Skripttyps eines Dokuments verwendet werden.

Das Attribut SRC wird verwendet, um auf eine URI zu verweisen, die ein externes Skript enthält. Falls dieses Attribut vorhanden ist, wird der Inhalt des Elements <SCRIPT> ignoriert.

- DEFER
  Das Attribut DEFER zeigt an, daß ein Browser mit dem Parsen oder Ausführen des Skripts warten kann, bis das Darstellen des Rests des Dokuments abgeschlossen ist. DEFER verwendende Skripte dürfen keinen Document Content erzeugen. Weiterhin sollte nicht erforderlich sein, daß sie auf beim Laden eines Dokuments möglicherweise eintretende Benutzerereignisse (beispielsweise das Abschicken eines Formulars) reagieren. Das Attribut DEFER kann hilfreich sein, um die Ausführung von Skripten zu verschieben, die im voraus Bilder laden.

Skripte werden häufig verwendet, um in einem <SCRIPT>-Element, das sich normalerweise im Document Header befindet, eine Anzahl von Skriptfunktionen zu definieren. Aufrufe dieser Funktionen werden in den Ereignisattributen von Elementen plaziert, wo sie beim Eintreten des entsprechenden Ereignisses ausgeführt werden. Auf diese Weise werden die Funktionen ordentlich in Gruppen zusammengefaßt, und der HTML Body enthält lediglich Funktionsaufrufe anstatt vollständige Skripte.

Außerdem ist es, zumindest wenn die Datenmenge der Skripte nicht sehr klein ist, sinnvoll, anstelle von eingebetteten Skripten externe Skripte zu verwenden. Auf diese Weise erhalten Clients, die nicht an einem Skript interessiert sind (wie beispielsweise Suchmaschinen oder die Skriptsprache nicht unterstützende User Agents), die Möglichkeit, die Skriptdaten zu ignorieren. Falls die Skriptdaten im Dokument eingebettet sind, müssen alle Clients diese übertragen, und zwar unabhängig davon, ob dies nötig ist oder nicht.

Style Sheets

Style Sheets im allgemeinen werden in Kapitel 6 besprochen. Style Sheets stellen einen Weg zum Angeben der bevorzugten Darstellung von Dokumenten dar. Einer der Mechanismen zum Angeben eines Style Sheets für ein Dokument besteht darin, dieses im Head eines Dokuments einzubetten. Dies wird mit Hilfe des Elements <STYLE> vorgenommen. Eine allgemeine Erläuterung der verschiedenen Möglichkeiten zum Verknüpfen von Style Sheets mit Dokumenten findet sich in Abschnitt 6.1.

```
<!ELEMENT STYLE - - %STYLESHEET; >
```

```
<!ATTLIST STYLE
  %I18N;
  TYPE   %CONTENTTYPE; #REQUIRED
  MEDIA  %MEDIADESC;   #IMPLIED
  TITLE  %TEXT;        #IMPLIED >
```

Wie im Entity %STYLESHEET; festgelegt, handelt es sich beim Inhalt des Elements <STYLE> um das Style Sheet. Sowohl das Start- als auch das End-Tag des Elements <STYLE> sind zwingend erforderlich. Zusätzlich zu den im Entity %I18N; spezifizierten Internationalisierungsattributen definiert das Element <STYLE> eine Reihe weiterer Attribute.

- TYPE

  Dieses Attribut gibt den Content Type (d.h. die Skriptsprache) des <SCRIPT>-Elements an. Die für dieses Attribut möglichen Werte sind im Entity %CONTENTTYPE; definiert. Die Angabe dieses Attributs ist für jede Instanz des Elements <SCRIPT> erforderlich.

- MEDIA

  Das Attribut MEDIA wird verwendet, um ein Style Sheet für einen bestimmten Medientyp zu definieren. Die für dieses Attribut möglichen Werte sind im Entity %MEDIADESC; vorgegeben. Das Attribut MEDIA ermöglicht Autoren von HTML-Dokumenten, die Ausgabe eines Style Sheets auf bestimmte Geräte zu beschränken, wie beispielsweise auf Drucker oder Browser mit Sprachausgabe.

- TITLE

  Das optionale Attribut TITLE gibt den Titel eines Style Sheets an. Ohne dieses Attribut wird das Style Sheet immer angewandt, wenn Style Sheets allgemein aktiviert sind. Mit einem TITLE-Attribut wird von dem Style Sheet automatisch Gebrauch gemacht, aber der Benutzer kann das Style Sheet deaktivieren und andere Style Sheets beibehalten oder aktivieren. Denselben Titel aufweisende Style Sheets werden als dasselbe Style Sheet betrachtet.

Obwohl das Einbetten eines Style Sheets in ein Dokument mit Hilfe des Elements <STYLE> in manchen Fällen angebracht ist, ist die Verwendung eines externen, mit Hilfe des Elements <LINK> mit dem Dokument verknüpften Style Sheets vorzuziehen. Auf diese Weise haben nicht an dem Style Sheet interessierte Clients (wie Suchmaschinen oder die Style-Sheet-Sprache nicht unterstützende User Agents) die Möglichkeit, das Style Sheet zu ignorieren. Falls das Style Sheet in das Dokument eingebettet ist, müssen alle Clients es übertragen, ob sie es nun benötigen oder nicht.

Document Title

Das Element <TITLE> gibt den Document Title an. Dieser Titel ist kein Teil des Document Content (d.h. er erscheint nicht im Dokumentfenster), sondern es handelt sich dabei um den Titel des Dokuments. User Agents zeigen normalerweise den Document Title in der Titelleiste des Fensters an und verwenden ihn in History Lists, für Bookmarks oder für ähnliche Mechanismen.

```
<!ELEMENT TITLE - - (#PCDATA) - (%HEAD.MISC;) >
<!ATTLIST TITLE
  %I18N; >
```

Das Element <TITLE> ist das einzige Element, das für einen Document Head zwingend vorgeschrieben ist. Es enthält Text, und die mit Hilfe des Entity %HEAD.MISC; im Element <HEAD> eingeschlossenen Elemente können nicht im <TITLE>-Element erscheinen, so daß ausschließlich Text als Inhalt in Frage kommt. Sowohl des Start- als auch das End-Tag des Elements <TITLE> sind obligatorisch. Die einzigen für das Element <TITLE> definierten Attribute sind die im Entity %I18N; definierten Internationalisierungsattribute.

5.2.3.2 Document Body

Der eigentliche Document Content stellt einen Teil des Document Body dar. Im allgemeinen unterteilt HTML die inhaltsbezogenen Elemente in zwei Kategorien, nämlich in Block-Level-Elemente und Inline-Elemente. Im HTML-Standard werden diese beiden Elementtypen wie folgt unterschieden:

- *Content Model*
  Im allgemeinen können Block-Level-Elemente Inline-Elemente sowie weitere Block-Level-Elemente enthalten, während Inline-Elemente ausschließlich Daten und andere Inline-Elemente umfassen können. Diese strukturbezogene Unterscheidung beruht auf dem Gedanken, daß Blockelemente »größere« Strukturen schaffen als Inline-Elemente.

- *Formatierung*
  Block-Level-Elemente werden standardmäßig anders formatiert als Inline-Elemente. Normalerweise beginnen Block-Level-Elemente im Gegensatz zu Inline-Elementen auf einer neuen Zeile. Weiterhin lassen sich Inline-Elemente über mehrere Zeilen verteilen (so wie beispielsweise der Text eines Absatzes über mehrere Zeilen umgebrochen wird), während Block-Level-Elemente nicht dem Zeilenumbruch unterworfen sind.

- *Direktionalität*
  Aus technischen Gründen, wozu auch der bidirektionale Textalgorithmus von Unicode gehört, unterscheiden sich Block-Level- und Inline-Elemente hinsichtlich des Erbens von Direktionalitätsinformationen[13].

Beide Elementkategorien werden durch Entities definiert, die angeben, welche Elemente Block-Level-Elemente und welche Inline-Elemente darstellen.

```
<!ENTITY % BLOCK
  "P | %HEADING; | %LIST; | %PREFORMATTED; | DL | DIV | NOSCRIPT |
BLOCKQUOTE | FORM | HR | TABLE | FIELDSET | ADDRESS" >
```

Im allgemeinen handelt es sich bei im Entity %BLOCK; enthaltenen Elementen um solche, die innerhalb eines Dokuments als Block formatiert werden. Im Gegensatz dazu gibt das Entity %INLINE; Elemente an, die innerhalb eines Texts in derselben Zeile wie der vorhergehende Inhalt erscheinen können.

```
<!ENTITY%INLINE
  "PCDATA | %FONTSTYLE; | %PHRASE; | %SPECIAL; | %FORMCTRL;" >
```

Obwohl sich die Unterscheidung zwischen Block-Level- und Inline-Elementen in HTML im Standard und in den DTDs wiederfindet, ist die Formatierung der Elemente nicht so statisch, wie es den Anschein haben mag. Mit Hilfe eines Mechanismus für Style-Sheet-Sprachen läßt sich die Klassifizierung eines HTML-Dokuments hinsichtlich seiner Formatierung ändern, wodurch es möglich wird, Block-Level-Elemente als Inline-Elemente und umgekehrt zu formatieren.

```
<!ELEMENT BODY O O (%BLOCK;|SCRIPT)+ +(INS|DEL) >
<!ATTLIST BODY
  %ATTRS;
  UNLOAD   %SCRIPT; #IMPLIED
  ONUNLOAD %SCRIPT; #IMPLIED >
```

Das Element <BODY> kann sowohl jedes im Entity %BLOCK; angegebene Block-Level-Element als auch Skripte[14] enthalten. Weiterhin umfaßt das

---

[13] Eine genaue Erklärung des Konzepts der Direktionalität und des Erbens von Direktionalitätsinformationen können Sie der HTML-Spezifikation entnehmen. (Allgemein ausgedrückt, erben Block-Level-Elemente die Direktionalitätsinformationen von dem sie umgebenden Element. Bei Inline-Elementen ist dies nicht der Fall.) Die Direktionalität von Text läßt sich mit Hilfe des Elements <BDO> oder des in Abschnitt 5.2.2 beschriebenen Attributes DIR ändern.

[14] In der Transitional DTD ist das Content Model des Elements <BODY> als (%FLOW;)* angegeben, wodurch Inline-Elemente innerhalb des <BODY>-Elements zulässig sind. Diese Verwendung des Elements <BODY> entspricht jedoch nicht mehr der Norm. Das Element <BODY> sollte ausschließlich Block-Level-Elemente enthalten, die ihrerseits Inline-Elemente enthalten können.

Element <BODY> die Elemente <INS> und <DEL>, die zum Kennzeichnen von Änderungen innerhalb des Dokuments verwendet werden. Das Start- und das End-Tag des Elements <BODY> sind optional.

Außer den durch das Entity `%ATTRS;` definierten Standardattributen definiert das Element <BODY> zwei Attribute[15] für zusätzliche Ereignistypen, die lediglich auf das Element <BODY> (und das Element <FRAMESET>) anwendbar sind.

- ONLOAD
  Das Attribut **ONLOAD** gibt ein Skript an, welches beim Laden eines Dokuments in den Browser aufgerufen wird.

- ONUNLOAD
  Im Gegensatz zum Attribut **ONLOAD** gibt das Attribut **ONUNLOAD** ein Skript an, welches beim Entfernen eines Dokuments aus dem Browser-Fenster aufgerufen wird.

Ein Dokument, das anstatt eines normalen Dokuments einen Frameset angibt, verfügt anstelle eines <BODY>-Elements über ein <FRAMESET>-Element. (Abschnitt 5.2.7.1 enthält eine eingehende Beschreibung von Framesets.)

5.2.4 Einfacher und strukturierter Text

Obwohl es sich bei HTML um eine Sprache handelt, die multimedialen Inhalt zuläßt, gibt es dennoch viele hauptsächlich oder ausschließlich textbasierte Dokumente. HTML stellt eine erweiterte Unterstützung zum Strukturieren und Formatieren von Text zur Verfügung. Zunächst läßt sich Text auf verschiedene Weise mit Markup versehen. Diese Verfahren werden in Abschnitt 5.2.4.1 beschrieben. Außerdem definiert HTML drei in Abschnitt 5.2.4.2 erläuterte Arten von Listen, die weitere Strukturierungsmöglichkeiten bieten. Das fortschrittlichste Verfahren zur Textstrukturierung stellt schließlich die Verwendung von Tabellen dar. Verglichen mit früheren Versionen der Sprache wurde das Tabellenmodell von HTML wesentlich verbessert. Dieses Modell wird in Abschnitt 5.2.4.3 beschrieben.

---

[15] In der Transitional DTD verfügt das Element <BODY> ebenfalls über die Attribute BACK-GROUND, BGCOLOR, TEXT, LINK, VLINK und ALINK. Diese Attribute wurden zum Setzen der Hintergrundfarbe sowie von anderen Farben verwendet. Diese Attribute zählen mittlerweile allerdings zu den Deprecated Constructs, da Hintergründe und Farben mit Hilfe von Style Sheets gehandhabt werden sollten. Die Style Sheet Properties, die für den Hintergrund und die Farben zuständig sind, werden in Abschnitt 6.3.4.4 beschrieben.

5.2.4.1 Text

Das einfachste Verfahren zum Schreiben von Text auf eine HTML-Seite besteht darin, ihn in Absätze zu gliedern. Bei Absätzen handelt es sich um logische, durch Formatierung visuell voneinander getrennte Textstücke, wobei als Formatierung zum Beispiel ein vertikaler Abstand oder ein Einzug der ersten Zeile in Frage kommt.

```
<!ELEMENTP - O (%INLINE;)* >
<!ATTLISTP
    %ATTRS;    >
```

Das Element <P> enthält ein beliebiges, im Entity %INLINE; definiertes Inline-Element als Inhalt. Das Start-Tag des Elements <P> ist zwingend erforderlich, während das End-Tag weggelassen werden kann. Die im Entity %ATTRS;[16] definierten Standardattribute stellen die einzigen für das Element <P> definierten Attribute dar.

Falls innerhalb von Absätzen Zeilenumbrüche angegeben werden müssen, kann dies mit Hilfe des Elements <BR> bewerkstelligt werden. Normalerweise reduziert ein Browser die Anzahl von Leerzeichen, Tabstops und Neuzeilen (die unter der Bezeichnung *White-Space Character* zusammengefaßt werden), um eine von der Formatierung der HTML-Datei unabhängige Formatierung zu erzielen. Eine Ausnahme stellen die mit Hilfe des Elements
[17] angegebenen Zeilenumbrüche dar.

Überschriften

Die meisten Dokumente sind in Kapitel gegliedert, die wiederum in Unterkapitel (oder Abschnitte) usw. unterteilt sind. Zum Markup dieser verschiedenen Strukturebenen definiert HTML sechs Überschriftenebenen. HTML erfordert jedoch keine ordentliche Verschachtelung dieser verschiedenen Überschriftenebenen, weshalb ein Dokument nur Überschriften der ersten und vierten Ebene enthalten kann.

```
<!ELEMENT(%HEADING;)- - (%INLINE;)* >
<!ATTLIST(%HEADING;)
  %ATTRS; >
```

Die durch das Entity %HEADING; definierten Überschriftenelemente <H1> bis <H6> (die zukünftig unter der Bezeichnung <H1-H6> zusam-

---

[16] Bei der Transitional DTD verfügt das Element <P> zudem über das innerhalb des Entity %ALIGN; definierte Attribut ALIGN. Dieses Attribut wird zum Angeben der Ausrichtung des Texts eines Absatzes verwendet. Mittlerweile zählt das Attribut allerdings zu den Deprecated Constructs und die Ausrichtung eines Absatzes sollte mit Hilfe von Style Sheets angegeben werden.

[17] Diese Standardabsatzformatierung läßt sich auch mit Hilfe der in Abschnitt 6.3.4.5 beschriebenen Style Sheets ändern.

mengefaßt werden) können jedes durch das Entity `%INLINE;` angegebene Inline-Element als Inhalt aufweisen. Die Angabe sowohl ihres Start- als auch ihres End-Tags ist zwingend vorgeschrieben. Die im Entity `%ATTRS;`[18] definierten Standardattribute stellen die einzigen für die Elemente <H1-H6> definierten Attribute dar.

Textformate

Neben dem normalen Text definiert HTML auch eine Reihe von zusätzlichen Textformaten, die Textteilen zugewiesen werden können. Diese Textformate dienen normalerweise zum Kennzeichnen von Text, der über eine besondere Bedeutung verfügt oder aus anderen Gründen hervorgehoben werden soll.

```
<!ELEMENT(%FONTSTYLE;|%PHRASE;) - - (%INLINE;)* >
<!ATTLIST(%FONTSTYLE;|%PHRASE;)
  %ATTRS; >
```

HTML definiert zwei Arten von Markup, um Text anders als normalen Text zu formatieren. Die durch das Entity `%FONTSTYLE;` definierten Elemente basieren ausschließlich auf der Art der Formatierung. Obwohl nicht alle dieser Elemente zu den Deprecated Constructs zählen, sollten ihnen Style Sheets vorgezogen werden.

- <TT>
  Stellt Text als Fernschreiber- oder als Konstantschrift dar.

- <I>
  Stellt Text kursiv dar.

- <B>
  Stellt Text fett dar.

- <BIG>
  Stellt Text in einer »großen« Schriftart dar.

- <SMALL>
  Stellt Text in einer »kleinen« Schriftart dar.

- <STRIKE> und <S>
  Stellt Text durchgestrichen dar.

- <U>
  Stellt Text unterstrichen dar.

---

[18] Bei der Transitional DTD verfügen die Elemente <H1-H6> außerdem über das innerhalb des Entity `%ALIGN;` definierte Attribut ALIGN. Dieses Attribut wird zum Angeben der Ausrichtung des Texts eines Absatzes verwendet, wurde aber mittlerweile als Deprecated Construct eingestuft. Die Ausrichtung eines Absatzes sollte mit Hilfe von Style Sheets angegeben werden.

Man sollte beachten, daß die Elemente <STRIKE>, <S> und <U> Deprecated Constructs sind. Zum Angeben vonTextformaten für die Darstellung von durch- oder unterstrichenem Text sollte man Style Sheets verwenden. Dies kann mit Hilfe der in Abschnitt 6.3.4.1 beschriebenen Style Sheet Font Properties geschehen. Dasselbe gilt jedoch auch für die anderen Elemente der obigen Liste, obwohl sie nicht als Deprecated Constructs eingestuft wurden. Um das HTML-Modell der Trennung von Inhalt und Darstellung zu unterstützen, sollten die oben aufgeführten Elemente nicht verwendet werden.

Ein logischerer Weg zum Markup von speziellen Formulierungen besteht darin, das Markup auf der Basis des Inhalts und nicht der Darstellung durchzuführen. Das Entity %PHRASE; definiert eine Reihe von Elementen, die das Markup von Worten oder Sätzen auf der Basis von deren Semantik ermöglichen.

- <EM>
  Gibt an, daß ein Textstück hervorgehoben werden soll.

- <STRONG>
  Gibt an, daß ein Textstück stark hervorgehoben werden soll.

- <DFN>
  Dieses Element gibt an, daß sein Inhalt die Definitionsinstanz des eingeschlossenen Begriffs darstellt.

- <CODE>
  Kennzeichnet ein Fragment als Computercode.

- <SAMP>
  Kennzeichnet ein Ausgabebeispiel von Programmen, Skripten usw.

- <KBD>
  Kennzeichnet vom Benutzer einzugebenden Text.

- <VAR>
  Kennzeichnet eine Instanz einer Variablen oder eines Programmarguments.

- <CITE>
  Enthält ein Zitat oder einen Verweis auf eine andere Ressource.

- <ABBR>
  Kennzeichnet eine abgekürzte Form (WWW, HTTP, URI, usw.).

- <ACRONYM>
  Kennzeichnet ein Akronym (Sonar, Radar usw.).

Der Inhalt der Elemente <ABBR> und <ACRONYM> gibt den abgekürzten Ausdruck selbst so an, wie er normalerweise im Fließtext erscheinen würde. Die volle oder erweiterte Form des Ausdrucks kann mit Hilfe des Attributs TITLE dieser Elemente bereitgestellt werden. Ein das Attribut TITLE unterstützender Browser könnte die vollständige Form des abgekürzten Ausdrucks als »Kurzhinweis« anzeigen, der erscheint, wenn der Zeiger über die Elementinstanz bewegt wird.

Die Textformatelemente enthalten ein beliebiges, vom Entity `%INLINE;` definiertes Inline-Element. Sowohl ihre Start- als auch ihre End-Tags sind zwingend erforderlich. Die im Entity `%ATTRS;` definierten Standardattribute stellen die einzigen für dieTextformatelemente definierten Attribute dar.

Schließlich ist mit Hilfe der Elemente <SUP> und <SUB> auch die Erstellung von hoch- oder tiefgestelltem Text möglich. Beide Elemente akzeptieren im Entity `%INLINE;` definierte Inline-Elemente als Inhalt und sollten anstelle von Veränderungen der Schriftgröße oder anderen visuell orientierten Verfahren eingesetzt werden, wenn hoch- oder tiefgestellter Text erforderlich ist. Die einzigen für die Hoch- oder Tiefstellung von Text definierten Attribute sind die durch das Entity `%ATTRS;` definierten Standardattribute.

Kontaktinformationen

Bei vielen Web-Seiten ist es hilfreich, Kontaktinformationen für den Autor oder den Inhalt einer Seite zu haben. HTML definiert ein spezielles Element für diese Kontaktinformationen. Es ist nicht genau definiert, welcher Art die innerhalb des Elements <ADDRESS> angegebenen Kontaktinformationen sein sollten; es kann sich dabei einfach um eine E-Mail-Adresse, eine Postanschrift oder andere Kontaktinformationen wie Links auf die Web-Seite des Verfassers der Seite handeln.

```
<!ELEMENT ADRESS - - (%INLINE;)* >
<!ATTLIST ADRESS
  %ATTRS; >
```

Das Element <ADDRESS> enthält ein beliebiges, im Entity `%INLINE;`[19] definiertes Inline-Element als Inhalt. Sowohl das Start-Tag als auch das End-Tag sind zwingend erforderlich. Die im Entity `%ATTRS;` definierten Standardattribute stellen die einzigen für das Element <ADDRESS> definierten Attribute dar.

---

[19] Bei der Transitional DTD ist das Content Model des Elements <ADDRESS> `((%INLINE;)|P)*`, so daß auch Absätze innerhalb des Elements <ADDRESS> möglich sind.

Schriften

In HTML 3.2 wurden die zwei Elemente <BASEFONT> und <FONT> eingeführt, mit deren Hilfe sich die Schrift zur Darstellung eines Dokuments
ändern läßt. <BASEFONT> legt die grundlegende Schriftart für ein Dokument
oder einen Teil davon fest, die mit dem Element <FONT> geändert werden
kann. Beide Elemente verfügen über Attribute zum Festlegen der Werte für
SIZE, COLOR oder FACE einer Schriftart. Man sollte jedoch beachten, daß die
Elemente <BASEFONT> und <FONT> zu den Deprecated Constructs zählen
und Änderungen der Schriftart mit Hilfe von Style Sheets vorgenommen werden sollten. Die Style Sheet Properties zum Handhaben von Schriften werden
in Abschnitt 6.3.4.1 beschrieben.

Zitate

Zitate aus anderen Dokumenten sind ein häufiger Bestandteil insbesondere
von wissenschaftlichen Texten. HTML definiert zwei Elemente zum Darstellen von Zitaten: eines für Block-Level-Elemente, wenn das Zitat als Block-
Level Content behandelt werden soll und Block-Level-Elemente enthält, und
eines für Inline-Zitate. Beide Elemente können darüber hinaus den Ursprung
eines Zitats mit Hilfe einer URI angeben.

```
<!ELEMENT BLOCKQUOTE - - (%BLOCK;|SCRIPT)+ >
<!ATTLIST BLOCKQUOTE
  %ATTRS;
  CITE     %URI; #IMPLIED >
```

Das Element <BLOCKQUOTE> kann sowohl ein beliebiges im Entity
%BLOCK; angegebenes Block-Level-Element als auch Skripte enthalten. Das
Start- sowie das End-Tag des Elements <BLOCKQUOTE> sind zwingend erforderlich. Neben den durch das Entity %ATTRS; definierten Standardattributen
definiert das Element <BLOCKQUOTE> das Attribut CITE, mit dessen Hilfe
eine auf den Ursprung des Zitats verweisende URI angegeben werden kann.

```
<!ELEMENT Q - - (%INLINE;)* >
<!ATTLIST Q
  %ATTRS;
  CITE     %URI;#IMPLIED >
```

Das Element <Q> kann jedes im Entity %INLINE; definierte Inline-
Element enthalten. Sowohl das Start- als auch das End-Tag des Elements <Q>
sind zwingend erforderlich. Neben den durch das Entity %ATTRS; definierten
Standardattributen definiert das Element <Q> das Attribut CITE, mit dessen
Hilfe eine auf den Ursprung des Zitats verweisende URI angegeben werden
kann.

Vorformatierter Text

Vorformatierter Text kann mit dem Element <PRE>[20] angegeben werden. Normalerweise verändern visuelle User Agents White Space nicht (d.h. sie reduzieren mehrfache Leerräume nicht auf einen und entfernen weder Zeilenumbrüche noch fügen sie welche ein), beachten die Zeilenumbrüche der Eingabe, verwenden eine Schriftart mit fester Zeichenbreite und deaktivieren den automatischen Zeilenumbruch. Dies läßt sich zum Darstellen unterschiedlich formatierten Texts nutzen. Zwei häufig vorkommende Beispiele sind Gedichte und Computerprogramme. Man sollte jedoch beachten, daß diese Effekte rein visueller Natur sind und daß ein nicht-visueller Browser den Inhalt eines <PRE>-Elements nicht entsprechend der Benutzerspezifikation anzeigen kann (falls mit der Formatierung eine Semantik verbunden ist, was normalerweise der Fall sein wird).

Textänderungen

In einigen Fällen kann es von Nutzen sein, Änderungen in einem Dokument zu kennzeichnen. HTML unterstützt diese Art der Information mit den Elementen <INS> und <DEL>. Das Element <INS> dient zum Kennzeichnen von nach der letzten Version eines Dokuments eingefügtem Document Content, und das Element <DEL> enthält gelöschten Inhalt. Normalerweise stellt ein visueller User Agent den Inhalt von <INS>-Elementen unterstrichen und den von <DEL>-Elementen durchgestrichen dar. Ein User Agent hätte auch die Möglichkeit, die Darstellung der Inhalte eines <DEL>-Elements konfigurierbar zu machen und diese entweder durchgestrichen oder überhaupt nicht anzuzeigen, was eine kompaktere Darstellung des Dokuments zur Folge hätte.

```
<!ELEMENT    (INS|DEL)  - - (%FLOW;)* >
<!ATTLIST    (INS|DEL)
   %ATTRS;
   CITE       %URI;       #IMPLIED
DATETIME      %DATETIME; #IMPLIED >
```

Beide Elemente können kontextabhängig als Block-Level- oder als Inline-Element fungieren. Falls sie als Block-Level-Elemente verwendet werden, können sie Block-Level-Elemente enthalten. Falls sie als Inline-Elemente eingesetzt werden, können sie auch ausschließlich Inline-Elemente enthalten. Demzufolge ist das Content Model der DTD, das mit Hilfe des Entity %FLOW; Block-Level und Inline Content gestattet, toleranter als im HTML-Standard[21]

---

[20] Bei den frühen HTML-Versionen hatte dieses Element die Bezeichnung <PLAINTEXT>.

[21] Dies stellt ein gutes Beispiel für den im Abschnitt 4.3.3 über die HTML-Validierung beschriebenen Sachverhalt dar. Die HTML DTD erlaubt auf SGML-Ebene die Erstellung von Dokumenten mit ungültigem HTML-Code, da HTML nicht in der DTD wiedergegebene Einschränkungen aufweist.

angegeben. Neben den durch das Entity %ATTRS; definierten Standardattributen definieren die Elemente <INS> und <DEL> das Attribute CITE, welches zum Zeigen auf Informationen über die Gründe für das Verändern eines Dokuments dient. Weiterhin gibt das Attribut DATETIME das Datum und die Uhrzeit der Veränderung des Dokuments an.

Es sollte jedoch beachtet werden, daß HTML keinen Mechanismus oder Rahmen für ein System zur Versionsüberprüfung von Dokumenten vorgibt. Die Elemente <INS> und <DEL> können allerdings dazu verwendet werden, die von einem solchen System erzeugten Informationen anzuzeigen. Die in einem System zur Versionsüberprüfung von Dokumenten verwaltbaren Informationen sind normalerweise wesentlich umfassender als die des einfachen HTML-Modells, zu denen die Bezeichnung der Autoren, verschiedene Revisionsebenen, die Verästelungen der Dokumentversionen sowie Funktionen zum Sperren und Entsperren bestimmter Revisionen gehören.

Horizontale Linien

Es besteht die Möglichkeit, für visuelle User Agents mit Hilfe des Elements <HR> horizontale Linien anzugeben. Nicht-visuelle User Agents können dieses Element als strukturelle Trennung zwischen verschiedenen Abschnitten interpretieren, aber dies ist nicht im HTML-Standard spezifiziert. Das Element <HR> ist als leer definiert. Wie bei allen leeren Elementen ist das StartTag zwingend vorgeschrieben und die Verwendung des End-Tag optional. Die im Entity %COREATTRS; definierten Kernattribute sowie die durch das Entity %EVENTS;[22] definierten Ereignisattribute bilden die für das Element <HR> definierten Attribute.

5.2.4.2 Listen

HTML definiert drei Listentypen: Unordered Lists (ohne eine bestimmte Reihenfolge der Listenelemente), Ordered Lists (mit einer Sortierung, die sich in einer Numerierung der Elemente ausdrückt) und Definition Lists, welche durch Listenelemente definiert sind, die sich aus einem Definitionsbegriff und einer Definitionsbeschreibung zusammensetzen.

Unordered Lists

Die Unordered List stellt den einfachsten Listentyp von HTML dar. Sie besteht aus einer Gruppe von Listenelementen, die keiner inneren Ordnung unter-

---

[22] In der Transitional DTD verfügt das Element <HR> zusätzlich über die Attribute ALIGN, NOSHADE, SIZE und WIDTH. Diese Attribute zählen jedoch zu den Deprecated Constructs und sollten nicht verwendet werden.

liegen und nicht auf eine Weise dargestellt werden, die eine bestimmte Anordnung der aufgeführten Punkte erkennen ließe[23].

```
<!ELEMENT UL - - (LI) + >
<!ATTLIST UL
  %ATTRS; >
<!ELEMENT LI - O (%FLOW;) * >
<!ATTLIST LI
  %ATTRS; >
```

Beim Element <UL> handelt es sich einfach um eine Folge von einem oder
mehreren vom Element <LI> verkörperten Listenpunkten. Sowohl das Start-
als auch das End-Tag des Elements <UL> sind zwingend erforderlich. Das Element <LI> verwendet das Entity %FLOW; als Content Model, wodurch sowohl
Block-Level Content als auch Inline Content ermöglicht wird. Da sich das
Ende eines Listenelements aus dem Zusammenhang ableiten läßt (entweder
durch den Beginn des nächsten Listenpunktes oder das Ende der Liste), ist die
Verwendung des End-Tags des <LI>-Elements freigestellt. Die einzigen für die
Elemente <UL> und <LI> definierten Attribute sind die vom Entity %ATTRS;
definierten Standardattribute[24].

Ordered Lists

Häufig ist die Verwendung von Listen erforderlich, bei denen die einzelnen
Listenpunkte numeriert sind. HTML stellt diesen Listentyp mit den Ordered
Lists bereit, die mit verschiedenen (mit Hilfe von Style Sheets ausgewählten)
Numerierungsschemata eingesetzt werden können. Abgesehen von der Ver-
wendung eines Numerierungsschemas anstelle von konstanten Symbolen
werden die Ordered Lists von HTML genau wie Unordered Lists eingesetzt.

---

[23] Zwei weitere Elemente, <DIR> und <MENU>, verfügen über dieselbe formale Definition wie das
Element <UL>, d.h. sie werden genau auf dieselbe Weise verwendet (je nach ihrem Inhalt mit
einem oder mehreren <LI>-Elementen). Sie unterscheiden sich jedoch in ihrer Formatierung.
<DIR> wird zum Erstellen mehrspaltiger Verzeichnislisten und <MENU> für einspaltige Menü-
listen verwendet. Beide Elemente gelten als Deprecated Constructs, sind nicht auf breiter Basis
implementiert und sollten deshalb nicht eingesetzt werden. Der HTML-Standard empfiehlt statt
dessen die Verwendung des Elements <UL>.

[24] Die Transitional DTD definiert für das Element <UL> auch die zu Deprecated Constructs erklärten
Attribute TYPE und COMPACT. Diese dienen zum Festlegen der Art der Gliederung der einzelnen
Punkte sowie dem Anfordern einer kompakteren Formatierung der Liste. Diese Aspekte sollten
mit Hilfe von Style Sheets gehandhabt werden (wie in Abschnitt 6.3.4.5 beschrieben). Weiterhin
definiert die Transitional DTD die als Deprecated Constructs angesehenen Attribute TYPE und
VALUE für das Element <LI>. Diese werden zum Festlegen der Gliederung der Listenpunkte und
der Numerierung verwendet. Diese Aspekte sollten ebenfalls mit Hilfe von Style Sheets gehandhabt
werden.

```
<!ELEMENT OL - - (LI) + >
<!ATTLIST OL
  %ATTRS; >
```

Beim Element <OL> handelt es sich einfach um eine Folge von einem oder mehreren vom Element <LI> verkörperten Listenelementen. Sowohl das Start- als auch das End-Tag des Elements <OL> sind zwingend erforderlich. Das Element <LI> wird im vorangegangenen Abschnitt über Unordered Lists erklärt. Die einzigen für das Element <OL> definierten Attribute sind die vom Entity %ATTRS; definierten Standardattribute[25].

Definition Lists

Die Definition List stellt die dritte Art der in HTML verfügbaren Listen dar. Eine Definition List verwendet für die Listenpunkte keine generierten Beschriftungen (wie beispielsweise Bindestriche bei Unordered Lists oder Zahlen in Ordered Lists), sondern ermöglicht dem Verfasser einer Liste, die Listenelemente selbst mit einer Beschriftung zu versehen. Dieser Listentyp wird häufig im Zusammenhang mit Listen von zu definierenden Begriffen eingesetzt, wobei der Begriff innerhalb der Beschriftung und seine Erklärung im Text des Listenelements untergebracht wird, woher auch die Bezeichnung Definition List kommt.

```
<!ELEMENT DL - - (DL|DT) + >
<!ATTLIST DL
  %ATTRS; >
```

Beim Element <DL> handelt es sich einfach um eine Folge von einem oder mehreren Listenelementen, die sich aus einem Element <DT> mit dem Definitionsbegriff und einem Element <DD> mit der Definitionsbeschreibung zusammensetzen. Sowohl das Start- als auch das End-Tag des Elements <DL> sind zwingend erforderlich. Die einzigen für das Element <DL> definierten Attribute sind die vom Entity %ATTRS; definierten Standardattribute[26].

```
<!ELEMENT DT - O (%INLINE;)* >
<!ELEMENT DD - O (%FLOW;)* >
<!ATTLIST DT|DD)
  %ATTRS; >
```

---

[25] Die Transitional DTD definiert für das Element <OL> auch die als Deprecated Constructs angesehenen Attribute TYPE, COMPACT und START. Diese dienen zum Festlegen der Art der Numerierung, dem Anfordern einer kompakteren Formatierung der Liste sowie dem Angeben eines Wertes, mit dem die Numerierung beginnen soll. Diese Aspekte sollten mit Hilfe von Style Sheets gehandhabt werden (wie in Abschnitt 6.3.4.5 beschrieben).

[26] Die Transitional DTD definiert für das Element <DL> auch das als Deprecated Construct angesehene Attribut COMPACT. Dieses dient zum Anfordern einer kompakteren Formatierung der Liste. Dieser Aspekt sollte mit Hilfe von Style Sheets gehandhabt werden (wie in Abschnitt 6.3.4.5 beschrieben).

Das Element <DT> definiert den Definitionsbegriff und kann durch das Entity %INLINE; definierte Inline-Elemente als Inhalt haben. Das Element <DD> liefert die Definitionsbeschreibung und verwendet das Entity %FLOW; als Content Model, wodurch sowohl die Verwendung von Block-Level als auch von Inline Content ermöglicht wird. Die Start-Tags sind für beide Elemente zwingend vorgeschrieben, während die End-Tags beider Elemente auch weggelassen werden können, da das Ende eines <DT>-Elements aus dem Anfang eines <DD>-Elements und das Ende eines <DD>-Elements aus dem Anfang eines <DT>-Elements oder dem Ende eines <DL>-Elements abgeleitet werden kann. Die Elemente <DT> und <DD> verwenden dieselbe Attributsdefinition, und die einzigen für sie definierten Attribute sind die vom Entity %ATTRS; definierten Standardattribute.

5.2.4.3 Tabellen

Tabellen hielten in HTML in der Version 3.2 Einzug, wobei zunächst ein recht einfaches Modell zum Einsatz kam. Ein leistungsfähigeres Modell wurde zuerst im IETF Experimental RFC 1942 [216] veröffentlicht. Im Grunde genommen wurde dieses Modell in HTML 4.0 übernommen. Mit ihm wurde die Unterstützung der schrittweisen Darstellung von Tabellen, des Umbrechens von Tabellen auf mehrere Seiten und der besseren Zugänglichkeit von Tabellen für den nicht-visuellen Gebrauch eingeführt. Obwohl in dem neuen Tabellenmodell eine Reihe von neuen Elementen vorgestellt wurde, können alte Tabellen auch weiterhin verwendet werden, da beim Modellentwurf die Kompatibilität mit HTML 3.2 berücksichtigt wurde.

Bei der aktuellen HTML-Version nehmen Tabellen eine besondere Stellung ein, da es sich bei ihnen um die einzige Gruppe von Elementen handelt, die noch über eine Vielzahl von mit ihnen verbundenen Attributen verfügen, die nicht zu den Deprecated Constructs gehören. Der Grund hierfür liegt darin, daß die Style-Sheet-Sprache, auf die HTML ausgerichtet ist, *Cascading Style Sheets (CSS)*, in ihrer gegenwärtigen Version (CSS1, beschrieben in Abschnitt 6.3) Tabellen nicht unterstützt. Die nächste Version von CSS (CSS2, beschrieben in Abschnitt 6.6.2) bietet jedoch eine Unterstützung von Tabellen. Aus diesem Grund werden bei der nächsten HTML-Version, wenn man davon ausgeht, daß CSS2 als Style-Sheet-Sprache Einsatz findet, die Formatierungsattribute aller Tabellenelemente ebenfalls als Deprecated Constructs eingestuft werden.

```
<!ELEMENT TABLE     - - (CAPTION?, (COL*|COLGROUP*),
                        THEAD?, TFOOT?, TBODY+) >
<!ELEMENT TBODY     O O (TR)+ >
<!ELEMENT TR        - O (TH|TD)+ >
<!ELEMENT (TH|TD)   - O (%FLOW;)* >
```

Dies ist eine Liste der innerhalb einer Tabelle zwingend erforderlichen Elemente. Man sollte jedoch beachten, daß <TBODY> überhaupt nicht aufgeführt werden muß, da die Start- und End-Tags dieses Elements optional sind. Gemäß der angeführten Definition besteht eine grundlegende HTML-Tabelle aus einem Table Body, worunter man eine Folge aus einer oder mehrerer Zeilen versteht, die ihrerseits Folgen von Tabellenüberschriften oder Datenzellen darstellen. Die Start- und End-Tags des Elements <TABLE> müssen angegeben werden.

Im Grunde genommen besteht eineTabelle aus einer vom Element <CAPTION> verkörperten optionalen Beschriftung und der Tabellenspezifikation selbst. Auf die Beschriftung folgen optionale <COL>- und <COLGROUP>-Elemente, die die Spaltenbreiten und -gruppierungen angeben. Ebenfalls optional sind die Elemente <THEAD> und <TFOOT>, die Kopf- und Fußzeilen enthalten. Der einzige zwingend vorgeschriebene Teil des Elements <TABLE> ist das Element <TBODY>, welches den Table Body darstellt. In einer Tabelle können mehrere <TBODY>-Elemente verwendet werden.

Grundlegende Strukturierung von Tabellen

HTML verfügt über ein zeilenorientiertes Tabellenmodell, was bedeutet, daß die grundlegende Strukturierung einer Tabelle über Zeilen stattfindet. Dies ist auf die Tatsache zurückzuführen, daß der grundlegende Fluß des Inhalts in einem Dokument immer von oben nach unten und dann in den einzelnen Zeilen von links nach rechts verläuft. (Zumindest trifft dies bei den westlichen Sprachen zu, auf denen HTML basiert.) Analog dazu wird der Fluß der Tabellenzellen in HTML-Tabellen ebenfalls in Zeilen angegeben, so daß er von oben nach unten und dann in jeder Zeile von links nach rechts und von Zelle zu Zelle verläuft.

Das Element <TBODY> ist dementsprechend als Folge von durch das Element <TR> dargestellten Tabellenzeilen definiert. Da sich der Anfang und das Ende des Elements <TBODY> aus dem Zusammenhang entnehmen lassen, sind sowohl sein Start- als auch sein End-Tag optional. Eine Tabellenzeile stellt eine Folge von Tabellenüberschriften und Datenzellen dar, die durch die Elemente <TH> und <TD> verkörpert werden. Die Elemente <TH> und <TD> besitzen zwingend vorgeschriebene Start- und optionale End-Tags, da sich ihr Ende aus dem Zusammenhang erkennen läßt.

- *Table Body*

  Das Element <TBODY> wird als Markup für den Rumpf einer Tabelle verwendet, der sich aus den Zeilen der Tabelle zusammensetzt, die nicht zu speziellen Tabellenabschnitten gehören (wie zum Beispiel zum Table Head oder zum Table Foot, die im nächsten Abschnitt beschrieben werden). Ein

Table Body ist eine Menge von Tabellenzeilen, die miteinander über ihren Inhalt in Beziehung stehen. Falls es mehrere über ihren Inhalt miteinander verbundene Mengen aus Tabellenzeilen gibt, ist die Verwendung mehrerer <TBODY>-Elemente innerhalb einer Tabelle möglich. Neben den durch das Entity %ATTRS; definierten Standardattributen definiert das Element <TBODY> Attribute zum Angeben der horizontalen und vertikalen Ausrichtung der Tabellenzellen. Diese Attribute werden durch die Entities %CELLHALIGN; und %CELLVALIGN; definiert.

- *Zeilen*

  Die grundlegende Strukturierung einer Tabelle baut auf durch das Element <TR> dargestellten Zeilen auf. Bei einer Tabellenzeile handelt es sich einfach um eine Folge von Tabellenzellen, wobei HTML zwischen zwei Arten von Tabellenzellen unterscheidet, nämlich zwischen den durch das Element <TH> verkörperten Fußzellen und den durch das Element <TD> verkörperten Datenzellen einer Tabelle. Neben den durch das Entity %ATTRS; definierten Standardattributen definiert das Element <TR> Attribute zum Angeben der horizontalen und vertikalen Ausrichtung der Tabellenzellen, die durch die Entities %CELLHALIGN; und %CELLVALIGN; definiert werden. Die im Element <TR> angegebene horizontale und vertikale Ausrichtung der Tabellenzellen überschreibt die im Element <TBODY> angegebene Ausrichtung[27].

- *Tabellenzellen*

  Die Formatierung der Zellen des Kopfbereichs einer Tabelle, mit Hilfe des Elements <TH> angegeben, unterscheidet sich geringfügig von der der Datenzellen einer Tabelle. Abgesehen von der leicht unterschiedlichen Formatierung und der unterschiedlichen Semantik der Zellen des Kopfbereichs und der Datenzellen (die für die nicht-visuelle Darstellung von Bedeutung ist), sind sich die Zellen des Kopfbereichs und die Datenzellen sehr ähnlich.

  Die meisten Tabellendaten sind in den mit Hilfe des Elements <TD> angegebenen Datenzellen der Tabelle enthalten. Tabellenzellen können, wie im Entity %FLOW; angegeben, Block-Level oder Inline Content enthalten. Neben den durch das Entity %ATTRS; definierten Standardattributen definieren die Elemente <TH> und <TD> Attribute zum Angeben der horizontalen und vertikalen Ausrichtung der Tabellenzellen, die durch die Entities %CELLHALIGN; und %CELLVALIGN; definiert werden. Die in den Elementen <TH> und <TD> angegebene horizontale und vertikale Ausrich-

---

[27] Dasselbe trifft auf das Überschreiben der Attribute für die Zellenausrichtung der Elemente <THEAD> und <TFOOT> zu, falls in diesen das Element <TR> verwendet wird.

tung der Tabellenzellen überschreibt die im Element <TR> festgelegte Ausrichtung. Weiterhin gibt das Element <TD> auch eine Reihe von
Attributen für das logische Gruppieren von Tabellenzellen an. Mit Hilfe
der Attribute ROWSPAN und COLSPAN können mehrere Zeilen oder Spalten umfassende Tabellenzellen definiert werden. Dies ist besonders beim
Erstellen von Tabellenüberschriften von Nutzen.

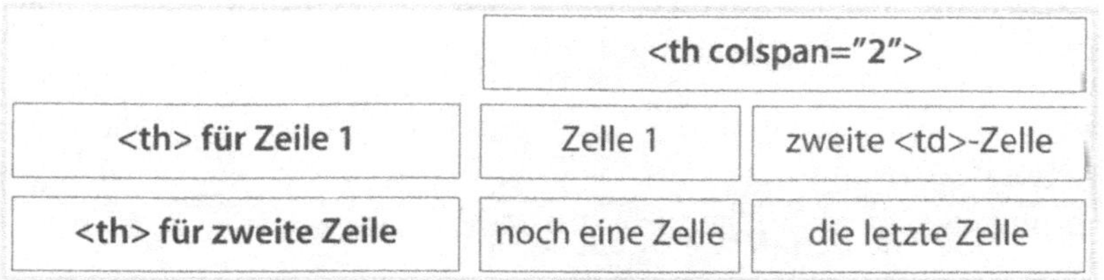

Abb. 5.6 Formatierung des <TH>-Elements und Benutzung
des COLSPAN-Attributs

Dies sind die für einfache Tabellen verwendeten Elemente. Im allgemeinen
stellen Tabellen die komplexesten, in HTML verfügbaren Strukturen dar, und
alle Tabellenelemente weisen eine beträchtliche Anzahl von Attributen auf,
von denen manche der Strukturierung des Inhalts und andere der Festlegung
der Darstellung dienen. Bei den Tabellenelementen wurde auf eine ausführliche Beschreibung aller Attribute verzichtet, die jedoch in Anhang B.3 zum
Nachschlagen aufgeführt sind.

Fortgeschrittene Strukturierung von Tabellen

Neben den im vorangegangenen Abschnitt vorgestellten grundlegenden
Strukturen können Tabellen eine Reihe zusätzlicher Elemente enthalten, die
weitere Informationen über eine Tabelle liefern sowie eine fortgeschrittenere
Formatierung und Strukturierung der Tabelleninformationen ermöglichen.

```
<!ELEMENT CAPTION  - - (%INLINE;)* >
<!ELEMENT THEAD    - O (TR)+ >
<!ELEMENT TFOOT    - O (TR)+ >
<!ELEMENT COLGROUP - O (COL)* >
<!ELEMENT COL      - O EMPTY >
```

• *Beschriftung*
  Mit Hilfe des Elements <CAPTION> läßt sich eine Tabellenbeschriftung
  angeben, die, wie durch das Entity %INLINE; spezifiziert, einen beliebigen
  Inline Content haben kann. Die einzigen für das Element <CAPTION>
  definierten Attribute stellen die im Entity %ATTRS; definierten Standardattribute dar.

- *Kopfbereich*

  Der Kopfbereich einer Tabelle kann mit Hilfe des Elements <THEAD> angegeben werden, wobei dies vor dem optionalen Fußbereich und vor dem Table Body zu erfolgen hat. Der Kopfbereich einer Tabelle kennzeichnet einen Tabellenabschnitt, der bei der Formatierung[28] einer speziellen Behandlung bedarf. Beispielsweise könnte der Table Head beim Scrollen durch eine große Tabelle ständig im oberen Bereich des Fensters oder bei in Seiten unterteilten Medien und mehrere Seiten umfassenden Tabellen am oberen Rand einer jeden Seite angezeigt werden. Neben den durch das Entity `%ATTRS;` definierten Standardattributen definiert das Element <THEAD> Attribute zum Angeben der horizontalen und vertikalen Ausrichtung der Tabellenzellen, die durch die Entities `%CELLHALIGN;` und `%CELLVALIGN;` definiert werden.

- *Fußbereich*

  Der Fußbereich einer Tabelle wird nach dem Kopfbereich (und vor dem Table Body) mit Hilfe des Elements <TFOOT> mit Markup versehen. Obwohl es erstaunlich erscheinen mag, daß der Fußbereich vor dem Table Body angegeben wird, ergibt dies einen Sinn, da HTML-Tabellen so gestaltet sind, daß sie in einem Durchgang angezeigt werden[29]. Falls eine Tabelle auf einem in Seiten unterteilten Medium ausgegeben werden soll (zum Beispiel auf Papier), wird möglicherweise der Fußbereich vor dem vollständigen Vorliegen des Table Body benötigt, um den Fußbereich einer Tabelle auf der ersten Seite anzuzeigen. (Dies ist der Fall, wenn die Tabelle mehrere Seiten umfaßt.) Neben den durch das Entity `%ATTRS;` definierten Standardattributen definiert das Element <TFOOT> Attribute zum Angeben der horizontalen und vertikalen Ausrichtung der Tabellenzellen, die durch die Entities `%CELLHALIGN;` und `%CELLVALIGN;` definiert werden.

- *Gruppen von Spalten*

  Das Element <COLGROUP> ermöglicht das Gruppieren von Spalten in Spaltengruppen. Diese dienen zwei Zwecken. User Agents können Spaltengruppen verwenden, um auf der Basis dieser Information ihre Darstellung aufzubauen. Beispielsweise können visuelle User Agents Spaltengruppen anders unterteilen als in Spalten innerhalb einer Spaltengruppe. Der

---

[28] Die meisten User Agents stellen die Zellen des Kopfbereichs einer Tabelle fett und zentriert dar, während die Datenzellen einer Tabelle mit einer normalen Schriftart und linksbündig formatiert werden. Dies hängt jedoch vollkommen vom Browser ab, der jede ihm sinnvoll erscheinende Formatierung auswählen kann.

[29] Dies bedeutet, daß ein Browser oder ein anderer HTML verarbeitender Client in der Lage sein sollte, eine Tabelle beim Empfangen ihrer Daten schrittweise darzustellen, ohne auf die gesamten Tabellendaten warten zu müssen.

zweite Verwendungszweck von Spaltengruppen besteht darin, das Layout für eine Anzahl von Spalten mit nur einem Element anzugeben. Ein <COLGROUP>-Element ist entweder leer oder enthält <COL>-Elemente, mit denen das Layout für Spalten innerhalb einer Spaltengruppe angegeben werden kann.

Neben den durch das Entity %ATTRS; definierten Standardattributen definiert das Element <COLGROUP> Attribute zum Angeben der horizontalen und vertikalen Ausrichtung der Tabellenzellen, die durch die Entities %CELLHALIGN; und %CELLVALIGN; definiert werden. Das Element <COLGROUP> definiert das Attribut SPAN, das die in einer Spaltengruppe enthaltene Anzahl von Spalten angibt, sowie das Attribut WIDTH, das zum Festlegen der Breite der in der Spaltengruppe enthaltenen Spalten dient.

- *Das Gruppieren von Attributen zur Spezifikation von Spalten*
  Das Element <COL> wird zum Angeben des Layouts einer Spalte verwendet. Da es keine eigentliche Tabellenzelle definiert, ist es der Definition entsprechend leer. Das Element <COL>kann entweder innerhalb eines <COLGROUP>-Elements zur Festlegung des Formats einer Spalte innerhalb einer Spaltengruppe oder ohne ein <COLGROUP>-Element verwendet werden, um das Layout einer Spalte anzugeben, die nicht mit einer Spaltengruppe in Zusammenhang steht.
  Neben den durch das Entity %ATTRS; definierten Standardattributen definiert das Element <COL> Attribute zum Angeben der horizontalen und vertikalen Ausrichtung der Tabellenzellen, die durch die Entities %CELLHALIGN; und %CELLVALIGN; definiert werden. Weiterhin definiert das Element <COLGROUP> das Attribut SPAN, das die in einer Spaltengruppe enthaltene Anzahl von Spalten angibt, sowie das Attribut WIDTH, das zum Festlegen der Breite der mit dem Element <COL> verbundenen Spalten dient.

Man sollte beachten, daß weder das Element <COLHEAD> noch das Element <COL> tatsächlich Tabelleninhalt enthalten. Dem Content Model der SGML Definition des Elements <TABLE> läßt sich entnehmen, daß beide Elemente außerhalb des Inhalts der Tabelle erscheinen, der in Table Head, Table Foot und Table Body einer Tabelle enthalten ist. Die Elemente <COLHEAD> und <COL> werden ausschließlich zum Angeben der Darstellungsattribute verwendet, die für eine gesamte Spalte sowie zum logischen Gruppieren von Spalten verwendet werden sollten. Der eigentliche Inhalt wird immer noch in den von den Elementen <TH> und <TD> verkörperten Datenzellen angegeben.

Formatierungsoptionen

Wie bereits erwähnt, ist die Tabellenformatierung kein Bestandteil des CSS1-Standards und wird aus diesem Grund noch in HTML festgelegt. Im Grunde genommen dreht es sich bei der Tabellenformatierung um die Rahmen zwischen den Tabellenzellen und die Plazierung des Inhalts innerhalb der Tabellenzellen. HTML definiert für die verschiedenen Tabellenelemente eine große Anzahl von Attributen, die sich mit Rahmen und der Ausrichtung der Elemente befassen. Außerdem wird ein Vererbungs- und Vorrangmodell definiert, das spezifiziert, welche Attribute von übergeordneten Elementen geerbt werden können (beispielsweise wird die Ausrichtung einer Zelle von den Tabellenzeilen an die Tabellenzellen vererbt) und wie mehrfach definierte Formatierungsattribute interpretiert werden (beispielsweise überschreibt die in einem Element einer Tabellenzelle angegebene Ausrichtung einer Zelle die für eine Tabellenzeile angegebene).

Aufgrund der Vielzahl unterschiedlicher Attribute und der Tatsache, daß diese Art der Tabellenformatierung bedingt durch die Verwendung von CSS2 mit seiner Unterstützung zum Festlegen des Tabellenlayouts bald verschwinden wird, wird jedoch auf eine eingehende Diskussion der Tabellenformatierung verzichtet. Der HTML-Standard selbst enthält eine gute Beschreibung der Tabellenformatierung, und das Buch von Raggett u.a. [220] stellt eine weitere gute Informationsquelle dar.

5.2.5 Bilder und Image Maps

Das am häufigsten eingesetzte multimediale Element von HTML stellt das Bild dar, welches sich auf verschiedene Weise in Web-Seiten integrieren läßt. HTML 4.0 definiert ein <IMG>- und ein <OBJECT>-Element, die beide zum Einbinden von Bildern in HTML-Dokumente verwendet werden können. Es ist geplant, daß das Element <IMG> langfristig durch das Element <OBJECT> (beschrieben in Abschnitt 5.2.8.2) ersetzt wird, da dieses allgemeiner verwendbarer ist. Gegenwärtig wird <OBJECT> jedoch nicht auf einer breiten Basis unterstützt, weshalb das Element <IMG> noch einige Zeit in Gebrauch bleiben wird[30].

Webster [272] beschreibt die Datenformate der am häufigsten im Web verwendeten Bilder. Weiterhin beschreibt er einige Werkzeuge zum Arbeiten mit

---

[30] Das akzeptabelste Verfahren bestünde in der Verwendung eines <IMG>-Elements innerhalb eines <OBJECT>-Elements. Auf diese Weise würde ein Browser, der <OBJECT>-Elemente kennt, dieses verwenden und dessen Inhalt ignorieren (wie in Abschnitt 5.2.8.2 beschrieben), und ältere Browser würden das ihnen unbekannte <OBJECT>-Element ignorieren und einfach das <IMG>-Element interpretieren.

diesen Formaten. Baumgardt [14] geht einen Schritt weiter, indem er eine Reihe von Designfragen erläutert, die für gutgestaltete Web-Seiten von Bedeutung sind.

Man darf nicht außer acht lassen, daß HTML selbst weder ein Format für Bilddaten angibt, noch irgendwelche Formate definiert, die von HTML-Browsern unterstützt werden sollten. HTML betrachtet Bilder als externe Daten, die von einem Browser gehandhabt werden müssen, aber auf beliebige Weise codiert sein können[31]. Da es jedoch eine Vielzahl von Bildformaten gibt, die aus unterschiedlichen Gründen und für verschiedene Anwendungen und Plattformen verwendet werden, ist ein De-facto-Standard etabliert worden, der von allen wichtigen Browsern implementiert wird.

- *GIF*
  Das *Graphics Interchange Format (GIF)* stellt eines der am häufigsten für einfache Grafiken verwendeten Formate dar. Seine offensichtlichsten Einschränkungen bestehen darin, daß es lediglich 256 verschiedene Farben in einem Bild verwenden kann und einen patentierten Komprimierungsalgorithmus einsetzt. GIF gibt es in zwei Versionen, GIF87 [49] und GIF89a [50], aber viele Funktionen der neueren Version sind nicht auf breiter Basis implementiert. GIF wird meistens für Grafiken verwendet (wegen seiner Beschränkung auf 256 Farben ist es nicht so gut für fotografische Bilder geeignet) und von fast allen Browsern unterstützt.

- *JPEG*
  Das von der *Joint Photographic Experts Group (JPEG)* definierte Format ist das bekannteste Verfahren zum Codieren von fotografischen Bildern. Genau genommen handelt es sich bei JPEG lediglich um den in ISO 10918 [121, 123, 130] standardisierten Algorithmus. Das bekannteste Dateiformat ist das von Hamilton [93] beschriebene *JPEG File Interchange Format (JFIF)*[32]. Dies ist das zweite, von fast allen Browsern unterstützte Bildformat.

- *PNG*
  Das in Abschnitt 10.4.3 beschriebene Format *Portable Network Graphics (PNG)* [26, 27] war als Ersatz für das GIF-Format gedacht. Es verfügt über fast alle Funktionen von GIF und unterstützt die Echtfarbdarstellung bis

---

[31] Dies ist der Grund, weshalb das Element <IMG> durch das Element <OBJECT> ersetzt werden sollte. Für HTML ist es unerheblich, welcher Art die von einem Element wie <IMG> oder <OBJECT> definierten externen Daten sind. Somit ist es sinnvoll, nur über einen Elementtyp zu verfügen, der allgemein für externe Daten verwendet wird.

[32] Das *Still Picture Interchange File Format (SPIFF)* stellt das offizielle, in ISO 10918 [131] definierte JPEG-Dateiformat dar. Dieses wird jedoch nicht häufig eingesetzt, da JPEG früher verfügbar war und heute sehr beliebt ist.

zu einer Farbtiefe von 32 Bit, einen 8-Bit-Alpha-Kanal sowie einige andere Funktionen. Es wird davon ausgegangen, daß PNG in der nahen Zukunft weite Verbreitung findet. Das Format unterstützt jedoch keine Animationen und wird GIF aus diesem Grund nicht vollständig ersetzen können.

Grundsätzlich lassen sich Bilder in HTML auf zwei Arten verwenden. Zum einen können sie als Bilder eingesetzt werden, die lediglich der Anzeige dienen und über keine zusätzliche Funktionalität verfügen. Diese Art Bilder ist in Abschnitt 5.2.5.1 beschrieben. Daneben können Bilder als Image Maps eingesetzt werden, wodurch die Definition von mit Aktionen verknüpften Bereichen in Bildern ermöglicht wird. Diese Aktionen werden ausgeführt, wenn der Benutzer mit der Maus auf den zugehörigen Bereich klickt. Diese Art der Verwendung von Bildern (Image Maps oder anklickbare Bilder genannt) wird in Abschnitt 5.2.5.2 beschrieben.

5.2.5.1 Bilder

Wie bereits erwähnt, betrachtet HTML ein Bild als externe Information, die im Dokument darzustellen ist. Aus diesem Grund sind ein Zeiger auf die externe Information (die Bilddaten) sowie Informationen über die Bildgröße (für die Formatierung) erforderlich. Da die Bildgröße jedoch in den im Web für Bilder eingesetzten Dateiformaten enthalten ist, kann der Browser Informationen über die Größe den Bilddaten entnehmen und benötigt demzufolge lediglich einen auf das Bild verweisenden Zeiger.

```
<!ELEMENT IMG- O EMPTY >
<!ATTLIST IMG
  %ATTRS;
  SRC       %URI;     #REQUIRED
  ALT       %TEXT;    #REQUIRED
  LONGDESC  %URI;     #IMPLIED
  HEIGHT    %LENGTH;  #IMPLIED
  WIDTH     %LENGTH;  #IMPLIED
  ISMAP     (ISMAP)   #IMPLIED
  USEMAP    %URI;     #IMPLIED >
```

Da alle das Bild betreffenden Informationen in den Attributen des Elements <IMG> angegeben sind, ist das Element als leer definiert. Wie bei allen leeren Elementen ist das Start-Tag erforderlich und das End-Tag optional. Neben den durch das Entity %ATTRS; definierten Standardattributen definiert das Element <IMG> eine Reihe weiterer Attribute.

- SRC[33]
  Das Attribut **SRC** gibt eine auf die Bilddaten zeigende URI an und ist zwingend erforderlich.

- ALT
  Obwohl heutzutage die meisten Browser das Anzeigen von Bildern unterstützen, gibt es verschiedene Gründe, aus denen ein Bild möglicherweise nicht angezeigt wird. Unter Umständen könnte ein Benutzer versuchen, Bandbreite zu sparen, indem er nicht alle Bilder einer Web-Seite überträgt, das Format eines bestimmten Bildes wird möglicherweise nicht vom Browser unterstützt, oder die Web-Seite könnte von einem sehbehinderten Benutzer aufgerufen worden sein. In all diesen Fällen wäre es sehr hilfreich, über eine kurze Beschreibung des Bildinhalts zu verfügen. Diese Beschreibung wird im Attribut **ALT** angegeben, das aufgrund seiner Bedeutung in einer Vielzahl von Situationen zwingend vorgeschrieben ist.

- LONGDESC
  In manchen Fällen existiert möglicherweise eine längere Beschreibung eines auf einer anderen Web-Seite abgelegten Bildes. In diesem Fall kann die URI dieser Web-Seite im Attribut **LONGDESC** angegeben werden.

- HEIGHT und WIDTH
  Mit Hilfe dieser Attribute können User Agents die Größe eines Bildes erkennen und diese Daten verwenden, um einen entsprechenden Platz zu reservieren und mit dem Anzeigen des Dokuments fortzufahren, während sie auf die Bilddaten warten. Diese Attribute enthalten in den meisten Fällen auch die tatsächliche Größe des Bildes. Es ist jedoch ebenfalls möglich, mit Hilfe dieser Attribute die gewünschte Bildgröße anzugeben, wobei der User Agent das Bild auf die angegebene Größe skalieren sollte. Beide Attribute akzeptieren die im Entity `%LENGTH;` festgelegten Werte.

Wie man sieht, ist das Einarbeiten von Bildern in Web-Seiten sehr einfach. Man benötigt dazu lediglich das Element <IMG> und die beiden zwingend vorgeschriebenen Attribute **SRC** und **ALT**. Man sollte es sich jedoch zur Gewohnheit machen, auch die Attribute **HEIGHT** und **WIDTH** anzugeben, da dadurch den Browsern die Darstellung erleichtert wird und sie nach Erhalt der Bilddaten das Dokument nicht neu formatieren müssen.

---

[33] Die meisten Browser unterstützen auch das Attribut LOWSRC, welches auf eine kleinere Version des Bildes zeigt (normalerweise von derselben Größe, aber in schwarzweiß), die angezeigt werden kann, während die die volle Auflösung aufweisende Version geladen wird, auf die das Attribut SRC zeigt. Man sollte jedoch beachten, daß das Attribut in keinem HTML-Standard spezifiziert ist.

5.2.5.2 Image Maps

Bei der Definition des Elements <IMG> im vorangegangenen Abschnitt wurden zwei Attribute nicht erläutert. Diese dienen zum Festlegen von Bildern als Image Maps und werden aus diesem Grund hier erklärt. Bei einer Image Map (manchmal auch anklickbares Bild genannt) handelt es sich um ein Bild, für das eine aus sensitiven Bereichen bestehende Karte definiert wurde. Wenn der Benutzer auf einen dieser Bereiche klickt, wird die mit diesem Bereich assoziierte Aktion ausgeführt.

- ISMAP
  Das Attribut ISMAP identifiziert im gesetzten Zustand ein Bild als eine Server-Side Image Map. Die den Server bezeichnende URI ist nicht Bestandteil des Elements <IMG>, sondern wird im umgebenden Element <A> angegeben.

- USEMAP
  Dieses Attribut assoziiert eine Image Map mit dem Bild. Die Image Map wird durch ein <MAP>-Element definiert. Der Wert des Attributs USEMAP muß dem des Attributs NAME des assoziierten <MAP>-Elements entsprechen.

Client-Side Image Maps werden Server-Side Image Maps aus mindestens zwei Gründen vorgezogen: sie stehen auch denjenigen zur Verfügung, die sich nicht mit Hilfe eines grafischen User Agents durch dasWeb bewegen (da dem Browser die Karte bekannt ist, kann er sie auf eine andere Weise darstellen), und sie bieten eine sofortige Rückmeldung, ob sich der Zeiger über einem aktiven Bereich befindet. (Letzteres hängt vom Browser ab, aber falls die Bereiche zusätzlich mit Ereignissen assoziiert sind, die Skripte aufrufen, kann eine wesentlich leistungsfähigere Benutzerschnittstelle als durch dieVerwendung von Server-Side Image Maps definiert werden.)

Server-Side Image Maps

Eine Server-Side Image Map wird durch ein <IMG>-Element mit gesetztem ISMAP-Attribut definiert, wobei das <IMG>-Element innerhalb eines <A>-Elements verwendet wird. Das <A>-Element definiert den sich auf der Server-Seite befindenden Mechanismus zum Handhaben der Koordinaten. Abbildung 5.7 stellt den grundlegenden Vorgang dar, wie Clients und Server Server-Side Image Maps handhaben.

1. Der Benutzer klickt auf einen Punkt innerhalb des Bildes, das als Image Map gekennzeichnet wurde. Der Browser erkennt die Koordinaten des Zeigers.

2. Der Browser verwendet die Koordinaten, indem er sie an die im Link der Karte angegebene URI anhängt (Dies ist die Uri, die von dem <A>-Element angegeben wird, welches das <IMG>-Element enthält.) Genauer gesagt, hängt der Browser ein Fragezeichen und die beiden durch ein Komma getrennten Koordinaten an die URI an und folgt dann dem Link mit der neuen URI.

3. Der Server empfängt den Request und gibt die Koordinaten entweder an ein externes Programm weiter, das diese analysiert (beispielsweise mit einem CGI-Skript, wie in Abschnitt 9.4 beschrieben), oder er interpretiert die Koordinaten mit Hilfe eines integrierten Mechanismus zur Unterstützung von Server-Side Image Maps[34] selbst (was in der Abbildung dargestellt wird).

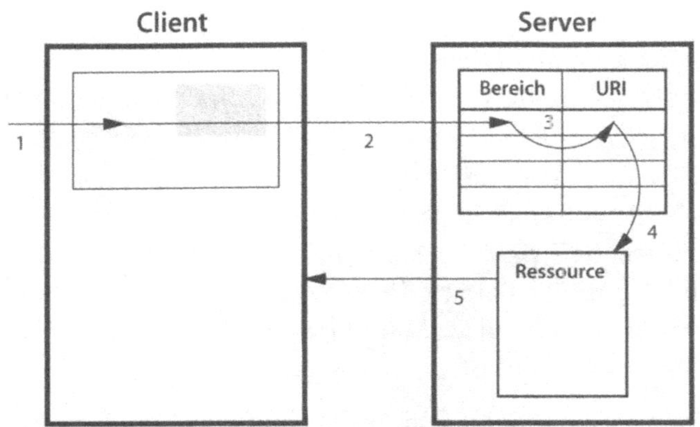

Abb. 5.7 Server-Side Image Maps

4. Der Server (oder das externe Programm) lokalisiert die mit dem Bereich assoziierte Ressource. Abhängig vom Ergebnis verwendet er diese Ressource (falls sie sich auf dem Server befindet, wie es in der Abbildung der Fall ist), oder er erstellt einen Umleitungs-Response mit einem die URI enthaltenden Header-Feld `Location`.

5. Der Server sendet dem Browser einen Response, der entweder die Ressource selbst oder im Header-Feld `Location` einen Verweis darauf enthält. Im letzteren Fall muß der Browser einen weiteren Request mit der im Umleitungs-Response enthaltenen URI einleiten.

---

[34] Fast alle Server-Implementierungen unterstützen Server-Side Image Maps, obwohl sich der spezielle Mechanismus und das für die Definition von Image Maps verwendete Dateiformat bei verschiedenen Server-Implementierungen unterscheiden können.

Der der Handhabung von Server-Side Image Maps zugrundeliegende Prozeß ist ziemlich einfach. Ein Großteil der komplexen Abläufe findet auf dem Server statt, und der Client muß lediglich den Zeiger im Bild lokalisieren und dessen Koordinaten an den im Element <A> angegebenen Link anhängen. Dieser Ansatz weist zwei wesentliche Nachteile auf.

- *Belastung des Servers*
  Da der Server die eigentliche Verarbeitung der Koordinaten übernimmt, liegt der größte Teil der Arbeitsbelastung auf Seiten des Servers. Selbst wenn die mit einem Kartenbereich assoziierte Ressource nicht auf dem Server gespeichert ist, muß er dennoch den Request des Clients bearbeiten sowie einen Umleitungs-Response erstellen. Bei Servern, die eine große Anzahl von Requests abarbeiten, kann der Verarbeitungsaufwand für Image Map Requests zu einem bedeutenden Problem für die Leistungsfähigkeit werden.

- *Eingeschränkte Funktionalität*
  Man könnte sich ohne weiteres eine erweiterte Funktionalität für Image Maps vorstellen, wie beispielsweise die Hervorhebung bestimmter Bereiche, wenn der Benutzer den Mauszeiger über einen Bildausschnitt bewegt, oder die Auslösung eines Ereignisses (das Ausführen eines mit diesem Ausschnitt assoziierten Skripts) statt der Erstellung eines HTTP-Requests, wenn ein bestimmter Bereich angeklickt wird. Diese Art von Funktionalität ist bei Server-Side Image Maps nicht möglich, da die Karte ausschließlich dem Server bekannt ist.

Als Antwort auf diese Beschränkungen von Server-Side Image Maps wurde in HTML ein neuer Mechanismus, Client-Side Image Maps genannt, eingeführt. Diese neue Art von Image Maps leidet nicht unter den Einschränkungen der Server-Side Image Maps, erfordert aber das Einschließen von zusätzlichen Funktionen auf Seiten des Clients.

Client-Side Image Maps

Client-Side Image Maps wurden zuerst im Internet Informational RFC 1980 [240] beschrieben, der mittlerweile vollständig in den HTML-Standard integriert wurde. Eine Client-Side Image Map wird mit Hilfe eines <IMG>-Elements erstellt, dessen USEMAP-Attribut auf eine Image Map verweist[35]. Diese Image Map wird vom Browser lokalisiert und interpretiert, wobei die

---

[35] Obwohl das Attribut USEMAP zum Angeben einer vollständigen URI verwendet werden kann, unterstützen heutzutage die meisten Browser ausschließlich sich im selben Dokument wie das Bild selbst befindende Image Maps, wodurch der Wert des Attributs USEMAP praktisch auf Fragment Identifier eingeschränkt wird.

Zuordnung von Mausklicks auf einen Teil des Bildes zu den damit assoziierten Aktionen lokal erfolgt. Der Ablauf der Bearbeitung von Client-Side Image Maps durch den Server und den Client wird in Abbildung 5.8 dargestellt.

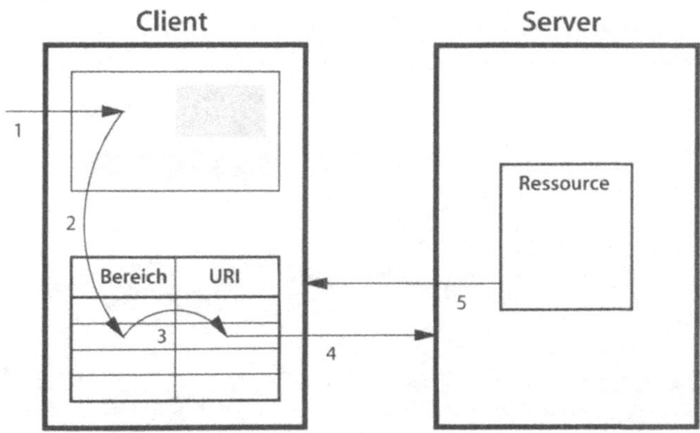

Abb. 5.8 Client-Side Image Maps

1. Der Benutzer klickt auf einen Punkt innerhalb eines (durch Setzen des USEMAP-Attributs) als Image Map gekennzeichneten Bildes. Der Browser ermittelt die Koordinaten des Zeigers.

2. Der Browser verwendet die Koordinaten, um in der Liste für die Image Map definierten anklickbaren Bereiche den gesuchten Bereich zu finden. Falls es keinen Bereich gibt, der die Koordinaten des Mausklicks enthält und kein Standardbereich definiert wurde, geschieht nichts.

3. Der Browser findet die mit dem angeklickten Bereich assoziierte URI. Ein Bereich muß jedoch nicht mit einer URI assoziiert sein, sondern es ist ebenfalls möglich, daß ein Bereich lediglich zum Ausführen von Skripten verwendete Ereignisse definiert. In diesem Fall besteht keine Notwendigkeit für eine Client/Server-Interaktion, und der Browser führt einfach das mit dem Ereignis dieses Bereichs assoziierte Skript aus.

4. Der Browser ruft die mit der URI verbundene Ressource ab, indem er diese vom entsprechenden Server genau so anfordert, als wenn die angeforderte Ressource in einem normalen Link auf der Web-Seite angegeben worden wäre.

5. Der Server sendet einen die mit der URI assoziierte Ressource enthaltenden Response. Je nach Art der Ressource zeigt der Browser diese auf einer neuen Seite an (falls es sich bei der Ressource um eine HTML-Seite handelte) oder führt eine andere Aktion aus.

Die oben beschriebene Prozedur erfordert einen klar definierten Standard für das Angeben von Image Maps. (Bei Server-Side Image Maps ist dies nicht notwendig, aufgrund der Tatsache, daß diese immer auf dem die Image Map handhabenden Server verbleibt kein Austausch der Image Map stattfindet.) Gemäß der HTML-Definition besteht eine Image Map aus einer Anzahl von Bereichen, denen Links (mit Hilfe von URIs) oder Ereignisse zugeordnet werden.

```
<!ELEMENTMAP   - - ((%BLOCK;)+ | AREA+) >
  %ATTRS;
  NAME           CDATA           #REQUIRED >
<!ELEMENTAREA - O EMPTY >
  %ATTRS;
  SHAPE          %SHAPE;         RECT
  COORDS         %COORDS;        #IMPLIED
  HREF           %URI;           #IMPLIED
  TARGET         %FRAMETARGET;   #IMPLIED
  NOHREF         (NOHREF)        #IMPLIED
  ALT            %TEXT;          #REQUIRED
  TABINDEX       NUMBER          #IMPLIED
  ACCESSKEY      %CHARACTER;     #IMPLIED
  ONFOCUS        %SCRIPT;        #IMPLIED
  ONBLUR         %SCRIPT;        #IMPLIED >
```

Das Element <MAP> definiert eine Client-Side Image Map. Sein Content Model gestattet, wie im Entity %BLOCK; spezifiziert, Block-Level Content, mit dessen Hilfe eine textorientierte Alternative zur Image Map angeboten werden kann. Diese Art des <MAP>-Inhalts wird, wie in Abschnitt 5.2.8.2 beschrieben, zusammen mit dem Element <OBJECT> eingesetzt. Als Alternative zum Block-Level Content kann das Element <MAP> einen oder mehrere durch das Element <AREA> verkörperte Bereiche enthalten. Das Start- und End-Tag des Elements <MAP> sind zwingend erforderlich. Neben den im Entity %ATTRS; definierten Standardattributen definiert das Element <MAP> ein vorgeschriebenes Attribut **NAME**, das der Image Map einen Namen zuweist. Dabei handelt es sich um den Namen, der vom **USEMAP**-Attribut des Elements <IMG> zum Verweisen auf die Image Map verwendet wird.

Das Element <AREA> steht für einen Bereich einer Image Map. Das Element wird als leer definiert, weshalb sein Start-Tag obligatorisch ist (da es die für dieses Element wichtigen Informationen enthält) und das End-Tag kann weggelassen werden kann. Bei den für das Element <AREA> definierten Attributen handelt es sich um die durch das Entity %ATTRS; definierten Standardattribute sowie um eine Reihe zusätzlicher Attribute, die zum Angeben von mit diesem Bereich assoziierten Informationen dienen.

- SHAPE
  Das Attribut SHAPE definiert entsprechend den im Entity %SHAPE; definierten möglichen Umrißformen die Form eines Bereichs.

- COORDS
  Für alle Bereichsformen, mit Ausnahme des Standardwertes (der den Vorgabebereich für ein Bild definiert), müssen die Koordinaten des anzugebenden Bereichs definiert werden. Das Format des Attributs CCORDS hängt vom Wert des Attributs SHAPE ab und wird im Entity %COORDS; definiert.

- HREF
  Häufig ist mit einem Bereich eine URI assoziiert, die aufgerufen werden muß, wenn der Benutzer diesen Bereich anklickt. Dieser Link wird mit Hilfe des Attributs HREF angegeben.

- TARGET
  Mit Hilfe des Attributs TARGET kann bei Verwendung mit Framesets und Frames (wie in Abschnitt 5.2.7.1 beschrieben) angegeben werden, welcher Frame beim Auswählen eines Bereiches der Target Frame sein soll, d.h., in welchen Frame das Dokument geladen werden sollte, auf das von dem Attribut HREF verwiesen wird. Die möglichen Werte des Attributs TARGET werden durch das Entity %FRAMETARGET; definiert.

- NOHREF
  Es ist jedoch auch möglich, daß mit einem Bereich keine URI assoziiert ist. In diesem Fall sollte das Attribut NOHREF gesetzt werden, um anzuzeigen, daß der Bereich nicht über einen Link verfügt. Es ist indes immer noch möglich, mit den Ereignissen eines Bereichs assoziierte Skripte anzugeben (wie beispielsweise ONMOUSEOVER, das ausgelöst wird, wenn der Benutzer den Mauszeiger auf den Bereich bewegt).

- ALT
  Obwohl heutzutage die meisten Browser das Anzeigen von Bildern unterstützen, gibt es verschiedene Gründe, aus denen ein Bild möglicherweise nicht für alle Benutzer von Nutzen wäre. Unter Umständen könnte ein Benutzer versuchen, Bandbreite zu sparen, indem er nicht alle Bilder einer Web-Seite überträgt, das Format eines bestimmten Bildes wird möglicherweise nicht vom Browser unterstützt, oder die Web-Seite könnte von einem sehbehinderten Benutzer aufgerufen worden sein. In all diesen Fällen wäre es wahrscheinlich hilfreich, über eine kurze Beschreibung der Bereichsfunktion zu verfügen (die beispielsweise angibt, worauf der im Attribut HREF angegebene Link verweist). Diese Beschreibung wird im Attribut ALT bereitgestellt, das, da es in verschiedenen Situationen benötigt wird, zwingend vorgeschrieben ist.

- **TABINDEX**
  Das Attribut TABINDEX wurde definiert, um die Reihenfolge anzugeben, in der die Bereiche einer Karte durch Drücken der Tabulator-Taste angesprungen werden. Bereiche werden in der Reihenfolge der Werte dieses Attributs angesteuert (bei denen es sich um positive Zahlen handelt). Das Auswählen von Bereichen mit der Tabulator-Taste anstatt mit der Maus kann bei Schnittstellen verwendet werden, die keine Zeigegeräte unterstützen.

- **ACCESSKEY**
  Außerdem ist es möglich, mit Hilfe des Attributs ACCESSKEY für Bereiche Tastenkürzel zu definieren. Der Wert des Attributs ACCESSKEY kann aus einem einzelnen im Entity %CHARACTER; spezifizierten Unicode-Zeichen bestehen.

- **ONFOCUS**
  Dieses Attribut gibt ein Skript an, das aufgerufen wird, wenn der damit verbundene Bereich den Fokus erhält.

- **ONBLUR**
  Im Gegensatz zum Attribut ONFOCUS gibt das Attribut ONBLUR ein Skript an, das aufgerufen wird, wenn der Bereich sich nicht mehr im Fokus befindet.

Einer der Hauptvorteile von Client-Side Image Maps gegenüber Server-Side Image Maps besteht darin, daß sie das Assoziieren von Ereignissen mit Bereichen ermöglichen. Bei einem Server-Side Image Map steht immer fest, daß bei einem Klick auf einen Bereich eine HTTP-Interaktion mit dem Server folgt, bei der die Koordinaten an den Server gesendet werden und dann der Response abgewartet wird. Bei einer Client-Side Image Map ist es im Gegensatz dazu möglich, daß kein Link mit einem Bereich verknüpft ist (mit Hilfe des Attributs NOHREF), dafür aber für diesen Bereich mehrere Ereignisse definiert werden können. Diese Ereignisse lösen die Ausführung von Skripten aus, die ihrerseits alle Möglichkeiten von DHTML ausschöpfen können. Client-Side Image Maps können somit zum Erstellen von äußerst dynamischen Web-Seiten verwendet werden, die kein hohes Maß an Server-Interaktion erfordern.

5.2.6 Links

Links stellen zu verschiedenen Zwecken nutzbare Verbindungen zwischen Informationen dar. Ein Beispiel ist das in Abschnitt 5.2.3.1 beschriebene Element <LINK>, welches das Verknüpfen von Style Sheets mit Dokumenten sowie die Definition von Beziehungen (wie beispielsweise »Inhaltsverzeichnis«) zwischen Dokumenten ermöglicht. Am häufigsten werden Links im Web jedoch dazu verwendet, um einen Link von einem Dokument auf ein anderes einzurichten, dem man durch einfaches Anklicken folgen kann. Die im vorangegangenen Abschnitt beschriebenen Image Maps geben ebenfalls Links an, allerdings auf komplexere Weise. Das einfachste Verfahren zum Erstellen eines Links in einem Dokument besteht in der Verwendung eines mit dem Element <A> definierten Anchors.

```
<!ELEMENTA - - (%INLINE;)* -(A) >
<!ATTLISTA
  %ATTRS;
  CHARSET     %CHARSET;          #IMPLIED
  TYPE        %CONTENTTYPE;      #IMPLIED
  NAME        CDATA              #IMPLIED
  HREF        %URI;              #IMPLIED
  HREFLANG    %LANGUAGECODE;     #IMPLIED
  TARGET      %FRAMETARGET;      #IMPLIED
  REL         %LINKTYPES;        #IMPLIED
  REV         %LINKTYPES;        #IMPLIED
  TABINDEX    NUMBER             #IMPLIED
  ACCESSKEY   %CHARACTER;        #IMPLIED
  SHAPE       %SHAPE;            RECT
  COORDS      %COORDS;           #IMPLIED
  ONFOCUS     %SCRIPT;           #IMPLIED
ONBLUR        %SCRIPT;           #IMPLIED >
```

Das Element <A> enthält ein beliebiges im Entity %INLINE; definiertes Inline-Element als Inhalt. Um verschachtelte Anchors zu vermeiden, wird das Element <A> aus dem Content Model ausgeschlossen. Sowohl das Start- als auch das End-Tag des Elements <A> sind vorgeschrieben. Neben den durch das Entity %ATTRS; definierten Standardattributen definiert das Element <A> eine Reihe weiterer Attribute.

- CHARSET

  Mit Hilfe dieses Attributs wird der in der Ressource, auf die der Link zeigt, verwendete Character Set angegeben. Die für dieses Attribut möglichen Werte sind im Entity %CHARSET; definiert.

- **TYPE**

  Dieses Attribut gibt den Inhaltstyp der Ressource an, auf die der Anchor zeigt. Die für dieses Attribut möglichen Werte sind im Entity `%CONTENT-TYPE;` definiert.

- **NAME**

  Dieses Attribut weist einem Anchor einen Namen zu, so daß dieser von einem anderen Anchor als Ziel verwendet werden kann. Dieser Name muß innerhalb des Dokuments eindeutig sein.

- **HREF**

  Das Attribut **HREF** definiert mit Hilfe einer vom Entity `%URI;` definierten URI den Speicherort einer Ressource. Durch das Verwenden des Attributs **HREF** wird ein auf einen Zielort weisender Source Anchor erstellt.

- **HREFLANG**

  Wie mit dem Attribut **CHARSET** kann mit Hilfe des Attributs **HREFLANG** die Sprache der Ressource angegeben werden, auf die der Link zeigt. Die für dieses Attribut möglichen Werte sind im Entity `%LANGUAGECODE;` definiert. Sprachen werden gemäß Internet Proposed Standard RFC 1766 [7] mit Hilfe von Sprach-Tags festgelegt, die aus primären Tags und optionalen Subtags bestehen. Jeder aus zwei Buchstaben zusammengesetzte primäre Tag stellt eine ISO 639 [112]-konforme Sprachabkürzung und jedes wiederum aus zwei Buchstaben bestehende Subtag einen Ländercode gemäß ISO 3166 [128] dar.

- **TARGET**

  Wenn es, wie in Abschnitt 5.2.7.1 beschrieben, mit Framesets und Frames eingesetzt wird, läßt sich mit Hilfe des Attributs **TARGET** angeben, welcher Frame beim Auswählen des Links als Target Frame dienen soll, d.h. in welchen Frame das Dokument geladen werden sollte, auf das im Attribut **HREF** verwiesen wird. Die für dieses Attribut möglichen Werte sind im Entity `%FRAMETARGET;` definiert.

- **REL**

  Das Attribut **REL** gibt die Beziehung zwischen dem Dokument mit dem Element <A> und dem Dokument an, auf das der Anchor verweist. Die für dieses Attribut möglichen Werte sind im Entity `%LINKTYPES;` definiert. Es ist möglich, mit Hilfe einer durch Leerzeichen unterteilten Liste von Link-Typen mehr als einen Link-Typ anzugeben.

- **REV**

  Während das Attribut **REL** vorwärtsgerichtete Links angibt, handelt es sich beim Attribut **REV** um sein Gegenstück, das rückwärtsgerichtete Links spezifiziert (engl. reverse – daher auch der Name). Aus diesem Grund entsprechen die für dieses Attribut möglichen Werte denen des Attributs REL und werden im Entity %LINKTYPES; definiert. Es ist möglich, mit Hilfe einer durch Leerzeichen unterteilten Liste von Link-Typen mehr als einen Link-Typ anzugeben.

- TABINDEX
  Das Attribut TABINDEX wurde definiert, um die Reihenfolge festzulegen, in der die Anchors durch Drücken der Tabulator-Taste angesprungen werden. Anchors werden in der Reihenfolge der Werte dieses Attributs angesteuert (bei denen es sich um positive Zahlen handelt). Das Auswählen von Anchors mit der Tabulator-Taste anstatt mit der Maus kann bei Schnittstellen verwendet werden, die keine Zeigegeräte unterstützen.

- ACCESSKEY
  Außerdem ist es möglich, mit Hilfe des Attributs ACCESSKEY für Anchors Tastenkürzel zu definieren. Der Wert des Attributs ACCESSKEY kann aus einem einzelnen im Entity %CHARACTER; spezifizierten Unicode-Zeichen bestehen.

- SHAPE und COORDS
  Diese Elemente kommen nur dann zum Einsatz, wenn das Element <A> innerhalb eines <MAP>-Elements verwendet wird. Dies wiederum ist ausschließlich dann der Fall, wenn das Element <MAP> innerhalb eines <OBJECT>-Elements zum Definieren einer in Abschnitt 5.2.8.2 beschriebenen Client-Side Image Map zum Einsatz kommt.

- ONFOCUS
  Dieses Attribut gibt ein Skript an, das aufgerufen wird, wenn der Anchor entweder durch das Zeigegerät oder per Navigation mit Hilfe der Tabulator-Taste den Fokus bekommt.

- ONBLUR
  Im Gegensatz zum Attribut ONFOCUS gibt das Attribut ONBLUR ein Skript an, das aufgerufen wird, wenn der Anchor entweder durch das Zeigegerät oder per Navigation mit Hilfe der Tabulator-Taste den Eingabefokus verliert.

In Abhängigkeit von den verwendeten Attributen kann ein Anchor entweder die Quelle oder das Ziel eines Links angeben. In Abschnitt 5.2.6.1 wird das Festlegen von Source Anchors und in Abschnitt 5.2.6.2 das Angeben von Destination Anchors beschrieben.

5.2.6.1 Source Anchors

Ein Source Anchor stellt den Ursprung eines Links dar und es ist möglich, diesem Link bis zu seinem Ziel zu folgen. Der Zielort eines Source Anchors wird mit Hilfe des Attributs HREF angegeben. Neben diesem Attribut können die Attribute REL, REV, CHARSET, TYPE und HREFLANG zum Angeben zusätzlicher Informationen verwendet werden.

```
... der <A HREF="index.html">index</A> befindet sich ...
```

In diesem Beispiel zeigt der Anchor auf ein Dokument mit der Bezeichnung `index.html`, das sich auf demselben Server befindet. Die Mehrzahl der Browser stellt den Text innerhalb des Elements <A> auf besondere Weise dar, wie beispielsweise in einer unterschiedlichen Farbe oder unterstrichen.

5.2.6.2 Destination Anchors

Falls ein Dokument als Ganzes adressiert wird, muß nicht ausdrücklich ein Destination Anchor angegeben werden, da die URI des Dokuments als Anchor dient. Dennoch kann eine URI auch einen in Abschnitt 2.2 beschriebenen *Fragment Identifier* enthalten. In diesem Falle zeigt die URI auf ein Objekt. HTML definiert zwei Verfahren zum Angeben von Fragment Identifiers.

- NAME
  Man kann einen Destination Anchor auch mit Hilfe des Attributs NAME des Elements <A> erstellen. Der Inhalt des Attributs NAME definiert den Fragment Identifier, der zum Zeigen auf das <A>-Element innerhalb des Dokuments verwendet werden kann.

  ```
  <P><A NAME="copyright"></A>The copyright of the ...
  ```

  In diesem Beispiel wird ein Absatz eines Dokuments durch Einfügen eines leeren <A>-Elements an seinem Anfang als Destination Anchor gekennzeichnet.

- ID
  Die Verwendung des Attributs ID, bei dem es sich um einen Teil des in Abschnitt 5.2.2 beschriebenen Entity handelt (und das aus diesem Grund für fast alle Elemente definiert ist), stellt einen neuen Weg zum Angeben von Destination Anchors dar. Auf diese Weise ist es nicht mehr erforderlich, wie beim Element <A> ein zusätzliches Element in das Dokument einzufügen. Da dieses Attribut jedoch erst in HTML 4.0 hinzugekommen ist, wird seine Verwendung als Destination Anchor nicht auf breiter Basis unterstützt.

```
<P ID="copyright">Das Urheberrecht ...
```

Derselbe Effekt wie im obenstehenden Beispiel läßt sich durch dieVerwendung des Attributs ID des <P>-Elements erzielen.

Beide Beispiele können verwendet werden, um sowohl aus dem Dokument heraus als auch von außen auf den Absatz zu verweisen. Falls der Source Anchor im selben Element definiert ist, muß lediglich der Fragment Identifier verwendet werden.

```
... der <A HREF="#copyright">Urheberrechtsvermerk</A> enthält ...
```

Obwohl es eleganter ist, daß Attribut ID zu verwenden, kann dies zu Problemen führen, wenn mit älteren Browsern auf ein Dokument zugegriffen wird. Daran sollte man bei der Definition von Destination Anchors denken.

5.2.7 Frames und Formulare

Neben dem Strukturieren von Text, der Integration von Bildern und der Verwendung von Links bietet HTML auch andere Möglichkeiten zum Gestalten eines Dokuments. Ein Verfahren zum Erstellen von Dokumenten stellen die in Abschnitt 5.2.7.1 beschriebenen Framesets dar, bei denen es sich eigentlich um Sammlungen anderer Dokumente handelt. Mit der Verwendung der in Abschnitt 5.2.7.2 beschriebenen HTML-Formulare verfügt man über die Möglichkeit, in einem Dokument interaktive Elemente einzuschließen, die dem Benutzer das Einfügen von Daten und deren Übertragung an einen Server zum Zwecke der Verarbeitung ermöglichen.

5.2.7.1 Frames

Obwohl sich die Verwendung von Frames nach ihrer Erfindung durch Netscape schnell einbürgerte, wurde diese Technologie offiziell erst in HTML 4.0 integriert. Der Hauptvorteil von Frames liegt darin, daß es mit ihrer Hilfe recht einfach ist, eigentlich eine Sammlung von Web-Seiten darstellende Web-Seiten zu erstellen, indem mehrere Dokumente in einem Fenster zusammengefaßt werden. Dies wird häufig verwendet, um Seiten so zu gestalten, daß ihr Design dem der Benutzerschnittstellen von Computerprogrammen ähnelt. Frames werden gern benutzt, um ein Dokument mit dem Inhaltsverzeichnis in einem Frame und den eigentlichen Inhalt in einem anderen Frame anzuzeigen. Abbildung 5.9 stellt die zum Erstellen eines solchen Designs erforderliche HTML-Struktur dar.

Bei der Verwendung von Frames stammt der im Browser-Fenster angezeigte Inhalt aus mehr als einem Dokument. Es gibt ein *Frameset Document* genanntes und die Struktur der Frames definierendes Dokument.

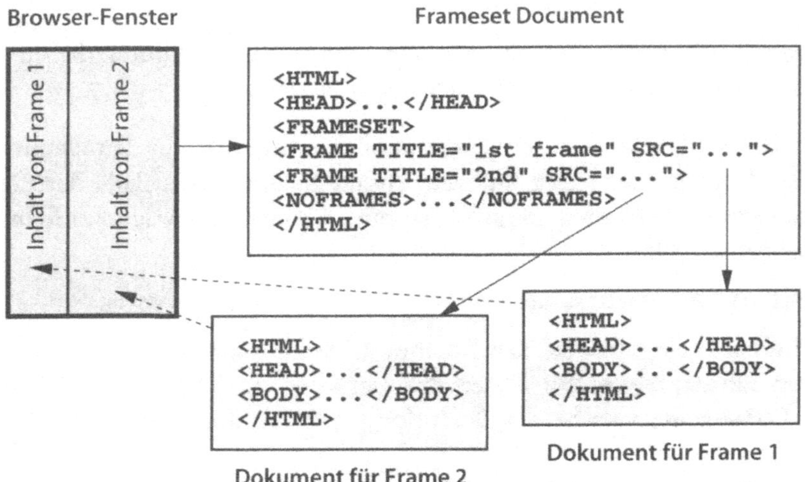

Abb. 5.9 Die Struktur einer HTML-Seite, die von Frames Gebrauch macht

Dieser Frame enthält keinen Inhalt[36], sondern definiert lediglich das Layout des Fensters und enthält Links auf die in den verschiedenen Fenstern darzustellenden Dokumente. Aufgrund dieser speziellen Struktur des Frameset Documents verwendet es eine DTD, die sich von der normalen HTML 4.0 DTD unterscheidet. (Weitere Informationen über HTML 4.0 DTDs finden sich in Abschnitt 5.2.1.)

```
<!DOCTYPE HTML PUBLIC "-//W3C//DTD HTML 4.0 Frameset//EN"
  "http://www.w3.org/TR/REC-html40/frameset.dtd" >
```

Bei *Frame Documents* handelt es sich um normale HTML-Dokumente. Sie enthalten keine besonderen Elemente oder Attribute. Frames können ausschließlich anhand ihres Namens interagieren (zum Beispiel, damit das im oben angeführten Beispiel enthaltene Dokument mit dem Inhaltsverzeichnis ein neues Kapitel in das Nachbarfenster laden kann), der innerhalb des Frameset Documents mit Hilfe des Attributs **NAME** des <FRAME>-Elements definiert wird.

Frameset

Ein Frameset Document (d.h. ein die Frameset DTD verwendendes Dokument) enthält einen normalen HTML Document Head und gibt die Struktur eines Framesets an. Es definiert das Layout des Fensters, die Inhalte der ver-

---

[36] Obwohl es in dem später beschriebenen Element <NOFRAMES> Inhalt für Browser enthalten kann, die keine Frames unterstützen.

schiedenen Frames des Fensters (die sich beim Betrachten des Framesets ändern können) sowie den Inhalt, der bei einem keine Frames unterstützenden Browser angezeigt werden soll.

```
<!ELEMENT HTML O O (HEAD, FRAMESET) <
<!ATTLIST HTML
  %I18N; >
```

Laut der Frameset DTD besteht ein HTML-Dokument aus einem Document Head und einem Frameset. Beide Elemente sind zwingend vorgeschrieben und müssen in der im Content Model definierten Reihenfolge verwendet werden. Sowohl das Start- als auch das End-Tag des Elements <HTML> sind optional. Die einzigen mit dem Element <HTML>verwendbaren Attribute sind die Internationalisierungsattribute, welche die Sprache und die Schreibrichtung des Dokuments definieren.

```
<!ELEMENT FRAMESET - - ((FRAMESET|FRAME)+ & NOFRAMES?) >
<!ATTLIST FRAMESET
  %COREATTRS;
  ROWS      %MULTILENGTHS;  #IMPLIED
  COLS      %MULTILENGTHS;  #IMPLIED
  ONLOAD    %SCRIPT;        #IMPLIED
  ONUNLOAD  %SCRIPT         #IMPLIED >
```

Das Element <FRAMESET> kann weitere <FRAMESET>- oder <FRAME>-Elemente enthalten (wodurch verschachtelte Framesets zum Definieren komplexer Frame-Anordnungen, wie beispielsweise in Abbildung 5.10 gezeigt, ermöglicht werden). <FRAMESET>-Elemente definieren eine andere Verschachtelungsebene, wobei das Layout eines Framesets angegeben werden kann, während <FRAME>-Elemente auf HTML-Dokumente verweisen, die den eigentlichen Inhalt eines Frames darstellen. Neben diesen beiden Elementen kann innerhalb des <FRAMESET>-Elements auch das Element <NOFRAMES> erscheinen und den Inhalt angeben, der in Browsern angezeigt wird, die keine Frames unterstützen. Sowohl das Start- als auch das End-Tag des Elements <FRAMESET> sind zwingend vorgeschrieben. Neben den durch das Entity %COREATTRS; definierten Kernattributen definiert das Element <FRAMESET> eine Reihe weiterer Attribute.

- **ROWS** und **COLS**

  Diese Attribute dienen zum Definieren der Abmessungen eines jeden Frames im Frameset. Die im Attribut ROWS angegebenen Werte geben die Höhe jeder Zeile von oben nach unten an, während das Attribut COLS die Breite jeder Spalte von links nach rechts festlegt. Falls die Attribute ROWS oder COLS weggelassen werden, wird der Wert des Attributs mit 100% angenommen. Falls beide Attribute angegeben werden, wird ein Gitter definiert und von links nach rechts und oben nach unten gefüllt. Jedes Attribut akzeptiert eine durch Kommata unterteilte Liste von Längenwerten, die in Übereinstimmung mit dem Entity %MULTILENGTHS; in Pixeln, als Prozentsatz oder als relative Länge angegeben werden.

- *Pixel*
  Eine in Pixeln angegebene Länge gibt den gesamten Platzbedarf eines Frames in Pixeln an. Dies sollte lediglich für Bilder oder andere Dokumente mit fester Breite verwendet werden, da dieser Wert bei einer Veränderung der Fenstergröße nicht angepaßt wird. Die Länge in Pixeln wird einfach mit Hilfe einer Zahl festgelegt.

- *Prozentsatz*
  Ein Prozentsatz gibt die gewünschte Größe des Frames in Form eines prozentualen Anteils des verfügbaren Raums an. Ein Prozentsatz wird mit Hilfe einer Zahl und des Prozentzeichens festgelegt.

- *Relative Länge*
  Die relative Länge ermöglicht es, Frames Raum in Relation zu anderen Frames zuzuweisen. Sie wird mit Hilfe einer von einem Sternchen gefolgten Zahl angegeben. Die Angabe »3*,*« würde dem ersten Frame beispielsweise dreimal soviel Platz wie dem zweiten zuweisen.

Fall die Attribute ROWS und COLS im selben Frameset verwendet werden, hat dies die Bildung eines vollständigen Gitters von Frames zur Folge. In den meisten Fällen wird aber ein Layout benötigt, bei dem, wie in Abbildung 5.10 dargestellt, eine Anzahl Spalten mit einer unterschiedlichen Anzahl von Zeilen, oder umgekehrt, versehen wird.

Diese Form des Layouts läßt sich mit verschachtelten <FRAMESET>-Elementen verwirklichen, wobei jedes Frameset eine Spalte oder Zeile angibt sowie die Größe der Frames in dieser Spalte oder Zeile definiert.

```
<FRAMESET ROWS="50,70%,*")>
  <FRAME TITLE="Title" SRC="document 1">
  <FRAMESET COLS="100,*">
    <FRAME TITLE="Navigation bar" SRC="document 2">
    <FRAME TITLE="Content" SRC="document 3">
  </FRAMESET>
  <FRAME TITLE="Bottom" SRC="document 4">
</FRAMESET>
```

Normalerweise ist die Verwendung von Prozentsätzen oder relativen Längen ratsam, die bei einer Veränderung der Fenstergröße eine Anpassung der Frames ermöglichen. Falls jedoch die oberste Zeile ein Bild mit einer festen Größe enthält, ist es hilfreich, dieser Zeile eine feste Größe, der mittleren Zeile eine Größe von 70% der vertikalen Fenstergröße und den Rest (mit Hilfe einer relativen Länge ohne Zahlenangabe) der untersten Zeile zuzuweisen. Da die Navigationsleiste (die beispielsweise ein Inhaltsverzeichnis enthält) ebenfalls über eine feste Breite verfügen soll, wird ihre Spaltenbreite auf eine feste Größe gesetzt und der Rest der mittleren Zeilen dem Frame für den Inhalt zugewiesen, in dem der eigentliche, mit Hilfe der Navigationsleiste ausgewählte Inhalt dargestellt wird.

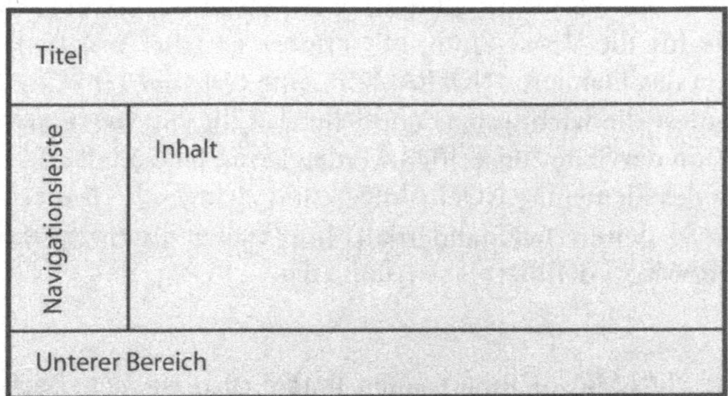

Abb. 5.10   Ein Beispiellayout mit verschachtelten <FRAMESET>-Elementen

- ONLOAD
  Das Attribut **ONLOAD** gibt ein Skript an, das aufgerufen wird, wenn das Dokument in den Browser geladen wird.

- ONUNLOAD
  Als Gegenstück zum Attribut **ONLOAD** gibt das Attribut **ONUNLOAD** ein Skript an, das aufgerufen wird, wenn das Dokument aus dem Browser-Fenster entfernt wird.

Wie in Abschnitt 5.2.3.1 beschrieben, ist es möglich, ein Objekt über mehrere Frames hinweg gemeinsam zu nutzen, indem man es in den Document Head des Frameset Documents aufnimmt und sein Attribut **DECLARE** setzt. Die Verwendung des Elements <OBJECT> ist in Abschnitt 5.2.8.2 beschrieben. Zu diesem Zweck müssen selbstverständlich die einzelnen die Frames des Framesets darstellenden HTML-Seiten so gestaltet sein, daß dem Frameset Document das Bereitstellen der Implementierung des Objekts überlassen wird.

```
<!ELEMENT NOFRAMES - - (BODY) -(NOFRAMES) >
<!ATTLIST NOFRAMES
  &ATTRS; >
```

Die meisten Browser unterstützen heutzutage Frames, doch sollten Frameset Documents immer so gestaltet werden, daß sie auch mit einem Frames nicht unterstützenden Browser verwendet werden können. Aus diesem Grund sollte in jedem Frameset Document das Element <NOFRAMES> eingesetzt werden. Falls der Browser nicht mit Frames umgehen kann, ignoriert er alle <FRAMESET>- und <FRAME>-Elemente ebenso wie das <NOFRAMES>-Element und erkennt schließlich das Element <BODY>, welches das einzige Element des Content Models des Elements <NOFRAMES> darstellt. Im Inhalt des Elements <NOFRAMES> sollte zumindest ein kurze Nachricht enthalten sein, daß die Seite für die Verwendung mit Frames gestaltet wurde. Besser noch wäre es, wenn das Element <NOFRAMES> eine Liste der Links auf alle Seiten (oder zumindest die wichtigsten) enthielte, auf die mit der Frames verwendenden Version der Seite zugegriffen werden kann. Sowohl das Start- als auch das End-Tag des Elements <NOFRAMES> sind zwingend erforderlich. Die im Entity %ATTRS; definierten Standardattribute stellen die einzigen für das Element <NOFRAMES> definierten Attribute dar.

Frame

Das Element <FRAME> definiert einen Frame, also einen Bereich innerhalb eines Frameset Documents. Jeder Frame muß in einem die Größe des Frames definierenden <FRAMESET>-Element eingeschlossen sein. Das Element <FRAME> dient als Platzhalter, definiert eine Anzahl von Eigenschaften des Frames und stellt einen Zeiger auf den Inhalt des Frames bereit. Folglich wird der eigentliche Inhalt eines Frames nicht innerhalb des Elements <FRAME> definiert, das lediglich einen Link auf den Inhalt angibt, bei dem es sich normalerweise um ein HTML-Dokument handelt.

```
<!ELEMENT FRAME - O EMPTY >
<!ATTLIST FRAME
  %COREATTRS;
  LONGDESC       %URI;           #IMPLIED
  NAME           CDATA           #IMPLIED
  SRC            %URI;           #IMPLIED
  FRAMEBORDER    (1|0)           1
  MARGINWIDTH    %PIXELS;        #IMPLIED
  MARGINHEIGHT   %PIXELS;        #IMPLIED
  NORESIZE       (YES|NO|AUTO) AUTO >
```

Da alle einen Frame betreffenden Informationen in den Attributen des Elements <FRAME> angegeben werden, ist das Element als leer definiert. Wie bei allen leeren Elementen ist das Start-Tag zwingend vorgeschrieben und die Verwendung des End-Tags optional. Neben den im Entity %COREATTRS; definierten Kernattributen definiert das Element <FRAME> eine Reihe weiterer Attribute.

- **LONGDESC**
  Das Attribut LONGDESC referenziert eine Seite, die eine ausführliche Beschreibung des Frames enthält. Diese Beschreibung sollte die mit Hilfe des Attributs <TITLE> (Bestandteil des Entity %COREATTRS;) zur Verfügung gestellte kurze Beschreibung ergänzen und kann insbesondere für nicht-visuelle User Agents von Nutzen sein.

- **NAME**
  Dieses Attribut gibt dem Frame einen Namen, der in den <TARGET>-Attributen der Elemente <A>, <AREA>, <BASE>, <FORM> oder <LINK> verwendet werden kann.

- **SRC**
  Dieses Attribut gibt den Ort des Inhalts an, der zunächst im Frame enthalten sein soll. Falls es sich bei dem Inhalt des Frames um ein Bild, ein Video oder ein ähnliches Objekt handelt und dieses mit Hilfe des Attributs TITLE nicht angemessen beschrieben werden kann, sollten Autoren mit Hilfe des Attributs LONGDESC die URI einer vollständigen HTML-Beschreibung dieses Objekts bereitstellen.

- **FRAMEBORDER**
  Das Attribut FRAMEBORDER legt fest, ob der Browser einen Rahmen um den Frame zeichnen soll. Der Standardwert 1 weist den Browser an, einen Rahmen zu zeichnen, während der Wert 0 einen Frame ohne Rahmen erstellt. Man sollte jedoch beachten, daß bei beiden Frames das Attribut <FRAMEBORDER> auf 0 gesetzt werden muß, wenn zwischen beiden Frames kein Rahmen gezeichnet werden soll.

- **MARGINWIDTH und MARGINHEIGHT**
  Es ist möglich, den zwischen dem Inhalt eines Frames und dessen Rahmen einzuhaltenden Zwischenraum anzugeben. Das Attribut MARGINWIDTH legt den freien Raum auf der linken und rechten Seite des Inhalts eines Frames fest, und das Attribut MARGINHEIGHT definiert den freien Raum am oberen und unteren Rand. Beide Werte werden wie im Entity %PIXELS; definiert in Pixeln angegeben.

- **NORESIZE**
  Dieses Attribut verhindert, daß der Benutzer die Größe eines Frames verändert. Falls dieses Attribut für alle Frames gesetzt wurde, wird das im <FRAMESET>-Element (oder den <FRAMESET>-Elementen) angegebene Layout festgelegt, welches anderenfalls lediglich das anfängliche Layout angibt, das vom Benutzer verändert werden kann. In den meisten Fällen sollte das Attribut NORESIZE nicht gesetzt werden, da es möglich wäre, daß Benutzer das Layout des Framesets verändern möchten.

- SCROLLING

  Das Attribut SCROLLING kann einen von drei möglichen Werten aufweisen. Beim Wert YES werden immer Bildlaufleisten erstellt, selbst wenn der Inhalt des Dokuments vollständig in den Frame paßt. Der Standardwert AUTO erzeugt nur dann Bildlaufleisten, wenn diese erforderlich sind, d.h. wenn das Frame Document nicht in den Frame paßt. Andernfalls werden keine Rollbalken erstellt. Beim Wert NO werden niemals Bildlaufleisten erzeugt, selbst wenn das Dokument nicht in den Frame paßt. Dies hat zur Folge, daß ein Teil des Frame-Inhalts für den Benutzer nicht zugänglich ist, und sollte daher mit Vorsicht angewendet werden.

Mit Hilfe des Elements <FRAME> läßt sich der anfängliche Inhalt eines Frames angeben. Eine der leistungsfähigsten Funktionen des Framesets besteht jedoch darin, daß sich der Inhalt von einzelnen Frames verändern läßt, um beispielsweise auf der linken Seite einen Frame anzuzeigen, der das Inhaltsverzeichnis enthält und immer gleich bleibt, während in einem Frame auf der rechten Seite das durch einen Klick auf den entsprechenden Eintrag im Inhaltsverzeichnis ausgewählte Kapitel eines Dokuments angezeigt wird. (Ein mögliches Layout hierfür wird in Abbildung 5.10 gezeigt.) Im folgenden Abschnitt wird beschrieben, wie sich dies mit Hilfe von Framesets und den Namen von Frames implementieren läßt.

Zusammenspiel von Frames

Eines der interessantesten Merkmale von Framesets ist ihre Fähigkeit, dynamisch den Inhalt von einzelnen Frames zu verändern. Der anfängliche Inhalt der Frames eines Framesets wird mit Hilfe von <FRAME>-Elementen angegeben, kann sich aber im Zuge der Benutzerinteraktion mit dem Frameset verändern, beispielsweise durch das Auswählen von Links. Im allgemeinen umfaßt die Gestaltung eines Framesets mit veränderbaren Frame- Inhalten die folgenden Schritte.

1. Den Frames eines Frameset Documents werden in den <FRAME>-Elementen mit Hilfe des Attributs NAME Namen zugewiesen, welche die geplante Verwendung der Frames wiedergeben sollten. So würde sich beispielsweise der Name INHALT[37] für den Inhalts-Frame in Abbildung 5.10 anbieten.

2. Mit Hilfe des Attributs TARGET kann man für jedes Element, das (über das Attribut SRC) einen Link auf eine Ressource enthält, den Namen eines Fra-

---

[37] Obwohl dieser Frame möglicherweise anfangs das erste Kapitel eines Dokuments enthält, sollte man ihn nicht KAPITEL1 nennen, da es sich hierbei lediglich um den anfänglichen Inhalt handelt, der sich ändern kann, falls der Benutzer ein anderes Kapitel aus dem Inhaltsverzeichnis auswählt.

mes angeben, in den das neue Dokument geladen werden sollte. Die Elemente, die auf diese Weise verwendet werden können, sind <A>, <AREA>, <BASE>, <FORM> und <LINK>.

```
<LI><A SRC="chapter2.html" TARGET="CONTENT">Kapitel 3: HTTP</A>
```

Das Auswählen dieses Eintrags in einem Inhaltsverzeichnis hätte zur Folge, daß der Browser das Dokument `chapter2.html` in den Frame lädt, dessen **NAME**-Attribut auf **CONTENT** gesetzt wurde. Als Nebeneffekt bliebe das Inhaltsverzeichnis in seinem eigenen Frame erhalten.

3. Obwohl die in verschiedene Frames geladenen einzelnen Dokumente normalerweise HTML-Dokumente darstellen, ist es bei komplexen Framesets immer erforderlich, daß die Dokumente speziell für diesen Frameset gestaltet werden. Zu diesem Zweck werden spezielle Zielnamen (wie _PARENT oder _TOP) verwendet, und es ist erforderlich, die Namen der anderen Dokumente dieses Framesets zu kennen.

Mit Hilfe dieser Schritte können sehr komplexe Entwürfe von über Framesets verfügende Web-Seiten erstellt werden, bei denen sich die Anzahl der innerhalb des Fensters geladenen Frames dynamisch ändert und die sich bis ins letzte durch den Benutzer konfigurieren lassen. Beim Gestalten von Web-Seiten mit Framesets sollte unbedingt beachtet werden, daß diese (oder Teile davon) auch keine Frames unterstützenden oder sogar nicht-visuellen Browsern zugänglich sein sollten.

Inline Frame

Ein weiteres Verfahren zum direkten Einfügen eines Frames in ein Dokument stellt die Verwendung eines Inline Frame dar. Ein mit dem Element <IFRAME> angegebener Inline Frame ist ein Objekt innerhalb einer HTML-Seite, wie ein Bild oder eine Tabelle, das aber ein vollständiges HTML-Dokument enthält. Außerdem ist es möglich, HTML-Objekte mit Hilfe des in Abschnitt 5.2.8.2 beschriebenen Elements <OBJECT> in Dokumenten einzufügen. Dieses Verfahren sollte der Verwendung des Elements <IFRAME> vorgezogen werden, da dieses nicht auf breiter Basis implementiert ist und das Element <OBJECT> wahrscheinlich die einzige Möglichkeit darstellen wird, um beliebige Objekte in Dokumente einzubetten.

```
<!ELEMENT IFRAME - - (%FLOW;)* >
<!ATTLIST IFRAME
  %COREATTRS;
  LONGDESC        %URI;                #IMPLIED
  NAME            CDATA                #IMPLIED
  SRC             %URI;                #IMPLIED
  FRAMEBORDER     (1|0)                1
```

```
MARGINWIDTH     %PIXELS;          #IMPLIED
MARGINHEIGHT    %PIXELS;          #IMPLIED
SCROLLING       (YES|NO|AUTO)     AUTO
ALIGN           %ALIGN;           #IMPLIED
HEIGHT          %LENGTH;          #IMPLIED
WIDTH           %LENGTH;          #IMPLIED >
```

Ähnlich wie andere auf externe Informationen verweisende Elemente ist das Element <IFRAME> so definiert, daß es Inhalt zuläßt, der nur dargestellt werden sollte, falls das HTML-Dokument, auf welches das Attribut SRC verweist, nicht angezeigt werden kann. Das Element <IFRAME> verwendet das Entity %FLOW; als Content Model und ermöglicht sowohl Block-Level als auch Inline Content. Sowohl das Start- als auch das End-Tag des Elements <IFRAME> sind vorgeschrieben. Neben den durch das Entity %COREATTRS; definierten Kernattributen definiert das Element <IFRAME> eine Reihe weiterer Attribute.

- LONGDESC
  Das Attribut LONGDESC legt einen Verweis auf eine Seite fest, die eine ausführliche Beschreibung des Inline Frames enthält. Diese Beschreibung sollte die mit Hilfe des Attributs <TITLE> (Bestandteil des Entity %CORE-ATTRS;) zur Verfügung gestellte kurze Beschreibung ergänzen und kann insbesondere für nicht-visuelle User Agents von Nutzen sein.

- NAME
  Dieses Attribut gibt dem Inline Frame einen Namen, der in den <TARGET>-Attributen der Elemente <A>, <AREA>, <BASE>, <FORM> oder <LINK> verwendet werden kann.

- SRC
  Dieses Attribut gibt den Ort des Inhalts an, der zunächst in dem Inline Frame enthalten sein soll. Falls es sich bei dem Inhalt des Inline Frames um ein Bild, ein Video oder ein ähnliches Objekt handelt und dieses mit Hilfe des Attributs TITLE nicht angemessen beschrieben werden kann, sollten Autoren mit Hilfe des Attributs LONGDESC die URI einer vollständigen HTML-Beschreibung dieses Objekts bereit stellen.

- FRAMEBORDER
  Das Attribut FRAMEBORDER gibt an, ob der Browser um den Inline Frame einen Rahmen zeichnen soll. Der Standardwert 1 weist den Browser an, einen Rahmen zu zeichnen, während der Wert 0 einen Inline Frame ohne Rahmen erstellt.

- MARGINWIDTH und MARGINHEIGHT
  Es ist möglich, den zwischen dem Inhalt eines Inline Frames und dessen
  Rahmen einzuhaltenden Zwischenraum festzulegen. Das Attribut
  MARGINWIDTH definiert den freien Raum auf der linken und rechten Seite
  des Inhalts eines Inline Frames und das Attribut MARGINHEIGHT den am
  oberen und unteren Rand. Beide Werte werden wie im Entity %PIXELS;
  definiert in Pixeln angegeben.

- SCROLLING
  Das Attribut SCROLLING kann einen von drei möglichen Werten aufweisen. Beim Wert YES werden im Inline Frame immer Bildlaufleisten erstellt,
  selbst wenn der Inhalt des Dokuments vollständig in den Inline Frame
  paßt. Der Standardwert AUTO erzeugt nur dann Bildlaufleisten, wenn
  diese erforderlich sind, d.h. wenn das Frame Document nicht in den Inline
  Frame paßt. Andernfalls werden keine Bildlaufleisten erstellt. Beim Wert
  NO werden niemals Bildlaufleisten generiert, auch wenn das Dokument
  nicht in den Inline Frame paßt. Dies hat zur Folge, daß ein Teil des Inhalts
  des Inline Frame für den Benutzer nicht zugänglich ist, und sollte daher
  mit Vorsicht angewendet werden.

- ALIGN
  Das Attribut ALIGN gibt die horizontale Ausrichtung des Inline Frame
  bezüglich des ihn umgebenden Kontexts an. Die für dieses Attribut möglichen Werte werden im Entity %ALIGN; definiert.

- HEIGHT und WIDTH
  Diese Attribute geben die Höhe und Breite des Inline Frame an. Beide
  Attribute akzeptieren die im Entity %LENGTH; angegebenen Werte.

Man sollte auch beachten, daß das Element <IFRAME> nur Bestandteil der
Transitional DTD ist (beschrieben in Abschnitt 5.2.1), so daß jede Seite, die
mit der Strict DTD übereinstimmen soll, keine mit Hilfe des Elements
<IFRAME> erzeugten Inline Frames enthalten darf.

5.2.7.2 Formulare

Obwohl die ersten Versionen von HTML fast ausschließlich zum Lesen von
Dokumenten verwendet wurden, wurde schnell deutlich, daß ein Mechanismus zum Senden von Daten an einen Client sehr hilfreich sein würde. Das
erste zu diesem Zweck geschaffene Element, <ISINDEX> (das nun zu den Deprecated Constructs zählt), ermöglichte ein sehr einfaches Verfahren zum
Senden von Schlüsselworten an einen Server. Bald danach wurden Formulare
entwickelt, die eine Anzahl von Elementen für das Eingeben von Daten defini-

erten, die innerhalb eines Formulars angeordnet werden konnten. Die von einem Benutzer eingegebenen Daten können an einen Server übertragen werden. HTML 4.0 stellt viele neue Funktionen für Formulare zur Verfügung, obwohl HTML-Formulare immer noch erheblich einfacher sind als die grafischen Benutzerschnittstellen normaler Computerprogramme[38]. Das richtige Design von Formularen (das Erstellen eines guten Layouts mit Hilfe von Tabellen und anderen HTML-Elementen) ist mit Schwierigkeiten verbunden, wie es bei der Gestaltung von Benutzerschnittstellen immer der Fall ist. Dieser Aspekt von Formularen wird an dieser Stelle jedoch nicht diskutiert.

Neben den grundlegenden, im in Abschnitt 5.2.2 beschriebenen Entity `%EVENTS;` definierten Attributen zum Erstellen von Skripten auf der Client-Seite, akzeptieren viele der in diesem Abschnitt beschriebenen formularspezifischen HTML-Elemente zwei weitere Ereignisse zum Steuern der Skripte eines Elements, die zum Erlangen oder Verlieren des Eingabefokus dienen. Die folgenden Ereignisse sind für die Elemente <INPUT>, <BUTTON>, <SELECT>, <TEXTAREA> und <LABEL> definiert. Bei den meisten der für Formulare verwendeten Elemente wurde auf eine ausführliche Beschreibung aller Attribute verzichtet, die jedoch zum Nachschlagen in Anhang B.4 aufgeführt sind.

- **ONFOCUS**
  Dieses Attribut gibt ein Skript an, das aufgerufen wird, wenn das entsprechende Element entweder durch das Zeigegerät oder die Navigation mit Hilfe der Tabulator-Taste den Eingabefokus bekommt.

- **ONBLUR**
  Im Gegensatz zum Attribut **ONFOCUS** gibt das Attribut **ONBLUR** ein Skript an, das aufgerufen wird, wenn das Element entweder durch das Zeigegerät oder die Navigation mit Hilfe der Tabulator-Taste den Eingabefokus verliert.

Die Elemente <INPUT>, <BUTTON>, <SELECT>, <TEXTAREA> und <LABEL> sind auch im Entity `%FORMCTRL;` enthalten, das ermöglicht, daß diese Elemente auch außerhalb von Formularen an jedem Ort erscheinen können, für den Inline-Elemente zulässig sind[39]. Dies hat möglicherweise den Zweck, mit diesen Elementen Ereignisse zu assoziieren, sie aber nicht zu einem Bestandteil des eigentlichen Formulars zu machen.

---

[38] Eine reichhaltiger ausgestattete Variante von HTML-Formularen wird von Girgenson und Lee [87] beschrieben. Dieses Papier bietet eine gute Übersicht über Funktionen, die man HTML-Formularen hinzufügen könnte, um diese komfortabler und leistungsfähiger zu machen.

[39] Dies ist möglich, da die DTD das Entity `%FORMCTRL;` als Teil des Entity `%INLINE;` definiert.

Das Element <FORM>

Das Element <FORM> dient als Container für Inhalt, der ein Formular definiert. HTML-Formulare werden durch die Verwendung normaler HTML-Elemente zusammen mit speziellen, *Controls* genannten Elementen konstruiert, die Dateneingaben akzeptieren. Ein typisches Formular besteht aus einer Anzahl von für das Eingeben von Daten verwendeten Controls kombiniert mit normalen Elementen, wie Text oder Absätzen zum Beschriften der Controls sowie Tabellen und Listen, die für das Formularlayout verwendet werden.

Das Element <FORM> definiert, wie mit den durch die Controls (wie beispielsweise durch markierte Auswahlfelder oder in ein Textfeld eingegebenen Text) bereitgestellten Formulardaten verfahren wird. Dazu wird definiert, wohin und wie die Daten gesendet werden sollten. Die Datenübertragung wird durch spezielle Controls ausgelöst, aber die zwei wichtigsten Punkte, nämlich wohin und wie die Daten gesendet werden, werden durch das Element <FORM> selbst definiert.

```
<!ELEMENT FORM - - (%BLOCK;|SCRIPT)+ -(FORM) >
<!ATTLIST FORM
  %ATTRS;
  ACTION          %URI;           #REQUIRED
  METHOD          (GET|POST)      GET
  ENCTYPE         %CONTENTTYPE;   "application/x-www-form-urlencoded"
  ONSUBMIT        %SCRIPT;        #IMPLIED
  ONRESET         %SCRIPT;        #IMPLIED
  TARGET          %FRAMETARGET;   #IMPLIED
  ACCEPT-CHARSET %CHARSETS;       #IMPLIED >
```

Das Element <FORM> akzeptiert sowohl normalen, durch das Entity %BLOCK; spezifizierten Block-Level Content als auch durch das Element <SCRIPT> definierte Skripte. Das Element <FORM> selbst ist aus dem Content Model ausgeschlossen, um die Bildung von verschachtelten Formularen zu verhindern. Das Start- und das End-Tag des Elements <FORM> sind zwingend vorgeschrieben. Neben den durch das Entity %ATTRS; definierten Standardattributen definiert das Element <FORM> eine Reihe weiterer Attribute.

- ACTION
  Dieses Attribut gibt den Agenten an, der das Formular verarbeitet. In den meisten Fällen enthält dieses Attribut eine HTTP-URI, die auf irgendeinen Prozeß des die Formulardaten handhabenden Servers verweist. (In Abschnitt 9.4.2 wird ein üblichesVerfahren zum Bearbeiten von Formulardaten mit Hilfe eines CGI-Skripts beschrieben.) Das Attribut ACTION

könnte jedoch auch eine URI für eine E-Mail-Adresse angeben. In diesem Fall würden die Formulardaten in Form einer E-Mail eingereicht.

- METHOD
  Falls das Attribut ACTION aus einer HTTP-URI besteht, gibt das Attribut METHOD die zum Übertragen des Formularinhalts an den in der URI des Attributs ACTION bezeichneten Server zu verwendende HTTP-Methode an. Eine allgemeine Beschreibung der Methoden von HTTP ist in Abschnitt 3.2.3.1 zu finden. Im Falle des Attributs METHOD ist die Angabe zweier verschiedener Methoden zum Übertragen des Formularcontents in einem HTTP-Request an den Server möglich.

  - GET
    Dieses Attribut legt fest, daß der Formularinhalt mit Hilfe der HTTP-Methode GET übertragen werden sollte. Bei Verwendung dieser Methode werden die Formulardaten an die im Attribut ACTION angegebene URI angehängt (mit Hilfe eines Abfrage-Strings in URI-Notation).

  - POST
    Die zweite Alternative stellt die HTTP-Methode POST dar, bei der die Formulardaten im Request Body eingeschlossen werden. Dieses Verfahren ist für größere Formulare und Formulare, die möglicherweise nicht zum ASCII Character Set gehörende Zeichen enthalten, besser geeignet.

Normalerweise wird die Methode GET für kleinere Formulare (im allgemeinen etwa bis zu einer Formulardatenmenge von 100 Zeichen) verwendet, während man bei größeren Formularen auf die Methode POST zurückgreift. Man sollte jedoch beachten, daß aus Gründen der Sicherheit die Methode POST vorzuziehen ist, da die Methode GET alle Attribute in der Request-URI ablegt, die in vielen Fällen in den Protokollen von als Zwischenstation dienenden Rechnern oder des Origin Servers gespeichert wird und deshalb mit größerer Wahrscheinlichkeit von nicht befugten Personen eingesehen werden kann als der Message Body, innerhalb dessen die Methode POST die Formularattribute überträgt.

- ENCTYPE
  Falls das Formular mit Hilfe der HTTP-Methode POST übertragen wird (dies wird im Attribut METHOD festgelegt), wird mit dem Attribut ENCTYPE die Codierung des Requests angegeben. Die möglichen Werte sind im Entity %CONTENTTYPE; definiert. Normalerweise werden die Formulardaten mit Hilfe der sogenannten URL-Codierung in einer einzigen Folge von Zeichen codiert. Falls das Formular jedoch ein <INPUT>-

Element mit einem auf `FILE` gesetzten TYPE-Attribut aufweist, ist die Verwendung des im Internet Experimental RFC 1867 [194] spezifizierten Typs `multipart/form-data` erforderlich.

- ONSUBMIT und ONRESET
  Außer den Kernereignissen definiert das Element <INPUT> zwei weitere Ereignisse, die zum Zuweisen von Skripten eingesetzt werden können, falls die Formulardaten übertragen werden oder das Formular zurückgesetzt wird.

- TARGET
  Wenn es, wie in Abschnitt 5.2.7.1 beschrieben, mit Framesets und Frames eingesetzt wird, läßt sich mit Hilfe des Attributs TARGET angeben, welcher Frame beim Übertragen des Formulars als Target Frame dienen soll, d.h. in welchen Frame das aus der Formularübertragung resultierende Dokument geladen werden sollte. Die für dieses Attribut möglichen Werte sind im Entity `%FRAMETARGET;` definiert.

- ACCEPT-CHARSET
  Dieses Attribut beschreibt die Character Sets, die der die Formulardaten handhabende Server verarbeiten kann. Dieses Attribut wird im Entity `%CHARSETS;` definiert.

Das Element <FORMS> dient als Container für die Controls von Formularen. Diese definieren die grundlegendsten Eigenschaften eines Formulars , beispielsweise was mit den Formulardaten beim Übertragen des Formulars geschieht und wie diese Daten zu codieren sind. In den folgenden Abschnitten werden die einzelnen HTML-Elemente beschrieben, die zum Angeben von Controls verwendet werden können.

Das Element <INPUT>

Das Element <INPUT> stellt das vielseitigste HTML-Element zum Festlegen von Controls dar, da es eine Vielzahl verschiedener Controls bereitstellt. Der Typ sowie viele andere Eigenschaften des von einem <INPUT>-Element erzeugten Control werden mit Hilfe eines Attributs bestimmt.

```
<!ELEMENT INPUT - O EMPTY >
<!ATTLIST INPUT
  %ATTRS;
  TYPE           %INPUTTYPE;     TEXT
  NAME           CDATA           #IMPLIED
  VALUE          CDATA           #IMPLIED
  CHECKED        (CHECKED)       #IMPLIED
  DISABLED       (DISABLED)      #IMPLIED
  READONLY       (READONLY)      #IMPLIED
```

```
SIZE         CDATA           #IMPLIED
MAXLENGTH    NUMBER          #IMPLIED
SRC          %URI;           #IMPLIED
ALT          CDATA           #IMPLIED
USEMAP       %URI;           #IMPLIED
TABINDEX     NUMBER          #IMPLIED
ACCESSKEY    %CHARACTER;     #IMPLIED
ONFOCUS      %SCRIPT;        #IMPLIED
ONBLUR       %SCRIPT;        #IMPLIED
ONSELECT     %SCRIPT;        #IMPLIED
ONCHANGE     %SCRIPT;        #IMPLIED
ACCEPT       %CONTENTTYPES;  #IMPLIED  >
```

Das Element <INPUT> verfügt über keinerlei Inhalt, da alle die Controls betreffenden Informationen durch Attribute angegeben werden. Wie bei allen leeren Elementen ist auch hier das Start-Tag erforderlich und das End-Tag optional. Neben den durch das Entity `%ATTRS;` definierten Standardattributen definiert das Element <INPUT> eine Reihe weiterer Attribute. Das wichtigste davon ist das Attribut TYPE, das den Typ des vom Element <INPUT> erzeugten Controls angibt. Die für das Attribut TYPE möglichen Werte werden im Entity `%INPUTTYPE;` definiert.

```
<!ENTITY % INPUTTYPE
  "(TEXT | PASSWORD |CHECKBOX | RADIO | SUBMIT |
   RESET | FILE | HIDDEN | IMAGE | BUTTON )" >
```

Jeder dieser Werte definiert ein anderes Control. In der folgenden Liste werden die verschiedenen Typen von Controls beschrieben, die mit Hilfe des Elements <INPUT> und einem entsprechenden Wert des Attributs TYPE erzeugt werden können.

- **TEXT**
  Dieser Wert definiert ein Control für die Eingabe von Text. Hierbei handelt es sich um den Standardwert des Attributs TYPE. Der anfängliche Wert des Textfelds wird durch das Attribut VALUE, seine Größe (in sichtbaren Zeichen) durch das Attribut SIZE und seine größtmögliche Länge durch das Attribut MAXLENGTH definiert[40].

- **PASSWORD**
  Diese Art von Control ist fast mit dem des Typs TEXT identisch. Die auf dem Bildschirm sichtbaren Zeichen werden jedoch normalerweise als Sternchen dargestellt. Der Wert selbst wird bei der Übertragung des Formulars allerdings in Form von Klartext übertragen. Aus diesem Grund bietet das Control PASSWORD nur eine sehr begrenzte Sicherheit.

---

[40] Bei dem durch das Element <INPUT> erzeugten Textfeld handelt es sich stets um ein einzeiliges Textfeld. Mehrzeilige Textfelder lassen sich mit Hilfe des Elements <TEXTAREA> erzeugen.

- CHECKBOX und RADIO
  Dieses Control erzeugt ein Kontrollkästchen oder ein Optionsfeld. Der einzige Unterschied zwischen diesen beiden Controls besteht darin, daß aus einer Gruppe von Controls (die durch dasselbe Attribut NAME des Elements <INPUT> gekennzeichnet sind) eine beliebige Anzahl von Kontrollkästchen, aber immer nur ein Optionsfeld ausgewählt werden kann. Falls das Attribut CHECKED gesetzt wurde, bedeutet dies, daß das Kontrollkästchen oder Optionsfeld anfänglich ausgewählt ist. Das Attribut VALUE der Controls CHECKBOX und RADIO muß gesetzt werden, da es den Wert des Controls angibt, falls dieses gesetzt wird.

```
<P><INPUT TYPE=RADIO NAME="CARD" VALUE="Visa" CHECKED> Visa
<P><INPUT TYPE=RADIO NAME="CARD" VALUE="MC" > MasterCard
<P><INPUT TYPE=RADIO NAME="CARD" VALUE="AmEx" > American Express
```

  In diesem kurzen Beispiel werden drei Optionsfelder erzeugt (die mit Hilfe des gleichen Werts des Attributs NAME logisch gruppiert werden). Anfänglich wird das erste Optionsfeld ausgewählt. Falls das Formular ohne eine Veränderung des ursprünglich eingestellten Werts abgeschickt wird, hat das zur Folge, daß diese drei Controls die Formulardaten CARD=Visa übertragen.

- SUBMIT
  Der Wert SUBMIT ermöglicht das Erstellen einer Schaltfläche zum Abschicken des Formulars. Jedes Formular muß mit mindestens einer Schaltfläche dieses Typs assoziiert sein, da es sonst durch den Benutzer nicht übertragen werden kann. Mit Hilfe des Attributs VALUE kann die vom Browser vorgegebene Beschriftung dieser Schaltfläche überschrieben werden. Falls das Attribut NAME gesetzt wurde, erzeugt der Browser ein Name/Wert-Paar für die Schaltfläche, die zum Abschicken des Formulars verwendet wurde. Dies ist erforderlich, wenn ein Formular über mehr als eine Schaltfläche zum Versenden des Formulars verfügt, damit das die Formulardaten verarbeitende Programm feststellen kann, welche dieser Schaltflächen zum Einsatz kam.

- RESET
  Diese Art von Control erzeugt eine Reset-Schaltfläche, die ein Formular wieder auf seine Anfangswerte zurücksetzt. Mit Hilfe des Attributs VALUE kann die vom Browser vorgegebene Beschriftung dieser Schaltfläche überschrieben werden.

- FILE
  Weiterhin ist es möglich, eine auf den Server zu ladende Datei festzulegen. Dies wird mit Hilfe des Control FILE vorgenommen. Dabei wird ein

Fenster zum Auswählen der Datei angezeigt (welches je nach eingesetztem Browser-Typ und Betriebssystem, ein anderes Aussehen haben kann). Mit Hilfe des Attributs ACCEPT kann man eine Liste der zulässigen Dateitypen angeben, die im Entity `%CONTENTTYPE;` definiert sind. Diese Funktion wird jedoch zur Zeit nicht auf breiter Basis unterstützt.

Bei Verwendung dieses Typs von Formular-Control muß man ein Formular einsetzen, das seine Daten mit Hilfe der Methode `POST` versendet und bei dem das Attribut ENCTYPE des Elements <FORM> so gesetzt wurde, daß es den im Internet Experimental RFC 1867 [194] angegebenen Codierungstyp `multipart/form-data` verwendet.

- HIDDEN

  Dieser Typ von Eingabe-Control wird vom Browser nicht angezeigt. Normalerweise dient dies zum Einschließen von Informationen in HTML-Seiten, um diese beispielsweise bei mehreren Seiten umfassenden Formularen für den Benutzer unsichtbar von einer Seite auf eine andere zu übertragen. Bei dieser Art Control werden normalerweise die Attribute NAME und VALUE gesetzt.

- IMAGE

  Mit Hilfe dieses Eingabe-Controls wird ein Bild als Schaltfläche zum Absenden des Formulars definiert. Eine solche Schaltfläche gibt nicht nur das Formular, sondern auch die Koordination des Punktes weiter, auf den innerhalb des Bildes geklickt wurde. Das Attribut NAME bezeichnet das für dieses Eingabe-Control verwendete Bild. Wenn der Benutzer auf dieses Bild klickt, erstellt der Browser zwei Name/Wert-Paare der Form `name.x=x-coord` und `name.y=y-coord`, welche die Koordinaten des Punktes enthalten, auf den der Benutzer geklickt hat[41].

- BUTTON

  Der Wert BUTTON ermöglicht die Erstellung eines *Push Button*. Eine Schaltfläche dieses Typs hat nicht das Versenden von Daten zur Folge, sondern kann zum Assoziieren von Skripten mit Ereignissen für diese Schaltfläche eingesetzt werden. Die Beschriftung dieser Schaltfläche wird mit Hilfe des Attributs VALUE angegeben.

Bei allen Controls können auch die Attribute READONLY und DISABLED gesetzt werden, die es dem Benutzer unmöglich machen, die Controls zu verändern. Falls das Attribut READONLY eingesetzt wird, werden die Daten des

---

[41] Es ist auch möglich, mit Hilfe des Attributs USEMAP des <INPUT>-Elements eine Client-Side Image Map zu definieren. In diesem Fall verweist die URI, wie in Abschnitt 5.2.5.2 beschrieben, auf eine Client-Side Image Map. Dieses Feature wird jedoch zur Zeit nicht auf breiter Basis unterstützt.

Controls jedoch immer noch zusammen mit allen Formulardaten versendet. Bei Verwendung des Attributs DISABLED werden diese Daten hingegen nicht mit übertragen. Beide Attribute lassen sich dynamisch mit Hilfe eines Skripts ändern, wodurch das Erstellen von Formularen mit bedingten Controls möglich wird.

Neben den Kernereignissen sind für das Element <INPUT> zwei weitere Ereignisse, ONSELECT und ONCHANGE, definiert. Das Ereignis ONSELECT wird ausgelöst, wann immer Text innerhalb eines Controls ausgewählt wird. Das Ereignis ONCHANGE tritt ein, falls ein Control den Fokus verliert und sein Wert nach dem Erhalten des Fokus verändert wurde. Wie bei allen Ereignissen akzeptieren diese Attribute alle Skripte, die der Spezifikation im Entity `%SCRIPT;` entsprechen.

Das Element <BUTTON>

Neben den Schaltflächen, die sich mit Hilfe des Elements <INPUT> erzeugen lassen, können mit dem in HTML 4.0 definierten Element <BUTTON> allgemeinere Schaltflächen erzeugt werden, als dies mit dem Element <INPUT> möglich wäre. Das einzige Verfahren, um mit dem Element <INPUT> Schaltflächen zu erstellen, besteht darin, deren Standardtext mit Hilfe des Attributs VALUE des Elements <INPUT> abzuändern oder sie mit Bildern zu belegen. Das Element <BUTTON> ermöglicht das Erstellen von Schaltflächen, die fast alle HTML-Elemente enthalten können.

```
<!ELEMENTBUTTON--(%FLOW;)* -(A|%FORMCTRL;|FORM|FIELDSET) >
```

Das Element <BUTTON> verwendet das Entity `%FLOW;` als Content Model und ermöglicht sowohl Block-Level als auch Inline Content. Dies schließt eine Anzahl von Elementen aus diesem allgemeinen Content Model aus, um verschachtelte Formulare, Formularelemente und innerhalb eines <BUTTON>-Elements erscheinende Anchors zu verhindern. Sowohl das Start- als auch das End-Tag des Elements <BUTTON> sind zwingend erforderlich. Das wichtigste Attribut des Elements <BUTTON> stellt das Attribut TYPE dar, welches der Typ der zu erstellenden Schaltfläche festlegt.

- SUBMIT
  Dies ist der Standardwert des Attributs TYPE. Er definiert eine Schaltfläche, die zum Absenden eines Formulars dient. Ein Formular kann über mehr als eine dieser Schaltflächen verfügen. Das die Formulardaten handhabende Programm kann feststellen, welche Schaltfläche zum Übertragen des Formulars verwendet wurde, indem es nach einem Name/Wert-Paar sucht, bei dem der Name mit dem Attribut NAME einer Schaltfläche zum Versenden des Formulars übereinstimmt (angegeben mit Hilfe eines der

Elemente <BUTTON> oder <INPUT>) und dessen Wert auf `submit` gesetzt wurde.

- RESET
  Das Element <BUTTONS> kann mit Hilfe dieses Werts verwendet werden, um eine Schaltfläche zu erstellen, die ein Formular wieder auf seine Anfangswerte zurücksetzt.

- BUTTON
  Mit diesem Wert wird ein *Push Button* erstellt. Eine Schaltfläche dieses Typs löst keine vorher definierte Aktion aus, sondern definiert lediglich eine allgemeine Schaltfläche, mit deren Ereignissen normalerweise Skripte assoziiert werden.

Das Element <BUTTON> ist neu in HTML und wird noch nicht auf breiter Basis unterstützt. Deshalb ist die Verwendung von mit dem Element <INPUT> erstellten Schaltflächen sicherer, obwohl diese nicht die Flexibilität der mit dem Element <BUTTON> erzeugten erreichen.

Die Elemente <SELECT>, <OPTGROUP> und <OPTION>

Beim Gestalten von Formularen ist es sehr oft notwendig, eine Auswahl anzubieten. Die mit Hilfe des Elements <INPUT> erstellten Controls, Optionsfelder und Kontrollkästchen können zu diesem Zweck eingesetzt werden. Falls jedoch eine große Anzahl von Auswahlmöglichkeiten verfügbar ist, sind sie dazu in den meisten Fällen nicht sehr gut geeignet. In solchen Fällen ist ein Mechanismus zum Erstellen von Popup-Menüs geeigneter, die nur angezeigt werden, wenn der Benutzer sie auswählt. Ursprünglich stellte HTML diese Funktionen mit den Elementen <SELECT> und <OPTION> bereit. In HTML 4.0 wurde zum Erstellen von Untermenüs das Element <OPTGROUP> hinzugefügt.

```
<!ELEMENT SELECT   - - (OPTGROUP|OPTION)+ >
<!ELEMENT OPTGROUP - - (OPTION)+ >
<!ELEMENT OPTION   - O (#PCDATA) >
```

Ein <SELECT>-Element gibt eine Reihe von Optionen an, die entweder in Optionsgruppen zusammengefaßt sein können (die durch das Element <OPTGROUP> repräsentiert werden) oder direkt innerhalb des Elements <SELECT> erscheinen. Sowohl das Start- als auch das End-Tag des Elements <SELECT> sind zwingend erforderlich.

Eine Gruppe von Optionen wird mit Hilfe des Elements <OPTGROUP> angegeben und stellt einfach eine Folge von einer oder mehreren Optionen dar (die über das Element <OPTION> festgelegt werden). Man sollte beachten, daß <OPTGROUP>-Elemente nicht verschachtelt werden können, so daß das Erstellen von Unter-Untermenüs nicht möglich ist. Der im Menü darzustellende Text wird mit Hilfe des Attributs **LABEL** angegeben. Sowohl das Start- als auch das End-Tag des Elements <OPTGROUP> sind zwingend erforderlich.

Eine Option wird durch das Element <OPTION> dargestellt. Dieses enthält Daten in Form von Zeichen, die zum Anzeigen eines Menüpunkts dienen, falls das Element <OPTION> nicht über ein **LABEL**-Attribut verfügt. Andernfalls sollte der Inhalt des Attributs **LABEL** als Text des Menüpunkts verwendet werden. Das Start-Tag des Elements <OPTION> ist zwingend erforderlich, während das End-Tag weggelassen werden kann. Durch das Design des neuen Elements <OPTGROUP> und des Attributs **LABEL** ist gewährleistet, daß sowohl HTML 4.0 nicht implementierende Browser (in der folgenden Liste als HTML-3.2-Browser bezeichnet) als auch vollständige HTML-4.0-Implementierungen den Inhalt des Elements <SELECT> anzeigen können, ohne Informationen zu verlieren.

- *HTML-3.2-Browser*
  Diese Browser erkennen weder das Element <OPTGROUP> noch das Attribut **LABEL** des Elements <OPTION> und ignorieren beide. Sie nehmen den Inhalt des Elements <OPTION> und zeigen ihn in dem Menü an.

- *HTML-4.0-Browser*
  HTML 4.0 implementierende Browser erkennen sowohl das Element <OPTGROUP> als auch die Werte des Attributs **LABEL** des Elements <OPTION> und zeigen die Werte des Attributs **LABEL** des Elements <OPTGROUP> im Hauptmenü und dieWerte des Attributs **LABEL** des Elements <OPTION> in den Untermenüs an. Der Inhalt der <OPTION>-Elemente wird von diesen Browsern ignoriert.

Wie man sieht, kann das neue Element <OPTGROUP> in HTML-Dokumenten eingesetzt werden, ohne die Kompatibilität mit älteren HTML-Implementierungen zu opfern. Deshalb ist es eine gute Idee, beim Design die Optionen innerhalb des Elements <SELECT> soweit möglich zusammenzufassen. Dies ist insbesondere in den Fällen wichtig, in denen das Element <SELECT> ein große Zahl von Optionen enthält.

Das Element <TEXTAREA>

Einzeilige Controls für die Texteingabe lassen sich mit Hilfe des Elements <INPUT> erstellen. Es gibt jedoch viele Szenarien, in denen es wichtig ist, über mehrzeilige Controls für die Eingabe von Text zu verfügen. In diesem Fall kann mit Hilfe des Elements <TEXTAREA> ein Control zur Eingabe einer beliebigen Anzahl von Zeilen erstellt werden.

```
<!ELEMENT TEXTAREA - - (#PCDATA) >
```

Das Element <TEXTAREA> akzeptiert als Inhalt Zeichendaten, die als anfänglicher Inhalt des Controls für die Texteingabe dienen sollten. Sowohl das Start- als auch das End-Tag des Elements <TEXTAREA> sind zwingend erforderlich. Die Attribute ROWS und COLS stellen die beiden wichtigsten Attribute des Elements <TEXTAREA> dar. Diese Attribute akzeptieren Zahlen und geben die Größe des zu erstellenden Texteingabe-Controls an.

Neben den Kernereignissen sind für das Element <TEXTAREA> zwei weitere Ereignisse, ONSELECT und ONCHANGE, definiert. Das Ereignis ONSELECT wird ausgelöst, wann immer ein Benutzer innerhalb eines Controls Text ausgewählt. Das Ereignis ONCHANGE wird ausgelöst, falls ein Control den Fokus verliert und sein Wert nach dem Erhalten des Fokus verändert wurde. Wie bei allen Ereignissen akzeptieren diese Attribute Skripte, die im Entity %SCRIPT; spezifiziert sind.

Das Element <LABEL>

Obwohl einige der Controls für Formulare über mit ihnen assoziierte Beschriftungen verfügen (Schaltflächen und der auf der Schaltfläche angezeigte Text oder Inhalt), ist dies bei den meisten nicht der Fall. Vor HTML 4.0 wurde die Verbindung zwischen einer Beschriftung und dem Control in einem Formular lediglich durch das Layout definiert, welches normalerweise Text oder eine andere Form der Beschriftung für ein Texteingabe-Control anzeigt. Dieses Verfahren erschwert nicht-visuellen Browsern der Umgang mit Formularen jedoch sehr, da nicht klar definiert ist, welcher Text mit welchem Texteingabe-Control verbunden ist. In HTML 4.0 wurde dies durch die Einführung des Attributs LABEL geändert, mit dessen Hilfe eine Beschriftung mit dem Control eines Formulars assoziiert werden kann.

```
<!ELEMENT LABEL - - (%INLINE;)* -(LABEL) >
```

Das Element <LABEL> kann jedes im Entity %INLINE; definierte Inline-Element als Inhalt haben. Um verschachtelte Beschriftungen zu verhindern, wurde das Element <LABEL> selbst aus dem Content Model ausgeschlossen. Sowohl das Start- als auch das End-Tag des Elements <LABEL> sind zwingend erforderlich. Es gibt zwei Möglichkeiten, um Beschriftungen mit den Controls eines Formulars zu assoziieren.

- *Implicit Labeling*
  In diesem Fall ist das Formular-Control Bestandteil des Inhalts des Elements <LABEL>. Das Element <LABEL> muß genau ein Formular-Control enthalten.

- *Explicit Labeling*
  In einigen Fällen ist es unmöglich, das Formular-Control im Inhalt des
  Elements <LABEL> einzuschließen. Ein Beispiel dafür ist das Layout eines
  über eine Tabelle verfügenden Formulars, bei dem sich die Beschriftung
  und das Formular-Control in verschiedenen Zellen der Tabelle befinden.
  In diesem Fall muß das Attribut FOR des Elements <LABEL> mit dem
  Wert des Attributs ID des mit ihm assoziierten Formular-Controls überein-
  stimmen.

Mit Hilfe des Attributs ACCESSKEY des Elements <LABEL> kann einer
Beschriftung und dem damit verbundenen Control eines Formulars ein
Tastenkürzel zugewiesen werden. Der Wert des Attributs ACCESSKEY kann
aus einem einzelnen, im Entity %CHARACTER; spezifizierten Unicode-Zei-
chen bestehen. Die Darstellung des Tastenkürzels ist vom Browser abhängig.
Normalerweise wird das Zeichen unterstrichen, wenn es zum ersten Mal im
Text der Beschriftung erscheint.

Wie viele andere neue Funktionen von HTML 4.0, wird auch das Element
<LABEL> momentan nicht auf breiter Basis unterstützt. Jedoch wurde es so
gestaltet, daß es eingesetzt werden kann, ohne die Kompatibilität eines Dokuments mit älteren Browsern zu gefährden. Das Element <LABEL> nicht implementierende Browser ignorieren es einfach und stellen das Formular wie
gehabt dar. Aus diesem Grund ist es ratsam, beim Erstellen von Formularen
<LABEL>-Elemente einzuschließen.

Strukturierung von Formularen

Falls ein Formular eine große Anzahl von Formular-Controls enthält, sollten
diese in Gruppen angeordnet werden, um die Benutzerfreundlichkeit zu verbessern. HTML 4.0 führt das Element <FIELDSET> ein, mit dessen Hilfe sich
Formular-Controls in Gruppen zusammenfassen lassen. Gerade bei nicht-
visuellen Browsern werden Formulare durch gruppierte Formular-Controls
besser zugänglich.

```
<!ELEMENT FIELDSET - - (#PCDATA,LEGEND,(%FLOW;)*) >
<!ELEMENT LEGEND   - - (%INLINE;)* >
```

Das Element <FIELDSET> enthält eine im Element <LEGEND> angegebene
Legende für die Gruppe der Formular-Controls sowie den im Entity %FLOW;
spezifizierten Block-Level und Inline Content. Dieser Inhalt enthält das vollständige Markup für die Gruppe von Formular-Controls, wozu die Formular-
Controls selbst sowie alle anderen zu ihrer Strukturierung erforderlichen Elemente (beispielsweise Listen oder Tabellen) gehören. Sowohl das Start- als
auch das End-Tag des Elements <FIELDSET> sind zwingend erforderlich. Das
Element <LEGEND> enthält die Legende der Gruppe von Formular-Controls

und kann durch das Entity `%INLINE;` definierte Inline-Elemente als Inhalt haben. Sowohl das Start- als auch das End-Tag des Elements <LEGEND> sind zwingend erforderlich.

Da die Elemente <FIELDSET> und <LEGEND> erst neu in HTML hinzugekommen sind, werden sie zur Zeit nicht auf breiter Basis unterstützt. Diese Elemente lassen sich jedoch gefahrlos in Formularen einsetzen, weil ein sie nicht erkennender Browser sie einfach ignoriert. Beim Gestalten eines Formulars muß sichergestellt sein, daß der Inhalt des Elements <LEGEND> unabhängig davon, ob es von einem Browser erkannt und entsprechend interpretiert oder als normaler Inhalt dargestellt wird, weil der Browser die Elemente <FIELDSET> und <LEGEND> ignoriert hat, ein akzeptables Layout erstellt.

5.2.8 Dynamische Dokumente

Das Web-Design wurde zu einer sehr wichtigen Frage. Das Web wird für eine Vielzahl kommerzieller Anwendungen genutzt, und das Erstellen von attraktiven Web-Seiten wurde für viele Firmen immer bedeutender. Das einfachste Verfahren zum Erstellen von über dynamischen Inhalt verfügenden Web-Seiten stellt die Verwendung von animierten GIF-Grafiken dar, die sich problemlos mit Hilfe des Elements <IMG> einbinden lassen. Diese Art von Inhalt ist jedoch nicht interaktiv, was für viele professionell gestaltete Web-Seiten unbedingt der Fall sein muß.

Das wichtigste Verfahren zum Erstellen einer dynamischen und interaktiven Web-Seite besteht in der Verwendung von Skripten, die in Abschnitt 5.2.8.1 beschrieben werden. Darüber hinaus wird in HTML 4.0 ein neues, in Abschnitt 5.2.8.2 beschriebenes Element mit der Bezeichnung <OBJECT> eingeführt, das zum Einbinden multimedialer Objekte dient.

5.2.8.1 Skripte

Das Client-Side Scripting stellt eine der wichtigsten Komponenten bei der Erstellung von dynamischen Web-Seiten dar und ist zugleich einer der wichtigsten Bestandteile von *Dynamic HTML (DHTML)*. Hinsichtlich HTML ist das Scripting nicht auf eine bestimmte Skriptsprache beschränkt, und es stehen, wie in Abschnitt 8.1 beschrieben, mehrere verschiedene Skriptsprachen zur Verfügung. Der bedeutendste Aspekt liegt in der Verbindung zwischen Skripten und Dokumenten, die in dem in Abschnitt 10.5.5 beschriebenen *Document Object Model (DOM)* angegeben wird. Dieses Modell beschreibt, wie Skripte auf Dokumente zugreifen und diese verändern können. Neben dieser allgemeinen Spezifikation für den Zugriff auf und das Verändern von Dokumenten definiert DOM auch *Sprachbindungen* für verschiedene Sprachen.

Im allgemeinen werden Skripte auf HTML-Seiten, in Abhängigkeit davon, wo sie angegeben sind, zu verschiedenen Zeitpunkten ausgeführt.

- *Beim Laden eines Dokuments ausgeführte Skripte*
  Jedes innerhalb des Elements <SCRIPT> angegebene Skript wird beim Laden eines Dokuments ausgeführt. Häufig wird dieses Verhalten benutzt, um eine Reihe von Funktionen zu deklarieren, die später von mit Ereignissen verknüpften Skripten aufgerufen werden können.

- *Skripte, die beim Eintreten von Ereignissen ausgeführt werden*
  Im Gegensatz zu innerhalb eines <SCRIPT>-Elements angegebenen Skripten werden mit einem Ereignis assoziierte Skripte ausgeführt, wenn dieses Ereignis eintritt. Die am häufigsten verwendeten Ereignisse sind in dem in Abschnitt 5.2.2 beschriebenen Entity %EVENTS; definiert. Einige HTML-Elemente definieren jedoch weitere Ereignisse, die alle gemeinsam haben, daß der Name des Attributs, welches das Skript ausführt, mit ON beginnt.

Mit Hilfe dieser beiden Arten von Skripten lassen sich Web-Seiten erstellen, die beim Laden eine Reihe von möglicherweise komplexen Skriptfunktionen deklarieren, welche beim Eintreten bestimmter Ereignisse mit einfachen Funktionsaufrufen gestartet werden.

Da nicht garantiert werden kann, daß ein Browser in einer HTML-Seite enthaltene Skripte ausführt[42], kann mit Hilfe des Elements <NOSCRIPT> ein alternativer Inhalt angegeben werden, der lediglich dann vom Browser dargestellt werden sollte, wenn ein vorher aufgerufenes Skript nicht ausgeführt werden konnte. Das Element <NOSCRIPT> ist Teil des Entity %BLOCK; und kann daher überall dort eingesetzt werden, wo Block-Level-Elemente zulässig sind. Im allgemeinen sollte ein <NOSCRIPT>-Element unmittelbar auf ein <SCRIPT>-Element folgen. Da Skripte jedoch oft ein dynamisches und möglicherweise interaktives Verhalten implementieren, ist es in vielen Fällen schwierig oder sogar unmöglich, einen hilfreichen HTML-Ersatz für ein Skript anzugeben.

5.2.8.2 Objekte

Neben der Möglichkeit, Web-Seiten Skripte hinzuzufügen (was es erlaubt, auf den Inhalt der Seite zuzugreifen und diesen zu verändern), ist auch das Einbetten von Objekten in einer HTML-Seite möglich. In früheren, proprietären HTML-Versionen wurden spezielle Elemente zum Einfügen verschiedenarti-

---

[42] Möglicherweise führt ein Browser Skripte nicht aus, da bei ihm überhaupt kein Scripting implementiert ist, weil das in der Seite enthaltene Skript in einer vom Browser nicht unterstützen Skriptsprache abgefaßt ist oder weil der Benutzer das Client-Side Scripting deaktiviert hat.

ger Objekte, das Element <IMG> zum Einbetten von Bildern oder spezielle Elemente zum Einbinden von Java-Applets (beschrieben in Abschnitt 8.2.1) in Seiten eingeführt. Das Element <APPLET> von HTML 3.2[43], das Element <DYNSRC> von Microsoft und das Element <EMBED> (begleitet von dem Element <NOEMBED>) von Netscape wurden alle zum Einbetten von Programmen in Web-Seiten entworfen[44]. Bei HTML 4.0 hat man erkannt, daß es sinnvoller ist, über ein Element zu verfügen, das als allgemeiner Container für externen Inhalt dient. Obwohl das Element <IMG> weiterhin ein Teil von HTML bleibt und noch geraume Zeit in Gebrauch sein wird, ist beabsichtigt, daß letztendlich das Element <OBJECT> das einzige für externe Inhalte verwendete Element darstellen wird.

Da das Element <OBJECT> als allgemeiner Container für die Aufnahme von externem Inhalt entworfen wurde (wobei es sich um ein ausführbares Programm oder lediglich um Daten, wie ein Bild oder eine Videosequenz, handeln kann), gibt es verschiedene Datentypen, die möglicherweise für ein Objekt benötigt werden.

- *Implementierung*
  Falls es sich bei dem Objekt um ein Programm handelt (wie beispielsweise um ein Java-Applet), muß der Browser das Programm (d.h. die Implementierung) finden können. Mit Hilfe des Attributs CLASSID wird auf die Implementierung eines Objekts verwiesen.
  Das optionale Attribut CODETYPE gibt den Typ des Programmcodes an und ermöglicht so dem Browser, das Herunterladen von Programmcode zu vermeiden, der von ihm nicht ausgeführt werden kann (da die Sprache entweder nicht implementiert ist oder der Browser konfiguriert wurde, ein diese Sprache verwendendes Programm nicht auszuführen).
  Falls das Objekt jedoch Daten enthält, die der Browser interpretieren kann (beispielsweise ein Bild in einem vom Browser unterstützten Format), muß nicht auf eine Implementierung verwiesen werden, und das Attribut CLASSID wird nicht verwendet.

- *Darzustellende Daten*
  Das Attribut DATA legt darzustellende Daten fest. Im Falle von Bildern oder anderen Multimedia-Objekten (wie Videosequenzen oder Audiodateien) enthält dieses Attribut den Verweis auf die Daten (und stellt somit

---

43 Das Element <APPLET> stellt immer noch einen Bestandteil der Transitional DTD von HTML 4.0 dar, zählt aber mittlerweile zu den Deprecated Constructs. Statt dessen sollte das Element <OBJECT> verwendet werden.

44 Daneben wird auch das proprietäre Element <BGSOUND> von Microsoft zum Einbetten von Objekten in HTML-Seiten eingesetzt. In diesem Fall handelt es sich um einen Klang, der beim Anzeigen der Seite ertönt.

das Pendant des SRC-Attributs des Elements <IMG> dar). Je nachdem, ob die Daten vom Browser angezeigt werden (wie beispielsweise ein Bild) oder als Eingabe für ein externes Programm dienen, wird das Attribut DATA ohne oder mit dem Attribut CLASSID eingesetzt. Das optionale Attribut TYPE gibt den Datentyp an und ermöglicht so dem Browser, das Herunterladen von Daten zu vermeiden, die er nicht verarbeiten kann (wie beispielsweise ein Bild in einem vom Browser nicht unterstützten Format). Es ist möglich, daß ein Programm in dem Sinne unabhängig ist, daß es keine Daten als Eingabe benötigt. In diesem Fall wird das Attribut DATA nicht verwendet.

- *Zusätzliche Parameter*
  Neben der Implementierung und den darzustellenden Daten kann ein Objekt auch <PARAM>-Elemente enthalten, um vor der Laufzeit benötigte Initialisierungsdaten bereitzustellen. Diese Parameter werden während des Generierens der Objektdarstellung verwendet, und ihre Namen und Werte sind vollkommen vom dargestellten Objekt abhängig.

Diese drei Datentypen, die mit einer Instanz des Elements <OBJECT> verwendet werden können, lassen sich in Abhängigkeit vom Objekttyp und der vom Browser geleisteten Unterstützung beliebig kombinieren. Während manche Browser über eine integrierte Unterstützung für einige Medientypen verfügen (wie beispielsweise für ein spezielles Grafikformat oder Videosequenzen) und zu ihrer Darstellung keiner externen Implementierung bedürfen, unterstützen andere diese Formate nicht und erfordern die Bereitstellung einer externen Implementierung[45].

```
<!ELEMENT OBJECT - - (PARAM | %FLOW;)* >
<!ATTLIST OBJECT
  %ATTRS;
  DECLARE    (DECLARE)         #IMPLIED
  CLASSID    %URI;             #IMPLIED
  CODEBASE   %URI;             #IMPLIED
  DATA       %URI;             #IMPLIED
  TYPE       %CONTENTTYPE;     #IMPLIED
  CODETYPE   %CONTENTTYPE;     #IMPLIED
  ARCHIVE    %URI;             #IMPLIED
  STANDBY    %TEXT;            #IMPLIED
  HEIGHT     %LENGTH;          #IMPLIED
  WIDTH      %LENGTH;          #IMPLIED
```

---

[45] Falls externe Implementierungen für die Darstellung von Medientypen vorhanden sind, wäre es möglich, ein Objekt anzugeben, das ein (mit dem Attribut CLASSID identifiziertes) Java-Applet enthält, welches die (über das Attribut DATA spezifizierten) Daten des Medientyps zeigt, der vom Browser nicht unterstützt wird.

```
USEMAP    %URI;              #IMPLIED
NAME      CDATA              #IMPLIED
TABINDEX  NUMBER             #IMPLIED >
<!ELEMENT PARAM - O EMPTY >
<!ATTLIST PARAM
ID        ID                 #IMPLIED
NAME      CDATA              #REQUIRED
VALUE     CDATA              #IMPLIED
VALUETYPE (DATA|REF|OBJECT) DATA
TYPE      %CONTENTTYPE;      #IMPLIED >
```

Das Element <OBJECT> kann <PARAM>-Elemente mit für das Objekt selbst während der Laufzeit benötigten Initialisierungsdaten sowie im Entity %FLOW; spezifizierten Block Level und Inline Content enthalten. Sowohl das Start- als auch das End-Tag des Elements <OBJECT> sind zwingend erforderlich. Die für das Element <OBJECT> definierten Attribute entsprechen den im Entity %ATTRS; definierten Standardattributen. Außerdem wurde eine Anzahl weiterer Attribute zum Angeben von Informationen über das Objekt definiert.

- DECLARE

  Mit Hilfe des Attributs DECLARE kann ein Objekt deklariert werden, was bedeutet, daß beim Auftreten einer das Attribut DECLARE enthaltenden Elementinstanz von <OBJECT> keine Instanz dieses Objekts gebildet wird. Dies wird häufig mit Objekten innerhalb des Document Headers gemacht, wo möglicherweise mehrere Frames Objekte gemeinsam nutzen, falls es sich bei dem Dokument um ein Frameset Document handelt. Das deklarierte Objekt kann durch die Aktivierung eines auf es verweisenden Links instanziiert werden, bei dem es sich um einen das Element <A> verwendenden Anchor handeln kann.

- CLASSID

  Dieses Attribut zeigt auf die Implementierung des Objekts, falls eine solche vorhanden ist. In Abhängigkeit vom Objekttyp verweist das Attribut CLASSID auf eine Implementierung wie beispielsweise ein Java-Applet, oder es ist überhaupt nicht vorhanden, falls es sich bei dem Objekt um ein vom Browser interpretierbares Bild handelt. Das optionale Attribut CODETYPE gibt den Typ der Implementierung an.

- CODEBASE

  Das Attribut CODEBASE gibt eine URI an, die, falls vorhanden, als Base URI für die Attribute CLASSI , DATA und ARCHIVE dient. Falls das Attribut CODEBASE nicht vorhanden ist, wird die Base URI des Dokuments als Base URI für relative URIs eingesetzt.

- DATA
  Dieses Attribut zeigt auf eventuell vorhandene Objektdaten. In Abhängigkeit vom Objekttyp zeigt das Attribut DATA auf die Daten des Objekts, wie beispielsweise auf ein Bild, oder es ist überhaupt nicht vorhanden, falls es sich bei dem Objekt um ein Java-Applet handelt, das keine zusätzlichen Daten benötigt. Das optionale Attribut TYPE gibt den Typ der Daten an.

- TYPE
  Dieses Attribut gibt die Art des Inhalts der von dem Attribut CLASSID (falls dieses Attribut verwendet wird) festgelegten Ressource an. Die für dieses Attribut möglichen Werte sind im Entity %CONTENTTYPE; definiert. Dieses Attribut ist optional, sollte aber verwendet werden, falls das Attribut CLASSID eingesetzt wird, da es dem User Agent ermöglicht, das Herunterladen von Implementierungen für nicht unterstützte Sprachen zu vermeiden.

- CODETYPE
  Dieses Attribut gibt die Art des Inhalts der vom Attribut CLASSID (falls dieses Attribut verwendet wird) festgelegten Implementierung an. Die für dieses Attribut möglichen Werte sind im Entity %CONTENTTYPE; definiert. Dieses Attribut ist optional, sollte aber verwendet werden, falls das Attribut CLASSID eingesetzt wird, da es dem User Agent ermöglicht, das Herunterladen von Implementierungen für nicht unterstützte Sprachen zu vermeiden.

- ARCHIVE
  Es ist möglich, eine Liste von durch Leerzeichen voneinander getrennten Archiven anzugeben, die für das Objekt relevante Ressourcen enthalten. Dies kann mit den Attributen CLASSID oder DATA bezeichnete Ressourcen betreffen. In Form von relativen URIs angegebene Archive sollten entsprechend dem Attribut CODEBASE interpretiert werden. Das Format *Java Archive (JAR)* stellt das Standardformat für Java-Archive dar. Das Laden von Archiven im voraus wird die Ladezeiten von Objekten im allgemeinen verringern.

- STANDBY
  Mit Hilfe dieses Attributs kann eine kurze Nachricht angegeben werden, die beim Laden eines Objekts angezeigt wird. Der für das Attribut STANDBY zulässige Inhalt wird durch das Entity %TEXT; definiert.

- HEIGHT und WIDTH
  Diese Attribute geben die Größe eines Objekts an, so daß der Browser weiß, wieviel Platz er zum Anzeigen dieses Objekts reservieren muß. Beide Attribute akzeptieren die durch das Entity %LENGTH; vorgegebenen Werte.

- USEMAP

  Dieses Attribut assoziiert eine Image Map mit einem Objekt. Die Image Map wird mit Hilfe eines <MAP>-Elements definiert. Der Wert des Attributs USEMAP muß mit dem des Attributs NAME des assoziierten <MAP>-Elements übereinstimmen. Falls für ein Objekt ein USEMAP-Attribut angegeben ist, wird dadurch impliziert, daß es sich bei dem einzuschließenden Objekt um ein Bild handelt.

- NAME

  Falls das Objekt Teil eines Formulars ist und sein Wert mit dem Formular verschickt werden sollte, muß das Attribut NAME des Objekts gesetzt werden.

- TABINDEX

  Das Attribut TABINDEX wurde definiert, um die Reihenfolge anzugeben, in der Objekte durch das Drücken der Tabulator-Taste angesprungen werden. Objekte werden gemäß der Werte dieser sogenannten Tabulatorreihenfolge angesteuert (bei denen es sich um positive Zahlen handelt).

Falls das Objekt ein Programm enthält, das Parameter für die Laufzeitinitialisierung benötigt, können diese mit Hilfe des Elements <PARAM> angegeben werden. Innerhalb eines <OBJECT>-Elements kann eine beliebige Anzahl von <PARAM>-Elementen verwendet werden, doch müssen diese am Anfang des Inhalts des sie einschließenden Elements <OBJECT> aufgeführt werden. Jedes <PARAM>-Element repräsentiert einen Parameter in Form eines Name/Wert-Paars und es wird davon ausgegangen, daß die Syntax der Namen und Werte von der Implementierung des Objekts verstanden wird. Da alle einen Parameter betreffenden Informationen in den Attributen des Elements <PARAM> angegeben werden, ist dieses Element als leer definiert. Wie bei allen leeren Elementen ist auch hier das Start-Tag erforderlich und das End-Tag optional.

- ID

  Das Attribut ID dient zum eindeutigen Bezeichnen einer Elementinstanz innerhalb eines Dokuments. Da das Element <PARAM> nicht über die üblichen Kernattribute verfügt, wird das Attribut ID explizit angegeben.

- NAME

  Dieses Attribut gibt den Namen eines Parameters an. Da die Parameternamen für die jeweilige Objektimplementierung spezifisch sind, hängen die möglichen Bezeichnungen der Parameter von der Objektimplementierung ab. Einer Objektimplementierung unbekannte Namen sollten ignoriert werden.

- VALUE

  Das Attribut **VALUE** gibt den Wert eines Parameters an. Die für einen Parameter möglichen Werte werden durch den Parameternamen bestimmt. Man geht davon aus, daß diese von der Objektimplementierung erkannt werden. Die Interpretation eines Parameterwerts ist auch vom Attribut **VALUETYPE** abhängig.

- VALUETYPE

  Dieses Attribut legt fest, wie das Attribut **VALUE** zu interpretieren ist. Zum Angeben eines Parameterwerts stehen drei Möglichkeiten zurVerfügung.

  - DATA

    Hierbei wird der Parameterwert selbst im Attribut **VALUE** angegeben. Dieses Attribut enthält eine Zeichenfolge, so daß durch den Typ des in **DATA** enthaltenen Werts die Parameter auf Zeichenfolgen beschränkt werden.

  - REF

    In diesem Fall enthält das Attribut **VALUE** eine URI, die eine Ressource zum Speichern von Laufzeitwerten bestimmt.

  - OBJECT

    Es ist auch möglich, ein Objekt im selben Dokument als Quelle eines Parameterwerts anzugeben. Falls das Attribut **VALUETYPE** auf **OBJECT** gesetzt wurde, gibt das Attribut **VALUE** den Identifier (d.h. den Wert des Attributs **ID**) einer separaten Elementinstanz von <OBJECT> innerhalb des Dokuments an.

  Mit Hilfe dieser Werte können Laufzeitparameter mit einer Reihe von verschiedenen Verfahren angegeben werden.

- TYPE

  Falls das Attribut **VALUETYPE** auf **REF** gesetzt wurde, gibt das Attribut **TYPE** den Medientyp der Werte an, die an der vom Attribut **VALUE** bestimmten URI gefunden werden können. Die für dieses Attribut möglichen Werte werden durch das Entity `%CONTENTTYPE;` definiert.

Leider findet das Element <OBJECT> zur Zeit nur wenig Unterstützung, was im wesentlichen daran liegt, daß es sich um ein völlig neues Element handelt. Demzufolge ziehen momentan die meisten Autoren von Web-Seiten für Bilder das Element <IMG> und für Java-Applets das Element <APPLET> vor. Höchstwahrscheinlich wird die nächste Browser-Generation das Element <OBJECT> umfassender unterstützen, und Autoren sollten es wann immer möglich verwenden, da es sich dabei um das in zukünftigen HTML-Versionen unterstützte Element handelt.

Client-Side Image Maps

Da das Element <OBJECT> das Element <IMG> ersetzen soll, muß das Element <OBJECT> alle denkbaren Verwendungen des Element <IMG> unterstützen. Ein sehr beliebtes und hilfreiches Verfahren zum Verwenden von Bildern auf Web-Seiten besteht in der in Abschnitt 5.2.5.2 beschriebenen Erstellung von Image Maps. Da jedoch Server-Side Image Maps nicht so verbreitet sind wie Client-Side Image Maps (die gegenüber Server-Side Image Maps eine Reihe von Vorteilen aufweisen), ist mit Hilfe des Elements <OBJECT> ausschließlich das Erstellen von Client-Side Image Maps möglich.

Der grundlegende Mechanismus, mit dem Client-Side Image Maps das Element <OBJECTS> verwenden, ähnelt dem beim Element <IMG> eingesetzten. Die Image Map wird durch das Element <MAP> definiert. Der Wert des Attributs USEMAP des Elements <OBJECT> muß mit dem Wert des Attributs NAME des assoziierten <MAP>-Elements übereinstimmen. Das Element <MAP> kann jedoch Block-Level Content enthalten, wie zum Beispiel <A>-Elemente, welche die Attribute SHAPE und COORDS verwenden. Diese Attribute werden auf dieselbe Weise wie beim Element <AREA> eingesetzt. Falls das Element <MAP> als Teil des Inhalts des <OBJECT>-Elements angegeben wurde, ist die Erstellung von Client-Side Image Maps möglich, die auch von Browsern verwendet werden können, die ausschließlich Text verarbeiten.

```
<OBJECT DATA="menu.gif" TYPE="image/gif" USEMAP="#map1">
 <MAP NAME="map1">
  <P>Auswahlmöglichkeiten:
  <A HREF="guide.html" SHAPE=RECT COORDS="0,0,100,80">Richtlinie</A> |
  <A HREF="search.html" SHAPE=CIRCLE COORDS="200,200,60">Suchen</A>
 </MAP>
</OBJECT>
```

In diesem Beispiel gibt das Element <OBJECT> mit Hilfe der Attribute DATA und USEMAP eine Client-Side Image Map an. Die Image Map selbst ist ein Bestandteil des Inhalts des <OBJECT>-Elements. Falls der Browser das Element <OBJECT> einsetzende Client-Side Image Maps unterstützt, verwendet er die das Bild, den Umriß und die Koordinaten betreffenden Attribute des Elements <A> zum Darstellen der Image Map. Falls der Browser derartige Client-Side Image Maps nicht unterstützt, stellt er den Inhalt des Elements <OBJECT> dar, bei dem es sich um ein einfaches, textorientiertes Menü für die Image Map Links handelt. Mit Hilfe dieses Verfahren lassen sich Client-Side Image Maps erstellen, die auch Benutzern zugänglich sind, deren Browser das Darstellen von Bildern nicht unterstützen.

Verschachtelte Objekte

Wie bereits festgestellt und anhand des Beispiels mit der Client-Side Image Map demonstriert wurde, legt die Spezifikation des Elements <OBJECT> fest, daß ein zum Darstellen eines Objekts nicht fähiger Browser statt dessen den Inhalt des Elements <OBJECT> darstellen soll. Auf diese Weise lassen sich Web-Seiten erstellen, die für dasselbe Objekt verschiedene Darstellungsformen verwenden, worunter sich hoffentlich eine befindet, die der Browser des Benutzers anzeigen kann.

```
<OBJECT CLASSID="TheEarth.py" CODETYPE="application/python">
 <OBJECT DATA="TheEarth.mpeg" TYPE="application/mpeg">
   <OBJECT DATA="TheEarth.gif" TYPE="image/gif">
     <P>Die <STRONG>Erde</STRONG> aus dem All betrachtet.
   </OBJECT>
 </OBJECT>
</OBJECT>
```

Bei diesem Beispiel gibt das erste <OBJECT>-Element eine die Sprache *Python* verwendende Implementierung an. Falls der Browser diese Sprache nicht unterstützt, wird er statt dessen den Inhalt des Elements <OBJECT> darstellen, wobei es sich um ein anderes <OBJECT>-Element handelt, das dieses Mal eine Videosequenz im *MPEG*-Format angibt. Falls der Browser auch dieses Format nicht unterstützt, stellt er wiederum den Inhalt des Elements dar, der noch ein anderes <OBJECT>-Element enthält. Dieses dritte <OBJECT>-Element gibt ein Bild im *GIF*-Format an, welches von der Mehrzahl der Browser unterstützt wird. Falls der Browser auch dieses Format nicht unterstützt (oder das Bild nicht darstellen kann, weil es sich bei ihm um einen nicht-visuellen Browser handelt), zeigt er eine einfacheTextzeile an.

Dieser HTML-Code würde das Bild jedoch nur anzeigen, falls der Browser das Element <OBJECT> unterstützt, was nicht immer der Fall ist. Eine andere Version des Beispiels könnte deshalb den folgenden HTML-Code enthalten.

```
<OBJECT CLASSID="TheEarth.py" CODETYPE="application/python">
 <OBJECT DATA="TheEarth.mpeg" TYPE="application/mpeg">
   <OBJECT DATA="TheEarth.gif" TYPE="image/gif">
     <IMG SRC="TheEarth.gif" ALT="Die Erde aus dem All betrachtet.">
   </OBJECT>
 </OBJECT>
</OBJECT>
```

In diesem Beispiel ist in der Mitte des Inhalts ein <IMG>-Element angegeben, welches der Browser verwenden kann, falls er das Element <OBJECT> nicht unterstützt oder es ihm unbekannt ist.

Eine andere Verwendungsmöglichkeit von verschachtelten <OBJECT>-Elementen besteht im Einschließen neuer Datenformate. Während die grundle-

gendsten Grafikformate, JPEG und GIF, von fast allen Browsern unterstützt
werden, ist es nicht immer selbstverständlich, daß ein neueres Grafikformat
vom Browser eines Benutzers unterstützt wird. Deshalb ist eine Lösung sinnvoll, bei der auf ältere Formate zurückgegriffen wird, falls auf Web-Seiten
neue Datenformate verwendet werden.

```
<OBJECT DATA="earth.png" TYPE="image/png">
  <OBJECT CLASSID="png.cls" CODETYPE="application/java"
          DATA="earth.png">
    <OBJECT DATA="TheEarth.gif" TYPE="image/gif">
      <P>Die <STRONG>Erde</STRONG> aus dem All betrachtet.
    </OBJECT>
  </OBJECT>
</OBJECT>
```

In diesem Beispiel gibt die erste <OBJECT>-Elementinstanz ein im Format
Portable Network Graphics (PNG) codiertes Bild an. Dieses Format wird noch
nicht von allen Browsern unterstützt. Für den Fall, daß der Browser das PNG-
Format nicht unterstützt, wurde im zweiten Objekt ein Java-Applet angege-
ben. Dieses Applet implementiert einen PNG-Bildbetrachter und verwendet
dieselben PNG-Daten wie das erste Objekt als Eingabe. Für den Fall, daß der
Browser auch kein Java unterstützt, gibt das dritte Objekt ein Bild im GIF-
Format an, das von fast allen Browsern unterstützt wird. Falls der Browser das
Element <OBJECT> nicht unterstützt (und somit die ersten drei Elementin-
stanzen von <OBJECT> ignoriert), wird das Element <IMG> in der Mitte vom
Browser höchstwahrscheinlich erkannt.

Wie diese Beispiele zeigen, können mit Hilfe des Elements <OBJECT> für
verschiedene Browser geeignete Web-Seiten gestaltet werden, und eine unter
Verwendung von verschachtelten <OBJECT>-Elementen sorgfältig entworfene
Web-Seite ist einem weit größeren Publikum zugänglich.

5.3 Publishing mit HTML

In vielen Fällen wird HTML nicht die vorrangige Sprache einer im Web veröffentlichten Seite, sondern die Publishing-Sprache darstellen, die das Web als
Darstellungsplattform einsetzt. In diesem Falle läßt sich ein in Abbildung 5.11
dargestellter, aus zwei Stadien bestehender Prozeß der Dokumentverarbeitung
beobachten. In dieser Abbildung wird gezeigt, daß zunächst eine Art Konverter verwendet wird, um ein beliebiges Dokumentformat in HTML umzuwandeln. Diese Konvertierung basiert auf der Kenntnis der Struktur des Dokuments (die von irgendeiner Art von Dokumenttypdefinition bestimmt wird)
und der eigentlichen Dokumentinstanz. Bei diesem ersten Schritt gelangt das

Dokument aus einer benutzerdefinierten in die Web-Umgebung. Man muß beachten, daß beim Konvertieren von der benutzerdefinierten zur Web-Umgebung lediglich die von HTML definierten strukturellen Elemente verwendet werden können, da die HTML-Struktur eindeutig festgelegt ist.

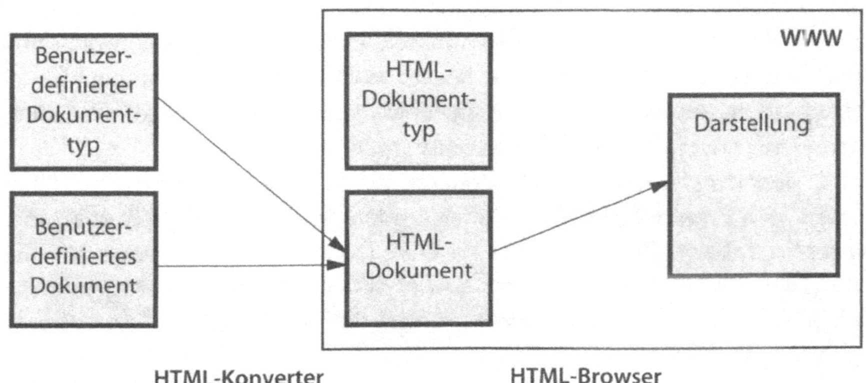

Abb. 5.11 Publishing mit HTML

Der zweite Schritt, der vollständig in der Web-Umgebung angesiedelt ist, besteht in der Übertragung von HTML-Seiten an Clients, wo sie mit Hilfe eines beliebigen Browsers dargestellt werden. Man muß beachten, daß es sich dabei nicht notwendigerweise um einen die Seite auf einem Bildschirm darstellenden Browser handelt, sondern daß dies auch ein Browser für Blinde[46] oder ein Programm zum automatisierten Sammeln von Web-Seiten zum Zusammenstellen eines durchsuchbaren Index sein kann.

Es ist also nicht unbedingt so, daß ein Dokument oder etwas ähnliches die Quelle des Prozesses darstellt (wie in der Abbildung gezeigt), sondern es kann sich dabei um jede Informationsquelle handeln (wie zum Beispiel um eine Datenbank oder um dynamisch zusammengestellte Informationen), die zum Erstellen einer HTML-Seite verwendet wird. In all diesen Fällen wird davon ausgegangen, daß der Publishing-Prozeß auf der Basis von strukturierten Informationen stattfindet und die Kenntnis dieser Struktur zum Konvertieren der eigentlichen Dokumentinformationen in HTML-Code verwendet wird.

Es gibt eine Reihe von Möglichkeiten, wie man strukturierte Informationen in HTML-Code konvertieren kann. Falls es sich bei dem Gegenstand des

---

[46] Raman [221] beschreibt ein Verfahren, bei dem man mit Hilfe von *Cascaded Speech Style Sheets* eine akustische Darstellung eines Browsers in Übereinstimmung mit den Wünschen des Benutzers maßschneidern könnte. Dieses Verfahren basiert weitgehend auf der Annahme, daß das Markup gemäß der von HTML definierten Struktur des Inhalts vorgenommen wurde.

Publishing-Prozesses beispielsweise um ein Dokument mit verschiedenen Überschriftenebenen handelt (was bei normalen Dokumenten wie Berichten oder Büchern recht häufig vorkommt), können die Überschriften mit Hilfe der Elemente <H1-H6> wiedergegeben werden. Jedoch könnte der Designer des Publishing-Prozesses auch feststellen, daß ihm die Standardformatierung dieser Elemente nicht zusagt, und statt dessen das Element <FONT> zum Erhöhen der Schriftgröße der Überschriften verwenden (obwohl er denselben Effekt mit Hilfe der in den Style Sheets enthaltenen Zuweisungen für die Überschriften, die in Kapitel 6 beschrieben werden, erzielen könnte), deren Markup mit normalen <P>-Elementen vorgenommen wird.

Für den durchschnittlichen Benutzer eines visuellen Browsers mag das Resultat der Verwendung einer dieser beiden Verfahren ähnlich oder sogar gleich sein, falls die Zuweisung der Formate (oder die Formatierung mit Hilfe von HTML-Elementen wie <B>, <I>, oder <FONT>) sorgfältig vorgenommen wird. Man muß jedoch unbedingt beachten, daß im zweiten Fall (bei der Verwendung der Formatierungselemente von HTML) wichtige Informationen zur Struktur verloren gehen, da der Client nicht erkennt, daß die unter Verwendung der Formatierungselemente von HTML mit Markup versehenen Textteile Abschnittsüberschriften darstellen. Während dies bei visuellen Browsern zur selben Darstellung führen kann, können die Auswirkungen bei anderen Clients (wie zum Beispiel bei einem Browser, der die bereits erwähnten *Cascaded Speech Style Sheets* einsetzt) recht dramatisch sein.

- *Browser für Blinde*[47]
  Bei einem Browser, der kein visuelles Darstellungsverfahren einsetzt, ist die Verwendung der Formatierungselemente von HTML fast nutzlos, da der Browser auf nicht-visuellen Konzepten basiert. Dies hat zur Folge, daß Dokumente nicht richtig dargestellt werden, da der Browser die Abschnittsüberschriften nicht erkennt und sie demzufolge nicht darstellt, wenn ihm beispielsweise der Benutzer den Befehl gibt, alle Überschriften der ersten Ebene vorzulesen.

- *Suchmaschinen*
  Eine Suchmaschine kann ihre Einstufung der Dokumente auf der Basis der einem Dokument entnommenen Strukturinformationen vornehmen. Beispielsweise kann sie einem eine Übereinstimmung mit einem Suchbegriff enthaltenden Dokument ein größeres Gewicht zumessen, falls sich

---

[47] Die Bezeichnung *Blinde* umfaßt in diesem Fall *funktionell Blinde* gemäß der Definition von Raman [221]. Dazu zählen Menschen, die aus verschiedenen Gründen nicht in der Lage sind, einen visuellen Browser zu verwenden. Die Gründe können in der Umgebung des Benutzers liegen (falls der Benutzer keinen visuellen Browser verwenden kann) oder in einer physischen Sehbehinderung des Benutzers.

dieser Suchbegriff in der Überschrift eines Abschnitts befindet. Falls das Dokument keine Informationen über seine Struktur enthält, weil das Markup der Abschnittsüberschrift mit Hilfe der Formatierungselemente von HTML vorgenommen wurde, wird das Dokument nicht korrekt indiziert, wenn der Begriff der korrekten Indizierung auf der beabsichtigten Struktur eines Dokuments aufbaut.

Die Quintessenz dieser Diskussion liegt darin (und es ließe sich ohne weiteres eine große Anzahl weiterer Beispiele aufführen), daß jemand, der im Web Inhalt veröffentlicht, unmöglich vorhersagen kann, wie ein Dokument verwendet wird. Obwohl die meisten heute die Dokumente mit Hilfe eines visuell orientierten Browsers betrachten werden, stellt dies nicht die einzig mögliche Verwendung dar, und es würde gegen das Konzept von HTML verstoßen, das Markup eines Elements auf der Basis dieser Annahme durchzuführen. Der Inhalt eines Dokuments sollte stets ausreichend strukturiert sein, und bei jeder Konvertierung in HTML sollte man sich dies als erstes Ziel vor Augen führen.

Die Evolution des Web (also seine Umwandlung von einer Infrastruktur zum Verteilen wissenschaftlicher Informationen in einen von kommerziellen Interessen dominierten Marktplatz) zog viele Entwicklungen nach sich, die dem HTML zugrundeliegenden Gedanken nicht mehr genau folgen. Viele der Formatierungselemente wurden in Browsern eingeführt und später aufgrund ihrer weiten Verbreitung in den HTML-Standard übernommen. Dies geschah, da mehr und mehr Web-Seiten von Grafikdesignern erstellt wurden, denen weniger an strukturellen Informationen und mehr an der größtmöglichen Kontrolle über die visuellen Effekte gelegen war. Eine neue Lösung für dieses Problem ist die Verwendung von *Cascading Style Sheets (CSS)* (beschrieben in Kapitel 6), mit deren Hilfe das Layout vom Inhalt getrennt wird[48]. Da CSS Style Sheets im Web jedoch erst neu hinzugekommen sind, ist die Verwendung von HTML zur visuellen Formatierung immer noch allgemein üblich.

Selbst wenn die Umwandlung eines benutzerdefinierten Dokumenttyps in HTML mit großer Sorgfalt geplant wird und man das Hauptaugenmerk auf die weitgehende Erhaltung der strukturbezogenen Informationen legt, erlegt einem die Definition des HTML-Dokumenttyps Begrenzungen auf. Unten finden sie zwei Beispiele, die dies unterstreichen (wobei viele weitere denkbar sind).

---

[48] In den Abbildungen 6.1 und 6.2 wird gezeigt, wie sich der in Abbildung 5.11 dargestellte HTML-Publishing-Prozeß mit Hilfe von CSS Style Sheets erweitern läßt.

- *Fußnoten*
  Obwohl Fußnoten ein bei konventionellen Dokumenten häufig vorzufindendes Konstrukt darstellen, gibt es in HTML nichts vergleichbares. Aus diesem Grund muß man, wenn man Fußnoten innerhalb eines benutzerdefinierten Dokuments in HTML konvertiert, einige HTML-Konstrukte verwenden, die zur Darstellung von Fußnoten am besten geeignet erscheinen.

  - *Fußnoten in Klammern*
    Fußnoten ließen sich einfach in den Text einbetten, wenn man sie in Klammern setzen würde. Dadurch können sie jedoch nicht mehr von Text unterschieden werden, der vom Autor in Klammern gesetzt wurde, was zu Problemen führen kann, falls der Autor mit Klammern und Fußnoten eine andere Semantik verbindet.
    Weiterhin kann es für den Leser eine beträchtliche Ablenkung bedeuten, wenn Fußnoten großeTextmengen enthalten (was in einigen Bereichen des Publishing durchaus üblich ist) und diese dann in Klammern gesetzt werden, da sich in diesem Falle durch das Einfügen großer, eingeklammerter Textmengen einzelne Sätze über viele Zeilen erstrecken.

  - *Fußnoten in Form von Hyperlinks*
    Fußnoten lassen sich auch in Hyperlinks konvertieren, die auf denText der Fußnote am unteren Rand desselben HTML-Dokuments oder auf eine gesonderte Seite mit Fußnoten verweisen. Dies entspricht jedoch eher dem Verfahren, bei dem man besser auf Endnoten (Anmerkungen, die am Ende eines Kapitels oder der Veröffentlichung aufgeführt sind) zurückgreifen sollte. Außerdem zieht dies eine größere Ablenkung als echte Fußnoten in einer gedruckten Veröffentlichung nach sich, die gelesen werden können, ohne eine Seite umzublättern.

  Es ist offensichtlich, daß die Frage der Konvertierung von Fußnoten nicht auf der Grundlage von allgemeinen Prinzipien entschieden wird, sondern auch von der tatsächlichen Verwendung der Fußnoten in dem zu konvertierenden Dokument abhängig gemacht werden sollte. Diese Problem hat seine Ursache darin, daß in HTML ein geeignetes strukturelles Konzept fehlt.

- *Mathematische Formeln*
  Während im Falle der Fußnoten Alternativen zu ihrer Darstellung denkbar sind, ist die Darstellung von mathematischen Formeln mit Hilfe von HTML schlichtweg unmöglich. In den meisten Fällen wird die mangelnde Unterstützung mathematischer Formeln durch HTML so gehandhabt, daß man kleine Bilder erzeugt, die in das Dokument eingefügt werden. Dies ist

natürlich ein umständliches Verfahren, das einige Nachteile mit sich bringt.

- *Große Anzahl von Bildern*
  Falls ein Dokument eine große Anzahl von mathematischen Formeln enthält, umfaßt die HTML-Version desselben Dokuments eine große Anzahl von Bildern, was bezüglich der Datenübertragung (für jedes Bild ist eine HTTP-Interaktion erforderlich), der Speicherung und der Verwaltung sehr ineffizient ist, da das einzelne Dokument von einer HTML-Seite und einer großen Anzahl kleiner Bilder dargestellt wird.

- *Verlust von Informationen*
  Da mathematische Formeln hauptsächlich in Bitmaps umgewandelt werden, gehen fast alle in der ursprünglichen Formel enthaltenen Informationen (wie Variablennamen sowie die strukturellen Beziehungen der mathematischen Elemente) verloren. Weiterhin kann, wie bereits erwähnt, ein nicht-visueller Browser die Formel unmöglich darstellen, da das HTML-Dokument lediglich eine grafische Darstellung der mathematischen Formel, nicht aber deren ursprünglichen Inhalt enthält (welcher in Sprache oder eine andere Darstellungsform umgesetzt werden könnte).

Wie man sieht, wird im Falle der mathematischen Formeln das Fehlen von geeigneten strukturellen Konzepten deutlich und zu einem Problem, wenn mathematische Formeln enthaltende Dokumente im Web veröffentlicht werden sollen. Da auf einigen Gebieten mathematische Formeln eine gebräuchliche Form des Document Content darstellen, ist dieses Problem wohlbekannt. Eine Lösung dieses Problems (die *Mathematical Markup Language (MathML)*) wird in Abschnitt 10.4.2 beschrieben.

Für das mit Hilfe der angeführten Beispiele dargestellte Dilemma existiert keine echte Lösung. Seit einiger Zeit versucht HTML nun schon, soviel strukturbezogene Informationen wie möglich einzuschließen, aber es ist schlechthin unmöglich, einen Dokumenttyp zu gestalten, der zum Wiedergeben aller im Web veröffentlichten Informationen geeignet wäre. Die bekanntesten für Dokumente verwendeten Konstrukte, wie Gliederungen, Listen und Tabellen, sind mittlerweile mit einer ausreichenden Allgemeinheit in HTML integriert, und es ist nicht anzunehmen, daß in näherer Zukunft strukturell neue Konzepte in HTML integriert werden.

Tatsächlich wird nun akzeptiert, daß die Möglichkeiten von HTML nicht zum Veröffentlichen aller Informationen im Web ausreichen, und es wurde ein neuer Mechanismus definiert, mit dem ein Herausgeber seine eigene strukturelle Definition von Daten festlegen kann. Bei diesem Mechanismus handelt es sich um die in Kapitel 7 beschriebene *Extensible Markup Language (XML)*, die ein standardisiertes Verfahren zum Definieren der Dokumentstruktur im Web darstellt, was bedeutet, daß sie zum Definieren benutzerdefinierter Dokumenttypen dient, die zwischen XML verstehenden Anwendungen ausgetauscht werden können.

5.4 Benutzung von HTML

Eine von Beck [15] durchgeführte Studie über Web-Server in Großbritannien liefert einige Zahlen, die als repräsentativ für das Web im allgemeinen angesehen werden können, obwohl lediglich Web-Server in Großbritannien bei der Datenerhebung berücksichtigt wurden. Die Daten wurden nach einem recht einfachen Verfahren gesammelt, indem alle Domänen in Großbritannien nach Hosts mit der Bezeichnung www durchsucht wurden. Falls solch ein Host vorhanden war, wurde ein HTTP-Request an dessen standardmäßigen HTTP-Port (80)[49] geschickt. Aus diesem Grund enthält die Tabelle 5.1 lediglich Statistiken über Web-Server mit dem Host-Namen www und bei diesen auch ausschließlich über die im Hauptverzeichnis enthaltenen Dokumente. In dieser Studie wurden nur Elemente erfaßt, die im Durchschnitt mindestens einmal in jedem Dokument erscheinen.

Wie man dieser Tabelle entnehmen kann, stellt das Element zum Erzeugen von Hyperlinks das beliebteste Element dar und wird im Durchschnitt fast achtmal pro Seite verwendet. Wenn man berücksichtigt, daß viele Seiten aus einfachem Text und einer Anzahl von Links auf andere Seiten bestehen, ist dieses Ergebnis keine Überraschung. Man muß jedoch erwähnen, daß das Ergebnis einer solchen Studie wesentlich von der Art der Sites abhängt, die zum Sammeln der Daten verwendet wurden.

- *Informationsorientierte Sites*
  Bei diesen Sites entsprechen die Ergebnisse höchstwahrscheinlich den in Tabelle 5.1 aufgeführten Statistiken. Diese Sites sind im allgemeinen eher textorientiert (wobei der Text mit Hilfe von Listen oder Tabellen strukturiert ist) und enthalten normalerweise eine Anzahl von Links.

- *Kommerziell orientierte Sites*
  Kommerziell orientierte Sites enthalten andererseits normalerweise mehr zum Erstellen grafisch ansprechender Seiten verwendete Elemente, wie

---

[49] Obwohl die Beschreibung der Untersuchung dem Original der Studie entnommen wurde, stammen die hier angeführten Ergebnisse aus einer neueren Erhebung (durchgeführt im August 1997), welche unter der Adresse `http://www.hensa.ac.uk/uksites/survey/` verfügbar ist.

Tab. 5.1 Häufigkeit der HTML-Elemente pro Seite

	HTML-Element	Anzahl	Anzahl pro Seite
1.	<A>	200396	7 71
2.	<TD>	190547	7,33
3.	<P>	180676	6,95
4.	 	176625	6,30
5.	<IMG>	160143	6,16
6.	<FONT>	137192	5,28
7.	<TR>	86217	3,32
8.	<B>	48648	1,87
9.	<CENTER>	48258	1,85
10.	<TABLE>	252522	1,74
11.	<META>	32713	1,26
12.	<OPTION>	30364	1,17
13.	<HEAD>	26254	1,01
14.	<HTML>	25988	1,00
15.	<BODY>	25982	1,00
16.	<TITLE>	25967	1,00

zum Beispiel eine große Anzahl von Bildern, wechselnde Schriftgrößen sowie mit Hilfe von Tabellen oder Frames strukturierte Informationen.

Es ist jedoch sehr schwierig, allgemeine Feststellungen über die Verwendung von HTML im Web zu machen. Man kann jedoch festhalten, daß die Anzahl der layoutorientierten Web-Seiten (d.h. Seiten, bei denen das Hauptgewicht auf der Darstellung und nicht auf dem Inhalt liegt) sehr stark angestiegen ist, seit das Web als neues kommerzielles Medium entdeckt wurde. Die nahe Zukunft wird zeigen, ob die Definition eines standardisiertenVerfahrens zur Trennung von Inhalt und Darstellung (die in Kapitel 6 beschriebenen *Cascading Style Sheets (CSS)*) ausreicht, um das ursprüngliche Ziel von HTML der von der Darstellung unabhängigen Zugänglichkeit wieder mit Leben zu erfüllen.

In Abschnitt 4.3.3, in dem die SGML-Validierung von HTML-Dokumenten besprochen wurde, konnte man sehen, daß die große Mehrheit der Web-

Seiten keinen gültigen HTML-Code enthält. Dies läßt sich auf zwei vorrangige Fehlerquellen zurückführen:

- *HTML-Fehler*
  Hierbei handelt es sich um Fehler, die in den meisten Fällen durch dieVerletzung der SGML-Regeln zustande kommen, wie beispielsweise nicht geschlossene Tag Delimiter, falsch geschriebene Elementnamen sowie das Fehlen vorgeschriebener Start- oder End-Tags. Ein anderer in diese Kategorie fallender möglicher Fehler ist das Fehlen einer Document Type Declaration, wodurch es unmöglich wird, die zum Erstellen der Seite verwendete HTML-Version festzustellen.

- *Proprietäre HTML-Erweiterungen*
  Auf vielen Seiten werden nicht zum Standard gehörende HTML-Erweiterungen verwendet, die viele Seiten, von einem technischen Gesichtspunkt aus gesehen, ebenfalls ungültig machen (obwohl sich diese Seiten ohne weiteres mit Browsern darstellen lassen, die diese nicht standardmäßigen Erweiterungen unterstützen). Da jedoch eines der Ziele von HTML in der Erstellung von plattformunabhängigen Seiten liegt, die sich auf einer Vielzahl unterschiedlicher Plattformen darstellen lassen, sollten diese, nicht dem Standard entsprechenden HTML-Erweiterungen nicht eingesetzt werden.

Im allgemeinen ist es sinnvoll,Web-Seiten vor ihrerVeröffentlichung zu validieren. Dies kann mit Hilfe lokaler Hilfsprogramme oder über im Web erhältliche Validierungsdiensten erfolgen, wie beispielsweise mit dem »HTML Validation Service« des W3C (verfügbar unter der Adresse `http://validator.w3.org/`).

Eine weitere, von Woodruff u.a. [275] im Jahre 1996 durchgeführte ausführliche Analyse von Web-Dokumenten bezog mehr als 2,6 Millionen Web-Seiten als Basis für die Statistik über Web-Seiten ein. Diese Studie zeigt, daß die durchschnittliche Größe eines HTML-Dokuments bei einer mittleren Abweichung von 2,0 KByte bei 4,4 KByte liegt und daß die Elemente <A>, <P>, <BR>, <IMG> und <HR> am häufigsten verwendet werden (was den von Beck ermittelten und in Tabelle 5.1 dargestellten Ergebnissen sehr nahe kommt). Ein weiteres interessantes Ergebnis dieser Untersuchung ist, daß die allermeisten Hyperlinks HTML-Hyperlinks sind, wobei E-Mail-Adressen (mit dem Präfix »`mailto:`«) und FTP-Links die beiden am häufigsten vorkommenden Vertreter darstellen. Diese Untersuchung enthält Statistiken über die am häufigsten gemachten HTML-Fehler, die bei der Validierung einer Untermenge aller zur Studie herangezogenen Web-Seiten festgestellt wurden.

5.5 Die Zukunft von HTML

Obwohl der Übergang von HTML 3.2 auf HTML 4.0 recht schnell vollzogen wurde (innerhalb eines knappen Jahres), kann man davon ausgehen, daß die Lebensspanne von HTML 4.0 die seines Vorgängers übersteigen wird. Die Mehrzahl der wirklich wichtigen Probleme, die für HTML 3.2 eine Herausforderung darstellten, wie beispielsweise ein verbessertes Tabellenmodell, Frames und die Integration von Style Sheets, wurde in HTML 4.0 gelöst.

Mit dem Erscheinen der in Kapitel 7 beschriebenen *Extensible Markup Language (XML)* tauchte ein anderer Ansatz für weitere HTML-Erweiterungen auf. Bis jetzt wurde bei jeder HTML-Version eine neue und geschlossene Menge von Elementen für eine DTD definiert. XML ermöglicht es, HTML als eine Vielzahl von *Tag-Mengen* zu definieren, wobei jede dieser Mengen einen funktionellen Aspekt von HTML definiert. Es gäbe also Tag-Mengen für die Kernfunktionen, Tabellen, Formulare, Listen und viele andere Features, wobei jede einzelne Menge durch eine XML DTD und Formatierungsregeln definiert wäre. Ein Beispiel für ein solches Tag-Set ist die bereits als W3C-Recommendation vorliegende *Mathematical Markup Language (MathML)*, die in Abschnitt 10.4.2 beschrieben wird.

Falls die Zukunft von HTML auf einzelnen XML-Tag-Mengen aufbaut, die bei Bedarf einzeln in ein Dokument eingebunden werden können, wird HTML 4.0 die letzte durch eine überdimensionale SGML DTD definierte Version von HTML darstellen. Damit dies jedoch eintreten kann, müßte XML auf einer breiteren Basis als bisher unterstützt und samt der Mechanismen zum Angeben von XML Style Sheets (die die in Abschnitt 7.5 beschriebene *Extensible Style Language (XSL)* verwenden) allgemein akzeptiert und implementiert werden. Darüber hinaus muß ein Weg zum Übergang von den alten HTML-Dokumenten (die SGML-Funktionen wie die *Tag Omission* und die *Attribute Name Omission* verwenden) auf die neuen, auf XML basierenden HTML-Dokumente, definiert werden.

Neben diesen zukünftigen Entwicklungen von HTML läßt sich auch beobachten, daß HTML 4.0 als der wahre HTML-Standard akzeptiert wird. Die kürzlich erfolgte Annahme von HTML durch die ISO (im April 1998 wurde der ISO Commentary Draft 15445 [135] für *ISO-HTML* veröffentlicht) zeigt, daß HTML 4.0 eine HTML-Version darstellt, die mehr Aufmerksamkeit auf sich zieht als ihre Vorgänger.

6. Cascading Style Sheets (CSS)

In den zwei vorangegangenen Kapiteln über SGML und HTML wurde viel zur Trennung zwischen Inhalt und Darstellung sowie über HTML als eine Sprache gesagt, mit der man inhalts- und nicht darstellungsbezogene Aspekte übermittelt, gesagt. Damit diese Idee funktionieren kann, muß es einen Mechanismus geben, mit dem man die darstellungsbezogenen Aspekte eines HTML-Dokuments festlegen kann. Mit diesem *Cascading Style Sheets (CSS)* genannten Mechanismus beschäftigt sich dieser Abschnitt.

Abgesehen davon, daß CSS eine wichtige Technologie zum Trennen von Inhalt und Darstellung ist, bildet es auch eine Komponente von *Dynamic HTML (DHTML)*[1], das bei sorgfältig entworfenen Web-Seiten sehr häufig eingesetzt wird.

Die Grundlagen von CSS und die Verbindung zwischen CSS und HTML werden in Abschnitt 6.1 erklärt. Eine sehr kurze Geschichte von CSS (weil es keine Vorgänger hatte) wird in Abschnitt 6.2 wiedergegeben. Abschnitt 6.3 erläutert CSS1, die erste Version von CSS. Dies ist mit Abstand der längste Abschnitt dieses Kapitels. Obwohl CSS noch recht neu ist, gibt es ähnliche Konzepte in anderen Bereichen als dem Web, die in Abschnitt 6.4 kurz vorgestellt werden. Eine interessante Frage ist, wie derzeitige HTML-basierte Dokumentsysteme so angepaßt werden können, daß sie HTML und CSS unterstützen. Dieses Thema wird in Abschnitt 6.5 erörtert. Schließlich gibt Abschnitt 6.6 einen kurzen Ausblick zur Zukunft von CSS.

6.1 CSS-Grundlagen

Abbildung 5.11 zeigt, wie Publishing mit HTML in allgemeinen abläuft. Unabhängig davon, ob HTML-Konverter verwendet oder Dokumente direkt in HTML erstellt werden, ist die einzige Quelle für die Darstellung im Web ein HTML-Dokument. Dieses Modell leidet unter all den Nachteilen des Mischens von Inhalt und Darstellung, die in den beiden vorangegangenen

---

[1] Die anderen Komponenten von DHTML sind das in Kapitel 5 beschriebene HTML, eine Skriptsprache wie das in Abschnitt 8.1.1 vorgestellte ECMAScript und das in Abschnitt 10.5.5 erläuterte *Document Object Model (DOM)*.

Kapiteln beschrieben wurden. Theoretisch könnte dieser Ansatz genügen, wenn sich alle HTML-Autoren darauf einigen würden, sich über die Darstellung ihrer Dokumente keine Gedanken zu machen.

In Wirklichkeit stellt sich die Situation ganz anders dar. Das Layout (bzw. die Darstellung) ist ein wichtiger Aspekt des Web-Publishings (insbesondere für kommerzielle Anwendungen, wo die visuelle Erscheinung eine wichtige Möglichkeit ist, sich von ähnlichen Dienstleistern oder Angeboten zu unterscheiden), weshalb fast alle HTML-Dokumente eine Menge darstellungsspezifischen Code enthalten. Abbildung 6.1 zeigt, wie das geändert werden kann, indem man einen speziellen und unabhängigen Mechanismus zum Angeben der darstellungsbezogenen Aspekte eines Dokuments einführt. In diesem neuen Modell wird die Presentation eines Dokuments sowohl durch den Inhalt des HTML-Dokuments als auch durch das Layout eines CSS Style Sheets festgelegt. Wie diese Abbildung ebenfalls zeigt, ist es sogar möglich, solche Style Sheets basierend auf Informationen über Dokumenttypen und deren Darstellung automatisch zu generieren.

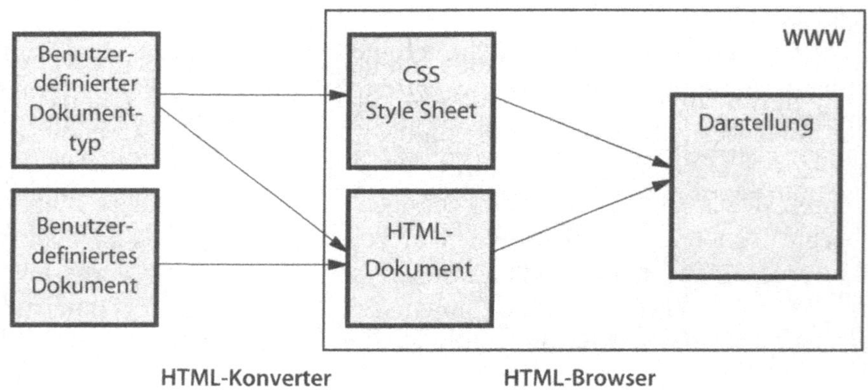

Abb. 6.1 Publishing mit CSS

Geht man noch einen Schritt weiter, kann die Darstellung eines Dokuments durch verschiedene Faktoren festgelegt werden, wie zum Beispiel (auf der Seite des Designers) durch die Kreativität des Seitenerstellers, oder mit Hilfe allgemeiner Richtlinien, denen der Seitenersteller zu folgen hatte. Auf der Seite der Darstellung können Benutzereinstellungen sowie Einschränkungen durch das Darstellungsgerät wichtig sein. Wenn man diese Anforderungen von verschiedenen Ressourcen an die Darstellung betrachtet, wird die Notwendigkeit offensichtlich, daß mehrere Style Sheets verwendet werden müssen und daß der Style-Sheet-Mechanismus das Kombinieren mehrerer

Style Sheets von verschiedenen Ressourcen unterstützen muß. Von diesem in Abbildung 6.2 dargestellten Prinzip stammt der Begriff *Cascading* in der Bezeichnung CSS ab.

In diesem Schema gibt es zwei Designer Style Sheets, ein allgemeines Document Type Style Sheet, welches für alle Dokumente eines bestimmten Dokumenttyps (zum Beispiel für alle Dokumente einer Web-Site) gleich ist, und ein Style Sheet, das speziell für ein einzelnes Dokument entworfen wurde. Für die korrekte Darstellung des Dokuments müssen beide Style Sheets benutzt werden. Diese Konfiguration kann dahingehend interpretiert werden, daß das erste Style Sheet Aspekte der allgemeinen Erscheinung definiert, wodurch ein »Corporate Identity«-Layout aller Dokumente erreicht wird, und das zweite Style Sheet alle Bereiche behandelt, die für ein bestimmtes Dokument spezifisch sind.

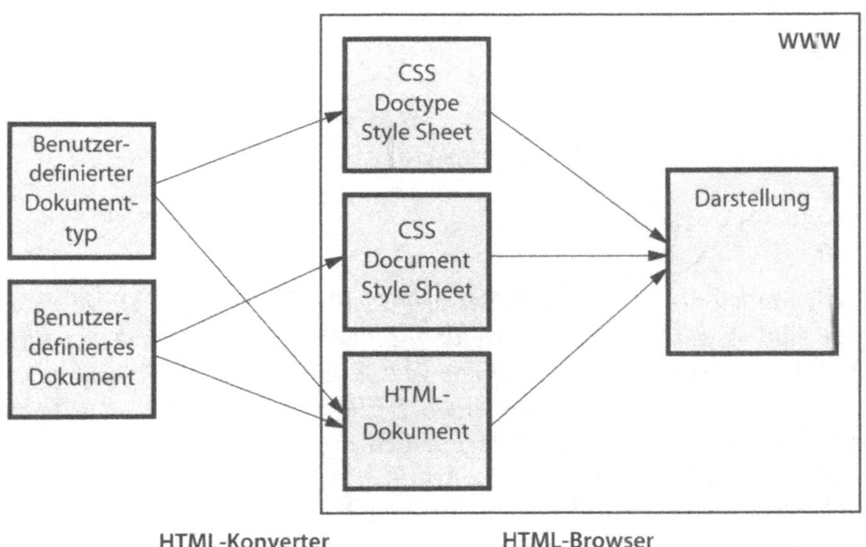

Abb. 6.2 Publishing mit CSS unter Verwendung von Cascading Style Sheets

Nach all diesen eher theoretischen Gedanken über Style Sheets und ihren Gebrauch in der Web-Umgebung, ist ein kurzes Beispiel für ein Style Sheet bestimmt hilfreich. Der folgende HTML-Code ist ein Teil der Style-Sheet-Seite des W3C.

```
<BODY>
<P>
<A HREF="../"><IMG BORDER="0" SRC="../Icons/WWW/w3c_home.gif"></A>
<H1>Web Style Sheets</H1>
```

```
<P CLASS=hide>(Diese Seite verwendet CSS style Sheets)
<P ID=p1><A HREF="#new"><SPAN ID=s1>Was ist neu?</SPAN></A>
<P ID=p2><A HREF="#what"><SPAN ID=s2>Was sind Style Sheets?</SPAN></A>
<P ID=p3><A HREF="#press"><SPAN ID=s3>Presseausschnitte</SPAN></A>
<P ID=p4><A HREF="#software"><SPAN ID=s4>CSS Software</SPAN></A>
<P ID=p5><A HREF="#./css"><SPAN ID=s5>CSS</SPAN></A>
<P ID=p6><A HREF="#dsssl"><SPAN ID=s6>DSSSL</SPAN></A>
<P ID=p7><A HREF="#XSL"><SPAN ID=s7>XSL</SPAN></A>
```

Wie bereits erwähnt, enthält der HTML-Code nur den Inhalt des Dokuments. Der folgende Teil des dazugehörigen Style Sheets enthält die tatsächlichen Formatierungsinformationen, die wiederum die in Abbildung 6.3 gezeigte Darstellung hervorbringen.

```
#s1 {
  color: #DDD;
  font: 100px Impact, sans-serif; }
#p1 {
  margin-top: -30px;
  text-align: right; }
#s4 {
  color: #37F;
  font: bold 40px Courier New, monospace; }
#p1 {
  margin-top: -20px;
  text-align: right; }
```

Wir werden die Details dieses Beispiels nicht erläutern, aber einige wenige Dinge sind es wert, erwähnt zu werden. Zunächst einmal enthält der Inhalt spezielle Markierungen (die Attribute **CLASS** und **ID** der Elemente), die im Style Sheet benutzt werden, um einen Bezug zu diesen Elementen herzustellen. Während die HTML-Seite nur den eigentlichen Text enthält (zum Beispiel »Was ist neu?«), enthält das Style Sheet die Formatierungen für diesen Text (in den Attributwerten p1 und s1), mit denen die Farbe, die Schrift und die Positionierung des Textes verändert werden können.

Nach dem Betrachten des HTML-Code und des CSS Style Sheets bleibt noch immer die Frage offen, wie die beiden miteinander verknüpft sind. HTML definiert dafür zwei Mechanismen, zum einen das Element <STYLE> und zum anderen das Element <LINK>. Beide Elemente sind Teil des in Abschnitt 5.2.3.1 ausführlicher vorgestellten HTML Document Heads.

- *Verwenden des <STYLE>-Elements*
  In diesem Fall ist das Style Sheet in das HTML-Dokument eingebettet. Der Inhalt des Elements <STYLE> ist das Style Sheet selbst. Obwohl in diesem Fall keine physische Trennung von Inhalt und Darstellung existiert (weil das Style Sheet tatsächlich Teil des HTML-Dokuments ist), gibt es noch

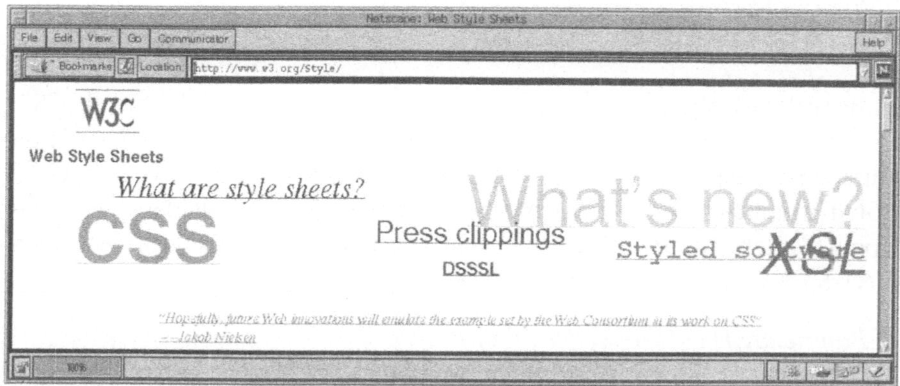

Abb. 6.3   Die W3C-Web-Seite zum Thema Style Sheets

immer eine logische Trennung dieser beiden Komponenten. Der Nachteil dieses Ansatzes ist, daß das Style Sheet nur für das Dokument verwendet werden kann, in welches es eingebettet ist.

- *Verwenden des <LINK>-Elements*
  Verwendet man das Element <LINK>, enthält das HTML-Dokument nur eine Referenz auf das Style Sheet (in Form einer URL). Der große Vorteil dieses Ansatzes ist, daß das Style Sheet für mehr als ein Dokument verwendet werden kann. Wenn mehrere Style Sheets benutzt werden, enthält das HTML-Dokument einfach mehrere <LINK>-Elemente.

- *Kombinieren beider Methoden*
  Es ist außerdem möglich, in einem HTML-Dokument beide Methoden zu kombinieren. In einem solchen Szenario wird das Element <LINK> verwendet, um den Bezug zu einem allgemeinen Style Sheet herzustellen, das für eine ganze Reihe von Dokumenten benutzt wird. Das zweite Style Sheet (welches für das Dokument spezifisch ist) kann mittels des Elements <STYLE> eingebunden werden, weil es nur für dieses Dokument benötigt wird.

Als erste allgemeine Einführung in CSS sollte dieses kurze Beispiel genügen. Die Details von CSS1 werden in Abschnitt 6.3 erklärt. Es ist eine gute Übung, sich dieses Beispiel nach dem Lesen des Abschnitts über CSS1 erneut anzuschauen und sich dabei zu verdeutlichen, was das Style Sheet genau macht.

6.2 Geschichte

Im Bereich des Web haben Style Sheets selbst keine lange Geschichte, da CSS1, die Style-Sheet-Sprache, die von den derzeit vorhandenen Werkzeugen unterstützt wird, die erste Style-Sheet-Sprache ist, die für HTML entwickelt wurde. Trotzdem gibt es eine Geschichte, wie Formatierungen mit den begrenzten Möglichkeiten von HTML erreicht wurden, bevor eine standardisierte Style-Sheet-Sprache entstand.

- *Proprietäre HTML-Erweiterungen*
  Eine gebräuchliche Möglichkeit war (und ist unglücklicherweise noch immer) das Verwenden von proprietären HTML-Erweiterungen. Einige dieser Erweiterungen schaffen es in die nächste Version eines HTML-Standards, andere verschwinden einfach[2]. Weil proprietäre HTML-Erweiterungen immer zu Web-Seiten führen, die nicht mit allen Browsern betrachtet werden können, ist ihreVerwendung problematisch, um es vorsichtig auszudrücken.

- *Verwenden von Bildern anstatt Text*
  Da viele Texteffekte (wie das Verändern der Schriftgröße und die Auswahl von Schriften im allgemeinen) mit Standard-HTML nicht möglich waren, war es ein gebräuchliches Verfahren, Texte in Bilder zu konvertieren. Die beiden großen Nachteile dieser Methode sind der erhöhte Umfang von Web-Seiten, weil Bilder erheblich speicherplatzintensiver sind als Text, und der Verlust von Informationen. Während ein automatischer Client (wie eine Suchmaschine) Web-Seiten herunterladen und den enthaltenen Text indizieren kann, gibt es keinen sinnvollen Weg, den in ein Bild umgewandelten Text automatisch zu verarbeiten. Außerdem gibt es keine Möglichkeit, solche Inhalte in einem nicht-visuellen Browser darzustellen.

- *Plazieren von Text in Tabellen*
  Seit in HTML 3.2 Tabellen eingeführt wurden, wurden sie oft zum Steuern des Layouts verwendet. Das Einfügen von Text in Tabellen ermöglicht eine Reihe von Effekten, die anders nicht möglich wären. Allerdings entstehen bei dieser Methode sehr komplizierte HTML-Dokumente, und weil Tabellen nicht für das Formatieren vonText entwickelt wurden, können die Ergebnisse in einigen Fällen sehr unbefriedigend sein.

---

[2]　Zum Beispiel schafften es die Elemente <BLINK> und <MARQUEE>, die von Netscape bzw. Microsoft entwickelt wurden, niemals in eine offizielle HTML-Version. Als HTML 3.2 fertiggestellt wurde, einigten sich beide Firmen darauf, daß ihre Elemente nicht Teil des Standards werden würden. Die von Netscape eingeführten Elemente <SPACER>, <MULTICOL>, <NOBR> und <WBR> sind andere Beispiele für layoutorientierte proprietäre HTML-Erweiterungen, die nicht allgemein unterstützt werden.

Das Verlangen nach fortgeschrittenen Formatierungsmöglichkeiten und die Gefahr, daß zunehmend komplexe Web-Seiten erstellt würden, um Formatierungseffekte zu erreichen, die von HTML eigentlich nicht unterstützt wurden, führte konsequenterweise zur Schaffung einer Style-Sheet-Sprache. Da HTML von Anfang an durch SGML inspiriert wurde, war dies eine naheliegende Entscheidung, denn SGMLs Idee der Trennung von Inhalt und Darstellung (wie in Abschnitt 4.1.1 beschrieben) ist recht alt und hat sich stets als sehr nützlich erwiesen.

CSS1 ist die erste Style-Sheet-Sprache, die speziell für HTML entwickelt wurde, und sie wird bereits (wenn auch meist nur Teile davon) von vielen Werkzeugen unterstützt, angefangen von Browsern bis hin zu HTML-Editoren. CSS2 ist bereits in Vorbereitung und wird CSS1 in vielen Bereichen verbessern, in denen diese erste Version noch einige Beschränkungen hatte.

6.3 Cascading Style Sheets, Level 1 (CSS1)

In diesem Abschnitt geben wir einen Überblick über *Cascading Style Sheets, Level 1 (CSS1)* [159], den derzeitigen Standard für Style Sheets im Web. Dieser Überblick kann nicht den Standard selbst oder eine detaillierte Beschreibung ersetzen. Es gibt ein ganzes Buch über CSS1, das von Lie und Bos [160], den Autoren von CSS1, geschrieben wurde[3]. Ein Buch von Graham [90] konzentriert sich mehr auf Beispiele und Designaspekte als auf den technischen Hintergrund von CSS1. Mit steigender Akzeptanz von CSS1 werden in nächster Zukunft voraussichtlich zunehmend Bücher zu diesem Thema erscheinen. (Außerdem werden Bücher über HTML sich ebenfalls mit CSS1 beschäftigen müssen, denn nur sehr wenige Leser werden sich für reines HTML interessieren, ohne zu wissen, wie dessen Darstellung durch Style Sheets vollzogen werden kann.)

Grundsätzlich besteht ein CSS1 Style Sheet aus einem Satz von Regeln, die auf ein HTML-Dokument angewendet werden. Jede Regel besteht aus zwei Teilen, einem *Selector* und einer *Declaration*. Ein Beispiel für ein sehr einfaches (aber trotzdem komplettes) Style Sheet, das aus nur einer Regel besteht, ist das folgende.

```
P { color: green }
```

---

[3] Eine sehr gute Online-Referenz für CSS1 (und viel lesbarer und hilfreicher als die CSS1-Spezifikation vom W3C) ist auf der Web-Site der Web Design Group (WDG) unter `http://www.htmlhelp.com/` erhältlich. Es ist außerdem möglich, diese Referenz herunterzuladen und lokal zu installieren.

Das »P« ist in diesem Fall der Selector, der angibt, daß diese Regel auf alle <P>-Elemente im Dokument angewendet werden soll. Die Declaration ist in diesem Beispiel »color: green «, wodurch alle Texte innerhalb von <P>-Elementen grün eingefärbt werden. Eine CSS1 Declaration wie die obige weist typischerweise ein *Value* (green) einer *Property*[4] (color) zu. Man kann auch Declarations mit mehrfachen Zuordnungen (d.h. solche, die mehr als eine Property festlegen) verwenden, wobei die einzelnen Zuordnungen durch Semikolons getrennt werden.

Um viele der Konzepte von CSS zu begreifen, muß man verstehen, wie Properties durch die Hierarchie eines HTML-Dokuments vererbt werden. Dies wird in Abschnitt 6.3.1 erklärt. CSS1 stellt eine Vielzahl von Selectors zur Verfügung, mit denen der Gültigkeitsbereich von Declarations auf verschiedene Arten bestimmt werden kann. Diese Selectors werden in Abschnitt 6.3.2 vorgestellt. Einen kurzen Überblick über Einheiten in CSS1 gibt der Abschnitt 6.3.3. Die Properties, mit denen angegeben werden kann, welche Auswirkungen eine Regel haben wird, werden in Abschnitt 6.3.4 ausführlich beschrieben. Außerdem definiert CSS1, wie verschiedene Style Sheets für ein Dokument kombiniert (oder *kaskadiert*) werden können. Dieser Aspekt wird in Abschnitt 6.3.5 diskutiert.

6.3.1 Vererbung

Eine wichtige allgemeine Beobachtung bei SGML-Dokumenten ist, daß jedes Dokument als ein baumförmiger Graph von Elementen (der sogenannte *Document Tree*) gesehen werden kann, wie er erstmals in Abbildung 4.5 gezeigt wurde. Da HTML eine SGML Application ist, existiert die gleiche Dokumentstruktur innerhalb von HTML-Dokumenten. Also kann jedes HTML-Dokument, wie in Abbildung 5.4, als Baum dargestellt werden. Diese Eigenschaft von HTML-Dokumenten wurde für einen sehr leistungsfähigen und nützlichen CSS-Mechanismus namens *Vererbung* ausgenutzt. Vererbung definiert, wie Properties von Elementen (wie Farben oder Rahmen) durch die vom Document Tree vorgegebene Hierarchie vererbt werden. Abbildung 6.4 zeigt ein Beispiel für Vererbung.

Obwohl das Style Sheet explizit nur dem <BODY>-Element eine Vordergrundfarbe zuordnet, wird diese Property durch die Dokumentstruktur vererbt, so daß die <LIST>- und <LI>-Elemente die Vordergrundfarbe des <BODY>-Elements übernehmen. Für viele Properties ist dieses Verhalten

---

[4] In der CSS-Terminologie ist eine *Property* eine Qualität oder Charakteristik, die ein Element besitzt. CSS1 definiert eine große Menge von Properties, die in Abschnitt 6.3.4 beschrieben werden.

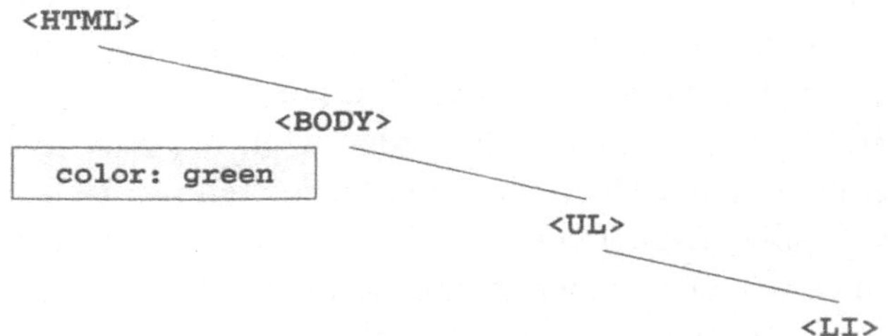

Abb. 6.4 Hierarchische Struktur eines HTML-Dokuments und Vererbung

sinnvoll, da man normalerweise davon ausgeht, daß die Zuordnung einer `color`-Property zu einer Unordered List die Farbe für die gesamte Liste, inklusive des gesamten Inhalts dieser Liste[5], bestimmt. Allerdings ist Vererbung für einige Properties kein sehr nützliches Konzept, weshalb CSS ebenfalls eine Reihe von Properties definiert, die nicht vererbt werden. Ein Beispiel für eine solche Property ist die in Abschnitt 6.3.4.4 beschriebene Property `background`.

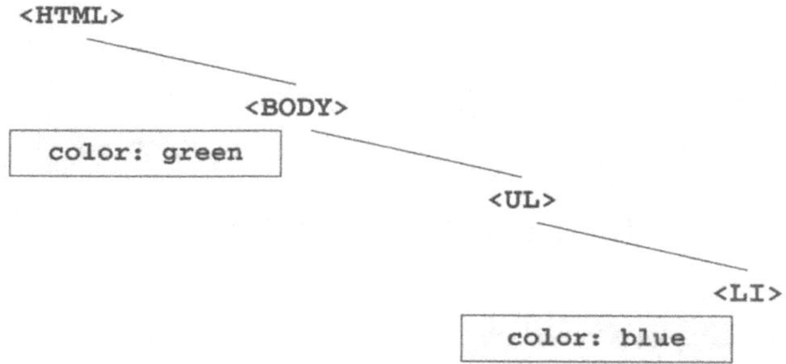

Abb. 6.5 Überschreiben von Vererbung

Obwohl Vererbung als Standardverhalten ein nützliches Konzept ist (andernfalls wäre es notwendig, eine Property für jedes Element in der Hierarchie des Document Tree anzugeben), muß es trotzdem möglich sein, sich über diesen Mechanismus hinwegzusetzen. CSS-Vererbung kann sehr einfach überschrieben werden, indem man ein neues Value für eine geerbte Property eines Elements zuweist, das in der Hierarchie tiefer steht als das Element, bei dem das geerbte Value definiert wurde. Ein Beispiel dafür zeigt Abbildung 6.5,

---

[5] Hierarchisch betrachtet ist der Inhalt der Liste ein Teilbaum von Elementen, der vom Element <UL> ausgeht, so daß in diesem Fall die Konzepte »gesamter Inhalt« und hierarchische Vererbung identisch sind.

wo das Value für die `color`-Property vom <UL>-Element geerbt und dann durch die `color`-Property des <LI>-Elements überschrieben wird.

Diese Idee von Vererbung und dem Überschreiben von Vererbung kann für recht komplexe Effekte eingesetzt werden. Üblicherweise werden Zuordnungen weiter oben in der Hierarchie zum Definieren von Default Values für eine Property bei allen Elemente unterhalb dieser Zuordnung verwendet. Das Überschreiben wird eingesetzt, wann immer der Standard weiter unten verändert werden muß. Ein umfangreiches Beispiel für den Einsatz von Vererbung und Überschreiben wird in Abbildung 6.6 gezeigt.

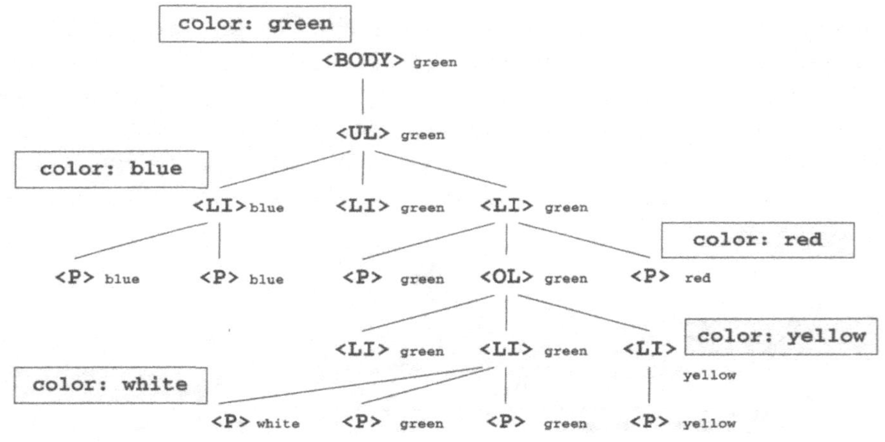

Abb. 6.6 Verwenden von Vererbung für Defaults und Ausnahmen

In dieser Grafik werden explizite Zuordnungen (wie zuvor) in Kästchen dargestellt, während das tatsächliche Value der `color`-Property für jedes Element in kleinen Buchstaben neben dem Namen des Elements angegeben wird. Die erste Zuordnung definiert die standardmäßige Vordergrundfarbe `color` des Dokuments als `green`. Das <UL>-Element überschreibt dieses Value nicht und erbt es deshalb vom <BODY>-Element. Innerhalb der Listeneinträge (die als <LI>-Elemente dargestellt sind), verändert der erste Eintrag seine `color` in `blue`, während die anderen Einträge das Value der `color`-Property nicht ändern. Innerhalb des dritten Listeneintrags verändert der letzte Abschnitt die `color` zu `red`. Die Ordered List, die ebenfalls Teil des dritten Listeneintrags der Unordered List ist, besteht aus drei Einträgen, von denen der letzte seine `color` in `yellow` ändert. Schließlich verändert der erste Abschnitt im zweiten Eintrag der Unordered List seine `color` zu `white`.

Obwohl das Beispiel mit der `color`-Property keinen praktischen Nutzen hat (das dabei entstehende Dokument wäre viel zu farbig), können Vererbung und das Überschreiben von Vererbung für andere Properties sehr nützlich sein, wie zum Beispiel für die in Abschnitt 6.3.4.2 beschriebenen Zeilenabstände und Rahmen. Außerdem ist Vererbung ein sehr wichtiger Mechanismus für das in Abschnitt 6.3.5 beschriebene Verwenden mehrerer Style Sheets.

6.3.2 Selectors

Selectors sind der CSS-Mechanismus, der es ermöglicht, Elemente durch ihren Typ, durch Attribute, durch den Elementkontext oder durch externe Informationen über das Element zu identifizieren. In jedem Fall wird ein Selector verwendet, um den Wirkungsbereich einer Declaration zu begrenzen (die Informationen über das Formatieren eines Elements enthält). Dadurch ermöglicht der vorsichtige Einsatz verschiedener Selector-Typen und deren Verwendung in Style Sheets CSS-Autoren eine Reihe von Effekten, die sehr vielfältig sein können.

6.3.2.1 Type Selectors

Die einfachste Art von Selector ist der *Type Selector*. Ein Type Selector wählt alle Elemente aus, die zu seinem Typ passen. Dementsprechend besagt eine Regel mit einem Type Selector, daß die Declaration auf jedes Element mit dem angegebenen Typ angewendet werden soll.

```
P { color: green }
```

Diese Art von Selector gibt an, daß die Declaration »color: green« auf jede Instanz des <P>-Elements angewendet werden soll. Soll eine bestimmte Declaration auf eine ganze Reihe von Elementen angewendet werden, ermöglicht CSS das Benutzen eines Gruppierungsmechanismus.

```
H1 { color: blue }
H2 { color: blue }
H3 { color: blue }
```

Diese drei Regeln legen fest, daß der Inhalt der Elemente <H1>, <H2> und <H3> blau eingefärbt werden soll.

```
H1, H2, H3 { color: blue }
```

Diese Kurznotation kann verwendet werden, um das gleiche Style Sheet auf kürzere Weise anzugeben. Wenn Declarations einer Reihe von Elementen zugeordnet werden sollen, ist diese Notation ratsamer, denn sie ist kompakter und vermeidet Inkonsistenzen beim Verändern von Declarations.

6.3.2.2 Attribute Selectors

Für einfache Aufgaben oder Grundeinstellungen mag das Auswählen von Document Content mittels Type Selectors ausreichend sein, aber häufig werden anspruchsvollere Mechanismen zum Auswählen benötigt. Die wichtigste Überlegung dabei besteht darin, den Benutzern die Möglichkeit zu geben, Inhalt basierend auf ihren eigenen Kriterien auszuwählen, anstatt auf Kriterien angewiesen zu sein, die vom Document Model vorgegeben werden (wie zum Beispiel Elementnamen).

Um das zu ermöglichen, verwendet CSS HTML-Attribute, wobei es dem SGML-Konzept folgt, daß Attribute Properties einer Instanz eines Elements beschreiben, die nur für diese Instanz gültig sind. Document Content kann basierend auf den beiden Attributen CLASS und ID ausgewählt werden. Außerdem wird basierend auf dem STYLE-Attribut in diesem Abschnitt ein dritter Mechanismus (der genaugenommen kein Auswahlmechanismus ist, aber ebenfalls für das Zuordnen von Formaten zu Inhalt verwendet werden kann) in diesem Abschnitt vorgestellt[6].

Das Attribut CLASS

Das Attribut CLASS kann verwendet werden, um einem Element eine »Klasse« zuzuordnen. (Es ist ebenfalls möglich, mehrere Klassen zuzuordnen, indem man eine Liste von Klassennamen angibt.) Eine Klasse ist ein logisches Konstrukt, das zum Gruppieren von Elementen verwendet werden sollte, deren Inhalt bestimmte gemeinsame Eigenschaften hat, weil er zum Beispiel zu einer bestimmten Art von Information gehört.

```
<P CLASS="IMPORTANT">Unter keinen Umständen sollten allerdings...
```

In diesem Beispiel wird dem Absatz die Klasse »IMPORTANT« zugewiesen, was bedeutet, daß er Informationen von besonderer Wichtigkeit enthält. HTML definiert keinerlei Klassen und ordnet Klassen auch keinerlei Semantik zu, so daß ein HTML-Autor in der Wahl von Klassennamen für ein Dokument völlige Entscheidungsfreiheit genießt. Es ist allerdings ratsam, einigermaßen sinnvolle Klassennamen auszuwählen. Sollen Style Sheets von mehreren Dokumenten verwendet werden, ist es außerdem sinnvoll, zunächst eine Reihe von Klassen zu definieren, bevor die eigentlichen Dokumente erstellt werden.

Ferner sollte man beachten, daß Klassennamen beliebig vielen Elementen innerhalb eines Dokuments zugewiesenen werden können. Der normale Fall

---

[6] Wie in Abschnitt 5.2.2 beschrieben, sind die Attribute CLASS, ID und STYLE Teil des %COREATTRS; Attribute Set von HTML 4.0 und deshalb für fast alle Elemente definiert.

für das Anwenden des Attributs CLASS ist also, daß in einem Dokument mehr als ein Element zu jeder Klasse gehört.

Nach dem HTML-Elementen mittels des Attributs CLASS Klassen zugewiesenen wurden, muß es eine Möglichkeit geben, diese Elementinstanzen in einem CSS Style Sheet auszuwählen.

```
.Important { color: red }
```

Diese Regel gibt die Formatierung für jedes Element an, dessen Attribut CLASS das Value »IMPORTANT« hat. In diesem Fall sorgt die Declaration dafür, daß alle Texte rot eingefärbt werden. Es gibt zwei wichtige Unterschiede zwischen dem Auswahlmechanismus des CLASS-Attributs und dem in Abschnitt 6.3.2.1 beschriebenen Type-Selection-Mechanismus.

- *Auswahl einer Teilmenge von Elementinstanzen*
  Da ein CLASS-Attribut-Selector nur Elementinstanzen mit einem bestimmten CLASS-Value auswählt, ist er spezifischer als ein Type Selector, der immer alle Instanzen eines Elementtyps auswählt.

- *Auswahl unabhängig von Elementtypen*
  Ein CLASS-Attribut-Selector wählt alle Elementinstanzen mit einem bestimmten CLASS-Value aus, und da das Attribut CLASS in fast allen HTML-Elementen verwendet werden kann, kann er Elementinstanzen von verschiedenen Elementtypen auswählen.

Zusammengefaßt ist der Auswahlmechanismus mit dem Attribut CLASS dafür gedacht, daß HTML-Autoren ihre eigenen logischen Klassen von Elementen entwickeln können, die nicht an Elementtypen gebunden sind. Die Auswahl über das Attribut CLASS ist deshalb ein wesentlich allgemeinerer Mechanismus als die Auswahl über einen Type Selector und wird zum Erstellen von Style Sheets bevorzugt.

Man sollte dabei allerdings bedenken, daß dieser Auswahlmechanismus nur für HTML-Seiten verwendet werden kann, die im Hinblick auf Style Sheets geschrieben wurden, also Seiten, die CLASS-Attribute verwenden. Wenn ein Style Sheet für eine HTML-Seite verwendet werden soll, die nicht dafür entworfen wurde, gibt es keine Möglichkeit, Klassen von Elementen mittels CLASS zu identifizieren. In diesem Fall besteht die einzige Möglichkeit zum Verwenden von Formaten in der Zuordnung zu Elementen mittels des Type-Selection-Mechanismus[7].

---

[7] Eine wesentlich flexiblere Möglichkeit zum Erstellen von Style Sheets für Seiten ohne CLASS-Attribute ist das in Abschnitt 6.3.2.3 beschriebene Verfahren mit Hilfe von Contextual Selectors

Das Attribut ID

Während das im vorangegangenen Abschnitt vorgestellte Attribut CLASS für das Verwenden von Style Sheets eingeführt wurde, war das Attribut ID, das ebenfalls zum Identifizieren eines Elements verwendet werden kann, bereits in früheren HTML-Versionen vorhanden. Die wichtige Beschränkung für das Attribut ID besteht darin, daß keine zwei Elementinstanzen in einem Dokument das gleiche ID-Attribut haben dürfen. Dies wurde festgelegt, weil das Attribut ID ursprünglich als eindeutiger Target für Links gedacht war.

```
<P ID="COPYRIGHT">Das Urheberrecht für...
```

Dieses HTML-Fragment zeigt einen Absatz, der mit einem ID-Attribut markiert wurde, um als Target für Links zu dienen, die auf den Urheberrechtsvermerk eines Dokuments hinweisen. In einem HTML-Dokument kann ein solcher Link mittels des Elements <A> leicht erstellt werden.

```
...wie im <A HREF="#COPYRIGHT"> Urheberrechtsvermerk</A> zu lesen
ist...
```

Allerdings kann das ID-Attribut des Absatzes in diesem Beispiel auch verwendet werden, um diesen Absatz in einem Style Sheet auszuwählen und bestimmte Formatierung dafür zu definieren.

```
#COPYRIGHT { font-size: small }
```

Von dieser Verwendung von Style Sheets wird in der CSS Recommendation abgeraten, da sie nicht der Idee von CSS entspricht. Style Sheets sollten Formatierungen für Klassen von Elementen angeben (auch wenn diese Klassen in einigen Fällen aus nur einer Elementinstanz bestehen können). Allerdings kann dieser Mechanismus hilfreich sein, wenn das HTML-Dokument nicht verändert werden kann, und die Formatierung eines bestimmten – durch ein ID-Attribut identifiziertes – Element verändert werden soll. In allen anderen Fällen sollten andere Auswahlmechanismen benutzt werden.

Das Attribut STYLE

Genaugenommen gehört das Attribut STYLE nicht in diesen Abschnitt, da es nicht als Selector genutzt wird. Trotzdem läßt es sich am besten in diesem Abschnitt erläutern, weil es sich bei ihm um einen Mechanismus handelt, mit dem man ebenfalls Formatierungen für ein Element angeben kann und das deshalb große Ähnlichkeiten mit den Auswahlmechanismen hat. Im Gegensatz zu den Attributen CLASS und ID wird das Attribut STYLE verwendet, um die Formatierung für ein Element direkt anzugeben.

```
<P STYLE="font-style: italic">Dieser Text zeigt...
```

Dieser Ansatz hat zwei Seiten. Einerseits ist es viel besser, formatbezogene Informationen deutlich zu markieren (mit Hilfe des Attributs STYLE), als sie mit Hilfe anderer Mechanismen zu erzeugen (wie zum Beispiel mit dem Element <BLOCKQUOTE> Einrückungen, das die Standardpraxis bei HTML-Seiten ohne CSS ist), so daß beim Interpretieren einer Seite deutlich zwischen Inhalt und Darstellung unterschieden werden kann.

Andererseits trennt das Formatieren von Elementen mittels des Attributs STYLE Inhalt und Darstellung jedoch nicht so deutlich, daß man die Style-Sheet-Informationen einfach austauschen könnte. Verwendet man externe oder interne Style Sheets, braucht man zum Verändern der Style-Sheet-Informationen nur ein externes Dokument oder einen Abschnitt innerhalb eines Dokuments zu ändern. Verwendet man STYLE-Attribute, müssen Veränderungen in allen Elementen durchgeführt werden, die diese Attribute besitzen. Es ist deshalb ratsam, externe oder interne Style Sheets anstelle des Attributs STYLE zu verwenden.

6.3.2.3 Contextual Selectors

Bislang standen ausschließlich sogenannten *Simple Selectors* im Mittelpunkt. Solche Selectors spezifizieren ein Kriterium (ein Elementtyp für die in Abschnitt 6.3.2.1 beschriebenen *Type Selectors* oder ein Elementattribut für die in Abschnitt 6.3.2.2 vorgestellten *Attribut Selectors*), das für eine einzelne Elementinstanz definiert ist. Einen komplexeren Mechanismus bilden die *Contextual Selectors*.

Contextual Selectors verwenden Simple Selectors, um eine kontextbezogene Beziehung anzugeben. Sie werden durch das Aneinanderreihen von Simple Selectors gebildet, die durch ein Leerzeichen getrennt sind. Der einfachste Contextual Selector besteht aus zwei Type Selectors.

```
LI P { margin-top: 0mm }
```

Dieser Selector wählt alle <P>-Elemente aus, die im Kontext eines <LI>-Elements vorhanden sind, wodurch er effektiv alle Absätze innerhalb von Listeneinträgen (zum Beispiel innerhalb von Ordered oder Unordered Lists) auswählt. Der Selector muß keine unmittelbare hierarchische Relation (zum Beispiel eine Parent-Child-Relation) angeben. Das einzige Kriterium ist, daß die Simple Selectors links vom Contextual Selector auf einer höheren Ebene der Hierarchie erfüllt werden müssen, als die auf der rechten Seite[8].

```
TABLE .SMALL P { font-size: smaller }
```

---

[8] Es sind verschiedene Arten von Contextual Selectors denkbar, wie beispielsweise für Ancestor-Relationen (wie CSS1 Contextual Selectors), andere Parent-Child-Relationen oder ganz andere Arten von Relationen. CSS1 definiert allerdings nur Contextual Selectors für Ancestor-Relationen.

Dieser Contextual Selector bezieht sich auf alle Absätze innerhalb eines Elements, dessen **CLASS**-Attribut auf SMALL gesetzt ist (wie es durch den Auswahlmechanismus spezifiziert ist) und das wiederum Teil einer Tabelle ist. Dies könnte nützlich sein, um bestimmte Zeilen oder Zellen einer Tabelle als Teil einer speziellen Klasse zu markieren und dann Properties für bestimmte Elemente innerhalb dieser Zeilen oder Zellen anzugeben.

Je komplexer eine Contextual Selection ist (durch Verwendung vieler und verschiedener Arten von Simple Selectors), desto mehr alternative Darstellungen sind möglich. Als allgemeine Richtlinie sollte man den Selector verwenden, der am ehesten einer verbalen Erklärung der gewünschten Auswahl entspricht.

6.3.2.4 External Selector

In manchen Fällen sollte die Auswahl von Inhalt basierend auf externen Informationen durchgeführt werden, die nicht Teil der HTML-Seite sind. CSS1 definiert zwei Typen von externen Informationen, nämlich *Pseudo-Klassen* und *Pseudo-Elemente*.

- *Pseudo-Klassen*
  Eine Pseudo-Klasse ist eine Property eines Elements, die durch externe Informationen festgelegt wird, wie zum Beispiel durch den Status (neu oder besucht) eines Hyperlinks. Sie kann als Attribut betrachtet werden (obwohl sie nicht durch ein tatsächliches HTML-Attribut definiert wird), das seinValue abhängig von externen Informationen verändert. Prinzipiell sind Pseudo-Klassen Eigenschaften, die nicht vom Document Tree abgeleitet werden können.

- *Pseudo-Elemente*
  Ein *Pseudoelement* ist Inhalt, der durch externe Informationen bestimmt wird, und nicht explizit als ein HTML-Element markiert ist, wie zum Beispiel das erste Zeichen eines Absatzes. Abhängig von der Art der Darstellung kann sich der Inhalt des Pseudo-Elements verändern. (Zum Beispiel ändert sich die erste Zeile eines Absatzes, wenn die Breite des Browser-Fensters verändert wird.)

CSS1 definiert derzeit nur eine Pseudo-Klasse und zwei Pseudo-Elemente, und die CSS1-Spezifikation gestattet es CSS1-Implementationen, solche External Selectors nicht zu implementieren. Es ist aber davon auszugehen, daß der Mechanismus für External Selectors in zukünftigen Versionen von CSS an Beliebtheit gewinnen wird[9].

Die Pseudo-Klasse Anchor

Hyperlinks in einem HTML-Dokument (die mit Hilfe des Elements <A> definiert werden) werden typischerweise mit einer speziellen Formatierung angezeigt, um sie als Hyperlinks erkennbar zu machen. Das ist wichtig, um dem Benutzer zu zeigen, daß der Hyperlink ein Teil des Inhalts ist, der ausgewählt werden kann und der den Browser an eine Stelle springen läßt, auf die der Hyperlink verweist. (Das kann ein neues Dokument oder eine andere Stelle im aktuellen Dokument sein.)

Für den Autor einer Web-Seite gibt es keine Möglichkeit, zwischen den verschiedenen Zuständen eines Hyperlinks zu unterscheiden. Dieser Status ist nur von Bedeutung, wenn eine Seite tatsächlich betrachtet wird und kann deshalb nur durch den Browser bestimmt werden (und nicht durch ein Attribut des Elements <A>)[10]. CSS1 definiert für das Element <A> drei Zustände.

- `link`
  Die Pseudo-Klasse `link` wird für einen Link verwendet, der noch nicht besucht wurde. Dies weist darauf hin, daß das Auswählen dieses Links den Benutzer zu einer Stelle bringt, die er noch nicht kennt.

- `visited`
  Da ein Browser sich normalerweise merkt, welche Links zuvor besucht worden sind, können diese Links anders dargestellt werden. Mit der Pseudo-Klasse `visited` kann die Formatierung für Links angegeben werden, die vom Benutzer bereits besucht worden sind.

- `active`
  Die dritte Pseudo-Klasse wird zum Anzeigen eines aktiven, also derzeit ausgewählten Links verwendet. Bei einer normalen Benutzerschnittstelle mit einem Zeigegerät gehört der Link solange zur Pseudo-Klasse `active`, wie die Taste des Zeigegeräts gedrückt wird (üblicherweise nur ein sehr kurzer Zeitraum).

Durch Verwenden dieser Pseudo-Klassen kann ein Autor Formatierungen für einen Anchor abhängig vom Status des Links angeben. Der Browser wird die Formatierungen der <A>-Elemente je nach den dazugehörenden Declarations verändern.

---

[9] Die in Abschnitt 6.6.2 beschriebene Style-Sheet-Sprache CSS2 enthält eine Reihe von neuen Pseudo-Klassen und -Elementen.

[10] Vor CSS war es möglich, die Farben von Links für die verschiedenen Zustände mittels der Attribute LINK, VLINK und ALINK des Elements <BODY> festzulegen. Diese Attribute zählen jedoch mittlerweile zu den Deprecated Constructs.

```
A:LINK     { color: green }
A:ACTIVE   { color: red }
A:VISITED  { color: blue }
```

In diesem Beispiel werden Links mit einer anderen Farbe als der gewöhnliche Text formatiert (davon ausgehend, daß die Standardfarbe für Text schwarz ist). Noch nicht besuchte Links werden in grün (`green`) dargestellt und ändern ihre Farbe in rot (`red`), während sie aktiv sind (zum Beispiel während der Benutzer die Maustaste drückt). Nachdem ein Link besucht worden ist, ändert er seine Farbe in blau (`blue`).

CSS-Implementierungen ist es erlaubt, nur einen Teil der Properties für die Pseudo-Klasse des Elements <A> zu unterstützen. So ist es einer CSS-Implementierung zum Beispiel freigestellt, jede Declaration zu ignorieren, welche die Größe des Elementinhalts verändert (zum Beispiel das Verändern der Schriftgröße), denn Veränderungen an der Größe würden eine Neuformatierung des Dokuments nötig machen, wann immer ein Link seinen Zustand ändert.

Pseudo-Elemente

Während Pseudo-Klassen durch externe Informationen über existierende HTML-Elemente definiert sind, werden Pseudo-Elemente durch Inhalt festgelegt, der nicht explizit durch vorhandene HTML-Elemente markiert ist, aber durch externe Informationen (wie die Formatierung eines Absatzes) bestimmt werden kann. Derzeit definiert CSS1 zwei Pseudo-Elemente, die beide nur auf das Element <P> angewendet werden können.

- `first-letter`
  Das Pseudo-Element `first-letter` wird durch den ersten Buchstaben eines Absatzes definiert. In der Typographie ist es durchaus üblich, den ersten Buchstaben eines Absatzes (oder den des ersten Absatzes eines Kapitels) anders zu gestalten als den Rest des Textes. In HTML gibt es kein Konstrukt wie den ersten Buchstaben eines Absatzes[11], aber das Pseudo-Element `first-letter` von CSS macht es möglich, spezielle Formatierungsanweisungen ausschließlich für diesen ersten Buchstaben anzugeben.

- `first-line`
  Eine andere übliche Methode beim Setzen von Absätzen besteht darin, die erste Zeile eines Absatzes anders zu setzen als den Rest des Textes. Da die

---

[11] Theoretisch könnte man auf das Pseudo-Element `first-letter` verzichten und den ersten Buchstaben eines Absatzes mit dem in Abschnitt 6.3.2.5 beschriebenen Element <SPAN> markieren. Das Pseudo-Element `first-letter` macht den HTML-Code aber lesbarer und ist außerdem eine gute Ergänzung zum Pseudo-Element `first-line`, dessen Effekt mit keinem HTML-Konstrukt erreicht werden könnte

erste Zeile eines Absatzes beim Erstellen einer HTML-Seite eine Unbekannte darstellt (da die Breite der Anzeige unbekannt ist und sich selbst während des Betrachtens des Dokuments noch ändern kann), gibt es keine Möglichkeit, in HTML die erste Zeile eines Absatzes anzugeben. Das Pseudo-Element `first-line` kann aber benutzt werden, um Formatierungsanweisungen speziell für diese erste Zeile festzulegen.

In den meisten Fällen sollte die Formatierung des ersten Buchstabens oder der ersten Zeile eines Absatzes nicht für alle, sondern nur für bestimmte Absätze, wie den ersten Absatz eines Kapitels oder eines Abschnitts, geändert werden. Es ist deshalb üblich, die Pseudo-Elemente `first-letter` und `first-line` in Verbindung mit einem anderen Auswahlmechanismus, wie zum Beispiel Attribute Selectors, zu verwenden[12].

```
P.INITIAL:FIRST-LETTER  { font-size: 200%; float: left }
P.INITIAL:FIRST-LINE    { text-transform: uppercase }
```

Dieses Beispiel zeigt, wie der erste Absatz eines Kapitels oder Abschnitts (der mit dem Value INITIAL des Attributs CLASS markiert sein muß) so formatiert werden kann, daß der erste Buchstabe des Absatzes doppelt so groß angezeigt wird wie der Rest des Textes. Außerdem fällt der erste Buchstabe in den Absatz, anstatt auf der gleichen Grundlinie wie der Rest der ersten Zeile zu stehen. Der Text in der ersten Zeile des Absatzes wird in Großbuchstaben umgewandelt.

6.3.2.5 Neue Elemente

Mit dem durch das Attribut CLASS gegebenen Auswahlmechanismus ist es möglich, in HTML neue »Elementtypen« zu definieren, indem man Formatierungen für bestimmte Elementinstanzen angibt. Bislang ist es allerdings notwendig, diesen Mechanismus in Verbindung mit einem HTML-Element zu verwenden, das seinerseits eine bestimmte Formatierungssemantik aufweist. Um das zu vermeiden, definiert HTML zwei neue Elemente, <DIV> und <SPAN>, die keinen anderen Zweck als das Gruppieren von HTML-Inhalt haben. Weil HTML einen Unterschied zwischen Block-Level- und Inline-Elementen macht (wie in Abschnitten 5.2.3.2 beschrieben), wurden zwei Elemente anstelle von einem definiert.

---

[12] Dies ist eine etwas ungeschickte Lösung, da sie davon abhängt, daß der HTML-Autor all diesen Absätzen das geeignete Value für das Attribut CLASS zuweist. Eine wesentlich bessere Lösung besteht im Verwenden von Adjacent Selectors, die in CSS2 definiert sind (in Abschnitt 6.6.2 kurz beschrieben). CSS1 bietet allerdings keinen solchen Mechanismus, und es gibt deshalb keine Alternative zum Verwenden des Atributs CLASS zum Auswählen des ersten Absatzes eines Kapitels oder Abschnitts.

Block-Level-Element

<DIV> ist das Block-Level-Element, das zum Markieren von Block-Level-Inhalt verwendet werden kann. Benutzt man es ohne Style Sheets, verändert das Element <DIV> die Formatierung seines Inhalts nicht. <DIV> kann in Verbindung mit einem CLASS- oder ID-Attribut verwendet werden, um Formatierungen für den Block-Level-Inhalt anzugeben. Die HTML-Definition für das Element <DIV> benutzt das Entity %FLOW; als Content Model:

```
<!ELEMENT DIV - - (%FLOW;)* >
<!ATTLIST DIV
  %ATTRS; >
```

Obwohl das Element <DIV> durch geeignete Style Sheets leicht zum Simulieren visueller Formatierungen für vorhandene HTML-Block-Level-Elemente (wie zum Beispiel Absätze mit dem Element <P> oder Unordered Lists mit dem Element <UL>) verwendet werden kann, ist dies nicht der vorgesehene Gebrauch dieses Elements und sollte vermieden werden. Der Grund dafür ist, daß eine mit dem Element <UL> markierte Unordered List leicht als solche erkannt und immer entsprechend dargestellt werden kann – sogar für eine nicht-visuelle Darstellung. Im Gegensatz dazu enthält mit dem Element <DIV> markierter Inhalt keinerlei Semantik und kann deshalb bei Medien zu Darstellungsproblemen führen, für die kein Format definiert wurde.

Inline-Elemente

<SPAN> ist das Inline-Element, das zum Markieren von Inline-Inhalt (typischerweise Textteilen) verwendet werden kann. Ebenso wie <DIV> führt das Element <SPAN>, ohne Style Sheets verwendet, nicht zu Änderungen an der Formatierung seines Inhalts. In Verbindung mit einem CLASS- oder ID-Attribut kann es allerdings benutzt werden, um Formatierungen für Inline-Inhalt anzugeben. Die HTML-Definition für das Element <SPAN> verwendet das Entity %INLINE; als Content Model:

```
<!ELEMENT SPAN - - (%INLINE;)* >
<!ATTLIST SPAN
  %ATTRS; >
```

Für <SPAN> gelten die gleichen Bemerkungen, die für das Element <DIV> gemacht wurden. Das Element <SPAN> kann durch Erstellen geeigneter Style Sheets leicht zum Simulieren visueller Formatierungen für bestehende HTML-Inline-Elemente (wie zum Beispiel für Betonungen mit dem Element <EM>) verwendet werden. Dies ist aber nicht der beabsichtigte Gebrauch von <SPAN> und sollte aus den gleichen Gründen vermieden werden, die für das Element <DIV> angegeben wurden.

6.3.2.6 Kombinieren von Selector Types

Bislang haben wir viele verschiedene Selector Types und ihren Gebrauch zum
Auswählen von Elementinstanzen innerhalb von HTML-Seiten vorgestellt.
Obwohl in einigen der Beispiele bereits mehrere Auswahlmechanismen verwendet wurden[13], haben wir das Kombinieren von Auswahlmechanismen
nicht explizit erklärt.

```
P.INITIAL:FIRST-LETTER { font-size: 200%; float: left }
```

Es ist möglich, alle in diesem Abschnitt beschriebenen Selector Types zu
kombinieren und so sehr leistungsfähige Auswahlmechanismen zu schaffen. In
komplexeren Style Sheets werden in den meisten Fällen Contextual Selectors
benutzt werden, um die Auswirkungen von Declarations auf bestimmte
Kontexte zu beschränken.

```
P.INITIAL:FIRST-LETTER { font-size: 200%; float: left }
TABLE P.INITIAL:FIRST-LETTER { font-weight: bold }
```

In diesem Beispiel für das Kombinieren von Selector Types wird festgelegt,
daß der erste Buchstabe jedes Absatzes der Klasse INITIAL besonders gehandhabt
werden soll. Da aber der Text innerhalb von Tabellen in den meisten Fällen
kürzer und der vorhandene Platz beschränkter als in normalen Texten oder
Listen ist, wird festgelegt, daß mit dem ersten Buchstaben von INITIAL-Absätzen
innerhalb von Tabellen anders umgegangen werden soll. Dies kann leicht
erreicht werden, indem man die CSS1-Auswahlmechanismen Type Selector,
Contextual Selector, CLASS-Attribut und Pseudo-Element kombiniert.

6.3.3 Einheiten

Da viele von den in Abschnitt 6.3.4 beschriebenen Properties verschiedene
Arten von Einheiten akzeptieren, geben wir einen kurzen Überblick über die
Einheiten, die üblicherweise für CSS1-Properties verwendet werden. Farben,
die für verschiedene Properties benutzt werden können, sind in Abschnitt
6.3.3.1 beschrieben. Noch mehr Properties akzeptieren Längenangaben, so
daß es eine Reihe verschiedener Möglichkeiten zum Festlegen einer Länge
gibt. Diese werden in Abschnitt 6.3.3.2 vorgestellt.

---

[13] In den Abschnitten über Contextual Selectors und Pseudo-Elemente haben wir außerdem den
Auswahlmechanismus über das Attribut CLASS verwendet.

6.3.3.1 Farben

In CSS1 können Farben in zwei verschiedenen Formaten angegeben werden: über einen der vordefinierten Farbnamen oder als allgemeinere Spezifikation einer Farbe basierend auf ihren Rot-, Grün- und Blauanteilen.

CSS1 definiert 16 Farbnamen, die der Windows-Palette entnommen sind: `aqua`, `black`, `blue`, `fuchsia`, `gray`, `green`, `lime`, `maroon`, `navy`, `olive`, `purple`, `red`, `silver`, `teal`, `white` und `yellow`. Dies sind die gleichen Farbnamen, die im HTML-4.0-Standard festgelegt sind.

Die zweite Möglichkeit zum Angeben einer Farbe besteht im Verwenden von *RGB Triplets* mit den drei Werten für die Rot-, Grün- und Blauanteile, aus denen die Farbe zusammengesetzt werden soll. Laut Definition von CSS1 (wie auch von HTML 4.0) benutzen diese Triplets *Standard RGB (sRGB)* [109], ein RGB-System, das so entwickelt wurde, daß es zu konsistenteren Ergebnissen führt als das übliche RGB-System führt. Farben können auf drei verschiedene Arten angegeben werden, die alle zum gleichen Resultat führen, so daß die Auswahl eine Frage der persönlichen Vorliebe ist.

- *Prozentangaben*
  In diesem Fall wird eine Farbe durch die Prozentwerte der Rot-, Grün- und Blauanteile festgelegt. `rgb(0%,100%,0%)` gibt zum Beispiel die vordefinierte Farbe `lime` an.

- *Dezimalzahlen*
  Eine andere Möglichkeit zum Festlegen einer Farbe besteht im Verwenden von Dezimalzahlen zwischen 0 und 255, die ebenfalls die Anteile für Rot, Grün und Blau angeben, aus denen die Farbe zusammengesetzt wird. Ein Beispiel für eine solche Angabe ist `rgb(255,255,0)` für vordefinierte Farbe `yellow`.

- *Hexadezimalzahlen*
  Als dritte Alternative können Hexadezimalzahlen zwischen `00` und `FF` verwendet werden. Eine Farbangabe dieser Art ist `#FF00FF`[14], mit der man die vordefinierte Farbe `fuchsia` auswählt.

Gibt man bei einer der beiden ersten Methoden eine Zahl außerhalb des erlaubten Bereichs an (eine Prozentangabe größer als 100 % oder eine Dezimalzahl größer als 255), wird der entsprechende Wert gekürzt, d.h. auf den höchstmöglichen Wert reduziert.

---

[14] Es gibt einen ziemlich groben Abkürzungsmechanismus, der es erlaubt, dreistellige Hexadezimalzahlen zu verwenden, wobei die sechsstellige Standardform durch das jeweilige Verdoppeln der drei Zahlen erreicht wird. Dementsprechend könnte dieses Beispiel auch als `#F0F` angegeben werden. Diese Art der Farbangabe ist allerdings eher verwirrend als nützlich und sollte deshalb vermieden werden.

6.3.3.2 Längen

Bei vielen CSS1-Properties werden Längen verwendet, die in zwei Kategorien eingeteilt werden können. Zum einen gibt es Längen, die in Relation zu etwas anderem gemessen werden, zum anderen solche, die absolute Einheiten verwenden.

Relative Längen können von verschiedenen Dingen in der Umgebung eines CSS-Browsers abhängen. Die derzeit von CSS1 definierten relativen Einheiten beziehen sich entweder auf die verwendete Schrift oder hängen vom Ausgabegerät ab. In beiden Fällen sollte unbedingt beachtet werden, daß die tatsächliche Länge (in absoluten Einheiten wie z.B. Millimeter), die für die Formatierung des Dokuments verwendet wird, beim Erstellen des Style Sheets nicht bekannt ist. Die tatsächliche Länge kann erst ermittelt werden, nachdem die Schrift ausgewählt wurde und das Ausgabegerät bekannt ist. Deshalb können relative Längen zu unterschiedlichen absoluten Längen führen.

- *em* – schriftspezifisch; die Breite des Großbuchstaben »M«

- *ex* – schriftspezifisch; die Höhe des Buchstaben »x«

- *px* – anzeigespezifisch; die Größe eines Pixels

Mann sollte unbedingt zur Kenntnis nehmen, daß in manchen Fällen relative Längen automatisch in absolute Längen konvertiert werden. So wird zum Beispiel im Fall der in Abschnitt 6.3.4 beschriebenen Property word-spacing eine relative Einheit wie *1em* in eine absolute Länge konvertiert (zum Beispiel *10pt* für den Fall, daß die Schrift des Elements eine 10-Punkt-Schrift ist) und dieser Wert dann an die untergeordneten Elemente vererbt. Wenn ein solches Child-Element seine Schriftgröße verändert, wird der Wortabstand nicht auf den relativen Wert gesetzt, sondern auf den absoluten Wert *10pt*. Deshalb sollte man sich beim Verwenden relativer Längen in der CSS1-Spezifikation vergewissern, wie diese Längen bei der fraglichen Property vererbt werden.

Absolute Längen können zum Angeben fester Längen verwendet werden, die sich nicht abhängig von der Darstellung verändern. Bei einigen Anwendungen mag dies Vorteile haben, aber in den meisten Fällen ist es nicht sehr nützlich, da es die Skalierbarkeit eines Dokuments begrenzt. Die folgenden absoluten Maßeinheiten können mit CSS1 verwendet werden.

- *in* – Zoll (1 in = 2,54 cm)

- *cm* – Zentimeter

- *mm* – Millimeter (1 mm = 0,1 cm)

- *pt* – Punkte (1 pt = 1/72 in E 0,35 mm)

- *pc* – Picas (1 pc = 12 pt = 1/6 in $E 4,23 mm)

Skalierbarkeit (oder, anders gesagt, die Unabhängigkeit von einer
bestimmten Darstellungsumgebung) ist ein wichtiger Aspekt von HTML im
allgemeinen und CSS1 im besonderen, weshalb absolute Längen mit Vorsicht
eingesetzt werden sollten. In manchen Fällen können absolute Längen nützlich sein, aber als allgemeine Richtlinie sollten sie vermieden und statt dessen
relative Längen verwendet werden.

Schließlich ist es in vielen Fällen möglich, einen Prozentwert anstatt einer
relativen oder absoluten Länge zu benutzen. Ein solcher Wert kann auch als
eine Art relativer Länge angesehen werden, aber er unterscheidet sich von den
oben beschriebenen relativen Längen, da er von etwas innerhalb des Dokuments abhängt (in den meisten Fällen vom Parent-Element), und nicht von
der Darstellungsumgebung. Prozentwerte sind zum Erstellen skalierbarer
Dokumente ebenfalls sehr nützlich und sollten deshalb absoluten Längen vorgezogen werden.

6.3.4 Declarations

Im vorangegangenen Abschnitt haben wir beschrieben, welche Auswahlmechanismen benutzt werden können, um bestimmte Elementinstanzen
innerhalb einer HTML-Seite auszuwählen. Dies ist allerdings nur die Vorbereitung für die eigentliche Arbeit, nämlich das Angeben der Formatierungsanweisungen (d.h. das Zuordnen von Values zu Properties) in den Declarations von CSS1-Regeln. In den Beispielen in Abschnitt 6.3.2 haben wir bereits
einige Declarations zum Verändern der Formatierungen verwendet, und nun
geben wir einen systematischeren Überblick über die Formatierungsmöglichkeiten von CSS1.

In Abschnitt 6.3.4.1 werden Schriften und die Möglichkeiten beschrieben,
sie, ihr Aussehen und ihre Größe zu bestimmen. Mit Abständen wird in
Abschnitt 6.3.4.2 ein weiterer wichtiger Formatierungsaspekt behandelt. Der
Umgang mit Bildern wird in Abschnitt 6.3.4.3 gezeigt. Das CSS1-Modell für
Farben und Hintergründe stellt Abschnitt 6.3.4.4 vor. Schließlich werden in
Abschnitt 6.3.4.5 einige Declarations beschrieben, mit denen die Klassifi-
zierung von Elementen verändert werden kann.

6.3.4.1 Schriften

Einer der wichtigsten Aspekte von Style Sheets ist das Festlegen eines Schrifttyps. Da der Großteil des Inhalts einer typischen Web-Seite aus Text besteht,
hat die Auswahl eines bestimmten Schrifttyps große Bedeutung für Aussehen
und Formatierung. Obwohl es beim traditionellen Druck einen großen

Unterschied zwischen Schrifttyp und Schrift gab (Schrifttyp bezeichnet eine Familie von Schriften, die verschiedene Größen, Maße und Stile umfaßt), sind diese beiden Begriffe heute austauschbar, und wir werden uns an diese CSS1-Konvention halten.

Vor der Einführung der Elemente <BASEFONT> und <FONT> in HTML 3.2 war die Auswahl einer bestimmten Schrift völlig dem Browser überlassen, und der Autor hatte keine Möglichkeit, die zu verwendende Schrift vorzugeben. HTML 4.0 erklärt <BASEFONT> und <FONT> zu Deprecated Constructs und beraubt HTML damit praktisch jeder Möglichkeit zur Schriftauswahl. CSS1 führt ein Schriftenmodell ein und definiert eine Reihe von Schrift-Properties, mit denen die zu verwendende Schrift angegeben werden kann.

Bislang müssen allerdings alle Schriften lokal installiert sein, da es derzeit keinen Standard zum Austauschen von Schriften gibt. (Dies wird sich ändern, sobald die in Abschnitt 10.5.4 beschriebenen *Dynamic Fonts* standardisiert worden sind.) Außerdem müssen alle Browser die lokal installierten Schriften entsprechend den von CSS1 definierten Kategorien einordnen. CSS1 definiert fünf verschiedene Schriftfamilien, wobei jede Schrift einer dieser Familien zugeordnet sein sollte. Außerdem werden für jede Schrift eine Reihe von Parametern definiert (nämlich *Style*, *Variant*, *Weight* und *Size*), und jede Schrift muß entsprechend diesen Parametern eingeordnet werden.

»Unglücklicherweise gibt es keine wohldefinierte und universell anerkannte Taxonomie für das Klassifizieren von Schriften, und Bezeichnungen, die auf eine Schriftfamilie zutreffen, sind für andere vielleicht nicht passend. [...] Deshalb ist es keine leichte Aufgabe, typische Auswahlkriterien für Schriften mit einer bestimmten Schrift zu verbinden.«

CSS1-Spezifikation [159]

Trotzdem versucht CSS1, ein allgemeines Rahmenwerk zum Klassifizieren und Auswählen von Schriften zu definieren, in dem eine Reihe von Properties für die Schriftenwahl festgelegt werden. Leider bleibt dabei die Frage unbeantwortet, wie vorhandene Schriftarten entsprechend dieses Schemas klassifiziert werden. Im Moment unterliegt das völlig der Kontrolle der CSS1-Implementierungen (d.h. der Browser und deren Verwendung von lokal installierten Schriften).

- `font-family`
  Diese Property wird zum Vorgeben von Schriftfamilien verwendet, wobei entweder ein bestimmter Familienname (wie zum Beispiel `Times`) oder einer der allgemein definierten Familiennamen (nämlich `serif`, `sans-serif`, `monospace`, `cursive` und `fantasy`) verwendet wird. Es ist möglich, mehrere durch Kommata getrennte Values anzugeben, wobei die Values zu bevorzugende Schriften in absteigender Reihenfolge angeben.

```
BODY { font-family: Times, serif }
```

Diese Spezifikation bedeutet, daß für das Element <BODY> (und sein Inhalt, weil die Property font vererbt wird) wenn möglich eine Times-Schrift und sonst eine beliebige der vorhandenen serif-Schriftfamilien eingesetzt werden soll.

- font-style
  Bei einigen Schriftfamilien gibt es verschiedene Schriftstile, die mit der Property font-style ausgewählt werden können. Diese Property kann die Values normal (manchmal auch als *roman*, *regular* oder *upright* bezeichnet), oblique (teilweise auch *inclined* oder *slanted* genannt) oder italic (auch als *cursive* bekannt) annehmen. Wenn der gewünschte Schriftstil für eine Schriftfamilie nicht definiert ist, wird er durch einen anderen ersetzt, oder es wird in der Liste der akzeptierten Schriftfamilien die nächste mit dem gewünschten Schriftstil gesucht[15].

- font-variant
  Die Property font-variant kann die Values normal und small-caps annehmen und legt entweder einen normalen oder einen Kapitälchen-schriftstil der gewählten Familie fest. Wenn es keinen Kapitälchenschriftstil gibt, kann ein Browser diesen simulieren, indem er Großbuchstaben von einer kleineren Schriftgröße als kleine Buchstaben des simulierten Schrift-stils verwendet[16].

- font-weight
  Mit der Property font-weight kann die Stärke der gewünschten Schrift vorgegeben werden. Im allgemeinen kann diese Property Values zwischen 100 und 900 in Hunderterschritten annehmen, wobei 100 der geringsten und 900 der größten Stärke entspricht. Die beiden gebräuchlichen Schlüsselwörter normal und bold entsprechen einer Schriftstärke von 400 bzw. 700. Wenn die gewünschte Stärke nicht zur Verfügung steht, wählt der Browser die nächstmögliche. Man kann außerdem die Schlüssel-wörter lighter oder bolder verwenden, um die Stärke in Relation zur Schriftstärke des Parent-Elements festzulegen.

```
STRONG { font-weight: bolder }
```

---

[15] Abhängig von der Kombination von gewünschten und vorhandenen Stilen wird entweder die Ersetzung oder die Auswahl der nächsten Familie gewählt.

[16] Dies ist nicht die korrekte Methode zum Erzeugen von Kapitälchen, weil bei richtigen Kapitälchen-schriften die kleinen Großbuchstaben (mit Rücksicht auf ihre Breite und die Stärke der Linien) speziell gestaltet, und nicht einfach einer kleineren Schriftgröße entnommen sind. Allerdings sind simulierte Kapitälchen immer noch besser als gar keine.

In diesem Beispiel gibt das Style Sheet eine relative Stärke für den Inhalt des Elements <STRONG> an. Wenn die Schrift des Parent-Elements (die innerhalb des <P>-Elements mit der <STRONG>-Elementinstanz verwendet wird) normal ist (d.h. die Stärke 400 hat), verwendet <STRONG> die Stärke bold (d.h. die Stärke 700). Wenn allerdings die Schrift des Parent-Elements schon stärker ist, benutzt <STRONG>, sofern möglich, eine noch größere Stärke (z.B. 900). Wenn man relative Stärken verwendet, geschieht dies, ohne daß man die Style Sheet Declaration für das <STRONG>-Element ändern muß.

- font-size
  Die Property font-size gibt die gewünschte Schriftgröße an. Es gibt verschiedene Möglichkeiten, eine Schriftgröße für diese Property festzulegen:

  - *Absolute Größe*
    In diesem Fall hält der Browser eine Reihe von festen Schriftgrößen bereit, diese auf dem Ausgabegerät und möglicherweise den Voreinstellungen des Benutzers basieren. Die zur Verfügung stehenden Größen sind xx-small, x-small, small, medium, large, x-large und xx-large. Die CSS1-Spezifikation schlägt vor, daß jede Größe 1,5 mal so groß sein soll wie die vorangehende.

  - *Relative Größe*
    Verwendet man diese Methode, kann man die Größe einer Schrift in Relation zur Schriftgröße des Parent-Elements angeben. Mit den beiden Values smaller und larger gibt man die relative Größe an und vergrößert oder verkleinert die Schrift um einen Schritt auf der Skala der zuvor beschriebenen absoluten Schriftgrößen.

  - *Länge*
    Es ist auch möglich, die Schriftgröße durch einen absoluten Wert anzugeben. Die traditionelle Einheit für die Größe einer Schrift ist der *Punkt*, aber es können auch andere Einheiten verwendet werden (wie in Abschnitt 6.3.3.2 beschrieben). Dabei sollte beachtet werden, daß man auf diese Weise leicht eine nicht unterstützte Schriftgröße angeben kann und daß solche Größen für einige Ausgabemedien vielleicht ungeeignet sind[17].

---

[17] Kleinere Schriftgrößen für Anmerkungen, wie zum Beispiel diese Fußnote, machen sich in gedruckten Dokumenten gut. Wenn ein Text mit einer absoluten Länge von zum Beispiel 9 Punkten auf einem Bildschirm dargestellt wird, ist er aber vielleicht kaum zu lesen.

– *Prozentwerte*
Der relativen Größe sehr ähnlich ist die Methode, einen Prozentwert für die Größe der Schrift zu verwenden, wobei die gewünschte Größe in Relation zur Schriftgröße des Parent-Elements angegeben wird. Ein Value von 120% wählt eine Schrift aus, die 1,2 mal so groß ist wie die des Parent-Elements. Da die Möglichkeit besteht, einen beliebigen Prozentwert festzulegen, führt diese Methode allerdings leicht zu nicht unterstützten Schriftgrößen.

- font
Außerdem ist es möglich, all die vorangegangenen Schrift-Properties einschließlich der in Abschnitt 6.3.4.2 beschriebenen Property line-height mittels der Property font festzulegen. Diese Property kann benutzt werden, um alle Schrift-Properties explizit vorzugeben. Wenn in der Property font kein Value angegeben wird, werden die Properties auf ihre Ausgangs-Values zurückgesetzt.

- text-decoration
Obwohl die Property text-decoration keine Schrift auswählt (sondern eine bestimmte Ausschmückung für eine Schrift angibt), ist sie mit den Properties zur Schriftauswahl recht nahe verwandt und wird deshalb hier beschrieben. Die Property text-decoration kann entweder das Value none, also keinerlei Verzierungen (was der Normalfall ist), oder eine beliebige Kombination der folgende Values aufweisen.

– underline
Dies gibt an, daß die Zeichen der aktuellen Schrift unterstrichen werden sollen. Dieser Effekt ähnelt dem, der mit dem HTML-Element <U> erreicht wird (das nicht mehr verwendet werden sollte).

– overline
Damit wird festgelegt, daß über den Zeichen der aktuellen Schrift eine Linie erscheinen soll.

– line-through
Diese Textverzierung bestimmt, daß die Zeichen eine horizontale Linie quer durch den Text aufweisen sollen (auch als *strike-through* bekannt). Dieser Effekt ist ähnelt dem, der mit den HTML-Elementen <STRIKE> oder <S> erreicht wird (die beide nicht mehr verwenden werden sollten).

– blink
Verwendet man dieses Value, wird eine blinkende Darstellung der Zeichen gewählt, d.h. der User Agent sollte den Text abwechselnd sichtbar und unsichtbar machen.

Durch das Verwenden dieser Values ist es möglich, das Erscheinungsbild einer Schrift zu verändern, das durch die Schrift-Properties festgelegt wurde. Es ist allerdings nicht sicher, ob alle möglichen Textvariationen für eine ausgewählte Schrift oder überhaupt zur Verfügung stehen. (Die Textdekorierung `blink` wird höchstwahrscheinlich von einigen User Agents nicht unterstützt, und wirkt sich beim Ausdrucken auch nicht aus.)

- `text-transform`
Ähnlich wie die Property `text-decoration` wählt auch `text-transform` keine Schrift aus, sondern verändert die Groß/Kleinschreibung eines Textes und wird deshalb in diesem Abschnitt aufgeführt. Die Property `text-transform` wird verwendet, um die Schreibweise von Texten zu ändern, und kann dazu verschiedeneValues annehmen.

  - `capitalize`
  In diesem Fall schreibt der Browser den ersten Buchstaben von jedem Wort groß. Diese Art von Großschreibung ist in englischen Überschriften üblich. (Allerdings werden einige Worte normalerweise nicht großgeschrieben, und `capitalize` ist nicht in der Lage, diese Unterscheidung zu treffen.)

  - `uppercase`
  Dieses Value wird verwendet, um alle Buchstaben in Großbuchstaben umzuwandeln.

  - `lowercase`
  Diese Value bewirkt das Gegenteil von `uppercase`, wandelt also alle Buchstaben in Kleinbuchstaben um.

  - `none`
  Wenn keine Veränderung vorgenommen werden soll, kann das Value `none` verwendet werden, das die Schreibweise der Buchstaben unangetastet läßt.

Die genauen Regeln für das Wechseln von einer Schreibweise in die andere hängen von der Sprache und dem Browser ab. Sie können das Entfernen von Accents und andere Umwandlungen beinhalten (wie zum Beispiel Buchstaben, die nur in der Kleinschreibung einer Sprache vorhanden sind, wie das deutsche »ß«).

Wenn man mit den Schrift-Properties von CSS1 arbeitet, sollte man stets bedenken, daß ein Style Sheet in den meisten Fällen Skalierbarkeit unterstützen sollte. Deshalb sollten, wann immer möglich, relative Maße anstelle von absoluten Werten verwendet werden, weil letztere das Skalieren eines

Dokuments in den meisten Fällen erschweren. Außerdem sollte ein sorgfältig erstelltes Style Sheet immer Alternativlösungen[18], zum Beispiel für die gewünschte Schriftfamilie, angeben. Anstatt nur eine Schrift festzulegen (die auf dem System des Betrachters vielleicht nicht installiert ist), ist es immer sinnvoll, alternative Schriften und, als letzte Möglichkeit, einen der allgemeinen Schriftfamiliennamen (wie zum Beispiel `serif`) anzugeben.

6.3.4.2 Leerraum

Ein wichtiger Aspekt des Formatierens liegt in der Auswahl des richtigen Leerraums. Dieser spielt in vielen verschiedenen Bereichen der Formatierung eine Rolle, angefangen beim Leerraum zwischen Buchstaben und Worten, bis hin zu den Rändern des gesamten Dokuments. CSS1 definiert ein Leerraummodell für Block-Level-Elemente, das in Abbildung 6.7 dargestellt wird und auf drei verschiedenen Zonen rund um den eigentlichen Inhalt eines Elements basiert. Der Inhalt des Elements wird vom Padding umgeben, das den Inhalt vom Rahmen trennt[19]. Der Rahmen wird vom Margin des Elements umgeben, der den Rahmen wiederum von allem außerhalb der Elementbox trennt.

Margins können für jede Seite einzeln gewählt werden, oder man verwendet eine Property, die alle vier Margins in einem Schritt festlegt. Values können entweder *Längen* in absoluten oder relativen Einheiten oder *Prozentwerte* sein. Prozentwerte werden verwendet, um Längen in Relation zur Breite des Parent-Elements anzugeben. Außerdem können die Properties `margin-left` und `margin-right` auf `auto` gesetzt werden, wodurch der Browser die tatsächlichen Values basierend auf einer Breitenberechnung ermittelt, die in der CSS1-Spezifikation definiert ist.

- `margin-left`
  Diese Property bestimmt den linken Margin eines Elements. Sie kann auf `auto` gesetzt werden, um die Breitenberechnung zu wählen.

- `margin-right`
  Die Property `margin-right` legt den rechten Margin eines Elements fest. Auch sie kann auf `auto` gesetzt werden, um die Breitenberechnung zu aktivieren.

---

[18] Obwohl dies auch als eine allgemeine Bemerkung bezüglich Style Sheets Gültigkeit hat, ist es für das Auswählen von Schriften ganz besonders wichtig, weil ein Style-Sheet-Designer keinerlei Einfluß darauf hat, welche Schriften beim Betrachter des Dokuments lokal installiert sind.

[19] Das Padding wird außerdem verwendet, um den Hintergrund eines Elements zu erweitern, wenn ein Hintergrund festgelegt ist. (Die Hintergrund-Properties werden in Abschnitt 6.3.4.4 beschrieben.)

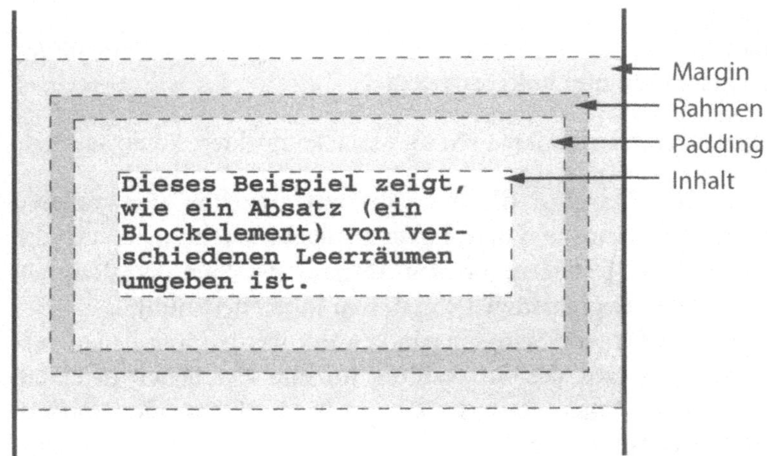

Abb. 6.7 Abstände für Block-Level-Elemente

- `margin-top`
  Die Property `margin-top` kann verwendet werden, um den oberen Margin eines Elements festzulegen.

- `margin-bottom`
  Diese Property bestimmt den unteren Margin eines Elements.

- `margin`
  Die Property `margin` kann benutzt werden, um alle vier Margins in einem Schritt festzulegen. Abhängig von der Anzahl der angegebenen Values werden die Margins entsprechend den folgenden Regeln gesetzt.

  - *Ein Value*
    Wird nur ein Value angegeben, gilt dieses für alle vier Seiten.

  - *Zwei Values*
    Legt man zwei Values fest, werden die fehlenden Values von den gegenüberliegenden Seiten genommen. Das erste Value definiert die oberen und unteren Margins, das zweite die linken und rechten.

  - *Drei Values*
    Werden drei Values angegeben, wird das fehlende Value wiederum von der gegenüberliegenden Seite genommen. Das erste Value legt den oberen, das zweite den linken und rechten und das dritte den unteren Margin fest.

- *Vier Values*
  Gibt man vier Values an, werden alle vier Seiten in der Reihenfolge oben, rechts, unten und links festgelegt.

Mit der Property `margin` kann man Margins auf kompaktere Weise angeben.

Zusätzlich zu den Margins, die den Abstand zwischen den äußeren Begrenzungen eines Elements und dem Rahmen angeben, kann man auch das Padding für ein Element festlegen, das den Abstand zwischen dem Rahmen eines Elements und den Begrenzungen von dessen Inhalt bestimmt.

Das Padding kann für jede Seite einzeln gewählt werden, oder man verwendet dafür eine Property, die das Padding für alle vier Seiten in einem Schritt festlegt. Values können entweder *Längen* in absoluten oder relativen Einheiten oder *Prozentwerte* sein. Prozentwerte werden verwendet, um Längen in Relation zur Breite des Parent-Elements anzugeben. Das Padding übernimmt im Gegensatz zu Margins immer das Aussehen des Hintergrunds eines Elements. Das Verwenden von Padding und Margins ist also auch sinnvoll, wenn gar keine Rahmen benutzt werden.

- `padding-left`
  Diese Property bestimmt das Padding für die linke Seite eines Elements.

- `padding-right`
  Die Property `padding-right` legt das Padding auf der rechten Seite eines Elements fest.

- `padding-top`
  Die Property `padding-top` kann verwendet werden, um das Padding auf der oberen Seite eines Elements anzugeben.

- `padding-bottom`
  Diese Property bestimmt das Padding an der unteren Seite eines Elements.

- `padding`
  Die Property `padding` kann benutzt werden, um das Padding auf allen vier Seiten in einem Schritt festzulegen. Abhängig von der Anzahl der angegebenen Values wird das Padding entsprechend den folgenden Regeln gesetzt.

  - *Ein Value*
    Wird nur ein Value angegeben, gilt dieses für alle vier Seiten.

  - *Zwei Values*
    Legt man zwei Values fest, werden die fehlenden Values von den gegenüberliegenden Seiten genommen. Das erste Value definiert das obere und untere Padding, das zweite das linke und rechte.

- *Drei Values*
  Werden drei Values angegeben, wird das fehlende Value wiederum von der gegenüberliegenden Seite genommen. Das erste Value legt das obere, das zweite das linke und rechte und das dritte das untere Padding fest.

- *Vier Values*
  Gibt man vier Values an, wird das Padding für alle vier Seiten in der Reihenfolge oben, rechts, unten und links festgelegt.

Mit der Property `padding` kann man das Padding für ein Element auf kompaktere Weise angeben.

Zusätzlich zu den Leerräumen, die durch die Margins und das Padding definiert werden, kann man auch Rahmen angeben, die um Elemente herum gezeichnet werden sollen. Ein solcher Rahmen wird dann, wie in Abbildung 6.7 gezeigt, zwischen das Padding und den Margin gezeichnet. Die drei Properties, die für einen Border angegeben werden können, betreffen seinen *Stil*, seine *Breite* und seine *Farbe*. Diese Aspekte können durch verschiedene CSS1-Properties auf unterschiedliche Art bestimmt werden.

- `border-style`
  Diese Property steuert den Stil für den Rahmen eines Elements. CSS1 unterscheidet zwischen keinem Rahmen und zwei verschiedenen Gruppen von Rahmenstilen.

  - *none*
    Dieses Value legt fest, daß ein Element keinen Rahmen haben soll.

  - *Linienstile*
    Die Linienstile spezifizieren Rahmenstile, die nur einfache Linien verwenden und deshalb für Anzeigegeräte mit einer eingeschränkten Farbdarstellung geeignet sind. Die möglichen Linienstile sind `dotted`, `dashed`, `solid` und `double`.

  - *3D-Stile*
    Für ansprechendere visuelle Effekte definiert CSS1 eine Reihe von 3D-Rahmenstilen. Da diese Rahmenstile Farbübergänge erfordern (um hellere und dunklere Kanten von hervorgehobenen Konturen darzustellen), werden sie auf Ausgabegeräten mit einer eingeschränkten Farbdarstellung allerdings nicht sehr gut wiedergegeben. Die möglichen 3D-Stile sind `groove` und `ridge` (welche einen hervorgehobenen Rahmen anzeigen) sowie `inset` und `outset` (welche die gesamte Box des Elementinhalts hervorheben).

Die Property `border-style` kann benutzt werden, um alle vier Rahmen in einem Schritt festzulegen. Abhängig von der Anzahl der angegebenen Values werden die Rahmen entsprechend den folgenden Regeln gesetzt.

- *Ein Value*
  In diesem Fall wird das Value den Stilen aller vier Rahmen zugewiesen.

- *Zwei Values*
  Im Fall von zwei Values definiert das erste Value den oberen und unteren Rahmen, das zweite den linken und rechten.

- *Drei Values*
  Werden drei Values angegeben, legt das erste Value den oberen, das zweite den linken und rechten und das dritte den unteren Rahmen fest.

- *Vier Values*
  Sind vier Values vorhanden, werden alle vier Rahmen in der Reihenfolge oben, rechts, unten und links festgelegt.

Beim Gestalten der Rahmen eines Elements sollte man immer daran denken, daß 3D-Stile für bestimmte Ausgabegeräte ungeeignet sein können, insbesondere wenn die Farbübergänge zum Problem werden.

- `border-width`
  Zusätzlich zum Stil kann man auch die Breite eines Rahmens angeben. Dabei stehen drei verschiedene Methoden zur Auswahl.

  - *none*
    Das Schlüsselwort `none` gibt an, daß überhaupt kein Rahmen benutzt werden soll.

  - *Schlüsselwörter für die Stärke*
    Zum Angeben der Stärke eines Rahmens können drei Schlüsselwörter benutzt werden: `thin`, `medium` (der Standardwert für die Rahmenstärke) und `thick`. Die letztlich dargestellte Stärke des Rahmens hängt vom Browser ab.

  - *Länge*
    Durch Angeben einer Länge kann die Rahmenbreite in einer beliebigen der in CSS1 definierten Einheiten bestimmt werden.

Die Property `border-width` kann benutzt werden, um die Breite aller vier Rahmen in einem Schritt festzulegen. Abhängig von der Anzahl der angegebenen Values werden die Rahmenbreiten entsprechend den folgenden Regeln gesetzt.

- *Ein Value*

  In diesem Fall wird die Breite alle vier Rahmen auf das gegebene Value gesetzt.

- *Zwei Values*

  Im Fall zweier Values definiert das erste Value die Breite des oberen und unteren Rahmens, das zweite die des linken und rechten.

- *Drei Values*

  Werden drei Values angegeben, legt das erste Value die Breite des oberen, das zweite die des linken und rechten und das dritte die des unteren Rahmens fest.

- *Vier Values*

  Sind vier Values vorhanden, werden alle vier Rahmenbreiten in der Reihenfolge oben, rechts, unten und links festgelegt.

Mittels der Property `border-width` kann die Breite von Rahmen kompakter angegeben werden[20].

- `border-color`

  Außer dem Stil und der Breite kann mit der Property `border-color` auch die Farbe eines Rahmens bestimmt werden. Wird keine Farbe angegeben, übernimmt der Rahmen die Farbe des Elements. Die Property `border-color` kann benutzt werden, um die Farben aller vier Rahmen in einem Schritt festzulegen. Abhängig von der Anzahl der angegebenen Values werden die Rahmen entsprechend den folgenden Regeln gesetzt.

  - *Ein Value*

    In diesem Fall wird das Value den Farben aller vier Rahmen zugewiesen.

  - *Zwei Values*

    Im Fall zweier Values definiert das erste Value die Farbe des oberen und unteren Rahmens, das zweite die des linken und rechten.

  - *Drei Values*

    Werden drei Values angegeben, legt das erste Value die obere, das zweite die linke und rechte und das dritte die untere Rahmenfarbe fest.

  - *Vier Values*

    Sind vier Values vorhanden, werden allen vier Rahmen die Farben in der Reihenfolge oben, rechts, unten und links zugewiesen.

---

[20] Es ist außerdem möglich, die vier Rahmenbreiten mittels der vier Properties `border-left-width`, `border-right-width`, `border-top-width` und `border-bottom-width` einzeln zu bestimmen.

Mittels der Property `border-color` kann die Farbe von Rahmen kompakter angegeben werden.

- `border`
  Wenn allen vier Rahmen die gleichen Values zugewiesen werden sollen, kann man den Stil, die Größe und die Farbe mittels der Property `border` in einem Schritt angeben. Diese Property akzeptiert die gleichen Values wie die einzelnen Properties für Stil, Größe und Farbe[21].

Die Rahmen-Properties überlappen sich bis zu einem gewissen Grad. Es ist deshalb möglich, die gleichen Effekte durch verschiedene Kombinationen dieser Properties zu erreichen. Welche der Properties benutzt werden, hängt von der Anwendung ab. In den meisten Fällen kommen aber die Properties `border`, `border-left`, `border-right`, `border-top` und `border-bottom` zum Einsatz, weil sie das Festlegen aller Rahmen-Properties (Stil, Größe und Farbe) in einem Schritt ermöglichen.

Um diese Diskussion über Margins und Padding-Leerräume (und Rahmen) rund um den Elementinhalt beenden zu können, muß das CSS1-Konzept der *Collapsing Margins* erwähnt werden. Wann immer ein oberer und ein unterer Margin direkt zusammentreffen, wird nur der größere der beiden verwendet, während der kleinere entfällt. Das soll sicherstellen, daß es nicht zuviel Leerraum zwischen Elementen gibt. Ein ähnlicher Mechanismus wird benutzt, wenn mehr als ein Element zur gleichen Zeit anfangen oder enden[22]. In diesem Fall werden alle Margins von diesen Elementen (und möglicherweise auch ein Margin von einem angrenzenden Element) verglichen und der größte Margin zum Festlegen der Formatierungen verwendet, während alle anderen ignoriert werden.

Zusätzlich zu den bislang beschriebenen Leerräumen rund um Block-Level-Elemente (unter Verwendung von Margins, Padding und Rahmen), definiert CSS1 außerdem einige Properties, mit denen sich die Leerräume innerhalb von Block-Level-Elementen steuern lassen.

- `text-align`
  Diese Property bestimmt die Art, wie Zeilen horizontal zwischen den linken und rechten Margins eines Elements ausgerichtet werden. Sie kann vier verschiedene Values annehmen.

---

[21] Wenn es notwendig ist, die Border eines Elements auf verschiedene Values für Stil, Größe oder Farbe zu setzen, können die Properties `border-left`, `border-right`, `border-top` oder `border-bottom` verwendet werden. Diese Properties ermöglichen es, Stil, Größe und Farbe für einen Rahmen in einem Schritt festzulegen.

[22] Das passiert regelmäßig in der Umgebung von Listen, wo am Ende der Liste ein <P>-, ein <LI>- und ein <UL>-Element gleichzeitig enden können. Es kann sein, daß alle diese Elemente einen unteren Margin festgelegt haben, der nicht Null ist.

- `left`
  Dies ist bei den meisten aktuellen Browsern die weitaus häufigste Methode zur Textausrichtung. Die Zeilen werden am linken Margin ausgerichtet, während der rechte Margin ungleichmäßig verläuft.

- `right`
  Das ist das Gegenteil zur `left`-Ausrichtung. Die Zeilen werden am rechten Margin ausgerichtet, während der linke Margin ungleichmäßig verläuft. Diese Art von Ausrichtung wird häufig für Anmerkungen an der linken Seite von linksbündigem Text oder Blocksatz verwendet.

- `centered`
  Diese Art der Ausrichtung führt zu Zeilen, die einzeln zwischen dem linken und rechten Margin zentriert sind, so daß der linke und der rechte Margin ungleichmäßig aussehen.

- `justified`
  Bei dieser Methode wird der Text sowohl am linken als auch am rechten Margin ausgerichtet, wobei die Leerräume zwischen den Wörtern so angepaßt werden, daß alle Zeilen die gleiche Länge haben. Diese Art von Ausrichtung findet man typischerweise in Büchern und Zeitschriften.

Obwohl die meisten modernen Browser standardmäßig die linksbündige Ausrichtung verwenden, legt der CSS1-Standard fest, daß der Standard für diese Property dem User Agent überlassen bleibt. Wenn die Textausrichtung wichtig ist, sollte sie deshalb stets im Style Sheet angegeben werden (zum Beispiel in einer Regel, die das Element <BODY> auswählt, von wo aus sie an alle Elemente des Dokuments vererbt wird).

- `text-indent`
  Es ist möglich, mittels der Property `text-indent` den Einzug der ersten Zeile eines Absatzes zu steuern. Einzüge können entweder positiv oder negativ sein, wobei negative Werte dazu führen, daß die erste Zeile aus der Begrenzung des Absatzes herausragt. Der Texteinzug kann mit einer *Länge* oder einem *Prozentwert* angegeben werden, wobei sich der letztere auf einen prozentualen Anteil von der Breites des Absatzes bezieht.

- `line-height`
  Diese Property legt die Entfernung zwischen den Zeilen in einem Absatz fest. Allerdings können Zeilen Elemente enthalten, die höher sind die Zeile selbst, wodurch die Zeile höher wird. Die Property `line-height` gibt tatsächlich den Mindestabstand zwischen den Zeilen eines Absatzes an und kann auf drei verschiedene Arten festgelegt werden.

- *Länge*
  Dies gibt die Zeilenhöhe als Länge an, die ein absoluter oder (in den meisten Fällen besser) ein relativer Wert sein kann, der die Schriftgröße mit einberechnet. (In diesem Fall würde *em* oder *ex* Verwendung finden.)

- *Prozentwert*
  Ein solches Value bestimmt die Zeilenhöhe abhängig von der Schriftgröße. Die sich daraus ergebende Zeilenhöhe wird von allen Child-Elementen berechnet und geerbt. Wenn ein Child eine kleinere Schrift verwendet und die Zeilenhöhe nicht verändert, bleibt die Zeilenhöhe wie beim Parent-Element, was zu einer Zeilenhöhe führt, die in Relation zur Schrift größer ist.

- *Zahl*
  Ein solches Value gibt die Zeilenhöhe ebenfalls in Relation zur Schrift an. Im Gegensatz zum Prozentwert wird bei einem solchen Value die Zeilenhöhe aber für jedes Child-Element neu berechnet. Wenn ein Child eine kleinere Schrift benutzt und die Zeilenhöhe nicht ausdrücklich ändert, wird die Zeilenhöhe also in Relation zur neuen Schriftgröße berechnet und deshalb auf ein kleineres Value gesetzt.

Die Zeilenhöhe spielt hinsichtlich des Erscheinungsbildes eines Dokuments eine wichtige Rolle. Niedrige Zeilenhöhen lassen einen Text zu dicht erscheinen, während große Zeilenhöhen oft zu eingeschränkter Lesbarkeit führen. Außerdem wird die Zeilenhöhe sehr stark von der verwendeten Schrift beeinflußt (und zwar nicht nur von deren Größe, sondern auch von deren Stil und dem allgemeinen Aussehen).

- `word-spacing`
  Die Property `word-spacing` ermöglicht das Anpassen des Leerraums zwischen Wörtern. Üblicherweise wird eine Schrift über einen eigenen Wortabstand verfügen, der speziell für ihr Aussehen definiert wurde. Mittels der Property `word-spacing` können diese Leerräume aber ausgedehnt oder eingeschränkt werden. Diese Property kann entweder mit `normal`, wobei die Abstände zwischen den Wörtern dem Browser überlassen werden, oder mit einer *Länge* festgelegt werden. Im letzteren Fall wird das Value zum normalen Wortabstand hinzuaddiert. Man kann negative Values verwenden, wodurch der Wortabstand schmaler als für die Schrift üblich ausfällt. Dies wiederum kann zur Folge haben, daß sich Wörter überlagern.

- `letter-spacing`
  Diese Property ist der zuvor beschriebenen Property `word-spacing` sehr ähnlich, wirkt sich aber anstatt auf die Leerräume zwischen Wörtern auf

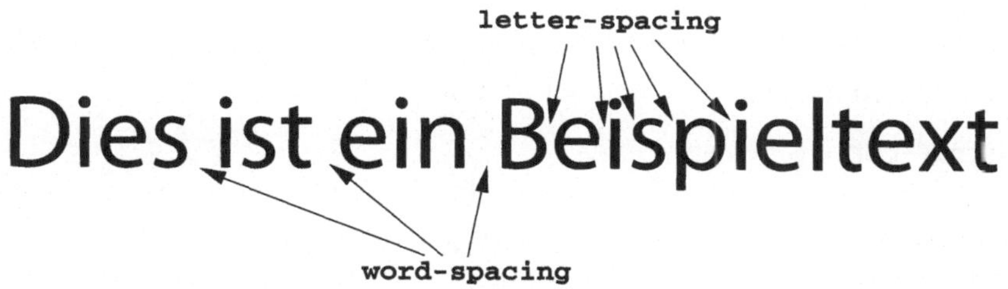

Abb. 6.8 Die Properties word-spacing und letter-spacing

die Leerräume zwischen den Buchstaben eines Wortes aus. Üblicherweise
wird eine Schrift über eigene Zeichenabstände verfügen, die speziell für ihr
Aussehen definiert wurden. Mittels der Property letter-spacing kön-
nen diese Leerräume aber ausgedehnt oder eingeschränkt werden. Diese
Property kann entweder mit normal, wobei die Zeichenabstände dem
Browser überlassen werden, oder mit einer *Länge* festgelegt werden. Im
letzteren Fall wird das Value zum normalen Zeichenabstand hinzuaddiert.
Man kann negative Values verwenden, wodurch der Zeichenabstand
schmaler als für die Schrift üblich ausfällt. Das kann dazu führen, daß sich
Buchstaben überlagern.

- vertical-align
  Mittels der Property vertical-align ist es möglich, Buchstaben oder
  Bilder ober- oder unterhalb der Grundlinie eines Textes zu plazieren. Die
  vertikale Ausrichtung eines Elements kann auf eine ganze Reihe verschie-
  dener Arten festgelegt werden. Für Elemente ohne Grundlinie – wie zum
  Beispiel Bilder – basiert die Ausrichtung auf dem unteren Rand des
  Elements, wann immer die Grundlinie für das Ausrichten von Text ver-
  wendet wird.

  - baseline
    Das ist der Standard, der die Grundlinie eines Child-Elements an der
    seines Parents ausrichtet.

  - sub
    Dies bringt das Child-Element in die bevorzugte Subscript-Position
    seines Parents, die normalerweise von der verwendeten Schrift abhängt.
    Die Ausrichtung basiert auf der Grundlinie des Child-Elements.

  - super
    Dies bringt das Child-Element in die bevorzugte Superscript-Position
    seines Parents, die normalerweise von der verwendeten Schrift abhängt.
    Die Ausrichtung basiert auf der Grundlinie des Child-Elements.

- `top`
  Diese Methode nimmt den oberen Rand des Child-Elements und richtet ihn am höchsten Zeichen der Zeile aus.

- `text-top`
  Hierbei wird der obere Rand des Child-Elements am oberen Rand vom höchsten Buchstaben des Parents ausgerichtet. Dadurch erreicht man einen anderen Effekt als beim Value `super`, das Superscripts üblicherweise so ausrichtet, daß sie über den oberen Rand vom höchsten Buchstaben des Parents hinausragen.

- `middle`
  Dabei wird der vertikale Mittelpunkt des Child-Elements an der Grundlinie des Parent-Elements plus der Hälfte der x-Höhe ausgerichtet, was der Mitte der Kleinbuchstaben entspricht.

- `text-bottom`
  Hierbei wird der untere Rand des Child-Elements mit dem unteren Rand der Schrift des Parents ausgerichtet. Dadurch erreicht man einen anderen Effekt als beim Value `sub`.

- `bottom`
  Diese Methode richtet den unteren Rand des Child-Elements am niedrigsten Buchstaben der Zeile aus.

- *Prozentwert*
  Schließlich ist es auch möglich, einen Prozentwert festzulegen (der auch einen negativen Wert haben kann). Ein solcher Value gibt an, um wieviel das Element im Vergleich zu seiner Zeilenhöhe nach oben oder unten verschoben werden soll.

Das Festlegen der vertikalen Ausrichtung gehört zu den Feinabstimmungen für das Erscheinungsbild eines Textes (wie zum Beispiel die Entscheidung, ob Superscripts mit der Ausrichtung `super` oder `top-text` dargestellt werden sollen). Während die vertikale Ausrichtung für Text nur selten benutzt wird, findet die Property `vertical-alignment` zum Ausrichten von Bildern in bezug auf Text recht häufig Verwendung.

Mit diesen Properties endet die Beschreibung der Möglichkeiten zur Gestaltung der Leeräume inner- und außerhalb von Block-Level-Elementen, die einen der wichtigsten Aspekte des Formatierens darstellen. Im nächsten Abschnitt widmen wir uns dem Umgang mit Bildern in CSS1, die ebenfalls viel mit dem Erscheinungsbild von HTML-Seiten zu tun haben.

6.3.4.3 Bilder

Obwohl in vielen Fällen Bilder der meistgenutzte Inhalt neben Text sind, bezieht sich die folgende Diskussion von Properties auf alle *Replaced Elements*, deren Inhalt durch ein Bild oder ein Objekt (wie zum Beispiel eine Schaltfläche) ersetzt wird. Beispiele für Replaced Elements sind <IMG>, <OBJECT>, <INPUT>, <SELECT> und <TEXTAREA>. CSS1 behandelt alle diese Elemente gleich, wobei es davon ausgeht, daß sie eine *natürliche* (bzw. *ihnen eigene*) Größe haben. Diese entspricht der normalen Größe eines Elements, das nicht ausdrücklich skaliert wird.

- `width`
  Diese Property bestimmt die Breite eines Elements. Obwohl es möglich ist, die Breite eines normalen Block-Level-Elements festzulegen, wird dies am häufigsten mit Replaced Elements, wie zum Beispiel Bildern, gemacht. Die Breite kann entweder als `auto` (was die Standardeinstellung ist), mit einer *Länge* oder mit einem *Prozentwert* angegeben werden, wobei sich der letztere auf einen prozentualen Anteil von der Breite des Parent-Elements bezieht.

- `height`
  Diese Property bestimmt die Höhe eines Elements. Obwohl es möglich ist, die Höhe eines normalen Block-Level-Elements festzulegen, wird dies am häufigsten mit Replaced Elements, wie zum Beispiel Bildern, gemacht. Die Höhe kann entweder als `auto` (was die Standardeinstellung ist) oder mit einer *Länge* angegeben werden.

- `float`
  Die Property `float` ermöglicht es, ein Element an der linken oder rechten Kante des Parent-Element zu plazieren. Das Element wird aus dem normalen Textfluß oder anderen nicht verschiebbaren Elementen herausgenommen und an einer der Kanten plaziert.

  - `left`
    Dieses Value plaziert das Element am linken Margin.

  - `right`
    Dieses Value plaziert das Element am rechten Margin.

  - `none`
    Dieses Value ist der Standardwert und plaziert das Element an der vorgesehenen Stelle im Fließtext, was höchstwahrscheinlich nicht der linken oder rechten Kante des Parent-Elements entspricht.

Die Property `float` wird in den meisten Fällen zum Einfügen von Bildern (oder anderen großen Replaced Elements) verwendet, die Teil des Textes sind (d.h. der Text soll um sie herumfließen), die aber an einem der Textränder ausgerichtet werden sollen.

- `clear`
  Diese Property arbeitet mit der Property `float` zusammen. Weil die mit der Property `float` plazierten Elemente außerhalb des Fließtexts (oder allgemein des nicht verschiebbaren Inhalts) stehen, können sie das Einfügen anderer Elemente behindern. Die Property `clear` gibt an, ob ein Element verschiebbare Elemente an seinen Seiten erlaubt.

  - `none`
    Dies ist der Standardwert und gibt an, daß das Element verschiebbare Elemente an beiden Seiten zuläßt.

  - `left`
    In diesem Fall erlaubt das Element keine verschiebbaren Elemente an seiner linken Seite, an seiner rechten Seite sind sie aber zulässig.

  - `right`
    In diesem Fall erlaubt das Element keine verschiebbaren Elemente an seiner rechten Seite, aber an seiner linken Seite sind sie zulässig.

  - `both`
    Dies ist die größtmögliche Einschränkung, die auf beiden Seiten des Elements keine verschiebbaren Elemente erlaubt.

Eine häufige Anwendung für diese Property ist es, für verschiedene Überschriftenebenen unterschiedliche `clear`-Values festzulegen, so daß zum Beispiel <H1>-Überschriften auf beiden (`both`) Seiten keine verschiebbaren Elemente aufweisen dürfen. Niedrigere Überschriftenebenen (wie zum Beispiel <H2>) können verschiebbare Elemente an ihrer rechten Seite akzeptieren (indem das Value `left` für die Property `clear` gesetzt wird), und Überschriften unterhalb dieser Ebene können verschiebbare Elemente auf beiden Seiten erlauben, indem sie das Value `none` verwenden.

Die Properties für Replaced Elements definieren die Plazierung dieser Elemente im Fließtext und in anderen Elementen. Durch das Verwenden bestimmter Arten von Formatierungen (wie verschiebbare Elemente) wird das Formatieren komplexer und kann Auswirkungen auf die Formatierungen von anderen Elementen (wie in dem Beispiel der Überschriftenelemente) haben. Dementsprechend ist es erforderlich, sich mehr Gedanken über die Formatierungen machen, wenn man in einem Dokument Replaced Elements verwendet.

Obwohl es eher unüblich ist, kann man die in diesem Abschnitt beschriebenen Properties genauso leicht für Non-Replaced Elements benutzen. Ein Beispiel dafür wäre eine Liste, die mittels der Property `float` aus dem normalen Fließtext herausgenommen und deren Breite mit der Property `width` (höchstwahrscheinlich auf einen bestimmten Prozentsatz der Breite des Parent-Elements) festgelegt werden könnte.

6.3.4.4 Farben und Hintergründe

Zusätzlich zu den im vorangegangenen Abschnitt vorgestellten Properties, welche die Formatierungen eines Dokuments verändern, können auch Farben geändert werden. Dies führt nicht zu einem geänderten Layout (in einem geometrischen Sinn), aber Farben können ein wichtiger Aspekt für die Darstellung eines Dokuments sein[23]. CSS1 definiert eine Reihe von Properties, mit denen sich die Vorder- und Hintergrundfarben sowie Hintergrundbilder festlegen lassen, die anstelle eines einfarbigen Hintergrunds verwendet werden können.

- `color`
  Die Vordergrundfarbe eines Elements kann mittels der Property `color` bestimmt werden. Diese Farbe wird für Text und Textauszeichnungen verwendet. Wenn ein Rahmen vorhanden und die Rahmenfarbe nicht ausdrücklich mit den in Abschnitt 6.3.4.2 beschriebenen Properties `border-color` oder `border` festgelegt ist, bestimmt die Vordergrundfarbe auch die Farbe des Rahmens. Eine häufige Anwendung der Property `color` ist das Festlegen der Farbe von Hyperlinks in Abhängigkeit von deren Status unter Verwendung der in Abschnitt 6.3.2.4 vorgestellten Pseudo-Klasse Anchor.

- `background-color`
  Mit der Property `background-color` kann die Hintergrundfarbe eines Elements als Value `transparent` (der Standard) oder als eine beliebige Farbe festgelegt werden. Zusätzlich zu der Fläche hinter dem Text des Elements (der in der Vordergrundfarbe angezeigt wird) wird auch das in Abschnitt 6.3.4.2 beschriebene Padding diese Hintergrundfarbe annehmen. Verwendet das Element ein Hintergrundbild, wird dieses die Hintergrundfarbe teilweise oder ganz verdecken.

---

[23] Die beiden wichtigsten Aspekte beim Einsatz von Farbe sind die erhöhte Lesbarkeit durch das Verwenden von ansprechenden Farbkombinationen und das Markieren besonderer Abschnitte, wie zum Beispiel das Benutzen von rotem Text für Warnungen oder wichtige Anmerkungen.

- `background-image`
  Wenn für den Hintergrund ein Bild verwendet werden soll, kann die Property `background-image` zum Angeben einer URL benutzt werden. Diese URL verweist auf das Bild, das als Hintergrund dienen soll.

- `background-repeat`
  Diese Property gibt an, ob und wie ein Hintergrundbild im Element wiederholt werden soll[24]. Der Effekt der Property `background-repeat` wird in Abbildung 6.9 gezeigt, wobei von einer Zentrierung des Hintergrundbilds ausgegangen wird. (Diese Position kann mittels der weiter unten beschriebenen Property `background-position` verändert werden.)

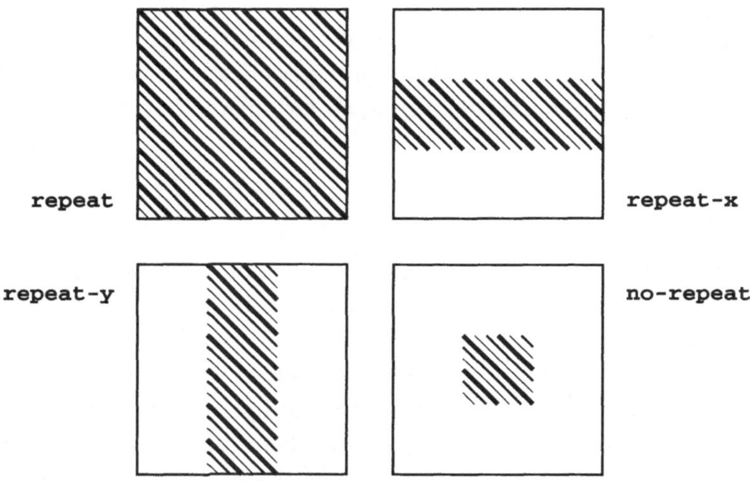

Abb. 6.9 Auswirkung der Property `background-repeat`

- `repeat`
  In diesem Fall wird das Bild sowohl vertikal als auch horizontal wiederholt, so daß der gesamte Hintergrund vom Bild bedeckt ist. Dies ist das Default Value.

- `repeat-x`
  Wenn das Bild nur horizontal wiederholt werden soll, kann das Value `repeat-x` verwendet werden. Ist das Bild weniger hoch als das Element, wird es kein Hintergrundbild oberhalb und unterhalb der einen Zeile von wiederholten Hintergrundbildern geben.

---

[24] Der Vorgang, ein Bild so zu wiederholen, daß es eine vorgegebene Fläche ganz ausfüllt, wird als *Kachelung* bezeichnet.

- `repeat-y`
  Wenn das Bild nur vertikal wiederholt werden soll, kann das Value
  `repeat-y` verwendet werden. Ist das Bild weniger breit als das
  Element, wird es kein Hintergrundbild links und rechts neben der
  einen Spalte von wiederholten Hintergrundbildern geben.

- `no-repeat`
  In manchen Fällen kann es erwünscht sein, das Hintergrundbild nur
  einmal darzustellen. Dieser Effekt kann mit dem Value `no-repeat`
  erreicht werden.

Mit der Property `background-repeat` können sehr unterschiedliche
Effekte erzielt werden. Abhängig vom Design des Hintergrundbilds gilt
dies vor allem für das Kacheln. Eine genauere Steuerung des Hintergrund-
designs ist mit den im folgenden beschriebenen Properties `background-`
`attachment` und `background-position` möglich.

- `background-attachment`
  Normalerweise ist das Hintergrundbild an ein Element gebunden, und
  wenn dieses Element in einem Browser gescrollt wird, scrollt das Hintergrundbild mit. Dies kann mit der Property `background-attachment`
  geändert werden.

  - `scroll`
    Dies entspricht der Voreinstellung, wobei das Hintergrundbild an das
    Element gebunden ist und sich mit ihm bewegt.

  - `fixed`
    Wenn der Hintergrund an das Fenster (von CSS1 auch als *Canvas*
    bezeichnet) gebunden werden soll, benutzt man das Value `fixed`.

Die Property `background-attachment` kann für spezielle Effekte eingesetzt werden, wie zum Beispiel zum ständigen Anzeigen eines Logos in
einer Ecke des Fensters, selbst wenn das Dokument vor- oder zurückges-
crollt wird. Diesen Effekt erreicht man, in dem man das `background-`
`attachment` für den Hintergrund des Elements <BODY> auf `fixed`
setzt.

- `background-position`
  Die Property `background-position` legt fest, wo das Hintergrundbild
  in bezug auf die Fläche, die von dem Element bedeckt wird, positioniert
  werden soll. Standardmäßig wird das Hintergrundbild in der linken oberen Ecke angeordnet. Diese Position kann auf verschiedene Weisen geändert werden.

– *Prozentwerte*
Prozentwerte können benutzt werden, um den Hintergrund in Relation
zur Größe des Elements zu plazieren. Abbildung 6.10 zeigt, wie CSS1
diese Methode definiert. Die Prozentwerte werden relativ zur Größe
des Hintergrundbilds und zur Größe des Elements berechnet und das
Hintergrundbild dementsprechend plaziert. Gibt man ein Value an,
wird dieses für die horizontale Positionierung verwendet und das Hintergrundbild vertikal zentriert (als ob das zweite Value mit 50% angegeben worden wäre).

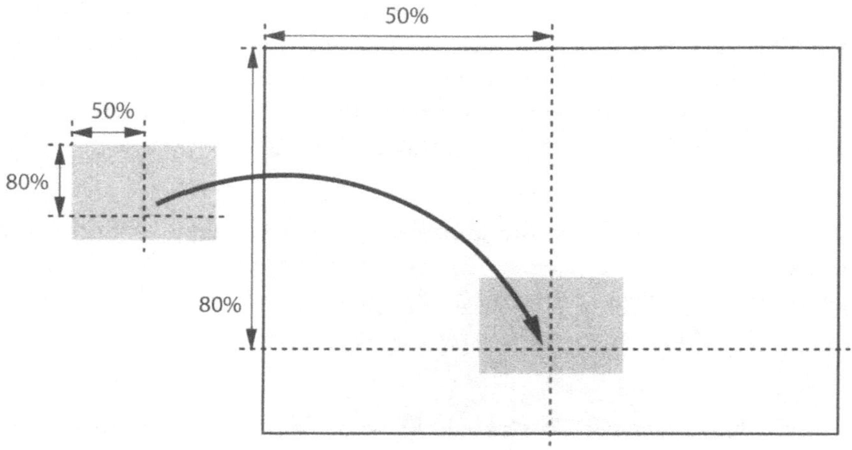

Abb. 6.10 Verwenden von Prozentwerten für die Property
`background-position`

– *Längen*
Gibt man eine Länge an, wird die linke obere Ecke des Hintergrundbilds in diesem Abstand von der linken oberen Ecke des Elements
plaziert. Verwendet man nur ein Value, wird dieses für die horizontale
Positionierung benutzt und das Hintergrundbild vertikal zentriert.

– *Schlüsselwörter*
Es ist außerdem möglich, Schlüsselwörter zu verwenden, die als Abkürzungen für Prozentwerte dienen. Für die horizontale Positionierung
können die Schlüsselwörter `top`, `center` und `bottom` benutzt werden,
und für vertikale Plazierungen stehen die Schlüsselwörter `left`,
`center` und `right` zur Verfügung. Diese Schlüsselwörter entsprechen
den Prozentwerten 0%, 50% und 100%. Gibt man nur ein Schlüsselwort an, wird für die nichtspezifizierte Dimension das Value `center`
angenommen.

Obwohl der Gebrauch der Property background-position etwas kompliziert wirken mag, handelt es sich um einen sehr flexiblen Mechanismus, um alle möglichen Arten von Positionierungen anzugeben.

- background
  Die Property background bietet eine kompakte Möglichkeit, alle Aspekte eines Hintergrunds in einem Schritt festzulegen. Wenn einige der Properties nicht angegeben werden (was möglich ist, wenn man nur einige der Hintergrund-Properties bestimmt), werden diese auf ihre Default Values gesetzt.

Farben und Hintergründe sind ein wichtiger Aspekt beim Design von Web-Seiten, weshalb CSS eine Reihe von Properties anbietet, mit denen viele verschiedene Values festgelegt werden können. Wenn man Farben und Hintergründe verwendet, sollte man besonders auf die Lesbarkeit des Dokuments achten, auch wenn es auf Ausgabegeräten angezeigt wird, für die nur eine begrenzte Anzahl von Farben oder sogar nur schwarz und weiß zur Verfügung stehen.

6.3.4.5 Classification Properties

Zusätzlich zu den in den vorangegangenen Abschnitten beschriebenen Properties gibt es außerdem eine Property, mit der die Klassifizierung eines Elements entsprechend der in Abschnitt 5.2.3.2 beschriebenen Unterscheidung von HTML zwischen Block-Level- und Inline-Elementen geändert werden kann. Außerdem kann auch die Behandlung von Listen und Leerzeichen im Elementinhalt durch CSS1-Properties beeinflußt werden. Weil alle diese Properties die Formatierungen eines Elements auf einer sehr grundlegenden Ebene ändern, werden sie in diesem letzten Abschnitt über CSS1-Properties zusammengefaßt.

- display
  HTML unterscheidet zwischen Block-Level- und Inline-Elementen, und der HTML-Standard gibt für jedes Element an, ob es ein Block-Level- oder Inline-Element ist. Allerdings kann es manchmal wünschenswert sein, diese Zuordnung zu verändern. Das kann mit der Property display erreicht werden[25].

---

[25] Eine übliche Anwendung dafür könnte das Ändern der niedrigeren Überschriftenebenen (wie zum Beispiel <H3> und tiefer) in Inline-Elemente sein, wodurch der Text des Abschnitts direkt hinter der Überschrift, und nicht mit einer neuen Zeile beginnt.

- `block`
  Mit diesem Value kann die Formatierung eines Elements auf »Block-Level« gesetzt werden, so daß es wie ein HTML-Block-Level-Element behandelt wird. Dies bedeutet, daß das Element in einer neuen Zeile anfängt.

- `inline`
  Mit dem Value `inline` kann der entgegengesetzte Effekt erreicht werden, indem ein Element wie ein HTML-Inline-Element formatiert wird. Dementsprechend wird der Inhalt des Elements auf der gleichen Zeile wie der vorangegangene Inhalt dargestellt.

- `list-item`
  Wenn die Property `display` eines Elements auf `list-item` gesetzt wird, hat dies die Darstellung des Elements als ein Feld mit einem Label zur Folge. Die Formatierung des Feldes und das Erscheinungsbild des Labels kann mit den weiter unten beschriebenen List Style Properties festgelegt werden.

- `none`
  Es ist auch möglich, ein Element komplett zu verstecken, indem man seine `display`-Property auf `none` setzt. Ein Browser stellt das Dokument so dar, als wenn alle Elemente, deren `display`-Property auf `none` gesetzt ist, gar nicht vorhanden wären.

Mit diesen Values können Effekte erreicht werden, die sich stark von den üblichen HTML-Formatierungen unterscheiden, indem man zum Beispiel <LI>-Elemente als `inline` festlegt. In diesem Fall werden Listeneinträge nicht mehr in eigenen Zeilen dargestellt, sondern als Fließtext formatiert. Das ist die kompakteste Art, Listen anzuzeigen[26].

- `list-style-type`
  Diese Property betrifft nur Elemente, deren Anzeigetyp entweder standardmäßig `list-item` ist (das gilt für das Element <LI>) oder mittels der Property `display` auf `list-item` gesetzt wurde. Die Property `list-style-type` bestimmt, ob es ein Label gibt und welches Erscheinungsbild es haben soll.

---

[26] Obwohl dieser Effekt auch einfach durch des Anlegen der Liste als Text innerhalb eines Absatzes erreicht werden könnte, hat die Methode mit der Property `display` zwei Vorteile. Zum eine kann die Formatierung in das übliche `list-item`-Anzeigeformat geändert werden, ohne das HTML-Dokument verändern zu müssen, und zum anderen können nicht-visuelle User Agents den Inhalt immer noch als Liste erkennen, und nicht nur als einfachen Satz mit einigen Kommata oder Semikolons.

- `disc`

  Dieses Value wählt ein punktförmiges Label (»$D«), was dem Standardwert entspricht.

- `circle`

  Für Unordered Lists kann auch dasValue `circle` gewählt und dadurch ein Kreis (»$C«) als Label verwendet werden.

- `square`

  Dieses Value für Unordered Lists legt ein Viereck (»$B«) als Listenformat fest.

- `decimal`

  Listen können anhand von Dezimalzahlen (1, 2, 3, ...) numeriert werden, was oft für die Numerierung auf oberster Ebene benutzt wird.

- `lower-roman`

  Eine andere Möglichkeit zum Numerieren von Listen sind kleine römische Zahle (i, ii, iii, ...), was bei größeren Zahlen jedoch etwas verwirrend werden kann.

- `upper-roman`

  Mann kann auch große römische Zahlen (I, II, III, ...) verwenden, was bei größeren Zahlen aber genauso verwirrend sein kann wie die kleinen römischen Zahlen.

- `lower-alpha`

  Eine weitere Möglichkeit liegt in alphanumerischen Aufzählungen mit Kleinbuchstaben (a, b, c, ...). Dieser Ansatz wird häufig für die Numerierung auf zweiter Ebene verwendet, ist aber auf die vorhandenen Buchstaben begrenzt.

- `upper-alpha`

  Auch alphanumerische Großbuchstaben (A, B, C, ...) können verwendet werden, unterliegen aber den gleichen Beschränkungen wie die Kleinbuchstaben.

- `none`

  Wenn kein Label benötigt wird, kann der `list-style-type` auf `none` gesetzt werden, wodurch kein Label dargestellt wird.

Die verschiedenen Listenformate sind bereits in die Browser implementiert und werden den verschiedenen Listenebenen normalerweise automatisch zugeordnet. Dies kann mit Contextual Selectors aber leicht geändert werden.

```
OL        { list-style-type: decimal }
OL OL     { list-style-type: lower-alpha }
OL OL OL  { list-style: lower-roman }
```

Wenn man ein solches oder ähnliches Style Sheet verwendet, kann das Format von Listen und verschachtelten Listen für ein ganzes Dokument geändert werden, ohne den HTML-Code verändern oder die Listenformate einzeln bestimmen zu müssen.

- `list-style-image`
Diese Property betrifft nur Elemente, deren Anzeigetyp entweder standardmäßig `list-item` ist (das gilt für das Element <LI>) oder mittels der Property `display` auf `list-item` gesetzt wurde. Wenn ein anderes als die oben beschriebenen Listen-Label benötigt wird, kann man mit der Property `list-style-image` eine URL angeben und mit deren Hilfe auf ein Bild verweisen, das als Label verwendet wird. Wenn der Browser dieses Bild aus irgendwelchen Gründen nicht laden oder anzeigen kann, greift er auf die Property `list-style-type` zurück, um ein Label zu ermitteln.

- `list-style-position`
Diese Property betrifft nur Elemente, deren Anzeigetyp entweder standardmäßig `list-item` ist (das gilt für das Element <LI>) oder mittels der Property `display` auf `list-item` gesetzt wurde. Für solche Elemente kann man durch Verwenden der Property `list-style-position` festlegen, wo das Label für einen Listeneintrag angezeigt werden soll.

  - `inside`
  Dieses Value gibt an, daß das Label innerhalb des Feldes des Listeneintrags plaziert werden soll, so daß es an der ersten Textzeile ausgerichtet ist. Das führt zu einer kompakteren Darstellung, die aber den Nachteil hat, daß Label nicht so gut wie beim Format `outside` erkannt werden können.

  - `outside`
  Das Default Value `outside` plaziert das Label für einen Listeneintrag außerhalb von dessen Feld, wobei es an der ersten Textzeile innerhalb des Feldes ausgerichtet wird.

Grundsätzlich stellen diese beiden Varianten der Label-Positionierung Kompromisse zwischen Kompaktheit und Lesbarkeit dar. Style Sheets, die auf eine kompakte Darstellung hin optimiert wurden, werden Label typischerweise `inside` plazieren, während in den meisten anderen Fällen das gebräuchlichere Value `outside` Verwendung findet.

- `list-style`
  Diese Property betrifft nur Elemente, deren Anzeigetyp entweder standardmäßig `list-item` ist (das gilt für das Element <LI>) oder mittels der Property `display` auf `list-item` gesetzt wurde. Die Property `list-style` kann verwendet werden, um die anderen Listenformate gemeinsam anzugeben, und dient somit lediglich als Abkürzung zum Bestimmen der Values für `list-style-type`, `list-style-image` und `list-style-position`.

- `white-space`
  Üblicherweise (mit der einzigen Ausnahme des in Abschnitt 5.2.4 beschriebenen Elements <PRE>) minimiert ein Browser automatisch die Anzahl von Leerzeichen, Tabulatoren und neuen Zeilen (zusammengefaßt als *White-Space Characters* bezeichnet), um eine Formatierung zu erreichen, die unabhängig von der Formatierung der HTML-Datei ist. Im allgemeinen ist das nützlich und wird auch erwartet. Für bestimmte Elemente kann es aber nötig sein, die Formatierungen der Eingabedatei beizubehalten. Das kann mit der Property `white-space` erreicht werden.

  - `normal`
    Hierbei handelt es sich um das Default Value (für alle Elemente außer <PRE>), das besagt, daß der Browser alle zusätzlichen White-Space Character ignoriert bzw. zusammenfaßt und die Elemente entsprechend den Regeln des Style Sheets formatiert.

  - `pre`
    Das Value `pre` sorgt dafür, daß alle zusätzlichen White-Space Characters beibehalten und neue Zeilen als Zeilenumbrüche umgesetzt werden. Dies ist das Default Value für das Element <PRE>.

  - `nowrap`
    Dieses Value faßt Leerzeichen und Tabulatoren genauso zusammen wie `normal`, es werden aber keine automatischen Zeilenumbrüche vorgenommen, wenn Zeilen für die Darstellung zu lang sind. Zeilenumbrüche werden nur eingefügt, wenn es im Text ein <BR> gibt.

Wenn man diese speziellen Methoden für den Umgang mit White-Space Characters benutzt, kann man Style Sheets für verschiedene Arten von vorformatierten Texten, wie zum Beispiel Gedichte oder Computerprogramme, erstellen.

Mit den in diesem Abschnitt vorgestellten Properties kann man Formatierungseffekte erreichen, die sich sehr von den Standardformatierungen von HTML-Dokumenten unterscheiden (d.h. von der Standardformatierung, die in einen Browser integriert ist). Trotzdem gibt es bei CSS1 noch immer viele Einschränkungen. Das in Abschnitt 6.6.2 beschriebene CSS2 erlaubt mehr Formatierungseffekte als CSS1.

6.3.5 Verwenden mehrerer Style Sheets

Die grundlegende Idee von CSS ist das Kombinieren mehrerer Style Sheets (was auch als *Cascading* bezeichnet wird). Obwohl es in vielen Fällen so aussieht, als wenn es nur um ein dokumentspezifisches Style Sheet geht, ist dies nicht richtig. Wenn es ein dokumentspezifisches Style Sheet gibt, muß ein Browser bereits seine internen Formatierungsregeln (die auch eine Art Style Sheet sind) mit diesem externen Style Sheet kombinieren, um die Formatierung des Dokuments zu bestimmen. Deshalb muß auch schon für einfache Konfigurationen, wie zum Beispiel mit nur einem dokumentspezifischen Style Sheet, definiert werden, wie Style Sheets kombiniert werden können. Die grundlegende Konfiguration läßt sich Abbildung 6.11 entnehmen, die mehrere Style Sheets und die Beziehung zwischen Kaskadierung und Vererbung zeigt.

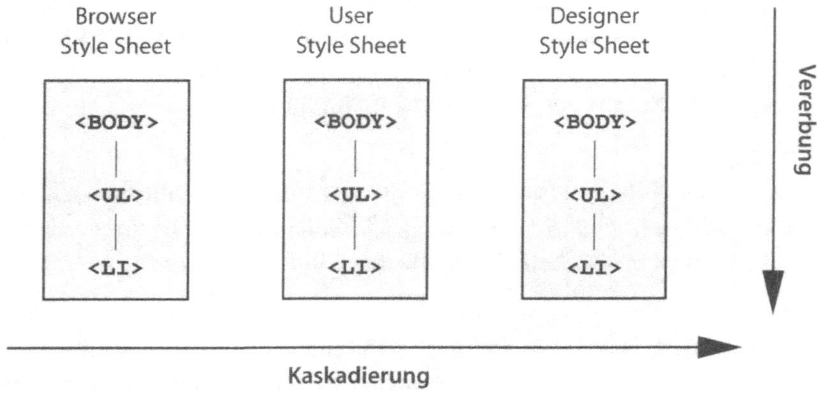

Abb. 6.11 Kaskadierung und Vererbung mit CSS

Die in Abschnitt 6.3.1 beschriebene Vererbung basiert grundsätzlich auf nur einem Style Sheet, wobei die Properties von den Elementinstanzen an ihre Child-Elemente (d.h. an die in ihnen enthaltenen Elementinstanzen) vererbt werden. Kaskadierung umfaßt hingegen immer mehrere Style Sheets und definiert, wie diese konsistent kombiniert werden können. In Abschnitt 6.3.5.1 wird die grundlegende Idee der Kaskadierung erklärt und gezeigt, wie sie angegeben werden kann. Da verschiedene Style Sheets Regeln für dieselben

Elementinstanzen enthalten können, kann es zu Konflikten kommen[27], auf die in Abschnitt 6.3.5.2 eingegangen wird. Um solche Konflikte zu lösen, muß ein wohldefinierter Prozeß festgelegt werden, der Vorhersagen über den Ausgang von Konflikten in Cascaded Style Sheets machen kann. Der Konfliktlösungsprozeß von CSS1 wird in Abschnitt 6.3.5.3 vorgestellt.

6.3.5.1 Kaskadierung

Wie in Abbildung 6.11 gezeigt, erfordert schon die Verwendung eines einzigen dokumentspezifischen Style Sheets eine Kaskadierung, da dieses Style Sheet mit dem des Browsers kombiniert werden muß. Das HTML-Element <LINK> wird benutzt, um ein Style Sheet mit einem Dokument zu verknüpfen, und ist Teil des HTML Document Heads (der in Abschnitt 5.2.3.1 beschrieben wird).

```
<LINK REL="stylesheet" HREF="common.css" TYPE="text/css">
```

Bei dieser sehr einfachen Form der Kaskadierung lädt der Browser zunächst das HTML-Dokument, untersucht den Document Head, entdeckt die Angabe des Style Sheets im <LINK>-Element und lädt das Style Sheet vom gleichen HTTP-Server und -Pfad, von dem auch das Dokument geladen wurde. Da das Attribut **HREF** jede URL akzeptiert, kann sich das Style Sheet an einer beliebigen Stelle befinden, und muß nicht im gleichen Verzeichnis oder auch nur auf dem gleichen Server gespeichert werden. Nach dem Laden des Style Sheets kombiniert der Browser dieses mit seinem eigenen, integrierten Style Sheet und ermittelt so die Formatierung des HTML-Dokuments.

Diese Situation ist allerdings einfacher als die in Abbildung 6.11 dargestellte Konstellation, bei der es zusätzlich zum eingebauten Style Sheet des Browsers zwei weitere Style Sheets gibt. Es gibt zwei mögliche Szenarien, wie diese beiden Style Sheets angegeben worden sein können.

- *User Style Sheet und Designer Style Sheet*
  Ein Browser kann es dem Benutzer ermöglichen, mittels eines Style Sheets Voreinstellungen für die Darstellung anzugeben. Dieses Style Sheet ist wichtiger als das im Browser integrierte (weil es die Browser-Formatierungen an die Wünsche des Benutzers anpaßt), aber weniger wichtig als Style Sheets, die von Seitendesignern angegeben werden (da solche Style Sheets speziell für eine bestimmte Web-Seite geschrieben werden und möglicherweise wichtige Darstellungsaspekte festlegen).

- *Mehrere Designer Style Sheets*
  Das Erstellen einer HTML-Seite kann das Verwenden mehrerer Style Sheets erfordern, und aus verschiedenen Gründen kann es wünschenswert

---

[27] Es können auch Konflikte zwischen Regeln auftreten, die in einem einzigen Style Sheet definiert werden.

sein, diese Style Sheets getrennt zu lassen, anstatt sie in einem einzigen Style Sheet zusammenzufassen.

– *Modulare Organisation von Style Sheets*
 Aus Gründen der Komplexität kann es besser sein, die Funktionalität eines recht komplexen Style Sheets auf mehrere kleinere Style Sheets aufzuteilen, die leichter zu warten und zu testen sind als ein großes Style Sheet.

– *Hierarchische Organisation von Style Sheets*
 Das Organisieren einer Web-Site erfordert möglicherweise das Definieren eines allgemeinen Style Sheets, das für alle Dokumente verwendet werden soll (und das grundlegende Eigenschaften wie Farbe und Schrift festlegt), sowie seitenspezifischer Style Sheets. Diese definieren Formatierungsaspekte für bestimmte Seiten, wie zum Beispiel spezielle Absatzklassen und deren Darstellung.

– *Alternative Style Sheets*
 Eine andere Möglichkeit besteht im Bereitstellen mehrerer Style Sheets, um verschiedene Darstellungsstile zu unterstützen. In diesem Fall definiert ein allgemeines Style Sheet das grundsätzliche Erscheinungsbild, und verschiedene alternative Style Sheets legen unterschiedliche Darstellungsstile fest[28].

Es gibt weitere Beweggründe zum Verwenden mehrerer Designer Style Sheets, aber diese drei Aspekte sind im allgemeinen eine gute Einteilung. (Sie werden auch von HTML unterstützt, denn durch das Attribut REL des Elements <LINK> können alternative Style Sheets angegeben werden.)

Solche Szenarien sind natürlich nicht auf zwei Style Sheets begrenzt, sondern können auf drei oder mehr Style Sheets erweitert und auch kombiniert werden. Allerdings ist im ersten Fall (User und Designer Style Sheets) nur ein Style Sheet im HTML-Dokument angegeben, und das User Style Sheet ist nur dem Browser bekannt, der die drei Style Sheets kombiniert (d.h. es ist nicht mit irgend einem bestimmten HTML-Dokumente verbunden). Diese Konfiguration wird in Abbildung 6.12 gezeigt.

In diesem Szenario benötigt der Browser einen Mechanismus zum Definieren von User Style Sheets. Die meisten modernen Browser ermöglichen es dem Benutzer, eine Reihe von Darstellungsvoreinstellungen vorzunehmen, was aber in der Regel auf eine browser-spezifische Art erfolgt. Aufgrund dieses

---

[28] Eine mögliche Anwendung hierfür ist das Definieren eines kompakten Darstellungsstils und eines Stils für eine lesbarere Darstellung.

Designs sind Benutzervoreinstellungen browser-spezifisch (d.h. sie können nicht für verschiedene Browser verwendet werden) und üblicherweise viel begrenzter als CSS1. Es ist zu hoffen, daß diese browser-spezifischen Voreinstellungen in naher Zukunft durch einen Mechanismus ersetzt werden, mit dem die Benutzervoreinstellungen mittels CSS Style Sheets browser-unabhängig vorgenommen werden können.

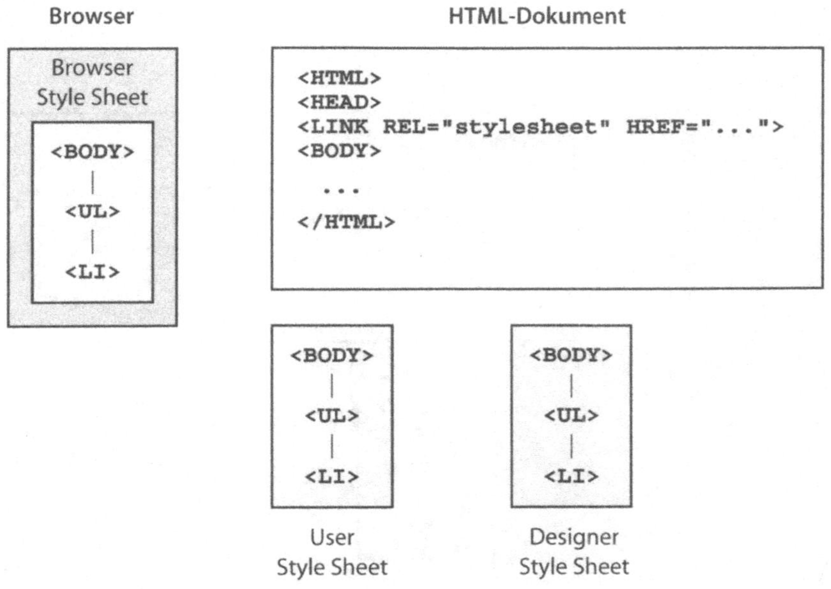

Abb. 6.12 User und Designer Style Sheets in einem CSS-Browser

Ein anderes Szenario beinhaltet das Vorhandensein mehrerer Designer Style Sheets. In diesem Falle hat der Seitendesigner mehrere Style Sheets verwendet, um seine Darstellung festzulegen, so daß die Seite selbst Verweise auf diese Style Sheets enthält. Diese Situation wird in Abbildung 6.13 gezeigt. Da von dem HTML-Dokument auf mehrere Style Sheets verwiesen wird, müssen diese durch mehrere <LINK>-Elemente im Dokument angegeben werden.

```
<LINK REL="stylesheet" HREF="special.css" TYPE="text/css">
<LINK REL="stylesheet" HREF="common.css" TYPE="text/css">
```

Der HTML-Standard definiert, daß die Reihenfolge von <LINK>-Elementen im HTML-Dokument signifikant ist. Das speziellste Style Sheet wird als erstes angegeben, so daß in diesem Beispiel das Style Sheet `common.css` das allgemeinere ist, das zum Beispiel Darstellungsaspekte für alle Dokumente der Web-Site enthält. Das Style Sheet `special.css` hingegen definiert Darstellungsaspekte, die ausschließlich für diese Seite gelten.

Eine andere Möglichkeit zum Kombinieren eines allgemeinen Style Sheets mit Style-Informationen für eine einzelne Web-Seite besteht darin, diese Informationen mit Hilfe des Elements <STYLE> direkt in die HTML-Seite aufzunehmen, anstatt sie in einem externen Style Sheet zu speichern.

```
<LINK REL="stylesheet" HREF="common.css" TYPE="text/css">
<STYLE TYPE="text/css">
  BODY { font-family: sans-serif }
</STYLE>
```

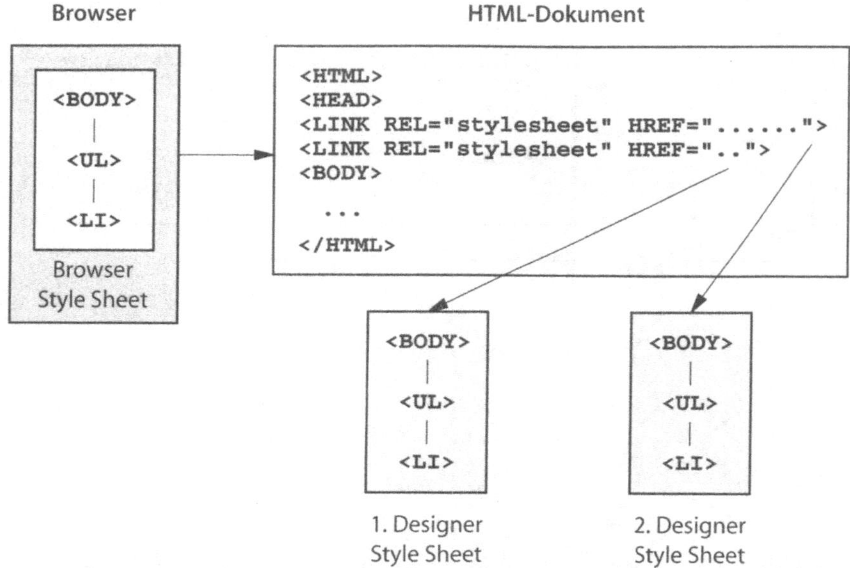

Abb. 6.13　Mehrere Designer Style Sheets in einem CSS-Browser

Wie bereits erwähnt, ist es auch möglich, die beiden Hauptgründe für das Verwenden mehrerer Style Sheets, nämlich User Style Sheets und mehrere Designer Style Sheets, zu kombinieren. In diesem Fall sind sogar noch mehr Style Sheets beteiligt und die Situation kann wie in Abbildung 6.14 dargestellt werden.

Wie außerdem bereits festgestellt wurde, kann man alternative Style Sheets verwenden, wodurch ein Designer verschiedene Darstellungsstile für eine Web-Seite erstellen kann. In diesem Fall muß dem Browser mitgeteilt werden, daß mehrere Style Sheets zur Auswahl stehen, was mit einem speziellen Schlüsselwort für das Attribut REL des Elements <LINK> gemacht wird.

```
<LINK REL="alternate stylesheet" TITLE="compact"
```

```
        HREF="compact.css" TYPE="text/css"
<LINK REL="alternate stylesheet" TITLE="big"
        HREF="big.css" TYPE="text/css"
<LINK REL="stylesheet" HREF="common.css" TYPE="text/css"
```

Wenn ein Browser auf diese Spezifikation trifft, sollte er dem Benutzer die Möglichkeit geben, eines der möglichen Style Sheets auszuwählen. Diese Auswahl basiert typischerweise auf dem Attribut TITLE des Elements <LINK>. Derzeit gibt es keine standardisierten Values für dieses Attribut (die es dem Browser ermöglichen würden, die Auswahl automatisch zu treffen, anstatt jedesmal den Benutzer fragen zu müssen)[29].

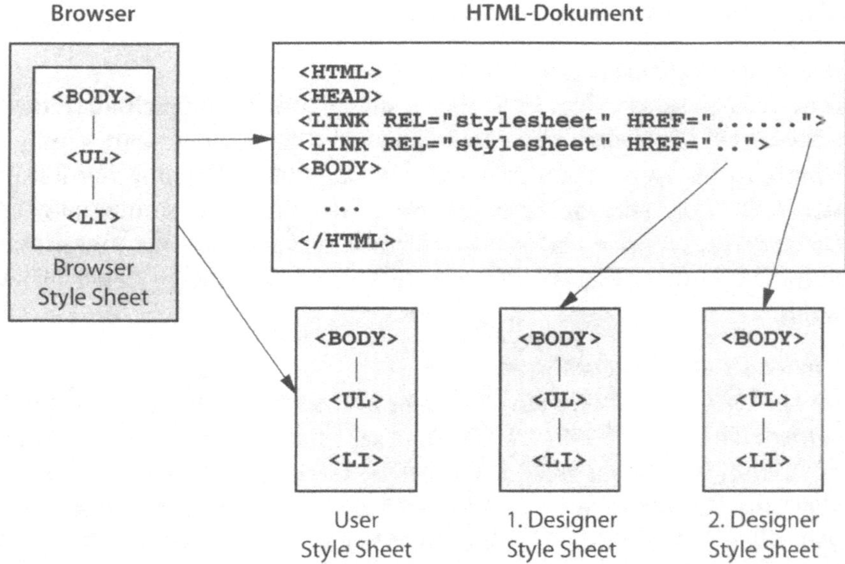

Abb. 6.14 User und mehrere Designer Style Sheets in einem CSS-Browser

Obwohl die derzeitigen Versionen der Browser nicht all die verschiedenen Verwendungen von Style Sheets unterstützen (alternative Style Sheets zum Beispiel werden überhaupt nicht unterstützt), wird sich dies in Zukunft ändern und das Erstellen von Web-Seiten mit vielen verschiedenen Erscheinungsbildern ermöglichen, die von Medien- und Benutzervoreinstellungen abhängen.

---

[29] Es gibt standardisierte Values für medienabhängige Style Sheets, die das Attribut MEDIA des Elements <LINK> verwenden. Medienabhängige Style Sheets sind aber ein anderer Mechanismus als alternative Style Sheets, weil sie normalerweise kein Eingreifen des Benutzers erfordern.

Wann immer ein Browser mehrere (mit anderen Worten kaskadierte oder Cascading) Style Sheets benutzt, sucht er in der Kaskade der Style Sheets für die Darstellung jedes Elements nach einer dazugehörigen Regel. Wird keine Regel gefunden, benutzt er den Vererbungsmechanismus um zu überprüfen, ob einige der für die Darstellung benötigten Properties durch Parent-Elemente vererbt werden.

6.3.5.2 Konflikte

Der im vorangegangenen Abschnitt beschriebene Kaskadierungsmechanismus führt natürlich auch zu Konflikten, die aus verschiedenen Gründen auftreten können. Im allgemeinen sind Konflikte durch die Existenz verschiedener Regeln für dieselbe Property definiert.

- *Regeln innerhalb eines Style Sheets*
  Innerhalb eines einzigen Style Sheets sind Konflikte möglich, da die verschiedenen Methoden zum Auswählen von Elementen sehr häufig zu Überschneidungen bei der Auswahl führen werden. Ein einfaches Beispiel stellen ein Type Selector für einen Absatz (der alle Absätze innerhalb eines Dokuments betrifft) und ein Contextual Selector dar, der nur Absätze innerhalb anderer Elemente (wie zum Beispiel Listen oder Tabellen) auswählt.

- *User Styles und Designer Styles*
  Da ein User Style Sheet nicht mit einer bestimmten Web-Seite zu tun hat, kann es leicht dazu kommen, daß ein User Style Sheet mit einem Designer Style Sheet in Konflikt gerät. Die generelle Idee dabei ist, daß ein User Style Sheet die für den Benutzer wichtigen Darstellungsvoreinstellungen angeben soll, die aber durch das Style Sheet eines Seiten-Designers überschrieben werden dürfen.

- *Mehrere Designer Styles*
  Wenn mehrere Designer Style Sheets benutzt werden, können ebenfalls Konflikte auftreten. Ein mögliches Szenario hierfür ist das Vorhandensein eines Style Sheets für die gesamte Site, das in Verbindung mit seitenspezifischen Style Sheets eingesetzt wird. Es ist möglich, daß der Designer einer bestimmten Seite Regeln definiert, die dem Style Sheet für die gesamte Site widersprechen.

Theoretisch gibt es verschiedene Möglichkeiten, solche Konflikte zu lösen. Ein Weg bestünde im Definieren eines Mechanismus, der nach Kompromissen zwischen widersprüchlichen Regeln sucht, indem er zum Beispiel einen Mittelwert als Value ermittelt, wenn mehr als eine Regel eine bestimmte Länge vorgeben. Dieser Ansatz funktioniert allerdings nicht bei allen Arten von Properties und könnte auch oft zu unerwarteten Ergebnissen führen. Deshalb löst CSS1 Konflikte, indem eine Regel ausgewählt und angewendet wird, während die anderen nicht beachtet werden. Wie diese eine Regel ausgewählt wird, beschreibt der nachfolgende Abschnitt.

6.3.5.3 Auflösung von Konflikten

Der Prozeß zum Auflösen von Konflikten besteht grundsätzlich aus fünf Schritten, endet aber sofort, wenn die Auswahl der für das fragliche Element geltenden Regeln auf eine Regel reduziert werden konnte und der Konflikt somit gelöst ist. Im Prinzip bildet dieser Prozeß einen Satz von Regeln und wendet darauf bestimmte Kriterien an, wodurch die Regeln in eine partielle Reihenfolge gebracht werden. Dies wird so lange wiederholt, bis eine einzige Regel gefunden wird, die in bezug auf ein bestimmtes Kriterium den höchsten Rang hat.

1. *Suchen aller geltenden Regeln*
   Zunächst müssen alle Regeln gefunden werden, die für das fragliche Element eine Rolle spielen. Dazu werden die in Abschnitt 6.3.2 vorgestellten Selectors verwendet, die klar definieren, welche Regeln für welche Elemente gelten. Wenn keine ausdrückliche Regel für das Element vorhanden ist, wird auf die geerbten Regeln zurückgegriffen.

2. *Sortieren der Regeln nach ausdrücklicher Gewichtung*
   Es ist möglich, Regeln als wichtig für den Style-Sheet-Designer zu markieren, indem man sie mit dem Zusatz »!important« versieht. Solche Regeln werden gegenüber normalen Regeln ohne diesen Zusatz bevorzugt. Wenn es nur eine Regel gibt, die als wichtig markiert ist (was der Normalfall sein sollte, wenn dieser Mechanismus überhaupt benutzt wird), endet die Suche hier.

3. *Sortieren nach Herkunft*
   Dieser Schritt benutzt die Herkunft der Regeln, um eine Reihenfolge zu bestimmen. Gemäß Abbildung 6.11 erhalten die Regeln auf der rechten Seite den größten Vorrang. Nach diesem Schritt verbleiben nur Regeln aus einem einzigen Style Sheet in der Menge der Regeln, die in Frage kommen.

4. *Sortieren nach Bestimmtheit*
   Die Bestimmtheit einer Regel wird vom Grad ihrer Allgemeingültigkeit bestimmt. So ist zum Beispiel eine für »P« definierte Regel allgemeiner als eine für »LI P«, weil sie sich auf alle Absätze auswirkt, und nicht nur auf solche innerhalb von Listeneinträgen. Die formale Definition für die Bestimmtheit einer Regel basiert auf dem Zählen der in Abschnitt 6.3.2.2

beschriebenen ID- und CLASS-Attribute sowie der Elementnamen im Selector (die in den Abschnitten 6.3.2.1 und 6.3.2.3 vorgestellt werden)[30].

5. *Sortieren nach der Reihenfolge des Auftretens*
   Der letzte Schritt des Konfliktlösungsprozesses sortiert die Regeln in der Reihenfolge, in der sie auftreten. Regeln, die weiter hinten in einem Style Sheet vorkommen, haben dabei größeren Vorrang, und Regeln aus importierten Style Sheets[31] bekommen den Vorzug vor allen Regeln aus dem Style Sheet selbst.

Die letzte Regel stellt sicher, daß die Konfliktlösung immer zu einem Ergebnis kommt, da es innerhalb eines Style Sheets stets eine klar definierte Reihenfolge aller Regeln gibt. Man sollte dabei aber bedenken, daß diese Reihenfolge im Style Sheet als letztes beachtet wird. Normalerweise wird die Konfliktlösung bereits zu einem früheren Zeitpunkt enden, so daß die Reihenfolge der Regeln innerhalb eines Style Sheets in diesen Fällen keine Rolle spielt.

6.4 Verwandte Ansätze

CSS ist nur eine Möglichkeit zum Definieren von Style Sheets, und obwohl es sicherlich der bekannteste Standard ist, gibt es noch andere Style-Sheet-Sprachen. HTML selbst ist nicht auf CSS beschränkt, da mit dem Attribut TYPE des Elements <LINK> die benutzte Style-Sheet-Sprache angegeben werden kann.

Viel wichtiger als die HTML-seitige Unterstützung von Style-Sheet-Sprachen ist die Unterstützung, die von Browsern erwartet werden kann. Zum Zeitpunkt der Entstehung dieses Buchs implementieren die beiden wichtigsten Browser, Netscapes Navigator und Microsofts Internet Explorer, jeweils Teilmengen von CSS1, und es ist sehr wahrscheinlich, daß die nächsten Versionen CSS1 vollständig und CSS2 zumindest eingeschränkt unterstützen werden.

Die wichtigsten beiden anderen Style-Sheet-Sprachen in der Umgebung des Web sind wesentlich komplexer, was daran liegt, daß sie nicht auf einen bestimmten Dokumenttyp beschränkt sind. CSS kann recht einfach sein, weil

---

[30] Diese Zahlen werden verkettet und dienen als Grundlage für einen Vergleich, wobei ein Unterschied in der Anzahl der ID-Attribute vor allem anderen Vorrang hat und eine Differenz bei den CLASS-Attributen (wenn die Anzahl der ID-Attribute gleich ist) sich stets stärker auswirkt als ein Unterschied in der Anzahl der Elementnamen im Selector.

[31] CSS1 definiert einen Mechanismus für das Einbinden von Style Sheets in andere Style Sheets durch Anwenden des Befehls import innerhalb eines Style Sheets.

es speziell auf HTML zugeschnitten ist und für die Verwendung mit diesem Dokumenttyp optimiert wurde.

- *Document Style Semantics and Specification Language (DSSSL) [127]*
  Dies ist die Style-Sprache, die für SGML entwickelt wurde. Zwar bietet DSSSL im Vergleich zu CSS erheblich mehr Möglichkeiten (weil jedes Zeichen ein Element mit einer Reihe von manipulierbaren Properties darstellt), doch es ist auch erheblich komplexer. Der Hauptgrund für diese höhere Komplexität besteht darin, daß DSSSL entworfen wurde, um Formatierungen für beliebige SGML-Dokumenttypen anzugeben, und nicht nur für einen bestimmten Typ (wie HTML).

- *Extensible Markup Language (XSL)*
  Das in Abschnitt 7.5 beschriebene XSL ist die für XML entwickelte Style-Sprache. XSL wurde von DSSSL abgeleitet und hat deshalb die gleiche Leistungsfähigkeit und Komplexität.

Obwohl es andere Style-Sprachen gibt, ist es sehr wahrscheinlich, daß CSS die für HTML Style Sheets benutzte Sprache sein wird. In der Umgebung des Web wird außerdem XSL zum Erstellen von Style Sheets für XML-Dokumente verwendet werden. Es ist aber nicht davon auszugehen, daß CSS durch XSL ersetzt wird, weil XSL wesentlich komplexer und deshalb schwieriger zu benutzen und zu implementieren ist.

6.5 Konvertierung nach CSS

Bei all den neuen Möglichkeiten, die CSS bietet, ist es eine wichtige Frage, wie die Migration von HTML nach HTML/CSS durchgeführt werden kann. Wegen der begrenzten CSS-Unterstützung der aktuellen Browser mag es noch ein wenig zu früh oder zumindest nicht unbedingt notwendig sein, HTML nach HTML/CSS zu konvertieren. Wenn CSS erst einmal auf breiter Basis unterstützt wird, werden die erweiterten Formatierungsmöglichkeiten und die strukturellen Vorteile durch das Trennen von HTML-Inhalt und CSS-Darstellung die Verwendung von HTML/CSS anstelle des recht simplen HTML fördern.

Der HTML-4.0-Standard definiert mit der *Transitional* und der *Strict DTD*, die in Abschnitt 5.2.1 beschrieben werden, bereits zwei verschiedene DTDs. Während die Transitional DTD alle Attribute und Elemente enthält, die vor der Einführung von CSS zum Angeben von Formatierungen benötigt wurden, ist dies bei der Strict DTD nicht der Fall. Als allgemeine Regel sollte die Transitional DTD zum Interpretieren und die Strict DTD zum Erzeugen von Dokumenten verwendet werden. Auf diese Weise wird sichergestellt, daß neue HTML-Dokumente keine Features benutzen, die nur noch aus Gründen der Kompatibilität mit älteren Versionen vorhanden sind.

Wenn man diese Vorgehensweise als Richtlinie nimmt, ist es ebenfalls empfehlenswert, nicht nur HTML-Seiten zu erzeugen, sondern im Zusammenhang mit diesen Seiten auch mit dem Generieren von CSS Style Sheets zu beginnen. Da CSS noch nicht sehr alt ist, befindet sich die CSS-Unterstützung durch Authoring Tools und andere Web-Software noch in einer frühen Phase. In der näheren Zukunft wird es allerdings Werkzeuge geben, die versuchen werden, vorhandene Web-Seiten in Inhalt und Darstellung zu trennen, und die HTML und CSS als Ausgabe erzeugen. Raggett [218] beschreibt mit *HTML Tidy* ein solches Werkzeug, das derzeit nur HTML-Code bereinigt, in Zukunft aber auch HTML-Dokumente nach HTML/CSS konvertieren können wird.

Langfristig wird die Unterstützung von CSS zunehmen und es wird Werkzeuge geben, die auch das Erzeugen und Verwenden von alternativen und medienabhängigen Style Sheets unterstützen und die so ganze Web-Sites als Sammlungen von HTML-Seiten verwalten, die mit einem oder mehreren Style Sheets verbunden sind. Da ein Satz von Style Sheets für eine ganze Sammlung von Web-Seiten konsistent genutzt werden sollte, wird es bald Werkzeuge zum Verwalten und Strukturieren von Style Sheets geben.

6.6 Die Zukunft von CSS

Der CSS1-Standard wurde Ende 1996 fertiggestellt. Derzeit wird CSS1 von den beiden populärsten Browsern, Netscape Navigator und Microsoft Internet Explorer 4.0, implementiert – allerdings nur in einer (wenn auch wesentlichen) Teilmenge. Es ist abzusehen, daß CSS1 nicht allzu lange der Style-Sheet-Standard bleiben wird. In diesem Abschnitt werfen wir einen kurzen Blick auf zwei neuere Entwicklungen, das in Abschnitt 6.6.1 beschriebene *Cascading Style Sheets Positioning (CSS-P)* und das in Abschnitt 6.6.2 vorgestellte *Cascading Style Sheets, Level 2 (CSS2)*. Eine weitere interessante Entwicklung im Bereich der Style-Sheet-Sprachen ist die *Extensible Style Language (XSL)*, die aber eher zu XML gehört und deshalb in Abschnitt 7.5 erläutert wird.

6.6.1 Cascading Style Sheets Positioning (CSS-P)

Netscapes Navigator 4.0 implementiert derzeit eine Teilmenge von CSS1 und außerdem einige zusätzliche Funktionen, die von Netscape entwickelt wurden. Netscape hat die als *Cascading Style Sheet Positioning (CSS-P)* bezeichnete Spezifikation dieser Funktionalität als W3C Working Draft [255] veröffentlicht, doch wurden sie nie in eine neue CSS1-Version übernommen. Allerdings gingen die Ideen von CSS-P in das (im nachfolgenden Abschnitt beschriebenen) CSS2 ein, so daß sie jetzt Teil eines Standards sind.

Da CSS-P als eigenständige Idee entstand und in einem sehr beliebten Browser implementiert ist, beschreiben wir es ganz kurz. Die beiden Hauptideen von CSS-P sind die Definition von zusätzlichen Positionierungsmöglichkeiten (als Ergänzung des Leerraummodells von CSS1) und das Einführen einer dritten Achse, die Layering ermöglicht.

- *Relative Positionierung*
  Elemente mit relativer Positionierung werden wie alle anderen HTML-Elemente angeordnet und können in Relation zu ihrer eigentlichen Position innerhalb des Dokumentflusses positioniert werden. Dabei behalten sie ihre ursprünglich berechnete Form einschließlich der Zeilenumbrüche bei, und der eigentlich für sie reservierte Platz bleibt erhalten. Alle folgenden Elemente fließen nicht neu ein.

- *Absolute Positionierung*
  Elemente mit absoluter Positionierung sind als rechteckige Overlays außerhalb des normalen Dokumentflusses definiert, in dem ihr Inhalt angeordnet wird. Ein absolut positioniertes Element wird unabhängig von seinen Parent- und Child-Elementen und ohne Rücksicht auf deren Abmessungen oder Positionen angeordnet. Aus diesem Grund ist das Layout von absolut positionierten Elementen von allen anderen Elementen unabhängig.

Da das absolute Positionieren fast unvermeidlich zum Überschneiden von Elementinhalt führt, muß man außerdem über das sogenannte *Layering* nachdenken. CSS-P führt deshalb eine z-Achse ein, definiert eine Reihenfolge von Elementen auf dieser Achse und stellt Möglichkeiten bereit, diese Reihenfolge zu verändern.

6.6.2 Cascading Style Sheets, Level 2 (CSS2)

Seit der Fertigstellung von CSS1 arbeiten die Autoren dieses Standards an der nächsten Stufe von CSS, die unter dem Namen *Cascading Style Sheets, Level 2 (CSS2)* [25] bekannt ist. Beim Weg durch den beim W3C normalen Prozeß von Working Drafts und Proposed Recommendations erreichte CSS2 den endgültigen Status einer W3C Recommendation im Mai 1998. CSS2 ist viel leistungsfähiger (und komplexer) als CSS1, weshalb die nachfolgende Liste nicht vollständig sein kann, aber doch immerhin alle wichtigen Verbesserungen von CSS2 gegenüber CSS1 zusammenfaßt.

- *Medientypen*
  In CSS1 gibt es kein Konzept von Medientypen. Die einzige Unterstützung von Medientypen besteht im Verwenden verschiedener Style Sheets aus dem HTML-Dokument heraus. CSS2 führt das Konzept der Medientypen ein, wodurch ein einziges Style Sheet für verschiedene Medien benutzt werden kann. Dies könnte sich als nützlich erweisen, weil Style Sheets für verschiedene Medien vielleicht eine Reihe von Properties gemeinsam haben, sich in anderen aber unterscheiden, was in CSS2 angegeben werden kann. Weiterhin definiert CSS2 eine Reihe von Properties (wie zum Beispiel Lautstärke für akustische Wiedergabe), die nur für bestimmte Medien gelten. Um das Erstellen von medienabhängigen Style Sheets effizienter zu machen, führt CSS2 außerdem das Konzept der Mediengruppen ein, die es ermöglichen, einige Properties für eine ganze Reihe (aber eben nicht für alle) von CSS2 definierte Medien gelten zu lassen.

- *Paged Media*
  Zusammen mit dem Konzept der Medientypen führt CSS2 auch das Konzept der paged Media ein. (Dies ist eine Mediengruppe, die im Gegensatz zu den Endlosmedien steht, zu denen beispielsweise das scrollbare Fenster eines Web-Browsers gehört.) Paged Media erfordern eine ganze Reihe neuer Properties, mit denen man angeben kann, wie ein Dokument in Seiten umgebrochen wird und wie diese Seiten formatiert werden sollen.

- *Tabellen*
  In CSS1 könnenTabellen nicht mittels Style Sheets formatiert werden, weil CSS1 keine spezielle Property für Tabellen definiert[32]. CSS2 führt eine Reihe von Properties für das Formatieren von Tabellen ein. Damit können auch in Tabellen Inhalt und Darstellung getrennt werden.

- *Positionierung*
  CSS2 führt das Konzept der *absoluten Positionierung* ein, mit dem die Position eines Elements unabhängig vom normalen Fluß der Formatierung festgelegt werden kann. Ebenfalls neu in CSS2 ist die Definition der *festen Positionierung*, einer Variante der absoluten Positionierung, bei der die Position eines Elements unter Beachtung des sichtbaren Bereichs bestimmt werden kann[33].

---

[32] Zwar kann der Inhalt einer Tabelle (wie zum Beispiel Texte oder Bilder) mittels CSS1 formatiert werden, aber es gibt keine Möglichkeit, das Erscheinungsbild der Tabelle selbst mit CSS1 zu verändern.

[33] User Agents für Endlosmedien bieten den Benutzern im allgemeinen einen sichtbaren Bereich (ein Fenster oder ein ähnlicher Ausschnitt des Bildschirms), in dem der Benutzer ein Dokument sieht. User Agents können das Layout des Dokuments verändern, wenn die Größe des sichtbaren Bereichs wechselt.

- *Selectors*
  Zusätzlich zu den in Abschnitt 6.3.2 beschriebenen Selectors von CSS1 definiert CSS2 eine Reihe neuer Selectors. *Child Selectors* gelten, wenn ein Element Child eines vorgegebenen Elements ist. *Adjacent Selectors* sind erfüllt, wenn zwei Elemente denselben Parent im Document Tree haben und dem ersten Element des Selectors das zweite unmittelbar folgt. *Attribute Selectors* können zum Angeben von Regeln verwendet werden, die sich auf Attribute im Quelldokument beziehen.

- *Generierter Inhalt*
  Man kann sich leicht eine Reihe von Anwendungen vorstellen, bei denen Inhalt für eine Darstellung eingefügt werden muß, die nicht Teil des ursprünglichen Dokuments ist[34]. CSS2 definiert einen Mechanismus (einschließlich neuer *Pseudo-Elemente*), mit dem Inhalt vor oder hinter Elementen eingefügt werden kann.

- *Automatisches Numerieren*
  Es gibt auch eine Reihe von Anwendungen (wie zum Beispiel Listen und Kapitel- oder Abschnittsüberschriften), bei denen *automatisches Numerieren* sehr nützlich ist. CSS2 definiert einen Mechanismus zum Generieren von Nummern (die als eine allgemeinere Form von generiertem Inhalt betrachtet werden können), mit dem man nicht nur festen Inhalt einfügen, sondern auch Zähler verwenden kann, die gemäß den Vorgaben eines Style Sheets inkrementiert werden.

- *Pseudo-Klassen*
  Interaktive User Agents verändern manchmal das Layout als Reaktion auf Benutzeraktionen. CSS2 stellt drei neue Pseudo-Klassen für allgemeine Fälle bereit, nämlich eine Klasse für ein Element, auf das mit einem Zeigegerät gezeigt wird (ohne es auszuwählen), ein Element, das mit einem Zeigegerät aktiviert wird (zum Beispiel durch einen Mausklick), und ein Element, das den Eingabefokus besitzt (zum Beispiel ein Textfeld, das Eingaben von der Tastatur entgegennimmt). Außerdem definiert CSS2 eine Pseudo-Klasse, mit der ein Element in Abhängigkeit von seiner Sprache zugeordnet werden kann (wenn diese Information im Dokument vorhanden ist).

Netscape hat bereits angekündigt, daß die nächste Version des Navigators CSS1 vollständig und CSS2 teilweise unterstützen wird. Es ist wahrscheinlich, daß die neuen Versionen der Browser von Netscape und Microsoft nur eine

---

[34] Ein einfaches Beispiel dafür ist der Wunsch, die Zeichenfolge »Beispiel:« vor jedem Absatz einzufügen, der zur Klasse `beispiel` gehört.

eingeschränkte Unterstützung von CSS2 bieten werden, so wie sie es jetzt bei CSS1 tun. Langfristig wird CSS2 seinen Vorgänger aufgrund der besseren Funktionalität aber ablösen. Allerdings bringt diese umfangreichere Funktionalität auch höhere Implementierungszeiten und -kosten mit sich, so daß es eine Weile dauern wird, bis ein wirklich vollständige CSS2-Unterstützung, angefangen von Browsern bis hin zu Authoring Tools und Style-Sheet-Managementsystemen, verfügbar sein werden.

7. Extensible Markup Language (XML)

Angesichts der Tatsache, daß HTML nur ein bestimmtes Dokumentmodell implementiert, ist die Extensible Markup Language (XML) definiert worden, die es ermöglicht, *anwendungsspezifische Dokumenttypen* zu verwenden, die in einer XML-Umgebung erstellt, verbreitet und interpretiert werden können.

Ein weiterer Vorteil der Sprache XML besteht in ihrem Entwurf als allgemeine Sprache zur Datenstrukturierung, die nicht nur für Dokumente, sondern auch für andere strukturierte Informationen eingesetzt werden kann. In der folgenden Erläuterung von XML liegt das Hauptaugenmerk auf dem Aspekt der Verwendung anwendungsspezifischer Dokumenttypen, doch es sollte stets klar sein, daß XML nicht auf diesen Anwendungsbereich beschränkt ist.

Obwohl die *Standard Generalized Markup Language (SGML)* demselben Zweck gedient hätte wie XML, wurde mit XML eine Teilmenge von SGML definiert, die in erster Linie etwas von der Komplexität von SGML wegnehmen und einige Anwendungsmöglichkeiten bieten sollte, die mit dem vollständigen SGML nicht realisierbar gewesen wären. Folglich bestand die Motivation für den XML-Entwurf in zwei Beobachtungen:

- *Die mangelnde Flexibilität von HTML*
  Obwohl sich HTML zu einer leistungsfähigen Sprache zur Strukturierung von Dokumenten entwickelt hat, definiert es nach wie vor nur einen bestimmten Dokumenttyp. Dieser eignet sich zwar für eine große Anzahl von Anwendungen, doch es gibt eine beträchtliche Anzahl von Bereichen, in denen eine flexiblere (d.h. anwendungsspezifische) Art der Dokumentstrukturierung besser geeignet wäre. Darüber hinaus gibt es eine Vielzahl von Web-Technologien, die einer allgemeinen Sprache zur Datenstrukturierung bedürfen und für die eine dokumentspezifische Sprache wie HTML nicht in Frage kommt.

- *Die Komplexität von SGML*
  Die Sprache SGML, welche die Grundlage von HTML bildet, stellt einen Mechanismus dar, der Strukturierungsregeln für beliebig strukturierte Daten festlegt. Allerdings ist SGML eher komplex und enthält eine Reihe von Features, die eine Implementierung von SGML verarbeitender Scft-

ware erschweren. Durch das Weglassen dieser Features (ohne dabei die Fähigkeit von SGML zu opfern, beliebige Datentypen zu strukturieren) kann eine einfachere Sprache erstellt werden, die noch immer die ganze strukturelle Leistungsfähigkeit von SGML bereitstellt.

XML kann verwendet werden, um anwendungsspezifische Dokumenttypen festzulegen, wie zum Beispiel eine XML-Variante von HTML. Daher ist es gut möglich, daß zukünftige Versionen von HTML auf XML aufbauen und auf diese Weise einen modularen Ansatz sowie einfache Erweiterbarkeit bieten. Außerdem nutzen bereits einige Vorschläge für Datenstrukturen im Web XML als Grundlage (wie zum Beispiel *Resource Description Framework (RDF)*, das in Abschnitt 10.5.3 beschrieben wird).

Da die Zuordnung vorhandener Datenstrukturen zu XML-Dokumenttypdefinitionen (XML DTDs) in der Regel ziemlich einfach ist, läßt sich der Übergang von vorhandenen Systemen nach XML meistens problemlos durchführen. Dennoch wird es noch einige Zeit dauern, bis sich XML selbst sowie die gesamte Familie der XML-Spezifikationen in einem Zustand befinden, in dem XML eine so große Akzeptanz und Verwendbarkeit aufweist wie sie HTML im Moment besitzt. Insbesondere die Formatierung von XML-Dokumenten befindet sich erst in einem sehr frühen Entwicklungsstadium.

Abschnitt 7.1 führt in die Grundlagen von XML ein, indem er eine an der Praxis orientierte Beschreibung der Anwendungsbereiche liefert, die vom Einsatz von XML profitieren können. Obwohl der Begriff XML sehr häufig benutzt wird, um die gesamte Menge der XML-Standards zu bezeichnen, definiert XML technisch gesehen lediglich die Teilmenge von SGML, die in Abschnitt 7.2 beschrieben wird. Die anderen Standards, die ebenfalls zur Menge der XML Recommendations gehören, werden in den nachfolgenden Abschnitten erläutert.

Es gibt zwei verwandte Konzepte, die zusammen die *Extensible Linking Language (XLL)* bilden, nämlich die *XML Linking Language (XLink)*, die das Einbetten von Links in XML-Dokumente beschreibt, und die *XML Pointer Language (XPoint)*, welche festlegt, wie in XML-Dokumente verzweigt wird. XLink wird in Abschnitt 7.3 und XPointer in Abschnitt 7.4 erläutert. Beide Spezifikationen sind derzeit Working Drafts und folglich immer noch Änderungen unterworfen.

Die letzte wichtige Komponente der Menge der XML Recommendations ist die in Abschnitt 7.5 beschriebene *Extensible Style Language (XSL)*, die einen durch Benutzer erweiterbaren und hauptsächlich deklarativen Mechanismus zum Hinzufügen von Formatvorlagen zu XML-Dokumenten darstellt. Da XSL der momentan am wenigsten stabile und entwickelte Teil des XML-Systems ist, gibt die Erläuterung im wesentlichen einen Überblick über die Funktionalität, die XSL bereitstellen soll.

Aufgrund der Tatsache, daß es sich bei XML um eine neue Sprache handelt, mit deren Hilfe Dokumente im WWW verbreitet werden können, spielt es eine erhebliche Rolle, wie die Perspektive in bezug auf die vorhandenen Sprachen HTML und SGML aussieht. Ein solcherVergleich wird in Abschnitt 7.6 angestellt. Abschließend werden in Abschnitt 7.7 einige Bemerkungen zur Zukunft von XML gemacht.

7.1 XML-Grundlagen

Die allgemeine Idee von XML besteht darin, Autoren von Web-Veröffentlichungen von den Beschränkungen des einen von HTML bereitgestellten Dokumenttyps zu befreien. Die grundlegende Architektur von HTML-basierten Web-Publikationen wird in Abbildung 4.5 (auf Seite 168) gezeigt, aus der hervorgeht, daß sowohl die SGML Declaration als auch die DTD in das Anwendungsprogramm integriert sind (zum Beispiel in das Publishing Tool oder den Browser). Ein allgemeinerer Ansatz, in dem nur die SGML Declaration in die Anwendung integriert ist und die DTD sowie das Dokument als Eingabe an den Parser übergeben werden, wird in Abbildung 4.4 gezeigt. Dieses Design, dargestellt in Abbildung 7.1, ist die grundlegende Idee von XML.

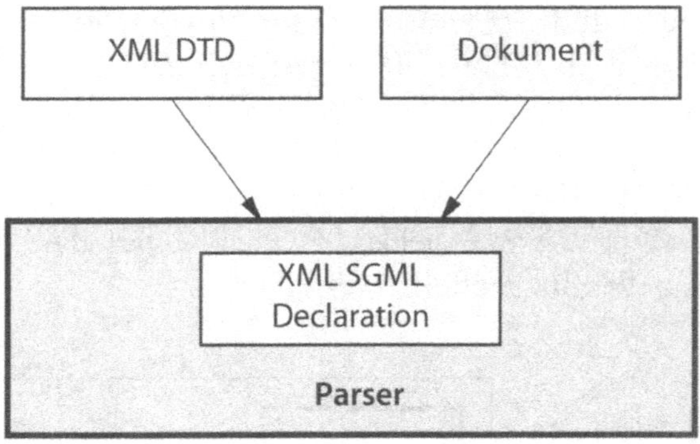

Abb. 7.1   Ein XML-Parser

In den folgenden Abschnitten wird beschrieben, wie XML in Hinblick auf das Web verwendet werden kann, wobei im ersten Abschnitt im Mittelpunkt steht, warum die Fähigkeit zur Erstellung benutzerdefinierter Dokumenttypen einen solchen Vorteil darstellt und für viele Anwendungsbereiche sehr nützlich sein kann.

Allerdings bedingt die größere Flexibilität von XML auch eine komplexere Web-Infrastruktur. Während die Menge der HTML-Elemente klar definiert ist und der HTML-Standard für diese Elemente außerdem Formatierungsregeln festlegt, trifft all dies auf XML nicht zu, da Elemente von Benutzern in anwendungsspezifischen DTDs definiert werden. Abschnitt 7.1.2 erläutert, wie dieses Problem gelöst werden kann.

XML kann als Sprache zur Definition angepaßter Datenstrukturen angesehen werden. Als solche besteht ein enger Bezug zu anderen Mechanismen zur Datenstrukturierung (wie zum Beispiel zu Dokumentarchitekturen und Datenbanken) sowie insbesondere zu HTML als Dokumentstrukturierungssprache des Web. In Abschnitt 7.1.3 wird beschrieben, wie XML in diesen Zusammenhang paßt und die Umwandlung von Daten zwischen XML und anderen Formaten vollzogen werden kann.

7.1.1 Erstellen von Dokumenttypen

Vor der Erfindung von XML bestand die am weitesten verbreitete Art und Weise des Publishings strukturierter Inhalte im Web in der Verwendung von HTML (siehe Abbildung 5.11 auf Seite 283). Der übliche Publishing-Ablauf besteht in diesem Szenario (sofern nicht direkt in HTML geschrieben wird) darin, daß eine Zuordnung zwischen dem benutzerdefinierten Dokumenttyp und HTML definiert und verwendet wird, um Dokumente aus dem benutzerdefinierten Format nach HTML zu konvertieren. Der große Nachteil dieses Ansatzes besteht in der mangelnden Flexibilität von HTML, das einen einzelnen festgelegten Dokumenttyp darstellt. Zwar gestaltet sich die Zuordnung hauptsächlich textbasierter benutzerdefinierter Dokumenttypen zu HTML in der Regel relativ einfach, aber es gehen dennoch bei fast allen Umwandlungsprozessen strukturelle Informationen verloren.

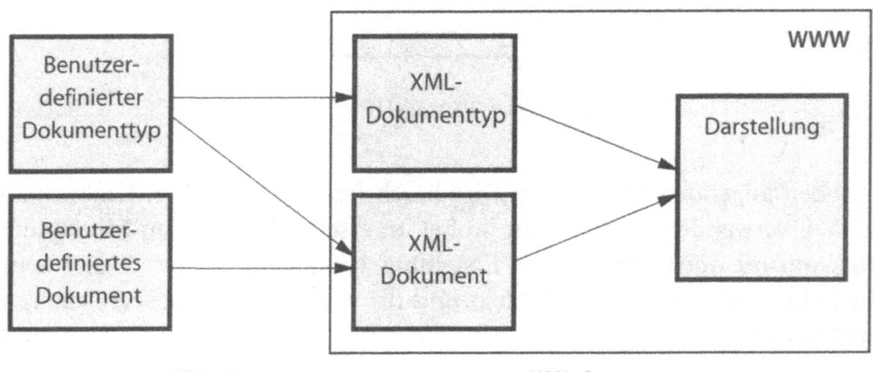

Abb. 7.2 Publishing mit XML

Wenn beispielsweise ein benutzerdefinierter Dokumenttyp drei verschiedene Arten von Absätzen enthält, werden diese normalerweise dem <P>-Element zugeordnet, das in HTML Absätze darstellt. Bei Verwendung von XML ist es nicht mehr nötig, aufgrund von Zuordnungen wie dieser strukturelle Informationen zu verlieren. Wie aus Abbildung 7.2 hervorgeht, besteht die Möglichkeit, einen benutzerdefinierten Dokumenttyp zu definieren, der drei verschiedene Absatzarten enthält. Die Konvertierungssoftware wandelt den benutzerdefinierten Dokumenttyp in eine XML Document Type Definition und Dokumente unter Benutzung dieser DTD in XML-Dokumente um, die anschließend von XML-Systemen verarbeitet (und insbesondere mit XML-Browsern betrachtet) werden können. Die strukturellen Informationen über die drei verschiedenen Absatzarten sind in Form verschiedener XML-Elemente für jedes der Absatzformate in den XML-Dokumenten noch immer vorhanden.

Diese Möglichkeit zum Erstellen und Austauschen benutzerdefinierter Dokumenttypen macht das Publishing im Web ausdrucksstärker (da die XML DTD so entworfen werden kann, daß sie alle Strukturen des benutzerdefinierten Dokumenttyps beibehält) und flexibler.

Neben der Verwendung zur Dokumentdarstellung gibt es für XML noch eine Reihe weiterer Anwendungsgebiete. Technisch gesehen, handelt es sich bei einer XML DTD um eine *Grammatik*, welche die Definition von Datenstrukturen zuläßt. Zwar werden diese Datenstrukturen in vielen Fällen zur Darstellung von Dokumenten eingesetzt, doch legt XML selbst keine Anforderungen hinsichtlich der Semantik der Daten fest, so daß es möglich ist, mit Hilfe von XML auch andere Typen von strukturierten Informationen darzustellen. Beispiele für andere Anwendungen von XML sind das in Abschnitt 10.5.3 beschriebene *Resource Description Framework (RDF)* sowie die *Extensible Style Language (XSL)*, die selbst zur XML-Infrastruktur gehört.

7.1.2 Formatierung von XML-Dokumenten

Das Abgehen vom festen HTML-Dokumentmodell bedeutet auch eine Abkehr von den klaren HTML-Regeln, die festlegen, wie ein Dokument formatiert wird. Obwohl bei der Sprache HTML nicht die Darstellung, sondern der Inhalt im Vordergrund steht, gibt es für alle Elemente eine Darstellungssemantiken. Diese ist allerdings nicht Bestandteil der HTML DTD (die lediglich die Elemente und Strukturierungsregeln für diese Elemente definiert), sondern wird im Text der HTML-Spezifikation definiert, der den vorgesehenen Verwendungszweck und die Darstellung für jedes Element beschreibt.

Ein Browser, der ein HTML-Dokument von einem Web-Server abruft, verfügt über integrierte Darstellungsregeln, nach denen das Dokument formatiert wird (möglicherweise unter Verwendung eines mit dem Dokument verbundenen Style Sheets). Angesichts des beim Benutzen von XML auftretenden Verlusts der vordefinierten Semantiken zur Elementformatierung stellt sich die Frage, wie ein XML-Dokument zu interpretieren ist. Ein XML-Browser verfügt über keine integrierten Regeln und lernt die Dokumentelemente erst dann kennen, wenn er die DTD analysiert. Grundsätzlich gibt es zwei Ansätze, wie mit dieser Situation umgegangen werden kann. Der erste Ansatz, der in Abschnitt 7.1.2.1 beschrieben wird, besteht in einer Konzentration auf den Inhalt, so daß keine Darstellungsinformationen benötigt werden, wohingegen der zweite Ansatz (siehe Abschnitt 7.1.2.2) einen Mechanismus definiert, der mit den Elementen Darstellungsregeln verbindet.

7.1.2.1 Konzentration auf den Inhalt

Das ursprüngliche Entwicklungsziel des Web war der Aufbau eines verteilten Hypermedia-Systems, das für einen globalen, plattformunabhängigen Zugriff auf Informationen benutzt werden kann. Aufgrund dieser Zielsetzung hat die Trennung von Inhalt und Darstellung bei den Web-Technologien schon immer eine große Rolle gespielt. Ein XML-Dokument ohne zugehörige Darstellungsregeln besitzt lediglich einen Inhalt und eine Struktur, während über die Darstellung nichts bekannt ist. Allerdings stellt es sich auch weniger informativ als ein HTML-Dokument dar, weil keine Angaben über die Semantik der Elemente enthalten sind.

Zum Beispiel kann ein Programm, das keine Darstellung für HTML implementiert, immer noch verwendet werden, um Dokumente mit Hilfe der HTML-Semantik so zu durchsuchen, daß eine höhere Bewertung für in Überschriften gefundene Suchbegriffe erfolgt als für solche, die in normalen Absätzen vorkommen. Bei XML-Dokumenten ist dies nicht möglich, da mit den Elementen innerhalb eines XML-Dokuments keine Semantik verbunden ist[1]. Allerdings besteht durchaus die Möglichkeit, XML-Dokumente als strukturierte Information zu interpretieren, was auch ohne Semantik und Darstellungsregeln genügen kann. Ein XML-Dokument sieht im großen und ganzen wie ein normales SGML-Dokument aus, beginnt aber mit einer Processing Instruction, welche die Spezifikation der XML-Version enthält. XML Processing Instructions stehen zwischen einem *Processing Instruction Open Delimiter* (PIO) und einem *Processing Instruction Close Delimiter* (PIC), die durch die Zeichenfolgen '<?' und '?>' dargestellt werden[2].

---

[1] Nach Meinung des Autors sind mit den Elementen innerhalb eines XML-Dokuments zwar ganz offensichtlich Semantiken verbunden, aber XML stellt lediglich eine Plattform für den Austausch der syntaktischen Struktur des Dokuments bereit.

[2] Hier besteht ein Unterschied zur SGML-Syntax, in welcher der *Processing Instruction Close Delimiter* (PIC) durch „>" dargestellt wird.

```
<?xml version="1.0"?>
<result>
<item><name>Wilde</name><email>dret@tik.ee.ethz.ch</email></item>
<item><name>Puder</name><email>puder@icsi.berkeley.edu</email></item>
</result>
```

In diesem Beispiel fällt sofort auf, daß das Dokument ein vollständiges
Markup verwendet, was eine allgemeine Regel von XML darstellt (im Gegensatz zur Markup Minimization bei HTML). Obwohl es keine formale Semantik einsetzt, könnte ein solches XML-Dokument von einem menschlichen
Benutzer problemlos interpretiert werden, und auch eine strukturierte
Anzeige durch einen XML-Browser wäre möglich (in etwa so, wie es in Abbildung 7.3 zu sehen ist).

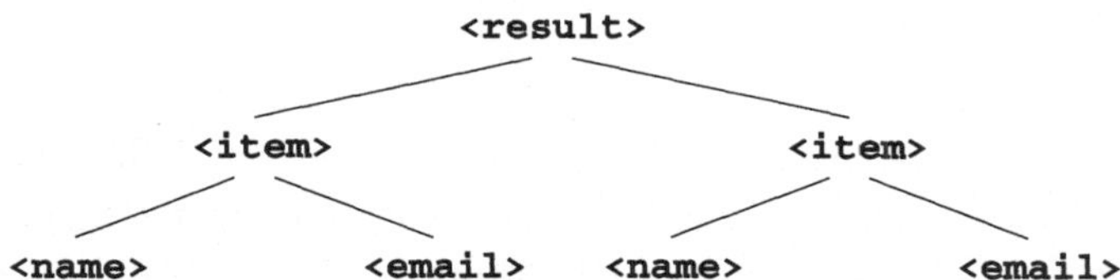

Abb. 7.3 Struktur eines kleinen XML-Dokuments

Da XML die DTD als Teil des Dokuments zuläßt, könnte das obige Beispiel
auch als das folgende Dokument dargestellt werden. In diesem Fall bestünde
für die XML-Anwendung die Möglichkeit zu zeigen, welche anderen Elementtypen in dem Dokument erlaubt sind (aber nicht verwendet werden).

```
<?xml version="1.0"?>
<!DOCTYPE result [
  <!ELEMENT result  (item*) >
  <!ELEMENT item    (name,phone?,email?)+ >
  <!ELEMENT name    (#PCDATA)
  <!ELEMENT phone   (#PCDATA)
  <!ELEMENT email   (#PCDATA)
]>
<result>
<item><name>Wilde</name><email>dret@tik.ee.ethz.ch</email></item>
<item><name>Puder</name><email>puder@icsi.berkeley.edu</email></item>
</result>
```

Beim Empfang eines solchen Dokuments kann eine XML-Anwendung dieses nicht nur in einer strukturierten Weise anzeigen, sondern die XML-Software hat auch die Möglichkeit, andere, dieser DTD entsprechende Dokumente zu erstellen. Der Unterschied zwischen diesen beiden Fällen (unbekannte oder bekannte DTD) ist wichtig, weil XML-Software nicht in der Lage ist, die DTD aus dem Dokument alleine abzuleiten. Beispielsweise ermöglicht die folgende XML DTD ebenfalls das Erstellen des Dokuments, das in Abbildung 7.3 gezeigt wird.

```
<!DOCTYPE result [
  <!ELEMENT result  (item+) >
  <!ELEMENT item    (name,(phone|email)*)+ >
  <!ELEMENT name    (#PCDATA)
  <!ELEMENT phone   (#PCDATA)
  <!ELEMENT email   (#PCDATA)
]>
```

Allerdings ist die einzige Information, die in all diesen Fällen ausgetauscht wird, der Dokumentinhalt (sowie vielleicht die Regeln, die zur Strukturierung des Dokumentinhalts zum Einsatz gekommen sind). Obwohl dies für einige Anwendungen ausreichen kann, ist es in vielen Fällen außerdem erforderlich, Darstellungsregeln zur Dokumentformatierung anzugeben. Die Festlegung dieser Regeln muß in einer bestimmten Form erfolgen, die von XML-Anwendungen verstanden wird.

7.1.2.2 Einsatz von Style-Sheet-Sprachen

Der Ansatz der Style-Sheet-Sprachen wurde bereits in Kapitel 6 beschrieben, das die *Cascading Style Sheets (CSS)* zum Thema hat. Allerdings wurde CSS hauptsächlich entworfen, um die Detaildarstellung von HTML-Dokumenten zu verbessern. Bei Verwendung von XML ist ein allgemeinerer Ansatz erforderlich, da für XML-Dokumente hinsichtlich der grundlegenden Formatierung nicht dieselben Annahmen zutreffen wie für HTML-Elemente (wie zum Beispiel bei der Formatierung von Listen, wo mit Hilfe von CSS die Zeichen vor den Listeneinträgen und andere Aspekte der Listenformatierung verändert werden können).

Obwohl CSS in einigen Fällen vielleicht nicht leistungsfähig genug ist (ein allgemeinerer Ansatz in Form der *Extensible Style Language (XSL)* wird in Abschnitt 7.5 beschrieben), reichen die Möglichkeiten aus, um das Konzept von Inhalt und Darstellung in einer XML-Umgebung zu veranschaulichen. In Fällen, in denen eine Darstellung ähnlich der von HTML-Dokumenten ausreicht, können sich Benutzer entscheiden, anstelle des komplexeren XSL die

CSS-Sprache zu verwenden. Das allgemeine Modell des Publishing-Prozesses in einer XML-Umgebung einschließlich einer Style-Sheet-Sprache (in diesem Fall XSL) wird in Abbildung 7.4 dargestellt.

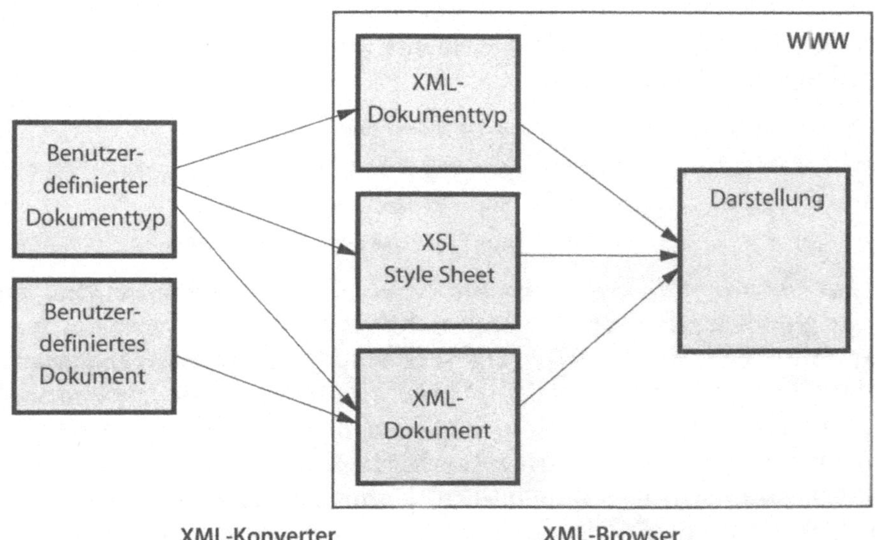

Abb. 7.4 Publishing mit XML/XSL

Die allgemeine Idee einer Style-Sheet-Sprache für XML entspricht der für HTML und verfolgt das Ziel, den Inhalt von der Darstellung zu trennen. Allerdings stellt sich die Situation in XML im Gegensatz zu HTML etwas anders dar. Die standardmäßige Darstellung von HTML-Dokumenten (ohne jegliche Formatattribute oder Style-Sheet-Informationen) beruht auf der Semantik der HTML-Elemente, so daß zum Beispiel Listen als Folgen eingerückter Listeneinträge und Tabellen als rechteckige Gitter von Tabellenzellen angezeigt werden. Eine standardmäßige Darstellung von XML-Dokumenten ist hingegen sehr viel einfacher, weil es keine Informationen gibt, die zur Formatierung benutzt werden könnten[3].

Als Konsequenz daraus ergibt sich eine hohe Wahrscheinlichkeit, daß XML-Dokumente in vielen Fällen in Verbindung mit Style-Sheet-Informationen verwendet werden. Bei diesen kann es sich zum Beispiel (in einem einfa-

---

[3] Natürlich könnten Browser Vermutungen hinsichtlich der Formatierung anstellen oder einfach jedes Element als einzelnen Absatz anzeigen. Allerdings käme es in diesem Fall aufgrund der Tatsache, daß mit XML-Elementen keine Semantik verbunden ist, auf deren Basis solche Vermutungen vorgenommen werden könnten, zu einer Vielzahl ungeeigneter Darstellungen.

chen Fall) um ein CSS-Style-Sheet handeln, das den XML-Elementen HTML-ähnliche Formateigenschaften zuweist. Obwohl ein solches Dokument genauso wie ein HTML-Dokument angezeigt werden könnte (weil es dieselben Formatierungsmechanismen und Optionen benutzt wie CSS bei HTML), hätte es noch immer einen informativeren Inhalt, da die Elemente aussagekräftiger sein können als HTML-Elemente (zum Beispiel durch die bereits erwähnten drei Absatzformate).

```
item    { display: block; margin-bottom: 5mm }
name    { display: list-item; font-weight: bold }
phone   { display: list-item; font-style: italic }
email   { display: list-item; text-decoration: underline }
```

Ein einfaches CSS-Style-Sheet wie dieses könnte verwendet werden, um einige grundlegende Darstellungseigenschaften für das im vorigen Abschnitt eingeführte Beispiel festzulegen. Die Verarbeitung eines solchen Dokuments könnte sehr viel spezieller sein (obwohl die Anzeige einer ungeordneten HTML-Liste entsprechen würde) und zum Beispiel nur Suchoperationen innerhalb von name-Elementen zulassen. Darüber hinaus erweisen sich die mit den XML-Elementen verbundenen Informationen als sehr nützlich, falls das Dokument in ein anderes Format, wie zum Beispiel in eine Art Datenbank, konvertiert werden soll, weil eine einfache HTML-Liste keine Angaben über den Inhalt der einzelnen Listeneinträge enthalten würde.

7.1.3 Konvertierung

Betrachtet man XML als eine weitere Sprache zur Codierung strukturierter Informationen, stellt sich unter anderem sofort die Frage, wie XML in bezug auf die vorhandenen Formate zu sehen ist, die im Moment demselben Zwecken dienen. In diesem Zusammenhang sollte man zunächst zur Kenntnis nehmen, daß XML über eine Reihe von Eigenschaften verfügt, welche für die anderen Formate nicht unbedingt typisch sind und in ihrer Gesamtheit in keinem anderen Format vorliegen.

- *Sich selbst beschreibende Dokumente*
  Die Fähigkeit von XML, innerhalb des Dokuments DTDs zu enthalten, ermöglicht das Erstellen sich selbst beschreibender Dokumente. Dies bedeutet, daß ein einziges XML-Dokument sowohl die zu seiner Zusammensetzung benutzten Regeln (d.h. die DTD) als auch den tatsächlichen Dokumentinhalt umfassen kann.

- *Durchsuchbare Dokumentstruktur*
  Da XML im Gegensatz zu SGML keine Markup Minimization vorsieht, kann XML-Software selbst dann ein XML-Dokument problemlos analysieren, wenn es keine DTD enthält. Folglich lassen sich dank der beschreibenden XML-Syntax auch solche Dokumente interpretieren und durchsuchen, die sich nicht durch Einbinden einer DTD selbst beschreiben.

- *Leistungsfähige Verknüpfungen*
  XML definiert zusammen mit den Spezifikationen der *XML Linking Language (XLink)* und der *XML Pointer Language (XPointer)* ein sehr flexibles und leistungsfähiges Modell zur Erstellung von Links von und zu XML-Dokumenten sowie anderen im Internet verfügbaren Ressourcen.

- *Einfache Konvertierung in Web-Datenformate*
  Da XML auf SGML (der Grundlage von HTML) aufbaut und aller Wahrscheinlichkeit nach in zukünftige Browser-Versionen integriert sein wird, wird sich die Konvertierung zwischen In-House-[4] und im Web zu veröffentlichenden Daten sehr häufig problemlos durchführen lassen.

- *Plattformunabhängigkeit*
  XML ist ein offener Standard und kann dementsprechend von jedem implementiert werden, der ein Interesse an XML-Anwendungen besitzt. Der Vorteil gegenüber eines Produkts besteht in der Unabhängigkeit von einer bestimmten Plattform oder einem bestimmten Hersteller. Erst die zukünftige Entwicklung von XML wird zeigen, wieviele XML-Anwendungen verfügbar sein werden.

Alle diese Punkte sind wichtige Vorteile von XML. Allerdings basieren die meisten firmeninternen Anwendungen heutzutage noch auf anderen Datenformaten, so daß sich auch in näherer Zukunft noch die Frage der Konvertierung zwischen anderen Datenformaten und XML stellen wird.

In Abschnitt 7.1.3.1 werden die Probleme erläutert, die bei der Konvertierung von anderen Datenformaten nach XML auftreten. Diese Umwandlung spielt beim Importieren von Dokumenten in XML-Umgebungen eine Rolle und wird damit die wichtigste Aktivität sein, wenn XML als neues Format in einer informationsverarbeitenden Umgebung ausgewählt wird. Die Umwandlung von anderen Formaten nach XML ist außerdem von Bedeutung, wenn

---

[4] Der Begriff *In-House-Daten* wird benutzt, um die Datenformate zu beschreiben, die bei der lokalen Datenverarbeitung zum Einsatz kommen. Die dabei eingesetzten Anwendungen verwenden normalerweise eigene Datenformate, die nur von einem bestimmten Produkt oder einer speziellen Produktpalette (üblicherweise von einem einzigen Hersteller) verarbeitet werden können. Ein weiterer Begriff, der für diese Art von Systemen (im Gegensatz zu den offeneren Systemen mit offenen Standardformaten) gebraucht wird, ist der Ausdruck *Legacy Systems*.

Daten aus In-House-Anwendungen nicht mehr mit HTML, sondern mit XML im Web veröffentlicht werden müssen.

Da XML die Erstellung benutzerdefinierter Dokumenttypen ermöglicht, wird es außerdem eine Vielzahl von Umwandlungen zwischen XML-Dokumenten geben, bei denen ein XML-Dokument eines Dokumenttyps in ein XML-Dokument eines anderen Typs konvertiert wird. Diese Umwandlungen stellen das Thema von Abschnitt 7.1.3.2 dar.

Abschnitt 7.1.3.3 behandelt die Konvertierung von XML-Dokumenten in andere Datenformate, die vor allem beim Exportieren von Dokumenten aus einer XML-Umgebung eine Rolle spielt. Da HTML der bei weitem beliebteste SGML-Dokumenttyp ist, befaßt sich Abschnitt 7.1.3.4 speziell mit der Konvertierung zwischen HTML und XML.

7.1.3.1 Konvertierung anderer Formate nach XML

Der allgemeine Ablauf der Konvertierung anderer Formate nach XML wird in den Abbildungen 7.2 und 7.4 veranschaulicht (abhängig davon, ob eine Style-Sheet-Sprache zum Einsatz kommt). Obwohl sich diese Abbildungen auf das Publishing im Web konzentrieren (d.h. auf das Konvertieren nach XML mit dem Ziel, Dokumente im Web verfügbar zu machen), beinhaltet eine allgemeinere Betrachtung der Konvertierung anderer Formate nach XML auch die Umwandlung von In-House-Daten eines anderen Formats nach XML.

In beiden Fällen muß sowohl für die Dokumenttypen (oder bei allgemeinerer Betrachtung für das Datenbankschema) als auch für die einzelnen Dokumente eine Zuordnung zwischen dem internen und dem XML-Format vorgenommen werden. Allerdings gibt es für beide Szenarien zwei unterschiedliche Strategien.

- *Konvertieren für das Publishing*
  Falls XML lediglich als Publishing Tool ausgewählt wird, muß die Zuordnung zwischen dem In-HouseFormat und XML so entworfen werden, daß alle Informationen, die im Web bereitgestellt werden sollen, eine Entsprechung besitzen. Dies bedeutet, daß die zu definierende XML DTD sämtliche für das Publishing relevanten strukturellen Aspekte berücksichtigen sollte und die Dokumente entsprechend konvertiert werden müssen. In den meisten Fällen gehört hierzu auch der Entwurf von Style Sheets, mit deren Hilfe die Darstellung der XML-Dokumente gesteuert wird (siehe Abbildung 7.4).

- *Konvertieren zur In-House-Verwendung*
  Wenn das Ziel darin besteht, das In-House-Format durch XML zu ersetzen, muß gewährleistet sein, daß bei der Umwandlung keine Informationen verlorengehen. Dementsprechend kommt der Erstellung geeigneter

und wohlentworfener XML DTDs besondere Bedeutung zu, so daß diesem Teil der Konvertierung größte Aufmerksamkeit geschenkt werden sollte. Sobald alle XML DTDs definiert worden sind, stellt die Zuordnung zwischen den In-House-Daten und XML in der Regel kein Problem mehr dar[5]. Sind erst einmal alle Umwandlungen durchgeführt, wird das Web-Publishing zu einer einfachen XML-nach-XML-Konvertierung, die Gegenstand von Abschnitt 7.1.3.2 ist.

Offensichtlich setzen beide Szenarien für die Konvertierung von In-House-Daten nach XML verschiedene Schwerpunkte. Während sich die Konvertierung zu Publishing-Zwecken auf die Auswahl relevanter Informationen sowie deren Darstellung konzentriert, liegt das Hauptaugenmerk bei der Konvertierung für den In-House-Gebrauch auf der Erstellung von XML DTDs, die alle zu erfassenden Datenstrukturen vollständig darstellen.

7.1.3.2 Konvertierung von XML nach XML

Falls XML bereits als In-House-Format zum Einsatz kommt, sind in vielen Fällen trotzdem Konvertierungen erforderlich, um entweder Daten mit anderen XML-basierten Anwendungen auszutauschen oder XML-Daten im Web zu veröffentlichen. Die Umwandlung zwischen verschiedenen XML DTDs bringt häufig Informationsverluste mit sich, die entweder (weil nicht alle In-House-Daten veröffentlicht werden sollen) beabsichtigt oder durch die Konvertierung bedingt sind (falls die Ziel-DTD strukturell weniger umfassend ist als das Original).

In den meisten Fällen findet bei der Konvertierung eine Zuordnung zwischen den DTDs statt (möglicherweise auch unter Verwendung von Style Sheets), so daß sich der Konverter, eine klar definierte Zuordnung zwischen den DTDs vorausgesetzt, vollständig automatisieren läßt. Dennoch ist es möglich, daß manche Konvertierungen menschliche Eingriffe erfordern, wie zum Beispiel, wenn die Ziel-DTD einige Informationen benötigt, die nicht automatisch aus dem Original gewonnen werden können.

7.1.3.3 Konvertierung von XML in andere Formate

Die Konvertierung von XML in andere Formate kann als Datenexport aus einer XML-Umgebung aufgefaßt werden. Normalerweise bedeutet dies, daß ein Konverter verwendet werden muß, der XML DTDs auf die Strukturierungsmechanismen des Zielformats abbildet. Abhängig vom Zielformat fällt die Realisierung eines solchen Mechanismus unterschiedlich schwierig aus.

---

[5] Wenn eine solche Zuordnung nicht einfach ist, kann dies ein Zeichen dafür sein, daß die XML DTDs neu entworfen werden sollten.

Wenn das Zielformat strukturell mindestens genauso ausstaffiert ist wie XML (d.h. dieselben Dokumenttypstrukturen zuläßt), gestaltet sich der Entwurf einer Umwandlungskomponente sehr einfach. Die einzige Frage, die sich in der Regel stellt, ist die der Zuordnung der Syntax der XML DTDs und der XML-Dokumente zum Zielformat.

Wenn das Zielformat strukturell allerdings weniger reichhaltig ist als XML, kann die automatische Umwandlung der XML DTDs in das Zielformat erhebliche Probleme bereiten. In diesem Fall ist es unter Umständen erforderlich, die Datenstruktur des Zielformats manuell zu entwerfen, da bei der Konvertierung aller Wahrscheinlichkeit nach bestimmte strukturelle Informationen verlorengehen werden. Die Entscheidung, wie die Verluste möglichst gering gehalten werden können, kann durchaus kompliziert sein.

7.1.3.4 HTML und XML

Obwohl HTML hinsichtlich XML ein externes Format darstellt (da es sich bei HTML nicht um eine XML-Anwendung handelt), besteht eine große Ähnlichkeit zu XML, so daß HTML sehr oft als Kandidat für die Umwandlung von und nach XML in Frage kommen wird. Aus diesem Grund behandelt dieser Abschnitt speziell die Umwandlung von HTML nach XML. Als erstes wird die Frage des Entwurfs einer XML-Variante von HTML und anschließend der Umwandlungsprozeß in beide Richtungen erläutert.

Eine XML HTML DTD

In vielen Fällen werden Umwandlungen zwischen HTML und XML nur aus dem Grund erforderlich, um den verschiedenen syntaktischen Regeln von HTML und XML zu genügen, welche implizieren, daß ein gültiges XML-Dokument kein gültiges HTML und ein HTML-Dokument kein gültiges XML ist. Der einfachste Ausweg aus diesem Dilemma besteht darin, eine XML DTD für HTML (im folgenden Text mit XHTML bezeichnet) zu entwerfen, die einfach eine Anpassung der HTML DTD (die auf SGML aufbaut) an XML darstellt.

Da HTML in erheblicher Weise von SGML Features Gebrauch macht, die in XML nicht erlaubt sind, müssen diese Features aus der ursprünglichen HTML DTD entfernt werden, um die DTD XML-konform zu machen. Es sind mehrere Schritte erforderlich, um die aktuelle HTML-Spezifikation (HTML 4.0) XML-kompatibel zu gestalten, und leider wird die resultierende DTD einen Dokumenttyp darstellen, der sich von HTML 4.0 unterscheidet[6].

---

[6] Dies ist das Ergebnis aus den Einschränkungen von XML hinsichtlich *Occurence Indicators*, *Exceptions* und *Attributtypen*. Eine Erläuterung dieser Unterschiede kann in Abschnitt 7.2.1 nachgelesen werden.

Konvertierung von HTML nach XHTML

Die Konvertierung von HTML nach XML ist in den meisten Fällen ein Prozeß, der verdeutlicht, daß viele Dokumente, von denen man annimmt, daß sie HTML-Dokumente sind, HTML in Wirklichkeit nur nahekommen. Wie in den Abschnitten 4.3.3 und 5.4 beschrieben, stellen viele Web-Seiten keine gültigen HTML-Dokumente dar, die nur deswegen korrekt angezeigt werden, weil die meisten Web-Browser sehr fehlertolerante HTML-Parser implementieren. Die zwei wichtigsten Fehlerquellen sind SGML-Fehler (Verstöße gegen die SGML-Syntax) und die Verwendung nicht standardmäßiger HTML-Erweiterungen. Da es wahrscheinlich ist, daß ein HTML-nach-XHTML-Konverter auch mit technisch ungültigen HTML-Seiten umgehen muß, sollte er so entworfen werden, daß er dieselbe Fehlertoleranz besitzt wie ein Web-Browser. Außerdem könnte er eine Obermenge von HTML implementieren, die nicht standardmäßige, aber weit verbreitete HTML-Erweiterungen berücksichtigt.

Der zweite Schritt nach dem Übernehmen eines Dokuments als Eingabe besteht in der Erzeugung des XHTML-Codes. Dieser Prozeß umfaßt das Einbinden ausgelassenerTags, die XML-konforme Festlegung von Attributwerten und eine Reihe anderer syntaktischer Umwandlungen, die für gültiges XML erforderlich sind. In Abhängigkeit von der Definition von XHTML kann es auch notwendig sein, die Dokumentstruktur zu ändern und ggf. nicht standardmäßige HTML-Erweiterungen auszulassen (oder sie durch XML-Versionen standardmäßiger HTML-Elemente zu ersetzen).

Das Ergebnis dieser Umwandlung ist ein XHTML-Dokument. Man sollte sich unbedingt merken, daß XHTML (wenigstens im Moment) keinen Standard, sondern lediglich eine benutzerdefinierte XML-Version der HTML-Spezifikation darstellt. Würde man zwei XML-Designer damit beauftragen, eine DTD zu erstellen, die HTML in XML darstellt, hätte dies aller Wahrscheinlichkeit nach zwei verschiedene XHTML DTDs zur Folge. Da die benutzerdefinierte Version von XHTML allerdings mit jedem konvertierten Dokument weitergegeben werden kann[7], gibt es auch keinen Grund für eine eindeutige Definition.

Konvertierung von XHTML nach HTML

Die Konvertierung von XHTML nach HTML gestaltet sich normalerweise einfacher als die andere Richtung, da XML-Dokumente immer wohlgeformt sein müssen (d.h. keine Tags oder Attributnamen ausgelassen werden), so daß

---

[7] Da DTDs (wie XHTML-Dokumente) sehr groß sein können, besteht auch die Möglichkeit, in das XML-Dokument lediglich einen URI-Verweis auf die DTD aufzunehmen und die DTD an diesem URI bereitzustellen.

aus dem XHTML-Dokument lediglich die XML-spezifische Syntax zu entfernen ist (was im wesentlichen darauf hinausläuft, die Document Preamble von XML auf HTML umzustellen und die Syntax leerer Elemente zu ändern).

In Abhängigkeit vom Entwurf der XHTML DTD kann es erforderlich sein, außerdem einige strukturelle Änderungen durchzuführen, wie zum Beispiel, einige Elemente der XHTML DTD in andere Elemente des HTML-Standards zu konvertieren. Bei einem geeigneten Entwurf der XHTML DTD sollte dieser Schritt jedoch minimal ausfallen oder sogar überflüssig sein.

7.2 Extensible Markup Language 1.0 (XML 1.0)

Nach der Einführung in die allgemeinen Grundlagen von XML folgt nun eine etwas technischere Beschreibung der Sprache, die formal in einer W3C Recommendation definiert ist [36]. Wie bereits gesagt, basiert XML auf der in Kapitel 4 erläuterten Sprache SGML [110], so daß davon ausgegangen wird, daß sich der Leser mit den allgemeinen Grundlagen und der Syntax von SGML auskennt.

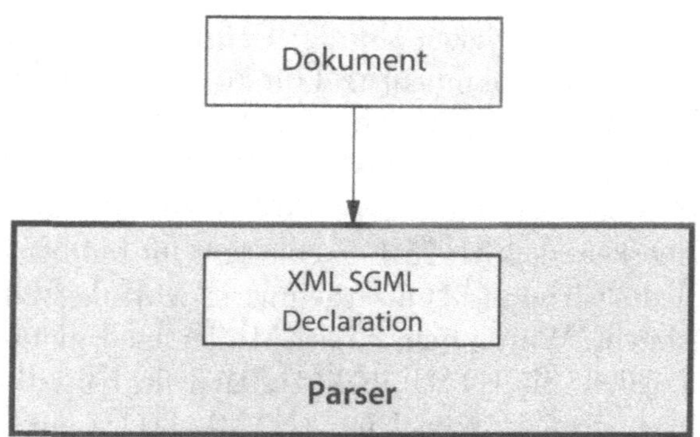

Abb. 7.5 Ein XML-Parser für wohlgeformte XML-Dokumente

Einer der Hauptunterschiede zwischen SGML und XML besteht darin, daß XML immer ein vollständiges Markup verlangt (was bedeutet, daß die Features OMITTAG und SHORTTAG, die von HTML bekannt sind, für XML keine Gültigkeit besitzen[8]). Der einzige durch SGML definierte und in XML zulässige Mechanismus zur Markup Minimization ist das *Null End-Tags Feature*.

---

[8] Der technische Grund hierfür liegt in der SGML Declaration von XML, die diese Funktionalität nicht unterstützt. Zwar besteht die Möglichkeit zur Verwendung von SHORTTAG, doch wird in der XML-Spezifikation ausdrücklich angemerkt, daß dies lediglich *Null End-Tags* ermöglichen soll, während alle anderen SHORTTAG-Features nicht erlaubt sind.

(Die von SGML definierten Features zur Markup Minimization werden in Abschnitt 4.2.1.4 erläutert.) Allerdings gilt auch dies nur für leere Elemente. Aufgrund dieser Eigenschaft können die Closing Delimiter von Instanzen leerer Elemente wie folgt in die Zeichenfolge '/>' geändert werden:

```
...leere Elemente können in XML mit Hilfe des normalen vollständigen
SGML Markups <br></br> oder unter Verwendung des speziellen Null End-
Tag Markups <br/> gekennzeichnet werden.
```

Alle anderen Möglichkeiten zur Markup Minimization, wie zum Beispiel das Auslassen von Tags oder Attributen, haben für XML-Dokumente keine Gültigkeit. Es gibt zwei wichtige Gründe, weshalb sich der XML-Standard in dieser Hinsicht von der gängigen Web-Praxis deutlich unterscheidet:

- *Einfachere Verarbeitung*
  Die SGML-Mechanismen zur Markup Minimization erschweren das Parsen eines Dokuments im Vergleich zu Dokumenten mit vollständigem Markup erheblich. Darüber hinaus bringt diese Funktionalität keinerlei strukturelle Vorteile mit sich, sondern minimiert lediglich die Eingabe von Zeichen, so daß vom Standpunkt des Autors die Erstellung von SGML-Dokumenten effizienter und weniger fehleranfällig ist.

- *Sich selbst beschreibende Dokumente*
  Ein Entwicklungsziel von XML bestand darin, XML-Dokumente so verfügbar wie möglich zu machen. Dies bezog die Absicht mit ein, XML-Dokumente auch ohne DTD durchsuchen zu können, was allerdings nur bei vollständigem Markup möglich ist. Derartig gestaltete Dokumente können eindeutig interpretiert werden, und ein Browser hat die Möglichkeit, den Document Tree (d.h. die hierarchische Struktur der Elemente) anzuzeigen, ohne die zur Erstellung dieser Struktur verwandten Regeln (d.h. die DTD) kennen zu müssen.

In Folge dieser neuen Eigenschaft von XML-Dokumenten definiert XML zwei verschiedene Dokumenttypen, die davon abhängen, ob die Typdefinition eines Dokuments verfügbar ist oder nicht:

- *Wohlgeformte Dokumente*
  Ein wohlgeformtes XML-Dokument ist eines, das unabhängig von einer Überprüfung gegen eine DTD syntaktisch korrekt ist. Damit es sich um syntaktisch korrekten XML-Code handelt, müssen alle Elemente ordnungsgemäß verschachtelt und alle durch das Dokument referenzierten Entities geeignet deklariert sein. Abbildung 7.5 zeigt die Verarbeitung eines wohlgeformten XML-Dokuments. Der Parser benutzt die SGML Declaration von XML und interpretiert das Dokument ohne Berücksichtigung einer DTD.

Allerdings sollte klar sein, daß es Situationen gibt, in denen bestimmte in der DTD enthaltene Informationen in der DTD erforderlich sind, um ein wohlgeformtes Dokument korrekt zu interpretieren, wie zum Beispiel Default Values für Attribute und Entities, auf die im Dokument verwiesen wird. Folglich werden wohlgeformte XML-Dokumente nur in einer begrenzten Anzahl von Anwendungen zum Einsatz kommen.

- *Gültige Dokumente*
  Ein gültiges XML-Dokument ist ein wohlgeformtes XML-Dokument, das zudem gegen eine DTD validiert wurde. Es ist in der in Abbildung 7.1 gezeigten, üblichen Weise verarbeitet worden, wobei der Parser die DTD benutzt hat, um zu überprüfen, ob das Dokument den in der DTD festgelegten Regeln genügt[9].

Da XML recht neu ist, kann man noch nicht sagen, wie XML im Web benutzt werden wird. Allerdings ist davon auszugehen, daß HTML auch für die nächste Zeit das Standardformat für einfache Web-Dokumente bleiben wird und nur solche Anwendungen auf XML zurückgreifen werden, die eine umfassendere Dokumentstruktur benötigen. Damit liegt das Hauptanwendungsgebiet in den Bereichen, in denen vor der Erfindung von XML von SGML Gebrauch gemacht wurde. Vor diesem Hintergrund ist es sinnvoll, einen Vergleich zwischen XML und SGML anzustellen, was Gegenstand von Abschnitt 7.2.1 ist.

7.2.1 Unterschiede zu SGML

Dieser Abschnitt verfolgt nicht das Ziel, eine vollständige Liste aller Unterschiede zwischen XML und SGML aufzuführen. Ein solcher Vergleich wurde bereits von Clark [46] angestellt, der eine vollständige und detaillierte Liste aller Unterschiede zwischen diesen beiden Standards bereitstellt. Statt dessen sollen an dieser Stelle die wichtigsten Unterschiede zwischen beiden Sprachen kurz umrissen werden.

- *Connectors*
  Während der *seq*-Connector (SEQ) und der *or*-Connector (OR) von SGML, die durch die Zeichen ',' und '|' dargestellt werden, in XML zulässig sind, darf der durch das Zeichen '&' vertretene and-Connector (AND) nicht benutzt werden. Content Models müssen so entworfen werden, daß sie nur SEQ und OR verwenden.

---

[9] Unter Verwendung dieser Terminologie sind HTML-Dokumente immer gültig (oder ungültig), da der Parser auf eine bekannte DTD zurückgreifen und dementsprechend eine Überprüfung gegen diese DTD vornehmen kann.

- *Markup Minimization*
  Obwohl die SGML Declaration von XML die SHORTTAG-Funktionalität zuläßt, sind mit Ausnahme des *Null End-Tag Delimiters* (NET) alle normalerweise mit SHORTTAG einhergehenden Features unzulässig. Null End-Tag Delimiter, die durch die Zeichenfolge '/>' dargestellt werden, können nur zum Schließen eines leeren Elements benutzt werden[10].

- *Processing Instruction Delimiter*
  In der konkreten SGML-Referenzsyntax wird der *Processing Instruction Close Delimiter* (PIC) durch das Zeichen '>' dargestellt, wohingegen dafür in XML die Zeichenfolge '?>' zuständig ist.

- *Elementtypdeklarationen*
  In XML gibt es keine Möglichkeit, eine Elementtypdeklaration für eine Gruppe von Elementen zu verwenden. Folglich muß in XML jeder Elementtyp über eine eigene Elementtypdeklaration verfügen.

- *Keine Exceptions*
  Es ist nicht möglich, in Elementtypdeklarationen Exceptions zu verwenden (siehe Abschnitt 4.2.2.4). Folglich besteht auch keine Möglichkeit, Inclusions und Exclusions zu verwenden, so daß es erforderlich ist, den zulässigen Inhalt für jeden Elementtyp in der Modellgruppe explizit zu deklarieren.

- *Deklaration von Attributdefinitionslisten*
  XML erlaubt nicht alle Attribute Declared Values, die in SGML festgelegt sind. Insbesondere dürfen die Attribute Declared Values NUTOKEN, NUTOKENS, NUMER, NUMBERS, NAME und NAMES nicht benutzt werden. Außerdem läßt XML keine Attribute zu, die einen DefaultValue #CURRENT aufweisen.
  Darüber hinaus ist es nicht möglich, Deklarationen von Attributdefinitionslisten für Elementgruppen zu verwenden. Folglich muß in XML jeder Elementtyp über eine eigene Deklaration einer Attributdefinitionsliste verfügen.

Neben diesen wichtigen Unterschieden zwischen XML und SGML gibt es noch einige kleinere Abweichungen beider Standards voneinander. Es sollte zur Kenntnis genommen werden, daß eine korrekte XML-Definition eine Betrachtung der vollständigen Spezifikation voraussetzt. Es genügt nicht, einfach nur einen Blick in die SGML Declaration von Anhang C.1 zu werfen. Dies bedeutet, daß ein SGML-Parser, der die SGML Declaration von XML

---

[10] XML unterscheidet sich von der konkreten SGML-Referenzsyntax, nach welcher der *Null End-Tag Delimiter* (NET) nur durch einen Schrägstrich '/' angezeigt wird.

verwendet, keinen vollständig validierenden XML-Parser darstellt, da XML mehr festlegt, als durch die SGML Declaration ausgedrückt werden kann.

7.3 XML Linking Language (XLink)

XML legt fest, wie die Struktur eines Dokumenttyps mit Hilfe einer XML DTD frei definiert werden kann, macht es aber gleichzeitig für XML-Anwendungen unmöglich, etwas über die Semantik von XML-Elementen und -Attributen zu wissen, weil diese anwendungsspezifisch sind[11]. Um allerdings innerhalb von XML-Dokumenten Links verwenden zu können und diese Links für Anwendungen erkennbar zu machen (damit zum Beispiel XML-Browser XML-Links anders als andere Elemente darstellen und mit diesen Links Aktionen verbinden können, die entweder automatisch erfolgen oder vom Benutzer eingeleitet werden), muß ein definiertes XML-Umfeld vorliegen, das es XML-Anwendungen ermöglicht, Links innerhalb von XML-Dokumenten zu erkennen und zu interpretieren. Dieses XML-Umfeld wird durch die *XML Linking Language (XLink)* definiert, die festlegt, wie Links in XML-Dokumente eingefügt werden. Derzeit wird XLink durch eine W3C Draft Recommendation [165] spezifiziert.

XLink ist ein Bestandteil der *Extensible Linking Language (XLL)*, die neben XLink noch die in Abschnitt 7.4 beschriebene *XML Pointer Language (XPointer)* enthält. XPointer definiert, wie auf Stellen innerhalb von XML-Dokumenten verwiesen wird, und beschreibt damit die Benutzung von URI Fragment Identifiern für XML-Dokumente.

Das Linking-Modell von XLink basiert auf dem Linking-Mechanismus HyTime [132] von HTML und dem durch die *Text Encoding Initiative Guidelines (TEI P3)* [248] definiertenVerfahren.

In Abschnitt 7.3.1 werden die Linking-Konzepte von XLink erläutert, die eine Verallgemeinerung des eher einfachen Linking-Prinzips von HTML darstellen. In Abschnitt 7.3.2 wird beschrieben, welche Informationen XLink mit Links verbindet. XLink definiert verschiedene Arten von Links, die im Mittelpunkt von Abschnitt 7.3.3 stehen. Die tatsächliche Integration von XLink in XML erfolgt über spezielle Attribute, zu denen schließlich Abschnitt 7.3.4 eine Erläuterung liefert.

---

[11] In HTML stellt dies kein Problem dar, weil alle Elemente und Attribute innerhalb des HTML-Standards festgelegt sind und die Semantik klar definiert ist.

7.3.1 Linking-Konzepte

Prinzipiell muß ein Link zwischen Entities (wie zum Beispiel zwischen einer Web-Seite, die den Link enthält, und einer anderen Web-Seite, auf die er verweist) kein Bestandteil irgendeiner dieser Entities sein. Obwohl das Linking-Konzept von HTML lediglich die Benutzung von Links unterstützt, die Bestandteil eines durch sie verknüpften Entity sind[12], ist es möglich, allgemeinere Konzepte zu definieren. In Abschnitt 7.3.1.1 wird beschrieben, warum und wie das HTML-Konzept der Position von Links zu einem allgemeineren Modell erweitert werden kann.

Eine weitere Beschränkung von HTML-Links besteht darin, daß nur solche Links erlaubt sind, die zwei Ressourcen miteinander verbinden, und daß diese Links immer nur unidirektional sind, was bedeutet, daß ihnen nur in einer Richtung gefolgt werden kann. Es ist möglich, Konzepte zu definieren, die weniger einschränkend sind, und dieseVerallgemeinerung der Link-Topologie wird in Abschnitt 7.3.1.2 beschrieben.

7.3.1.1 Link-Plazierung

In HTML sind Links immer Bestandteil der Ressource, die sie verknüpfen. Mit dem <LINK>-Element festgelegte Links verknüpfen das gesamte Dokument mit einer anderen Ressource und werden im Document Head angegeben. Durch das <A>-Element definierte Links stellen eineVerknüpfung des Elementinhalts (mit Ausnahme anklickbarer Bilder üblicherweise HTML-Code) mit einer anderen Ressource dar. In allen Fällen ist der Link unauflösbar in das HTML-Dokument eingefügt. Für manche Anwendungen ist dieser Ansatz angemessen, doch in anderen Bereichen stellt dies nicht mehr als eine Beschränkung dar. Als Konsequenz daraus definiert XLink einen Link-Typ, der nicht zu der von ihm verknüpften Ressource gehört.

Inline Links

Dies ist der einfachere Link-Typ, der mit den Links verglichen werden kann, die von HTML bereitgestellt werden. Ein Inline Link gehört zu der von ihm verknüpften Ressource. (Zum Beispiel verknüpft in HTML ein mit dem <A>-Element definierter Link den Inhalt des Elements selbst mit der Ressource, die in dem HREF-Attribut des Elements angegeben ist.) Aufgrund dieses Designs können Inline Links sehr einfach verwendet werden (sie sind in das Dokument integriert) und eignen sich für Anwendungen, für welche die Beschrän-

---

[12] Das <LINK>-Element ist Teil des Dokuments, das es mit einem anderen Dokument verknüpft, und das <A>-Element enthält die Ressource (oftmals ein Bild oder einen kurzen Text, der den Inhalt des Elements darstellt), für die es die Verknüpfung mit einem anderen Entity bereitstellt.

kungen dieses Linking-Modells akzeptabel sind. Das Modell der Inline Links ist sehr asymmetrisch, da es Links eng an die Ressourcen bindet.

Out-of-Line Links

Während Inline Links zu der Ressource gehören, die sie verknüpfen, werden Out-of-Line Links an anderer Stelle festgelegt. Dieser Unterschied zwischen Inline und Out-of-Line Links wird in Abbildung 7.6 veranschaulicht. Es sollte zur Kenntnis genommen werden, daß sich Out-of-Line Links nicht notwendigerweise außerhalb des Dokuments befinden müssen, für das sie Links definieren. Allerdings ist dies möglich, und, da XLink diese Verallgemeinerung ebenfalls umfaßt, gehen wir in der nachfolgenden Erläuterung davon aus, daß sich Out-of-Line Links immer außerhalb der Dokumente befinden, für die sie Links definieren.

Die wesentliche Frage, die sich stellt, wenn das Konzept der Out-of-Line Links eingeführt wird, ist, wie diese Links gefunden werden können, wo sie doch nicht mehr zu der von ihnen verknüpften Ressource gehören. Da es praktisch unmöglich ist, ohne Vorkenntnisse nach Out-of-Line Links zu suchen, muß ein Modell, das diese Möglichkeit implementiert, auch einen Mechanismus bereitstellen, wie auf Out-of-Line Links Bezug genommen werden kann. Dies führt zu einer zweiten Stufe der Indirektheit, da jetzt die Notwendigkeit besteht, auf Out-of-Line Links zu zeigen, was auch als Erstellen eines Links auf Links bezeichnet werden könnte[13]. Allerdings ist ein solcher Zuwachs an Komplexität unvermeidbar, wenn die Ressourcen von den Links getrennt werden sollen. Das Modell der Out-of-Line Links läßt offen, ob ein Dokument selbst einen Zeiger auf diese Links enthält oder diese mit Hilfe eines anderen Verfahrens gefunden werden.

Wenn Out-of-Line Links das Linking-Modell derart verkomplizieren, muß es für ihre Verwendung einen guten Grund geben. Es gibt Anwendungsbereiche, in denen nur Out-of-Line Links sinnvoll sind, so daß die höhere Komplexität durch eine größere Anzahl möglicher Anwendungen gerechtfertigt wird.

- *Multidirektionale Links*
  In Abschnitt 7.3.1.2 wird beschrieben, daß es allgemeinere Link-Topologien gibt als das Linking-Modell von HTML, wobei insbesondere die multidirektionalen Links eine Rolle spielen. Da es kein praktischer Ansatz ist, einen multidirektionalen Link einer der Ressourcen zuzuweisen, die er verknüpft (was notwendig wäre, wenn Inline Links benutzt würden, da der multidirektionale Link in diesem Fall als Teil einer von ihm verknüpften

---

[13] Es sollte an dieser Stelle unbedingt angemerkt werden, daß durch die in diesem und den nachfolgenden Abschnitten dargestellten Pfeile lediglich die Link-Semantik, und nicht der Mechanismus des Auffindens von Out-of-Line Links veranschaulicht wird.

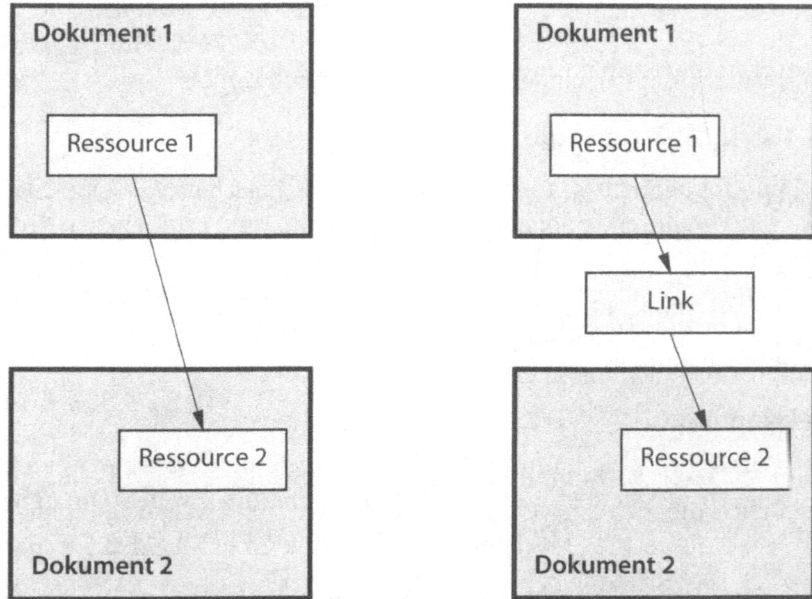

Abb. 7.6 Out-of-Line Links

Ressource festgelegt werden müßte), besteht die einzige Möglichkeit, multidirektionale Links in einer strukturell sinnvollen Weise darzustellen, im Gebrauch von Out-of-Line Links.

- *Herausgehende Links für schreibgeschützte Dokumente*
  Ein weiterer Anwendungsbereich für Out-of-Line Links liegt in der Festlegung herausgehender Links für schreibgeschützte Dokumente. In HTML besteht lediglich die Möglichkeit, einen Link von einer Seite auf irgendeine Ressource zu erstellen, wenn diese Seite so verändert werden kann, daß sie das erforderliche HTML Markup enthält. Allerdings ist es einfach, sich Situationen vorzustellen, in denen das Erstellen herausgehender Links innerhalb schreibgeschützter Dokumente durchaus sinnvoll wäre (zum Beispiel beim Abgeben eines Kommentars zu einer Seite, die nicht verändert werden kann). Out-of-Line Links könnten in einem getrennten Dokument erstellt und dann zusammen mit dem schreibgeschützten Dokument verwendet werden.

Das Konzept der Out-of-Line Links erweitert die Allgemeingültigkeit von Links erheblich und bietet neue Möglichkeiten für den Einsatz von Links. Aus der Sicht des Benutzers sind die Out-of-Line Links anfangs möglicherweise etwas weniger intuitiv, weil sie unabhängig von den durch sie verknüpften

Ressourcen existieren. Vom Prinzip her ist dieses Linking-Modell allerdings das bessere, da es keinen Grund gibt, warum Ressourcen und Links auf Ressourcen untrennbar miteinander verbunden sein sollten.

7.3.1.2 Link-Topologie

Die Link-Topologie beschreibt die wichtigste Eigenschaft von Links. HTML-Links sind in ihrer Topologie sehr beschränkt und ermöglichen lediglich Links, die unidirektional zwischen zwei Punkten verlaufen. Es gibt zwei Möglichkeiten zur Verallgemeinerung von HTML-Links. Die erste Verallgemeinerung erlaubt die Verwendung von bidirektionalen Links und die zweite das Verknüpfen von mehr als zwei Ressourcen.

Direktionalität

Abbildung 7.7 vergleicht uni- und bidirektionale Links. Während es im linken Fall lediglich möglich ist, dem Link vom ersten zum zweiten Dokument zu folgen, zeigt die rechte Darstellung einen Link, dem von beiden Ressourcen aus gefolgt werden kann.

Die Inline Links von HTML sind immer nur unidirektional. Der Link ist in ein Dokument eingebettet, zeigt auf eine andere Ressource, und es ist nur möglich, dem Link vom Dokument, in das er eingebettet ist, zu der Ressource zu folgen, auf die er verweist. Mit Inline Links ist dieses Verhalten nahezu unvermeidbar, weil es im zweiten Dokument keine Informationen über die Existenz des ersten Dokuments und den darin befindlichen Link gibt.

Die Benutzung von Out-of-Line Links ermöglicht die Definition von bidirektionalen Verknüpfungen, weil sie ein symmetrischeres Linking-Modell ergeben. Zwar müssen beide Dokumente etwas über den Out-of-Line Link wissen, doch ist dies das einzige Problem. Falls eine solche Information vorliegt, ist es nur noch eine Frage der Link-Semantik, ob der Link in eine oder in zwei Richtungen funktioniert.

Bidirektionale Links können sehr nützlich sein, wenn es um die Erweiterung der Semantik von Links geht, die unidirektional verlaufen. Während letztere zum Beispiel nur die Möglichkeit bieten, einer Literaturreferenz vom die Referenz enthaltenden Dokument zu dem referenzierten Dokument zu folgen, könnte ein für die Referenzierung eingesetzter bidirektionaler Link verwendet werden, um alle Dokumente herauszufinden, die auf ein bestimmtes Dokument verweisen.

Anzahl von Knoten

Zusätzlich zur Verallgemeinerung der Link-Plazierung und der Link-Direktionalität gibt es noch eine dritte Möglichkeit zur Definition eines allgemeineren Linking-Modells, die über die Anzahl der durch einen Link festgelegten

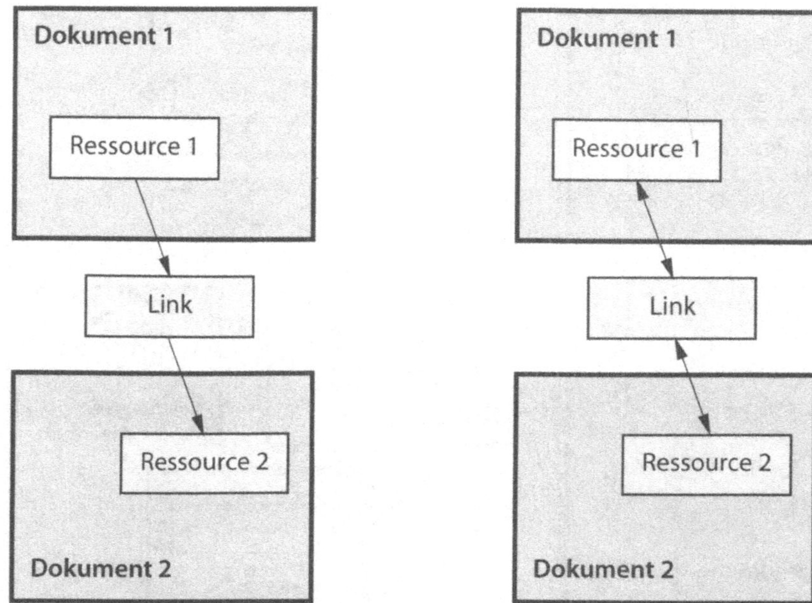

Abb. 7.7 Direktionalität von Links

Knoten führt. Obwohl viele der intuitiven Link-Typen zwei Knoten verbinden, sind ohne weiteres auch Links vorstellbar, mit deren Hilfe mehr als zwei Ressourcen verknüpft werden können. Abbildung 7.8 zeigt, wie dieseVerallgemeinerung das Modell der Verknüpfung von zwei Ressourcen erweitert.

Ein Beispiel für eine Verknüpfung mehrerer Ressourcen ist eine Mailing-Liste, bei der die Mailing-Liste selbst (möglicherweise handelt es sich bei der die Mailing-Liste definierenden Ressource um eine den Zweck der Liste beschreibende Web-Seite) mit allen ihren Teilnehmern verknüpft wird. In Abhängigkeit von der genauen Definition des für diese Mailing-Liste verwandten Link-Typs, können die Links zu den Teilnehmern Links zu ihren Homepages oder zu ihren E-Mail-Adressen sein. Der wichtige Punkt ist der, daß jeder Teilnehmer der Mailing-Liste den Mailing-Listen-Link verwenden kann, um alle anderenTeilnehmer oder die Ressource herauszufinden, welche die Mailing-Liste definiert.

Mit Hilfe des Konzepts der Verknüpfung mit mehreren Ressourcen kann die Idee der bidirektionalen XLinks leicht auf multidirektionale erweitert werden. Ein multidirektionaler Link ist schlicht eine Verknüpfung mehrerer Ressourcen, die von mehr als einer davon verwendet werden kann.

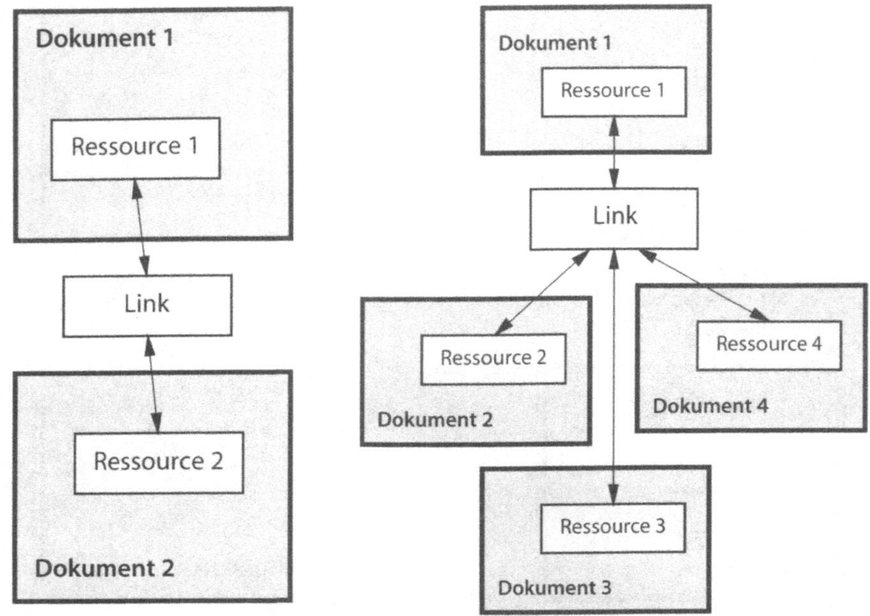

Abb. 7.8 Anzahl verknüpfter Ressourcen

7.3.2 Link-Informationen

Jeder Link, der die im vorigen Abschnitt beschriebenen Eigenschaften aufweist, muß in der Lage sein, verschiedene Informationen zu verwalten. Die folgenden Klassen von Informationen können als für ein Linking-Modell wie für das von XLink spezifizierte relevant bezeichnet werden:

- *Locator*
  Ein *Locator* ist eine Information, die eine teilnehmende Ressource bezeichnet. Ein Link muß für jede entfernte Ressource (d.h. für jede Ressource, die nicht Inhalt eines Inline Links ist) eine solche Ortsangabe festlegen. In einer Web-Umgebung handelt es sich dabei in der Regel um eine URI.

- *Link Semantics*
  Obwohl ein Link eine Art von Beziehung zwischen Ressourcen festlegt, reicht der Link alleine nicht aus, um die Beschaffenheit dieser Beziehung anzugeben. Die weitere Auszeichnung eines Links erfolgt mit Hilfe der Link Semantics, die einen Link z.B. als Verbindung zwischen einem Dokument und (möglicherweise) mehreren Kapiteln charakterisieren.

- *Local Resource Semantics*
  Im Falle eines Inline Links beschreiben die Local Resource Semantics die
  Semantik des Link-Inhalts (der als die *Local Resource* bezeichnet wird). Bei
  den Local Resource Semantics sind folgende Informationen relevant:

  - *Rolle*
    Die Rolle eines Links wird verwendet, um die verschiedenen Rollen zu
    bezeichnen, auf welche die Link Semantics angewendet werden kön-
    nen. Falls der Link beispielsweise ein Dokument mit (möglicherweise
    mehreren) Kapiteln verbindet, lauten die möglichen Rollen Dokument
    und Kapitel.

  - *Titel*
    Hierbei handelt es sich um eine zusätzliche Information, die rein infor-
    mativen Zwecken dient. Die Anwendungssoftware kann vom Titel einer
    Ressource Gebrauch machen, um den Benutzer darüber zu informie-
    ren, welche Aufgabe ihr bei dem Link zukommt.

  Es sollte zur Kenntnis genommen werden, daß Out-of-Line Links keine
  Local Resources besitzen und dementsprechend auch keine Semantik für
  solche Ressourcen festlegen.

- *Remote Resource Semantics*
  Remote Resources sind alle Ressourcen, die durch Locators bezeichnet
  werden. Bei den Inline Links sind alle Ressourcen bis auf die Local
  Resources Remote Resources, während es sich im Falle von Out-of-Line
  Links bei allen beteiligten Ressourcen um Remote Resources handelt.
  Zusätzlich zu den Informationen der Local Resource Semantics (Rolle und
  Titel) beschreiben die Remote Resource Semantics, wie der Link zu benut-
  zen ist:

  - *Verhalten*
    Das Verhalten einer Remote Resource teilt Anwendungssoftware mit,
    was zu tun ist, wenn sie auf den Link trifft. Die Information legt fest, ob
    die Remote Ressource an der Stelle eingebettet werden soll, an welcher
    der Link auftrat, ob sie die Ressource ersetzen soll, von der aus der Link
    verfolgt wurde (wie zum Beispiel beim Ersetzen eines Thumbnails
    durch das entsprechende Bild in voller Größe), oder ob ein neuer Kon-
    text erstellt werden soll (wie zum Beispiel durch das Öffnen eines neuen
    Fensters). Das Verhalten einer Remote Resource gibt außerdem an, ob
    dieses Verhalten automatisch oder auf Anfrage einzuleiten ist.

Die Remote Resource Semantics legen also dieselben Informationen fest wie die Semantiken lokaler Ressourcen und geben zusätzlich an, wie mit der entfernten Ressource verfahren werden sollte.

In XLink werden diese Informationen mit Hilfe von XML-Attributen ausgedrückt. Da jedoch nicht alle Informationen für alle Arten von Links erforderlich sind, benutzen verschiedene Arten von Link-Elementen unterschiedliche Attribute. Abschnitt 7.3.3 beschreibt die verschiedenen Arten von Elementtypen von XLink sowie die mit ihnen verbundenen Informationen, während Abschnitt 7.3.4 erläutert, mit Hilfe welcher XML-Attribute diese Informationen festgelegt werden.

7.3.3 Link-Typen

Um einen Mechanismus bereitzustellen, der die im vorangegangenen Abschnitt beschriebenen Konzepte unterstützt, definiert XLink verschiedene Elementtypen, mit deren Hilfe die unterschiedlichen Arten von Links erstellt werden können. Die eigentliche Idee von XLink besteht darin, Attribute zu definieren, mit deren Hilfe beliebige XML-Elemente so behandelt werden können, als würden sie eine XLink-Semantik besitzen. (Wie dies genau funktioniert, wird in Abschnitt 7.3.4 erläutert.)

In Abschnitt 7.3.3.1 werden die *Simple Links von XLink* beschrieben, bei denen es sich um die einfachste, aber auch um die beschränkteste Möglichkeit der Verwendung von XLinks handelt. Die größte Beschränkung von Simple Links besteht darin, daß sie immer nur unidirektional verlaufen. Eine allgemeinere Form von XLinks stellen die *Extended Links* dar, die in Abschnitt 7.3.3.2 erläutert werden.

Out-of-Line Links führen das Problem ein, wie die mit einer Ressource verbundenen Links gefunden werden können. XLink definiert *Extended Link Groups* als einen Mechanismus zur Zuordnung von Ressourcen, die zusammen eine untereinander verknüpfte Gruppe bilden. Extended Link Groups stehen im Mittelpunkt von Abschnitt 7.3.3.3.

7.3.3.1 Simple Links

Ein Simple Link stellt die einfachste Art von Link dar, die mit XLink definiert werden kann. Zwar kann ein Simple Link nicht nur ein Inline-, sondern auch ein Out-of-Line Link sein, doch er verläuft immer nur unidirektional. Obwohl ein Simple Link die unkomplizierteste Art von XLink darstellt, ist er deutlich leistungsfähiger als ein mit dem <A>-Element festgelegter HTML-Link, da der Simple XLink zusätzliche Informationen enthält, wie zum Beispiel die Link- und Ressourcensemantik.

Wenngleich Simple Links in den meisten Fällen als Inline Links benutzt werden, besteht auch die Möglichkeit, sie als Out-of-Line Links einzusetzen. Da ein Simple Link jedoch nur einen Locator besitzt (der auf die entfernte Ressource verweist), verfügt ein Simple Out-of-Line Link auch nur über einen „Endpunkt", was eine eher ungewöhnliche Kombination darstellt. Die zu einem einfachen Link gehörenden *Link Semantics* bezeichnen den Link lediglich als Inline oder Out-of-Line.

Weiterhin enthalten Simple Links einen *Locator* zur Bezeichnung der Remote Resources sowie Informationen mit den *Remote Resource Semantics* und *Local Resource Semantics*.

7.3.3.2 Extended Links

Ein Extended Link stellt einen vielseitigeren Link-Typ dar, weil solche Links nicht auf eine Richtung beschränkt sind. Gemäß seiner XLink-Definition besitzt ein Extended Link *Link Semantics* und *Local Resource Semantics* (falls er als Inline Link eingesetzt wird).

Locators für Extended Links werden selbst als XML-Elemente angegeben, die in dem Extended-Link-Element von XML enthalten sind. Die XLink-Locators darstellenden Elemente führen Informationen mit sich, die ihnen das Auffinden der Remote Resources ermöglichen, und enthalten außerdem Angaben über die mit einer bestimmten Ressource verbundenen *Remote Resource Semantics*.

Folglich modelliert XLink Extended Links in Form zweier verschiedener Elementtypen, von denen der eine den Link selbst darstellt und die für den Link insgesamt relevanten Informationen definiert und der andere die Remote Resources des Extended Links angibt. XLink schreibt vor, daß XLink-Locators darstellende XML-Elemente Child-Elemente von XML-Elementen sein müssen, die Extended Links festlegen.

7.3.3.3 Extended Link Groups

Obwohl das Modell eines Out-of-Line Links prinzipiell ausreicht, um multidirektionale Links zu definieren, bleibt die Frage, wie Dokumente und Out-of-Line Links zusammenhängen. XLink führt das Konzept der *Extended Link Groups* ein, bei denen es sich um eine spezielle Art von Extended Links handelt. Die Semantik von Extended Link Groups wird durch die XLink-Spezifikation als das Zeigen auf Ressourcen mit Extended Links als Inhalt definiert. Folglich können Anwendungen die Extended Link Groups nutzen, um diese Ressourcen aufzufinden und die darin enthaltenen Extended Links zu interpretieren.

Eine Extended Link Group enthält eine Abfolge von *Extended Link Document Elements*, die einen Spezialfall von Locator-Elementen darstellt, die für Extended Links beschrieben worden sind. Die Resource Semantics, auf die über ein Extended Link Document verwiesen wird, sind klar, so daß ein solches Dokument lediglich Locator-Informationen enthält.

Da Extended Link Groups eine fest vorgegebene Semantik besitzen, brauchen die XML-Elemente, die Extended Link Groups darstellen, keine Link Semantics festzulegen. Die einzige Information, die durch ein Element einer Extended Link Group mitgeführt wird, ist die Anzahl der Schritte, die eine Anwendung absolvieren sollte, während sie den Links einer Extended Link Group folgt. Diese Information ist erforderlich, weil ein durch eine Extended Link Group gefundenes Dokument selbst eine Extended Link Group enthalten kann, die auf andere Dokumente verweist, so daß die Angabe der Schritte den weiteren Ablauf der Link-Verfolgung einschränkt.

Als Konsequenz daraus modelliert XLink Extended Link Groups in Form zweier verschiedener Elementtypen, von denen der eine die Link Group selbst und der zweite die zugehörigen Dokumente darstellt. XLink schreibt vor, daß Extended XLink Documents darstellende XML-Elemente Child-Elemente von XML-Elementen sein müssen, die Extended Link Groups festlegen.

7.3.4 Attribute

Grundsätzlich gibt es eine Vielzahl von Möglichkeiten, wie Links in XML integriert werden könnten. Mögliche Alternativen sind zum Beispiel das Reservieren spezieller Elementnamen, das Reservieren von Attributnamen oder der Ansatz, die Festlegung von Link Semantics ganz den Style Sheets zu überlassen. XLink verwendet eine Reihe vordefinierter Attributnamen, um innerhalb von XML Links zu realisieren.

XLink legt mehrere Attributnamen fest, die über eine wohldefinierte Semantik verfügen, wenn sie wie vorgegeben benutzt werden. Auf diese Weise ist es möglich, Link-Elemente mit beliebigen Namen und zusätzlichen Attributen zu erstellen, sofern sie auch die von XLink geforderten einschließen. Die folgenden Attribute werden in der XLink-Spezifikation definiert:

- `xml:link`[14]

  Dieses Attribut stellt das wichtigste Attribut eines XML-Elements dar, weil es das Element als XLink bezeichnet und zudem die Rolle des Elements

---

[14] Obwohl die aktuelle Spezifikation den Attributnamen als `xml:link` definiert, ist es geplant, ihn in einer zukünftigen Version von XLink auf `xlink:form` zu ändern. Die Namengebung wird noch einmal komplett überarbeitet, sobald das Arbeitspapier zum Thema *XML Namespaces* fertiggestellt ist.

bestimmt. Entsprechend der in Abschnitt 7.3.3 beschriebenen Link-Typen und der für diese benutzten verschiedenen XML-Elemente, können für das Attribut `xml:link` die folgenden Werte angegeben werden:

- `simple`
  Dieser Attributwert zeigt an, daß das Element einen Simple Link darstellt, wie er in Abschnitt 7.3.3.1 beschrieben wird.

- `extended`
  Falls der Wert `extended` benutzt wird, stellt das Element einen Extended Link dar, wie er in Abschnitt 7.3.3.2 beschrieben wird. Innerhalb der XML DTD muß das einen Extended Link darstellende Element in seinem Inhalt Child-Elemente festlegen, die Locators definieren.

- `locator`
  Locators kommen innerhalb von Extended Links zum Einsatz, um Remote Resources anzugeben. Ein Locator-Element muß als Child-Element eines Extended Links auftreten.

- `group`
  Dieser Attributwert legt fest, daß das Element eine Extended Link Group darstellt, wie sie in Abschnitt 7.3.3.3 beschrieben wird. Innerhalb der XML DTD muß das eine Extended Link Group darstellende Element Child-Elemente festlegen, die Extended Link Documents darstellen.

- `document`
  Extended Link Documents werden innerhalb von Extended Link Groups einsetzt, um Remote Resources mit Extended Links darzustellen, die sich auf die Ressource beziehen, welche die Extended Link Group festlegt. Ein Element eines Extended Link Documents muß als Child-Element einer Extended Link Group Elements auftreten.Da jede Art von XLink-Element andere zusätzliche Attribute besitzt, kann mit Hilfe von Tabelle 7.1 herausgefunden werden, welche zusätzlichen Attribute für jeden einzelnen Elementtyp erlaubt sind.

Da jede Art von XLink-Element andere zusätzliche Attribute besitzt, kann mit Hilfe von Tabelle 7.1 herausgefunden werden, welche zusätzlichen Attribute für jeden einzelnen Elementtyp erlaubt sind.

Tab. 7.1 Zulässige Attribute für die XLink-Elementtypen

	XLink-Elementtyp					
Attributname	Simple	Extended	Locator	Group	Document	**Seite**
role	●	●	●			
href	●		●		●	
title	●		●			
inline	●	●				
content-role	●	●				
content-title	●	●				
show	●		●			
actuate	●		●			
behavior	●		●			
steps				●		

- role

  Dieses Attribut wird benutzt, um die Rolle einer Ressource oder eines Links festzulegen. Die Rolle einer Ressource ist Bestandteil der Ressourcensemantik, und das Attribut role beschreibt in Simple Links und Locatorn die Remote Resource Semantics. In Extended Links wird das Attribut verwendet, um die Link Semantics anzugeben. Es gibt für dieses Attribut keine vordefinierten Werte, was bedeutet, daß seine Interpretation vollständig von der Anwendung abhängt.

- href

  Das Attribut href wird als Locator für Remote Resources eingesetzt und hat in Simple Links die Aufgabe, auf die Remote Ressource des Links zu verweisen. In Locatorn und Extended Link Documents, bezieht sich das Attribut href auf die vom entsprechenden Element dargestellte Ressource.

- title

  Dieses Attribut dient der Festlegung der Titelinformation einer Ressource. Diese Angabe kann von Anwendungen verwendet werden, um Benutzer über die Aufgabe einer Ressource in einem Link zu informieren. In Simple Links und Locatorn wird mit Hilfe des Attributs title die Titelinformation für die Remote Resource festgelegt. Es gibt für dieses Attribut keine vordefinierten Werte, so daß seine Interpretation vollständig von der Anwendung abhängt.

- `inline`
  Dieses Attribut entscheidet, ob ein Link ein Inline oder Out-of-Line ist. (Diese Konzepte werden in Abschnitt 7.3.1.1 beschrieben.) Das Attribut `inline` ist sowohl auf Simple- als auch auf Extended Links anwendbar und kann die Werte `true` oder `false` annehmen, die angeben, daß es sich um einen Inline- oder um einen Out-of-Line Link handelt.

- `content-role`
  Ein Inline Link besitzt immer auch eine Local Resource. Die Rolle der Local Resource wird mit Hilfe des Attributs `content-role` festgelegt. Es gibt für dieses Attribut keine vordefinierten Werte, so daß seine Interpretation vollständig von der Anwendung abhängt.

- `content-tintle`
  Ein Inline Link besitzt immer auch eine Local Resource. Die Titelinformation für die Local Resource wird mit Hilfe des Attributs `content-title` festgelegt. Es gibt für dieses Attribut keine vordefinierten Werte, so daß seine Interpretation vollständig von der Anwendung abhängt.

- `show`
  Die mit einem Simple Link oder einem Locator verbundenen Remote Resource Semantics legen zwei Arten von vordefiniertem Verhalten fest. Das Attribut `show` definiert, was eine Anwendung tun sollte, wenn sie einen Link auf eine Local Resource interpretiert:

  - `embed`
    In diesem Fall sollte die entfernte Ressource zum Zwecke der Anzeige oder der Verarbeitung am Ausgangspunkt der Link-Verfolgung eingebettet werden.

  - `replace`
    Dieser Attributwert legt fest, daß die entfernte Ressource die am Ausgangspunkt der Link-Verfolgung vorhandene Ressource zum Zwecke der Anzeige oder der Verarbeitung ersetzt.

  - `new`
    Der letzte Wert gibt an, daß die entfernte Ressource in einem neuen Kontext angezeigt oder verarbeitet werden soll, ohne den Kontext der Ressource zu beeinträchtigen, bei der die Link-Verfolgung begann.

Obwohl dieses Attribut definiert, was zu tun ist, wenn ein Link interpretiert werden soll, legt es nicht fest, wann ein Link auf eine entfernte Ressource zu verfolgen ist. Dies wird im zweiten Attribut angegeben, welches das vordefinierte Verhalten für die Remote Resource Semantics festlegt.

- `actuate`
  Die mit einem Simple Link oder einem Locator verbundenen Remote
  Resource Semantics legen zwei Arten von vordefiniertem Verhalten fest.
  Das Attribut `actuate` definiert, wann eine Anwendung einen Link auf
  eine Remote Resource verfolgen sollte:

  - `auto`
    In diesem Fall sollte die Link-Verfolgung automatisch eingeleitet wer-
    den, sobald eine der Ressourcen des Links gefunden wird. Die Anzeige
    oder Verarbeitung einer Ressource ist nicht vollständig, solange nicht
    alle zugehörigen Links mit diesem Verhalten aktiviert und gemäß des
    durch die entsprechenden `show`-Attribute festgelegten Verhaltens ver-
    arbeitet worden sind.

  - `user`
    Dieser Attributwert legt fest, daß die Link-Verfolgung durch den
    Benutzer eingeleitet werden soll. Die Verantwortung dafür, Benutzern
    die Gelegenheit zu geben, Links selbst zu verfolgen, liegt bei der
    Anwendung.

  Durch Kombinieren der Attribute `show` und `actuate` ist es möglich, für
  Links eine Reihe verschiedener Verhaltensweisen zu definieren. Alle mögli-
  chen Kombinationen der Werte für diese Attribute haben eine bestimmte
  Bedeutung.

- `behavior`
  Wenn das Verhalten eines Links in einer spezielleren Weise festgelegt werden muß, als es mit den Attributen `show` und `actuate` möglich ist, kann
  das Attribut `behaviour` für anwendungsspezifische Daten verwendet
  werden.

- `steps`
  Das Attribut `steps` wird mit Extended Link Groups eingesetzt, um die
  maximale Anzahl von Indirection Leveln verschachtelter Extended Link
  Groups festzulegen, die eine Anwendung durchlaufen soll, wenn sie eine
  Extended Link Group verarbeitet. Hierbei handelt es sich um einen über-
  aus sinnvollen Mechanismus zur Begrenzung des Umfangs der von einer
  Anwendung durchzuführenden Verarbeitung von Extended Link Groups.
  Allerdings hat dieses Attribut keinerlei normative Wirkung und dient
  lediglich als Hinweis, den Autoren Anwendungen geben können.

Das aktuelle XLink Working Draft definiert außerdem das Attribut
`xml:attributes`, mit dessen Hilfe die Namen der Attribute geändert werden können. Nach der Fertigstellung der *XML-Namespaces-Recommen-*

dation[15] wird dieser Mechanismus allerdings überflüssig und daher wahrscheinlich aus der XLink-Spezifikation entfernt werden.

XLink definiert die Konformität zur Spezifikation nur in syntaktischer Hinsicht. Ein Element ist XLink-konform, wenn es ein `xml:link`-Attribut mit einem der vordefinierten Werte besitzt und das Element sowie sämtliche zugehörigen XLink-bezogenen Attribute den durch die XLink-Spezifikation definierten syntaktischen Anforderungen entsprechen.

7.4 XML Pointer Language (XPointer)

XML definiert eine Sprache zur Definition beliebiger Dokumenttypen, und XLink beschreibt eine Methode, wie in einer solchen Umgebung Links verwendet werden können. Allerdings definiert XLink Zeiger auf Dokumente eher allgemein als Locators, die auf Ressourcen verweisen. In XLink kann ein Locator entweder (über eine URI) eine externe oder eine interne Ressource bezeichnen, wobei letzteres bedeutet, daß die angegebene Ressource Bestandteil desselben Dokuments ist wie der den Locator enthaltende XLink. In diesem Fall ist es also erforderlich, eine Ressource innerhalb eines XML-Dokuments zu bezeichnen (die als *Subressource* gilt, weil das gesamte Dokument als die Ressource angesehen wird). Die derzeit in einem W3C Working Draft [166] definierte *XML Pointer Language (XPointer)* soll genau diesen Zweck erfüllen. Die Sprache XPointer ist ein Bestandteil der *Extensible Linking Language (XLL)*, die häufig als Oberbegriff für XPointer und die *XML Linking Language (XLink)* genannt wird, welche in Abschnitt 7.3 behandelt wird.

Neben der Definition von Links, die bezüglich eines XML-Dokuments lokal sind, soll die Sprache XPointer allgemein die Benutzung von Fragment Identifiern in URIs ermöglichen (vom URI-Pfad durch ein Hashmark '#' getrennt), die in Abschnitt 2.2 beschrieben werden.

In beiden Fällen (bei XLinks mit Ressourcen innerhalb desselben Dokuments und bei XLinks, die URIs festlegen), realisiert XPointer das Konzept der *enthaltenden Ressource*. Im Falle eines relativen Links (der lediglich einen XPointer, nicht aber eine URI festlegt) handelt es sich bei der enthaltenden Ressource um das Dokument, welches den Link enthält. In allen anderen Fällen ist die enthaltende Ressource das durch die URI bezeichnete Dokument.

In Abschnitt 7.4.1 werden die allgemeinen Konzepte von XPointer beschrieben. Der grundlegende Bestandteil eines XPointers ist ein *Location Term*. Die verschiedenen Arten von Location Terms stehen im Mittelpunkt von Abschnitt 7.4.2. Obwohl XPointer in den meisten Fällen genau ein Ele-

---

[15] Die Spezifikation der XML Namespaces behandelt allgemein das Problem der Namenskonflikte beim Benutzen mehrerer Schemata in einer DTD oder einem Dokument.

ment innerhalb eines Dokuments angeben, besteht auch die Möglichkeit, XPointer zu definieren, die nur Teile von Elementen oder auch mehrere Elemente bezeichnen. Die Situationen, in denen dies der Fall sein kann, werden in Abschnitt 7.4.3 erläutert. Abschnitt 7.4.4 befaßt sich schließlich mit der Beständigkeit von XPointern.

7.4.1 Konzepte

Allgemein definiert die Sprache XPointer eine Möglichkeit zur Adressierung interner Strukturen von XML-Dokumenten. Diese kann auf verschiedene Weisen erfolgen, die sich zudem kombinieren lassen. Die Idee besteht darin, *Location Terms* zu definieren, mit deren Hilfe bestimmte Teile eines XML-Dokuments auf der Grundlage verschiedener Kriterien aufgefunden werden können. Im wesentlichen ist ein XPointer eine Abfolge von Location Terms .

```
XPointer      ::=   AbsTerm '.' OtherTerms | AbsTerm | OtherTerms
OtherTerms    ::=   OtherTerm | OtherTerm '.' OtherTerm
OtherTerm     ::=   RelTerm | SpanTerm | AttrTerm | StringTerm
```

XPointer definiert zwei verschiedene Gruppen von Location Terms: einen Absolute Term und Other Terms (d.h. alle Terms, die nicht zu den Absolute Terms zählen). Die obige Definition zeigt, daß ein XPointer entweder mit einem Absolute Term oder mit einem Other Term beginnen kann. Alle nachfolgenden Location Terms (falls es solche gibt) sind OtherTerms.

Ein Absolute Term (wie in Abschnitt 7.4.2.1 beschrieben) wird verwendet, um einen Ort innerhalb der enthaltenden Ressourcen zu definieren. Im Gegensatz zu Absolute Terms legen Other Terms einen Ort bezüglich eines weiteren Ortes fest, der als die *Location Source* bezeichnet wird. Die Abschnitte 7.4.2.2 bis 7.4.2.5 befassen sich mit den Other Terms. Wenn es keinen vorstehenden Absolute Location Term gibt, handelt es sich bei der Location Source für einen solchen Location Term um die gesamte Ressource, während der Ort sonst durch den vorstehenden Location Term bestimmt wird.

7.4.2 Location Terms

Die grundlegenden Bestandteile von XPointer sind Location Terms. Im wesentlichen besteht ein XPointer aus einer Abfolge von Location Terms, wobei der erste entweder ein Absolute oder ein Other Term ist und alle nachfolgenden Location Terms als Other Terms vorliegen. Diese nachfolgenden Location Terms werden unter Verwendung des vorstehenden Location Terms als Location Source interpretiert, so daß sich XPointer als Folgen von Einschränkungen begreifen lassen, die schließlich eine Subressource innerhalb eines XML-Dokuments angeben.

7.4.2.1 Absolute Term

Ein Absolute Term kann nur als erstes Element eines XPointers auftreten und
hängt nicht vom Vorhandensein einer Location Source ab. Absolute Location
Terms können verwendet werden, um eine Location Source für alle nachfol-
genden Location Terms festzulegen oder den einzigen Location Term eines
XPointers zu bilden. Es gibt vier verschiedene Arten von Absolute Location
Terms:

- `root`
  Der Absolute Location Term `root` wählt das Root-Element der enthalten-
  den Ressource als Location Source aus. Dies ist der Default Value für
  XPointer, die keinen Absolute Location Term festlegen. Auf sie wird der
  Absolute Location Term `root` implizit angewendet.

- `origin`
  Dieses Schlüsselwort ergibt nur einen Sinn, wenn der XPointer Bestandteil
  eines XML-Dokuments ist. In diesem Fall handelt es sich bei der Location
  Source um die Subressource, von der aus dem XPointer gefolgt wurde.
  Enthält beispielsweise der Text eines Elements einen XLink, der einen
  XPointer mit dem Absolute Location Term `origin` als Locator verwendet,
  stellt dieses Element des XML-Dokuments die Location Source dar.

- `id`
  Da ein Attribut, das den Attributstyp `ID` benutzt, in XML eine spezielle
  Bedeutung hat (es wird für die eindeutige Bezeichnung von Elementen
  eingesetzt), kann es mit einem XPointer adressiert werden. So wählt zum
  Beispiel der XPointer `id(s54)` das XML-Element als Location Source aus,
  dessen Attribut `ID` auf `s54` gesetzt ist.

- `html`
  Bevor für nahezu alle HTML-Elemente das Attribut `ID` definiert wurde,
  kam bei der Definition von HTML Fragment Identifiern ein anderer
  Mechanismus zur Anwendung. Der Location Term `html` ermöglicht den
  Zugriff auf diese älteren HTML Fragment Identifiers. Er wählt das erste
  <A>-Element als Location Source aus, dessen Attribut `NAME` dem in dem
  Schlüsselwort `html` angegebenen Wert entspricht.
  Dieser Mechanismus unterstützt ein altes Verfahren zur Definition von
  Fragment Identifiern in HTML-Dokumenten und sollte nur benutzt wer-
  den, wenn es keine Möglichkeit gibt, von dem neueren Absolute Location
  Term `id` Gebrauch zu machen.

Die leeren Klammern, die hinter den Absolute Location Terms `root` und
`origin` angegeben werden müssen, sind zum einen zur Wahrung einer syn-

taktischen Konsistenz mit anderen Schlüsselwörtern und zum anderen deshalb definiert worden, weil eine einfache Zeichenkette ohne Klammern als Kurzform des Absolute Location Terms id interpretiert wird. Diese Kurzschreibweise hat eine Kompatibilität der XPointer zu einfachen HTML Fragment Identifiern zur Folge.

7.4.2.2 Relative Term

Ein Relative Location Term besteht aus einem von Argumenten gefolgten Schlüsselwort, das eine Abfolge von Elementen oder anderen XML-Knotentypen bezeichnet, die zur Auswahl der entsprechenden Location Source verwendet werden. Falls kein Schlüsselwort angegeben ist, bedeutet dies, daß das Schlüsselwort zum Einsatz kommt, welches beim unmittelbar vorangegangenen Relative Location Term benutzt wurde. Folglich ist es nicht zulässig, das Schlüsselwort des ersten Relative Location Terms wegzulassen. Es können die folgenden (in Abbildung 7.9 gezeigten) Schlüsselwörter verwendet werden:

- child
  Dieser relative Locator bezeichnet direkt untergeordnete Knoten der Location Source (d.h. Knoten, die im Document Tree direkt unterhalb des gegebenen Knotens liegen).

- descendant
  Der relative Locator desendant ist etwas allgemeiner definiert als der child-Locator. Er bezeichnet Knoten, die irgendwo im Inhalt der Location Source liegen. Im Document Tree sind dies Knoten, die sich an beliebigen Stellen unterhalb des gegebenen Knotens befinden.

- ancestor
  Dieser relative Locator bezeichnet Knoten, welche die Location Source enthalten (d.h. Knoten oberhalb des gegebenen Knotens).

- preceding
  Der Locator preceding bezeichnet Knoten, die vor der Location Source erscheinen. Im Document Tree sind dies alle Knoten links oder oberhalb des gegebenen Knotens.

- following
  Dieser Locator bezeichnet Knoten, die nach der Location Source erscheinen. Im Document Tree sind dies alle Knoten rechts oder unterhalb des gegebenen Knotens.

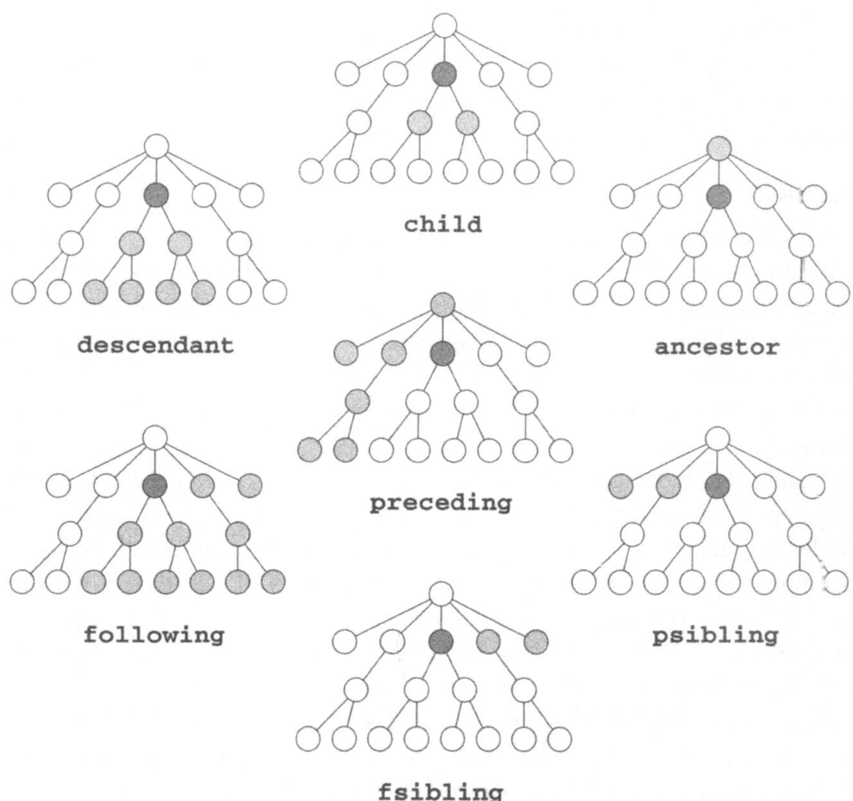

Abb. 7.9 Die XPointer-Schlüsselwörter zum Fortbewegen
durch den Document Tree

- `psibling`
  Der Location Term `psibling` bezeichnet vor der Location Source erscheinende benachbarte Knoten (d.h. solche, die einen gemeinsamen übergeordneten Knoten mit der Location Source besitzen). Im Document Tree sind dies alle Knoten, die denselben übergeordneten Knoten wie der gegebene Knoten aufweisen und sich auf dessen linken Seite befinden.

- `fsibling`
  Der Location Term `fsibling` bezeichnet nach der Location Source erscheinende benachbarte Knoten (d.h. solche, die einen gemeinsamen übergeordneten Knoten mit der Location Source besitzen). Im Document Tree sind dies alle Knoten, die denselben übergeordneten Knoten wie der gegebene Knoten aufweisen und sich auf dessen rechten Seite befinden.

Mit Hilfe dieser Schlüsselwörter lassen sich auf der Grundlage verschiedener struktureller Kriterien Teile des Document Tree auswählen. Wird eine weitere Annäherung der Auswahl an das gewünschte Ergebnis benötigt, läßt sich dies durch das Verwenden von Argumenten erreichen.

Argumente

Die Argumente eines Relative Location Terms werden verwendet, um die durch den Location Term ausgewählten Knoten noch genauer festzulegen. Als erstes bestimmen die in Klammern aufgeführten Argumente, ob alle Knoten oder nur eine bestimmte Instanz ausgewählt werden sollen. Die Auswahl aller Instanzen erfolgt mit Hilfe des Schlüsselworts `all`, so daß `child(all)` sämtliche untergeordneten Knoten der aktuellen Location Source bezeichnet.

Einzelne Instanzen können mit Hilfe des Plus '+' oder des Minus '-' sowie einer nachfolgenden Zahl ausgewählt werden (wobei, wenn kein Zeichen angegeben wird, standardmäßig das Pluszeichen zum Einsatz kommt). Im Falle des Pluszeichens werden die Elementinstanzen von der ersten zur letzten und beim Minus von der letzten zur ersten abgezählt[16]. So wählt beispielsweise `child(2)` den zweiten untergeordneten Knoten der aktuellen Location Source und `fsibling(-1)` den unmittelbar rechts von der aktuellen Location Source erscheinenden Knoten aus.

Alle anderen Argumente für Relative Location Terms sind optional. Die erste Möglichkeit besteht darin, einen bestimmten Knotentyp auszuwählen, der es dann zuläßt, eine Auswahl aus den Knotentypen eines XML-Dokuments zu treffen. Der Knotentyp wird durch ein Komma getrennt direkt hinter der Instanzenauswahl angegeben, wobei folgende Knotentypen verwendet werden können:

- *Name*
  Wird als Knotentyp anstelle eines Schlüsselworts (das anhand des Nummernzeichen '#' angegeben wird) eine einfache Zeichenkette verwendet, legt diese einen bestimmten XML-Elementtyp fest. Folglich wählt der Relative Location Term `descendant(-1,chapter)` die letzte `chapter`-Elementinstanz in der Location Source aus.

- `#element`
  Dieses Schlüsselwort wählt XML-Elemente als Knotentyp aus und stellt zugleich das Standardargument dar, so daß Relative Location Terms ohne

---

[16] Die genaue Art des Abzählens hängt vom Schlüsselwort ab. So beginnt zum Beispiel das Verfahren für positive Zahlen und die `sibling`-Schlüsselwörter immer an der aktuellen Location Source, was bedeutet, daß im Falle des Schlüsselworts `psibling` und positiven Zahlen von rechts nach links gezählt wird.

explizite Festlegung eines Knotentyps XML-Elemente verarbeiten. Ein sehr einfacher Relative Location Term wäre demzufolge der Locator `child(2)`, welcher das zweite Child-Element der Location Source auswählt.

- `#pi`
  In diesem Fall werden XML Processing Instructions als Knotentyp ausgewählt. Da Processing Instructions keine strukturierten XML-Inhalte besitzen, können bei einer Processing Instruction als Location Source nur Zeichenketten ausgewählt werden (wie in Abschnitt 7.4.2.5 beschrieben wird).

- `#comment`
  In diesem Fall werden XML-Kommentare als Knotentyp ausgewählt. Da Kommentare keine strukturierten XML-Inhalte besitzen, können bei einem Kommentar als Location Source nur Zeichenketten ausgewählt werden (wie in Abschnitt 7.4.2.5 beschrieben wird).

- `#text`
  In diesem Fall wird Text (innerhalb von Elementen oder CDATA-Abschnitten) als Knotentyp ausgewählt. Da Text keine strukturierten XML-Inhalte besitzt, können bei Text als Location Source nur Zeichenketten ausgewählt werden (wie in Abschnitt 7.4.2.5 beschrieben wird).

- `#cdata`
  In diesem Fall wird Text (nur innerhalb von CDATA-Abschnitten) als Knotentyp ausgewählt. Da Text keine strukturierten XML-Inhalte besitzt, können bei Text als Location Source nur Zeichenketten ausgewählt werden (wie in Abschnitt 7.4.2.5 beschrieben wird).

- `#all`
  Dieses Schlüsselwort wählt Knoten aller obigen Typen aus. Da jedoch ausschließlich Elemente Attribute Constraints erfüllen können, entspricht `#all` dem Schlüsselwort `#element`, sobald irgendwelche Attribute Constraints festgelegt werden.

Zusätzlich zum Knotentyp können optionale *Attribute Constraints* festgelegt werden, die nur für Elementknoten gelten und dem Zweck dienen, Einschränkungen für bestimmte Attributsnamen oder Wertangaben zu definieren. Die Festlegung dieser Einschränkungen erfolgt unmittelbar hinter dem Schlüsselwort für die Auswahl des Knotens. Zum Beispiel wählt der Relative Location Term `child(2,#element,author,*)` das zweite Child-Element aus, bei dem das Attribut `author` einen Wert besitzt. In den meisten Fällen kommt als Attributswert allerdings eine Zeichenkette zum Einsatz, wie es beispielsweise im Relative Location Term `descendant(1,#element,lang,"de")` der Fall ist.

Dieser Location Term wählt das erste nachfolgende Element aus, bei dem das Attribut `lang` den Wert de aufweist.

Unter Berücksichtigung von Attribute Constraints könnten die Absolute Location Terms `id` und `html` als Kurzausdrücke für die XPointer `root()` `.desce ndant(1,#element,ID,"value")bzw.root().descendant` `(1,A,NAME,"value")` angesehen werden, wobei als Parameter für `id` bzw. `html` der Location Term `value` zum Einsatz kommt.

7.4.2.3　SpanningTerm

Ein Spanning Location Term wird durch das Schlüsselwort `span` bezeichnet und besteht aus zwei durch Kommata getrennten XPointern. Diese Art von Location Term wählt eine Subressource aus, die am Anfang der durch den ersten XPointer festgelegten Daten beginnt und sich bis zum Ende der durch den zweiten XPointer angegebenen Daten erstreckt. Beide XPointer werden relativ zur Location Source des Spanning Location Terms ausgewertet.

Zum Beispiel bestimmt der XPointer `id(Chapter3).span(child(2),` `child(4))` eine Subressource, die mit dem zweiten Child des Elements beginnt, dessen Attribut `ID` den Wert `Chapter3` besitzt, und bis zum vierten Child mit derselben Eigenschaft reicht.

7.4.2.4　Attribute Term

Ein Attribute Location Term wird verwendet, um bestimmte Attributwerte innerhalb eines Dokuments aufzufinden. Seine Benutzung erfolgt immer in Verbindung mit anderen Location Terms, die das Element auswählen, in dem der Attributwert gefunden werden soll. Der Attribute Location Term übernimmt einen Attributnamen als einzigen Parameter des Schlüsselworts `attr` und gibt die Zuweisung des Attributs zurück. Folglich findet der XPointer `descendant(2,chapter).attr(author)` die Zuweisung des Attributs `author` in der zweiten `chapter`-Instanz innerhalb eines Dokuments.

7.4.2.5　String Term

Ein String Location Term wird verwendet, um eine oder mehrere Zeichenketten oder Positionen zwischen Zeichenketten in der Location Source auszuwählen. Mit Hilfe des Schlüsselworts `string` können die Vorkommen bestimmter oder aller Strings rechts vom Start festgelegt und die Vorkommen links vom Ende der Location Source beginnend gezählt werden. Es besteht die Möglichkeit, beliebige Zeichenketten anzugeben, wobei eine leere Zeichenkette die Position unmittelbar vor dem jeweiligen Zeichen in der Location Source bezeichnet. Folglich wählt beispielsweise der Location Term `string(5,"")` die Stelle vor dem fünften Zeichen der Location Source aus.

Eine weitere Möglichkeit besteht darin, eine Position und eine Länge vorzugeben. Die Position legt einen Zeichenabstand vom Anfang der übereinstimmenden Zeichenkette zum Anfang der gewünschten Subressource fest. Eine positive Zahl steht für einen Versatz in rechter Richtung von der Zeichenkette, während eine negative Zahl einen Versatz nach links zur Folge hat. Der Positionswert end wählt die Stelle aus, die unmittelbar auf das letzte Zeichen der übereinstimmenden Zeichenkette folgt. Dementsprechend findet der String Location Term `string(1,"Match",2)` die Position vor dem Buchstaben „a" im ersten Vorkommen des Worts „Match".

Darüber hinaus ist es möglich, Zeichenketten durch Angabe einer Länge auszuwählen, die immer nach einer Position aufgeführt sein muß und die Anzahl der auszuwählenden Zeichen festlegt. Der String Location Term `string(1,"Match",2,2)` wählt demnach die Zeichenkette „at" im ersten „Match" aus.

7.4.3 Spanning Locators

Es ist möglich, XPointer zu definieren, die mehr tun, als nur Knoten aufzufinden, die in einem geeigneten Subtree angeordnet sind. Zum Beispiel wählt der XPointer `descendant(all,table)` alle Instanzen des Elements `table` innerhalb eines Dokuments aus. Wenn es mehr als ein solches Element gibt, wählt der XPointer nicht nur einen, sondern gleich mehrere Subtrees aus (die sich wahrscheinlich in verschiedenen Zweigen des Document Tree befinden). In XPointer werden Auswahlmengen wie diese als *Spans* bezeichnet. In Abhängigkeit davon, welcher Zweck erreicht werden soll, können Spans sinnvoll oder nur schwer geeignet interpretierbar sein.

7.4.4 Persistenz

XPointer bedienen sich beim Verweisen in XML-Dokumente verschiedener Mechanismen. Die am häufigsten benutzten Möglichkeiten stellen wahrscheinlich die Absolute Location Terms `id` und `html` dar, da sie den Fragment Identifiern entsprechen, die den einzigen Weg zum Verweisen in HTML-Dokumente bilden. Allerdings hängt dieser Mechanismus von im Dokument benutzten Attributen ab, die nicht unbedingt vorhanden sein müssen. Da XPointer in vielen Fällen ohne Absprache mit dem Autor des Dokuments erstellt werden, in das sie verweisen, kann es schlicht unmöglich sein, die Absolute Location Terms `id` und `html` zu verwenden.

In diesem Fall ist es erforderlich, die Steuermechanismen von XPointer zu verwenden, um die benötigten Subressourcen innerhalb des Dokuments zu finden. Allerdings kann es mehrere Möglichkeiten geben, um auf eine bestimmte Subressource zu verweisen. Obwohl der Verweis auf eine Subressource mit Hilfe verschiedener XPointer erfolgen kann, zeigen sich diese unterschiedlich stabil, was Veränderungen am XML-Dokument anbetrifft.

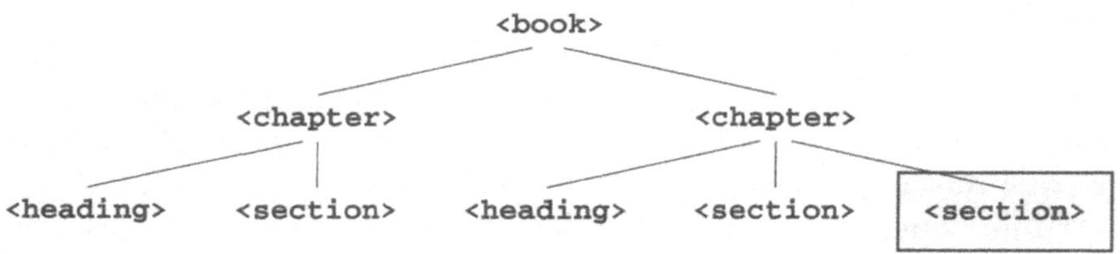

Abb. 7.10 Verschiedene XPointer wählen dieselbe Subressource aus.

Ein Beispiel ist der einfache Document Tree, der in Abbildung 7.10 dargestellt wird. In diesem Fall gibt es verschiedene Möglichkeiten, wie mit Hilfe eines XPointers der zweite Abschnitt im zweiten Kapitel gefunden werden kann:

- `descendant(8,#element)`
  Dieser XPointer bezeichnet den gewünschten Abschnitt als das achte Element im Dokument. Hierbei handelt es sich um die einfachste Form der Bezeichnung, doch der Location Term verliert seine Gültigkeit[17], sobald irgendwelche Elemente vor dem ausgewählten Abschnitt eingefügt oder gelöscht werden.

- `child(2,#element).child(3,#element)`
  Dieser XPointer ist insofern etwas spezieller, als er durch das Auswählen von Elementinstanzen auf der Grundlage ihrer hierarchischen Ebene im Document Tree einige Steuerfunktionen verwendet. Am ersten Kapitel vorgenommene Änderungen lassen den XPointer nicht mehr ungültig werden. Falls allerdings das Dokument derart verändert wird, daß es ein Vorwort (oder ein anderes Element) vor dem ersten Kapitel enthält oder irgendwelche Elemente direkt unterhalb der zweiten `chapter`-Elementinstanz und vor der zweiten `section`-Instanz hinzukommen, verliert der XPointer dennoch seine Gültigkeit.

---

[17] Das Verlieren der Gültigkeit bedeutet in diesem Fall nicht unbedingt, daß es sich nicht mehr um einen gültigen XPointer handelt. Wird beispielsweise im ersten Kapitel ein zweiter Abschnitt eingefügt, wäre der XPointer noch immer gültig, würde aber nur den ersten Abschnitt des zweiten Kapitels auswählen. Ein seine Gültigkeit verlierender XPointer ist folglich nichts anderes als ein XPointer Location Term, der nicht mehr auf die gewünschte Subressource verweist.

- `descendant(2,chapter).descendant(2,section)`
  Dies ist der speziellste und stabilste XPointer, der für die gegebene Situation definiert werden kann. Er legt explizit fest, daß zunächst die zweite `chapter`-Elementinstanz des Dokuments und dann ausgehend von dieser Location Source die zweite `section`-Elementinstanz ausgewählt wird. Selbst wenn in das Dokument weitere Hierarchieebenen (wie zum Beispiel ein `part`-Element zwischen den Elementen `book` und `chapter` zum Gruppieren der Kapitel in Teile) eingeführt werden, verliert der XPointer nicht seine Gültigkeit.

Allerdings ist es unmöglich, XPointer zu definieren, die gegen alle Arten von Veränderungen am Dokument gewappnet sind. Die stabilste Art von Locator ist der Typ, der auf einem Absolute Location Term `id` beruht. Falls dieser Ausdruck allerdings nicht benutzt werden kann, besteht das Ziel darin, wie im obigen Beispiel die strukturell genaueste Beschreibung der auszuwählenden Subressource zu bestimmen.

Wenn es andere Elemente gibt, die von `ID`-Attributen Gebrauch machen, das auszuwählende aber nicht dazu gehört, sollten beide Methoden durch Auswählen des nächsten enthaltenden Elements, das ein `ID`-Attribut besitzt, und anschließendem Benutzen einer Steuerungsfunktion kombiniert werden. Falls beispielsweise das zweite Kapitel im vorliegenden Fall eine `ID` verwendet, der zweite Abschnitt aber nicht, wäre `id(chap2).descendant(2,section)` der stabilste XPointer.

Derzeit wird darüber diskutiert, ob der Sprache XPointer ein Prüfsummenmechanismus hinzugefügt werden sollte, mit dessen Hilfe eine einem XPointer folgende Anwendung leicht herausfinden könnte, ob der Zeiger noch gültig ist. Dieser Mechanismus könnte Benutzer vor XPointern schützen, die noch immer auf eine Ressource verweisen, aber deren Inhalt sich seit der Erstellung des XPointers verändert hat.

7.5 Extensible Style Language (XSL)

XML, XLink und XPointer werden zur Definition von Dokumenttypen und Verknüpfungen zwischen Dokumenten eingesetzt. Hierbei handelt es sich um inhaltsorientierte Aspekte, doch XML benötigt auch eine Möglichkeit, die Darstellung von Dokumenten festzulegen. Dies geschieht mit Hilfe der *Extensible Style Language (XSL)*, die derzeit in einem Working Draft des W3C [47] definiert ist. XSL besitzt für XML eine weit größere Bedeutung als die *Cascading Style Sheets (CSS)* für HTML, weil HTML neben der Semantik auch eine Standardformatierung für alle Elemente festlegt (die mit Hilfe von CSS verändert werden können), während XML-Dokumente ausschließlich dann

Informationen zur Formatierung enthalten, wenn ein Style Sheet verwendet wird. Folglich können XML-Dokumente ohne Style Sheets nur in einer strukturorientierten Weise angezeigt werden, wie zum Beispiel in einer grafischen Darstellung eines Document Tree[18].

XSL basiert auf einer Teilmenge der vollständigen *Document Style Semantics and Specification Language (DSSSL)* (die in ISO 10179 [127] spezifiziert ist und als DSSSL-Online (DSSSl-O) bezeichnet wird). DSSSL-O kann in derselben Weise als ein für den Gebrauch in Online-Anwendungen optimiertes Profil (d.h. als eine funktionale Teilmenge) von DSSSL betrachtet werden, wie XML ein Profil von SGML darstellt.

XSL ist erheblich leistungsfähiger als CSS, was allerdings auch so sein muß, weil CSS hauptsächlich den Zweck erfüllen soll, leichte Veränderungen der vordefinierten Formatierungssemantik von HTML-Dokumenten zu realisieren, während XSL-Style-Sheets für XML-Dokumente verwendet werden, die über gar keine vordefinierte Formatierungssemantik verfügen. Dementsprechend muß XSL in der Lage sein, Formatierungssemantiken in einer allgemeineren Weise festzulegen. Darüber hinaus erfordert die Formatierung von XML-Dokumenten im Vergleich zur Formatierung von HTML-Dokumenten einen höheren Grad an Formatierungsfreiheit, da XML-Dokumente anwendungsspezifische Dokumentstrukturen darstellen können. Zusätzlich zu den Features von CSS verfügt XSL über folgenden Möglichkeiten:

- *Umsortieren von Elementen*
  XSL-Style-Sheets können Elemente unabhängig von deren Reihenfolge im Quelldokument formatieren.

- *Leistungsfähige Auswahlmechanismen für Quellelemente*
  Es ist möglich, Elemente auf der Grundlage von Parent- und Child-Elementen, Position und Eindeutigkeit auszuwählen.

- *Generieren von Text*
  XSL-Style-Sheets können Text und Grafiken in das formatierte Dokument einfügen.

- *ECMAScript-Unterstützung*
  Es können benutzerdefinierte ECMAScript-Funktionen in die XSL-Style-Sheets eingefügt werden, um die Formatierungseigenschaften eines Dokuments zu bestimmen.

---

[18] Eine weitere Darstellungsmöglichkeit besteht in der Strukturansicht, wie sie vom W3C-Browser *Amaya* implementiert wird. In dieser Ansicht wird die Tiefe eines Elements in einem Dokument durch das Niveau des Einzugs in einer zeilenorientierten Darstellung aller Elemente wiedergegeben.

- *Erweiterbarkeit*
  Es besteht die Möglichkeit, XSL um die Unterstützung neuer Formatierungsanwendungen zu erweitern.

Obwohl das allgemeine Modell von XSL relativ klar ist, gibt es im Entwurf immer noch eine Reihe offener Fragen. Die grundlegenden Konzepte zur Funktionsweise von XSL werden in Abschnitt 7.5.1 beschrieben. Für den tatsächlichen Entwurf von XSL-Style-Sheets sowie die von XSL bereitgestellte Funktionalität gibt es noch keine endgültige Festlegung. Abschnitt 7.5.2 gibt einen kurzen Überblick über die Spezifikation der XSL-Style-Sheets.

7.5.1 Konzepte

Die Grundidee von XSL beruht auf dem Formatierungsmodell von DSSSL. Da allerdings eines der Entwurfsziele von XSL darin besteht, zusammen mit CSS ein gemeinsames zugrundeliegendes Formatierungsmodell zu besitzen, bedürfen einige Aspekte der Formatierung noch der Überarbeitung. Ein gemeinsames, CSS und XSL zugrundeliegendes Formatierungsmodell macht den Entwurf von HTML/XML-Anwendungen (wie zum Beispiel zukünftiger Browser) deutlich einfacher, da lediglich ein Mechanismus zur Verarbeitung der Formatierung implementiert werden muß. Diese übernimmt als Eingabe entweder CSS- oder XML-Informationen, wobei die grundlegenden Formatierungsabläufe (wie beispielsweise das Berechnen von Objektgrößen und das Umbrechen von Text in Zeilen) dieselben sind.

Die XSL-Verarbeitung besteht aus zwei Schritten, von denen der erste als *Result Tree Construction* bezeichnet wird und eine strukturelle Transformation eines XML-Dokuments durchführt. Dieser Vorgang wird in Abschnitt 7.5.1.1 beschrieben. Das Ergebnis der Transformation ist ein Baum von Formatierungsobjekten, der als Eingabe für den eigentlichen Formatierungsprozeß verwendet wird, welcher seinerseits auf der Semantik der Formatierungsobjekte sowie der Struktur des Result Tree aufbaut. Dieser zweite Schritt von XSL ist Gegenstand von Abschnitt 7.5.1.2.

7.5.1.1 Tree Construction

Jedes XML-Dokument kann als von der hierarchischen Struktur der Elemente abhängender Baum dargestellt werden, der als *Source Tree* bezeichnet wird. Der erste Schritt der XSL-Verarbeitung besteht nun darin, diesen Source Tree in einen anderen Baum zu transformieren, nämlich in den sogenannten *Result Tree*. Diese zwei Bäume sind vollkommen voneinander getrennt. Zur Festlegung dieser Transformation enthält ein Style Sheet eine Menge von *Template Rules*, wobei jede dieser Regeln aus zwei Teilen besteht:

- *Pattern*

  Ein Pattern wird benutzt, um Knoten im Source Tree zu bestimmen. Das Pattern einer Template Rule legt fest, ob eine bestimmte Regel auf einen speziellen Knoten angewendet werden soll. Pattern können Knoten auf der Grundlage von Elementnamen, Attributwerten, Beziehungen zwischen Parent- und Child-Elementen, Positionen im Source Tree und einer Vielzahl anderer Kriterien zuordnen.

  In ihrer Funktion gibt es zwischen XSL Pattern und den in Abschnitt 7.4.2 erläuterten XPointern eine Reihe von Ähnlichkeiten. Allerdings verwendet XSL eine andere Notation und ist leistungsfähiger als XPointer. Es gibt noch keine Klarheit darüber, ob die XPointer Location Terms und die XSL Pattern in Zukunft auf eine gemeinsame Schreibweise umgestellt werden.

- *Template*

  Eine Template ist eine Sammlung von Anweisungen, die angewendet wird, wenn das Pattern einer Template Rule zu einem gegebenen Knoten paßt. Templates können literale Ergebniselemente (Elemente, die nicht zum XSL Namespace gehören), Zeichendaten und Anweisungen zur Erstellung von Fragmenten des Result Tree enthalten. (Diese Anweisungen wiederum werden durch Elemente dargestellt, die zum XSL Namespace gehören.)

  Literale Ergebniselemente können beliebige XML-Elemente und insbesondere *Formatierungsobjekte* sein, wobei es sich um Elemente mit der XSL-Formatierungssemantik handelt. Literale Ergebniselemente bilden einen Bestandteil des Result Tree.

  Anweisungen werden benutzt, um den Transformationsablauf zu definieren, indem zum Beispiel festgelegt wird, daß die Child-Elemente eines Elements ebenfalls formatiert oder ignoriert werden sollen. Anweisungen dienen zwar der Erstellung des Result Tree, doch sie stellen keinen Bestandteil desselben dar.

Die Transformation vom Source Tree in den Result Tree basiert auf dem Vergleich von Pattern mit den Knoten im Source Tree, der vollständig durchlaufen wird, um den Result Tree zu erstellen. Falls Pattern mehrerer Template Rules mit einem gegebenen Knoten übereinstimmen, werden Regeln zur Konfliktauflösung eingesetzt, so daß nur eine Template Rule sowie die dazugehörige Template verwendet wird.

Obwohl die XSL Tree Construction hauptsächlich zur Verwendung mit der XSL-Formatierung entworfen wurde, kann sie auch eingesetzt werden, um willkürliche Result Trees zu erzeugen (mit literalen Ergebniselementen, bei denen es sich nicht um Formatierungsobjekte in Templates handelt).

Aufgrund dieser Eigenschaft besteht die Möglichkeit, XSL als eine Sprache für allgemeine XML-Transformationen einzusetzen. In Abbildung 7.11 wird gezeigt, wie die XSL Tree Construction verwendet werden kann, um ein XML-Dokument nach HTML zu konvertieren.

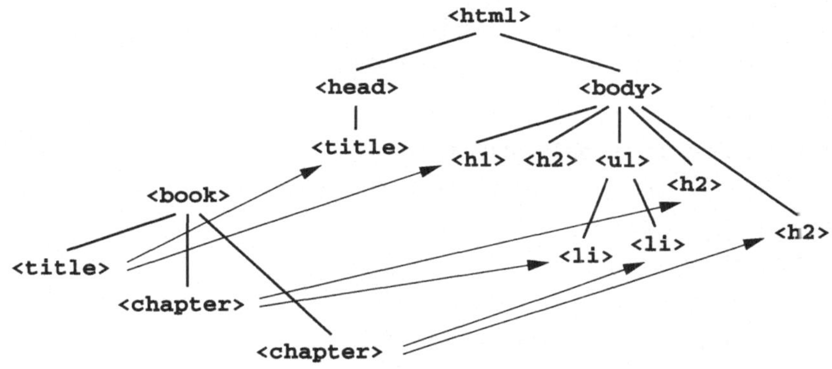

Abb. 7.11 XSL Result Tree Construction
(Abbildung von XML auf HTML)

In diesem Beispiel wird ein XML-Dokument (der Source Tree auf der linken Seite) in eine HTML-Seite (der Result Tree auf der rechten Seite) konvertiert. Der title-Abschnitt des Buchs wird als <TITLE> der Seite und auch als <H1>-Überschrift im <BODY> der Seite verwendet. Jede chapter-Überschrift wird einer <UL>-Liste hinzugefügt, welche das Inhaltsverzeichnis sowie den Inhalt der Seite als eine <H2>-Überschrift darstellt. Diese Konvertierung stellt ein gutes Beispiel für einige der XSL-Fähigkeiten dar, die für Transformationszwecke von großem Nutzen sind, wobei insbesondere die Möglichkeit interessant ist, Inhalte an verschiedenen Stellen des Result Tree zu erzeugen.

7.5.1.2 Formatierung

Die Formatierung bildet den zweiten Schritt der XSL-Verarbeitung. Als Eingabe für den Formatierungsprozeß wird der durch die Transformation erstellte Result Tree verwendet. Im allgemeinen enthält ein Result Tree Formatierungsanweisungen in Form von XSL-Formatierungsobjekten. Die aktuelle XSL-Spezifikation definiert eine Reihe von Formatierungsobjekten, die zur Festlegung der verschiedenen Formatierungsparameter benutzt werden, wie zum Beispiel für die unterschiedlichen Layoutobjekte (z. B. Blöcke, Listen oder Listeneinträge) und zur Formatierung von Links. Da sich die Anpassung des XSL-Formatierungsmodells an CSS allerdings erst in einem Anfangsstadium befindet, wird sich dieser Teil der XSL-Spezifikation mit einiger Sicherheit noch beträchtlich ändern.

7.5.2 Style Sheets

Ein XSL Style Sheet ist eine Instanz der XSL Style Sheet DTD, welche die zur Definition des Transformationsprozesses benutzten Elemente (d. h. Anweisungen) festlegt. Das folgende Beispiel entstammt dem vorläufigen XSL-Entwurf und zeigt ein einfaches, aber vollständiges XSL Style Sheet:

```
<?xml version='1.0'>
<xsl:stylesheet xmlns:xsl="http://www.w3.org/TR/WD-xsl"
                xmlns:fo="http://www.w3.org/TR/WD-xsl/FO"
                results-ns="fo">
  <xsl:template match='/'>
    <fo:page-sequence font-family="serif">
      <fo:simple-page-master name='scrolling'/>
      <fo:queue queue-name='body'>
        <xsl:process-children/>
      </fo:queue>
    </fo:page-sequence>
  </xsl:template>
  <xsl:template match="title">
    <fo:block font-weight="bold">
      <xsl:process-children/>
    </fo:block>
  </xsl:template>
  <xsl:template match="p">
    <fo:block>
      <xsl:process-children/>
    </fo:block>
  </xsl:template>
  <xsl:template match="emph">
    <fo:sequence font-style="italic">
      <xsl:process-children/>
    </fo:sequence>
  </xsl:template>
</xsl:stylesheet>
```

Dieses Beispiel verwendet den XML Namespace derart, daß alle Elemente der XSL DTD das Präfix `xsl` und alle Formatierungsobjekte das Präfix `fo` haben müssen. Das Style Sheet enthält vier Template Rules, von denen jede ein Pattern und eine Template zum Erstellen des Result Tree definiert.

- `<xsl:template match='/'>`
  Diese Template Rule sucht nach der Document Root und bildet am Beginn der Tree Construction eine Instanz der zugehörigen Templates. Die Formatierungsobjekte legen die Anfangsparameter für die Formatierung fest, wobei in diesem Fall ein `simple-page-master` und eine `queue` verwendet werden. Das Formatierungsobjekt `queue` dient dem Zweck, zu einem Flow gehörende Flow Objects in Gruppen zusammenzufassen. Die Anweisung `process-children` wird benutzt, um alle Child-Elemente des Knotens zu verarbeiten.

- `<xsl:template match="title">`
  Ein `title`-Element wird mit Hilfe eines `block`-Formatierungsobjekts und seines Attributs zum Ändern der Schriftstärke formatiert. Child-Elemente des `title`-Elements werden im Kontext des Formatierungsobjekts verarbeitet.

- `<xsl:template match="p">`
  Die Verarbeitung eines Absatzes entspricht der eines `title`-Elements mit der Ausnahme, daß bei der Formatierung die Schriftstärke unverändert bleibt.

- `<xsl:template match="emph">`
  Das Pattern emph definiert eine Template Rule, die anstelle eine `block`-Formatierungsobjekts ein `sequence`-Formatierungsobjekt verwendet und den Schriftstil dieses Objekts festlegt. Ein `sequence`-Formatierungsobjekt beginnt keinen neuen Formatierungsblock und wird zur Formatierung von hervorzuhebendem Text eingesetzt.

Dieses Style Sheet kann mit jedem XML-Dokument verwendet werden, das `title`-, p- und emph-Elemente enthält. Der Prozeß der Tree Construction übernimmt ein solches Dokument und das Style Sheet als Eingabe. Das Vergleichen der Pattern der Template Rules mit den Elementnamen erstellt den Result Tree, der schließlich aus verschiedenen und verschachtelten Formatierungsobjekten besteht, die durch die Templates definiert werden. Dieser Result Tree fungiert als Eingabe für den Formatierungsprozeß, aus dem zuletzt das formatierte Dokument hervorgeht.

Obwohl es sich hierbei nur um ein Beispiel handelt, werden die Grundlagen eines XSL-Style-Sheets aufgezeigt. Da XSL höchstwahrscheinlich noch beträchtlich verändert werden wird, ist eine vollständige Beschreibung der XSL DTD und der Formatierungsobjekte derzeit nicht möglich. Die zugrundeliegenden Mechanismen von XSL (Tree Construction und Formatierung) werden sich in zukünftigen Version aber wahrscheinlich nicht mehr ändern.

7.6 XML und andere Markup Languages

XML bietet als neue Markup Language für das Web eine Flexibilität, die zuvor nicht möglich gewesen ist. Allerdings geht mit dieser Flexibilität auch eine Erhöhung der Komplexität einher, die in engem Zusammenhang mit der Definition leistungsfähiger Linking-Mechanismen und einer Style-Sheet-Sprache steht, die bedeutend komplexer ist als Formatierungsmöglichkeiten von HTML. Ein kurzer Vergleich von XML mit älteren Markup Languages kann dabei helfen, XML im rechten Licht zu sehen. In Abschnitt 7.6.1 wird XML mit HTML und in Abschnitt 7.6.2 mit SGML verglichen.

7.6.1 Vergleich von XML und HTML

Da es sich bei HTML um eine Anwendung von SGML handelt, besteht auf gewisse Weise eine Verwandtschaft zu XML. Wie in Abschnitt 7.1.3.4 beschrieben wird, stellt HTML allerdings keine XML-Anwendung dar, weil die HTML DTD nicht XML-konform ist. Bis HTML vollständig von XML (und einer neuen, XML-basierten Version von HTML) verdrängt sein wird, werden diese beiden Sprachen koexistieren. HTML bleibt die Sprache der Wahl, wenn es um einfache Inhalte oder um solche Seiten geht, die bereits im Web veröffentlicht wurden und nicht konvertiert werden sollen.

Derzeit ist die Zukunft von XML noch immer etwas unklar. Obwohl sie sehr vielversprechend sind, befinden sich einige der entscheidenden Spezifikationen (XLink, XPointer und XSL) noch immer in frühen Entwicklungsstadien, und es ist nicht sicher, wie sehr sich die Draft Versions bis zu den endgültigen Spezifikationen noch verändern werden. Daher wird noch einige Zeit vergehen, bis XML in großem Stil unterstützt wird und das Publishing in XML eine sichere Möglichkeit darstellt, die Mehrheit der Web-Benutzer zu erreichen.

Obwohl XML noch in den Kinderschuhen steckt, ist schon jetzt erkennbar, daß es für das Publishing von Dokumenten im Web eine enorme Verbesserung darstellt. Zwar wird das Publishing von Dokumenten in HTML noch eine gewisse Zeit von großer Bedeutung sein, doch werden im Web XML-Dokumente auftauchen, sobald die ersten XML-Implementierung auf breiter Basis zur Verfügung stehen. Kurzfristig sollten XML und die zugehörigen Spezifikationen dahingehend analysiert werden, in welchem Umfang XML in den Publishing-Prozeß eingebunden werden kann. Als mittelfristige Strategie bietet es sich an, Dokumente in HTML und in XML zu veröffentlichen und gleichzeitig die Benutzer auf die Vorteile von XML hinzuweisen. Die langfristige Strategie besteht schließlich darin, HTML durch XML vollständig zu

ersetzen und die fortgeschrittenen Link- und Formatierungsfunktionen aus-
zunutzen, um informativeren Inhalt zu erzeugen, als es mit HTML möglich
ist.

Das Publishing in HTML bringt immer strukturelle Verluste mit sich
(solange die Informationen nicht in sehr einfacher Form vorliegen), weil
anwendungsspezifische Dokumentstrukturen den HTML-Elementen und
-Attributen zugeordnet werden müssen. XML ermöglicht die Definition
anwendungsspezischer Dokumentstrukturen für das Publishing im Web und
wird daher die Sprache der Wahl sein, wann immer das Beibehalten struktureller Informationen von Bedeutung ist.

7.6.2 Vergleich von XML und SGML

Einfach ausgedrückt, handelt es sich bei XML um eine Teilmenge von SGML.
Angesichts dieser Tatsache ist es auch nicht besonders schwierig, diese beiden
Sprachen zu vergleichen, weil SGML eine Obermenge von XML darstellt und
somit auch alle Eigenschaften von XML besitzt. Der Hauptvorteil von XML
liegt allerdings in der Akzeptanz als Standard für Web-Publishing und den
Begleittechnologien XLink, XPointer und XSL. Dieser Vorteil wiegt die Einschränkungen von XML, die in Abschnitt 7.6.2.1 beschrieben werden, wieder
auf. XML sollte immer unter dem Aspekt allgegenwärtiger XML-fähiger Software gesehen werden (obwohl dieses Szenario erst in Zukunft wahr werden
wird), wohingegen SGML nur sehr gering verbreitet ist.

Obwohl SGML nicht so bekannt ist wie das Web, gibt es eine große Benutzergemeinde sowie eine Vielzahl SGML-basierter Software. Folglich ist es von
großem Interesse, einen Blick auf das mögliche Zusammenwirken von SGML-
und XML-basierten Umgebungen zu werfen. Da jedes XML-Dokument definitionsgemäß auch ein SGML-Dokument darstellt, gibt es keine zwingende
Notwendigkeit, XML-Dokumente tatsächlich nach SGML zu transformieren,
sondern es ist lediglich erforderlich, die XML Declaration zu entfernen. Aufgrund der Tatsache, daß es sich bei XML um eine Teilmenge von SGML handelt, sind jedoch nicht alle SGML-Dokumente automatisch auch XML-Dokumente. Abschnitt 7.6.2.2 erläutert daher, was getan werden muß, um ein
beliebiges SGML-Dokument in ein gültiges XML-Dokument umzuwandeln.

Abschnitt 7.6.2.3 führt diese Überlegungen noch einen Schritt weiter,
indem er beschreibt, wie SGML Declarations und -DTDs nach XML konvertiert werden können. Dies ist wichtig, falls eine SGML-basierte Umgebung in
eine XML-basierte umgewandelt werden soll, was in Zukunft eine große
Bedeutung haben wird.

7.6.2.1 Einschränkungen von XML

In Abschnitt 7.2.1 werden die Unterschiede zwischen XML und SGML beschrieben. XML wurde entworfen, um etwas von der Komplexität wegzunehmen, die SGML anhaftet (wie zum Beispiel die Markup Minimization). Das Gesamtziel von XML besteht darin, die Vielseitigkeit von SGML bereitzustellen, ohne die Überfrachtung des vollständigen SGML mitzuschleppen. Als Konsequenz daraus können viele SGML-Anwendungen (wie beispielsweise HTML) mit XML nicht ohne Anpassungen verwendet werden. In Abhängigkeit vom ursprünglichen Entwurf der Anwendung (SGML Declaration und DTD) kann eine solche Umstellung einfacher oder schwieriger sein, und es ist möglich, daß bei der Konvertierung von SGML nach XML einige strukturelle Informationen verlorengehen.

7.6.2.2 Konvertierung von SGML-Dokumenten nach XML

Falls es eine SGML-Umgebung gibt, die erhalten werden soll, besteht möglicherweise die einzige Notwendigkeit darin, Dokumente aus dieser Umgebung zu exportieren bzw. in sie zu importieren. In diesem Fall müssen Dokumente von SGML nach XML und umgekehrt konvertiert werden. Die Konvertierung von XML nach SGML ist dabei trivial, weil jedes XML-Dokument auch ein SGML-Dokument darstellt.

Die andere Richtung (von SGML nach XML) kann sich in Abhängigkeit von den in der SGML-Umgebung benutzten SGML Declarations und -DTDs allerdings schwieriger gestalten. In einigen Fällen müssen Konvertierungen (wie zum Beispiel zum Erstellen vollständigen Markups) durchgeführt und im allgemeinen eine XML DTD als Ziel sowie eine Zuordnung zwischen der SGML- und dieser XML DTD definiert werden. Wenn strukturelle Umwandlungen vorgenommen werden müssen (weil beispielsweise die SGML DTD Exceptions akzeptiert, die in XML nicht erlaubt sind), gibt es verschiedene Möglichkeiten, wie eine Ziel-XML-DTD definiert werden könnte.

7.6.2.3 Konvertierung von SGML-Umgebungen nach XML

Falls sich XML durchsetzt, besteht die Möglichkeit, daß ganze SGML-Umgebungen durch XML-Umgebungen ersetzt werden, was es erforderlich macht, die vollständige Verarbeitungsumgebung nach XML zu konvertieren.

Im allgemeinen sind die Anforderungen für diesen Prozeß dieselben wie bei der Konvertierung von SGML-Dokumenten nach XML. Falls allerdings die gesamte Verarbeitungsumgebung nach XML konvertiert wird, ist der Verlust struktureller Informationen, wie er beim Konvertieren von SGML-DTDs oder -Dokumenten nach XML auftritt, unumkehrbar. Daher sollte die Entscheidung, wie SGML-DTDs in XML DTDs zu konvertieren sind, sehr sorgfältig getroffen werden, wobei die beste Lösung vollständig anwendungsabhängig ist.

7.7 Die Zukunft von XML

XML ist mit Sicherheit die größte Innovation im Bereich der Inhaltsarchitekturen für das Web seit dessen Einführung. Wenn XML mit all seinen Komponenten weite Verbreitung gefunden hat, wird das Web aussagekräftigere Inhalte und strukturelle Informationen bieten, als es heute der Fall ist. Obwohl noch einige Zeit vergehen wird, bis die Verbreitung von XML der von HTML heute entspricht, sollten die Vorteile von XML ausreichen, um als Motivation zu dienen und eine Konvertierung bestehender HTML- oder proprietärer Lösungen nach XML einzuleiten.

Derzeit besitzt nur XML den Status einer W3C Recommendation. Bei XLink, XPointer, XSL und den XSL Namespaces handelt es sich lediglich um W3C Working Drafts, so daß sich diese Technologien noch erheblich verändern können, bis sie schließlich als Recommendation herausgegeben werden (wobei sie zuerst das Zwischenstadium einer Proposed Recommendation durchlaufen müssen).

Die in einem W3C Working Draft [35] spezifizierten *XML Namespaces* definieren ein Verfahren zur eindeutigen Namensgebung in XML-Dokumenten, das auf der Zuweisung von Präfixen basiert. Das den XML Namespaces zugrundeliegende Problem besteht darin, daß ein Dokument Markup von verschiedenen DTDs enthalten könnte und somit Benennungskonflikte möglich wären. Durch die XML Namespaces kann dieses Problem umgangen werden. Sie beruhen auf der Verwendung gleich aufgebauter Namen, die einen einzelnen Doppelpunkt enthalten, welcher den Namen in ein Namespace-Präfix und den lokalen Namen unterteilt. Das Präfix, das einem URI zugeordnet wird, wählt einen Namespace aus. Die Kombination des universell verwalteten URI Namespace und des lokalen Naming Schemes führt zu Namen, die garantiert universell eindeutig sind.

Da XML-Dokumente außerdem bezeichnet werden müssen, wenn sie via HTTP oder einem anderen Verfahren zur Datenübertragung (wie zum Beispiel E-Mail) an einen Client verschickt werden, definiert der Internet RFC 2376 [274] neue *XML-Medientypen*. Diese Typen werden im `content-type`-Header eines HTTP-Response verwendet, falls ein XML-Entity zurückgegeben wird.

Es gibt noch eine Reihe weiterer Aktivitäten, welche die Einführung von XML unterstützen. Wichtige neue Trends, wie zum Beispiel das in Abschnitt

10.5.3 beschriebene *Resource Description Framework (RDF)*, bauen auf XML auf, so daß sich XML schnell zu einer allgemeinen Plattform für strukturierte Daten im Web entwickelt. XML unterstützende Anwendungssoftware ist ebenfalls bereits verfügbar, doch erst nach der Fertigstellung der im Moment noch unsicheren Spezifikationen für XLink, XPointer, XSL und XML Namespaces sowie deren Implementierung auf einer Vielzahl von Plattformen wird XML auch als Ersatz für HTML in Frage kommen.

8. Skripte und Programmierung

Das Web ist hauptsächlich auf die Verteilung von Inhalten verschiedener Art spezialisiert und verwendet dazu standardisierte Übertragungsmechanismen und Datentypen. Als Verallgemeinerung dieser Architektur gibt es außerdem eine Reihe von Technologien, um aktive Komponenten, wie zum Beispiel Skripte und Programme, zu definieren. Die meistverbreitete Technologie in diesem Bereich ist *Dynamic HTML (DHTML)*, welches eine Skriptsprache verwendet, um ansonsten passive HTML-Seiten mit aktiver Funktionalität zu ergänzen. In den meisten Fällen werden diese Aktionen benutzt, um durch bestimmte Benutzerhandlungen wie Mausbewegungen oder Klicks auf Schaltflächen bestimmte Aktionen (d.h. Teile des Skripts) auszulösen. Skriptsprachen werden in Abschnitt 8.1 erläutert.

Eine allgemeinere Lösung als eine Skriptsprache stellt eine Programmiersprache dar. Diese wird nicht während der Ausführung interpretiert, sondern in eine ausführbare Form kompiliert, die dann verteilt wird. *Java*, eine ursprünglich völlig unabhängig vom Web entwickelte Programmiersprache, wurde sehr erfolgreich, indem sie als *die* Programmiersprache für das Web vermarktet wurde. In Abschnitt 8.2 werden Programmiersprachen für Web-basierte Anwendungen beschrieben. Das Einbetten von Programmen in Web-Ressourcen wirft die Frage auf, wie diese Programme mit anderen Programmen kommunizieren können, beispielsweise, um Client/Server-Szenarien zu implementieren. Diese Frage wird in Abschnitt 8.3 behandelt.

8.1 Skriptsprachen

Eine der wichtigsten Erweiterungen von reinen HTML-Dokumenten war die Einführung einer Skriptsprache, die zuerst von Netscape eingeführt wurde. Skripte ermöglichen Effekte und einen Grad an Interaktivität, den eine inhaltsorientierte Sprache wie HTML nicht bieten kann.

Eine von Beck [15] durchgeführte Studie mit Web-Servern in England brachte Ergebnisse, die als repräsentativ für das gesamte Web angesehen werden können, obwohl nur Daten über Web-Server in England gesammelt wurden. Die Methode, wie die Daten gesammelt wurden, ist sehr einfach: Alle britischen Domains wurden nach allen Hosts mit dem Namen www abgesucht.

Wenn ein solcher Host vorhanden war, wurde ein HTTP-Request an den Standard-HTTP-Port $(80)^1$ des Hosts gesendet. Tabelle 8.1 zeigt die Ergebnisse dieser Erhebung.

Tab. 8.1 Verwendung von Skriptsprachen

	Skriptsprache	Anzahl	Prozentsatz
1.	JavaScript	2537	97.98%
2.	VBScript	42	1.60%
3.	LiveScript	11	0.42%

Die Ergebnisse zeigen, daß nahezu alle Seiten, die Skripte einsetzen, dieselbe Sprache verwenden. Der Grund für dieses Ergebnis ist, daß *JavaScript* die einzige Skriptsprache darstellt, die von den beiden wichtigsten Browsern unterstützt wird, während *VBScript*-Unterstützung nur von Microsofts Internet Explorer geboten wird. Die dritte Sprache, *LiveScript*, ist einfach der ältere Name von JavaScript.

Skripting in Web-Seiten wird durch das Element <SCRIPT>, das normalerweise Funktionsdefinitionen enthält, und durch Ereignisse unterstützt, bei denen es sich um bestimmte Aktionen handelt, die Elementen zugeordnet sind. HTML definiert, in Abhängigkeit vom Element verschiedene Ereignisse, die jeweils durch ein Attribut repräsentiert werden. Das Ereignisattribut spezifiziert das auszuführende Skript, welches in vielen Fällen der Aufruf einer Funktion ist, die mit dem Element <SCRIPT> definiert wurde.

- ONBLUR wird ausgelöst, wenn ein Bereich den Fokus verliert.

- ONCHANGE wird ausgelöst, wenn ein Steuerelement den Fokus verliert und sein Wert sich verändert hat, seit es den Fokus bekam.

- ONCLICK wird ausgelöst, wenn das zugehörige Element angeklickt wird.

- ONDBLCLICK wird ausgelöst, wenn das zugehörige Element doppelt angeklickt wird.

- ONFOCUS wird ausgelöst, wenn ein Element den Fokus erhält.

- ONKEYDOWN wird ausgelöst, wenn eine Taste gedrückt wird, während sich der Mauszeiger über dem Element befindet.

---

[1] Obwohl die Beschreibung der Erhebung den ursprünglichen Unterlagen entnommen wurde, entstammen die dargestellten Ergebnisse einer neueren Studie (durchgeführt im August 1997), die unter `http://www.hensa.ac.uk/uksites/survey/` erhältlich ist.

- ONKEYPRESS wird ausgelöst, wenn eine Taste gedrückt und wieder losgelassen wird, während sich der Mauszeiger über dem Element befindet.

- ONKEYUP wird ausgelöst, wenn eine Taste losgelassen wird, während sich der Mauszeiger über dem Element befindet.

- ONLOAD wird ausgelöst, wenn das Dokument in den Browser geladen wird.

- ONMOUSEDOWN wird ausgelöst, wenn eine Maustaste über dem Element gedrückt wird.

- ONMOUSEMOVE wird ausgelöst, wenn die Maus bewegt wird, während sich der Zeiger über dem Element befindet.

- ONMOUSEOUT wird ausgelöst, wenn der Mauszeiger vom Element wegbewegt wird.

- ONMOUSEOVER wird ausgelöst, wenn der Mauszeiger über das Element bewegt wird.

- ONMOUSEUP wird ausgelöst, wenn die Maustaste über dem Element losgelassen wird.

- ONRESET wird ausgelöst, wenn ein Formular zurückgesetzt wird.

- ONSELECT wird ausgelöst, wenn in einem Textfeld Text ausgewählt wird.

- ONSUBMIT wird ausgelöst, wenn ein Formular abgeschickt wird.

- ONUNLOAD wird ausgelöst, wenn die Seite aus dem Browser-Fenster entfernt wird.

Skriptsprachen unterscheiden sich von Programmiersprachen dadurch, daß sie interpretiert, und nicht kompiliert werden. Das wiederum bedeutet, daß ein Skript im Quelltext an den Client geschickt wird. Der Client interpretiert das Skript während der Ausführung, was Skripte wesentlich langsamer als Programmiersprachen macht. Des weiteren sind Skriptsprachen oft weniger leistungsfähig als Programmiersprachen, da angenommen wird, daß sie nur für einfache Aufgaben eingesetzt werden, während komplexe Probleme mit Programmiersprachen behandelt werden. Die gängigsten Skriptsprachen für eingebettete Skripts sind *ECMAScript*, beschrieben in Abschnitt 8.1.1, und *VBScript*, das in Abschnitt 8.1.1 beschrieben wird.

8.1.1 ECMAScript

Die *European Computer Manufactures Association (ECMA)* hat die gebräuchlichste Skriptsprache des Web als *ECMAScript* [74] standardisiert. ECMAScript basiert auf dem von Netscape eingeführten *JavaScript*. Derzeit ist JavaScript nicht völlig ECMAScript-konform, da der Standard, obwohl er auf JavaScript basiert, eine Reihe von Erweiterungen enthält.

Das ursprünglich als LiveScript bekannte und dann mit dem großen Erfolg der Programmiersprache Java umbenannte JavaScript ist mit Abstand die populärste Skriptsprache des Web. Obwohl die Namen sich sehr ähneln, haben Java und JavaScript nicht viel gemeinsam. Java ist eine vollständige Programmiersprache, mit der sich große Softwareprojekte realisieren lassen, während JavaScript eine ziemlich einfache Skriptsprache darstellt, die für kleinere Aufgaben ausgelegt ist. Die Syntax beider Sprachen sieht irgendwie gleich aus, aber dies ist ein rein syntaktischer Aspekt und sagt nicht viel über das Design einer Sprache aus.

Nach dem mäßigen Erfolg von VBScript (das in Abschnitt 8.1.2 kurz beschrieben wird) unterstützt Microsoft jetzt ECMAScript mit JScript als erste völlig konforme ECMAScript-Implementierung.

Obwohl der Begriff »JavaScript« ursprünglich die Sprache selbst bezeichnete, ist es jetzt eher angebracht, »ECMAScript« als den Namen der Sprache und JavaScript und JScript als zwei Produkte anzusehen, die diese Sprache implementieren.

Die Vorteile einer Skriptsprache sind ihre verhältnismäßige Einfachheit im Vergleich zu einer vollwertigen Programmiersprache und dieTatsache, daß sie nicht auf eine Entwicklungsumgebung angewiesen ist. Durch einfaches Einfügen des folgenden HTML-Markups in eine Seite kann ein Autor ohne zusätzliche Software ein Skript verwenden:

```
<p>Last updated :
<script language="JavaScript">
document.write(document.lastModified);
</script>
```

Dieses einfache Beispiel fügt das Datum der letzten Änderung des Dokuments (wie im HTTP-Header-Field `Last-Modified` im Response angegeben) in den Text des Dokuments ein. Ohne ein Skript wäre diese Information für einen HTML-Autor nicht verfügbar.

8.1.2 VBScript

Die *Visual Basic Scripting Edition (VBScript)* war Microsofts Versuch, eine eigene Skriptsprache als Konkurrenz zu Netscapes JavaScript zu definieren. Da VBScript nur vom Internet Explorer unterstützt wird, während JavaScript sowohl mit dem Internet Explorer als auch mit dem Navigator benutzt werden kann, wurde VBScript nie voll akzeptiert. Nach der Standardisierung von JavaScript als ECMAScript und Microsofts Entscheidung, ECMAScript vollständig zu unterstützen, ist es wahrscheinlich, daß VBScript nicht besonders erfolgreich sein wird.

Die VBScript zugrundeliegende Idee war die, eine Skriptsprache zu definieren, die insbesondere für Benutzer der beliebten Windows-Programmiersprache Visual Basic einfach zu verwenden ist. VBScript stellt daher eine Teilmenge von Visual Basic dar, die auf die Anforderungen einer einfachen Skriptsprache ausgelegt wurde.

8.2 Programmiersprachen

Programmiersprachen sind normalerweise von keiner besonderen Wichtigkeit für das Web, da die Implementierung einer bestimmten Komponente der Web-Infrastruktur (wie etwa eines Browsers oder eines Servers) in jeder Programmiersprache geschehen kann, die für die Aufgabe geeignet erscheint. Etwas anders stellt sich die Lage allerdings dar, wenn man Programme selbst als Ressourcen ansieht, die über das Web verteilt und lokal ausgeführt werden. Dies überträgt das Problem der Plattformabhängigkeit von Ressourcen auf das Web. Normalerweise ist ein Programm auf einer bestimmten Plattform ausführbar, die durch Hardware (insbesondere durch den Prozessor) und Software (insbesondere durch das Betriebssystem) charakterisiert ist.

Die Idee der Plattformunabhängigkeit ausführbarer Programme ist nicht sehr neu, aber nur die Programmiersprache *Java* war als Sprache für über das Web verteilte, plattformunabhängige ausführbare Programme erfolgreich.

8.2.1 Java

Nach Campione und Walrath [40] ist Java eine objektorientierte Programmiersprache, die eine starke Ähnlichkeit mit C++ aufweist, aber die Idee hinter Java hat mehr mit *Ada* gemeinsam als mit C++. Der Hauptunterschied zwischen Java und den meisten anderen Programmiersprachen besteht darin, daß Java-Programme in *Java-Bytecode* kompiliert werden, und nicht in einen richtigen Maschinencode. Java-Bytecode ist die Sprache der *Java Virtual*

Machine (JVM). So wie normale Programme (die für eine bestimmte Plattform kompiliert sind) auf jener Plattform ausgeführt werden (zum Beispiel auf einem Intel-basierten System mit dem Betriebssystem Windows), wird Java-Bytecode auf der JVM ausgeführt.

Anders als ein wirklicher Rechner[2] ist die JVM eine Ausführungsumgebung, die auf jeder Plattform implementiert werden kann. JVM-Implementierungen sind für praktisch alle Plattformen verfügbar, so daß ein und dasselbe Java-Programm auf all diesen Plattformen ausgeführt werden kann, ohne es daß es neu kompiliert werden muß. Diese Plattformunabhängigkeit macht Java zu einem aussichtsreichen Anwärter für die Verteilung von Programmen über heterogene Plattformen. Java-Programme gibt es in zwei Formen:

- *Anwendungen*
  Eine Java-Anwendung ist eine normale Anwendung wie andere Stand-Alone-Programme auch. Der einzige Unterschied zu Anwendungen, die in anderen Programmiersprachen geschrieben sind, ist, daß eine Java-Anwendung Java-Bytecode verwendet und daher von einer JVM anstatt eines Prozessors ausgeführt werden muß.

- *Applets*
  Ein Java-Applet ist eine spezielle Form von Java-Anwendung. Applets sind eingeschränkter als Anwendungen, da sie in einer Umgebung (normalerweise in einem Web-Browser) ablaufen, die nur einen begrenzten Fensterbereich sowie andere Einschränkungen mit sich bringt. Technisch gesehen ist ein Applet keine vollständige Anwendung, sondern die Implementierung einer speziellen Java-Klasse. Applets können unter Verwendung der HTML- Elemente <APPLET> oder <OBJECT> in Web-Seiten eingefügt werden.

Folglich ist Java im Zusammenhang mit dem Web äußerst wichtig als Sprache, zum Schreiben von Applets. Da Java auch für Stand-Alone-Anwendungen verwendet wird, bietet die Unterstützung von Java eine große Vielfalt von Klassenbibliotheken und Development Kits, die zur Erstellung von Applets eingesetzt werden können. Die beliebtesten Komponenten für die Java-Entwicklung sind:

- *Java Foundation Classes (JFC)*
  Die Java Foundation Classes erweitern die Java-Fensterunterstützung um

---

[2] Es sind bereits Prozessoren entwickelt worden, die Java-Bytecode als Maschinensprache benutzen. In diesem Fall wird keine virtuelle Maschine benötigt, da der Bytecode vom Prozessor selbst ausgeführt werden kann.

eine Reihe leistungsfähiger Klassenbibliotheken für grafische Benutzerschnittstellen. JFC bietet Unterstützung für GUI-Funktionalität, wie etwa Farbbehandlung, Event Delegation, verschiedene Menüs, Clipboards und mauslose Bedienung.

- *Java Naming and Directory Interface (JNDI)*
  Diese Java-Komponente definiert ein Rahmenwerk zur Integration von Naming Services und Verzeichnisdienste in Java-Anwendungen. Das JNDI enthält keine Komponenten für den Zugriff auf diese Dienste, sondern definiert zwei Schnittstellen für den Zugriff auf bzw. das Anbieten von Naming Services und Verzeichnisdiensten:

  - *Application Programming Interface (API)*
    Diese Schnittstelle wird von Anwendungen verwendet, die Naming Services und Verzeichnisdienste über das JNDI verwenden. Das API definiert Prozeduren für einen abstrakten Zugriff (unabhängig von einem bestimmten Dienst) auf Naming Services und Verzeichnisdienste.

  - *Service Provider Interface (SPI)*
    Diese Schnittstelle wird vom Service Provider verwendet, um in das JNDI einen Dienst zu integrieren. Bei der Benutzung eines Naming Services ruft ein Client über das API die JNDI-Schnittstelle auf, welche dann über das SPI eine spezielle Implementierung des Providers aufruft.

  Die Gestaltung des JNDI ermöglicht die Integration eigener Naming Services und Verzeichnisdienste in Java-Anwendungen. Eine Anwendung, die das API des JNDI verwendet, muß bei einer Änderung des Naming Services nicht modifiziert werden, sondern es ist lediglich eine Änderung der Provider-Implementierung vonnöten.

  Typische Naming Services und Verzeichnisdienste, die über das JNDI benutzt werden, sind das *Domain Name System (DNS)* und Verzeichnisdienste, auf die über das *Lightweight Directory Access Protocol (LDAP)* zugegriffen wird. Es können auch proprietäre Naming Services und Verzeichnisdienste integriert werden, und das JNDI ermöglicht die Implementierung verschiedener Provider zur Vervollständigung von JNDI-Client-Operationen.

- *JDBC Database Access*
  Eine gängige Anforderung an Applets oder Anwendungen, die Zugriff auf Daten bieten, besteht im Abfragen von Datenbanken. JDBC ist ein API für den Zugriff auf Datenbanken und definiert insbesondere Java-Klassen zur Darstellung von Datenbankverbindungen, SQL-Anweisungen, Ergebnis-

mengen, Datenbank-Metadaten und anderer Dinge. Es erlaubt dem Java-Programmierer das Aufrufen von SQL-Anweisungen und eine Verarbeitung der dabei anfallenden Ergebnisse. Der tatsächliche Datenbankzugriff wird von einem JDBC-Treiber durchgeführt, der typischerweise vom Provider der Datenbank bereitgestellt wird.

- *JavaBeans*
  Dies ist eine Architektur zur Entwicklung komponentenbasierter Software. Komponenten sind in sich abgeschlossene, wiederverwendbare Software-einheiten, die unter Verwendung visueller Anwendungswerkzeuge in Applets oder Anwendungen visuell zusammengesetzt werden können. Die Schlüsselidee von JavaBeans ist die Definition einer Reihe von Konventionen, denen eine Komponente (genannt *Bean*) entsprechen muß.

- *Just In Time (JIT) Compiler*
  Durch die Verwendung von Bytecode anstatt Maschinensprache sind Java-Programme langsamer in der Ausführung als Programme, die native Maschinensprache verwenden, da die JVM den Bytecode vor der tatsächlichen Ausführung interpretieren muß. JIT-Compiler sind Teil der JVM und dienen der Übersetzung von Bytecode in native Maschinensprache. Sie optimieren die Geschwindigkeit der JVM und verkleinern den Geschwindigkeitsunterschied zwischen Java-Programmen und Programmen, die Maschinensprache verwenden.

Zusätzlich zu diesen Komponenten kann die Java-Programmierung durch eine Anzahl von anderen Klassenbibliotheken und Schnittstellen erleichtert werden. Auf der Java-Site von Sun unter `http://java.sun.com/` finden sich umfassende Informationen über Java und Java-Entwicklung.

8.3 Verteilte Programmierung

Programmierung, wie sie im vorangegangenen Abschnitt beschrieben wurde, ist auf die Ausführung des Codes auf einer einzelnen Plattform beschränkt. Ein allgemeinerer Ansatz der Programmierung liegt in der die *verteilten Programmierung*, die Kommunikation zu einem Teil des Programmiermodells macht.

Im Zusammenhang mit dem Web kommt der verteilten Programmierung hauptsächlich für über das Web verteilte Programme Bedeutung zu. Das grundsätzliche Szenario ist, daß ein Programm (üblicherweise ein Java-Applet) nach dem Herunterladen von einem Web-Server lokal ausgeführt wird und mit anderen Programmen kommuniziert, zum Beispiel, indem es als Client arbeitet und Dienste von einem Server abruft. Obwohl das

Programm mit Standard-Web-Mechanismen (höchstwahrscheinlich via HTTP) heruntergeladen wurde, ist die Kommunikation zwischen dem Programm und dem Server einTeil der Architektur der verteilten Programmierung. Es gibt diverse Architekturen der verteilten Programmierung, die zur Implementierung solcher Client/Server-Szenarios zwischen einem lokal ausgeführten Applet und einem entfernten Server herangezogen werden können.

Javas eigene Architektur zur verteilten Programmierung ist der *Remote Method Invocation (RMI)*-Mechanismus, der in Abschnitt 8.3.1 beschrieben wird. Ein sprachunabhängiges Modell der verteilten Programmierung unter Verwendung des Client/Server-Paradigmas ist die *Common Object Request Broker Architecture (CORBA)*, die in Abschnitt 8.3.2 erläutert wird. Microsofts Produkt für die verteilte Programmierung ist die *Distributed Component Object Model (DCOM)*-Architektur, die in Abschnitt 8.3.3. im Mittelpunkt steht. Abschnitt 8.3.4 bespricht zum Abschluß die Zusammenarbeit unterschiedlicher Architekturen.

8.3.1 Remote Method Invocation (RMI)

Auf unterster Ebene verwendet Java den *Remote Method Invocation* als *Remote Procedure Call (RPC)*-Mechanismus. Während traditionelle RPC-Systeme nur die Übertragung von Aufrufparametern zulassen, erlaubt RMI die Übergabe von Objekten als Argumente und Rückgabewerte. Ermöglicht wird dieser erweiterte Mechanismus durch die Plattformunabhängigkeit von Java.

Die Fähigkeit von RMI, Objekte als Parameter zu übergeben, ermöglicht es, Verhalten in verteilte Anwendungen zu verlagern. Anstelle eines Servers, der sämtliche Daten in einer Client/Server-Umgebung selbst verarbeitet, kann der Server Objekte speichern, die bei Anforderung bestimmter Dienste an die Clients übertragen werden. Die Clients führen diese Objekte (die ein bestimmtes Verhalten implementieren) lokal aus. Solch eine Konstruktion ermöglicht die Aufteilung der Bearbeitung zwischen Client und Server, aber der Server kann immer noch das gesamte Verhalten kontrollieren. Wenn das Verhalten verändert werden soll, können die Clients unverändert bleiben; nur die Objekte auf dem Server müssen geändert werden. Wenn Clients den Dienst erneut abrufen, erhalten sie das neue Objekt mit dem modifizierten Verhalten.

Verhalten kann auch vom Client zum Server übertragen werden. Das beste Beispiel für eine solche Anwendung ist ein Rechen-Server. Mit RMI können Clients eigene Objekte zur Berechnung zum Server übertragen. Der Server führt die mit dem Request gesandten Objekte aus und gibt die Ergebnisse der Berechnung an den Client zurück.

Obwohl RMI im wesentlichen auf eine Java-Umgebung ausgelegt ist, kann dieser auch zur Integration vorhandener Lösungen in anderen Programmiersprachen verwendet werden. Genau diesem Zweck dient das *Java Native Method Interface (JNI)*, das beispielsweise RMI-Zugriff auf einen Server bereitstellt, der in einer anderen Programmiersprache implementiert ist.

8.3.2 Common Object Request Broker Architecture (CORBA)

Die *Common Object Request Broker Architecture (CORBA)* [198], von der *Object Management Group (OMG)* spezifiziert, ist eine Middleware-Plattform zur Unterstützung von Anwendungen in verteilten und heterogenen Umgebungen. Die Schlüsselkomponente von CORBA ist der *Object Request Broker (ORB)*. Ein ORB ist für die Übermittlung von Operationen vom Client zum Server zuständig. Abbildung 8.1 zeigt den grundsätzlichen Aufbau einer CORBA-basierten Client/Server-Anwendung.

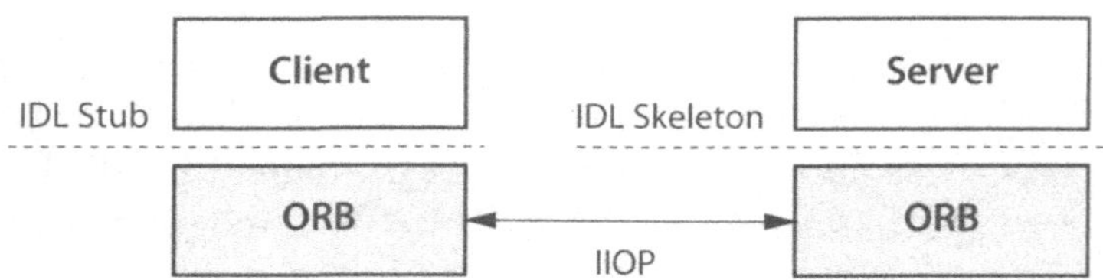

Abb. 8.1   Struktur einer CORBA-Anwendung

Als Protokoll für die Kommunikation zwischen ORBs spezifiziert CORBA das *General Inter-ORB Protocol (GIOP)*. GIOP ist in spezialisierten Abbildungen für eine oder mehrere Netzwerkübertragungsschichten implementiert. Eine dieser Abbildungen von GIOP ist das *Internet Inter-ORB Protocol (IIOP)*, das unter Verwendung des *Transmission Control Protocol (TCP)* Requests durch die Internet-Übertragungsschicht leitet oder Antworten entgegennimmt.

CORBA-Schnittstellen werden mittels der *Interface Definition Language (IDL)* beschrieben. IDL ist eine Sprache, die nur zur Definition der Schnittstelle für eine CORBA-Anwendung verwendet wird. Die Implementierung wird mit Standard-Programmiersprachen vorgenommen. Zur Erzeugung sprachspezifischer Schnittstellen aus IDL-Spezifikationen dient ein IDL-Compiler. Der CORBA-Standard definiert Sprachabbildungen von CORBA in eine Anzahl gängiger Programmiersprachen. Derzeit sind Abbildungen für *C*, *C++, Smalltalk, COBOL, Java* und *Ada* definiert. Andere Sprachabbildungen sind möglich (wie etwa die Abbildung von IDL nach *ECMAScript* die, wie in Abschnitt 10.5.5 beschrieben, für das *Document Object Model (DOM)* verwendet wird), zur Zeit aber nicht standardisiert. Ein IDL-Compiler kann sprachspezifischen Code für die Client- oder Server-Seite einer CORBA-Anwendung erzeugen.

- *Client-Seite (Stub)*
  Ein Stub ist die aufrufende Seite einer CORBA-Anwendung. Sie enthält virtuelle Funktionsdefinitionen, die von Programmen, die Operationen nach IDL-Spezifikation verwenden, aufgerufen werden können, als wären sie lokal. Allerdings enthält der Stub Programmcode, um die Operationen entfernt auszuführen.

- *Server-Seite (Skeleton)*
  Die Server-Seite einer CORBA-Anwendung implementiert die durch die IDL-Spezifikation definierten Operationen. Das geschieht, indem sie die Operationsaufrufe durch das Skeleton entgegennimmt und die Ergebnisse durch das Skeleton zurückgibt.

CORBA definiert also zwei verschiedene Schnittstellentypen: zum einen mit Hilfe der IDL-Spezifikation horizontale Schnittstellen zwischen der Anwendung und dem ORB und zum anderen über GIOP (bzw., um genau zu sein, IIOP) eine vertikale Schnittstelle zwischen ORBs.

8.3.3 Distributed Component Object Model (DCOM)

Microsofts *Distributed Component Object Model (DCOM)* ist eine Menge von Konzepten und Programmschnittstellen, deren Funktionalität grob mit der von CORBA vergleichbar ist, nämlich die Unterstützung von Client/Server-Anwendungen in einer verteilten Umgebung. DCOM ist die Erweiterung des *Component Object Model (COM)*, das Client/Server-Anwendungen auf einem einzelnen Rechner unterstützt. DCOM ist ein Teil der Familie von *ActiveX*-Technologien.

CORBA und DCOM sind zur Zeit die beiden konkurrierenden Technologien für heterogene, verteilte Programmierung. Im Gegensatz zu CORBA, das seinen Ursprung in einer Spezifikation hat, die mittlerweile für eine große Zahl an Plattformen implementiert wurde, handelt es sich bei DCOM hauptsächlich um ein Produkt. Implementierungen für andere Plattformen als Windows und Macintosh sind zur Zeit nicht verfügbar.

8.3.4 Interworking

RMI, CORBA und DCOM sind konkurrierende Technologien im Bereich der verteilten Programmierung. Die grundlegende Funktionalität dieser Technologien ist die gleiche, aber es gibt Unterschiede sowohl bei bestimmten Eigenschaften als auch bei der Unterstützung von Interworking in heterogenen Umgebungen. Abbildung 8.2 zeigt eine mögliche Situation für eine heterogene Umgebung, in der ein Java-Client (der auch ein Applet in einer Web-Seite sein kann) mittels der CORBA-Plattform einen in C++ implementierten Server kontaktiert.

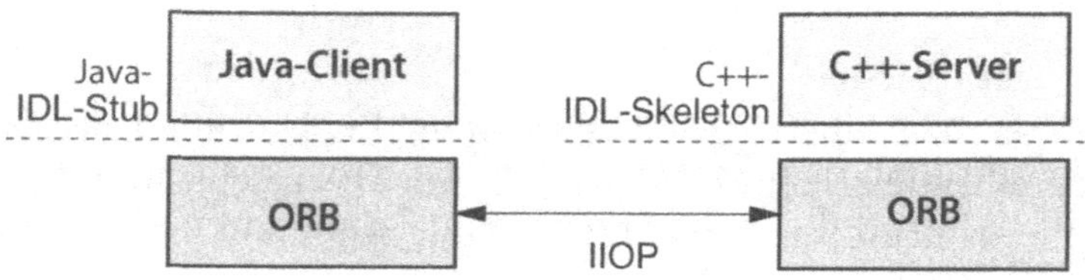

Abb. 8.2 CORBA in einer heterogenen Umgebung

Das Interworking von Java-Anwendungen und anderen Programmiersprachen in einer CORBA-basierten Umgebung, wie von Orfali und Harkey [200] beschrieben, ist eine der vielversprechendsten Architekturen, die Interworking unabhängig von der Programmiersprache erlaubt. DCOM, das auf dem im *Distributed Computing Environment (DCE)*-Standard[3] definierten *Remote Procedure Call (RPC)*-Mechanismus basiert, läßt ebenfalls sprachunabhängiges Interworking zu, ist aber eingeschränkter in der Unterstützung von Programmiersprachen und Betriebssystemen, auf denen es läuft.

---

[3] DCE ist eine Menge von Standards für Distributed Computing; Einen guten Überblick geben Rosenberry u.a. [232] oder eine grundlegende Einführung [199].

9. HTTP-Server

Obwohl HTTP als Protokoll beschreibt, wie ein HTTP-Server HTTP-Requests zu interpretieren hat und wie er sie bearbeiten soll, gibt es viele Wege, dies in einem Programm zu implementieren. Ein sehr einfacher und einleuchtender Weg wird von Hethmon [96] beschrieben, der die Implementierung eines einfachen HTTP-Servers benutzt, um das HTTP-Protokoll zu erklären. Tatsächlich war der erste HTTP-Server ein sehr kleines Programm, das den Namen der angeforderten Ressource auf einen Dateinamen abbildete und den Inhalt dieser Datei als Antwort sendete (die allererste Version von HTTP, die damals benutzt wurde, war HTTP/0.9 und wird in Abschnitt 3.1.1 beschrieben). Jedoch machten sowohl der Erfolg des Web und das Erscheinen von Servern mit einer großen Zahl an Dokumenten als auch die wachsende Komplexität von HTTP eine saubere Konfiguration und eine effiziente Verwaltung eines HTTP-Servers zu einer sehr schwierigen Aufgabe.

Es ist daher angebracht, dem HTTP-Server ein eigenes Kapitel zu widmen. HTTP-Server sind die wichtigsten Programme für die Web-Infrastruktur, dennoch kommt ein Web-Benutzer fast nie direkt damit in Berührung. Aus Sicht des Benutzers funktioniert ein Web-Server (er sendet eine Ressource) oder er funktioniert irgendwie nicht und antwortet mit einer Fehlermeldung. Die internen Vorgänge eines HTTP-Servers sind etwas sehr wichtiges für die Infrastruktur des Web, liegen aber nur selten im direkten Einfluß des Benutzers. Dieses Kapitel über HTTP-Server kann daher als ergänzendes Material zu dem in Kapitel 3 beschriebenen HTTP betrachtet werden. Außerdem kann es das Verständnis verbessern, wie eine Web-Seite strukturiert werden kann und wie das Verhalten eines Web-Servers durch die eine oder andere Art der Strukturierung beeinflußt wird.

In Abschnitt 9.1 werden einige Standardtests beschrieben, die häufig zur Messung der Server-Geschwindigkeit verwendet werden, obwohl in vielen Fällen dessen Leistungsfähigkeit nicht das entscheidende Kriterium bei der Auswahl eines bestimmten Servers darstellt. Allerdings ist die Geschwindigkeit besonders für große Sites ein kritischer Punkt, der ernstgenommen werden sollte, wenn ein Server Dutzende von Requests pro Sekunde empfängt[1]. Das Hauptkriterium wird aber in vielen Fällen eher die Vielseitig-

---

[1] Auf populäre Web-Sites erfolgen heutzutage Zugriffe in der Größenordnung von einigen Millionen pro Monat. Das ergibt im Mittel zehn Zugriffe pro Sekunde und wesentlich mehr in Spitzenzeiten

keit des Servers sein. Dieser Aspekt wird in Abschnitt 9.2 besprochen, der mögliche Eigenschaften und Konfigurationen eines Servers beschreibt.

Als Beispiel für einen Server wird in Abschnitt 9.3 der Apache Web-Server beschrieben, eine kostenlose (d.h. Public Domain) Server-Implementierung. Apache ist bereits seit einiger Zeit der beliebteste Web-Server (die aktuellste Umfrage vom September 1998 zeigt, daß 51,9% aller betriebenen Web-Server Apache-Server sind), und sein Marktanteil wächst ständig[2]. Jedoch wird wegen der Komplexität von Apache (und der großen Anzahl von dafür erhältlichen Modulen von Fremdanbietern) nur ein Bruchteil seiner Funtionalität beschrieben, was mehr dazu gedacht ist, eine Vorstellung davon zu vermitteln, wie ein richtiger Web-Server installiert und konfiguriert werden kann.

Zum Schluß beschreibt Abschnitt 9.4, wie Server mit anderen Programmmen zusammenarbeiten können[3]. Obwohl die Definition, wie mit externen Programmen zu interagieren ist, ganz dem Server überlassen bleiben könnte, definiert das *Common Gateway Interface (CGI)* einen Standard für die Kommunikation zwischen Prozessen, was externe Programme unabhängig von einer bestimmten Server-Implementierung macht. Unter Verwendung von CGI kann ein externes Programm unabhängig von einem speziellen Server entwickelt und eingesetzt werden.

9.1 Server-Leistungsfähigkeit

Die Messung der Leistung eines Web-Servers kann auf vielfältige Weise und unter Verwendung einer Reihe verschiedener Testmuster erfolgen. Die beiden wichtigsten Leistungstests unterscheiden sich wesentlich in ihrer Philosophie.

- *Der WebStone*-Benchmark, entwickelt von *Silicon Graphics, Inc. (SGI)*, ist ein vielseitig konfigurierbarer Test, der für die Administratoren von Web-Sites zum Prüfen von Web-Servern entworfen wurde. Es wird ein Testmuster definiert, das wiederholt zwischen einem Client-Rechner und dem Web-Server auf einem anderen Rechner ausgeführt wird. Nach einer Anzahl von Wiederholungen werden Statistiken erzeugt, mit denen man die Leistungsfähigkeit verschiedener Web-Server vergleichen kann. Die Konfigurierbarkeit des WebStone-Benchmarks, die auf der einen Seite

---

[2] Die beiden den Markt dominierenden Web-Server derzeit sind Apache und Microsofts Internet Information Server, beide in den letzten Jahren mit steigendem Marktanteil. Sie machen zusammen 74% aller Web-Server aus.

[3] Diese Funktionalität ist wichtig, wenn externe Programme zur Bearbeitung des Requests herangezogen werden müssen. Das ist beispielsweise der Fall, wenn der Server einen Request mit Formulardaten bekommt. Eine andere mögliche Situation wäre die Anforderung einer Ressource, die dynamisch erzeugt werden muß, wie zum Beispiel durch eine Datenbankabfrage.

nützlich ist, um für gegebene Zugriffsmuster einen spezifischen Test zu entwerfen, macht es auf der anderen Seite schwierig, Ergebnisse, die mit verschiedenen Testmustern gewonnen wurden, zu vergleichen, da Web-Server bestimmte Testmuster sehr unterschiedlich behandeln können.

- Der *SPECweb96*-Benchmark, entwickelt von der *Standard Performance Evaluation Corporation (SPEC)* verwendet einen festen Satz von Test-mustern, der aus Benutzungsmustern großer Web-Server abgeleitet wurde. Dieser Test ist hauptsächlich für die Verwendung in geschlossenen Test-umgebungen gedacht, die einen Server und eine Anzahl von Client-Rechnern in einem abgeschlossenen Netz umfaßt. Aus diesem Grund kön-nen SPECweb96-Ergebnisse leichter miteinander verglichen und von Händ-lern ermittelt und veröffentlicht werden. Da die Testmuster fest vorgegeben sind, können die Testergebnisse aber von geringem Nutzen sein, wenn der Server mit ganz anderen Benutzungsmustern konfrontiert wird.

Ein Papier von Hu u.a. [104] beschreibt die Unterschiede zwischen diesen beiden Benchmarks und warum jeder von ihnen seinen eigenen Anwen-dungsbereich hat. Beim Vergleich von Benchmark-Ergebnissen sollte man immer bedenken, daß sie beide auf Vereinfachungen basieren (bestimmte oder begrenzte Testmuster, unbelastete Netzwerke, unbelastete Rechner). Des-weiteren lassen zur Zeit beide oben beschriebenen Benchmarks CGI-Inter-aktionen und einige andere Punkte unberücksichtigt, die für einen Web-Server unter realistischen Bedingungen wichtig sein könnten.

9.2 Server-Konfiguration

Ein Web-Server kann auf vielfältige Weise konfiguriert werden. Die erste Frage ist, wie er auf einem Rechner betrieben werden soll, entweder perma-nent oder nur, wenn ein Request bearbeitet werden soll. Diese Frage wird in Abschnitt 9.2.1 erörtert.

Die zweite grundlegende Frage bei der Server-Konfiguration ist, wie viele Host-Namen ein einzelner Web-Server bedienen soll. Sind mehrere Host-Namen erforderlich, müssen *virtuelle Hosts* verwendet werden, welche in Abschnitt 9.2.2 beschrieben werden.

Die beiden grundsätzlichen Möglichkeiten, wie ein Web-Server bei einem bestimmten Host-Namen konfiguriert werden kann, sind als *Origin Server*, beschrieben in Abschnitt 9.2.3, oder als *Proxy Server*, wie in Abschnitt 9.2.4 erläutert.

9.2.1 Server-Start

Per Definition ist ein Server ein Programm, das auf Requests von Clients wartet, diese bearbeitet und das Ergebnis als Response sendet. Dieses Verhalten wird von einem Web-Server erwartet, aber der exakte Mechanismus, wie eingehende Requests von Clients behandelt werden, kann variieren. Die ältere (und immer unbeliebtere Methode) besteht darin, den Server bei Requests zu starten, was in Abschnitt 9.2.1.1 beschrieben wird. Die andere Methode ist die, daß der Server ständig läuft. Diese Konfiguration wird in Abschnitt 9.2.1.2 beschrieben.

9.2.1.1 Start auf Request

Diese Server-Konfiguration hat ihren Ursprung in Zeiten, zu denen Computerspeicher eine knappe Ressource war und viele der Dienste, die ein Host bot, nur gelegentlich genutzt wurden. Die grundlegende Idee ist, daß ein Programm, genannt *Internet Superserver (inetd)*[4], auf dem Rechner läuft und an einer Anzahl von Ports, die Diensten zugeordnet sind, auf Requests wartet. Wenn ein Verbindungs-Request empfangen wird, startet der Internet Superserver den zugehörigen Server (d.h., den Server, der zur Behandlung von Verbindungs-Requests auf diesem Port konfiguriert ist), der diesen Request dann bearbeitet.

Der Vorteil dieser Methode besteht darin, daß der Internet Superserver so konfiguriert werden kann, daß er eine große Anzahl von Ports überwacht und so eine große Anzahl an Diensten bereitstellt, ohne daß diese ständig auf dem Server laufen müssen. Auf Systemen, bei denen die Anzahl der Prozesse die Geschwindigkeit entscheidend beeinflußt, macht es Sinn, einen Server nur zu starten, wenn er benötigt wird.

Eine Möglichkeit, einen Web-Server, der im Internet-Superserver-Modus läuft, zu konfigurieren, beinhaltet einen Konfigurationseintrag für den Internet Superserver, der den Port des Web-Servers (typischer HTTP-Standard-Port ist 80) mit der ausführbaren Datei des Web-Servers verknüpft. Dieses Programm wird vom Internet-Superserver gestartet, wenn ein Verbindungs-Request auf dem konfigurierten Port empfangen wird. Der Web-Server übernimmt die Verbindung[5], bearbeitet sie, erzeugt und sendet einen Response und terminiert.

---

[4] Der Name »inetd« ist eine Kombination aus dem abgekürzten Wort »Internet« und der Unix-Konvention, an die Namen von Server-Programmen (oder »Dämonen«, wie sie in Unix oft genannt werden) ein »d« anzuhängen.

[5] Die Übernahme der Verbindung ist eine eingebaute Eigenschaft von Unix, wobei ein Prozeß, der von einem anderen Prozeß gestartet wird, die komplette Umgebung des sogenannten Vaterprozesses erbt, einschließlich geöffneter Dateien und Netzwerkverbindungen.

Allerdings hat dieser Ansatz auch einige Nachteile. Der wichtigste ist, daß die Erzeugung eines Prozesses bei den meisten Betriebssystemen eine aufwendige Operation ist, die eine Menge Systemressourcen benötigt (weil viele Systemdatenstrukturen verändert werden müssen, um dem System den Prozeß bekanntzumachen, und weil der Programmcode aus dem Dateisystem in den Arbeitsspeicher geladen werden muß). Wenn ein bestimmter Dienst oft angefordert wird, verursacht das Internet-Superserver-Modell eine große Zahl an Prozeßstarts und Beendigungen. Dies kann zu merklich höheren Belastungen als bei einem ständig laufenden Server führen. Des weiteren steht auf modernen Systemen ausreichend Hauptspeicher zur Verfügung, so daß es nicht mehr so wichtig ist, die Zahl laufender Prozesse so klein wie möglich zu halten.

Der Internet-Superserver eignet sich immer noch für Dienste, die nur selten benötigt werden oder viele Systemressourcen verbrauchen. Für einen Web-Server jedoch, der eine große Anzahl von Requests bekommt, die sehr einfach bearbeitet werden können, ist das Internet-Superserver-Modell nicht zu empfehlen, und die meisten Installationshandbücher fürWeb-Server raten von seiner Verwendung ab[6]. Das Internet-Superserver-Modell sollte nur für experimentelle Zwecke und für Systeme mit sehr wenig Ressourcen erwogen werden.

9.2.1.2 Permanenter Betrieb

In praktisch allen Fällen wird ein Web-Server für einen permanenten Betrieb installiert. In diesem Fall muß sichergestellt sein, daß der Web-Server beim Systemstart gestartet wird, was typischerweise in einer Systemstartdatei geschieht. Es ist keine besonders sichere Konfiguration, den Web-Server manuell zu starten, da er dann nach einem Neustart des Systems nach einem Absturz oder Spannungsausfall nicht mehr ausgeführt wird.

Nach dem Starten überwacht der Web-Server den Port, für den er konfiguriert wurde, und nimmt sämtliche eingehenden Verbindungen auf diesem Port an. Somit bearbeitet ein permanent laufender Web-Server Requests schneller als ein im Internet-Superserver-Modus operierender, da er bereits läuft und den Request unmittelbar bearbeiten kann, während der Web-Server, der für den Internet-Superserver-Modus eingerichtet ist, erst gestartet werden muß.

---

[6] Die Dokumentation zu Apache beispielsweise enthält folgende Warnung: »Der indetd-Modus wird nicht mehr empfohlen und funktioniert nicht immer richtig. Vermeiden Sie ihn, soweit es möglich ist.«

9.2.2 Virtuelle Hosts

Sehr häufig wird bei der Konfiguration eines Web-Servers von sogenannten *virtuellen Hosts* Gebrauch gemacht. Ein so konfigurierter Server ist in der Lage, Requests an verschiedene Hosts zu bearbeiten, die durch DNS-Namen identifiziert werden. Es gibt viele Gründe, die virtuelle Hosts für den Server-Administrator attraktiv machen:

- *Verwaltung der Server-Software*
  Wenn nur ein Server verwendet wird, gibt es nur eine Instanz der Server-Software, und der Administrator kann den ganzen Server (und nicht nur einen Host) aktualisieren, indem er diese eine Instanz aktualisiert.

- *Server-Konfiguration*
  Da ein Großteil der Server-Konfigurationen für alle Hosts gilt, ist es wesentlich einfacher, nur eine Konfiguration für alle Hosts zu haben und virtuelle Host-Konfigurationen nur dort zu verwenden, wo sich die Konfigurationen unterscheiden.

- *Wartung*
  Die Wartung des Servers ist einfacher, wenn nur ein Server auf dem Rechner läuft. Es ist einfacher, lediglich eine Instanz eines Servers zu überwachen als eine Anzahl unabhängig laufender Server für jeden Host. Es ist außerdem einfacher, Protokolldateien zu erstellen und zu analysieren, wenn nur ein Satz davon existiert.

- *Leistung*
  Die Belastung des Rechners steigt bezüglich CPU-Ausnutzung und Speicherbedarf, wenn mehrere Server für jeden Host laufen. Ferner sind Optimierungen wie die dynamische Zuordnung von Server-Prozessen effizienter, wenn alle Hosts sich den Pool mit Server-Prozessen teilen.

Es gibt also viele gute Gründe, auf einem Server virtuelle Hosts einzusetzen, wenn der Bedarf besteht, mehrere Host-Namen mit einem Rechner zu bedienen. Es gibt zwei Methoden, virtuelle Hosts zu implementieren. Die ältere Methode verwendet *IP-basierte virtuelle Hosts* und wird noch in vielen Fällen eingesetzt, weil sie keine Anforderungen an die verwendete HTTP-Version stellt. Dieser Ansatz wird in Abschnitt 9.2.2.1 erläutert. *Nicht auf IP basierende virtuelle Hosts*, die in Abschnitt 9.2.2.2 beschrieben werden, stellen die neuere Methode dar, virtuelle Hosts zu implementieren. Sie können aber nur eingesetzt werden, wenn sowohl der Client als auch der Server mindestens HTTP/1.1 verwenden.

9.2.2.1 IP-basierte virtuelle Hosts

Die grundlegende Idee IP-basierter virtueller Hosts besteht darin, jeden virtuellen Host als eigenständigen IP-Host mit einer individuellen IP-Nummer zu behandeln. Zur Konfiguration IP-basierter virtueller Hosts ist es nötig, so viele IP-Adressen zu reservieren, wie IP-basierte virtuelle Hosts benötigt werden, und für alle Host-Namen der IP-basierten virtuellen Hosts DNS-Eintäge zu schaffen, die in die jeweiligen IP-Adressen aufgelöst werden. Abbildung 9.1 zeigt diesen grundlegenden Sachverhalt. Der linke Kasten repräsentiert die DNS-Einträge, und der rechte Kasten zeigt den Server, der für zwei IP-basierte virtuelle Hosts konfiguriert ist.

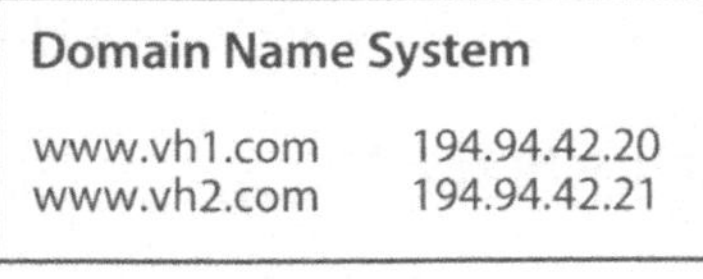

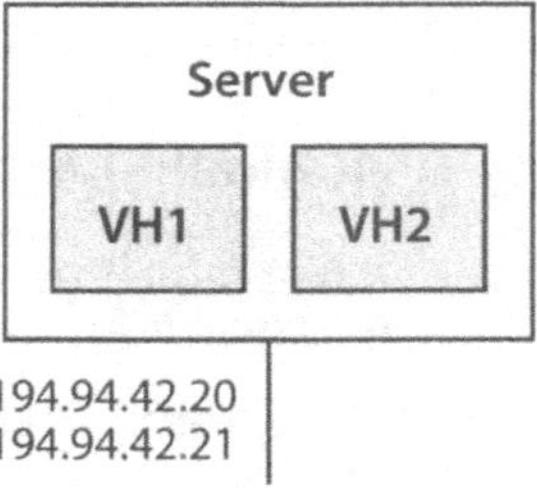

Abb. 9.1 IP-basierte virtuelle Hosts

Der nächste Schritt bei der Konfiguration IP-basierter virtueller Hosts liegt in der Zuordnung all dieser IP-Adressen zu dem Rechner, auf dem der Server läuft. In den meisten Fällen führt das zu einer Schnittstelle mit mehreren IP-Adressen. Der Server muß so konfiguriert sein, daß er alle IP-Adressen überwacht, was bedeutet, daß die Konfiguration eine Liste enthalten muß, die alle virtuellen Hosts ihren IP-Adressen zuordnet.

Wenn ein Verbindungs-Request empfangen wird, weiß der Server, für welche IP-Adresse der Request erzeugt wurde, und damit auch, an welchen virtuellen Host dieser gerichtet ist. Der Server kann entsprechend der Konfiguration für diesen virtuellen Host auf den Request antworten.

Diese Art der Konfiguration virtueller Hosts ist sehr einfach, hat aber zwei Nachteile, die den Wunsch nach einer anderen Art der Einrichtung virtueller Hosts aufkommen lassen. Der erste Nachteil besteht in der Notwendigkeit einer IP-Adresse für jeden virtuellen Host. Für große Dienstanbieter bedeutet das, daß ein einzelner Rechner eine große Anzahl von IP-Adressen bekommt. Das ist offensichtlich eine Verschwendung von IP-Adressen (die nur begrenzt zur Verfügung stehen), und es ist wünschenswert, eine andere Methode zur Konfiguration virtueller Hosts zu haben.

Der andere Nachteil dieser Art virtueller Host-Konfiguration liegt darin, daß ein Rechner mit Hunderten oder Tausenden von IP-Adressen, was theoretisch kein Problem ist, in der Praxis ernste Probleme verursachen kann. Betriebssysteme und Router sind nicht für den Betrieb mit solchen Servern ausgelegt, so daß viele Implementierungen von Netzwerk-Software damit Schwierigkeiten haben. Obwohl dies lediglich ein Problem der Implementierung ist, wäre es besser, diesen Typ der Konfiguration von vornherein zu vermeiden, anstatt die Implementierung der Netzwerk-Software zu verändern.

Jedoch gab es, obwohl die Probleme bekannt waren, vor HTTP/1.1 keinen Weg, diese Konfiguration zu vermeiden, da die Protokollspezifikation keine Möglichkeit bot, anzugeben, für welchen virtuellen Host der Request gesendet wurde. Damit führte der einzige Weg, eine Unterscheidung zu schaffen, über die Verwendung unterschiedlicher IP-Adressen für jeden virtuellen Host.

9.2.2.2 Nicht auf IP basierende virtuelle Hosts

Da klar war, daß es eine Protokollunterstützung zur Unterscheidung verschiedener virtueller Hosts auf einem Server geben mußte, führte HTTP/1.1 das Header-Feld `Host` ein, welches obligatorisch ist und den Host-Namen enthält, für den der Request gesendet wurde. Diese Protokolleigenschaft ermöglicht die Verwendung nicht auf IP basierender virtueller Hosts. Die Konfiguration nicht auf IP basierender virtueller Hosts gleicht der für IP-basierte virtuelle Hosts, aber anstatt DNS-Einträge mit unterschiedlichen IP-Adressen zu definieren, haben alle DNS-Einträge für die virtuellen Hosts dieselbe IP-Adresse. Abbildung 9.2 zeigt diesen Aufbau, der die gleiche Konfiguration wie im vorangegangenen Abschnitt darstellt, jedoch nicht auf IP basierende virtuelle Hosts anstelle von IP-basierten verwendet.

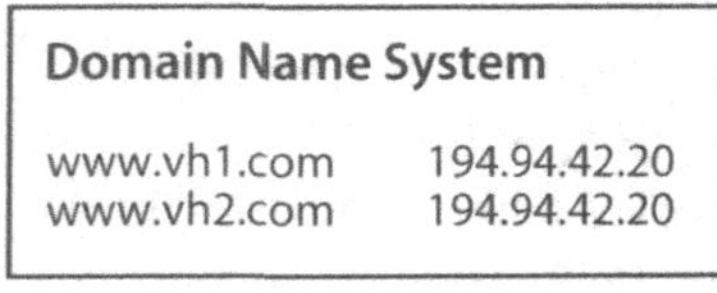

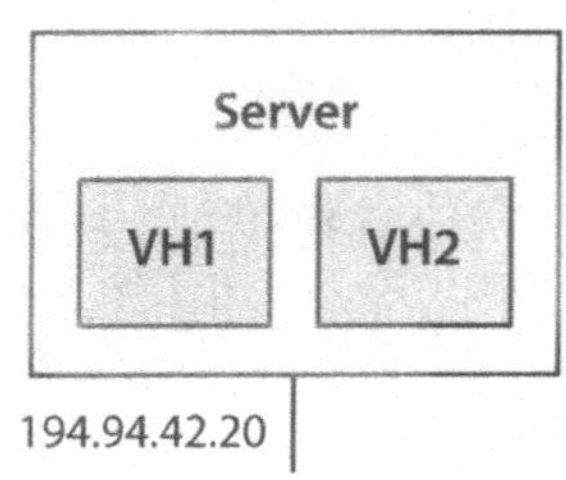

Abb. 9.2 Nicht auf IP basierende virtuelle Hosts

Der Server überwacht jetzt nur eine IP-Adresse, und da jeder eingehende Request eine Identifikation enthält, für welchen virtuellen Host der Request gesendet wurde (angegeben im Header-Feld `Host`), kann der Server diese

Information nutzen und entsprechend der Konfiguration für den virtuellen Host antworten.

Wenn die URL in der Request-Zeile eine absolute URL ist (also sowohl einen Host-Namen als auch Pfadinformationen enthält), muß der Server das Header-Feld `Host` ignorieren und den Host-Namen aus der absoluten URL verwenden.

Ein wichtiger Vorteil nicht auf IP basierender virtueller Hosts besteht darin, daß die Erzeugung eines neuen virtuellen Hosts einfacher ist als bei IP-basierten virtuellen Hosts. Für einen neuen virtuellen Host ist es lediglich erforderlich, einen DNS-Eintrag mit der Adresse des Servers zu erzeugen und den virtuellen Host innerhalb des Servers zu konfigurieren. Bei IP-basierten virtuellen Hosts muß außerdem die Konfiguration der Netzwerkschnittstelle geändert werden, da eine neue IP-Adresse zugeordnet werden muß.

Der Hauptnachteil nicht auf IP basierender virtueller Hosts liegt darin, daß sie nur in HTTP/1.1 oder neuer definiert sind[7]. Da dieses Problem aber schon länger besteht, senden die meisten Clients, die noch kein HTTP/1.1 unterstützen, (auch ohne Unterstützung durch die Protokollspezifikation) in jedem Request ein Header-Feld `Host`, um mit nicht auf IP basierten virtuellen Hosts kompatibel zu sein.

9.2.3 Origin Server

Die meisten Web-Server sind als Origin Server konfiguriert. Ein Origin Server empfängt Requests und bearbeitet sie lokal, im Gegensatz zum Proxy-Server, der in der Lage ist, Requests an andere Server (entweder Origin Server oder andere Proxies) weiterzuleiten. Der Betrieb eines Origin Servers wirft viele Fragen bezüglich der Behandlung eingehender Requests auf, die von administrativen Dingen bin hin zu Geschwindigkeitsaspekten reichen. In diesem Abschnitt wird nur eine Auswahl relevanter Punkte besprochen.

Die wichtigste Frage ist, wie Requests, einschließlich URL-Pfade, mit den lokalen Ressourcen bearbeitet werden. Diese Frage wird in Abschnitt 9.2.3.1 besprochen. Eine weiterer Aspekt ist, wie benutzerspezifische Web-Seiten auf Mehrbenutzersystemen behandelt werden. Die gebräuchlichsten Ansätze für dieses Problem werden in Abschnitt 9.2.3.2 vorgestellt.

Allgemein muß entschieden werden, wie Requests, die sich nicht auf eine Ressource beziehen, behandelt werden sollen. Diese Frage wird in Abschnitt 9.2.3.3 erläutert.

Zum Abschluß sollten wegen ihrer Bedeutung in Sicherheitsfragen CGI-Skripts, deren Bearbeitung, Autorisierung und Ausführung, betrachtet wer-

---

[7] Weil nur HTTP/1.1 von jedem Request verlangt, daß er das Header-Feld `Host` enthält.

den, bevor ein Web-Server gestartet wird. Abschnitt 9.2.3.4 beschreibt kurz die Möglichkeiten zum Umgang mit diesem Problem.

9.2.3.1 Allgemeines Layout des Dateisystems

Obwohl ein URL-Pfad fast einen Dateinamen darstellt (er verwendet Unix-Dateinamenskonventionen, die hierarchische Elemente mit einem Schrägstrich »/« trennen), stimmt er nicht notwendigerweise mit irgendeiner gegebenen Dateisystemstruktur auf dem Web-Server überein. Es obliegt gänzlich dem Server, URL-Pfade auf lokale Ressourcen (die nicht einmal in einem Dateisystem organisiert sein müssen) abzubilden. In vielen Fällen wird jedoch einfach der URL-Pfad als Suffix an ein Dateisystem-Präfix angehängt, das auf die Web-Ressourcen innerhalb des Dateisystems zeigt.

Obwohl die Abbildung vom URL-Pfad auf die lokalen Ressourcen frei durch den Server definiert werden kann (da die einzige Semantik, die für einen URL-Pfad definiert ist, die hierarchische Struktur darstellt), gibt es zwei grundsätzlich verschiedene Arten von Ressourcen, die vom Server unterschiedlich behandelt werden müssen.

- *Statische Ressourcen*
  Statische Ressourcen sind Ressourcen, die im Dateisystem des Servers abgelegt sind, und vom Server durch einfaches Lesen der entsprechenden Datei abgerufen werden können. Abhängig vom Typ der Ressource etwas Bearbeitungsaufwand entstehen (wie etwa das Durchsuchen der Datei nach Server-Side Includes, die in Abschnitt 9.3.2.5 beschrieben werden). Auf jeden Fall kann der Server aber die Antwort generieren, ohne auf die Hilfe anderer Prozesse zurückzugreifen. Üblicherweise werden statische Ressourcen durch sehr einfaches Abbilden des URL-Pfads auf die Pfade des Dateisystems definiert.

- *Dynamische Ressourcen*
  Dynamische Ressourcen werden dagegen dynamisch von externen Programmen erzeugt. Folglich bezieht sich der URL-Pfad nicht auf eine Ressource innerhalb des Dateisystems, sondern auf ein externes Programm, welches vom Server aktiviert werden muß, um die Antwort zu generieren. Der gebräuchlichste Weg, dies zu tun, ist CGI, das in Abschnitt 9.4 beschrieben wird. Da dynamische Ressourcen auf besondere Weise bearbeitet werden, verfügt der Server in den meisten Fällen über spezielle Präfixe, um sie zu identifizieren. Diese Präfixe werden in Abschnitt 9.2.3.4 behandelt.

Der Server muß diese beiden Ressourcentypen unterschiedlich behandeln, weil er in einem Fall die statischen Ressourcen einfach aus dem Dateisystem einlesen kann, während im anderen Fall ein externes Programm, welches die Antwort erzeugt, gestartet oder kontaktiert werden muß.

9.2.3.2 Benutzerspezifische Web-Seiten

Von Mehrbenutzersystemen wird häufig gefordert, daß die Benutzer ihre eigenen Web-Seiten erstellen und diese ohne Hilfe des Administrators über den Web-Server zugänglich machen können. (Dies wird manchmal als das Anbieten von *Web-Space* bezeichnet.) Um das zu erreichen, wird dem Benutzer üblicherweise ein besonderen Ort im Dateisystem zugewiesen, an dem er seine Web-Seiten ablegen kann.

Angesprochen wird der Web-Space eines Benutzers gewöhnlich mit einer URL, die eine Tilde »~« und den Benutzernamen enthält. Mit dieser Konvention bezieht sich die URL `http://www.company.com/~name` auf den Web-Space des Benutzers `name` auf dem Web-Server `www.company.com`[8]. Grundsätzlich gibt es zwei Wege, wie ein Web-Server die individuellen Web-Spaces der Benutzer und einen entsprechenden Request einen tatsächlichen Ort im Dateisystem zuordnen kann:

- *Erzeugung eines zentralen Bereichs für Benutzerseiten*
  In diesem Fall wird ein Dateisystem oder ein Verzeichnis angelegt, welches die individuellen Verzeichnisse für die Benutzer enthält. Die Zugriffsrechte für diese Verzeichnisse werden so vergeben, daß der Server sie alle lesen kann, aber nur die Benutzer selbst die Schreiberlaubnis für ihr Verzeichnis haben.
  Beispielsweise könnte man ein Verzeichnis `webhome/` anlegen, das ein Verzeichnis `webhome/name/` enthält. Nur der Benutzer `name` darf in dieses Verzeichnis schreiben, aber der Web-Server kann es lesen. Der Web-Server bezieht alle Requests mit einem URL-Pfad `~name` auf den Ort `/webhome/name/` im Dateisystem und sucht daher im persönlichen Web-Space des Benutzers nach der angeforderten Ressource.

- *Zugriff auf besondere Verzeichnisse*
  Die zweite Alternative sind spezielle Verzeichnisse im persönlichen Verzeichnis des Benutzers. In diesem Fall hat der Benutzer seinen Web-Space direkt in seinem persönlichen Verzeichnis, so daß die Zugriffsrechte so eingerichtet werden müssen, daß sie dem Server den Zugriff auf den Web-Space des Benutzers gestatten.
  Ein Beispiel für diesen Aufbau wäre ein Verzeichnis `www/` im Stammverzeichnis eines Benutzers, so daß der Benutzer `name` seinen persönlichen

---

[8] In Abschnitt 9.2.3.3 wird besprochen, wie ein Server diesen Request bearbeiten kann, da er keine Dokumentnamen enthält (wie etwa `index.html`).

Web-Space im Verzeichnis /home/name/WWW/[9] hat. Der Server bildet in diesem Fall alle Requests, die den URL-Pfad ~name enthalten, auf den Ort /home/name/WWW/ ab und sucht daher im persönlichen Web-Space des Benutzers nach der angeforderten Ressource[10].

Welche dieser Methoden gewählt wird, ist größtenteils Geschmackssache. Der Vorteil der ersten Methode ist, daß sich alle Benutzer-Web-Seiten an einem zentralen Ort befinden und somit einfacher zu verwalten sind. Ferner stehen die Daten auch dann noch zurVerfügung, wenn das Stammverzeichnis des Benutzers nicht verfügbar ist (weil der Benutzer z.B. den Rechner, auf dem sein Stammverzeichnis liegt, abgeschaltet hat), da sie in einem separaten Dateisystem liegen.

Der zweite Ansatz ist weniger zentral und hat den Vorteil, daß der Systemadministrator ein zentrales Verzeichnis weniger zu pflegen hat. Zusätzlich werden alle für Benutzer eingerichtete Plattenkontingente, die Web-Seiten enthalten, ohne weitere Konfiguration einbezogen.

In beiden Fällen ist spielt es jedoch eine große Rolle, den Benutzern klarzumachen, daß alle Daten, die sie in ihren Web-Space schreiben, über den Server weltweit verfügbar sind, so daß mit Umsicht vorgegangen werden muß, um nicht versehentlich vertrauliche Daten in den Web-Space zu kopieren.

9.2.3.3 Behandlung von Requests

Es ist möglich, daß sich ein eingehender Request nicht in korrekter Weise auf eine Systemressource bezieht, d.h., weder auf eine Ressource im Dateisystem noch auf ein auszuführendes Skript. Dafür gibt es zweite häufige Ursachen. Die erste ist ein Fehler in der URL, der durch Tippfehler oder durch eine veraltete URL verursacht wird, die nicht mehr gültig ist. Im Falle von Tippfehlern wird der Server zumeist einfach mit einer Fehlermeldung antworten[11], während der Server im Falle der veralteten URL mit einer beson-

---

[9] Dies geht von der Annahme aus, daß die Stammverzeichnisse mit /home/ beginnen. Nach den Unix-Konventionen für Dateinamen soll das Stammverzeichnis des Benutzers name mit ~name bezeichnet werden, was aber leicht zu Verwechslungen mit den URL-Konventionen für persönlichen Web-Space führt. Die URL-Konventionen zur Benennung persönlichen Web-Spaces entstammen tatsächlich den Unix-Konventionen.

[10] Als Folge der URL- und Unix-Konventionen bezüglich Benutzerdaten bildet der Web-Server den URL-Pfad ~name tatsächlich auf den Unix-Verzeichnispfad ~name/WWW/ ab.

[11] Es ist möglich, daß der Server versucht, den richtigen Namen der Ressource zu erraten, indem er eine nach oben begrenzte Zahl von Tippfehlern akzeptiert und nach Ressourcen mit diesen Namen sucht. Apache enthält ein Modul für Rechtschreibprüfung, das veranlaßt werden kann, automatisch nach Ressourcen mit ähnlichen Namen zu suchen. Allerdings beinhaltet diese Rechtschreibprüfung eine Suche in möglicherweise vielen Verzeichnissen und kann ernste Auswirkungen auf die Geschwindigkeit des Servers haben.

deren Fehlermeldung antworten könnte, die besagt, daß die Ressource nicht mehr verfügbar ist, indem er den Statuscode 410 (gone) anstatt 404 (not found) sendet. Wenn der neue Ort der Ressource bekannt ist, könnte der Server auch mit den Statuscodes 30 1 (movedpermanently) oder 30 2 (movedtemporarly) antworten.

Der zweite Grund, weshalb dem sich die URL nicht auf eine Ressource bezieht, liegt in der Verwendung eines Verzeichnis- anstatt eines Datei-namens. Streng genommen gibt es bei URLs kein Konzept für Verzeichnisse, da die durch Schrägstriche getrennten Komponenten einfach einen hierarchi-schen Namen bilden. Das Weglassen der letzten Komponente einer solchen Hierarchie bezieht sich nicht notwendigerweise auf eine Ressource, sondern – in der Semantik von Dateisystemen – auf ein Verzeichnis. Aus diesem Grund ist es gängige Praxis, das Benutzer URLs abfragen, von denen sie annehmen, daß es sich um ein Verzeichnis mit Ressourcen handelt. Es obliegt dem Server zu entscheiden, wie er auf solche Requests antwortet.

1. *Akzeptieren von Verzeichnisnamen*
   Eine erste Möglichkeit ist, daß der Server alle Requests ablehnt, die in der URL einen Verzeichnisnamen aufweisen, da diese nicht auf Ressourcen zeigen, die gewöhnlich durch Dateien repräsentiert werden. Dies kann man aber als philosophische Frage betrachten, denn von einem anderen Standpunkt aus sind Verzeichnisse auch Ressourcen, die eine Anzahl von Dateinamen enthalten (und damit zu anderen Ressourcen führen). Letzt-endlich entscheidet der Administrator, ob Verzeichnisinformationen über das Web zugänglich gemacht werden.

2. *Verwenden von standardmäßigen Dateinamen*
   Wenn der Server ein Verzeichnis als URL-Pfad akzeptiert, kann er eine Anzahl von Standarddateinamen (wie z.B. index.html oder welcome.html) im Verzeichnis voraussetzen und nach diesen suchen. Wenn eine solche Datei gefunden wird, sendet der Server ihren Inhalt als Antwort.

3. *Senden von Verzeichnislisten als Response*
   Wenn ein Verzeichnisname als URL-Pfad akzeptiert wird, der Server aber keine Datei finden kann, die einem Standarddateinamen entspricht, kann der Server den Request entweder abweisen (weil er keine Verzeichnisinfor-mationen über das Web zugänglich machen will) oder er sendet als Response eine HTML-Seite, die den Inhalt des Verzeichnisses einschließ-lich Links zu allen Dateien in diesem Verzeichnis enthält.
   Die Option, eine Verzeichnisliste zu senden, ist die schwächste Form der Server-Sicherheit, und viele Administratoren halten sie für zu unsicher, da Clients ohne vorheriges Wissen Informationen über Dateinamen (und

Verzeichnisstrukturen) auf dem Server gewinnen können. Mit den so erzeugten Inhaltsverzeichnissen ist es ein leichtes, das Dateisystem des Servers zu durchqueren und auszukundschaften.

Wenn diese Option verwendet wird, muß sorgfältig darauf geachtet werden, daß vertrauliche Daten aus den Inhaltsverzeichnissen ausgeschlossen bleiben und daß Benutzer davon abgehalten werden, vertrauliche Daten in dem Dateisystembereich zu speichern, auf den der HTTP-Server Zugriff hat.

Neben diesen recht grundsätzlichen Entscheidungen beim Umgang mit Requests ist es dem Server freigestellt, wie er Requests interpretiert, solange der Response eine gültige HTTP-Nachricht ist, welche die vom Client erwarteten Informationen (wie etwa den Medientyp und Datumsangaben) enthält. Eine häufige Anforderung an den Server ist das Führen von Protokolldateien, die analysiert werden, um Statistiken zur Server-Benutzung zu gewinnen. Typischerweise schreibt der Server eine Zeile pro Request, welche die wichtigsten Informationen sowohl über den Request als auch den erzeugten Response enthält. Das am weitesten verbreitete Format für Protokolldateien ist das *Common Log Format (CLF)*, das von vielen Anwendungen erzeugt und analysiert werden kann.

9.2.3.4 CGI-Skripte

Eine spezielle Art von Request ist der Request nach einem *CGI-Skript* (wie in Abschnitt 9.4 beschrieben) oder jeder anderen Ressource, die das Ausführen eines anderen Programms erfordert, anstatt einfach eine Datei aus dem Dateisystem einzulesen. Syntaktisch unterscheiden sich Requests nach Skripten nicht von Requests nach Dateien, aber in vielen Fällen hat der URL-Pfad eines solchen Requests die Form `/cgi-bin/scriptname`. Allgemein erkennt der Server externe Programme entweder durch diesen speziellen Pfad-Präfix oder durch die Dateinamenserweiterung.

Der Grund für diesen speziellen Pfad-Präfix ist, daß viele Server-Administratoren es bevorzugen, alle externen Programme an einem Ort zu haben, was deren Verwaltung und besondere Vorsichtsmaßnahmen für den Zugriff vereinfacht. Externe Programme müssen mit besonderer Vorsicht behandelt werden, da sie im wesentlichen Programme auf dem Server sind, die von überall und oftmals mit Parametern gestartet werden können (solange keine Zugriffsbeschränkungen angegeben werden). Obwohl es in vielen Fällen nicht möglich ist, externe Programme gründlich zu testen, bevor sie im Web verfügbar gemacht werden, sollte man immer daran denken, daß externe Programme das größte Sicherheitsproblem für Web-Server darstellen.

In vielen Fällen ist der Web-Server so konfiguriert, daß er externe Programme nur dann ausführt, wenn sie in einem speziellen Verzeichnis stehen, wie etwa ein Verzeichnis `cgi-bin/`. Selbst wenn die Konfiguration des Servers zuläßt, daß Benutzer ihre eigenen Web-Seiten veröffentlichen (siehe Abschnitt 9.2.3.2), ist es den Benutzern oftmals nicht erlaubt, externe Programme in ihrem individuellen Web-Space verfügbar zu machen. Wenn ein Benutzer ein externes Programm verfügbar machen muß, kopiert es der Server-Administrator nach einem Sicherheitstest, der zeigen soll, ob das Programm den Sicherheitsanforderungen des Servers gerecht wird, in das Verzeichnis `cgi-bin/`.

9.2.4 Proxies

Wie in Abschnitt 3.2 erklärt, sind Proxies neben Origin Servern die wichtigste Form von Web-Server-Konfigurationen. Ein Proxy nimmt Requests entgegen und behandelt sie entweder über den lokalen Cache (der Ressourcen enthält, die bei vorangegangenen Requests zwischengespeichert wurden) oder leitet den Request weiter. Dieses Proxy-Verhalten wird in Abschnitt 9.2.4.1 behandelt.

Außer dem Nutzen als Cache kann ein Proxy auch hauptsächlich für Sicherheitsaufgaben eingesetzt werden. Ein Proxy als Vermittler zwischen einem Client und einem Origin Server kann eingesetzt werden, um Requests zu filtern oder um Protokolle zwischen sicheren und unsicheren Varianten von HTTP zu konvertieren. Diese Verwendung des Proxy wird in Abschnitt 9.2.4.2 besprochen.

9.2.4.1 Caching

Die Konfiguration eines Proxy als Cache hängt wesentlich vom jeweiligen Server-Programm ab. Im allgemeinen werden zur Konfigurierung des Cache zumindest die folgenden Informationen benötigt:

- *Cache-Größe*
  Die Cache-Größe gibt den maximalen Umfang der Daten an, die vom Proxy zwischengespeichert werden. Je größer der Cache, desto wahrscheinlicher ist es, daß ein Request nach einer Ressource aus dem Cache beantwortet werden kann.

- *Cache-Ort*
  Obwohl der Cache in den meisten Fällen nach internen Regeln des Servers organisiert ist, muß es einen Ort im Dateisystem des Servers geben, an dem der Server die im Cache befindlichen Dateien speichert. Normalerweise erzeugt der Server an dieser Stelle seine eigeneVerzeichnishierarchie.

- *Cache-Handling*
  Das Cache-Handling beinhaltet eine Strategie, wie der Cache verwaltet
  wird, insbesondere, nach welcher Strategie Cache-Einträge aus dem Cache
  entfernt werden sollen. Ferner kann die Strategie Regeln enthalten, die das
  Fälligkeitsdatum überschreiben, das von den Ressourcen selbst angegeben
  wird.

  Allgemein kann der Proxy sein Caching-Verhalten frei bestimmen, solange
  er sich an die in HTTP definierte Caching-Semantik hält, die insbesondere
  die semantische Transparenz vorschreibt. Das Verhalten des Cache kann
  auf der Größe der Ressourcen, den Inhaltstypen, der Ressourcenherkunft,
  den bevorzugten oder zu ignorierenden Domains oder anderen Kriterien
  basieren, die der Cache-Administrator für sinnvoll hält.

Bei der Konfiguration eines Proxy als Cache muß immer bedacht werden,
daß die Clients explizit konfiguriert werden müssen, den Proxy-Cache zu
verwenden und die Requests nicht direkt an den Origin Server zu richten. Die
gebräuchlichste Situation ist, einen Proxy als Cache für ein Intranet zu konfigurieren, zum Beispiel im Netzwerk einer Firma. In diesem Fall liegt der
Proxy zwischen dem Intranet und dem Internet.

Eine andere gängige Situation besteht in der Verwendung eines Proxy-
Cache von Internet-Anbietern. In diesem Fall enthält die Browser-Konfigura-
tion, die der Anbieter an seine Kunden gibt, einen Cache, der zwischen den
Zugriffspunkten der Kunden (z.B. die Modems, über die sich die Kunden ein-
wählen) und dem Internet-Anschluß des Anbieters liegt.

Ein korrekt plazierter und konfigurierter Proxy-Cache ist für alle beteiligten Parteien von Nutzen. Er entlastet den Origin Server, weil die zwischengespeicherten Kopien verwendet werden, anstatt die gleichen Ressourcen
mehrmals vom Origin Server zu holen, er reduziert das Datenaufkommen auf
dem Internet-Zugang des Proxy-Betreibers durch Vermeiden von Requests
auf Origin Server, und er reduziert die Wartezeit der Benutzer, da das Versenden der zwischengespeicherten Kopien wesentlich schneller ist als ein Zugriff
auf den Origin Server.

9.2.4.2 Sicherheit

Ein weiterer Grund für die Verwendung von Proxies können Sicherheitsaspekte sein. Sichere Server, die das in Abschnitt 3.3.1 beschriebene *HTTP
over SSL (HTTPS)*-Protokoll verwenden, stellen oftmals Dienste zur Verfügung, die mit vertraulichen Daten wie zum Beispiel Kreditkartennummern
umgehen. Ein Proxy kann auf zwei verschiedene Arten zum Zugreifen auf
sichere Server verwendet werden.

HTTPS Proxying

Im Falle von *HTTPS Proxying* wird der Server als Gateway zwischen HTTP und HTTPS eingesetzt. Diese Konfiguration wird in Abbildung 9.3 gezeigt, in welcher der Proxy über HTTP mit dem Client und über HTTPS mit dem Origin Server verbunden ist.

Abb. 9.3 HTTPS Proxying

In diesem Fall muß der Client keine HTTPS-Implementierung enthalten, da er über normales HTTP mit dem Proxy verbunden ist. Diese Konfiguration fußt auf der Annahme, daß das Intranet (d.h., die Verbindung zwischen Client und Proxy) sicher ist, und daß nur der Datenaustausch zwischen dem Proxy und dem Origin Server geschützt werden muß.

Der Server kann in diesem Fall die Daten vom Origin Server wie gewohnt interpretieren und im Cache speichern. Allerdings hat dieser Ansatz einige Nachteile:

- *Unsichere Client/Proxy-Verbindung*
  Dieser Punkt kann abhängig von der Situation wichtig sein. TCP/IP ist ein ziemlich unsicheres Protokoll, und solange nicht das gesamte Netzwerk physikalisch gegen unberechtigten Zugriff gesichert ist, stellt es kein Problem dar, die unsichere Client/Proxy-Verbindung zu belauschen.

- *Vollständige SSL-Implementierung auf dem Proxy notwendig*
  Da nur der Proxy HTTPS verwendet, muß er eine vollständige SSL-Implementierung enthalten. (SSL stellt das HTTPS zugrundeliegende Protokoll dar.) Wenn der Server stark belastet ist, kann die zusätzliche Auslastung durch SSL zum Leistungsproblem werden.

- *Keine SSL-Client-Authentifizierung möglich*
  Da der Client normales HTTP verwendet, kann der Server keine SSL-Client-Authentifizierung durchführen (ein optionaler Mechanismus, um unter Verwendung kryptographischer Methoden die Identität des Clients zu bestimmen).

Diese Nachteile von HTTPS Proxying gaben der Entwicklung eines anderen Schemas Auftrieb, das gesicherte Server und Proxies verwendet. Der alternative Ansatz basiert auf dem Ziel, eine sichere Verbindung zwischen Client und Origin Server herzustellen.

SSL Proxying

Luotonen [163] beschreibt eine Methode, wie ein Proxy eingesetzt werden kann, um unter Verwendung von HTTPS einen Client direkt mit einem Origin Server zu verbinden. Da dieser Ansatz mit jedem Anwendungsprotokoll funktioniert, das auf SSL basiert, wird diese Methode *SSL Proxying* genannt. In Abbildung 9.4 wird gezeigt, wie SSL Proxying den Client durch den Proxy mit dem Origin Server verbindet.

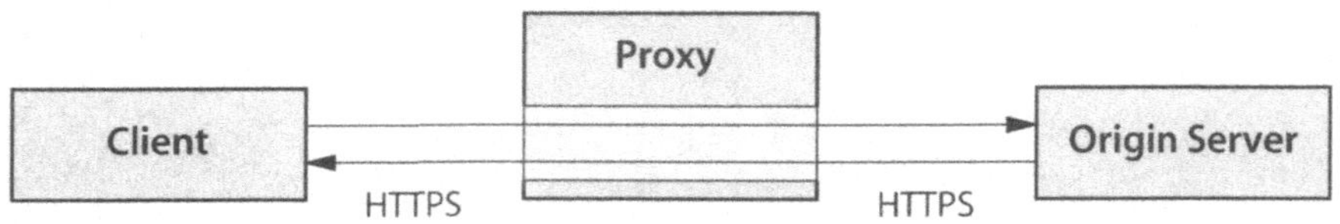

Abb. 9.4 SSL Proxying

SSL Proxying basiert auf einer neuen HTTP-Methode mit dem Namen CONNECT. Diese Methode wird vom Client verwendet, um dem Proxy mitzuteilen, zu welchem Origin Server ein Tunnel hergestellt werden soll. Der Proxy baut eine Verbindung zum Origin Server auf und sendet dann alle Daten vom Client weiter zum Origin Server und umgekehrt. Mit diesem Ansatz kann eine gesicherte Verbindung zwischen Client und Origin Server implementiert werden, so daß eine SSL-Client-Authentifizierung möglich ist. Ferner benötigt der Proxy keine SSL-Implementierung, sondern er muß lediglich die CONNECT-Methode unterstützen.

9.3 Der Apache-HTTP-Server

Der Apache-Web-Server, beschrieben von Laurie und Laurie [158], ist eine Web-Server-Implementierung, die für eine große Anzahl von Betriebssystemen kostenlos erhältlich ist. Er kann von jedem, der Interesse hat, einen Web-Server zu betreiben, heruntergeladen und installiert werden. Seine Verfügbarkeit und seine weitreichende Funktionalität haben ihn zum weitverbreitetsten Server im Web gemacht.

Eine Schlüsseleigenschaft von Apache ist sein *Application Programming Interface (API)*, beschrieben von Thau [260], das so gestaltet ist, daß Apache durch zusätzliche *Module* einfach erweitert werden kann. Der modulare Ansatz von Apache ermöglicht jedem, auf einfache Weise zusätzliche Funktionalität für den Server zu entwickeln, und viele der Module, die jetzt Teil der Standard-Distribution sind, wurden von Dritten zum Apache-Projekt beigetragen.

Apache basiert auf dem NCSA-Web-Server (der anfangs der am häufigsten eingesetzte Web-Server war), er enthält aber wesentlich mehr Funktionen als der ältere Server. Dieser Abschnitt über Apache beschreibt nur einen kleinen Bruchteil der Installations- und Konfigurationsmöglichkeiten und ist dazu gedacht, einen Eindruck davon zu vermitteln, wie ein Web-Server verwaltet wird. Wer sich von der Komplexität der Handhabung von Apache überfordert fühlt, kann unter diversen Firmen auswählen, die kommerzielle Unterstützung für Apache bieten, so daß die Verwendung eines kostenlosen Produkts mit der Sicherheit professioneller Konfiguration, Instandhaltung und Fehlerbehebung kombiniert werden kann.

Apache wird mit Hilfe verschiedener Konfigurationsdateien eingerichtet, und es dauert eine Zeit, um mit dem Konfigurationsprozeß vertraut zu werden. Nach dieser ersten Phase jedoch geht die Konfiguration sehr schnell. Grundsätzlich wird Apache durch *Apache-Direktive* gesteuert, mit denen das Verhalten des Servers in vielerlei Hinsicht beeinflußt werden kann.

Zusätzlich zu den normalen Direktiven, mit denen bestimmte Parameter gesetzt werden können, definiert Apache eine Anzahl von *Blockdirektiven*, welche die Wirkung anderer Direktiven begrenzen. Die Blockdirektiven haben dieselbe Syntax wie HTML-Elemente, d.h., der Block beginnt mit <name>, enthält die Direktiven, die auf den Block begrenzt sein sollen, und endet mit </name>.

Die Direktive <VirtualHost> begrenzt die Direktiven im Block auf einen bestimmten virtuellen Host (detailliert beschrieben in Abschnitt 9.3.2.1). Die Direktive <Directory> begrenzt die Direktiven auf ein Verzeichnis oder eine Gruppe von Verzeichnissen und arbeitet daher auf Dateisystemebene. Die Direktive <File> kann verwendet werden, um eingeschlossene Direktiven auf bestimmte Dateien zu begrenzen, und arbeitet daher ebenfalls auf Dateisystem-Ebene. Die Direktive <Location> begrenzt enthaltene Direktiven auf ein bestimmtes URL-Präfix und operiert daher auf URL-Ebene anstelle des Dateisystems[12]. Schließlich kann die Blockdirektive <Limit> eingesetzt werden, um die eingeschlossenen Direktiven zur Zugriffssteuerung nur auf bestimmte HTML-Methoden anzuwenden.

Apache als Programm kann aus vielen Quellen im Internet heruntergeladen werden. Nach dem Download muß es auf dem dafür vorgesehenen Web-Server-Rechner installiert werden. Der Installationsprozeß wird in Abschnitt 9.3.1 behandelt. Der komplizierteste Teil von Apache besteht in der Konfiguration, die in Abschnitt 9.3.2 beschrieben wird.

---

[12] Seit Apache 1.3 ist es außerdem möglich, Direktiven <DirectoryMatch>, <FilesMatch> und <LocationMatch> einzusetzen, die außer Text-Strings auch reguläre Ausdrücke akzeptieren.

9.3.1 Installation

Im wesentlichen besteht die Installation des Apache-Servers aus zwei Schritten. Der erste Schritt ist die Installation von Apache als ausführbares Programm (erläutert in Abschnitt 9.3.1.1). Der zweite Schritte umfaßt unter anderem die in Abschnitt 9.2.1 besprochene Entscheidung, wann der Server gestartet werden sollte. Dieser Schritt der Apache-Installation ist Gegenstand von Abschnitt 9.3.1.2.

9.3.1.1 Programminstallation

Die Installation von Apache hängt sehr von der Computerplattform ab, auf welcher der Server installiert werden soll. Grundsätzlich kann Apache als Quelltext heruntergeladen und auf der Zielplattform kompiliert werden, doch läßt sich die Software auch als vorkompilierte Binär-Distribution[13] für viele populäre Plattformen herunterladen. Beide Methoden haben Vor- und Nachteile.

- *Kompilierung der Quelltexte*
  Bei dieser Methode ist es möglich, eine Server-Version zu kompilieren, die bestimmten Server-Anforderungen (wie etwa speziellen Modulen oder Konfigurationsvariablen) und der Rechnerumgebung entspricht. Es besteht außerdem die Möglichkeit, eine Version mit Compiler-Optimierungen zu erzeugen, die bei vorkompilierten Versionen nicht möglich sind. Ferner kann es notwendig sein, eine Binär-Version für eine Plattform zu erzeugen, die von keiner vorcompilierten Version unterstützt wird.
  Der Nachteil der Kompilierung der Quelltexte liegt darin, daß dieses Verfahren komplizierter ist als das einfache Herunterladen einer kompilierten Version, und daß es schwieriger ist, Fehler zu finden, da selbst die kompilierte Version sich erheblich von einer Standardversion unterscheiden kann.

- *Verwendung einer Binär-Distribution*
  In den meisten Fällen wird es ausreichen, eine vorkompilierte Binär-Version zu verwenden. Diese Versionen sind für eine große Anzahl gängiger Plattformen erhältlich, und die Konfiguration der vorkompilierten Version wird den durchschnittlichen Benutzer zufriedenstellen.
  Allerdings ist die vorkompilierte Version möglicherweise nicht so gut optimiert, wie dies bei einer angepaßten Version der Fall sein kann. Es ist auch

---

[13] Eine Binär-Distribution enthält die ausführbare Version eines Programms. Im Gegensatz zum Programmquelltext, der auf verschiedenen Plattformen kompiliert werden kann, ist eine Binär-Version für eine bestimmte Plattform vorgesehen (Betriebssystem und Hardware).

möglich, daß viele der bei der Kompilierung eingebundenen Module überhaupt nicht benötigt werden.

Bei diesen Alternativen besteht der beste Ansatz in der Verwendung einer vorkompilierten Version, solange man mit der Apache-Software experimentieren möchte und solange es nicht notwendig ist, maximale Leistung zu erreichen. Die beiden Hauptgründe für die Kompilierung einer eigenen Version von Apache werden das Einbinden von Modulen, die nicht in den vorkompilierten Versionen enthalten sind, und die Erzeugung einer optimierten Version von Apache sein. Optimiert wird meistens die Größe (nur die benötigten Module werden eingebunden) und die Anpassung an eine gegebene Plattform.

9.3.1.2 Startinstallation

Nachdem das Apache-Programm als ausführbare Datei zur Verfügung steht, muß entschieden werden, wie und wann der Server gestartet werden soll. Dies wird mit der Direktive `ServerType` erreicht, die festlegt, ob der Server bei Bedarf gestartet wird oder permanent läuft. Beide Varianten werden in Abschnitt 9.2.1 beschrieben. In beiden Fällen muß das Betriebssystem konfiguriert werden, den Server tatsächlich zu starten, entweder auf Anforderung, die gewöhnlich vom *Internet-Superserver (inetd)* ausgelöst wird, oder beim Systemstart, wenn der Server permanent laufen soll.

Wenn der Server für eine permanente Ausführung konfiguriert ist (die normale Konfiguration), können einige andere Direktiven eingesetzt werden, um das Verhalten des Servers festzulegen. Die Direktive `MaxServers` bestimmt die maximale Anzahl gleichzeitig laufender Server. Normalerweise erzeugt der Server, wenn er einen Request empfängt, eine Kopie seiner selbst (einen untergeordneten Prozeß), der den Request behandelt, während der Server unmittelbar nach Erzeugen dieses sogenannten Child-Prozesses wieder auf weitere Requests wartet. Die Direktive `MaxRequestsPerChild` bestimmt, wieviele Requests von einem Child-Prozeß behandelt werden müssen, bevor er terminiert. Dies ist ein Sicherheitsmechanismus, um der Möglichkeit sehr alter Server-Prozesse vorzubeugen. Die Direktiven `MinSpare Servers` und `MaxSpareServers` legen fest, wie viele Server-Prozesse mindestens und höchstens auf Requests warten müssen bzw. dürfen[14]. Wenn weniger Server als das angegebene Minimum warten, werden neue Child-Prozesse gestartet, und wenn mehr Server als das festgelegte Maximum warten, werden sie beendet.

---

[14] Die Direktive `StartServers` kann eingesetzt werden, um zu bestimmen, wieviele Server anfänglich gestartet werden. Da nach dem Starten diese Anzahl von den Direktiven `MinSpareServers` und `MaxSpareServers` dynamisch verwaltet wird, ist diese Anfangseinstellung von untergeordneter Bedeutung.

9.3.2 Konfiguration

Der Apache-Server wird durch Konfigurationsdirektiven konfiguriert. Die Konfigurationsdirektiven werden von verschiedenen Modulen interpretiert, sodaß es von den Modulen, die in eine spezielle Version von Apache eingebunden sind, abhängt, welche Direktiven verwendet werden können. Einige der Direktiven sind *Core*-Direktiven, was bedeutet, daß sie nicht in einem zusätzlichen Modul implementiert sind. Core-Direktiven stellen grundlegende Funktionen bereit und können in jeder Version von Apache verwendet werden, unabhängig von irgendeinem besonderen Modul.

9.3.2.1 Virtuelle Hosts

Virtuelle Hosts, die in Abschnitt 9.2.2 beschrieben werden, können unterVerwendung der Blockdirektive <VirtualHosts> konfiguriert werden. Sollen virtuelle Hosts konfiguriert werden, die nicht auf IP basieren, muß die Direktive `NameVirtualHost` verwendet werden. Innerhalb der Direktive <VirtualHost> wird mit der Direktive `ServerName` der Name des virtuellen Hosts festgelegt. Dieser Name muß ein DNS-Name sein, der in die IP-Adresse aufgelöst wird, für die der virtuelle Host definiert ist.

Außer der Direktive `ServerName` können noch eine Reihe weiterer Direktiven innerhalb der Direktive <VirtualHost> verwendet werden. Diese Direktiven dienen zur Festlegung des `DocumentRoot` für einen virtuellen Host (der Ort im Dateisystem, an dem die Ressourcen für den virtuellen Host liegen), der Namen von Fehler- oder Protokolldateien oder anderer Angaben, die nur einen speziellen virtuellen Host betreffen:

```
NameVirtualHost 18.23.0.22

<VirtualHost 18.23.0.22>
DocumentRoot /www/firma1
ServerName www.firma1.com
</VirtualHost>

<VirtualHost 18.23.0.22>
DocumentRoot /www/firma2
ServerName www.firma2.com
</VirtualHost>
```

Bei der Konfiguration virtueller Hosts muß beachtet werden, daß die Direktive <VirtualHost> nicht beeinflußt, welche IP-Adressen oder Ports von Apache beobachtet werden. Möglicherweise ist es notwendig, durch Verwendung einer der Direktiven `BindAdress` oder `Listen` sicherzustellen, daß Apache die korrekten Adressen überwacht.

9.3.2.2 Authentisierung

Benutzerauthentisierung wie in Abschnitt 3.2.6 beschrieben kann auf zwei
Arten angewendet werden. Beide Arten erfordern verschiedene Module, die in
Apache eingebunden werden müssen.

- *Textdateien*
  In diesem Fall werden für die Benutzerauthentisierung standardmäßige
  Textdateien eingesetzt, die dieselbe Syntax aufweisen wie die *passwd*- und
  -group-Dateien von Unix. Mit der Direktive `AuthUserFile` wird angegeben, wo sich die Benutzerdatei (d.h. *passwd*-Datei) befindet, während
  die Direktive `AuthGroupFile` festlegt, wo die *group*-Datei zu finden ist.

- *Datenbankdateien*
  Eine andere Möglichkeit, Benutzer- und Gruppeninformationen zu speichern,
  liegt in *Berkley-DB-* (die normalerweise auf BSD-Systemen und -Derivaten
  verfügbar sind) oder *DBM*-Datenbankdateien. Diese Dateiformate werden
  von optionalen Apache-Modulen unterstützt, die Direktiven bieten, welche
  entweder den Zugriff auf DB- oder DBM-Dateien ermöglichen, die Benutzer-
  und Gruppeninformationen enthalten.

Die tatsächlichen Authentisierungsanforderungen für Ressourcen werden
mit der Direktive `Require` entweder für Verzeichnisse oder für einzelne
Dateien angegeben. Die Direktive `AuthType` bestimmt, welche Authentisie-
rungsmethode angewandt werden soll und kann entweder *Basic Authentication*,
wie in Abschnitt 3.2.6.1 beschrieben, oder *Digest Access Authentication* (siehe
Abschnitt 3.2.6.2) umfassen. Die Direktive `AuthName` definiert den *Bereichs*-
Wert und damit einen bestimmten geschützten Bereich auf dem Server. Der
Bereichswert wird an den Benutzer übermittelt, so daß dieser weiß, welchen
Benutzernamen und welches Paßwort er senden muß.

```
<Directory /web/firma1/securedocs>
AuthType      Basic
AuthName      secure
AuthUserFile  /web/admin/firma1/users
AuthGroupFile /web/admin/firma1/groups
Require       valid-user
</Directory>
```

Dieses Beispiel richtet die Authentisierung für ein bestimmtes Verzeichnis
auf dem Server ein. Der Autentisierungsmechanismus ist die Basic Authentication, der Bereich heißt `secure` (dies wird dem Benutzer angezeigt, der
Ressourcen aus diesem Verzeichnis angefordert hat), die Benutzer- und Grup-
pendateien sind normale Textdateien, und es ist erforderlich, daß der Benutzer ein gültiger Benutzer ist (d.h., daß er in der Benutzerdatei aufgeführt ist),
um auf das Verzeichnis zuzugreifen.

9.3.2.3 Content Negotiation

Content Negotiation, wie in Abschnitt 3.2.5 beschrieben, kann durch einen
Server-Mechanismus realisiert werden und wird in dem Fall *Server-Driven
Content Negotiation* genannt. Apache unterstützt Content Negotiation über
zwei unterschiedliche Mechanismen.

Variants-Dateien

Mit der Direktive `AddHandler` kann Apache angewiesen werden, *Variants-
Dateien* zu interpretieren. Eine Variants-Datei (üblicherweise mit der Datei-
endung `.var`) enthält eine Liste aller Varianten einer Ressource. Die URL, die
auf die Ressource weist, muß die Variants-Datei angeben, welche von Apache
interpretiert wird, um die am besten passende Ressource zu finden. Ein
Beispiel für eine Variants-Datei könnte so aussehen:

```
URI: english-intro.html
Content-Language: en

URI: german-intro.html
Content-Language: de
```

Wenn Apache einen Request für die Datei `intro.var` (der Name der
oben gezeigten Variants-Datei) empfängt, interpretiert er den `Accept-
Language`-Header des Requests und sendet entweder die englische oder die
deutsche Version der Ressource. Der Accept-Language des Requests ist normalerweise entsprechend den Benutzereinstellungen im Browser, der den
Request sendet, festgelegt worden.

Dateierweiterungen

Der Ansatz mit der Variants-Datei hat den Nachteil, daß vorhandene Links aktualisiert werden müssen, um statt auf die Ressource selbst auf die Variants-Datei zu
zeigen. Apache unterstützt einen Mechanismus, der Content Negotiation ermöglicht, ohne bestehende Links ändern zu müssen. Dieser Mechanismus verwendet
Dateierweiterungen zur Identifizierung von Ressourcenvarianten und muß durch
Setzen der Option `MultiViews` in der Direktive `Options` für eine Anzahl von
Ressourcen aktiviert werden.

Mit den Direktiven `AddLanguage`, `AddEncoding` und `AddType` kann
eine Zuweisung zwischen Dateierweiterungen und Ressourcenvarianten definiert werden. Der folgende Ausschnitt aus einer Konfigurationsdatei zeigt eine
mögliche Zuweisung:

```
AddLanguage en .en
AddLanguage de .de
```

Bei dieser Konfiguration können Ressourcen mit `intro.en.html` und `intro.de.html` bezeichnet werden, und Apache wählt eine dieser Ressourcen aus, wenn er einen Request für `intro.html` empfängt. Allgemein erweitert dieser Mechanismus Apaches Zuordnung von Dateierweiterungen zu MIME-Typen, die normalerweise nur verwendet werden, um von der Dateierweiterung auf den Inhaltstyp zu schließen. Die Option `MultiViews` veranlaßt Apache auf effektive Weise, Dateierweiterungen zu interpretieren, als seien sie Angaben in einer Variants-Datei.

9.3.2.4 Proxies

Der wichtigste Schritt, um einen Apache-Server als Proxy zu konfigurieren, liegt in der Verwendung der Direktive `ProxyRequest`, die den Proxy-Modus aktiviert. Das bedeutet, daß der Server Requests für Ressourcen akzeptiert, die sich nicht lokal auf dem Server befinden, und sie an den entsprechenden Origin Server weiterleitet. Wenn der konfigurierte Server ebenfalls Proxies verwenden soll, kann dies mit `ProxyRemote`-Direktiven genau wie bei der Proxy-Konfiguration eines Browsers eingestellt werden.

In den meisten Fällen ist ein Proxy auch als Cache konfiguriert. Dies kann mit der Direktive `CacheRoot` bewerkstelligt werden, die einen Ort im Dateisystem angibt, an dem die in den Cache geholten Dateien gespeichert werden sollen. Die Organisation dieses Cache, der mehrere Verzeichnisse umfaßt, wird von Apache vorgenommen, kann aber mit den Direktiven `CacheDirLevels` und `CacheDirLength` beeinflußt werden. Diese Direktiven sollten entsprechend den Charakteristika des Dateisystems verwendet werden. Die Cache-Größe wird von Apache vorgegeben, ein oberes Limit sollte aber mit der Direktive `CacheSize` gesetzt werden.

9.3.2.5 Server-Side Includes (SSI)

Für einige Anwendungsbereiche sind Server-Side Includes eine einfache Alternative zu CGI-Skripten. SSI bietet einen Mechanismus, bei dem der Server eine HTML-Datei abarbeitet, dabei eingebettete Befehle ausführt und dann die modifizierte Ressource als Response sendet. Ein einfaches Beispiel für SSI ist die Inclusion einer Datei, bei der es sich um einen Standard-Header oder -Footer handeln kann, der auf jeder Seite erscheinen soll. Der Vorteil von SSI gegenüber CGI ist die einfache Anwendbarkeit und die höhere Geschwindigkeit, weil kein externes Programm gestartet werden muß.

In Apache wird SSI aktiviert, indem in der Direktive `Options` die Option `Include` für bestimmte Ressourcen gesetzt wird. Es gibt zwei Möglichkeiten, Ressourcen zu erkennen, die SSI-Anweisungen enthalten:

- *Dateinamen*
  In diesem Fall wird eine besondere Dateierweiterung (üblicherweise
  `.shtml`) verwendet, um anzuzeigen, daß die Datei SSI-Anweisungen enthält.

- *Dateimodi*
  Mit der Direktive `XBitHack` kann Apache angewiesen werden, den Datei-
  modus zur Erkennung von SSI-Dateien zu verwenden. Wenn bei einer
  Datei das `execute`-Bit gesetzt ist, wird angenommen, daß es sich um eine
  SSI-Datei handelt.

Es ist wichtig, daß SSI-Dateien mit Hilfe dieser Parameter erkannt werden
können, da das Durchsuchen der HTML-Dateien zeitraubend ist und nur auf
Dateien angewendet werden sollte, die wirklich SSI-Anweisungen enthalten.

Ein SSI-Befehl hat die Syntax eines SGML-*Comments*, was bedeutet, daß es
von einem *Markup Declaration Open Delimiter (MDO)* , dargestellt durch
»<!«, unmittelbar gefolgt von einem *Start Or End Of Comment Delimiter
(COM)*, dargestellt durch »--«, eingeleitet wird. Beendet wird ein SSI-Befehl
von einem weiteren *Start Or End Of Comment Delimiter* (COM), unmittelbar
gefolgt von einem *Markup Declaration Close (MDC) Delimiter*, dargestellt
durch »>«. SGML (und folglich HTML) ignorieren alles innerhalb eines
SGML-Comments, der Server interpretiert den Inhalt als SSI-Kommando,
wenn er der folgenden Syntax entspricht:

```
<!-- #element attribute=value attribute=value ... -->
```

Das `element` legt den SSI-Befehl fest, und die Parameter des SSI-Befehls
werden als Attribut/Wert-Paar dargestellt. Apache definiert sowohl eine
Anzahl allgemeiner Elemente als auch einige fortgeschrittene Features, die als
Extended Server-Side Includes (XSSI) bekannt sind.

Allgemeine Elemente

- *config*
  Dieser Befehl steuert das Parsing, es erzeugt keine Ausgaben. Der Befehl
  `config` steuert Fehlermeldungen und die Formatierung von Größen und
  Daten.

- *echo*
  Der Befehl `echo` dient dazu, eine Variable auszugeben. Alle in Abschnitt
  9.4.1.1 beschriebenen CGI-Variablen sowie einige zusätzliche Variablen
  können mit diesem Befehl verwendet werden.

- *exec*
  Mit diesem Befehl kann man ein CGI-Skript oder einen Shell-Befehl ausführen. Die Ausgabe des Skripts oder des Kommandos, wird in das Dokument eingebunden.

- *fsize*
  Der Befehl `Fsize` gibt die Größe einer angegebenen Datei aus.

- *flastmod*
  Dieser Befehl gibt das Datum der letzten Änderung der angegebenen Datei
  aus.

- *include*
  Der Befehl `Include` bindet den Text eines anderen Dokuments oder einer
  anderen Datei in die bearbeitete Datei ein. Wenn die eingebundene Datei
  eine SSI-Datei ist, wird auch sie abgearbeitet, weshalb Include-Dateien
  geschachtelt sein können.

- *printenv*
  Dieser Befehl gibt eine Liste aller existierenden Variablen und ihrer Werte
  aus. Es wird hauptsächlich bei der Fehlerbehebung eingesetzt.

- *set*
  Der `Set`-Befehl wird verwendet, um einer Variablen einen bestimmten
  Wert zuzuweisen.

Mit diesen Befehlen ist es möglich, Dateien zu erzeugen, die dynamische
Informationen wie Änderungsdatum oder Dateigröße enthalten. Sorgsam mit
SSI gestalteteWeb-Sites können ganze Hierarchien von Include-Dateien definieren, die Document Header, Footer oder andere funktionale Blöcke bieten,
die von vielen Dokumenten verwendet werden.

Flow Control

Zusätzlich zu einfachen Ersetzungsmechanismen, wie sie im vorangegangenen Abschnitt beschrieben wurden, definiert Apache *Extended Server-Side
Includes (XSSI)*. XSSI bietet Flow Control, indem es vier neue Befehle einführt, nämlich `if`, `elif`, `else` und `endif`. Das folgende Beispiel einer XSSI-
Datei[15] verwendet eine CGI-Variable für bedingt erzeugten Text:

```
<!-- #if expr="\"$SERVER_PROTOCOL\" = \"HTTP/1.1\"" -->
<p>Ihr Request wurde unter Verwendung der aktuellsten HTTP-Version
gesendet. Vielen Dank!
```

---

[15] Die Syntax des if-Befehls verwendet einige Escape-Sequenzen für geschachtelte Anführungs-
zeichen und sieht daher etwas verwirrend aus.

```
<!-- #else -->
<p>Ihr Browser verwendet eine alte HTTP-Version (er verwendet
<!-- #echo var="SERVER_PROTOCOL" --> anstelle von HTTP/1.1).
<!-- #endif -->
```

Mit diesen Methoden kann auf alle CGI-Variablen zugegriffen werden, und XSSI definiert eine Reihe noch leistungsfähigerer Bedingungen als den einfachen Test auf Gleichheit. Obwohl mit XSSI eine sehr komplexe, vom Request abhängige Erzeugung von Web-Seiten ausgeführt werden kann, sollte man bedenken, daß XSSI apache-spezifisch ist, während ein CGI-Skript die gleiche Aufgabe bewältigt und mit jedem Server verwendet werden kann.

9.4 Common Gateway Interface (CGI)

Normalerweise empfängt ein Web-Server Requests für Ressourcen, die er selbst bearbeiten kann, wobei es sich in der Regel um Requests für Web-Seiten mit einem bestimmten Pfad auf dem Server handelt. Der Web-Server benutzt einen Satz von Regeln, um den URI-Pfad auf einen Pfad im lokalen Dateisystem abzubilden, liest die entsprechende Datei und sendet sie als Response. Der Web-Server könnte außerdem einige Header in der Response-Nachricht setzen, wie beispielsweise das Header-Feld `Last-Modified` entsprechend dem Änderungsdatum des Dateisystems und das Header-Feld `Content-Type` entsprechend seinen Regeln für Dateiendungen auf MIME-Typen.

In einigen Fällen reicht diese Funktionalität (d.h., Lesen passiver Dateien aus dem Dateisystem und senden selbiger als Response) allerdings nicht aus, weil die Response-Nachricht vorher bearbeitet werden muß. Der erste Ansatz zur Lösung dieses Problems besteht darin, diese Bearbeitung in den Server-Prozeß zu integrieren. Das ist aber manchmal unbefriedigend[16], da es die Bearbeitung an eine bestimmte Server-Software bindet und außerdem ernste Sicherheitsprobleme hervorrufen kann. Der nächste logische Schritt ist daher, einen externen Prozeß zu erzeugen und einen Mechanismus einzusetzen, mit dem der Server den Prozeß (und die Ein- und Ausgabe der Daten) initiieren kann. Jedoch ist auch hier die Bearbeitung an einen bestimmten Typ von Server-Software gebunden, da die Schnittstelle für externe Prozesse von Server-Software zu Server-Software unterschiedlich sein kann[17]. Das Ziel ist

---

[16] Eine Ausnahme hiervon ist die Bearbeitung sehr einfacher und allgemeiner Aufgaben, die von einigen Servern mittels den in Abschnitt 9.3.2.5 beschriebenen *Server-Side Includes (SSI)* erledigt werden kann.

[17] Ein neuer Ansatz zu diesem Problem ist die Einführung von *Java-Servlets*, die in Abschnitt 10.1.2 beschrieben werden. Diese definieren eine Java-Ausführungsumgebung auf dem Server, und nicht auf dem Client (wie es bei den wohlbekannten Applets der Fall ist).

eine Lösung, die externe Programme unabhängig von einer bestimmten Server-Software macht.

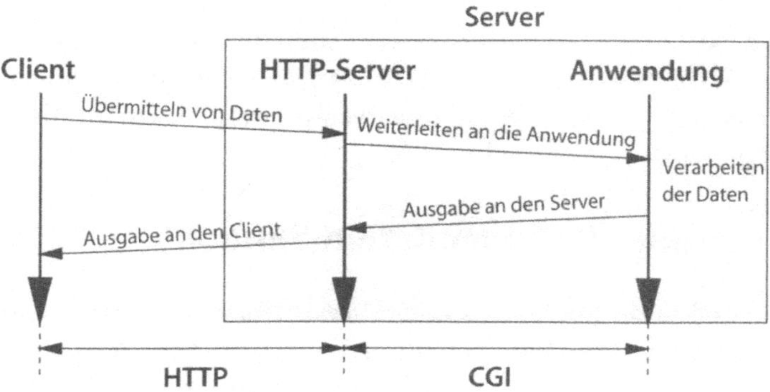

Abb. 9.5 Client/Server-Interaktion mit CGI

Mit dem *Common Gateway Interface (CGI)* wurde eine allgemeine Lösung für dieses Problem geschaffen, die eine Schnittstelle zwischen Informations-Servern (wie etwa Web-Servern) und externen Programmen definiert. Die aktuelle Version dieser Spezifikation ist CGI/1.1. Ein kompletter Leitfaden zur Anwendung von CGI auf den meisten Plattformen mit einer Vielzahl von Systemen wurde von Gundavaram [91] veröffentlicht. Abbildung 9.5 zeigt die grundlegende Idee von CGI und seine Anordnung in der Web-Infrastruktur.

In dieser Abbildung bezieht sich der Begriff *Server* auf den Server-Rechner (d.h., den Computer, auf dem der Web-Server läuft), während sich der Begriff *HTTP-Server* auf die tatsächliche Server-Software bezieht. CGI ist als rein lokale Schnittstelle definiert. Folglich ist keine Konfiguration möglich, in welcher der HTTP-Server auf einem Rechner und die CGI-Anwendung auf einem anderen Rechner läuft. (Es wäre jedoch einfach, eine derartige Konfiguration zu schaffen, indem man eine kleine CGI-Anwendung implementiert, welche die Kommunikation zwischen dem Server-Rechner und dem entfernten Rechner regelt, auf dem die CGI-Anwendung läuft.)

CGI ist als sprachneutrale Schnittstelle definiert, die Standardmethoden zur Kommunikation zwischen Prozessen verwendet. Es ist daher möglich, CGI-Anwendungen (oftmals als *CGI-Skripte* bezeichnet) in jeder Sprache zu implementieren, die prozeßübergreifende Kommunikation unterstützt. In vielen Fällen werden Skriptsprachen wie *Perl*, *Python* oder *Tcl* verwendet. Stein u.a. [254] geben einen Überblick über den Einsatz von CGI mit einer Vielfalt von Skriptsprachen.

CGI selbst ist als eine Schnittstelle zwischen Informations-Server und einem externen Programm definiert. Der Informationsaustausch zwischen diesen beiden Prozessen erfolgt auf vier unterschiedliche Weisen, die in Abschnitt 9.4.1 beschrieben werden. Eine gängige Verwendung von CGI-Skripten besteht in der Bearbeitung von Daten im HTML-Format und wird in Abschnitt 9.4.2 beschrieben. Letztlich kann CGI auch als eine Art server-unabhängiger Server-Side Includes verwendet werden, was in Abschnitt 9.4.3 beschrieben wird.

9.4.1 Kommunikation mit dem Server

Ein CGI-Skript kommuniziert auf vier verschiedene Arten mit dem Informations-Server. Die allgemeine Situation basiert auf der Annahme, daß der Server einen Request für eine Ressource empfängt, die durch ein CGI-Skript dargestellt wird. Der Server setzt zunächst eine Reihe von Umgebungsvariablen, was in Abschnitt 9.4.1.1 beschrieben wird. Danach startet der Server das CGI-Skript, möglicherweise mit Befehlszeilenparametern, wie in Abschnitt 9.4.1.2 erläutert. Abschnitt 9.4.1.3 zeigt, wie der Server über die Standardeingabe Daten an das Skript übergibt. Eventuell erzeugt das Skript eine Ausgabe, die, wie in Abschnitt 9.4.1.4 beschrieben, über die Standardausgabe an den Server übergeben wird und terminiert.

9.4.1.1 Umgebungsvariablen

Nach Empfang eines Requests setzt der Server, bevor er das CGI-Skript startet, eine Reihe von Umgebungsvariablen, die vom CGI-Skript-Prozeß geerbt werden. (Unter UNIX ist dies Eigenschaft des Betriebssystems.) In jedem Fall, unabhängig vom Request, werden die folgenden Umgebungsvariablen gesetzt:

- SERVER_SOFTWARE
  Diese Variable bezeichnet die Server-Software und dieVersion der Server-Software. Das Format der Variable ist »Name/Version«.

- SERVER_NAME
  Die Variable SERVER_NAME gibt den Host-Namen oder die IP-Adresse des Servers an.

- GATEWAY_INTERFACE
  Diese Variable bezeichnet die verwendete CGI_Version. Ihr Format ist »CGI/Version«.

Zusätzlich zu diesen request-unabhängigen Variablen setzt der Server eine Anzahl anderer Variablen, die request-spezifisch sind:

- SERVER_PROTOCOL
  Mit dieser Umgebungsvariablen werden der Name und die Version des
  Protokolls angegeben, über das dieser Request eintraf. Das Format dieses
  Feldes ist »Protokoll/Revision«, und wird daher im Falle von HTTP
  meistens `HTTP/1.1` sein.

- SERVER_PORT
  Da in einer TCP-Umgebung Requests an verschiedene Ports gesendet wer-
  den können, steht in dieser Variable die Nummer des Ports, auf dem der
  Server den Request empfangen hat.

- REQUEST_METHOD
  Diese Umgebungsvariable gibt an, mit welcher Request-Methode der
  Request erzeugt wurde. Im Falle von HTTP werden die in Abschnitt 3.2.3.1
  beschriebenen Request-Methoden verwendet, um dieses Umgebungsvariable zu setzen.

- PATH_INFO
  Der Client kann als Teil der URL zusätzliche Pfadangaben machen. Im
  Gegensatz zum Abfrage-String, der im Falle von HTML-Formularen (wie
  in Abschnitt 5.2.7.2 beschrieben) die Werte der Formularfelder enthält, ist
  die Pfadinformation in der URL des CGI-Skripts enthalten wie im
  ACTION-Attribut des <FORM>-Elements angegeben. Der Server legt die
  zusätzliche Pfadinformation[18] in der Umgebungsvariablen `PATH_INFO`
  ab.

- PATH_TRANSLATED
  Da oftmals eine Art der Konvertierung zwischen der zusätzlichen Pfadinformation, wie sie in der Request-URL angegeben ist, und dem tatsächlichen Pfad, wie er auf dem Server-Rechner angewandt werden soll, stattfindet (meistens eine Abbildung vom virtuellen Name Space auf das
  physische Dateisystem), stellt der Server der CGI-Anwendung die über-
  setzte zusätzliche Pfadinformation zur Verfügung.

- SCRIPT_NAME
  Diese Umgebungsvariable enthält den Namen des ausgeführten CGI-
  Skripts. Diesem wird ein virtueller Name gegeben (wie in der URL des
  Requests angegeben), was nützlich sein kann, wenn das CGI-Skript mit
  unterschiedlichen URLs ausgeführt werden kann.

---

[18] Die zusätzliche Pfadinformation ist die Information, die in der URL zwischen dem Namen des
CGI-Skripts und dem durch ein Fragezeichen »?« gekennzeichneten Abfrage-String steht (falls
vorhanden, siehe Abschnitt 2.2).

- QUERY_STRING
  Diese Umgebungsvariable enthält den Abfrage-String, der, entsprechend
  der in Abschnitt 2.2 beschriebenen URL-Syntax, dem Fragezeichen »?« in
  der URL folgt.

- REMOTE_HOST
  Diese Umgebungsvariable enthält den Host-Namen (siehe Abschnitt
  1.4.1.2) des Clients, der den Request gesendet hat. Fehlt dem Server diese
  Information, läßt er die Variable unbelegt und setzt statt dessen die
  Umgebungsvariable REMOTE_ADDR.

- REMOTE_ADDR
  Die Umgebungsvariable REMOTE_ADDR enthält die IP-Adresse (siehe
  Abschnitt 1.4.2.2) des Clients, von dem der Request stammt.

- AUTH_TYPE
  Wenn der Server Benutzer-Authentisierung unterstützt (die Authentisie-
  rungsmethoden für HTTP werden in Abschnitt 3.2.6 beschrieben), und
  das CGI-Skript unter Verwendung einer Authentisierungsmethode aufgerufen wurde, wird das durch Setzen der Umgebungsvariable AUTH_TYPE
  auf die Authentisierungsmethode angezeigt. Zur Zeit gibt es zwei Typen
  zur Benutzerauthentisierung: *Basic Authentication* und *Digest Access
  Authentication*.

- REMOTE_USER
  Wenn das CGI-Skript mit Hilfe einer Authentisierungsmethode aufgerufen wurde, enthält diese Variable den Benutzernamen, unter welchem der
  anfragende Client authentisiert wurde.

- REMOTE_IDENT
  Diese Umgebungsvariable enthält den entfernten Benutzernamen, wie er
  vom Client-Rechner unter Benutzung der im Internet Proposed Standard
  RFC 1413 [250][19] beschriebenen Methoden empfangen wurde. Da der
  Server diese Operation jedoch möglicherweise gar nicht unterstützt oder
  weil der Client nicht ehrlich oder überhaupt nicht auf den Request des
  Servers reagiert, ist dies eine sehr unzuverlässige Methode zur Benutzer-
  identifikation.

---

[19] Dieser RFC definiert ein Verfahren, genannt *Identification Protocol*, um die Identität eines Benutzers auf einer bestimmten TCP-Verbindung zu bestimmen. Der Server kann dieses Protokoll verwenden, um den Client nach dem Benutzer zu fragen, der die vom Client hergestellte Verbindung
verwendet.

- CONTENT_TYPE
Wenn der Request an den Server zusätzlich zum Abfrage-String weitere Informationen enthält, bezeichnet die Umgebungsvariable CONTENT_ TYPE den Inhaltstyp der Daten. Der Inhaltstyp wird unter Verwendung der in Abschnitt 1.4.3.2 aufgeführten MIME-Typen beschrieben.

- CONTENT_LENGTH
Diese Umgebungsvariable gibt die Länge der Daten an, die dem CGI-Skript, wie in Abschnitt 9.4.1.3 beschrieben, über die Standardeingabe übergeben werden. Sie wird nur gesetzt, wenn der Request wirklich Daten über den Abfrage-String hinaus enthielt.

Wenn als Request-Protokoll HTTP zum Einsatz kommt, werden zusätzlich zu diesen Umgebungsvariablen die Header-Zeilen aus dem Request des Clients in Umgebungsvariablen eingesetzt. Diese Variablen werden mit dem Präfix HTTP_ und dem Header-Namen bezeichnet[20]. Alle Bindestriche im Header-Namen werden in Unterstriche umgewandelt. Der Server (der die Umgebungsvariablen erzeugt) kann solche Header, die schon verarbeitet und für andere CGI-Umgebungsvariablen wie etwa CONTENT_TYPE und CONTENT_ LENGTH, verwendet wurden, ausschließen.

9.4.1.2 Befehlszeile

Die Befehlszeile sollte nur für Abfragen verwendet werden, die vom Deprecated Construct <IDINDEX> erzeugt wurden. Der Server bemerkt dies, indem er den Abfrage-String nach nicht umcodierten »=«-Zeichen durchsucht. Beim Auftreten eines solchen Zeichen wird angenommen, daß der Client die Abfrage als Attribut/Wert-Paare codiert hat, und der Abfrage-String wird in die Umgebungsvariable QUERY_STRING eingesetzt. Im anderen Fall wird gefolgert, daß die Abfrage durch ein <ISINDEX>-Element erzeugt wurde, so daß das CGI-Skript wird mit dem Abfrage-String als Befehlszeilenparameter aufgerufen wird.

Wenn die Befehlszeile aus irgendeinem Grund (beispielsweise wegen interner Beschränkungen durch das Betriebssystem) nicht verwendet werden kann, wird der Abfrage-String in die Umgebungsvariable QUERY_STRING eingesetzt.

---

[20] Ein Beispiel hierfür ist die Umgebungsvariable HTTP_ACCEPT, die in CGI/1.0 explizit definiert wurde.

9.4.1.3 Standardeingabe

Bei Requests, die nach dem Header zusätzliche Informationen enthalten, wie etwa HTTP-`POST`- oder -`PUT`-Requests, wird diese Information über die Standardeingabe an das CGI-Skript übergeben. Der Server sendet so viele Bytes, wie in der Umgebungsvariablen `CONTENT_LENGTH` festgelegt. Wenn im Request der Inhaltstyp der Daten angegeben war, setzt der Server die Umgebungsvariable `CONTENT_TYPE` auf den MIME-Typ der Daten, die über die Standardeingabe an das Skript gesendet werden sollen.

9.4.1.4 Standardausgabe

Nach dem Empfang der Eingabedaten aus den Umgebungsvariablen, der Standardeingabe und vielleicht Befehlszeilenparametern verarbeitet das CGI-Skript die Eingaben und erzeugt eine an den Client zu sendende Ausgabe. Das Skript schreibt seine Ausgabe auf die Standardausgabe, und der Server schickt sie als Response an den Client zurück. Entweder interpretiert der Server die Ausgabe des Skripts, um einen gültigen Response Header zu erzeugen, oder er leitet die Ausgaben einfach direkt als Response weiter, wobei das Skript für die Erzeugung des gültigen Response Headers verantwortlich ist. Die erste Variante wird *Parsed Header* genannt, die zweite *No Parsed Header*.

- *Parsed Header*
  Normalerweise liegt es nicht im Interesse eines CGI-Skripts, für die Erzeugung eines gültigen Response Headers verantwortlich zu sein. Statt dessen übergibt es dem Server durch CGI-Header-Felder einige Informationen und verläßt sich darauf, daß der Server einen gültigen Header erzeugt und in den Response einsetzt. CGI definiert drei Header-Felder, die, durch eine Leerzeile getrennt, vor den Daten gesendet werden:

  - `Content-Type`
    Dieser Header gibt den MIME-Typ der Skript-Ausgabe an. Normalerweise verwendet der Server diesen Wert, um den `Content-Type`-Header der Response zu setzten.

  - `Location`
    In diesem Fall hat das Skript einen Verweis auf ein Dokument und nicht ein Dokument an sich erstellt. Wenn der CGI-Header `Location` eine vollständige URL angibt, erzeugt der Server einen Response mit einem `3x x(redirection)`-Code, der einen `Location`-Header enthält. Gibt der CGI-Header `Location` einen lokalen Pfad an, sucht der Server dieses Dokument und sendet es so, als hätte der Client es ursprünglich angefordert.

- `Status`

  Möchte das Skript einen bestimmten Status-Code im Response des Servers setzen, kann es diesen Code im CGI-Header `Status` angeben.

Der Server übernimmt die vom Skript angegebenen CGI-Header und erzeugt einen Response Header, gefolgt von den Daten, die dem CGI-Header folgten. Der Response, der daraus entsteht, wird an den Client gesendet.

- *No parsed Headers*

  Skripte, die nicht wollen, daß der Server ihre Ausgabe zerlegt, nennt man *No-Parsed-Header*-Skripte. CGI definiert, daß der Name solcher Skripte mit »nph-« beginnen muß, um sie von *Parsed-Header*-Skripten zu unterscheiden. Es liegt in der Verantwortlichkeit von *No-Parsed-Header*-Skripten, einen gültigen Response zu erzeugen, einschließlich einer Statuszeile und aller erforderlichen Header-Felder.

Allgemein werden *Parsed-Header*-Skripte öfter verwendet als *No-Parsed-Header*-Skripte. Die Erzeugung gültiger HTTP-Header kann kompliziert sein, und in vielen Fällen bindet der Server Informationen in den Response ein, die dem CGI-Skript nicht zugänglich sind.

9.4.2 Formulare und CGI

Eine der häufigsten Anwendungen von CGI ist die Verarbeitung von Formulardaten. HTML-Formulare werden in Abschnitt 5.2.7.2 beschrieben. Das Attribut ACTION des Elements <FORM> bezeichnet eine URI, die zur Übermittlung des Formulars verwendet wird. Abhängig vom Attribut METHOD des Elements <FORM> wird das Formular mit der GET- oder der POST-Methode gesendet. Die Interaktion zwischen dem Benutzer, dem Server und der Anwendung, die die Formulardaten verarbeitet, kann für beide Fälle wie in Abbildung 9.6 dargestellt werden. Es sollte erwähnt werden, daß das HTML-Dokument mit dem Formular und das CGI-Skript, das die Formulardaten verarbeitet, nicht unbedingt wie in der Abbildung gezeigt auf demselben Server liegen müssen.

Allerdings sind die Formulardaten, die vom Client zum Server und dann weiter zur Anwendung übermittelt werden, für beide Methoden auf unterschiedliche Weise codiert.

- GET

  In diesem Fall werden die Formulardaten an die URI angehängt, die im Attribut ACTION (in der URI-Notation für Abfrage-Strings) im

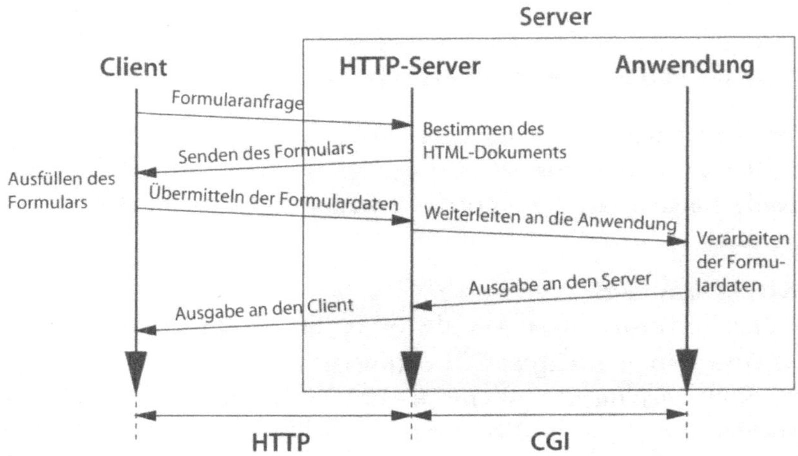

Abb. 9.6 Formulare und CGI

GET-HTTP-Request angegeben ist. Der Server bestimmt das CGI-Skript aus dem URI-Abschnitt vor dem Abfrage-String und ruft es auf. Der Abfrage-String wird in die Umgebungsvariable QUERY_STRING eingesetzt.

- POST
  Im zweiten Fall wird die ursprüngliche URI im Attribut **ACTION** zur Erzeugung eines POST-HTTP-Requests verwendet. Die Formulardaten werden im Request Body eingebunden. Der Server bestimmt das CGI-Skript aus der URI vom POST-Request und ruft es auf. Der Request Body wird auf die Standardeingabe des CGI-Skripts geschrieben.

Obwohl das CGI-Skript in vielen Fällen so gestaltet ist, daß es die im Formular angegebene Methode unterstützt, gibt es Situationen, in denen das CGI-Skript herausfinden muß, welche Request-Methode vom Client verwendet wurde. Ein Beispiel für eine solche Situation ist die Schaffung eines allgemeinen formularverarbeitenden CGI-Skripts, das für beide Methoden verwendet werden kann.

Das CGI-Skript kann die vom Client verwendete Request-Methode bestimmen, indem es die Umgebungsvariable REQUEST_METHOD auswertet. Es ist auch möglich, durch Betrachten der Umgebungsvariable HTTP_REFERER herauszufinden, von welcher Seite ein Formular abgeschickt wurde[21].

---

[21] Diese Methode kann zum Schutz vor unbefugter Benutzung formularverarbeitender CGI-Skripte verwendet werden. Das CGI-Skript akzeptiert Formulardaten nur dann, wenn die Umgebungsvariable HTTP-REFERER auf eine autorisierte URI gesetzt ist. Diese Methode ist allerdings nicht besonders sicher oder verläßlich, da das HTTP-Header-Feld Referer nicht vorgeschrieben ist und leicht gefälscht werden kann.

CGI-Skripte, die Formulardaten verarbeiten, benötigen oftmals zusätzliche Daten über den Client. Auf den Host-Namen des Clients besteht Zugriff über die Umgebungsvariable `REMOTE_HOS` , und die IP-Adresse ist in der Umgebungsvariablen `REMOTE_ADDR` verfügbar. Benötigt das Formular eine Authentisierung, gibt die Umgebungsvariable `AUTH_TYPE` das HTTP-Authentisierungsschema an, und die Umgebungsvariable `REMOTE_USER` liefert den Namen, der für die Authentisierung benutzt wurde. Durch Verwendung all dieser Informationen können CGI-Skripte, die Formulare verarbeiten, Zugriffe sehr genau verfolgen.

9.4.3 Server-Side Includes (SSI)

Server-Side Includes (SSI), wie in Abschnitt 9.3.2.5 für den Apache-Server beschrieben, können auch mit CGI-Skripten implementiert werden. SSI-Funktionalität durch CGI-Skripte bereitzustellen bietet einige Vorteile, wie zum Beispiel größere Flexibilität, weil die Befehle in Abhängigkeit von der Anwendung gestaltet werden können, und Portabilität, weil es möglich ist, CGI-Skripte mit jedem Server zu verwenden, während die SSI-Syntax und -Funktionalität server-spezifisch ist. Die Nachteile, SSI-Funktionalität durch CGI-Skripte bereitzustellen, sind eine größere Komplexität, da das Parsing und alle Arten erforderlicher Befehle im CGI-Skript implementiert werden müssen, sowie längere Verarbeitungszeiten, weil die Ausführung eines CGI-Skripts wesentlich langsamer ist als die SSI-Verarbeitung innerhalb des Servers, was zu höherer Server-Belastung führt.

10. Verschiedenes

Zusätzlich zu den grundlegenden Architekturkonzepten, die in den vorangegangenen Kapiteln beschrieben sind, wurden viele weitere Technologien und Konzepte für die Infrastruktur des Web definiert und implementiert. Durch die Geschwindigkeit dieser Entwicklung erscheinen jeden Monat neue Technologien und Konzepte. Dieses Kapitel beschreibt einige der wichtigeren Entwicklungen und Komponenten.

Die Hauptkomponenten der Web-Infrastruktur sind Server und Browser. Von einem rein technischen Standpunkt aus betrachtet, sind diese nichts als Implementierungen eines Standards bzw. üblicherweise einer ganzen Reihe von Standards. Meistens implementieren sie außerdem einige nicht standardisierte Erweiterungen. Da die Standards von solchen Implementierungen sehr stark beeinflußt werden, ist es aber immer interessant, ein Auge auf die neuesten Funktionen von Servern und Browsern zu haben. Einige dieser Funktionen werden mangels Akzeptanz bei den Benutzern wieder verschwinden oder durch technische Neuentwicklungen abgelöst. Andere Funktionen setzen De-facto-Standards, die schließlich als offizielle Standards übernommen werden. (Ein gutes Beispiel hierfür ist die Skriptsprache *JavaScript*.). Abschnitt 10.1 beschreibt kurz neue Entwicklungen im Bereich der Server. Browser sind für die Benutzer viel wichtiger, weshalb ihnen mehr Aufmerksamkeit und Werbemaßnahmen zukommen als den Servern. Einige der grundlegenden Aspekte der Browser-Implementierungen werden in Abschnitt 10.2 beschrieben.

Suchmaschinen, wie sie in Abschnitt 10.3 erläutert werden, implementieren beide Seiten, indem sie sich beim Sammeln von Daten wie ein Client verhalten, um diese Daten später als ein Server zugänglich zu machen. Die Menge von Daten im Web wächst weiterhin in einem erstaunlichen Maß. Deshalb werden Suchmaschinen und neue Wege, Inhalte zu kategorisieren, immer wichtiger, um Informationen zu finden.

Unabhängig von bestimmten Implementierungen werden ständig neue Konzepte für das Web entwickelt. Abschnitt 10.4 beschreibt Trends für neue Inhaltstypen, während Abschnitt 10.5 vollständige Architekturkonzepte mit teilweise verschiedenen Inhaltstypen und Kommunikationsprotokollen vorstellt.

10.1 Server-Technologien

Ein Web-Server nimmt HTTP-Requests entgegen und erzeugt HTTP-Responses. Welche Aktionen der Web-Server ausführt, um einen Response zu erzeugen, ist nicht Teil von HTTP, sondern bleibt ganz dem Server überlassen. Deshalb kann man sich leicht vielfältige Szenarien vorstellen, in denen der Server in irgendeiner Weise mit anderen Prozessen kommuniziert, um einen Response zu erzeugen.

Viele Web-Server implementieren proprietäre Gateways zu anderen Prozessen. Beispiele dafür sind Web-Server, die von Datenbank-Providern zur Verfügung gestellt werden und die letztendlich HTTP-Front-Ends für deren Datenbanken sind. Ein allgemeinerer Ansatz ist das *Common Gateway Interface (CGI)*, das in Abschnitt 9.4 beschrieben wird. CGI definiert eine Schnittstelle zwischen Informations-Servern und Anwendungen. Eine neuere Version von CGI mit zusätzlichen Funktionen ist das in Abschnitt 10.1.1 beschriebene *FastCGI (FCGI)*. CGI und FCGI sind sprachunabhängig. Ein Java-spezifischer Ansatz zum Verbinden von Servern und Anwendungen sind *Java-Servlets*, die in Abschnitt 10.1.2 erläutert werden.

10.1.1 FastCGI

CGI hat zwei große Nachteile, die es teilweise fast unmöglich machen, CGI zur Kommunikation zwischen einem Web-Server und einer Anwendung zu verwenden:

- *CGI-Skripte werden nach der Ausführung beendet*
  CGI definiert, daß Skripte durch den Server gestartet werden, wenn ein Request nach einem Skript empfangen wird. Nachdem das Skript den Response an den Server geschickt hat, wird es beendet. Wenn ein Skript regelmäßig aufgerufen wird, führt das zum aufwendigen Erzeugen und Beenden vieler Prozesse.

- *CGI definiert ein lokales Interface*
  Durch seine Verwendung von Umgebungsvariablen, Befehlszeilenparametern sowie von Standardein- und -ausgabe definiert CGI ein lokales Interface, das nur zwischen Prozessen verwendet werden kann, die auf derselben Maschine laufen. Es ist zwar möglich, ein kleines CGI-Skript zu erstellen, das lokal läuft und als Interface zu einer entfernten Anwendung dient. Dieses Skript muß aber überflüssigerweise bei jedem Request gestartet und wieder beendet werden, nur um Daten vom Web-Server an die entfernte Anwendung weiterzuleiten.

FastCGI (FCGI) definiert eine Variante von CGI, die diese Nachteile vermeidet. Im Grunde genommen faßt FCGI alle Informationen von CGI (Umgebungsvariablen, Befehlszeilenparameter, Standardein- und -ausgabe) in einer TCP-Verbindung zusammen. Dieser Ansatz macht es sehr leicht, CGI-Anwendungen in FCGI zu konvertieren, da die Struktur der durch die Anwendung empfangenen Daten die gleiche ist. Die FCGI-Informationen müssen von einer TCP-Verbindung gelesen werden und können dann wieder in ihre ursprüngliche CGI-Form zerlegt werden. FCGI-Implementierungen sind als kostenloses Modul für den Apache-Web-Server und als kommerzielle Produkte für Web-Server von Netscape und Microsoft erhältlich.

10.1.2 Java-Servlets

Wie in Abschnitt 9.4 beschrieben, wurde CGI definiert, um ein Interface zwischen Web-Servern und von ihnen ausgeführten externen Programmen zu schaffen. CGI macht solche Programme deshalb unabhängig von einem bestimmten Web-Server, aber sie sind noch immer an die Plattform (Betriebssystem und Hardware) gebunden, für die sie implementiert und kompiliert wurden.

Mit dem in Abschnitt 8.2.1 beschriebenen Java kann man dieses Problem lösen, so daß man externe Programme erhält, die ohne Veränderungen von einer Server-Maschine auf eine andere übertragen werden können. *Java-Servlets* sind Routinen, die auf dem Server ausgeführt werden, wenn ein Client einen Request mit dem URL des Servlets schickt. Dieser Prozeß ist dem Ausführen eines CGI-Skripts durch den Server sehr ähnlich[1]. Die Ergebnisse des Servlets werden mit der Antwort zurückgeschickt. Um dieses System zu unterstützen, muß der Web-Server eine *Java Virtual Machine (JVM) beinhalten.*

10.2 Browser

Während die meisten Themen dieses Buchs unabhängig von tatsächlichen Implementierungen Konzepte, Formate oder Sprachen beschreiben, ist für die meisten Benutzer der Web-Browser die offensichtlichste Komponente des Web. Zur Zeit sind die beiden beherrschenden Browser auf dem Markt Netscapes Navigator und Microsofts Internet Explorer. Um Microsofts Zuwachs an Marktanteilen zu stoppen, hat Netscape kürzlich den Quellcode des Navigators unter dem Namen Mozilla kostenlos zugänglich gemacht.

---

[1] Anstatt die Information über die CGI-Mechanismen an das CGI-Skript weiterzugeben, ruft der Server das Servlet auf und übergibt die Information durch das Servlet-API.

Dahinter steht die Idee, den Navigator auf weiteren Plattformen zu verbreiten und neue Funktionen schneller und umfangreicher einzubauen, als Netscape dies alleine tun könnte.

Es ist allerdings noch nicht abzusehen, welcher der beiden Browser gewinnen wird (wenn diese Formulierung überhaupt angebracht ist). Beide Browser implementieren sehr ähnliche Dinge, auch wenn es stets feine Unterschiede in der Umsetzung neuer Standards gibt. So implementieren beide Browser (in der bei Drucklegung aktuellen Version 4) zum Beispiel CSS1, aber bei beiden ist die Implementierung nicht vollständig. Während der Internet Explorer mehr Funktionen von CSS1 als der Navigator umsetzt, implementiert dieser andererseits CSS-P. Dies ist zur Zeit zwar noch kein Standard, wird aber Teil der nächsten Version von CSS (CSS2) sein.

Dieser Abschnitt gibt weder eine Einführung noch einen Überblick zu bestimmten Browsern. Statt dessen greift er einige Aspekte auf, die vom konzeptionellen Standpunkt aus interessant sind. Die Idee einer integrierten Arbeitsumgebung, die heutige Browser zur Verfügung stellen, wird in Abschnitt 10.2.1 beschrieben. Ein eher technischer Aspekt, das Prefetching, wird in Abschnitt 10.2.2 behandelt.

10.2.1 Integration

Obwohl Browser heutzutage sehr oft als »Web-Browser« bezeichnet werden, sind sie letztlich vielseitige Programme zum Zugriff auf Ressourcen im Internet mit einer Vielzahl von Inhaltstypen und Kommunikationsprotokollen. Die folgende Funktionalität, die mit dem Web in keiner direkten Verbindung steht, ist in den meisten Browsern enthalten:

- *E-Mail*
  E-Mail ist, wie in Abschnitt 11.1 erläutert, eine der wichtigsten Internet-Anwendungen. E-Mail verwendet relativ einfache Protokolle zum Versenden und Empfangen von Nachrichten:

  - *E-Mail versenden*
    Zum Versenden von E-Mail wird das in Abschnitt 11.1.1 beschriebene *Simple Mail Transfer Protocol (SMTP)* eingesetzt. Ohne implementiertes SMTP unterstützt ein Browser keine Links zu E-Mail-Adressen (mit dem »`mailto:`«-Präfix).

  - *E-Mail empfangen*
    Das Empfangen von E-Mail unterscheidet sich grundlegend vom Versenden. Die in Abschnitt 11.1.2 beschriebenen *Post Office Protocol*

(POP) und *Internet Message Access Protocol (IMAP)* sind die gängigsten Protokolle zum Empfangen von E-Mail.

Das Empfangen von E-Mail erfordert nicht nur die Implementierung dieser Protokolle, sondern auch das Bereitstellen einer gewissen Funktionalität zum Umgang mit den empfangenen Nachrichten, so zum Beispiel das Unterstützen verschiedener E-Mail-Ordner.

Da E-Mail in vielen Ländern und Bereichen zu einer allgegenwärtigen Kommunikationsmethode geworden ist, ist die Implementierung einer umfassenden und komfortablen E-Mail-Funktionalität für einen Browser unerläßlich.

- *Usenet-Nachrichten*
  Das Usenet ist viel älter als das Web und für viele Benutzer immer noch eine nützliche Ressource. Es ist zwar möglich, Web-Server zu benutzen, um ein Gateway zwischen dem Web und dem Usenet zu schaffen. Der meistgenutzte und praktischste Weg zum Lesen von Usenet-Nachrichten ist aber das in Abschnitt 11.3 beschriebene *Network News Transfer Protocol (NNTP)*. Dementsprechend implementieren die meisten Browser dieses Protokoll ebenso wie die Newsreader-Funktionalität, die für eine komfortable Benutzerschnittstelle benötigt wird.

- *FTP*
  Viele Ressourcen im Internet liegen in FTP-Archiven vor, die einen einfachen Weg bieten, auf Dateien von entfernten Rechnern zuzugreifen. Die meisten Browser implementieren FTP und bieten Möglichkeiten zur Navigation durch FTP-Archive mittels einer grafischen Benutzerschnittstelle.

Zusätzlich zu diesen recht grundlegenden Diensten sind viele andere Funktionen ebenfalls in Browser integriert. In vielen Fällen können die Benutzer zum Beispiel auf einen Verzeichnisdienst zugreifen, wie er in Abschnitt 11.2 erläutert wird. Browser können außerdem die *Gopher-* und *WAIS*-Protokolle unterstützen. In den Anfangszeiten des Web, als Web-Server noch nicht so verbreitet waren, ermöglichten Gopher- und WAIS-Server oft den Zugriff auf Informationen, die über das Web noch nicht zugänglich waren. Damals war die in den Web-Browser integrierte Unterstützung dieser Dienste sehr hilfreich. Allerdings verlieren Gopher- und WAIS-Server mehr und mehr an Beliebtheit und werden in Zukunft ganz verschwinden, so daß die Browser irgendwann auf die Unterstützung von Gopher und WAIS verzichten werden.

Browser enthalten oft auch eine *Java Virtual Machine (JVM)* zum Ausführen von Java-Applets und einen Interpreter für Skriptsprachen wie *ECMAScript*.

Außerdem sind erweiterbare Mechanismen zum Umgang mit neuen Inhaltstypen wichtig. Die meisten Browser unterstützen zwei Möglichkeiten, mit
neuen Inhaltstypen umzugehen:

- *Plug-Ins*
  Ein Plug-In ist ein Zusatzmodul für einen Browser, das mit einer ganz
  bestimmten Art von Inhalten umgehen kann. Nach der Installation ist das
  Plug-In ein integraler Bestandteil des Browser-Programms und hat dementsprechend Zugriff auf dessen Funktionen. So kann es die Anzeige des
  Browsers zur Ausgabe seiner Daten benutzen.

  Der Vorteil von Plug-Ins ist die problemlose Integration ihrer Bildschirmausgaben in das normalen Browser-Fenster. Der Benutzer bemerkt
  nicht, ob ein Teil der angezeigten Web-Seite durch den Standardmechanismus des Browsers oder durch ein Plug-In dargestellt wird. Der Nachteil
  von Plug-Ins ist, daß sie in hohem Maße auf einen bestimmten Browser
  zugeschnitten sind.

- *Externe Anwendungen*
  Eine externe Anwendung ist ein Programm, das vom Browser gestartet
  wird. Nach dem Starten leitet der Browser die Inhalte, wegen denen die
  externe Anwendung gestartet wurde, an sie weiter. Die externe Anwendung liest diese Inhalte, interpretiert sie und stellt sie auf dem Bildschirm
  dar.

  Der Vorteil dieses Mechanismus ist die Unabhängigkeit von einem
  bestimmten Browser. Wenn ein Programm auf einer bestimmten Plattform in der Lage ist, mit bestimmten Arten von Inhalten umzugehen,
  kann es fast immer als externe Anwendung eingesetzt werden. Der Nachteil dieses Ansatzes ist die mangelnde Integration, da eine externe Anwendung ihre Daten immer in einem eigenen Fenster ausgibt.

  Abhängig von der Art des Inhalts ist dieser Mangel an Integration mehr
  oder weniger störend. Wenn Bilder in einem eigenen Fenster angezeigt
  werden, wird ein Dokument mit mehreren Bildern kaum zu lesen sein.
  Wenn andererseits das Kontrollfeld für das Abspielen einer Klangdatei in
  einem eigenen Fenster erscheint, ist das akzeptabel.

Sowohl Plug-Ins als auch externe Anwendungen müssen in einem Browser
installiert werden. Die Installation besteht hauptsächlich aus einer Verknüpfung zwischen einem Inhaltstyp (oder einer Reihe von Inhaltstypen) und dem
Plug-In bzw. der externen Anwendung. Wenn der Browser einen Response
erhält, der auf diesen Inhaltstyp hinweist, leitet er den Response-Inhalt der
Antwort zur Darstellung an das Plug-In oder die externe Anwendung weiter.

10.2.2 Prefetching

Prefetching ist eine Technik, die für den Benutzer völlig transparent sein sollte. Sie kann dabei helfen, die für den Benutzer wahrnehmbare Verzögerung und die Netzlast zu verringern. Grundsätzlich basiert Prefetching auf der Idee, Informationen schon abzuholen, bevor sie tatsächlich vom Benutzer angefordert werden.

In den heutigen Browsern ist eine ganz einfache Art von Prefetching zum Anzeigen von Bildern implementiert, die durch das <IMG>-Element in ein HTML-Dokument eingebettet sind (siehe Abschnitt 5.2.5). Die meisten Browser können so konfiguriert werden, daß sie automatisch alle Bilder in einer HTML-Seite oder nur das Dokument, und nicht die Bilder laden[2]. Beim Laden der Bilder wird davon ausgegangen, daß der Benutzer an allen Bildern interessiert ist (was meist nicht zutrifft) und bereit ist, die beim Herunterladen und Anzeigen der kompletten Seite zusätzlich benötigte Zeit abzuwarten. Benutzer mit Verbindungen geringerer Bandbreite neigen dazu, das automatische Laden von Bildern abzuschalten, um die Zeit zum Herunterladen eines Dokuments zu verringern.

Bilder sind nur eine bestimmte Art von Links in HTML-Dokumenten. Andere Links werden für das in Abschnitt 5.2.8.2 beschriebene allgemeinere Element <OBJECT>, für Hypertext-Links innerhalb des Document Body mit dem in Abschnitt 5.2.6 erläuterten Element <A> und für Links zwischen Dokumenten mit dem in Abschnitt 5.2.3.1 vorgestellten Element <LINK> im Document Head verwendet. Für alle diese Links können verschiedene Strategien zum Prefetching definiert werden, die auf zusätzlichen Informationen aus den jeweiligen Elementen basieren können (wie zum Beispiel auf dem Attribut REL bei den Elementen <A> und <LINK>). Ebenso können die Strategien durch Einstellungen der Benutzer vorgegeben werden.

Welche Strategie beim Prefetching auch verwendet wird, es gibt immer zwei Ziele, die miteinander in Konflikt stehen. Das eine ist das in Abschnitt 10.2.2.1 erläuterte Verringern der für den Benutzer wahrnehmbaren Verzögerung (wofür man soviel wie möglich im voraus laden sollte), das andere ist das in Abschnitt 10.2.2.2 beschriebenen Verringern der Netzlast (für das man nur sehr selektiv im voraus laden sollte).

---

[2] Im Fall der in Abschnitt 7.3 beschriebenen *XLinks* kann das Attribut actuate vom Ersteller des Dokuments benutzt werden, um anzugeben, ob Links automatisch oder nur nach Anforderung durch den Benutzer gefolgt werden soll.

10.2.2.1 Verringern der für den Benutzer wahrnehmbaren Verzögerung

Einen guten Überblick über Techniken zum Verringern der für den Benutzer wahrnehmbaren Verzögerung gibt Padmanabhan [202]. Ein interessanter Aspekt dieser Arbeit ist der Vorschlag, Entscheidungen über das Prefetching nicht nur dem User Agent, sondern auch dem Server zu überlassen. Dahinter steht die Überlegung, daß ein Server Informationen über die Benutzung seiner Daten sammeln kann (was natürlich nur bei Daten auf dem gleichen Server funktioniert). Diese Informationen kann er benutzen, um zu entscheiden, ob beim Anfordern bestimmter Objekte weitere Daten im voraus geladen werden sollen. Dies würde allerdings vom Übertragungsprotokoll HTTP spezielle Methoden erfordern, um nicht nur ein bestimmtes Objekt zu übertragen, sondern aufgrund der Einschätzung des Servers auch eine Reihe von damit verknüpften Daten im voraus zu laden. Da es in der derzeitigen Version von HTTP keine solche Methode gibt[3], kann diese Variante des Prefetching zur Zeit nicht implementiert werden.

Trotzdem könnte ein User Agent Entscheidungen über das Prefetching aufgrund von Informationen vom Server treffen. So könnte er zum Beispiel bevorzugt Ressourcen vom gleichen Server oder jeweils das Inhaltsverzeichnis eine Ressource ohne die einzelnen Abschnitte im voraus laden (das könnte durch Auswerten des Attributs REL beim Element <LINK> erreicht werden). Es gibt viele mögliche Strategien, wobei aber bedacht werden sollte, daß Prefetching immer zusätzliche Netzlast erzeugt, wenn die Trefferrate nicht bei 100 % liegt (d.h., wenn der User Agent nur Daten im voraus lädt, die später tatsächlich vom Benutzer angefordert werden).

10.2.2.2 Verringern der Netzlast

Es gibt einen Bereich, in dem Prefetching vorteilhaft für die Netzwerklast sein kann, wie Crovella und Barford [56] in ihrer Untersuchung feststellen. Der von einem menschlichen Benutzer erzeugte Netzwerkverkehr besteht zumeist aus kurzen Schüben beim Herunterladen von Daten. Dazwischen liegen viele längere Perioden ohne Netzwerkverkehr, während der Benutzer die heruntergeladenen Daten auswertet. Für das Netzwerk wäre es vorteilhafter, diese Schübe über längere Zeitabschnitte zu verteilen, um einen konstanteren Datendurchsatz zu erreichen. Dies kann nur durch Prefetching erreicht wer-

---

[3] Padmanabhan schlägt in seiner Arbeit die beiden neue HTTP-Methoden GETALL und GETLIST vor, mit denen ein Server als Response auf einen einzigen Request mehrere Objekte zurückschicken kann. Welche Objekte der Server als Antwort schickt, hängt von seinem Wissen darüber ab, welche Daten im voraus geladen werden sollten. Es ist allerdings nicht zu erwarten, daß neuere Versionen von HTTP diese oder ähnliche Methoden beinhalten.

den. (Andernfalls würde es zu längeren Ladezeiten kommen, was für die Benutzer nicht akzeptabel ist.)

Beim Prefetching kann mit dem Laden eines Objekts begonnen werden, bevor ein Benutzer es tatsächlich anfordert, wodurch es möglich ist, den Netzwerkverkehr über einen längeren Zeitraum zu verteilen. Wenn man Prefetching für diesen Zweck einsetzt, muß man sorgfältig auf das Verhältnis zwischen einerseits dem zusätzlichen Netzwerkverkehr für vom Benutzer nicht benötigte Daten und andererseits dem Verringern von Datenschüben durch das Verteilen des Netzwerkverkehrs über einen längeren Zeitraum achten. Heuristiken (wie zum Beispiel, zunächst Objekte zu laden, die am Anfang des dargestellten Dokuments angegeben sind) können verwendet werden, um einen optimalen Ausgleich zwischen dem Prefetching eines Objekts und der Wahrscheinlichkeit zu schaffen, daß es tatsächlich vom Benutzer angefordert wird.

10.3 Suchmaschinen

Die Menge der im Web verfügbaren Daten und die Geschwindigkeit von deren Veränderung machen es fast unmöglich, Informationen im Web ohne die Hilfe von speziellen Suchdiensten zu finden[4]. Eine der ersten Suchmaschinen war der von McBryan [171] beschriebene *World Wide Web Worm (WWWW)*. Inzwischen gibt es zahlreiche Suchmaschinen, die zumeist auf kommerzieller Basis arbeiten, indem sie auf ihren Abfrage- und Ergebnisseiten Werbung verkaufen. Deshalb liegt es im Interesse dieser Dienste, von möglichst vielen Benutzern eingesetzt zu werden. Der erfolgreichste Weg, dies zu erreichen, ist das Anbieten einer guten Dienstleistung.

Der grundlegende Mechanismus ist bei allen Suchmaschinen der gleiche. Sie sammeln Informationen, indem sie Web-Seiten rekursiv anfordern, folgen den in diesen Seiten gefundenen Links und benutzen die gesammelten Seiten zum Aufbau eines Index, mit dem die Abfragen beantwortet werden. Da die Anzahl der Seiten sehr groß ist (die größte Suchmaschine enthält zur Zeit einen Index von 140 Millionen Web-Seiten), ist das Erstellen eines Index, der mit einer akzeptablen Geschwindigkeit durchsucht werden kann, schwierig. Insbesondere wenn man bedenkt, daß viele Suchmaschinen mehrere Abfrage-Requests pro Sekunde erhalten. Wie aus den Web-Seiten ganz genau ein Index erstellt und wie dieser Index durchsucht wird, ist ein gutgehütetes Geheimnis der Suchmaschinen. Die grundlegenden Mechanismen, die dabei verwendet werden, sind die folgenden:

---

[4] Es wird angenommen, daß sich die Anzahl der Web-Seiten im Bereich von Hunderten von Millionen bewegt und daß die Schallgrenze von einer Milliarde Web-Seiten bald erreicht wird.

● *Robot Exclusion Protocol*
Da nicht alle Web-Sites von Suchmaschinen berücksichtigt werden wollen, definiert Koster [150] in einem abgelaufenen Internet Draft eine einfache Möglichkeit, diese auszuschließen. Demnach stellt eine Web-Site ein Dokument (`robots.txt` genannt) bereit, in dem Regeln für Suchmaschinen festgelegt werden. Bevor eine Suchmaschine Ressourcen von einer Site anfordert, holt sie sich zunächst diese Datei und wertet sie aus.

Suchmaschinen können von einem Teil des Angebots oder von der gesamten Site ausgeschlossen werden, und es besteht die Möglichkeit, diese Regeln so zu formulieren, daß sie nur für bestimmte oder für alle Suchmaschinen gelten. Suchmaschinen können nicht dazu gezwungen werden, diese Regeln zu befolgen[5]. Alle großen Suchmaschinen halten sich aber daran.

● *Das <META>-Element*
Da es bislang keinen zuverlässigen Mechanismus zum Bewerten von Web-Seiten gibt, bleibt zum Indizieren nur der Text der Seiten. Allerdings kann man mit dem Element <META>, das in Abschnitt 5.2.3.1 erläutert wird, Suchmaschinen zusätzliche Informationen über eine Web-Seite zur Verfügung stellen. Diese Informationen werden aber nicht von allen Suchmaschinen ausgewertet.

Die Attribute `NAME` und `CONTENT` des <META>-Elements werden verwendet, um Metainformationen anzugeben. Die folgenden Werte für das Attribut `NAME` sind die gebräuchlichsten, wobei man bedenken sollte, daß sie nicht standardisiert sind und von einigen Suchmaschinen einfach ignoriert werden:

– *AUTHOR*
Dieser Wert gibt an, daß das Attribut `CONTENT` des <META>-Elements den Namen des Web-Seitenerstellers enthält.

– *DESCRIPTION*
Die in diesem <META>-Element angegebenen Informationen werden in der Liste angezeigt, welche die meisten Suchmaschinen als Ergebnis einer Abfrage liefern. Wenn keine `DESCRIPTION`-Metainformation vorhanden ist, werden in der Regel die ersten Worte aus der eigentlichen Web-Seite in der Ergebnisliste dargestellt.

---

[5] Für den Web-Server ist eine Suchmaschine ein normaler Client, und es ist praktisch unmöglich, Requests von Suchmaschinen zuverlässig zu erkennen und zu blockieren.

 - *KEYWORDS*
   Die Schlüsselwörter einerWeb-Seite sollten alle für die Seite relevanten
   Suchbegriffe umfassen, wobei die einzelnen Begriffe jeweils durch ein
   Komma getrennt werden.

Obwohl der sinnvolle Gebrauch von <META>-Elementen Informationen zur Verfügung stellt, die aus dem Text einer Web-Seite nicht abgeleitet
werden können, haben sich einige Suchmaschinen entschieden, diese
Methode wegen des möglichen Mißbrauchs nicht zu unterstützen. Die
meisten Suchmaschinen machen sich diese Informationen aber zunutze.
Deshalb sollten sie in Web-Seiten eingefügt werden, um diese durch Suchmaschinen besser zugänglich zu machen.

Da die <META>-Elemente nicht standardisiert sind und nicht von vielen
Web-Seiten verwendet werden, verlassen sich Suchmaschinen auf das Indizieren des Textes der Web-Seiten. Die Hauptkriterien beim Indizieren sind der
Ort (ein Wort am Anfang ist wichtiger als eines am Ende) und die Häufigkeit.
HTML stellt darüber hinaus andere Methoden zum Bewerten von Text zur
Verfügung, wie zum Beispiel den Kontext (ein Begriff in einer Überschrift ist
wichtiger als einer in einem Absatz). Die meisten Suchmaschinen veröffentlichen Anleitungen, wie Dokumente im Hinblick auf ein zuverlässiges Indizieren erstellt werden sollten und welche Web-Seiten überhaupt nicht indiziert
werden können. Folgt man diesen Anleitungen, ist es wahrscheinlich, daß die
Web-Seite leicht durch Suchmaschinen erreicht werden kann.

10.4 Neue Inhaltstypen

HTML ist der grundlegende Inhaltstyp des Web, und man kann davon ausgehen, daß ein Web-Browser HTML interpretieren und darstellen kann. Andere
Inhaltstypen, die üblicherweise von Browsern unterstützt werden, sind einfacher Text und gerasterte Bilder im *Graphics Interchange Format (GIF)* oder
JPEG-Format. Dies ist als kleinster gemeinsamer Nenner zu betrachten, und
alle anderen im Web verwendeten Inhaltstypen können wahrscheinlich nicht
von allen Benutzern wahrgenommen werden.

Für solche Inhaltstypen gilt, daß sie (wenn überhaupt) nur von bestimmten Browsern intern unterstützt werden. Für alle anderen Browser müssen
entweder Plug-Ins oder externe Anwendungen installiert werden, damit sie in
der Lage sind, mit diesen Formaten umzugehen. Mögliche Inhaltstypen für
Informationen im Web umfassen alle Daten, die durch einen Bytestrom dargestellt werden können. Die von der *Internet Assigned Numbers Authority
(IANA)* registrierten MIME-Typen sind nur ein kleiner Teil der Inhaltstypen,

die heutzutage verwendet werden. In diesem Abschnitt werden einige Inhaltstypen vorgestellt, die für das Web eine besondere Bedeutung haben.

10.4.1 Virtual Reality Modeling Language (VRML)

HTML ist eine Sprache zum Beschreiben von zweidimensionalen Dokumenten, die traditionellen Medien (wie Bücher und Zeitungen) ähnlich sind. Einen ganz anderen Ansatz verwendet die *Virtual Reality Modeling Language (VRML)*, die im ISO Draft International Standard 14772 [134] definiert ist. Eine kommentierte Referenz dieses Standards wurde von Carey und Bell [41] veröffentlicht. VRML ist eine Beschreibungssprache für dreidimensionale Szenen. Ebenso wie ein Benutzer sich durch Hoch- und Runterscrollen durch ein HTML-Dokument bewegen kann, navigiert er mit Bewegungen in drei Dimensionen durch eine VRML-Szene.

VRML-Dokumente beschreiben 3D-Szenen, die Links zu anderen Web-Adressen enthalten können. Auf diese Weise, auf die wie ein Benutzer in einem HTML-Dokument Links auswählen kann, besteht auch die Möglichkeit, einen Link in einer VRML-Szene (der zum Beispiel durch ein grafisches Objekt wie ein Schalter oder eine Tür repräsentiert wird) auszuwählen. VRML besteht aus den folgenden Grundkonzepten:

- *Scene Graph*
  Ein VRML-Dokument beschreibt Objekte und Szenen in einer hierarchischen Baumstruktur, die als *Scene Graph* bezeichnet wird. Der Scene Graph beschreibt die Zusammensetzung einer VRML-Szene durch das Kombinieren verschiedener Basiselemente, den sogenannten *Nodes*, zu komplexeren Beschreibungen. Mögliche Arten von VRML-Nodes sind geometrische Objekte, Darstellungseigenschaften, Klänge und Klangeigenschaften sowie verschiedene Arten von Nodes zum Gruppieren.

- *Ereignisse*
  In Dokumenten können Ereignisse auftreten. Nodes definieren, welche Ereignisse sie hervorrufen oder zur Kenntnis nehmen und an welche anderen Knoten Ereignisse weitergemeldet werden sollen.

- *Sensoren*
  Sensoren sind spezielle Nodes zum Erzeugen von Ereignissen, die entweder zeitgesteuert (wodurch Animationseffekte möglich werden) oder durch Benutzeraktionen ausgelöst werden. Ein Sensor erzeugt lediglich Ereignisse. Damit er einen erkennbaren Effekt auf die Szene haben kann, muß er (durch Ereignisse) mit anderen Nodes verbunden werden.

- *Skripte*
  Skripte sind vermittelnde Nodes zwischen Ereigniserzeugern und -empfängern. Sie können willkürliches Verhalten definieren, das in einer der unterstützten Skriptsprachen angegeben wird. Die derzeitige VRML-Spezifikation definiert Sprachanbindungen für Java und JavaScript.

- *Prototyping*
  Dieser Mechanismus kann benutzt werden, um benutzerspezifische Arten von Nodes zu definieren, die vorhandene Nodes kombinieren. Solche Prototypen erleichtern das Erstellen komplexer Szenen und das Wiederverwenden von Scene Graphs.

- *Verteilte Szenen*
  VRML unterstützt das Verwenden verteilter Szenen auf zwei verschiedene Weisen. Szenen können entweder durch einen speziellen Node oder durch externe Prototypen eingebunden werden.

VRML unterstützt eine Reihe von Konzepten zum Erstellen von Szenen, wie das *Lichtmodell*, *Texture Mapping* und verschiedene Parameter für das Betrachten. Die von Scene Graphs erzeugten Formen können verschoben, gedreht und in ihrer Größe verändert werden.

Das Lichtmodell von VRML besteht standardmäßig aus einem Scheinwerfer, der genau im Blickwinkel des Betrachters auf die VRML-Szenen gerichtet ist. Zusätzlich zu diesem Scheinwerfer bietet VRML drei weitere Arten von Lichtquellen. *Gerichtetes Licht* hat keine Quelle, sondern nur eine Richtung, und alle Lichtstrahlen verlaufen dazu parallel. Ein *Lichtpunkt* ist eine Lichtquelle an einem bestimmten Ort, von der Lichtstrahlen in alle Richtungen ausgehen. Ein *Spotlight* ist eine Lichtquelle an einem bestimmten Ort und mit einer bestimmten Richtung, in die sie einen Lichtkegel ausstrahlt. Für Lichtpunkte und Spotlights kann eine Abschwächung des Lichts angegeben werden, die festlegt, in welchem Maß die Intensität des Lichts bei zunehmender Entfernung von der Lichtquelle abnimmt. Aufgrund der zu aufwendigen Berechnung verzichtet VRML auf Lichtreflexionen und Schattenwürfe.

Texture Mapping kann zum Erzeugen von Formen verwendet werden, deren Oberflächen aus Bildern bestehen. Texturen können prinzipiell einem bestimmten Ort auf der Oberfläche einer Form zugeordnet werden, wobei man angeben kann, ob die Struktur vertikal und/oder horizontal wiederholt werden soll. Die Texturen selbst können als Felder von Bildpunkten, als Links auf externe Bilder (in den Formaten GIF, JPEG oder PNG) oder als MPEG-Dateien festgelegt werden, wobei man mit letzterer Methode eine animierte Textur erhält.

Zusätzlich zu Formen können in VRML-Dokumenten außerdem ein Boden, ein Panoramahintergrund und ein Himmel (der als Sphäre rund um die Szene modelliert wird) angegeben werden. Diese Konzepte erlauben realistischere Szenen.

VRML ist eine leistungsfähige Sprache zum Erstellen von 3D-Szenen, die Links zu anderen Web-Adressen enthalten können. Wie bei vielen Dokumenten von komplexeren Inhaltstypen lassen sich auch VRML-Szenen leichter mit Authoring Tools als manuell erstellen.

10.4.2 Mathematical Markup Language (MathML)

Pläne zum Integrieren von Markup für mathematische Ausdrücke in HTML wurden bereits für sehr frühe HTML-Versionen gemacht, aber selbst die derzeitige Version unterstützt keine mathematischen Ausdrücke. Die einzige zuverlässige Methode zum Darstellen mathematischer Ausdrücke auf Web-Seiten ist deshalb das Erstellen von Bildern dieser Ausdrücke mit allen Nachteilen dieser Methode, wie vor allem dem Verlust von Informationen über Inhalt und Struktur.

Die vom W3C als eine XML DTD definierte *Mathematical Markup Language (MathML)* [142] behebt dieses Manko, indem sie ein Rahmenwerk zum Ausdrücken mathematischer Inhalte bereitstellt. Das Ziel von MathML ist es, flexibel genug für dynamische Interaktionen mit mathematischen Ausdrücken zu sein. So soll es möglich sein, Werte zu ersetzen, Transformationen durchzuführen, Diagramme zu erstellen, Formeln zu animieren und andere Aktionen durchzuführen, für die Ausdrücke in semantischer Form angegeben sein müssen. MathML definiert deshalb neben einer DTD auch eine Semantik für alle Elemente und Eigenschaften.

Da sich HTML vermutlich von einer festen SGML DTD zu einer Reihe von XML DTDs für verschiedene Anwendungsbereiche (wie zum Beispiel eine DTD für Tabellen oder eine DTD für Formulare) entwickeln wird, paßt MathML leicht in dieses Konzept hinein. Ein Autor, der mathematische Ausdrücke in ein Dokument einfügen möchte, muß nur einen Verweis auf die MathML DTD machen.

MathML definiert ein Top-Level-Element `math` und eine Reihe von Elementen, die entweder zum Definieren mathematische Darstellungen oder zum Angeben mathematischer Inhalte verwendet werden. Die folgende Beschreibung erläutert die Unterschiede zwischen diesen beiden Arten von Elementen anhand des einfachen mathematischen Ausdrucks $(a+b)^2$:

- *Darstellungselemente*
  Darstellungselemente erfassen *Notationsstrukturen*. Wenn der Autor eines mathematischen Ausdrucks Einfluß auf dessen Darstellung nehmen möchte, kann er die Darstellungselemente von MathML verwenden, um die Notation des Ausdrucks zu beschreiben. Darstellungselemente geben Layoutklassen für ihren Inhalt an:

```
<msup>
  <mfenced>
    <mrow>
      <mi>a</mi>
      <mo>+</mo>
      <mi>b</mi>
    </mrow>
  </mfenced>
  <mn>2</mn>
</msup>
```

  In diesem Beispiel markiert das Element `mi` einen Bezeichner und das Element `mo` einen Operator. Die weiteren Elemente beschreiben Klammern und eine Hochstellung. MathML beschäftigt sich in diesem Fall nur mit Informationen zur Darstellung, wie zum Beispiel mit dem Abstand zwischen Bezeichnern und Operatoren.

- *Inhaltselemente*
  Inhaltselemente geben *mathematische Strukturen* wieder. Durch das Verwenden von Inhaltselementen kann der Autor eines Ausdrucks den mathematischen Inhalt des Ausdrucks beschreiben. Dies wird durch das Angeben von MathML-Elementen erreicht, die für mathematische Konzepte stehen:

```
<apply>
  <power/>
  <apply>
    <plus/>
    <ci>a</ci>
    <ci>b</ci>
  </apply>
  <cn>2</cn>
</apply>
```

In diesem Beispiel legt das Markup den Ausdruck durch Funktionen fest, die auf Elemente angewendet werden. So wird zum Beispiel die Addition als Operation `plus` dargestellt, die mit den beiden durch die Elemente `ci` definierten Bezeichnern durchgeführt wird.

Als ein ganz einfaches Beispiel für die grundlegenden Unterschiede zwischen Darstellungs- und Inhaltselementen kann das jeweilige Element zum Angeben von Zahlen betrachtet werden. Das Darstellungselement für Zahlen, mn, hat Eigenschaften, welche die Schriftart und die Farbe bestimmen. Das Inhaltselement für Zahlen, cn, verfügt über Attribute, die den Typ einer Zahl (zum Beispiel Integer oder Gleitkomma) und ihre Basis (zum Beispiel für binäre oder hexadezimale Zahlen standardmäßig 10) angeben.

Vom semantischen Standpunkt aus sind Inhaltselemente vorzuziehen. Allerdings können nicht alle mathematischen Konzepte durch die Inhaltselemente von MathML erfaßt werden. Deshalb ist es manchmal der einzig mögliche Weg, Darstellungs- anstelle von Inhaltselementen zu verwenden. Da es in manchen Fällen vielleicht notwendig ist, beide Arten von Elementen zu kombinieren, erlaubt MathML gemischtes Markup, bei dem Darstellungselemente innerhalb von Inhaltselementen oder umgekehrt verwendet werden.

Die MathML DTD ist ein komplexes Beispiel einer XML DTD, und es ist offensichtlich, daß man höchstens die einfachsten MathML-Ausdrücke von Hand erstellen kann. Wenn MathML von den wichtigsten Browsern unterstützt und von der Benutzergemeinschaft angenommen wird, kann man mit Werkzeugen für das komfortable Erstellen von MathML-Markup rechnen.

MathML ist eine neue Empfehlung und muß mit einer Reihe von anderen Standards abgeglichen werden. Ein wichtiger Aspekt ist das in Abschnitt 10.5.5 beschriebene *Document Object Model (DOM)*, das benötigt wird, um MathML-Inhalte für Skripte zugänglich zu machen. MathML muß außerdem an die *Extensible Linking Language (XLL)* angeglichen werden, um Links zu und von mathematischen Teilen von Web-Dokumenten zu ermöglichen. Das Layout mathematischer Ausdrücke wird traditionell als schwierigste Aufgabe beim Formatieren angesehen. Deshalb stellt MathML neue Anforderungen an Style Sheet-Sprachen wie *Cascading Style Sheets (CSS)* und *Extensible Style Language (XSL)*.

Außerdem sollte es möglich sein, Ausdrücke von älteren Sprachen wie $\TeX$ und ISO 12083 [119] in MathML zu übertragen. Ein Teil von MathML ist in der aktuellen Version des W3C-Browsers *Amaya* implementiert, der ebenfalls einen Editor für MathML-Ausdrücke enthält.

10.4.3 Portable Network Graphics (PNG)

Abgesehen von Hypertext in Form der HTML-Sprache, sind Bilder der vorherrschende Inhaltstyp im Web. Die meisten Web-Seiten enthalten Bilder, und die Integration der Bilder in den Text einer Seite erzeugt den Eindruck, daß das vollständige Dokument (mit den Bildern) eine einzige Ressource ist. Bilder sind jedoch individuelle Ressourcen, die mittels des Elements <IMG> in eine Seite eingebunden sind. Der Inhaltstyp dieser Ressourcen ist durch keinen Standard definiert oder eingeschränkt. Die beiden Formate, die derzeit von den meisten Browsern unterstützt werden, sind das *Graphic Interchange Format (GIF)* und *JPEG*. Ein neuer Inhaltstyp für Bilder, das vom W3C definierte Format *Portable Networks Graphics (PNG)* [27], wird in der nächsten Zukunft wohl mehr Unterstützung erlangen. Die aktuellsten Versionen der wichtigen Browser haben die Unterstützung für PNG-Bilder bereits integriert. Webster [272] beschreibt diese drei Formate und ihre Eigenschaften im Detail. Tabelle 10.1 faßt die wichtigsten Unterschiede dieser Bildformate zusammen.

Tab. 10.1 Vergleich der Bildformate

Format	GIF	JPEG	PNG
Farbtiefe	8-Bit	24-Bit	32-Bit
Verlust?	Verlustfrei	Verlustbehaftet	Verlustfrei
Interlacing	4 Durchläufe	Progressive Anzeige	7 Durchläufe

GIF und JPEG sind keine konkurrierenden Formate, weil GIF für Grafiken entwickelt wurde, während JPEG für fotografische Bilder optimal ist. GIF hat einige ernsthafte technische Schwächen und verwendet einen patentierten Kompressionsalgorithmus. Aus diesen Gründen wurde PNG als Ersatz für GIF entwickelt. Zusätzlich zu allen Möglichkeiten von GIF bietet PNG die folgende Funktionalität:

- *Erhöhte Farbauflösung*
  GIF ist auf eine Farbauflösung von 8 Bit begrenzt. Daraus ergibt sich ein Maximum von 256 Farben für ein GIF-Bild. Wenn ein Bild Schattierungen enthält, werden meistens mehr als 256 Farben benötigt. PNG unterstützt eine Farbauflösung von 32 Bit, wodurch eine Anzahl von Farben erreicht wird, die für das Darstellen fotografischer Bilder ausreicht.

- *Erhöhte Graustufenauflösung*
  Die 8-Bit-Begrenzung von GIF gilt auch für Graustufenbilder, so daß höchstens 256 verschiedene Grautöne möglich sind. PNG erlaubt Graustufenbilder mit einer Farbauflösung von 16 Bit, was über 65.000 Graustufen entspricht.

- *Erhöhte Auflösung des Alpha-Kanals*
  GIF unterstützt Transparenz durch das Zuweisen einer transparenten Farbe zu einem Bild. Deshalb sind Bildpunkte bei GIF entweder transparent oder sie überdecken den Hintergrund völlig. PNG definiert einer

8-Bit-*Alpha-Kanal*. Dieser bestimmt die Transparenz der Bildpunkte und ermöglicht sanfte Übergänge zwischen Hintergrund und Bild.

- *Gamma-Korrektur*
  Die Gamma-Informationen in einem Bild ermöglichen es, das Bild automatisch mit der richtigen Helligkeit und dem korrekten Kontrast darzustellen. Dabei spielt es keine Rolle, welche Plattformen zum Erstellen bzw. Betrachten des Bildes verwendet werden.

- *Fehlererkennung*
  GIF enthält keine Informationen zur Fehlererkennung. Dadurch ist es unmöglich, eine beschädigte GIF-Datei zu erkennen. PNG enthält einen Mechanismus zur Fehlererkennung, der den in ISO 3309 [117] beschriebenen *Cyclic Redundancy Check (CRC)* verwendet.

- *Verbesserte progressive Darstellung*
  Mit der progressive Darstellung (oder *Interlacing*) kann man Bilder während des Herunterladens besser anzeigen. Die progressive Darstellung von PNG verwendet mehr Durchläufe als der Algorithmus von GIF. Progressive Darstellung vergrößert die Dateien durchschnittlich ein wenig, führt aber beim Benutzer wesentlich schneller zu einer sinnvollen Anzeige.

Die einzige Funktionalität, die von PNG derzeit nicht zur Verfügung gestellt wird, sind Animationen. Animierte GIFs sind eine einfache und beliebte Möglichkeit, die Aufmerksamkeit auf Web-Seiten zu lenken, und werden oft für Werbung verwendet. Das Format *Multiple-image Network Graphics (MNG)*, das zur Zeit basierend auf PNG entwickelt wird, verfügt über diese Funktion.

10.4.4 Vektorgrafiken

Das Verwenden von Bildern (oder Rastergrafiken) als Inhaltstyp in Web-Dokumenten ist sehr verbreitet, aber es gibt derzeit kein etabliertes Format für Vektorgrafiken. Viele Grafiken werden mit Anwendungen erstellt, die anstelle von Bildpunkten grafische Objekte (wie Kreise oder Rechtecke) bearbeiten. Wenn man diese Grafiken in einem Format speichert, das die objektorientierten Informationen beibehält, kann man sie später an jede Bildschirm- oder Druckerauflösung anpassen. Außerdem sind Vektorgrafiken meistens viel kompakter als Rastergrafiken.

Basierend auf XML wurden dem W3C die *Precision Graphics Markup Language (PGML)* [4] und die *Vector Markup Language (VML)* [170] vorgeschlagen. Bei beiden Lösungen handelt es sich um neue Sprachen (obwohl

PGML auf dem Grafikmodell von PostScript basiert), und es ist noch nicht klar, welcher (wenn überhaupt einer) dieserVorschläge erfolgreich sein wird.

Das einzige relativ weit verbreitete und häufig eingesetzte Vektorgrafikformat ist das in ISO 8632 [115] definierte *Computer Graphics Metafile (CGM)-Format*, das aber in anderen Bereichen verwendet wird. CGM definiert ein Dateiformat für Vektorgrafiken, das auf einer recht kleinen Anzahl von grafischen Elementen basiert, sowie drei Arten von Codierungen, die für verschiedene Anwendungsgebiete optimiert sind. Das dem W3C vorgeschlagene *Web-CGM* [57] ist eine Abart von CGM, welche auf der Binär-Codierung von CGM basiert. Aufgrund einiger Eigenschaften von CGM erfüllt WebCGM jedoch nicht alle vom W3C für skalierbare Webgrafiken vorgegebenen Bedingungen.

Es kann derzeit nicht vorausgesagt werden, welches der vorgeschlagenen Formate am erfolgreichsten sein wird. Obwohl WebCGM den Vorteil hat, auf einem bekannten und bewährten internationalen Standard zu basieren, fehlt ihm ein Teil der verlangten Funktionalität, und es wird ein binäres Dateiformat benutzt. PGML und VML sind neue Sprachen, die auf XML basieren. Dadurch gelten alle Architekturkonzepte von XML (insbesondere XLL für Links in und aus XML-Dokumenten) auch für PGML und VML, was ein großer Vorteil gegenüber WebCGM ist.

10.4.5 RealMedia Architecture (RMA)

Die *RealMedia Architecture (RMA)* ist eine von RealNetworks definierte eigenständige Architektur für Streaming Media. Allerdings verwendet RMA einige Standards für die Datenübertragung und die Festlegung der Darstellung. Aus der Sicht des Benutzers ist der wichtigste Teil von RMA die *RealPlayer*-Anwendung (mit Funktionen für RealAudio und RealVideo), die üblicherweise als externe Anwendung installiert ist. Wenn man einen Link auf eine RMA-Datei auswählt, startet der RealPlayer als externe Anwendung und gibt die Datei wieder.

In früheren Versionen des RealPlayer wurden Darstellungen durch die *Real Time Session Language (RTSL)* spezifiziert, eine von RealNetworks auf der Basis von SGML definierte eigenständige Sprache. Die neueste Version des RealPlayer, *RealPlayer G2* genannt, verwendet dafür die standardisierte *Synchronized Multimedia Integration Language (SMIL)*, die in Abschnitt 10.5.6 beschrieben wird. Eine SMIL-Darstellung ist eine Beschreibung, wie verschiedene Multimedia-Inhalte (wie Audio- oder Videoclips) zu einer synchronisierten Gesamtdarstellung verbunden werden.

Nach dem Start wertet der RealPlayer die Beschreibung der SMIL-Darstellung aus. Diese enthält Verweise auf bestimmte Multimedia-Darstellungen auf einem RealMedia-Server. Der RealPlayer fordert diese Darstellungen vom RealMedia-Server gemäß der SMIL-Beschreibung an. Die einzelnen Multimedia-Inhalte auf dem RealMedia-Server verwenden das *RealMedia File Format (RMFF)*. Als Protokoll für die Übertragung zwischen RealPlayer und Real-Media-Server wird das *Real Time Protocol (RTP)* verwendet.

Der RealPlayer empfängt und synchronisiert die einzelnen Streams zu einer synchronisierten Multimedia-Darstellung. Für die Quelle der Streams gibt es keine Begrenzung, so daß eine Multimedia-Darstellung aus Streams von verschiedenen RealMedia-Servern bestehen kann. Das *Real Time Streaming Protocol (RTSP)* wird zur Steuerung der einzelnen Streams verwendet, indem der RealPlayer Steuerbefehle an einen RealMedia-Server schicken kann.

10.5 Neue Architekturkomponenten

Aus der Sicht des Benutzers können neue Inhaltstypen leicht in das Web integriert werden, da client-seitig lediglich ein Plug-In oder eine externe Anwendung für die neuen Typen installiert werden muß. Neue Architekturkomponenten beinhalten eine Reihe anderer Aspekte, wie zum Beispiel neue Arten, Ressourcen zu beschreiben, und Möglichkeiten, diese Informationen zu übermitteln.

10.5.1 Platform for Internet Content Selection (PICS)

Bedingt durch das Wachstum des Web umfaßt die Menge und die Art der erhältlichen Informationen viele verschiedene Kulturen und Lebensarten. Ein regelmäßig geäußerter Wunsch der Web-Benutzer war die Möglichkeit, Ressourcen aufgrund ihres Inhalts auswählen zu können. Ein Ansatz zur Lösung dieses Problems ist die von Resnick und Miller [224] beschriebene *Platform for Internet Content Selection (PICS)*. Deren grundlegende Idee ist eine Plattform zum Definieren von *Labeln*, die Ressourcen zugeordnet werden.

Jedes Label gibt, basierend auf einem bestimmten *Rating Service*, eine Bewertung (*Rating*) einer Ressource an. Es ist wichtig, sich klarzumachen, daß PICS selbst keine Label oder Rating Services festlegt. Es definiert lediglich ein Standardformat für den Austausch von Informationen basierend auf dem Modell von Labeln und Rating Services. PICS-Label werden am häufigsten in Filterprogrammen eingesetzt, die den Zugriff auf bestimmte Ressourcen aufgrund der dazugehörigen Label blockieren. Die folgenden Komponenten sind für die PICS-Architektur wichtig:

- *Clients*
  Clients, die PICS verwenden, können so eingestellt werden, daß sie mit
  Ressourcen aufgrund der dazugehörenden PICS-Label umgehen. Ein
  gebräuchlicher Verwendungszweck ist es, das Anzeigen bestimmter Web-
  Seiten basierend auf den Labeln von Rating Services zu verhindern.

- *Server*
  Ein Server, der PICS unterstützt, versteht Requests mit dem PICS-spezifischen Header-Feld *Protocol-Request*. Er erzeugt Responses, die Label für
  eine Ressource enthalten, wobei er die PICS-spezifischen Header-Felder
  Protocol und *PICS-Label* verwendet.

- *Proxies*
  Ein Proxy kann anhand von PICS-Labeln filtern. Beim gebräuchlichsten
  Szenario wird ein Proxy als Firewall zwischen einem Intranet und dem
  Internet eingesetzt. In dieser Funktion filtert er Responses aufgrund von
  Labeln bestimmter Rating Services heraus.

- *Label-Verteilung*
  PICS definiert drei verschiedene Möglichkeiten zum Verteilen von Labeln.
  Ein Label kann in ein Dokument eingebettet sein, durch die PICS-spezifischen HTTP-Erweiterungen gemeinsam mit einem Dokument übertragen
  werden oder unabhängig vom Dokument selbst (mit einem speziellen Protokoll) von einem anderen Server (dem sogenannten *Label Bureau*) angefordert werden. Die Label-Verteilungsmechanismen von PICS werden in
  Abschnitt 10.5.1.2 ausführlicher beschrieben.

- *Rating*
  Ein *Rating Service* ist eine Organisation, die basierend auf einem bestimmten Bewertungssystem PICS-Label erstellt. Diese Label können gemeinsam
  mit der Ressource oder durch ein Label Bureau zugänglich gemacht werden.

PICS definiert die Komponenten seiner Architektur in drei Spezifikationen. In *PICS Rating Services and Rating Systems* (siehe Abschnitt 10.5.1.1)
wird eine Sprache für die Beschreibung von Rating Services definiert.
Abschnitt 10.5.1.2 erläutert die *PICS Label Syntax and Communication Protocols*, in denen beschrieben wird, wie Label basierend auf Rating Services
erstellt und verteilt werden. In Abschnitt 10.5.1.3 wird schließlich mit *PICS-
Rules* eine Sprache zum Erstellen von Profilen vorgestellt. Sie besteht aus auf
PICS-Labeln basierenden Filterregeln, mit denen der Zugang zu URLs zugelassen oder blockiert werden kann.

10.5.1.1 Services und Ratings

Die W3C Recommendation *PICS Rating Services and Ratings Systems* [174]
gibt eine Sprache für das Beschreiben von Rating Services vor. Ein Rating
Service wird durch einige administrative Informationen beschrieben, wobei
die wichtigste Information das *Rating System* ist. Ein Rating System bestimmt
die Kategorien, nach denen bewertet wird, die Skala der möglichen Werte für
jede Kategorie und eine Beschreibung der Kriterien, nach denen diese Werte
festgelegt werden.

10.5.1.2 Label-Verteilung

Die W3C Recommendation *PICS Label Syntax and Communication Protocols*
[151] beschreibt, wie Label abhängig von einem bestimmten Rating System
für die Verteilung codiert werden müssen. Der wichtigste Teil eines PICS-
Labels ist das *Rating*. Es besteht aus einer Reihe von Attribut-Wert-Paaren, die
ein Dokument in einer oder mehreren Kategorien beschreiben.

Nachdem ein Rating Service ein Label für ein Dokument erstellt hat, muß
das Label interessierten Clients zugänglich gemacht werden. PICS definiert
drei verschiedene Möglichkeiten zum Verteilen von Labeln:

Eingebettet in das Dokument

Der einfachste Weg zum Verteilen von PICS-Labeln ist es, sie direkt in HTML-
Dokumente einzubinden. Bei dieser Methode wird kein Protokollmechanis-
mus benötigt. Label werden in HTML-Dokumente durch das Element
<META> eingebunden. Das Attribut `HTTP-EQUIV` wird verwendet, um das
<META>-Element als PICS-Label zu identifizieren, während das Attribut
`CONTENT` ein oder mehrere PICS-Label enthält.

Gemeinsam mit einer Ressource

Wenn ein Label nicht in das Dokument eingebettet, aber auf dem gleichen
Server gespeichert ist, kann es gemeinsam mit den Dokumenten übertragen
werden. PICS definiert HTTP-Erweiterungen, die von den daran interessierten Clients benutzt werden müssen. Wenn ein Client PICS-Label anfordert,
werden die folgenden zusätzlichen Informationen ausgetauscht:

- *Request*
  Ein Client, der PICS-Label zu einer Ressource empfangen möchte, verwendet das Header-Feld `Protocol-Request`. Der Inhalt dieses Header-Felds
  gibt die verwendete PICS-Version und die Rating Services an, deren PICS-
  Label angefordert werden.

- *Response*
  Ein Server, der PICS unterstützt, sendet die Ressourcen zusammen mit den
  dazugehörenden PICS-Informationen zurück. Das Header-Feld `Protocol`
  gibt die PICS-Version an, und das Header-Feld `PICS-Label` enthält alle
  Label, die zu dieser Ressource gehören.

Die PICS-Label werden selektiv verteilt, ein Client fordert Label von
bestimmten Rating Services an und der Server antwortet auch nur mit den
Labeln dieser Rating Services. Wenn es zu einem Dokument viele und
womöglich umfangreiche Label gibt, ist das ein wichtiger Vorteil gegenüber
eingebetteten Labeln.

Benutzung eines separaten HTTP-Requests

Es ist möglich, Label unabhängig von der Ressource anzufordern. In diesem
Fall sendet ein Client einen Request für den Label einer Ressource an ein *Label
Bureau*. Dieses antwortet mit den PICS-Labeln, die zu dieser Ressource gehören. Für solche Anfragen wird das *PICS Label Bureau Query Protocol* verwendet, das eine genaue Abfragesyntax für HTTP-Requests definiert, so daß ein
Label Bureau prinzipiell ein spezieller HTTP-Server für diese Abfragesyntax
ist.

10.5.1.3 PICSRules

Die Regeln, nach denen PICS-Label ausgewertet werden, bleiben ganz den
lokalen Clients überlassen. Ein Client empfängt ein PICS-Label und entscheidet aufgrund seiner lokalen Regeln, welche Auswirkung dieses bestimmte
Label haben soll. Obwohl solche Regeln produktspezifisch sein können, hat
das W3C mit *PICSRules* [215] eine Sprache dafür definiert. Gegenüber proprietären Ansätzen hat PICSRules folgende Vorteile:

- *Verteilen und Installieren von Profilen*
  Das Erstellen von Profilen (eine bestimmte Menge von Regeln) kann kompliziert sein. Durch das Verwenden einer gemeinsamen Sprache kann ein
  einmal erstelltes Profil auf vielen Rechnern installiert werden.

- *Kommunikation mit Agents, Suchmaschinen, Proxies oder anderen Servern*
  Es ist möglich, ein Profil an einen Server zu übertragen und von diesem
  Server nur Ressourcen zu beziehen, die diesem Profil entsprechen. So
  könnte zum Beispiel eine Suchmaschine ein PICSRules-Profil (neben
  anderen Dingen, wie einem Suchbegriff) als Kriterium verwenden und nur
  Ergebnisse liefern, die auch dem PICSRules-Profil entsprechen.

- *Übertragbarkeit zwischen Filterprodukten*
  Durch das Definieren einer gemeinsamen Sprache zum Angeben von Filterregeln wird die gleiche Menge von Regeln bei jedem Produkt funktionieren,
  das PICSRules unterstützt.

Eine PICSRules-Regel kann einen oder mehrere PICS-Rating Services
bestimmen, der bzw. die verwendet werden sollen. Ebenso können ein oder
mehrere Label Bureaus vorgegeben und Kriterien festgelegt werden, welche
Label-Inhalte hinreichend für das Zulassen oder Ablehnen einer Ressource
wären.

10.5.2 Digital Signature Initiative (DSig)

PICS stellt ein Rahmenwerk zur Verfügung, um Aussagen über Ressourcen zu
machen (indem man basierend auf einem bestimmten Rating System Label
erzeugt) und diese Aussagen gemeinsam mit den Ressourcen oder davon
getrennt bereitzustellen. Ein Problem dieses Ansatzes ist die Möglichkeit,
Label zu manipulieren oder die durch Label beschriebenen Ressourcen zu verändern, ohne daß die PICS-Benutzer solche Veränderungen erkennen können. Die *Digital Signature Initiative (DSig)* des W3C versucht, dieses Problem
durch ein Format für *PICS Signed Labels (DSig)* [105] zu lösen.

DSig definiert zwei Erweiterungen der Standard-PICS-Label, durch die
PICS-Label mit Verschlüsselungsmethoden kombiniert werden können:

- *Ressourceninformation*
  Diese Information wird verwendet, um einen kryptografischen Link zwischen dem PICS-Label und der beschriebenen Ressource einzurichten.
  Obwohl PICS-Label und Ressourcen eigenständige Objekte sind, kann dieser Link sicherstellen, daß die Ressourcen seit dem Erstellen des Labels
  nicht verändert wurden. Zum Erstellen von kryptografischen Links werden Hash-Funktionen wie der *Secure Hash Algorithm (SHA)* oder *MD5*
  verwendet.

- *Label-Signaturen*
  Da ein Label eine Aussage über eine Ressource macht, möchte ein Rating
  Service seine Label möglicherweise vor der Verteilung signieren und so
  sicherstellen, daß die in dem Label enthaltenen Aussagen nicht verändert
  werden. Ein Label kann deshalb eine oder mehrere digitale Signaturen
  enthalten, wobei Verschlüsselungsmethoden wie der *Digital Signature
  Algorithm (DSA)* oder *RSA* verwendet werden.

Es bleibt anzumerken, daß die Ressourceninformation für *generische* PICS-Label nicht aussagekräftig ist. Generische PICS-Label definieren basierend auf einem URI-Präfix ein Rating für eine ganze Reihe von Ressourcen. Es gibt keine praktische Möglichkeit, eine solche Ressourcenmenge (zum Beispiel alle Ressourcen auf einem bestimmten Server) durch einen kryptografischen Link mit einem Label zu verbinden.

10.5.3 Resource Description Framework (RDF)

Web-Metadaten sind semantische Beschreibungen der Inhalte von Web-Ressourcen. Obwohl es einige locker befolgte Konventionen gibt, wie Metadaten über eine Web-Seite in die Seite eingefügt werden sollten (durch den Gebrauch des Elements <META> und eine Reihe von Schlüsselwörtern, die ausführlicher im Abschnitt 10.3 über Suchmaschinen beschrieben werden), hängt dieser einfache Ansatz ganz davon ab, daß der Autor die richtigen Schlüsselwörter wählt. Ein wesentlich leistungsfähigerer Ansatz ist das Verwenden von standardisierten Semantiken. Das *Resource Description Framework (RDF)* ist ein Standard des W3C, der für das Definieren von Metadaten verwendet werden kann.

Eine kleine Menge von standardisierten Metadaten wurde im *Dublin Core*-Satz von Schlüsselwörtern für Metadaten definiert, der Schlüsselwörter für die Verwendung des HTML-Elements <META> vorgibt. Aufgrund der mangelnden Unterstützung durch Suchmaschinen konnten sich die Dublin Core-Schlüsselwörter nie weit verbreiten. Allgemein betrachtet sind der Dublin Core und inzwischen das wesentlich flexiblere RDF Versuche, eine *Ontologie* zu definieren. Sinngemäß ist eine Ontologie ein Gebilde von metaphysischen Objekten, die sich mit der Natur und den Beziehungen des Daseins beschäftigen. Im Kontext von Web-Metadaten beschreibt eine Ontologie die Bausteine, aus denen Modelle für die wirkliche Welt gebildet werden. Während der Dublin Core eine sehr einfache Ontologie mit wenigen Schlüsselwörter zum Beschreiben eines Dokuments ist, definiert RDF ein Rahmenwerk zum Definieren und Austauschen von Ontologien.

Als Mechanismus zum Darstellen von Wissen ist RDF von vielen vorhandenen Ansätzen zur Wissensdarstellung beeinflußt worden. RDF ist nicht s leistungsfähig wie moderne Mechanismen aus diesem Bereich, wie das *Knowledge Interchange Format (KIF)*, der De-facto-Standard zum Austausch von maschinenlesbaren Wissensdarstellungen. RDF wurde so entworfen, daß es für Web-Benutzer einfach zu verwenden und leistungsfähig genug ist, um Metadaten für Web-Ressourcen auf eine bislang nicht mögliche Weise zu vereinfachen. RDF wurde durch den *Meta Content Framework (MCF)* von Netscape und Microsofts *XML-Data* beeinflußt (das in lockerer Form auf dem früheren Vorschlag *Web Collections* von Microsoft basiert).

RDF verwendet XML für seine Syntax, aber das Grundmodell für das Strukturieren von Metadaten ist von XML unabhängig. Gemäß dem Modell und der Syntaxdefinition [157] von RDF bestehen RDF-Daten aus Knoten und daran angehängten Name/Wert-Paaren. Ein einfaches Beispiel dafür ist ein RDF-Modell, das den Namen »Autor« und den Wert »John Smith« mit einem Dokument verbindet, das von diesem Autor geschrieben wurde.

Die grundlegende Idee von RDF ist es, einen flexiblen Mechanismus zum Darstellen von Semantik bereitzustellen, anstatt feste semantische Objekte vorzugeben. RDF definiert deshalb keinerlei vorgefertigte Vokabularien. Solche Vokabularien, *RDF Schemas* [37] genannt, werden Benutzergemeinschaften speziell für ihre Bedürfnisse definieren (wie auch bei den in Abschnitt 10.5.1.1 beschriebenen spezifischen PICS-Rating Systems). RDF definiert den Ausgangspunkt einer Hierarchie von Schemata (der die Basisklassen enthält), und Benutzer können diese oder andere benutzerdefinierte Schemata erweitern.

10.5.4 Dynamic Fonts

Obwohl HTML im Hinblick auf bessere Layoutmöglichkeiten besonders durch die Einführung von *Cascading Style Sheets (CSS)* stark verbessert wurde, ist der Einsatz von Dynamic Fonts noch ein recht neues Gebiet. Die aktuellsten Versionen der beiden wichtigsten Browser implementieren Dynamic Font-Technologien mit Hilfe verschiedener Formate.

Microsofts Internet Explorer benutzt derzeit *Embedded TrueType* (in Abschnitt 10.5.4.1 beschrieben), und Netscapes Navigator verwendet *TrueDoc* (das in Abschnitt 10.5.4.2 erläutert wird). In beiden Fällen soll es Autoren von Web-Seiten möglich sein, Schriften für ihre Web-Seiten anzugeben und ein Format zu definieren, das der Browser zum Darstellen dieser Schriften herunterladen kann. Vor der Einführung von Dynamic Fonts erlaubten einige nicht standardisierte HTML-Konstrukte das Vorgeben von Schriften. Allerdings mußte die Schrift lokal (client-seitig) installiert sein, damit diese Vorgabe umgesetzt werden konnte. War die Schrift nicht lokal installiert, blieb es dem Browser überlassen, sie durch eine der lokal vorhandenen Schriften zu ersetzen.

Bei Dynamic Fonts kann das Element <LINK> mit dem nicht standardisierten Link-Typ `Font-def` für das Attribut `REL` verwendet werden, um die Definition eines Dynamic Fonts mit einer Web-Seite zu verknüpfen. Der Browser folgt der im `HREF`-Attribut angegebenen URI, lädt die Schrift und wertet sie aus.

Ein Problem bei Dynamic Fonts ist, daß sie meist nicht kostenlos sind, sondern eingekauft werden müssen. Wenn sie dann im Web bereitgestellt und mit Dokumenten verknüpft werden, ist es recht einfach, sie herunterzuladen

und auch außerhalb des Browsers zu verwenden. Dies ist allerdings eher ein
Problem von Microsofts Embedded TrueType-Ansatz, da dieser ein Schrift-
format benutzt, das ebenfalls für Schriften auf Systemebene verwendet wird.
TrueDoc hingegen benutzt ein eigenständiges Format, so daß eine solche
Schrift nur schwerlich unerlaubterweise auf Systemebene installiert werden
kann.

10.5.4.1 Embedded TrueType

Microsoft benutzt derzeit *Embedded TrueType* als Dynamic Font-Format. Dies
begrenzt die zur Verfügung stehenden Schriften auf TrueType Fonts und
schließt die große Anzahl der gebräuchlichen Type 1 Fonts (PostScript) aus[6].
Microsoft hat angekündigt, daß man Type 1 Fonts in einer späteren Version
von EmbeddedTrueType, Embedded OpenType genannt, unterstützen wird.

Der Umgang mit Dynamic Fonts, wie er von Microsoft vorgeschlagen und
implementiert wird, führt dazu, daß eine Schriftdefinition an die Browser verteilt wird. Diese kann relativ leicht auf Systemebene installiert werden, was
eine unzulässige permanente Benutzung der Schriftart ermöglicht. Dies verletzt die geistigen Eigentumsrechte der Schrift-Designer, die deshalb offenbar
TrueDoc bevorzugen. Außerdem wurde ein ActiveX Control veröffentlicht,
mit dem das Verwenden von TrueDoc im Internet Explorer möglich ist.
Damit ist die TrueDoc-Technologie für Dynamic Fonts für beide großen
Browser erhältlich, während Embedded TrueType nur im Internet Explorer
Verwendung findet. Aus diesen Gründen wird TrueDoc vermutlich das erfolg-
reiche Dynamic Font-Format sein.

10.5.4.2 TrueDoc

TrueDoc von Bitstream ist ein Format, das speziell als Schriftformat zum
Online-Betrachten und -Verteilen entworfen wurde. Es ist derzeit im Netscape
Navigator integriert und kann im Internet Explorer mittels eines ActiveX
Controls verwendet werden. TrueDoc unterstützt sowohl TrueType als auch
Type 1-Schriften. Es besteht aus drei Hauptkomponenten:

- *Character Shape Recorder (CSR)*
  Der CSR wird benutzt, um die Umrisse einer vorgegebenen Schrift (True-
  Type und Type 1) den speziellen TrueDoc-Umrissen anzupassen. Der CSR

---

[6] Das *OpenType*-Schriftformat, das derzeit lokal, aber nicht für Dynamic Fonts verwendet wird, ist
das Ergebnis einer Kombination zweier existierender Schriftformate, nämlich des TrueType- und
dem *Type 1*-Formats, das von Adobe für die Seitenbeschreibungssprache PostScript verwendet
wird und in ISO 9541 [122] definiert ist. OpenType erlaubt es Benutzern, beide Arten von Schriften zu verwenden und macht so eine größere Zahl von Schriften verfügbar.

codiert nur Umrisse, die tatsächlich in einem Dokument verwendet werden. Das macht die TrueDoc-Schriftbeschreibung kompakter und erhöht außerdem die Sicherheit, da eine TrueDoc-Schriftbeschreibung möglicherweise nicht alle Zeichen einer Schrift enthält.

Der CSR wird nur beim Publishing-Vorgang verwendet und ist deshalb Teil der Authoring-Umgebung. Wenn alle Schriften und Zeichen feststehen, kann der CSR die TrueDoc-Umrisse für sie erzeugen.

- *Portable Font Resource (PFR)*
  Das ist das vom CSR erzeugte Format, das die TrueDoc-Umrisse enthält. Diese Umrisse sind skalierbar, so daß sie auf jedem Ausgabegerät angezeigt werden können. Das PFR-Format wurde auf Platzersparnis optimiert und kann deshalb in optimaler Zeit über das Netzwerk übertragen werden.

- *Character Shape Player (CSP)*
  Diese Komponente ist Teil des Wiedergabegeräts, in den meisten Fällen der Web-Browser. Der CSP nimmt ein Zeichen, liest den dazugehörenden TrueDoc-Umriß aus der PFR und stellt das Zeichen entsprechend der Schrift dar.

TrueDoc enthält drei Sicherheitsfunktionen. Die erste besteht darin, daß nicht die ursprüngliche Schriftdefinition, sondern nur die TrueDoc-Umrisse in der PFR veröffentlicht werden. Außerdem fügt der CSR nur Zeichen in die PFR ein, die im Dokument tatsächlich verwendet werden. Werden Zeichen im Dokument nicht benötigt, fehlen sie folglich auch in der PFR, wodurch eine generelle Verwendung der Schrift weniger attraktiv wird. Die dritte Sicherheitsfunktion ist die *DocLock*-Technologie, mit der PFRs auf bestimmte URI-Präfixe beschränkt werden können. Mit DocLock kann eine PFR nur für ein Dokument mit dem angegebenen URI-Präfix verwendet werden, so daß andere Designer von Web-Seiten nicht auf PFRs verweisen können, die ihnen nicht gehören.

10.5.5 Document Object Model (DOM)

Das *Document Object Model (DOM)* definiert die Verbindung zwischen Dokumenten im Web und Programmen bzw. Skripten, die auf diese Dokumente zugreifen und sie verändern wollen. DOM ist eine der Schlüsselkomponenten von *Dynamic HTML (DHTML)*. Die Spezifikation von DOM [277] befindet sich noch in ihrer frühen Phase, aber erste Dokumente wurden bereits veröffentlicht, und andere werden bald folgen.

Skript- und Programmiersprachen haben ihre eigenen Methoden für den Zugriff auf Objekte, Variablen, Attribute, Eigenschaften oder wie auch immer veränderbare Dateneinheiten in der jeweiligen Sprache genannt werden. Außerdem greifen Skript- und Programmiersprachen auf verschiedene Verfahren zurück, Operationen innerhalb der Sprache zu modellieren, wobei die beiden populärsten Ansätze prozedurale und objektorientierte Sprachen sind. DOM definiert zwei Aspekte, wie eine Sprache auf Dokumente zugreifen und diese verändern kann:

- *Datenstrukturen und -funktionen*
  DOM beschreibt für verschiedene Arten von Dokumenten (derzeit HTML, XML und CSS) die Datenstrukturen, die für Sprachen sichtbar sind, die über DOM auf das Dokument zugreifen, und die Funktionen (oder Operationen), die zum Verändern des Dokuments verwendet werden können. DOM spezifiziert diese Datenstrukturen und -funktionen mittels der *Interface Definition Language (IDL)* der OMG als Schnittstelle. Dadurch kann die Schnittstelle zu einem Dokument sprachunabhängig definiert werden.

- *Language Binding*
  Zusätzlich zu der per IDL definierten sprachunabhängigen Schnittstelle bestimmt DOM Language Bindings für verschiedene Sprachen. Derzeit gehören nur Language Bindings für die Kernfunktionalität zur DOM-Spezifikation. Während die OMG einige Language Bindings für IDL (wie C++ und Java) standardisiert hat, gibt es für andere Sprachen (wie ECMAScript) keine solchen Standards.

Obwohl DOM in bezug auf die Art des Dokuments und die Sprache allgemeingültig ist, besteht die beliebteste Anwendung in der Kombination von HTML-Dokumenten (die möglicherweise CSS Style Sheets verwenden) und ECMAScript-Skripten. DOM definiert einen Kern (*Core*) von Attributen und Funktionen, die nicht für eine bestimmte Dokumentart spezifisch sind. Zusätzlich zu diesem Kern werden dokumentartspezifische Attribute und Funktionen festgelegt. In Zukunft wird der XML-Teil von DOM mehr Bedeutung erlangen, da er die strukturelle Analyse und die Veränderung von XML-Dokumenten erleichtert.

Die derzeitige Version der DOM-Spezifikation definiert Language Bindings für Java und ECMAScript, aber ausschließlich für die Kernfunktionalität von DOM. Java- und ECMAScript-Language Bindings für HTML werden in der nächsten Version der DOM-Spezifikation enthalten sein. (Derzeit gibt es nur eine IDL-Spezifikation für HTML.)

10.5.6 Synchronized Multimedia Integration Language (SMIL)

Die Kombination verschiedener Ressourcen zu einer integrierten Darstellung wird besonders bei HTML-Seiten sichtbar, wo der Browser beim Darstellen der Seite eingebundene Bilder lädt, um eine einheitliche Gesamtdarstellung zu erreichen. Um die Integration von Bildern zu ermöglichen, werden die im Element <IMG> angegebenen Informationen ausgewertet, wie zum Beispiel die Position des Bildes im Fließtext,.

Ähnlich integrierte Darstellungen sind das Ziel der *Synchronized Multimedia Integration Language (SMIL)* [199], die auf das Synchronisieren von Darstellungen mit mehreren zeitabhängigen Ressourcen ausgerichtet ist. SMIL schreibt keine bestimmten Inhaltstypen für die zu synchronisierenden Ressourcen vor. Das Anwendungsszenario für SMIL beinhaltet ein Programm, das die SMIL-Spezifikationen umsetzt, und mögliche weitere Programme (soweit diese nicht in den SMIL-Interpreter integriert sind), die zeitabhängigen Ressourcen tatsächlich wiedergeben. Eine SMIL-Darstellung kann als Ressource auf einem Web-Server veröffentlicht werden. Eine der ersten Anwendungen, die mit SMIL umgehen kann, ist der RealPlayer von RealNetworks.

SMIL-Darstellungen spezifizieren eine Multimedia-Darstellung, indem sie ein Anfangslayout und eine Beschreibung definieren, wie Inhalte in diesem Layout wiedergegeben werden sollen. Dabei spielen drei Aspekte eine Rolle:

- *Was soll abgespielt werden*
  Die grundlegendste Frage einer Sprache für synchronisierte Darstellungen von Multimedia-Ressourcen ist, wie auf diese Ressourcen verwiesen wird. SMIL definiert eine Reihe von *Media Object Elements*, von denen jedes das Einbinden bestimmter Media-Objekte ermöglicht. SMIL stellt in diesem Zusammenhang Media Object Elements für Animationen, Klänge, Bilder, Videos, Texte und Text-Streams sowie ein allgemeines Element für Verweise auf andere Media-Objekte bereit.

  Die Media Object Elements treffen keine Annahmen über bestimmte Inhaltstypen der Media-Objekte, sondern der Inhaltstyp kann durch ein zusätzliches Attribut angegeben oder durch den Wiedergabemechanismus automatisch erkannt werden.

```
<switch>
   <audio src="german-intro" system-language="de"/>
   <audio src="english-intro" system-language="en"/>
</switch>
```

SMIL definiert eine Reihe von *Test Attributes* für Media Object Elements, die in Verbindung mit einem Auswahlmechanismus das bedingte Wiedergeben von Media-Objekten ermöglichen. In diesem Beispiel wird die Sprache als Kriterium verwendet, um einen von zwei möglichen Audio-Clips abzuspielen.

- *Wo soll etwas abgespielt werden*
SMIL definiert eine Darstellung mit einem Head und einem Body, wobei der Head das Layout der Darstellung bestimmt. Wenn eine SMIL-Darstellung kein Layout definiert, ist diese anwendungsabhängig. Andernfalls beschreibt das Layout, wie die Elemente im Document Body auf einer abstrakten Oberfläche angeordnet werden.

```
<smil>
  <head>
    <layout>
      <region id="r" top="20" left="20" />
    </layout>
  </head>
  <body>
    <seq>
      <img region="r" src="test.jpeg"/>
    </seq>
  </body>
</smil>
```

In diesem Beispiel definiert das Layout einen Bereich. Das `region`-Element steuert die Position, die Größe und die Skalierbarkeit eines Media Object Elements. Das Bild im Document Body wird dem Bereich durch seinen Bezeichner zugeordnet.

- *Wann soll abgespielt werden*
Einer der Hauptaspekte bei Darstellungen von zeitabhängigen Media-Objekten ist das Synchronisieren der einzelnen Ressourcen. SMIL definiert implizite und explizite Synchronisationsverfahren. Eine implizite Synchronisation kann nur bei zeitabhängigen Media-Objekten verwendet werden. Die beiden grundlegenden von SMIL unterstützten Synchronisationselemente sind die sequentielle und die parallele Darstellung.

```
<seq>
  <text src="title.htm" dur="20s"/>
  <par>
    <audio src="audio1.aus"/>
    <animation src="image.ani"/>
  </par>
  <textstream src="trailer.rt"/>
</seq>
```

In diesem Beispiel wird zunächst ein Begrüßungstext angezeigt, der ein zeitunabhängiges Objekt ist und deshalb eine Dauer zugewiesen bekommt. Anschließend erfolgt eine parallele Darstellung eines Audio-Clips und einer Animation, der anschließend ein angehängter Textstream folgt.

SMIL ist als eine XML DTD definiert (siehe Anhang C.2). Die Sprache definiert ein flexibles Rahmenwerk für synchronisierte Multimedia-Darstellungen. Da SMIL nur Synchronisations- und Layoutaspekte vorgibt, ist es sehr auf die Inhaltstypen der Media-Objekte angewiesen. Beim Bewerten von SMIL-Clients ist die Liste der unterstützten Inhaltstypen deshalb der wichtigste Aspekt.

11. Verwandte Technologien

Die in diesem Buch beschriebenen Technologien sind für das Web die wichtigsten. Trotzdem umfassen sie nur einen Teil der Technologien, die heutzutage im Web oder in bestimmten Web-Anwendungen genutzt werden. Man kann die verbleibendenTechnologien (die nicht das eigentliche Thema dieses Buchs sind) in zwei Kategorien einteilen:

- *Grundlegende Technologien*
  Die in diesem Buch beschriebenen Web-Technologien reichen aus, um die Arbeitsweise des Web auf einer abstrakten Ebene zu beschreiben. Allerdings sind eine ganze Menge weitererTechnologien notwendig, um mit Hilfe der Web-Technologien ein funktionierendes System zu schaffen. So müssen zum Beispiel Computer- und Netzwerktechnologien, angefangen von CPUs bis hin zu Glasfasernetzwerken, verwendet werden, um die Infrastruktur zum Implementieren von Web-Technologien bereitzustellen.

  Diese Technologien liegen auf einer niedrigeren Abstraktionsebene als Web-Technologien (die zum Beispiel einfach davon ausgehen, daß Daten zuverlässig von einem Rechner zum anderen übertragen werden können), weshalb sie in der Regel als grundlegende Technologien bezeichnet werden.

- *Ergänzende Technologien*
  Obwohl die in diesem Buch beschriebenen Web-Technologien zum Implementieren eines vollständigen Web-Browsers ausreichen, geht der Trend hin zu integrierten Lösungen. Die führenden Browser beherrschen neben den Web-Technologien eine ganze Reihe anderer Zugriffsprotokolle für Informationsressourcen (wie FTP und Gopher) und unterstützen darüber hinaus E-Mail- und Usenet-Nachrichten.

  Weil die Unterstützung von zusätzlichen Protokollen und Features für ein Programm mit Web-Technologien nicht unbedingt notwendig ist (auch wenn es dadurch nützlicher wird), kann man diese Protokolle und Features als ergänzende Technologien bezeichnen.

Technologien der ersten Kategorie werden nicht näher erörtert werden. Eine kurze Einleitung in die Technologie direkt unterhalb des Web, die Internet-Umgebung, wird in Kapitel 1 gegeben. Weitere Informationen finden sich in einer der zahlreichen Veröffentlichungen über Kommunikationsprotokolle und Netzwerke.

Sehr verständliche Bücher über Computernetzwerke und Kommunikation wurden von Halsall [92], Peterson und Davie [204], Stallings [252] und Tanenbaum[259] veröffentlicht.

Technologien der zweiten Kategorie sind in den meisten Browser-Implementierungen zu finden. (Abschnitt 10.2.1 beschreibt diese Integration detaillierter.) Protokolle für den Zugriff auf andere Informationsdienste (so wie FTP für den Zugriff auf Dateiarchive) können fast transparent unterstützt werden, während andere Technologien für die Benutzer offensichtlicher sind. Die populärste und am häufigsten implementierte Funktionalität ist E-Mail. Sie wird in Abschnitt 11.1 beschrieben. Eine andere Technologie, die immer wichtiger wird, ist der in Abschnitt 11.2 beschriebene Zugriff auf Verzeichnisdienste. Eine bei den Benutzern ebenfalls sehr beliebte Technologie für das weltweite Verteilen von Informationen sind die Usenet-Nachrichten, die wesentlich älter als das Web selbst sind. Sie werden in Abschnitt 11.3 kurz erklärt.

Bei all dem sollte man im Auge behalten, daß diese Technologien aus der Sicht des Benutzers mit dem Web verbunden sind, weil alle diese Funktionalitäten in den Browsern enthalten sind. Technisch gesehen sind sie nicht Teil der Web-Infrastruktur und werden deshalb nur kurz erörtert.

11.1 E-Mail

Die wichtigste Netzwerkanwendung vor dem Siegeszug des Web war zweifellos E-Mail, und dies ist noch immer eine sehr wichtige Anwendung der Computerkommunikation. E-Mail hatte die Kommunikation in vielen Bereichen revolutioniert. Als erstes kam E-Mail in wissenschaftlichen Kreisen zum Einsatz (weil Computer mit Netzwerkzugang dort als erstes verbreitet waren), doch in den letzten Jahren hat dieses Medium auch in der persönlichen, zwischenmenschlichen Kommunikation an Bedeutung gewonnen, wo es als Ersatz für ältere Formen der asynchronen Kommunikation, wie Briefe, Anrufbeantworter oder Faxgeräte, eingesetzt wird.

Die Beliebtheit von E-Mail ist in den letzten Jahren so gestiegen, daß der von den älteren asynchronen Kommunikationsformen bekannte Mißbrauch auch in Verbindung mit E-Mail auftauchte, insbesondere unaufgeforderte Werbung (meist als Junk- oder Spam-Mail bezeichnet). Allerdings ist dies auch ein Indikator dafür, daß E-Mail immer beliebter wird, und der Anteil der E-Mail-Benutzer in der Bevölkerung wird in Zukunft weiter ansteigen.

Weil E-Mail eine der ersten Internet-Anwendungen war, basiert die Technologie auf bemerkenswert einfachen Modellen. Das *Internet Mail Consortium (IMC)* ist eine gute Informationsquelle über E-Mail. Es ist ein

Konsortium von vielen Firmen, deren Produkte E-Mail verwenden oder darauf basieren. Einen umfassenden Überblick über alle wichtigen Standards der heutigen Internet-E-Mail-Infrastruktur gibt Hughes[106].

Wenn man E-Mail als eine Reihe von Protokollen betrachtet und zum Austausch elektronischer Nachrichten einsetzt, kann man eine Unterteilung in zwei große Bereiche vornehmen. Der erste Bereich ist das Problem, Nachrichten durch das Internet an die Empfängeradresse zu senden[1]. Dies wird durch ein in Abschnitt 11.1.1 beschriebenes Protokoll erledigt. Der zweite Bereich ist die Frage, wie E-Mail-Nachrichten durch Benutzer vom Mail-Server abgeholt werden können. Die dafür verwendeten Protokolle werden in Abschnitt 11.1.2 beschrieben. Einen Überblick über die für E-Mail verwendeten Protokolle gibt Abbildung 11.1[2]. Man sollte dabei im Auge behalten, daß beim Senden und Empfangen von E-Mail-Nachrichten ganz verschiedene Protokolle eingesetzt werden.

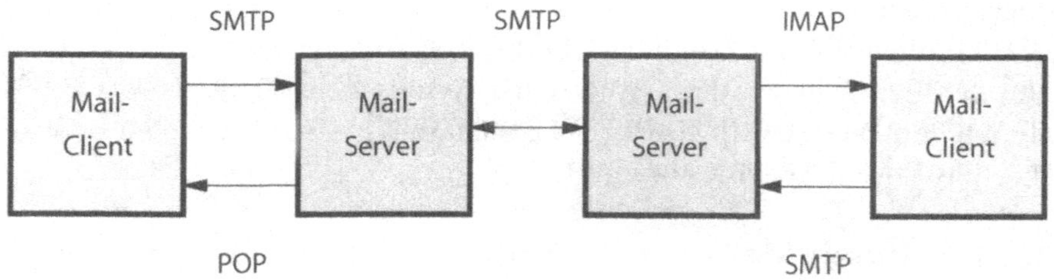

Abb. 11.1 Protokolle für die E-Mail-Übertragung

11.1.1 Senden von E-Mail

Das Senden von E-Mail ist für einen Web-Browser wichtiger als das Empfangen. URLs können ein `mailto`-Schema (erläutert in Abschnitt 2.3.2) verwenden, wodurch beim Auswählen des die URL angebenden Links eine E-Mail-Nachricht verschickt werden sollte. Deshalb sollte ein Web-Browser zumindest eine Komponente zum Erstellen einer Nachricht enthalten und das Senden von E-Mails unterstützen. Andernfalls können `mailto`-URLs nicht verwendet werden.

---

[1] Bei der Empfängeradresse, die als Mail-Host in der E-Mail-Adresse festgelegt ist, wird die Nachricht im elektronischen Briefkasten des Empfängers abgelegt, der ebenfalls in der E-Mail-Adresse angegeben wird.

[2] Ein Mail-Client wird manchmal auch als *Mail User Agent (MUA)* und ein Mail-Server als *Message Transfer Agent (MTA)* bezeichnet. (Diese Bezeichnungen sind ITUs X.400-Empfehlungen entliehen.)

Das Internet-Protokoll, das den Transfer von E-Mails bestimmt, ist das *Simple Mail Transfer Protocol (SMTP)*. Obwohl SMTP anhand der Protokollspezifikation implementiert werden kann, hält die Komplexität viele Personen und Firmen vom Schreiben einer SMTP-Implementierung ab. Statt dessen stellt *sendmail*[3] die mit Abstand beliebteste Software für SMTP-Server dar und ist in vielen Betriebssystemen enthalten (wenn auch gewöhnlich in einer veralteten Version).

Obwohl SMTP das Internet-Protokoll zum Übertragen von E-Mail ist, gibt es tatsächlich zwei Varianten. Das ursprüngliche SMTP wird in Abschnitt 11.1.1.1 beschrieben, während Abschnitt 11.1.1.2 auf das neuere *Extended SMTP (ESMTP)* eingeht.

Eine neuere und funktionell überlegene Reihe von Standards für die Architektur eines E-Mail-Systems sind die *X.400*-Empfehlungen [141], die von der *International Telecommunications Union (ITU)* entwickelt und veröffentlicht wurden. X.400 ist das Mail-System für den Einsatz in Umgebungen, die auf ISOs Kommunikationsmodell *Open Systems Interconnection (OSI)* beruhen. Ein umfassender Überblick über X.400 ist von Plattner u.a. [206] veröffentlicht worden. Trotz seiner technischen Überlegenheit konnte sich X.400 imWettbewerb gegen SMTP nicht durchsetzen [4], so daß die Anzahl der X.400-E-Mail-Systeme abnimmt.

11.1.1.1 Simple Mail Transfer Protocol (SMTP)

Das *Simple Mail Transfer Protocol (SMTP)* ist das Internet-Standardprotokoll zum Übertragen von E-Mail-Nachrichten. Es ist im Internet-Standard RFC 821 [211] definiert. Das Interaktionsmodell von SMTP ist recht einfach. Der Absender einer E-Mail-Nachricht (gewöhnlich ein E-Mail-Programm oder ein Programm, wie zum Beispiel ein Web-Browser, das diese Funktionalität enthält) öffnet eine Verbindung zum Empfänger[5] der Nachricht und sendet die E-Mail mittels einiger weniger SMTP-Befehle. Der einfache SMTP-Standard erlaubt nur das Verwenden von ASCII-Zeichen.

---

[3] Die aktuellste Version von sendmail kann entweder vom *Sendmail Consortium* (`http://www.semdmail.org`) als kostenlose Software oder von Sendmail Inc. (`http://www.send mail.com`) als komplettes Produkt inklusive Installationssupport und Wartung bezogen werden.

[4] Ein umfassender Vergleich der konkurrierenden E-Mail-Architekturen X.400 und SMTP wurde von Rhoton [225] veröffentlicht.

[5] Der Empfänger kann entweder direkt der Mail-Host des Adressaten oder ein Übertragungssystem sein, das die Nachricht weiterleitet, bis sie beim Mail-Host des Adressaten angekommen ist.

11.1.1.2 Extended SMTP (ESMTP)

Das einfache SMTP-Protokoll hat sich in einigen Anwendungsbereichen als ungenügend erwiesen, so daß im Internet-Standard RFC 1869 [149] Möglichkeiten zur Erweiterung definiert wurden. Diese Ergänzung, mit der sich SMTP leicht erweitern läßt (vorausgesetzt, daß beide Seiten eine bestimmte Erweiterung unterstützen), wird *Extended SMTP (ESMTP)* genannt.

In der Zwischenzeit wurde eine große Anzahl von Erweiterungen definiert, und die Rahmenbedingungen von ESMTP machen es Implementierungen möglich, neue Erweiterungen einzuführen, ohne die existierenden Standards verändern zu müssen. Allerdings machen Erweiterungen nur Sinn, wenn sie von beiden Seiten unterstützt werden. Deshalb sollten neue Erweiterungen nur mit Vorsicht eingeführt werden und nur, wenn es wahrscheinlich erscheint, daß sie nützlich genug sind, um von einer großen Zahl von ESMTP-Implementierungen unterstützt zu werden.

Ursprünglich zielte ESMTP auf einige der Schwächen von SMTP. Die beliebtesten und meistgenutzten Erweiterungen werden in der folgenden Liste beschrieben:

- *Nachrichten mit 8-Bit-Zeichensätzen*
  SMTP erkennt nur ASCII-Zeichen, wodurch es unsicher ist, Nicht-ASCII-Zeichen in einer E-Mail zu verwenden. ESMTP definiert eine Möglichkeit, wie Nicht-ASCII-Zeichen sicher übertragen werden können. (Es benutzt die Abbildung zwischen Nicht-ASCII- und ASCII-Zeichen, wie sie im Internet RFC 2047 [183] definiert ist.)

- *Ankündigen der Nachrichtengröße*
  Da E-Mail-Nachrichten sehr umfangreich werden können, kann es sinnvoll sein, daß der Absender den Empfänger zunächst über den Umfang einer Nachricht in Kenntnis setzt. Der Empfänger kann dann entscheiden, ob er eine Nachricht der angekündigten Größe akzeptieren möchte. Der Mechanismus für diesen Austausch von Ankündigungen ist im Internet-Standard RFC 1078 [148] definiert.

- *Umfangreiche und binäre Nachrichten*
  Beim Senden umfangreicher E-Mail-Nachrichten kann es sinnvoll sein, eine Nachricht in mehrere Teile zu zerlegen. Außerdem sollte man einen Mechanismus zum Steuern dieses Prozesses haben, der es ermöglicht, das Senden eines Nachrichtenteils zu wiederholen, falls die Übertragung gescheitert ist. So muß man nicht alle vorangegangenen Teile erneut übertragen. Der Internet Experimental RFC 1830 [267] definiert eine Erweiterung zum Senden von Nachrichtenstücke, und der experimentelle Internet RFC 1845 [52] definiert eine Erweiterung zum Überprüfen und erneuten Senden von Nachrichten.

Abgesehen von diesen Erweiterungen sind eine ganze Reihe zusätzlicher Erweiterungen in RFCs definiert, und unzählige andere Erweiterungen wurden für anwendungsspezifische Zwecke erstellt. Die *Internet Assigned Numbers Authority (IANA)* pflegt eine Liste von registrierten SMTP-Erweiterungen mit Verweisen auf deren Spezifikationen.

11.1.2 Empfangen von E-Mail

Obwohl das Senden von E-Mail für eine erfolgreiche Nachrichtenübertragung ganz wichtig ist, muß auch das entgegengesetzte Problem des Empfangens gelöst werden. Zu Beginn wurde E-Mail immer auf dem Mail-Host (der Maschine, die eine E-Mail via SMTP empfangen hatte) gelesen. In den meisten Fällen entsprach das Lesen von E-Mail dem Lesen einer Datei, in die das SMTP-Programm alle ankommenden Nachrichten schrieb. Dieses Modell funktioniert allerdings nur, wenn der Benutzer auf das gleiche Dateisystem zugreifen kann wie das SMTP-Programm.

Einen Schritt weiter geht das Definieren von Netzwerkprotokollen zum Zugriff auf E-Mails, die auf dem Mail-Host (oft auch als Mail-Server bezeichnet) gespeichert sind. Durch ein solches Protokoll kann der Zugriff auf den Mail-Server über ein Netzwerk erfolgen, ohne daß die Notwendigkeit eines gemeinsamen Dateisystems besteht. In einem solchen Modell ist der Benutzer der Client des Protokolls für den Nachrichtenzugriff, der über ein Netzwerk auf den Mail-Server zugreift. Drei verschiedene Arten von Zugriffen sind in einem solchen Szenario möglich:

- *Offline*
  Im Offline-Betrieb verbindet sich der Client periodisch mit dem Mail-Server, holt neue Nachrichten ab (die auf dem Server gelöscht werden) und beendet die Verbindung. Die E-Mail-Nachrichten werden lokal auf dem Client-Rechner weiterverarbeitet.

- *Online*
  Im Online-Betrieb verbleibt die E-Mail auf dem Server und wird aus der Entfernung vom Client bearbeitet. Der Vorteil dieses Modells ist, daß der Benutzer verschiedene Clients verwenden kann und trotzdem Zugriff auf alle Nachrichten hat, da sie auf dem Server gespeichert sind[6].

- *Getrennt*
  Im getrennten Betrieb wird die E-Mail vom Server zum Client kopiert,

---

[6] Im Offline-Betrieb werden E-Mail-Nachrichten zum Client verschoben und auf dem Server gelöscht. Benutzt man einen weiteren Client, kann man auf die vom ersten Client bereits heruntergeladenen E-Mail-Nachrichten nicht mehr zugreifen.

aber nicht auf dem Server gelöscht. Der Client kann die Nachrichten lokal bearbeiten und später mit dem Server synchronisieren. Wenn ein Benutzer mit einem anderen Client auf den Server zugreift, sind alle Nachrichten trotzdem zugänglich, da sie auf dem Server verblieben sind. Bei dieser Betriebsart pflegt der Client einen Nachrichten-Cache, in dem alle vom Server kopierten Nachrichten enthalten sind. Bei einer Verbindung zum Server wird der Nachrichten-Cache mit den auf dem Server gespeicherten Nachrichten synchronisiert.

Die beiden beliebtesten Protokolle sind das in Abschnitt 11.1.2.1 vorgestellte *Post Office Protocol (POP)* und das funktionell umfangreichere *Internet Message Access Protocol (IMAP)*.

Weitere Alternativen für Nachrichtenzugriffsprotokolle sind das *P7*-Protokoll von X.400 (spezifiziert in der ITU-Empfehlung X.419 [140]) und das *Distributed Mail System Protocol (DMSP)*, das im Internet Informational RFC 1056 [156] definiert ist. P7 setzt die Nachrichtenformate und Transporttechnologien von X.400 voraus (die nicht sehr weit verbreitet sind), und DMSP ist größtenteils auf eine einzige Anwendung (PCMAIL) beschränkt. Aus diesen Gründen werden diese beiden Protokolle für den Nachrichtenzugriff nicht weiter berücksichtigt.

11.1.2.1 Post Office Protocol (POP)

Nachdem eine Nachricht vom Urheber zum Mail-Server des Empfängers übertragen wurde, wird sie im Postfach des Empfängers gespeichert, bis der Empfänger sie liest. In den meisten heutigen Szenarien nimmt der Empfänger nur gelegentlich Kontakt zum Mail-Server auf und fragt mit einem E-Mail-Programm neue Nachrichten ab. Dies kann man als Analogie zum Gang zur Post und dem Nachschauen im Postfach sehen, weshalb eines der populärsten Protokolle für diesen Zweck *Post Office Protocol (POP)* genannt wurde[7]. Das Protokoll wird im Internet Draft Standard RFC 1939 [187] definiert.

Die grundlegende Funktionsweise von POP ist sehr einfach. Der POP-Server wartet auf eingehende Verbindungen auf einem bestimmten Port (der Standard-Port für POP ist der Port 110), zu dem der Client eine TCP-Verbindung aufbaut, wenn eine POP-Sitzung gewünscht wird. Nach dem Senden einer Begrüßung schickt der Client Befehle, und der Server erzeugt Antworten, bis die Verbindung geschlossen wird.

Die Authentifizierung kann bei POP auf verschiedene Arten erfolgen. Der einfachste Weg ist das Verwenden der POP-Befehle USER und PASS. Dabei werden allerdings Benutzername und Paßwort unverschlüsselt über eine TCP-

---

[7] Da das Protokoll derzeit in Version 3 vorliegt, wird es oft auch als POP3 bezeichnet.

Verbindung übertragen, was ziemlich unsicher ist. Sicherere Methoden zur Authentifizierung, die mittels des optionalen Befehls AUTH implementiert werden[8], wurden im Internet Proposed Standard RFC 1734 [185] definiert.

Nach der erfolgreichen Autorisierung wechselt die POP-Verbindung in den Transaktionsstatus, und der Client kann eine Reihe von POP-Befehlen absetzen. Der Transaktionsstatus ermöglicht den Zugriff auf das Postfach des Benutzers. Die Anzahl der POP-Befehle ist sehr klein, so daß ein POP-Server oder -Client recht einfach zu implementieren ist. Die einzigen Befehle beim Zugriff auf das Postfach dienen zum Abholen oder Löschen einer Nachricht. Damit unterstützt POP lediglich den Offline-Betrieb beim Nachrichtenzugriff.

11.1.2.2 Internet Message Access Protocol (IMAP)

Da POP andere Betriebsarten als den Offline-Betrieb nur sehr begrenzt unterstützt, gewinnt ein neues Nachrichtenzugriffsprotokoll zunehmend an Bedeutung. Dieses Protokoll ist eine (funktionelle, nicht syntaktische) Obermenge von POP. Ursprünglich *Interactive Mail Access Protocol (IMAP)* genannt, wurde der Name in *Internet Message Access Protocol (IMAP)* geändert[9]. Das Protokoll ist im Internet Proposed Standard RFC 2060 [51] definiert. Die wesentlichen Vorteile von IMAP gegenüber POP können wie folgt zusammengefaßt werden:

- *Unterstützung verschiedener Ordner*
  IMAP bietet die Möglichkeit, neben dem Ordner für eingehende Nachrichten über das Netzwerk weitere Ordner anzulegen und zu bearbeiten. Dies wird durch Funktionen zum Auflisten, Erstellen, Löschen und Umbenennen von Ordnern ermöglicht. IMAP unterstützt ebenfalls Ordnerhierarchien, so daß die Ordner auf dem IMAP-Server über das Netzwerk genauso organisiert werden können wie lokale Ordner innerhalb eines Dateisystems.

- *Ordnerbearbeitung über das Netzwerk*
  Nachrichten können von einem Ordner in einen anderen verschoben, Nachrichten-Flags gesetzt (um Nachrichten als gelesen oder beantwortet zu markieren) und gemeinsame Ordner (also Ordner, auf die von mehreren Benutzern zugegriffen wird) so aktualisiert werden, daß die anderen Benutzer von der Aktualisierung in Kenntnis gesetzt werden.

---

[8] Die im RFC 1734 definierten Autorisierungsprozeduren sind die Abläufe, die für IMAP verwendet werden.

[9] Da das Protokoll derzeit in Version 4 vorliegt, wird es oft auch als IMAP4 bezeichnet.

- *Optimierte Online-Performanc*
  Da MIME-Nachrichten sehr umfangreiche Teilstücke (wie Bilder oder
  Videos) enthalten können, erlaubt IMAP das einzelne Abholen von
  MIME-Teilstücken. Um das zu ermöglichen, unterstützt IMAP außerdem
  das Erkennen der Nachrichtenstruktur (d. h., der MIME-Teilstücke), ohne
  die gesamte Nachricht herunterladen zu müssen. Weiterhin kann durch
  server-basiertes Suchen und Markieren vermieden werden, Nachrichten
  nur zum Durchsuchen übertragen zu müssen.

Obwohl IMAP im Vergleich zu POP funktionell klar überlegen ist, müssen
zwei Nachteile erwähnt werden. Das Protokoll ist erheblich komplexer als
POP und deshalb schwerer zu implementieren. Insbesondere bei Systemen
mit sehr begrenzten Ressourcen kann dies ein wichtiger Aspekt sein. Weil es
neuer als POP ist und Funktionen zur Verfügung stellt, die nicht in allen
Anwendungsbereichen benötigt werden, wird IMAP derzeit in geringerem
Maße unterstützt als POP. Allerdings hat die Verbreitung von IMAP in den
letzten Jahren zugenommen, und man kann davon ausgehen, daß die Unterstützung sich in Zukunft verbessern wird.

11.2 Verzeichnisdienste

Im allgemeinen enthält ein Verzeichnis Informationen zu einem bestimmten
Thema in einer alphabetisch oder anderweitig geordneten Liste von Ressourcen. Im klassischen (d.h. gedruckten) Sinn enthält ein Telefonverzeichnis eine
alphabetische Liste aller Kunden des Telefondienstleisters. Man kann es verwenden, um nach einem Namen zu suchen und die dazugehörige Telefon-
nummer zu finden.

Elektronische Verzeichnisse sind in ihrer Art sehr ähnlich, aber gleichzeitig
ermöglichen sie flexiblere Einteilungen und Abfragen. Der bedeutendste im
Internet verwendete Verzeichnisdienst ist das in Abschnitt 1.4.1.2 beschriebene *Domain Name System (DNS)*, das eingesetzt wird, um Internet-Host-
Namen auf IP-Adressen abzubilden. Da das DNS meist implizit genutzt wird
(wenn zum Beispiel ein Browser den IP-Namen eines Web-Server auflöst, um
die dazugehörende IP-Adresse zu ermitteln), wird es in seiner Bedeutung von
den meisten Benutzern nicht erkannt. Außerdem ist das DNS ein sehr spezialisierter Verzeichnisdienst, der nicht für benutzerspezifische Informationen
verwendet werden kann.

Allerdings gibt es viele Anwendungsbereiche, in denen ein vielseitiger
elektronischer Verzeichnisdienst sehr nützlich sein könnte. Als mögliche Informationen könnten Namen und dazugehörende E-Mail-Adressen, Daten zu

physikalischen Geräten oder Diensten in einem bestimmten Netzwerk, Informationen zur Benutzerauthentifizierung oder -autorisierung und viele andere Dinge zugänglich gemacht werden. Die von der *International Telecommunications Union (ITU)* entwickelten und veröffentlichten *X.500*-Empfehlungen [138] definieren einen Verzeichnisdienst, der für alle diese Anwendungsbereiche benutzt werden kann. X.500 ist der Verzeichnisdienst für Umgebungen, die auf ISOs Kommunikationsmodell *Open Systems Interconnection (OSI)* basieren. Zu seinen Hauptfunktionen gehört ein hochentwickeltes Modell zum Verteilen und Replizieren sowie eine Sicherheitsarchitektur.

Obwohl X.500 eine ITU-Empfehlung ist und zur Reihe der OSI-Anwendungen gehört (zwei Gründe, denen häufig die begrenzte Akzeptanz von X.400 zugeschrieben wird), wird es besser als X.400 angenommen. Der Hauptgrund dafür ist, daß SMTP als Konkurrent von X.400 schon vor X.400 existiert hatte, während die Internet-Standards nichts mit X.500 vergleichbares enthalten. Deshalb kann man davon ausgehen, daß X.500 die wichtigste Technologie für Verzeichnisdienste wird. Das *Internet Directory Consortium (IDC)* wurde eingerichtet, um die Entwicklung und das Testen von Verzeichnisprodukten zu koordinieren. Detaillierte Beschreibungen des X.500-Verzeichnisses und seiner Anwendungen wurden von Chadwick [43] und Steedman [253] veröffentlicht.

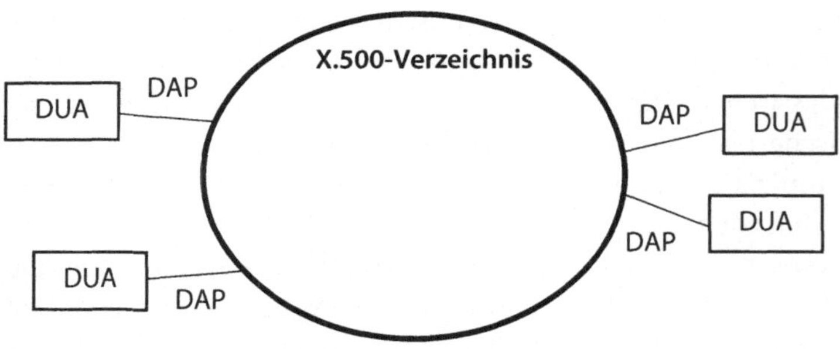

Abb. 11.2 X.500-Verzeichniszugriff mit DAP

Das grundlegende Modell von X.500 aus der Sicht des Benutzers zeigt Abbildung 11.2. Das Verzeichnis ist eine global verteilte Datenbank, auf die mittels eines speziellen Protokolls zugegriffen werden kann. Das spezielle Zugriffsprotokoll von X.500 ist das *Directory Access Protocol (DAP)*, und ein Client, der DAP zum Zugriff auf X.500 verwendet, wird als ein *Directory User Agent (DUA)* bezeichnet. Da die Verteilung transparent ist, spielt es keine Rolle, wohin ein DUA eine Verbindung aufbaut. Das Verzeichnis erledigt die Verteilung intern.

Eine genauere Betrachtung von X.500 zeigt Abbildung 11.3. Das X.500-Verzeichnis ist als eine Reihe von verteilten, kooperierende Agenten verwirklicht, die ein Kommunikationsprotokoll verwenden. Dieses innerhalb des X.500-Verzeichnisses benutzte Protokoll ist das *Directory System Protocol (DSP)*, und jede Komponente in der Menge der kooperierenden Agenten wird als einen *Directory System Agent (DSA)* bezeichnet. Ein DSA kann DAP-Unterstützung implementieren oder darauf verzichten. Letzteres führt zu einem DSA, der mit anderen DSAs kommunizieren, aber nicht direkt von einem DUA kontaktiert werden kann.

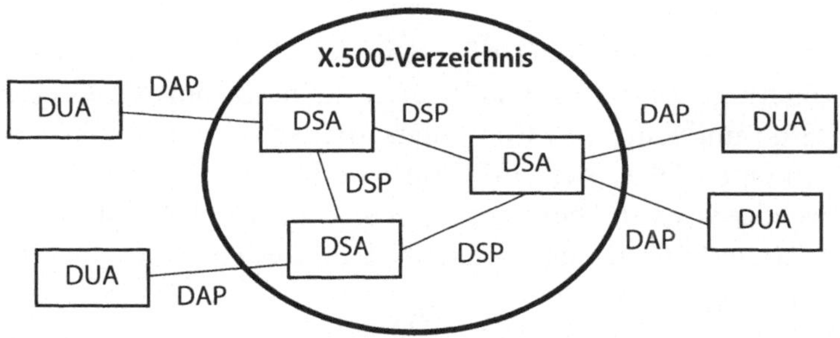

Abb. 11.3 X.500-Datendistribution mit DSP

Die in Abbildung 11.3 dargestellte Architektur wird verwendet, um hierarchisch benannte Informationsobjekte (die als *Entries* bezeichnet werden[10]) zu steuern und den Zugriff darauf zu ermöglichen. Benutzer können diese Objekte (mittels eines DUA) anhand beliebiger Felder betrachten und durchsuchen. Obwohl die Idee für X.500 von der Notwendigkeit eines relativ einfachen E-Mail-Adressen-Suchdienstes für X.400 abstammt, hat es sich zu einem sehr allgemeinen Verzeichnisdienst entwickelt, der Informationsobjekte mit beliebigen Datentypen und beliebiger Komplexität unterstützt.

Zusätzlich zur Systemarchitektur, den Kommunikationsprotokollen und der zu steuernden Information definiert X.500 außerdem ein hierarchisches Modell zum Benennen und Organisieren von Einträgen, ein Modell zur Zugriffssteuerung mit Möglichkeiten zur Authentifizierung, ein administratives Modell für das globale Management der Daten, ein Replikationsmodell zum Kopieren von Entries sowie eine Vielzahl anderer Details, um die Menge der nicht-standardisierten Vereinbarungen zu reduzieren, die für ein funktionierendes System benötigt werden.

---

[10] Ein minimalistisches, aber trotzdem typisches Beispiel ist ein Entry, der aus den beiden Feldern »Name« und »E-Mail-Adresse« besteht.

Da DSP nur für die Kommunikation zwischen DSAs benötigt wird, wird nicht weiter darauf eingegangen. DAP ist hingegen das Protokoll, das in User Agents implementiert werden muß, und ein Web-Browser, der DAP implementiert, ist ein Beispiel für einen DUA. DAP wird deshalb in Abschnitt 11.2.1 erklärt. Da DAP für zu komplex und zu sehr auf eine OSI-Umgebung ausgerichtet gehalten wurde, hat man im *Lightweight Directory Access Protocol (LDAP)*, das in Abschnitt 11.2.2 erklärt wird, eine auf TCP/IP basierende Teilmenge von DAP definiert.

11.2.1 Directory Access Protocol (DAP)

Das *Directory Access Protocol (DAP)* ist in der ITU Recommendation X.519 [139] definiert. Es ist ein Protokoll für den Zugriff auf X.500-Verzeichnis-Server (DSAs) und kann von Computersystemen oder menschlichen Benutzern (durch einen DUA, der DAP und eine Benutzeroberfläche implementiert) verwendet werden. Die wichtigste Funktion von DAP ist das Bereitstellen von leistungsfähigen Suchmöglichkeiten, die das Konstruieren beliebig komplexer Abfragen erlauben.

Das Problem von DAP ist, daß es als Teil der OSI-Protokollhierarchie im Vergleich zu TCP/IP ziemlich komplex und unhandlich ist. Heutige PCs können OSI-Protokollstapel abarbeiten, aber als X.500 1984 erstmals vorgestellt wurde, war es nicht möglich, eine vollständige DAP-Implementierung auf einem PC auszuführen. Deshalb entschied man sich dafür, ein abgespecktes Protokoll zu entwickeln, das nicht auf OSI, sondern auf TCP/IP basiert und auf Systemen mit begrenzten Ressourcen eingesetzt werden kann. Dieses abgespeckte Protokoll wurde *Lightweight Directory Access Protocol (LDAP)* genannt.

11.2.2 Lightweight Directory Access Protocol (LDAP)

Das *Lightweight Directory Access Protocol (LDAP)* ist im Internet Proposed Standard RFC 2251 [270] definiert. LDAP ist so entworfen, daß es direkt auf TCP/IP aufsetzt. Auf einige der eher esoterischen und weniger wichtigen Funktionen von DAP wurde verzichtet.

Abbildung 11.4 zeigt, wie LDAP sich in die von X.500 vorgegebene Architektur einfügt. LDAP kann entweder direkt in DSAs eingebaut werden, oder man benutzt Protokollkonverter, die auf der Client-Seite LDAP verwenden (also einem verbundenen Client das Verwenden von LDAP ermöglichen) und auf der Server-Seite DAP nutzen. Durch das wachsende Interesse an LDAP gibt es allerdings eine steigende Anzahl an DSP-Implementierungen, die über eine eingebaute LDAP-Unterstützung verfügen.

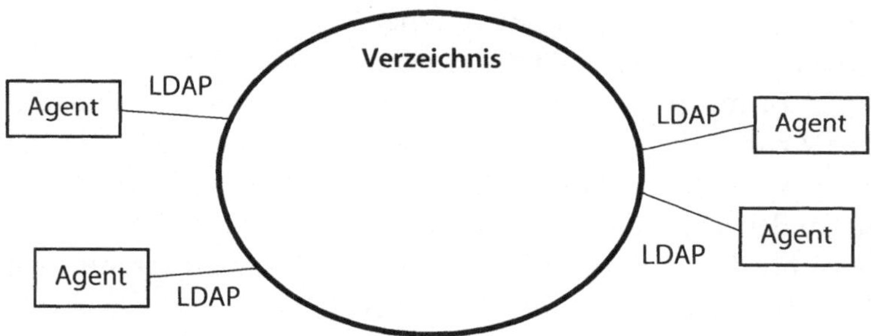

Abb. 11.4 Verzeichniszugriff mit LDAP

Es ist wichtig, festzustellen, daß LDAP lediglich ein Protokoll für den
Zugriff auf einen Verzeichnisdienst definiert, während X.500 ein komplettes
Verzeichnissystem einschließlich Agents, internen Kommunikationsprotokollen
und Managementaspekten spezifiziert. LDAP kann auch als Zugriffsprotokoll für andere Verzeichnisdienste als X.500 verwendet werden. Dann
müssen aber viele Aspekte, die außerhalb der Reichweite von LDAP liegen
(wie Management und das Replizieren von Entries) anderweitig vereinbart
werden.

Da LDAP auf TCP/IP aufsetzt, kann es recht einfach in Internet-Anwendungen, wie zum Beispiel Web-Browser, integriert werden. Um Verzeichnisdienste in das Web zu integrieren, wurde im Internet Proposed Standard RFC
2255 [103] ein URL-Format für LDAP-Anfragen definiert.

11.3 Usenet-Nachrichten

Usenet-Nachrichten können als die älteste Internet-Anwendung für das glo-
bale Verteilen von Informationen angesehen werden. Das Usenet entstand
1979 an der Universität von North Carolina und besteht einfach aus einer
Reihe von Rechnern (News-Servern), die untereinander Artikel austauschen.
Diese Artikel sind jeweils mit einem oder mehreren Labeln versehen, die als
Newsgroups bezeichnet werden. Die Newsgroups sind hierarchische nach den
Themen der zu ihnen gehörenden Artikel organisiert. Am Anfang wurde das
System nur lokal (auf dem Universitätscampus) genutzt, und die Anzahl der
Newsgroups war sehr klein. Heute wird es in einem weltweiten Rahmen ver-
wendet, es gibt Zehntausende von Newsgroups, und das durch das Usenet
verursachte Datenaufkommen nimmt schätzungsweise zwischen 20 und 40 %
des Gesamtdatenvolumens im Internet ein.

Grundsätzlich besteht das Usenet aus einer Reihe von Artikeln, an die
einige Header geknüpft sind (ungefähr so wie bei E-Mail-Nachrichten). Das

Format von News-Artikeln ist im Internet RFC 1036 [99] definiert. Artikel werden einer ganz einfachen Taktik folgend von Server zu Server übertragen. Jeder Server ist mit mindestens einem weiteren Server verbunden. Er bietet alle neuen Artikel allen anderen verbundenen Servern an, außer dem, von dem er den Artikel selbst bezogen hat (oder allen Servern, wenn der Artikel lokal entstanden ist, indem er von einem Client eingereicht wurde). Diese Strategie ist für den immensen Ballast an Datenvolumen verantwortlich, den die Usenet-Nachrichten verursachen, weil ein Server jeden Artikel allen angeschlossenen Servern individuell anbietet. Bei einem täglichen Volumen von Hunderttausenden von Artikeln wird allein durch das Anbieten von Artikeln schon sehr viel Datenaufkommen erzeugt.

Für das Übertragen von Usenet-Nachrichten zwischen Servern wird das in Abschnitt 11.3.1 beschriebene *Network News Transport Protocol (NNTP)* verwendet. Das *Network News Reading Protocol (NNRP)*, eine Teilmenge von NNTP, vermittelt zwischen einem Client (wie beispielsweise ein Browser zum Lesen der Nachrichten) und einem Server. Für eine gründliche Diskussion vieler Aspekte von Usenet-Nachrichten (einschließlich dem Administrieren von News-Servern) bietet das Buch von Spencer und Lawrence [247] viele interessante Informationen.

11.3.1 Network News Transfer Protocol (NNTP)

Das *Network News Transfer Protocol (NNTP)* wird zwischen News-Servern[11] zum Austausch von Nachrichten eingesetzt. Es wird im Internet-Standard RFC 977 [146] definiert. Grundsätzlich stellt ein Server in regelmäßigen Abständen Verbindungen zu anderen Servern her und bietet seine neuen Artikel an. Der andere Server kann entscheiden, ob er den Artikel schon hat, ihn aus anderen Gründen nicht will (z.B. weil die Newsgroup für diesen Server nicht notwendig ist) oder akzeptiert ihn.

---

[11] Der *Internet News Server (INS)* ist die mit Abstand beliebteste Software für NNTP-Server. Er ist als freie Software erhältlich und läuft auf einer Vielzahl von Betriebssystemen.

A. HTTP/1.1-Definitionen

In diesem Anhang werden einige Definitionen des überarbeiteten HTTP/1.1-Standards [76] aufgeführt. Die vollständige und aktuellste Fassung dieser Definitionen sollte stets der neuesten Version des Standards entnommen werden, der auf der Web-Site des W3C oder aus anderen Informationsquellen erhältlich ist.

Abschnitt A.1 führt die Nachrichtentypen von HTTP auf, zeigt ihre syntaktische Struktur und gibt an, welche Methoden und Header-Felder verwendet werden können. Abschnitt A.2 führt alle Statuscodes und Abschnitt A.3 alle Warncodes auf.

A.1 Nachrichten

HTTP-Nachrichten sind entweder Requests oder Responses. Beide Arten von Nachrichten haben eine gemeinsame Struktur, die von einem generischen Nachrichtentyp definiert wird. Abschnitt A.1.1 führt diesen generischen Nachrichtentyp auf. In Abschnitt A.1.2 wird die syntaktische Definition eines Requests gezeigt. Abschnitt A.1.3 stellt die syntaktische Definition eines Response vor. Dieser Abschnitt enthält lediglich die wichtigsten Elemente der Definition von Nachrichten. Für eine vollständige Übersicht sollte die aktuellste Version der Protokollspezifikation zu Rate gezogen werden.

A.1.1 Allgemeine Definitionen

Die allgemeinen Definitionen enthalten Spezifikationen für ein generisches HTTP-Nachrichtenformat, das für Requests und Responses verwendet wird. Außerdem werden all die Elemente definiert, die in Requests und Responses zum Einsatz kommen, wie zum Beispiel General Header, Entity Header und die HTTP-Versionsnummer.

```
generic-message =
  start-line
  *message-header
  CLRF
  [ message-body ]
```

```
start-line =
  request-line | status-line

message-header =
  field-name ":" [ field-value ] CRLF

message-header =
  general-header | entity-header | request-header | response-header

message-body =
  entity-body | <entity-body encoded as per Transfer-Encoding>

general-header =
  Cache-Control | Connection | Date  | Pragma |
  Trailer | Transfer-Encoding | Upgrade | Via

entity-header =
  Allow | Content-Base | Content-Encoding | Content-Language |
  Content-Length | Content-Location | Content-MD5 | Content-Range |
  Content-Type | ETag | Expires I Last-Modified

HTTP-version =
  "HTTP" "/" 1*DIGIT "." 1*DIGIT
```

A.1.2 Request

Ein HTTP-Request ist eine Nachricht, die zunächst aus der `request-line`
besteht, welche die `method` und weitere Informationen angibt. Danach folgen
keine, eine oder mehrere Header-Zeilen, eine leere Zeile und ein optionaler
Message Body.

```
request =
  request-line
  *( general-header | request-header | entity-header)
  CRLF
  [ message-body ]

request-line =
  method SP request-URI SP HTTP-version CRLF

method =
  "OPTIONS" | "GET" | "HEAD" | "POST" | "PUT" |
  "DELETE" | "TRACE" | "CONNECT" | extension-method

request-URI =
  "*" | absoluteURI | abs_path
```

```
request-header =
  Accept | Accept-Charset | Accept-Encoding | Accept-Language |
  Authorization | Expect | From | Host | If-Match |
  If-Modified-Since | If-None-Match | If-Range |
  If-Unmodified-Since | Max-Forwards | Proxy-Authorization |
  Range | Referer | TE | User
```

A.1.3 Response

Ein HTTP-Response ist eine Nachricht, die zunächst aus der `status-line`
besteht, die den `status-code` und weitere Informationen angibt. Danach
folgen keine, eine oder mehrere Header-Zeilen, eine leere Zeile und ein optionaler Message Body.

```
response =
  status-line
  *( general-header | response-header | entity-header)
  CRLF
  [ message-body ]

status-line =
  HTTP-version SP status-code SP reason-phrase CRLF

response-header =
  Accept-Ranges | Age | Location | Proxy-Authenticate | Retry-After |
  Server | Vary | Warning | WWW-Authenticate
```

A.2 Statuscodes

Im folgenden sind die einzelnen Werte der für HTTP/1.1 definierten numerischen Statuscodes und eine Reihe beispielhafter Reason Phrases aufgeführt
(die dem offiziellen Standarddokument entnommen sind). Die Statuscodes
sind dreistellige Zahlen, die anhand der ersten Ziffer gruppiert sind. Jede der
Gruppen repräsentiert Statuscodes für bestimmte Bedingungen. Die hier aufgeführten Reason Phrases sind nur Vorschläge – sie können durch lokale Entsprechungen ersetzt werden, ohne das Protokoll zu beeinträchtigen.

A.2.1 Informational (1xx)

Diese Klasse von Statuscodes zeigt an, daß der Request vom HTTP-Server
erfolgreich empfangen wurde, und vom Server bearbeitet wird. Deshalb ist
ein Response mit einem Statuscode dieser Klasse nur vorläufig.

```
100 (continue)
101 (switching protocols)
```

A.2.2 Successfull (2xx)

Ein Statuscode dieser Klasse zeigt an, daß der Request erfolgreich bearbeitet werden konnte.

```
200 (ok)
201 (created)
202 (accepted)
203 (non-authoritative information)
204 (no content)
205 (reset content)
206 (partial content)
207 (partial update ok)
```

A.2.3 Redirection (3xx)

Wenn ein Response mit einem Statuscode dieser Klasse empfangen wird, muß der Client zum Beenden des Requests weitere Maßnahmen ergreifen. Zum Beispiel muß er einen Request an einen anderen Server schicken, der in dem Response angegeben ist.

```
300 (multiple choices)
301 (moved permanently)
302 (moved temporarily)
303 (see other)
304 (not modified)
305 (use proxy)
307 (temporary redirect)
```

A.2.4 Client Error (4xx)

Wenn ein HTTP-Request nicht verarbeitet werden kann, weil der Client in seinem Request einen Fehler gemacht hat (wie zum Beispiel einen syntaktischen Fehler oder das Senden eines unerlaubten Requests), antwortet der Server mit einem Statuscode dieser Klasse.

```
400 (bad request)
401 (unauthorized)
402 (payment required)
403 (forbidden)
404 (not found)
405 (method not allowed)
406 (not acceptable)
407 (proxy authentication required)
408 (request time-out)
409 (conflict)
410 (gone)
```

```
411 (length required)
412 (precondition failed)
413 (request entity too large)
414 (request-uri too large)
415 (unsupported media type)
416 (requested range not satisfiable)
417 (expectation failed)
418 (reauthentication required)
419 (proxy reauthentication required)
```

A.2.5 Server Error (5xx)

In einigen Fällen war der Request des Client vielleicht korrekt, aber der Server ist nicht in der Lage, den Request auszuführen. Er antwortet dann mit einem Statuscode dieser Klasse. Der Server sollte angeben, ob die Fehlersituation vorübergehend oder permanent ist.

```
500 (internal server error)
501 (not implemented)
502 (bad gateway)
503 (service unavailable)
504 (gateway time-out)
505 (http version not supported)
506 (partial update not implemented)
```

A.3 Warncodes

Im folgenden sind die einzelnen Werte der für HTTP/1.1 definierten numerischen Warncodes und eine Reihe beispielhafter Warntexte aufgeführt (die dem offiziellen Standarddokument entnommen sind). Die Warncodes sind dreistellige Zahlen, die anhand der ersten Ziffer gruppiert sind. Jede der Gruppen repräsentiert Warncodes für bestimmte Bedingungen. Die hier aufgeführten Warntexte sind nur Vorschläge – sie können durch lokale Entsprechungen ersetzt werden, ohne das Protokoll zu beeinträchtigen.

A.3.1 Temporary Warnings (1xx)

Diese Warnungen beschreiben die Freshness bzw. den Revalidierungsstatus eines Response und müssen deshalb nach einer erfolgreichen Revalidierung aus einem Cache-Eintrag entfernt werden.

```
110 (response is stale)
111 (revalidation failed)
112 (disconnected operation)
113 (heuristic expiration)
199 (miscellaneous warning)
```

A.3.2 Persistent Warnings (2xx)

Diese Warnungen beschreiben etwas, das bei einer Revalidierung nicht
berichtigt wurde und deshalb nach einer erfolgreichen Revalidierung nicht
aus einem Cache-Eintrag entfernt werden darf.

```
214 (tranformation applied)
299 (miscellaneous persistent warning)
```

B. HTML-4.0-Definitionen

Dieser Anhang gibt eine Reihe nützlicher Definitionen für die in Kapitel 5 beschriebene *Hypertext Markup Language (HTML)*. In Abschnitt B.1 wird die SGML-Definition für HTML aufgeführt. In Abschnitt B.2 werden einige Elemente, die in der HTML DTD regelmäßig benutzt werden, vorgestellt und erklärt.

Die beiden kompliziertesten Bereiche von HTML, Tabellen und Formulare, lassen sich am leichtesten durch eine Betrachtung der DTD für Content Models und Attribute benutzen. Die Abschnitte B.3 und B.4 enthalten deshalb die relevanten Ausschnitte aus der HTML DTD.

B.1 SGML-Deklaration

Der Zweck einer SGML Declaration ist das Festlegen einer konkreten Syntax sowie von Berechnungsgrenzen, Zeichensätzen und Funktionen für das Verarbeiten von SGML DTDs oder -Dokumenten. Eine detailliertere Erklärung von SGML Declarations und ihrer Syntax ist Gegenstand von Abschnitt 4.2.1. Beim folgenden Text handelt es sich um die SGML Declaration für HTML 4.0.

```
<!SGML  "ISO 8879:1986"

        SGML Declaration for HyperText Markup Language version 4.0

        With support for the first 17 planes of ISO 10646 [118]
        and increased limits for tag and literal lengths etc.


CHARSET
     BASESET  "ISO Registration Number 177//CHARSET
              ISO/IEC 10646-1:1993 UCS-4 with
              implementation level 3//ESC 2/5 2/15 4/6"
     DESCSET 0        9         UNUSED
             9        2         9
             11       2         UNUSED
             13       1         13
             14       18        UNUSED
             32       95        32
```

```
            127        1           UNUSED
            128        32          UNUSED
            160        55136       160
            55296      2048        UNUSED     -- surrogates --
            57344      1056768     57344

CAPACITY        SGMLREF
                TOTALCAP            150000
                GRPCAP              150000
                ENTCAP              150000


SCOPE DOCUMENT
SYNTAX
        SHUNCHAR CONTROLS 0 1 2 3 4 5 6 7 8 9 10 11 12 13 14 15 16
                 17 18 19 20 21 22 23 24 25 26 27 28 29 30 31 127
        BASESET  "ISO 646IRV:1991//CHARSET
                  International Reference Version
                  (IRV)//ESC 2/8 4/2"
        DESCSET  0 128 0


        FUNCTION
                RE              13
                RS              10
                SPACE           32
                TAB SEPCHAR     9


        NAMING   LCNMSTRT
                 UCNMSTRT
                 LCNMCHAR ".-_:"
                 UCNMCHAR ".-_:"
                 NAMECASE GENERAL YES
                          ENTITY  NO
        DELIM    GENERAL  SGMLREF
                 SHORTREF SGMLREF
        NAMES    SGMLREF
        QUANTITY SGMLREF
                 ATTCNT   60        -- increased --
                 ATTSPLEN 65536     -- These are the largest values --
                 LITLEN   65536     -- permitted in the declaration --
                 NAMELEN  65536     -- Avoid fixed limits in actual --
                 PILEN    65536     -- implementations of HTML UA's --
                 TAGLVL   100
                 TAGLEN   65536
                 GRPGTCNT 150
                 GRPCNT   64


FEATURES
 MINIMIZE
```

```
DATATAG  NO
OMITTAG  YES
   RANK      NO
   SHORTTAG YES
LINK
   SIMPLE    NO
   IMPLICIT NO
   EXPLICIT NO
OTHER
   CONCUR  NO
   SUBDOC  NO
   FORMAL  YES
APPINFO NONE

>
```

B.2 DTD Entities

In der detaillierten Beschreibung von HTML 4.0, die Sie in Abschnitt 5.2 finden, verwenden viele DTD-Konstrukte SGML-Entities als Abkürzungen für Attribute oder Attributwerte. Die Definitionen für diese Entities sind in diesem Abschnitt aufgeführt, der als Referenz beim Lesen von Abschnitt 5.2 gedacht ist. Die Definition jedes Elements wird von einer kurzen Beschreibung begleitet, wie und wo es in der HTML 4.0 DTD verwendet wird.

Tabelle B.1 kann als Referenz zum Auffinden einer Entity-Definition verwendet werden. Während die meisten Entities in diesem Abschnitt beschrieben sind, werden die wichtigsten in Abschnitt 5.2 erklärt.

-
```
<!ENTITY % CELLHALIGN
  "ALIGN    (LEFT|CENTER|RIGHT|JUSTIFY|CHAR) #IMPLIED
   CHAR     %CHARACTER;                      #IMPLIED
   CHAROFF  %LENGTH;                         #IMPLIED" >
```
Dieses Entity wird benutzt, um Attribute für das horizontale Ausrichten von Zellen in Tabellen anzugeben, und kommt in den Elementen <COLGROUP>, <COL>, <THEAD>, <TBODY>, <TFOOT>, <TR>, <TH> und <TD> zum Einsatz. HTML definiert Regeln, wie diese Attribute vererbt oder überschrieben werden. Das Attribut ALIGN spezifiziert die horizontale Ausrichtung von Tabellenzellen.

  - LEFT

    Beim Verwenden dieses Wertes wird der Zelleninhalt linksbündig ausgegeben. Enthält die Zelle Text, wird er am linken Rand ausgerichtet. Dies ist die standardmäßige horizontale Ausrichtung für <TD>-Zellen.

– CENTER
Wenn der Wert **CENTER** angegeben ist, wird der Zelleninhalt zentriert.
Enthält die Zelle Text, wird dieser mittig ausgerichtet. Dies ist die standardmäßige horizontale Ausrichtung für <TH>-Zellen

Tab. B.1   Überblick über die HTML 4.0 DTD Entities

Elementname	Elementinhalt	Seite
ATTR	Attribute	184 <<noch anzupassen>>
BLOC	Content Model	196 <<noch anzupassen>>
CELLHALIG	Attribute	473 <<noch anzupassen>>
CELLVALIG	Attribute	475 <<noch anzupassen>>
CHARACTER	Attributwert	476 <<noch anzupassen>>
CHARSET	Attributwert	476 <<noch anzupassen>>
CONTENTTYPE	Attributwert	476 <<noch anzupassen>>
CONTENTTYPES	Attributwert	476 <<noch anzupassen>>
COORDS	Attributwert	476 <<noch anzupassen>>
COREATTRS	Attribute	180 <<noch anzupassen>>
EVENTS	Attribute	182 <<noch anzupassen>>
FLOW	Content Model	477 <<noch anzupassen>>
FONTSTYLE	Content Model	477 <<noch anzupassen>>
FOMRCTR	Content Model	477 <<noch anzupassen>>
FRAMETARGET	Attributwert	477 <<noch anzupassen>>
HEAD.CONTENT	Content Model	478 <<noch anzupassen>>
HEAD.MISC	Content Model	478 <<noch anzupassen>>
HEADING	Content Model	479 <<noch anzupassen>>
HTML.CONTENT	Content Model	479 <<noch anzupassen>>
I18N	Attribute	181 <<noch anzupassen>>
INLINE	Content Model	196 <<noch anzupassen>>
INPUTTYPE	Attributwert	238 <<noch anzupassen>>
LANGUAGECODE	Attributwert	479 <<noch anzupassen>>
LENGTH	Attributwert	480 <<noch anzupassen>>
LINKTYPES	Attributwert	480 <<noch anzupassen>>
LIST	Content Model	481 <<noch anzupassen>>
MEDIADESC	Attributwert	481 <<noch anzupassen>>

Tab. B.1 Überblick über die HTML 4.0 DTD Entities (Forts.)

Elementname	Elementinhalt	Seite
MULTILENGTH	Attributwert	482 <<noch anzupassen>>
MULTILENGTHS	Attributwert	482 <<noch anzupassen>>
PHRASE	Content Model	482 <<noch anzupassen>>
PIXELS	Attributwert	483 <<noch anzupassen>>
PREFORMATTED	Content Model	483 <<noch anzupassen>>
SCRIPT	Attributwert	483 <<noch anzupassen>>
SHAP	Attributwert	483 <<noch anzupassen>>
SPECIAL	Content Model	484 <<noch anzupassen>>
STYLESHEE	Attributwert	484 <<noch anzupassen>>
TEXT	Attributwert	484 <<noch anzupassen>>
UR	Attributwert	485 <<noch anzupassen>>

- RIGHT

  Beim Verwenden dieses Wertes wird der Zelleninhalt rechtsbündig ausgegeben. Enthält die Zelle Text, wird er am rechten Rand ausgerichtet.

- JUSTIFY

  Dieser Attributwert wird verwendet, um Text zwischen den Zellenrän-
  dern auszurichten. Dies wird durch das geeignete Festlegen des Abstan-
  des zwischen den Wörtern erreicht, so daß alle Zeilen dieselbe Länge
  haben.

- CHAR

  Wenn die horizontale Ausrichtung auf CHAR gesetzt wird, muß das
  Attribut CHAR verwendet werden, um ein Zeichen anzugeben, an dem
  die Tabellenzellen ausgerichtet werden. Dies ist nützlich, um Zahlen
  anhand ihres Dezimalpunkts auszurichten. Ergänzend dazu definiert
  das Attribut CHAROFF einen Versatz, der dem ersten Erscheinen des
  Ausrichtungszeichens in jeder Zeile vorangeht. Wenn das Ausrich-
  tungszeichen in einer Zeile nicht enthalten ist, sollte sie horizontal so
  verschoben werden, daß sie an der Ausrichtungsposition endet.

Die Attribute CHAR und CHAROFF werden nur verwendet, wenn das
Attribut ALIGN auf CHAR gesetzt ist. Andernfalls werden sie ignoriert.

```
<!ENTITY % CELLVALIGN
  "VALIGN (TOP|MIDDLE|BOTTOM|BASELINE) #IMPLIED" >
```
Dieses Entity wird für dieselben Elemente benutzt wie das Entity

%CELLHALIGN; (also für die Elementen <COLGROUP>, <COL>, <THEAD>, <TBODY>, <TFOOT>, <TR>, <TH> und <TD>). Es spezifiziert das Attribut VALIGN, das zum Angeben der vertikalen Ausrichtung von Tabellenzellen verwendet wird.

– TOP

Dieser Wert gibt an, daß der Zelleninhalt am oberen Rand der Zelle angeordnet werden soll.

– MIDDLE

Der Wert MIDDLE legt fest, daß die Daten zwischen dem oberen und dem unteren Rand der Zelle zentriert werden sollen. Dies ist der Standardwert.

– BOTTOM

Dieser Wert bestimmt, daß der Zelleninhalt am unteren Rand der Zelle angeordnet werden soll.

– BASELINE

In allen Zellen, die in einer Reihe mit einer Zelle auftreten, deren VALIGN-Attribut diesen Wert hat, sollten Textdaten so positioniert werden, daß die ersten Textzeilen aller Zellen auf einer gemeinsamen Grundlinie erscheinen. Diese Regel gilt nicht für die nachfolgenden Textzeilen in diesen Zellen.

Da das Attribut VALIGN für eine ganze Reihe von Tabellenelementen angegeben werden kann, definiert HTML Regeln, wie diese Attribute vererbt oder überschrieben werden.

- ```
  <!ENTITY % CHARACTER
   "CDATE" - a single character from ISO 10646 [118] -- >
  ```
  Dieses Entity wird bei einer Reihe von Elementen (<A>, <AREA>, <LABEL>, <INPUT>, <TEXTAREA>, <LEGEND> und <BUTTON>) für das Attribut ACCESSKEY verwendet. Außerdem wird es für das Attribut CHAR in dem Entity %CELLHALIGN; gebraucht. Das Entity %CHARACTER; definiert ein einzelnes Zeichen aus dem *Universal Multi-Octet Coded Character Set (UCS)*, der in ISO 10646 [118] standardisiert ist. Da dieser Zeichensatz alle Unicode-Zeichen enthält, akzeptiert %CHARACTER; ebenfalls alle Zeichen aus dem Unicode-Zeichensatz.

- ```
  <!ENTITY % CHARSET
   "CDATA" - a character encoding, as per RFC 2045 [80] -- >
  ```
  Die Entity %CHARSET; definiert eine Zeichencodierung für eine eingebundene Ressource und wird für das Attribut CHARSET der Elemente <LINK>,

<SCRIPT> und <A> verwendet. Eine Zeichencodierung ist eine Methode, eine Reihe von Bytes in eine Reihe von Zeichen zu konvertieren. Eine Zeichencodierung muß mit einem Namen angegeben werden, der im offiziellen Verzeichnis der *Internet Assigned Numbers Authority (IANA)* registriert ist.

- ```
  <!ENTITY % CONTENTTYPE
     "CDATA" -- media type, as per RFC 2045 [80] -- >
  ```
  Das Entity &CONTENTTYPE; spezifiziert einen der in Abschnitt 1.4.3.2 beschriebenen MIME-Typen und wird für Attribute bei einer Reihe von Elementen (<LINK>, <SCRIPT>, <FORM>, <A>, <OBJECT> und <PARAM>) verwendet. Die tatsächlichen MIME-Typen hängen vom verwendeten Element ab. So wird beispielsweise das Attribut TYPE des Elements <STYLE> den Typ einer Skriptsprache identifizieren. Ein MIME-Typ muß mit einem Namen angegeben werden, der im offiziellen Verzeichnis der *Internet Assigned Numbers Authority (IANA)* registriert ist.

- ```
  <!ENTITY % CONTENTTYPES
     "CDATA" - comma-separated list of media type,
              as per RFC 2045 [80] -- >
  ```
  Dieses Entity spezifiziert eine Liste von MIME-Typen und wird für die Upload-Fähigkeit des Elements <INPUT> verwendet (mit dem Wert FILE für das Attribut TYPE), wobei das Attribut ACCEPT die Angabe von erlaubten Dateitypen für das Upload ermöglicht.

- ```
  <!ENTITY % COORDS
     "CDATA" - comma-separated list of lengths -- >
  ```
  Das Entity %COORD; wird verwendet, um regionale Koordinaten innerhalb von Image Maps anzugeben. Es wird vom Attribut COORDS der Elemente <AREA> und <A> eingesetzt (die beim Definieren von client-seitigen Image Maps mit dem Element <MAP> gebraucht werden). Die Anzahl der Längen im Attribut COORDS sowie deren Interpretation hängt vom Attribut SHAPE ab, welches das Attribut COORDS stets begleitet. Die möglichen Werte für das Attribut SHAPE werden ebenso wie deren Auswirkungen auf das Format des Attributs COORDS durch das Entity %SHAPE; definiert.

- ```
  <!ENTITY % FLOW
     "%BLOCK; | %INLINE;"
  ```
  Wie in Abschnitt 5.2.3.2 beschrieben, gruppiert HTML Elemente in die beiden Kategorien Block-Level-Elemente und Inline-Elemente. Es gibt allerdings einige Elemente, die sowohl Block-Level- als auch Inline-Elemente als Inhalt akzeptieren. Diese Elemente benutzen das Entity %FLOW;, das einfach eine Kombination der Entities %BLOCK; und %INLINE; ist.

- ```
  <!ENTITY % FONTSTYLE
     "TT | I | B | BIG | SMALL"
  ```
  Eine Reihe von Elementen, die zum Verändern der Textformatierung verwendet werden können, sind in dem Entity %FONTSTYLE; zusammengefaßt[1].

- ```
  <!ENTITY % FOMRCTRL
     "INPUT | SELECT | TEXTAREA | LABEL | BUTTON" >
  ```
  Eine Reihe von Elementen, die normalerweise innerhalb von Formularen verwendet werden (wie in Abschnitt 5.2.7.2 beschrieben), können auch ohne Einbindung in ein <FORM>-Element benutzt werden. Diese Elemente sind im Entity %FORMCTRL; zusammengefaßt, das innerhalb des Entities %INLINE; verwendet wird, welches wiederum Inline-Elemente allgemein definiert. Das Entity %FORMCTRL; wird auch für den Ausschluß in der Definition des Elements <BUTTON> benutzt.

- ```
  <!ENTITY % FRAMETARGET
     "CDATA" - render in this frame -- >
  ```
  Das Entity %FRAMETARGET; wird benutzt, um einen Target Frame für einen Link anzugeben und findet in dem Attribut TARGET-Attributen der Elemente <A>, <AREA>, <BASE>, <FORM> und <LINK> Verwendung. In der HTML-4.0-Spezifikation sind eine Reihe von speziellen Target-Namen festgelegt.

  - _blank

    Dieser Name definiert ein neues Fenster, in welches das Dokument geladen werden soll. Dieses Fenster liegt außerhalb jeglicher Frame-Hierarchie, es ist ein völlig neues, unbenanntes Fenster.

  - _self

    Der User Agent soll das Dokument in denselben Frame laden, in dem sich auch das Element befindet, das auf dieses Ziel verweist. Obwohl dies eigentlich die standardmäßige Vorgehensweise darstellt, ist dieser Traget-Name sinnvoll, wenn ein Dokument ein <BASE>-Element mit gesetztem Attribut TARGET enthält.

  - _parent

    Dieser Name weist den User Agent an, das Dokument in den unmittelbar übergeordneten Frame zu laden. Wenn der aktuelle Frame keinen übergeordneten Frame hat, wird das Dokument direkt in den aktuellen Frame geladen.

---

[1] In der Transitional DTD sind die ungeliebten Elemente <STRIKE>, <S> und <U> ebenfalls Teil des Entities %FONTSTYLE; .
  ```

- _top

  Wenn man diesen Wert verwendet, wird das Dokument in das ursprüngliche Browser-Fenster geladen, wodurch alle Frames innerhalb des Fensters geschlossen werden.

Zusätzlich zu diesen speziellen Namen, können Frames mit dem Attribut NAME des Elements <FRAME> benannt werden. Diese Namen können ebenfalls als Ziele angegeben werden, was in Abschnitt 5.2.7.1 detailliert beschrieben ist. Um festzustellen, welchen Frame er verwenden soll, durchläuft ein Browser die folgenden vier Schritte:

1. Wenn der Target-Name eines der zuvor beschriebenen reservierten Worte ist, wird es interpretiert und das Dokument in den entsprechende Frame bzw. in das Browser-Fenster geladen.

2. Die Frame-Hierarchie im aktuellen Fenster wird nach einem Frame mit dem angegebenen Namen durchsucht. Ist ein solcher vorhanden, wird das Dokument darin geladen.

3. Alle anderen Fenster und deren Frame-Hierarchien werden nach dem angegebenen Namen durchsucht. Tritt dabei ein passender Frame auf, wird das Dokument darin geladen.

4. Wenn kein passender Namen gefunden wurde, wird ein neues Fenster erzeugt, diesem der Target-Name zugewiesen und darin das Dokument geladen.

Man sollte beachten, daß das Entity `%FRAMETARGET;` bzw. das Attribut TARGET nicht nur für Frames, sondern auch für Fenster verwendet werden kann. Beim Erzeugen neuer Fenster (mittels des reservierten Wortes _BLANK oder eines Target-Namens, der keinem Frame zugeordnet ist) sollte man aber große Vorsicht walten lassen, da die Benutzer dadurch irritiert werden könnten.

● `<!ENTITY % HEAD.CONTENT`
   `"TITLE & BASE?" >`

  Dies ist das Content Model für das Element <HEAD>. Es enthält ein obligatorisches <TITLE>-Element und ein optionales <BASE>-Element[2].

---

[2] In der Transitional DTD wird das Element <ISINDEX> ebenfalls als optionaler Inhalt des Elements <HEAD> zugelassen. Das Element <ISINDEX> wurde verwendet, um ein HTML-Dokument als durchsuchbaren Index zu markieren, wobei es dem Benutzer möglich war, eine Textzeile einzugeben, die an den Server zurückgeschickt wurde.

- ```
  <!ENTITY % HEAD.MISC
      "SCRIPT | STYLE | META | LINK | OBJECT" >
  ```
  Das Entity %HEAD.MISC; ist per Definition im Element <HEAD> enthalten. Es erlaubt null oder mehr Verwendungen der Elemente <SCRIPT>, <STYLE>, <META>, <LINK> und <OBJECT>.

- ```
  <!ENTITY % HEADING
     "H1 | H2 | H3 | H4 | H5 | H6" >
  ```
  Das Entity %HEADING; ist einfach eine Abkürzung für alle in HTML definierten Überschriftenelemente, d.h. für die hierarchisch geordneten Überschriften von der höchsten Überschriftenebene <H1> bis hin zur niedrigsten Ebene <H6>.

- ```
  <!ENTITY % HTML.CONTENT
     "HEAD, BODY " >
  ```
  Dies ist das Content Model für das Element <HTML>, das ein HTML-Dokument als eine Aneinanderreihung eines <HEAD>- und eines <BODY>-Elements definiert.

- ```
  <!ENTITY % IALIGN
     "TOP|MIDDLE|BOTTOM|LEFT|RIGHT" -- >
  ```
  Dieses Entity wird für das Attribut **ALIGN** des Elements <IFRAME> verwendet[3]. Das Attribut gibt die horizontale Ausrichtung unter Berücksichtigung der Umgebung an.

  - TOP
    Dieser Wert richtet den oberen Rand des Elements am umgebenden Inhalt aus.

  - MIDDLE
    Der Wert **MIDDLE** richtet die Mitte des Elements am umgebenden Inhalt aus, so daß es vertikal zentriert wird.

  - BOTTOM
    Dieser Wert richtet den unteren Rand des Elements am umgebenden Inhalt aus.

  - LEFT
    Dieser Wert schiebt das Element an den derzeitigen linken Rand. Nachfolgender Text fließt am rechten Rand des Bildes herunter.

---

[3] Das Entity %IALIGN; wird außerdem beim allgemein recht ungeliebten Attribut ALIGN der Elemente <INPUT>, <IMG>, <OBJECT> und <APPLET> verwendet.

- RIGHT
  Dieser Wert schiebt das Element an den derzeitigen rechten Rand.
  Nachfolgender Text fließt am linken Rand des Bildes herunter.

Diese Attributwerte ermöglichen es, das Element entweder als Inline- (bei
TOP, MIDDLE oder BOTTOM) oder als Floating-Element (bei LEFT oder
RIGHT) zu verwenden.

- `<!ENTITY % LANGUAGECODE`
  `"NAME" - a language code, as per RFC 1766 [7] -- >`
  Dieses Entity wird für Sprachcodes benutzt, wie sie im Internet Proposed
  Standard RFC 1766 [7] spezifiziert sind. Es befindet sich in den durch das
  Entity `%I18N;` definierten Internationalisierungsattributen und in den
  <A>- und <LINK>-Elementen zur Angabe der Sprache einer Ressource.

- `<!ENTITY % LENGTH`
  `"CDATA" - nn for pixels or nn% for percentage length -- >`
  Dieses Entity gibt entweder einen `%PIXEL;`-Wert oder einen Prozentsatz des
  verfügbaren horizontalen oder vertikalen Raums an und wird für die
  Attributen WIDTH und HEIGTH der Elemente <IMG>, <OBJECT> und
  <IFRAME> verwendet.

- `<!ENTITY % LINKTYPES`
  `"CDATA" - space-separated list of link types -- >`
  Das Entity `%LINKTYPES;` spezifiziert die Semantik eines Links, der über
  eines der Attribute REL oder <REV> des Elements <LINK> eingerichtet
  wird. Der HTML-4.0-Standard definiert eine Reihe möglicher Link-Typen:

  - *Alternate*
    Dieser Wert legt Ersatzversionen für das Dokument fest, in dem der
    Link enthalten ist. Bei gemeinsamer Verwendung mit dem Attribut
    LANG weist dieser Wert auf eine übersetzte Version des Dokuments
    hin. Wird er mit dem Attribut MEDIA eingesetzt, verweist er auf eine
    Version für ein anderes Medium.

  - *Stylesheet*
    Wenn dieser Wert verwendet wird, verweist der Link auf ein externes
    Style Sheet. Er wird gemeinsam mit dem Link-Typ *Alternate* eingesetzt,
    um auf alternative Style Sheets zu zeigen, die durch den Benutzer aus-
    gewählt werden können.

  - *Start*
    Ein Link dieses Typs verweist auf das erste Dokument in einer Doku-
    mentsammlung. Außerdem teilt er Suchmaschinen mit, welches Doku-
    ment vom Autor als Ausgangspunkt der Sammlung vorgesehen ist.

– *Next*
Wenn dieser Wert verwendet wird, verweist der Link auf das nächste
Dokument in einer Reihe von Dokumenten. User Agents können dieses
nächste Dokument im voraus laden, um die wahrgenommene Ladezeit
zu verkürzen.

– *Prev*
Dieser Link-Typ verweist auf das vorangegangene Dokument in einer
geordneten Reihe von Dokumenten.

– *Contents*
Wenn es für die aktuellen Dokumente ein Inhaltsverzeichnis gibt, kann
der Wert *Contents* verwendet werden, um auf das Dokument mit diesem Inhaltsverzeichnis zu verweisen.

– *Index*
Wenn es für die aktuellen Dokumente einen Index gibt, kann der wert
Index verwendet werden, um auf das Dokument mit diesem Index zu
verweisen.

– *Glossary*
Wenn es für die aktuellen Dokumente ein Glossar gibt, kann der wert
Glossary verwendet werden, um auf das Dokument mit diesem Glossar
zu verweisen.

– *Copyright*
Dieser Link-Typ verweist auf ein Dokument, das Urheberrechtsanga-
ben zum Dokument enthält.

– *Chapter*
Dieser Link-Typ verweist auf ein Dokument, das ein Kapitel in einer
Sammlung von Dokumenten bildet.

– *Section*
Dieser Link-Typ verweist auf ein Dokument, das einen Abschnitt in
einer Sammlung von Dokumenten darstellt.

– *SubSection*
Dieser Link-Typ verweist auf ein Dokument, das einen Unterabschnitt
in einer Sammlung von Dokumenten darstellt.

– *Appendix*
Dieser Link-Typ verweist auf ein Dokument, das einen Anhang in einer
Sammlung von Dokumenten darstellt.

- *Help*
  Wenn es ein Dokument gibt, das Hilfe zum Umgang mit einem Dokument bietet, wie zum Beispiel Links auf andere Ressourcen, Informationen über den Gebrauch des Dokuments oder ähnliche Dinge, kann der Wert *Help* benutzt werden, um auf ein solches Dokument zu verweisen.

- *Bookmark*
  Dieser Link-Typ verweist auf ein Bookmark. Ein Bookmark ist ein Verweis auf einen wichtigen Zugangspunkt in einem ausgedehnten Dokument. Beispielsweise kann das Titelattribut verwendet werden, um das Bookmark zu benennen. In einem Dokument können mehrere Bookmarks definiert sein.

Es ist zu beachten, daß diese Liste nur die Semantik für die Vorwärtsrichtung eines Links beschreibt. Mit dem Attribut REV des Elements <LINK> kann man einen umgekehrten Link angeben, der auch die umgekehrte Semantik verwendet.

- <!ENTITY % LIST
  "UL | OL" >

  Dieses Entity ist eine Abkürzung für die beiden einfacheren Listentypen von HTML, die mit dem Element <UL> definierten Unordered Lists und die mit dem Element <OL> spezifizierten Ordered Lists. Beide Listentypen werden in Abschnitt 5.2.4.2 beschrieben.

- <!ENTITY % MEDIADESC
  "CDATA" - single or comma-separated list
          of media descriptors -- >

  Das Entity %MEDIA; wird zum Angeben eines Medientyps eingesetzt. Es wird mit dem Element <LINK> verwendet, um den Medientyp des Dokuments festzulegen, auf das der Link verweist. Es wird außerdem vom Element <STYLE> verwendet, um den Medientyp anzugeben, für den ein Style Sheet vorgesehen ist. Der HTML-4.0-Standard definiert eine Reihe möglicher Medientypen:

- *screen*
  Dies ist der Standardwert, der Computerbildschirme ohne Seiteneinteilung spezifiziert.

- *tty*
  Dieser Wert wird für Anzeigen mit konstantem Zeichenraster verwendet.

- *tv*
  Dieser Wert spezifiziert fernseherartige Geräte mit niedriger Auflösung und begrenzten Fähigkeiten zum Bildlauf.

- *projection*
  Dieser Wert spezifiziert Projektionsgeräte wie beispielsweise Beamer.

- *handheld*
  Dieser Wert wird für mobile Geräte verwendet (die durch kleine, monochrome Anzeigen und eine begrenzte Übertragungskapazität charakterisiert sind).

- *print*
  Dieser Wert spezifiziert die Ausgabe auf einem Drucker.

- *braille*
  Dieser Wert wird für taktile Ausgabegeräte für Blindenschrift verwendet.

- *aural*
  Dieser Wert wird für Sprachsynthesizer verwendet.

- *all*
  Dieser Wert gibt an, daß die Ressource für alle Medientypen tauglich ist.

Es können auch andereWerte verwendet werden, die aber nicht von allen HTML-4.0-Anwendungen erkannt werden.

- ```
  <!ENTITY % MULTILENGTH
    "CDATA" - pixel, percentage, or relative -- >
  ```
  Ein %MULTILENGTH;-Wert ist entweder ein %LENGTH;-Wert (d.h. eine Pixellänge oder ein Prozentsatz) oder eine relative Länge, mit der die Länge eines Elements in Relation zu anderen, ebenfalls in relativer Länge angegebenen Elementen festgelegt wird. Diese Art von Werten wird für das Attribut **WIDTH** der Elemente <COLGROUP> und <COL> verwendet.

- ```
  <!ENTITY % PHRASE
    "EM | STRONG | DFN | CODE | SAMP | KBD | VAR | CITE |
    ABBR | ACRONYM" >
  ```
  HTML definiert eine Reihe von Elementen zum Markieren von Texten. Diese Elemente werden zum Betonen (<EM> und <STRONG>), zum semantischen Markieren (<DFN>, <CODE>, <SAMP>, <KBD>, <VAR> und <CITE>) und für Abkürzungen (<ABBR>) sowie Akronyme (<ACRONYM>) verwendet. Das Entity %PHRASE; faßt alle diese Elemente zusammen.

- ```
  <!ENTITY % PIXELS
     "CDATA" - integer representing length in pixels -- >
  ```
  Dieses Entity wird zum Spezifizieren einer Länge gebraucht, die nur in Pixeln angegeben werden kann. Das Entity `%PIXEL;` wird für das Attribut BORDER des Elements <TABLE> und für die Attribute MARGINWIDTH und MARGINHEIGTH der Elemente <FRAME> und <IFRAME> verwendet[4].

- ```
  <!ENTITY % PREFORMATTED
     "PRE" >
  ```
  Derzeit gibt es in HTML mit <PRE> nur ein Element, das für formatierten Inhalt verwendet wird. Deshalb umfaßt das Entity `%PREFORMATTED;` nur dieses eine Element.

- ```
  <!ENTITY % SCRIPT
     "CDATA" - script expression -- >
  ```
  Skriptdaten können der Inhalt des Elements <SCRIPT> und der Wert wirklicher Ereignisattribute sein. User Agents dürfen Skriptdaten nicht als HTML-Beschreibungen auswerten, sondern müssen sie an eine Skript-Engine weiterleiten. Ob die Groß/Kleinschreibung der Skriptdaten eine Rolle spielt, hängt von der Skriptsprache ab. Skriptdaten können in allen vom Entity `%EVENTS;` definierten Attributen vorkommen und darüber hinaus in den wirklichen Ereignisattributen ONLOAD und ONUNLOAD der Elemente <BODY> und <FRAMESET>, in den Attributen ONFOCUS und ONBLUR der Elemente <A>, <AREA> und <INPUT>, in den Attributen ONSUBMIT und ONRESET des Elements <FORM> und in den Attributen ONSELECT und ONCHANGE des Elements <INPUT> verwendet werden.

- ```
  <!ENTITY>  % SHAPE
     "( RECT | CIRCLE | POLY | DEFAULT )" >
  ```
  Das Entity `%SHAPE;` definiert die möglichen Formen des Attributs SHAPE für die Elemente <AREA> und <A> (die beim Definieren von client-seitigen Image Maps mit dem Element <MAP> verwendet werden). In beiden Fällen gibt das Attribut SHAPE geometrische Regionen eines Bildes an, die zum Definieren client-seitiger Image Maps benutzt werden. Alle Koordinaten (die im Attribut COORDS spezifiziert sind, das zum Attribut SHAPE-Attribut dazugehört) von Bereichen werden in Pixeln oder Prozentsätzen von der oberen, linken Ecke des Bildes gemessen.

---

[4] In der Transitional DTD wird das Entity `%PIXELS;` außerdem für die Attribute HSPACE und VSPACE der Elemente <IMG>, <OBJECT> und <APPLET>, für das Attribut SIZE des Elements <HR> und für die Attribute WIDTH und HEIGHT der Elemente <TH>- und <TD> verwendet.

- RECT

  Rechtecke werden durch vier Koordinaten angegeben, welche die linke, die obere, die rechte und die untere Begrenzung des Rechtecks bestimmen.

- CIRCLE

  Ein kreisförmiger Bereich wird durch drei Werte festgelegt. Die ersten beiden Werte bestimmten die x- und y-Koordinaten des Kreismittelpunkts, während der dritte den Kreisradius festlegt. Um einen prozentualen Kreisradius zu bestimmen, wird von der Höhe und Breite des Bildes der kleinere Wert als Bezug verwendet.

- POLY

  Ein Polygon wird durch eine Reihe von Wertepaaren definiert, wobei jedes Paar die Koordinaten eines Eckpunkts des Polygons bestimmt.

- DEFAULT

  Der Default-Bereich eines Bildes ist der Teil, der zu keinem anderen festgelegten Bereich gehört. Er ist also implizit definiert und benötigt keine Angabe von Koordinaten.

Wenn sich in einer Image Map zwei oder mehr mit einem <AREA>- oder <A>-Element definierte Bereiche überschneiden, erhält der zuerst festgelegte Bereich den Vorrang.

- ```
  <!ENTITY % SPECIAL
    "A | IMG | OBJECT | BR | SCRIPT | MAP | Q | SUB | SUP |
    SPAN | BDO" >
  ```
  Dieses Entity faßt eine Reihe von Elementen zusammen, die in der Definition des Entity %INLINE; verwendet werden.

- ```
  <!ENTITY> % STYLESHEET
    "CDATA" - style sheet data -- >
  ```
  Dieses Entity wird ebenso für das Element <STYLE> wie für das Attribut STYLE verwendet, das Teil des in Abschnitt 5.2.2 beschriebenen Entities %COREATTRS; ist. Das Entity %STYLESHEET; spezifiziert Style Sheet-Daten. Das genaue Format der Daten hängt von der verwendeten Style Sheet-Sprache ab.

- ```
  <!ENTITY % TEXT
    "CDATA" >
  ```
  Dieses Entity wird benutzt, wenn ein als Attributwert verwendeter Text für Menschen lesbar sein soll, um Anmerkungen oder Hinweise zu geben. Das Entity %TEXT; wird für das Attribut TITLE des Entities %COREATTRS; und des Elements <STYLE>, für das Attribut ALT der Elemente <IMG> und
  ```

<AREA>, für das Attribut STANDBY des Elements <OBJECT>, für das Attribut LABEL der Elemente <OPTGROUP> und <OPTION>, für das Attribut SUMMARY des Elements <TABLE> und für das Attribut ABBR der Elemente <TH> und <TD> benutzt.[5]

- ```
  <!ENTITY % URI
      "CDATA" - a Uniform Resource Identifier [19] -- >
  ```
  Das Entity %URI; wird an den Stellen eingesetzt, wo URIs [19] angegeben werden können. (Der neue URI RFC wird einige Änderungen zu den Internet Proposed Standards RFC 1737 und 1808 [21, 77] einführen.) Das Entity wird für das Attribut PROFILE des Elements <HEAD>, das Attribut HREF der Elemente <A>, <AREA>, <LINK> und <BASE>, das Attribut SRC der Elemente <IMG>, <SCRIPT>, <FRAME>, <IFRAME> und <INPUT>, das Attriut LONGDESC der Elemente <IMG>, <FRAME> und <IFRAME>, das Attribut USEMAP der Elemente <IMG>, <INPUT> und <OBJECT>, das Attribut ACTION des Elements <FORM>, das Attribut FOR des Elements <SCRIPT>, des Attribut CITE der Elemente <BLOCKQUOTE>, <Q>, <INS> und <DEL>, das Attribut PROFILE des Elements <HEAD> und die Attribute CLASSID, CODEBASE , DATA und ARCHIVE des Elements <OBJECT> verwendet[6].

B.3 HTML 4.0 Table DTD

Dies ist die DTD für Tabellen, die ursprünglich dem Internet Experimental RFC 1942 [216] entstammt, jetzt aber Teil von HTML 4.0 ist. Sie führt alle Elemente und Attribute auf, die für Tabellen verwendet werden können, und bildet so eine vollständige Referenz für HTML-Tabellen (die in Abschnitt 5.2.4.3 beschrieben werden). HTML-Tabellen beinhalten insbesondere deshalb viele layoutorientierte Attribute, weil das Tabellenlayout von CSS1 nicht unterstützt wird.

```
<!ENTITY % TFRAME
 "(VOID|ABOVE|BELOW|HSIDES|LHS|RHS|VSIDES|BOX|BORDER)" >
<!ENTITY % TRULES "(NONE|GROUPS|ROWS|COLS|ALL)" >
<!ENTITY % TALIGN "(LEFT|CENTER|RIGHT)" >
<!ENTITY % CALIGN "(TOP|BOTTOM|LEFT|RIGHT)" >
<!ENTITY % SCOPE "(ROW|COL|ROWGROUP|COLGROUP)" >
```

---

[5] Das Entity %TEXT; wird außerdem für das Attribut PROMPT des zu den Deprecated Constructs zählenden Elements <ISINDEX> verwendet.

[6] Das Entity %URI; wird außerdem von dem zu den Deprecated Constructs zählenden Attribut BACKGROUND des Elements <BODY> und dem Attribut CODEBASE des ebenfalls nicht mehr gebräuchlichen Elements <APPLET> verwendet.
```

```
<!ELEMENT TABLE      - -  (CAPTION?(COL*|COLGROUP*),
                          THEAD?,TFOOT? ,TBODY+) >
<!ELEMENT CAPTION    - -  (%INLINE;)*
<!ELEMENT THEAD      - 0  (TR)+
<!ELEMENT TFOOT      - 0  (TR)+
<!ELEMENT TBODY      0 0  (TR)+
<!ELEMENT COLGROUP   - 0  (COL)*
<!ELEMENT COL        - 0  EMPTY
<!ELEMENT TR         - 0  (TH|TD)+
<!ELEMENT (TH|TD)    - 0  (%FLOW;)* >

<!ATTLIST TABLE
  %ATTRS;
  SUMMARY       %TEXT;     #IMPLIED
  WIDTH         %.LENGTH;  #IMPLIED
  BORDER        %PIXELS;   #IMPLIED
  FRAME         %TFRAMB;   #IMPLIED
  RULES         %TRULES;   #IMPLIED
  CELLSPACING   %LENGTH;   #IMPLIED
  CELLPADDING   %LENGTH;   #IMPLIED
  DATAPAGESIZE  CDATA      #IMPLIED >

<!ATTLIST CAPTION
  %ATTRS; >

<!ATTLIST COLOROUP
  %ATTRS;
  SPAN          NUMBER          1
  WIDTH         %MULTILENGTH;   #IMPLIED
  %CELLHALIGN;
  %CELLVALIGN; >

<!ATTLIST COL
  %ATTRS;
  SPAN          NUMBER          1
  WIDTH         %MULTILENGTH;   #IMPLIED
  %CELLHALIGN;
  %CELLVALIGN; >

<!ATTLIST  (THEAD|TBODY|TFOOT)
  %ATTRS;
  %CELLHALIGN;
  %CELLVALIGN; >

<!ATTLIST TR
  %ATTRS;
  %CELLHALIGN;
  %CELLVALIGN; >
```

```
<!ATTLIST   (TH|TD)
   %ATTRS;
   ABBR            %TEXT;   #IMPLIED
   AXIS            CDATA    #IMPLIED
   HEADERS         IDREFS   #IMPLIED
   SCOPE           %SCOPE;  #IMPLIED
   ROWSPAN         NUMBER   1
   COLSPAN         NUMBER   1
   %CELLHALIGN;
   %CELLVALIGN;  >
```

B.4 HTML 4.0 Form DTD

Dies ist der Teil der HTML 4.0 DTD, der Formulare und Formularelemente
beschreibt. Er ist als Referenz aufgeführt, weil die Beschreibung der Formularelemente in Abschnitt 5.2.7.2 nicht alle Spezifikationen der DTD enthält.

```
<!ELEMENT FORM - - (%BLOCK;%SCRIPT)+ -(FORM) >
<!ATTLIST FORM
   %ATTRS;
   ACTION            %URI;             #REQUIRED
   METHOD            (GET|POST)        GET
   ENCTYPE           %CONTENTTYPE;     "application/x-www-form-urlencoded"
   ONSUBMIT          %SCRIPT;          #IMPLIED
   ONRESET           %SCRIPT;          #IMPLIED
   ACCEPT-CHARSET    %CHARSETS;        #IMPLIED >

<!ELEMENT LABEL - - (%INLINE;)* -(LABEL) >
<!ATTLIST LABEL
   %ATTRS;
   FOR             IDREF          #IMPLIED
   ACCESSKEY       %CHARACTER;    #IMPLIED
   ONFOCUS         %SCRIPT;       #IMPLIED
   ONBLUR          %SCRIPT;       #IMPLIED >

<!ELEMENT INPUT - 0 EMPTY >
<!ATTLIST INPUT
   %ATTRS;
   TYPE            %INPUTTYPE;    TEXT
   NAME            CDATA          #IMPLIED
   VALUE           CDATA          #IMPLIED
   CHECKED         (CHECKED)      #IMPLIED
   DISABLED        (DISABLED)     #IMPLIED
   READONLY        (READONLY)     #IMPLIED
   SIZE            CDATA          #IMPLIED
   MAXLENGTH       NUMBER         #IMPLIED
   SRC             %URI;          #IMPLIED
```

```
ALT          CDATA             #IMPLIED
USEMAP       %URI;             #IMPLIED
TABINDEX     NUMBER            #IMPLIED
ACCESSKEY    %CHARACTER;       #IMPLIED
ONFOCUS      %SCRIPT;          #IMPLIED
ONBLUR       %SCRIPT;          #IMPLIED
ONSELECT     %SCRIPT;          #IMPLIED
ONCHANGE     %SCRIPT;          #IMPLIED
ACCEPT       %CONTENTTYPES;  #IMPLIED >

<!ELEMENT SELECT - - (OPTGROUP|OPTION)+ >
<!ATTLIST SELECT
  %ATTRS;
  NAME         CDATA             #IMPLIED
_  SIZE         NUMBER            #IMPLIED
_  MULTIPLE     (MULTIPLE)        #IMPLIED
  DISABLED     (DISABLED)        #IMPLIED
  TABINDEX     NUMBER            #IMPLIED
  ONFOCUS      %SCRIPT;          #IMPLIED
  ONBLUR       %SCRIPT;          #IMPLIED
  ONCHANGE     %SCRIPT;          #IMPLIED >

<!ELEMENT OPTGROUP - -   (OPTION)+ >
<!ATTLIST OPTGROUP
  %ATTRS;
  DISABLED     (DISABLED)        #IMPLIED
  LABEL        %TEXT;            #REQUIRED >

<!ELEMENT OPTION - 0 (#PCDATA) >
<!ATTLIST OPTION
  XATTRS;
  SELECTED     (SELECTED)        #IMPLIED
  DISABLED     (DISABLED)        #IMPLIED
  LABEL        %TEXT;            #IMPLIED
  VALUE        CDATA             #IMPLIED >

<!ELEMENT TEXTAREA - -   (#PCDATA) >
<!ATTLIST TEXTAREA
  %ATTRS;
  NAME         CDATA             #IMPLIED
  ROWS         NUMBER            #REQUIRED
  COLS         NUMBER            #REQUIRED
  DISABLED     (DISABLED)        #IMPLIED
  READONLY     (READONLY)        #IMPLIED
  TABINDEX     NUMBER            #IMPLIED
  ACCESSKEY    %CHARACTER;       #IMPLIED
  ONFOCUS      %SCRIPT;          #IMPLIED
  ONBLUR       %SCRIPT;          #IMPLIED
```

```
  ONSELECT      %SCRIPT;          #IMPLIED
  ONCHANGE      %SCRIPT;          #IMPLIED >

<!ELEMENT FIELDSET - - (#PCDATA,LEGEND,(%FLOW;)*) >
< ! ATTLIST FIELDSET
  %ATTRS; >

<!ELEMENT LEGEND - - (%INLINE;)* >
<!ATTLIST LEGEND
  %ATTRS;
  ACCESSKEY    %CHARACTER;       #IMPLIED >

<!ELEMENT BUTTON - - (%FLOW;)* -(A|%FORMCTRL;|FORM|FIELDSET) >
<!ATTLIST BUTTON
  %ATTRS;
  NAME         CDATA                      #IMPLIED
  VALUE        CDATA                      #IMPLIED
  TYPE         (BUTTON|SUBMIT|RESET)  SUBMIT
  DISABLED     (DISABLED)                 #IMPLIED
  TABINDEX     NUMBER                     #IMPLIED
  ACCESSKEY    %CHARACTER;                #IMPLIED
  ONFOCUS      %SCRIPT;                   #IMPLIED
  ONBLUR       %SCRIPT;                   #IMPLIED >
```

C. XML 1.0 Definitionen

Dieser Anhang enthält Definitionen für die in Kapitel 7 beschriebene *Extensible Markup Language (XML)*. Abschnitt C.1 führt die SGML Declaration von XML auf. Als ein Beispiel für eine XML DTD enthält Abschnitt C.2 die DTD der *Synchronized Multimedia Integration Language (SMIL)*.

C.1 SGML Declaration

Der allgemeine Zweck einer SGML Declaration ist in Abschnitt 4.2.1 beschrieben. Man sollte dabei im Auge behalten, daß die SGML Declaration XML nicht vollständig definiert. Außerdem spezifiziert XML einige Modifikationen von SGML, die in der SGML Declaration nicht ausgedrückt werden können.

```
<!SGML   "ISO 8879:1986 (ENR)"

     --

         SGML Declaration for XML

     --


   CHARSET
       BASESET "ISO Registration Number 176//CHARSET
               ISO/IEC 10646-1:1993 UCS-4 with implementation
               level 3//ESC 2/5 2/15 4/6"
       DESCSET 0          9          UNUSED
               9          2          9
               11         2          UNUSED
               13         1          13
               14         18         UNUSED
               32         95         32
               127        1          UNUSED
               128        32         UNUSED
               160        55136      160
               55296      2048       UNUSED  -- surrogates --
               57344      8190       57344
               65534      2          UNUSED  -- FFFE and FFFF --
               65536      1048576    65536

   CAPACITY   SGMLREF
               -- Capacities are not restricted in ThE --
```

```
            TOTALCAP 99999999
            ENTCAP   99999999
            ENTCHCAP 99999999
            ELEMCAP  99999999
            GRPCAP   99999999
            EXGRPCAP 99999999
            EXNMCAP  99999999
            ATTCAP   99999999
            ATTCHCAP 99999999
            AVGRPCAP 99999999
            NOTCAP   99999999
            NOTCHCAP 99999999
            IDCAP    99999999
            IDREECAP 99999999
            MAPCAP   99999999
            LKSETCAP 99999999
            LKNMCAP  99999999


SCOPE DOCUMENT
SYNTAX
      SHUNCHAR NONE
      BASESET  "ISO Registration Number 176//CHARSET
               ISO/IEC 10646-1:1993 UCS-4 with implementation
               level 3//ESC 2/5 2/15 4/6"
      DESCSET  0 1114112 0

      FUNCTION
               RE            13
               RS            10
               SPACE         32
               TAB SEPCHAR   9
      NAMING   LCNMSTRT  ""
               UCNMSTRT  ""
               NAMESTRT
                  58 95 192-214 216-246 248-305 308-318 321-328
                  330-382 384-451 461-496 500-501 506-535 592-680
                  699-705 902 904-906 908 910-929 931-974 976-982
                  986 988 990 992 994-1011 1025-1036 1038-1103
                  1105-1116 1118-1153 1168-1220 1223-1224
                  1227-1228 1232-1259 1262-1269 1272-1273
                  1329-1366 1369 1377-1414 1488-1514 1520-1522
                  1569-1594 1601-1610 1649-1719 1722-1726
                  1728-1742 1744-1747 1749 1765-1766 2309-2361
                  2365 2392-2401 2437-2444 2447-2448 2451-2472
                  2474-2480 2482 2486-2489 2524-2525 2527-2529
                  2544-2545 2565-2570 2575-2576 2579-2600
                  2602-2608 2610-2611 2613-2614 2616-2617
                  2649-2652 2654 2674-2676 2693-2699 2701
                  2703-2705 2707-2728 2730-2736 2738-2739
```

```
                    2741-2745 2749 2784 2821-2828 2831-2832
                    2835-2856 2858-2864 2866-2867 2870-2873 2877
                    2908-2909 2911-2913 2949-2954 2958-2960
                    2962-2965 2969-2970 2972 2974-2975 2979-2980
                    2984-2986 2990-2997 2999-3001 3077-3084
                    3086-3088 3090-3112 3114-3123 3125-3129
                    3168-3169 3205-3212 3214-3216 3218-3240
                    3242-3251 3253-3257 3294 3296-3297 3333-3340
                    3342-3344 3346-3368 3370-3385 3424-3425
                    3585-3630 3632 3634-3635 3648-3653 3713-3714
                    3716 3719-3720 3722 3725 3732-3735 3737-3743
                    3745-3747 3749 3751 3754-3755 3757-3758 3760
                    3762-3763 3773 3776-3780 3904-3911 3913-3945
                    4256-4293 4304-4342 4352 4354-4355 4357-4359
                    4361 4363-4364 4366-4370 4412 4414 4416 4428
                    4430 4432 4436-4437 4441 4447-4449 4451 4453
                    4455 4457 4461-4462 4466-4467 4469 4510 4520
                    4523 4526-4527 4535-4536 4538 4540-4546 4587
                    4592 4601 7680-7835 7840-7929 7936-7957
                    7960-7965 7968-8005 8008-8013 8016-8023 8025
                    8027 8029 8031-8061 8064-8116 8118-8124 8126
                    8130-8132 8134-8140 8144-8147 8150-8155
                    8160-8172 8178-8180 8182-8188 8486 8490-8491
                    8494 8576-8578 12295 12321-12329 12353-12436
                    12449-12538 12549-12588 19968-40869 44032-55203
LCNMCHAR  " "
                    UCNMCHAR
                    NAMECHAB.
                    45-46 183 720-721 768-837 864-865 903 1155-1158
                    1425-1441 1443-1465 1467-1469 1471 1473-1474
                    1476 1600 1611-1618 1632-1641 1648 1750-1764
                    1767-1768 1770-1773 1776-1785 2305-2307 2364
                    2366-2381 2385-2388 2402-2403 2406-2415
                    2433-2435 2492 2494-2500 2503-2504 2507-2509
                    2519 2530-2531 2534-2543 2562 2620 2622-2626
                    2631-2632 2635-2637 2662-2673 2689-2691 2748
                    2750-2757 2759-2761 2763-2765 2790-2799
                    2817-2819 2876 2878-2883 2887-2888 2891-2893
                    2902-2903 2918-2927 2946-2947 3006-3010
                    3014-3016 3018-3021 3031 3047-3055 3073-3075
                    3134-3140 3142-3144 3146-3149 3157-3158
                    3174-3183 3202-3203 3262-3268 3270-3272
                    3274-3277 3285-3286 3302-3311 3330-3331
                    3390-3395 3398-3400 3402-3405 3415 3430-3439
                    3633 3636-3642 3654-3662 3664-3673 3761
                    3764-3769 3771-3772 3782 3784-3789 3792-3801
                    3864-3865 3872-3881 3893 3895 3897 3902-3903
                    3953-3972 3974-3979 3984-3989 3991 3993-4013
```

```
                    4017-4023 4025 8400-8412 8417 12293 12330-12335
                    12337-12341 12441-12442 12445-12446 12540-12542
              NAMECASE GENERAL NO
                       ENTITY  NO

              DELIM    GENERAL SGMLREF
                       NET "/>"
                       PIC "?>"
                       SHORTREF NONE
              NAMES    SGMLREF
              QUANTITY SGMLREF
                -- Quantities are not restricted in XML --
                ATTCNT          99999999
                ATTSPLEN        99999999
                -- BSEQLEN   not used --
                -- DTAGLEN   not used --
                -- DTEMPLEN not used --
                ENTLVL          99999999
                GRPCNT          99999999
                GRPGTCNT        99999999
                GRPLVL          99999999
                LITLEN          99999999
                NAMELEN         99999999
                -- no need to change NORMSEP --
                PILEN           99999999
                TAGLEN          99999999
                TAGLVL          99999999

FEATURES
  MINIMIZE
    DATATAG   NO
    OMITTAG   NO
    RANK      NO
    SHORTTAG YES   -- SHORTTAG is needed for NET --
  LINK
    SIMPLE    NO
    IMPLICIT NO
    EXPLICIT NO
  OTHER
    CONCUR    NO
    SUBDOC    NO
    FORMAL    NO
    APPINFO   NONE

>
```

C.2 XML DTD für SMIL

Die DTD für die in Abschnitt 10.5.6 beschriebene *Synchronized Multimedia Integration Language (SMIL)* ist ein Beispiel für eine XML DTD. Die folgende DTD definiert SMIL als ein XML-Dokumenttyp gemäß der SMIL-Spezifikation des W3C [100].

```
<!-- This is the XML document type definition (DTD) for SMIL 1.0 -->

<!-- Generally useful entities -->
<!ENTITY % id-attr "id ID #IMPLIED" >
<!ENTITY % title-attr "title CDATA #IMPLIED" >
<!ENTITY % skip-attr "skip-content  (true|false) 'true'" >
<!ENTITY % desc-attr "
  %title-attr;
  abstract        CDATA     #IMPLIED
  author          ODATA     #IMPLIED
  copyright       ODATA     #IMPLIED " >


<!--============ SMIL Document ===============================-->
<!-- The root element SMIL contains all other elements. -->
<!ELEMENT smil   (head?,body?) >
<!ATTLIST smil
  %id-attr; >


<!--============ The Document Head ===========================-->
<!ENTITY % layout-section "layout|switch" >
<!ENTITY % head-element "(meta*(%layout-section;), meta*))?" >

<!ELEMENT head %head-element; >
<!ATTLIST head %id-attr; >


<!--============ Layout Element ==============================-->
<!-- Layout contains the region and root-layout elements defined by
     smil-basic-layout or other elements defined an external layout
     mechanism. -->
<!ELEMENT layout ANY >
<!ATTLIST layout
  %id-attr;
  type CDATA      "text/smil-basic-layout" >


<!--============ Region Element =============================-->
<!ENTITY % viewport-attrs "
  height              CDATA     #IMPLIED
  width               CDATA     #IMPLIED
  background-color    CDATA     #IMPLIED " >


<!ELEMENT region EMPTY >
```

```
<!ATTLIST region
  %id-attr;
  %title-attr;
  %viewport-attrs;
  left               CDATA      "0"
  top                CDATA      "0"
  z-index            CDATA      "0"
  fit                (hidden|fill|meet|scroll|slice)    "hidden"
  '/.skip-attr; >


<!--============ Root-layout Element ======================-->
<!ELEMENT root-layout EMPTY >
<!ATTLIST root-layout
  %id-attr;
  %title-attr;
  %viewport-attrs;
  %skip-attr; >


<!--============ Meta Element ===========================-->
<!ELEMENT meta EMPTY >
<!ATTLIST meta
  name      NMTOKEN #REQUIRED
  content   CDATA    #REQUIRED
  %skip-attr; >


<!--============ The Document Body =======================-->
<!ENTITY % media-object
          "audio|video|text|img|animation|textstream|ref" >
<!ENTITY % schedule "par|seq|(%media-object;)" >
<!ENTITY % inline-link "a" >
<!ENTITY % assoc-link "anchor" >
<!ENTITY % link "&inline-link;" >
<!ENTITY % container-content "(%schedule;)|switch|(%link;)" >
<!ENTITY % body-content "(%container-content;)" >

<!ELEMENT body (%body-content;)* >
<!ATTLIST body %id-attr; >


<!--============ Synchronization Attributes ==============-->
<!ENTITY % sync-attributes
  begin   CDATA   #IMPLIED
  end     CDATA   #IMPLIED " >


<!--============ Switch Parameter Attributes ================-->
<!ENTITY % system-attribute "
  system-bitrate                CDATA                #IMPLIED
  system-language               CDATA                #IMPLIED
  system-required               NMTOKEN              #IMPLIED
  system-screen-size            CDATA                #IMPLIED
```

```
  system-screen-depth          CDATA                  #IMPLIED
  system-captions              (on|off)               #IMPLIED
  system-overdub-or-caption    (caption|overdub)      #IMPLIED " >


<!--=========== Fill Attribute ===============================-->
<!ENTITY % fill-attribute "
  fill    (remove|freeze)        'remove' " >


<!--=========== The Parallel Element ==========================-->
<!ENTITY % par-content "%container-content;" >
<!ELEMENT par    (%par-content;)* >
<!ATTLIST par
  %id-attr;
  %desc-attr;
  endsync CDATA           "last"
  dur      CDATA          #IMPLIED
  repeat   CDATA          "1"
  region   IDREF          #IMPLIED
  %sync-attributes;
  %system-attribute; >


<!--=========== The Sequential Element =====================-->
<!ENTITY % seq-content "%container-content;" >
<!ELEMENT seq    (%seq-content;)* >
<!ATTLIST seq
  %id-attr;
  %desc-attr;
  dur      CDATA          #IMPLIED
  repeat   CDATA          "1"
  region   IDREF          #IMPLIED
  %sync-attributes;
  %system-attribute; >


<!--=========== The Switch Element ===========================-->
<!-- In the head, a switch may contain only layout elements,
     in the body, only container elements. However, this
     constraint cannot be expressed in the DTD (?), so
     we allow both. -->
<!ENTITY % switch-content "layout|(%container-content;)" >
<!ELEMENT switch (%switch-content;)* >
<!ATTLIST switch
  %id-attr;
  %title-attr; >


<!--=========== Media Object Elements =======================-->
<!-- SMIL only defines the structure. The real media data is
     referenced by the src attribute of the media objects. -->
<!-- Furthermore, they have the following attributes as defined
     in the SMIL specification. -->
```

```
<!ENTITY % mo-attributes "
  %id-attr;
  %desc-attr;
  region       IDREF            #IMPLIED
  alt          CDATA            #IMPLIED
  longdesc     CDATA            #IMPLIED
  src          ODATA            #IMPLIED
  type         CDATA            #IMPLTED
  dur          CDATA            #IMPLIED
  repeat       CDATA            '1'
  %fill-attribute;
  %sync-attributes;
  %system-attribute; " >


<!-- Most info is in the attributes, media objects are empty or
     contain associated link elements. -->
<!ENTITY % mo-content "(%assoc-link;)*" >
<!ENTITY % clip-attrs "
  clip-begin      CDATA   #IMPLIED
  clip-end        CDATA   #IMPLIED " >


<!ELEMENT ref            %mo-content; >
<!ELEMENT audio          %mo-content; >
<!ELEMENT img            %mo-content; >
<!ELEMENT video          %mo-content; >
<!ELEMENT text           %mo-content; >
<!ELEMENT textstream     %mo-content; >
<!ELEMENT animation      %mo-content; >


<!ATTLIST ref            %mo-attributes; %clip-attrs;  >
<!ATTLIST audio          %mo-attributes; %clip-attrs;   >
<!ATTLIST video          %mo-attributes; %clip-attrs;  >
<!ATTLIST animation      %mo-attributes; %clip-attrs; >
<!ATTLIST textstream     %mo-attributes; %clip-attrs;   >
<!ATTLIST text           %mo-attributes; >
<!ATTLIST img            %mo-attributes; >


<!--============ Link Elements ================================-->


<!ENTITY % smil-link-attributes "
  %id-attr;
  %title-attr;
  href            CDATA                    #REQUIRED
  show            (replace|new|pause)      'replace' " >


<!--============ Inline Link Element ==========================-->
<!ELEMENT a (%schedule;|switch)* >
<!ATTLIST a
  %smil-link-attributes; >
```

```
<!--============ Associated Link Element ====================-->
<!ELEMENT anchor EMPTY >
<!ATTLIST anchor
  %skip-attr;
  %smil-link-attributes;
  %sync-attributes;
  coords              CDATA                        #IMPLIED >
```

Glossar

Das Glossar enthält kurze Erläuterungen vieler Begriffe, die für das Thema dieses Buchs von Bedeutung sind. Falls möglich, sind Referenzen in Form von URIs sowie Literaturhinweisen angegeben. Das Ziel ist es, nur maßgebliche und langfristig gültige URIs aufzuführen, aber es kann vorkommen, daß eine URI nicht mehr gültig ist. Senden Sie bitte in diesem Fall sowie bei anderen das Glossar betreffenden Vorschlägen oder Änderungen eine Nachricht an `dret@tik.ee.ethz.ch`.

Wenn Sie über irgend etwas Informationen suchen, sollte der Index (der auf Seite 621 beginnt) verwendet werden, um das Vorkommen eines Begriffs im Buch zu ermitteln. Außerdem ist es in vielen Fällen sehr einfach, mit Hilfe einer der zahlreichen Suchmaschinen gute Informationen im Web zu finden.

ABNF – AUGMENTED BACKUS-NAUR FORM
Referenz: [54]
Technische Internet-Spezifikationen benötigen häufig die Definition einer formalen Syntax und können dabei jede Notation verwenden, welche die Autoren als nützlich erachten. Im Laufe der Jahre wurde für Internet-Spezifikationen in vielen Fällen auf eine modifizierte Version der *Backus-Naur Form (BNF)*, die sogenannte Augmented BNF (ABNF), zurückgegriffen, die Kompaktheit und Einfachheit mit angemessenen Darstellungsmöglichkeiten kombiniert.

ActiveX
URI: `http://www.microsoft.com/com/activex.htm`
ActiveX ist der Name, den Microsoft einer Menge von objektorientierten Konzepten, Technologien und Werkzeugen gegeben hat. Die Haupttechnologie ist das *Component Object Model (COM)*. Bei der Verwendung in einem Netzwerk mit einem Verzeichnis und zusätzlichem Support wird aus COM das *Distributed Component Object Model (DCOM)*. Das Hauptobjekt, das beim Schreiben eines in der ActiveX-Umgebung auszuführenden Programms erzeugt wird, ist eine Komponente, ein selbständiges Programm, das überall im ActiveX-Netzwerk ausgeführt werden kann

(gegenwärtig ein Netzwerk, das aus Windows- und Macintosh-Systemen besteht). Diese Komponente ist als *ActiveX Control* bekannt. Ein ActiveX Control stellt in etwa das Äquivalent zu einem Java-Applet dar. Ein wichtiger Unterschied liegt darin, daß ein ActiveX Control für eine bestimmte Plattform kompiliert werden muß, wohingegen ein Applet plattformunabhängig ist.

AIFF – AUDIO INTERCHANGE FILE FORMAT
Das Audio Interchange File Format (AIFF) ist ein von Apple entwickelter proprietärer Standard für Audiodateien. Das Format kann über einen oder mehrere Kanäle gesampelte Sounds in einem Bereich von Abtastraten und Klangauflösungen speichern. Obwohl AIFF ursprünglich keine komprimierten Audiodaten unterstützte, wurde eine neue Version des Formats mit der Bezeichnung *AIFF Compressed (AIFF-C)* definiert, die Komprimierung ermöglicht.

ANSI – AMERICAN NATIONAL STANDARDS INSTITUTE
URI: `http://www.ansi.org/`
Das 1918 gegründete American National Standards Institute (ANSI) entwickelt nicht selbst American National Standards, sondern erleichtert vielmehr die Entwicklung, indem Einigkeit zwischen bestimmten Gruppen erzielt wird. Das Institute stellt sicher, daß seine Leitprinzipien – Einigkeit, angemessene Verfahren und Offenheit – von den mehr als 175 gegenwärtig anerkannten Gruppen befolgt werden. ANSI setzt sich international für die Verwendung von US-amerikanischen Standards ein, vertritt politische und technische Positionen der USA in Organisationen für internationale und regionale Standards und fördert die Übernahme internationaler Standards auf nationaler Ebene, sofern diese den Bedürfnissen der Benutzergemeinde gerecht werden.

Apache
URI: `http://www.apache.org/`, `http://www.apacheweek.com/`
Das Apache-Projekt ist eine auf dem Open-Source-Konzept basierende gemeinschaftliche Anstrengung mit dem Ziel, eine stabile, voll funktionsfähige, auf kommerziellem Niveau befindliche und frei verfügbare Quellcode-Implementierung eines HTTP-Servers zu realisieren. Das Projekt wird gemeinsam von einer Gruppe von Freiwilligen geleitet, die über die ganze Welt verteilt sind und über das und das Web kommunizieren sowie den Server und die zugehörige Dokumentation planen und entwickeln. Diese Freiwilligen werden als die Apache Group bezeichnet. Zusätzlich haben Hunderte von Benutzern Ideen zum Code und zur Dokumentation dem Projekt beigesteuert.

Applet
URI: `http://java.sun.com/applets/`
Ein Java-Applet ist ein spezieller Typ eines Java-Programms, das ähnlich
wie ein Bild in eine HTML-Seite eingefügt werden kann. Wenn ein Java-
kompatibler Browser zum Betrachten einer Seite verwendet wird, die ein
Java-Applet enthält, wird der Code des Applets zum Browser übertragen
und von diesem ausgeführt. Da ein Applet plattformunabhängig ist, kann
das gleiche Applet auf allen Plattformen, die Java unterstützen, ausgeführt
werden.

ARPA → DARPA

ASCII – AMERICAN NATIONAL STANDARD CODE FOR INFORMATION
INTERCHANGE
Referenz: [8]
ASCII legt die Codierung des Leerzeichens und einer Menge von
94 Zeichen (Buchstaben, Ziffern und Interpunktionszeichen oder mathematische Symbole) fest, die für den Austausch englischsprachiger Dokumente geeignet sind. ASCII stellt die Basis für die meisten Computer-
codemengen dar und ist in ISO 646 [113] spezifiziert.

ASF – ADVANCED STREAMING FORMAT
URI: `http://www.microsoft.com/asf/`
Microsofts Advanced Streaming Format (ASF) ist ein erweiterbares Dateiformat zur Speicherung synchronisierter Multimedia-Daten. Es unterstützt den Datentransport über eine Vielzahl von Netzwerken und Protokollen und ist zugleich für die lokale Wiedergabe geeignet. Das ausdrückliche Ziel von ASF besteht darin, eine Grundlage für eine industrie-
weit übergreifende Multimedia-Funktionsfähigkeit zu schaffen. Jede ASF-
Datei besteht aus einem oder mehreren Media Streams. Der Datei-Header
legt die Eigenschaften der gesamten Datei und auf die Streams bezogene
Eigenschaften fest. Multimedia-Daten, die nach dem Datei-Header abge-
speichert sind, verweisen auf eine bestimmte Media-Stream-Nummer, um
den Typ und den Zweck anzugeben. Der Transport und die Darstellung
aller Media-Stream-Daten sind auf einen gemeinsamen Zeitpunkt synchronisiert. Es ist beabsichtigt, daß auf lange Sicht ASF das *Audio Video
Interleave (AVI)*-Format ersetzen wird. Die Funktionalität von ASF ist entspricht in etwa der, die von der vom W3C standardisierten *Synchronized
Multimedia Integration Language (SMIL)* zur Verfügung gestellt wird.

AVI – AUDIO VIDEO INTERLEAVE
Das von Microsoft entwickelte Dateiformat Audio Video Interleave (AVI)
wird zur Speicherung von Audio- und Videoinformationen verwendet. Es

ist in PC-Umgebungen das gebräuchlichste Format für Audio- und Videodateien. Als proprietäre Technologie kann AVI in bezug auf die Funktionalität mit *QuickTime* von Apple und den *MPEG*-Videostandards verglichen werden.

Base64

Referenz: [80]
Die Base64-Codierung wird verwendet, um zufällige Sequenzen von Bytes in einer Form darzustellen, die für Menschen nicht unbedingt lesbar sein muß. Die Algorithmen für die Codierung und die Decodierung sind einfach, wobei die verschlüsselten Daten durchweg nur etwa 33 Prozent größer ausfallen als die unverschlüsselten Daten. Diese Codierung ist praktisch mit derjenigen identisch, die in *Privacy Enhanced Mail (PEM)*-Anwendungen verwendet wird, wie es im RFC 1421 definiert ist [161].

Benutzer

Im Kontext des Web ist ein Benutzer (engl. User) normalerweise ein Mensch, der mit einem Client arbeitet (welcher deshalb gelegentlich als User Agent bezeichnet wird). Das übliche Szenario beinhaltet somit einen Benutzer, der über eine Benutzerschnittstelle, die in den meisten Fällen ein *Graphical User Interface (GUI)* ist, einen Client verwendet. Der Client interagiert mit Hilfe von Zugriffsprotokollen im Auftrag des Benutzers mit Servern.

BIND – BERKELEY INTERNET NAME DOMAIN

URI: `http://www.isc.org/bind.html`
Die Berkeley Internet Name Domain (BIND) implementiert einen Internet Name Server für BSD-Derivate. BIND besteht aus einem Server mit der Bezeichnung *Named* und einer *Resolver*-Bibliothek und stellt eine Implementierung des *Domain Name System (DNS)* dar, die sowohl die Server- als auch die Client-Seite umfaßt. Die Entwicklung von BIND wird vom *Internet Software Consortium (ISC)* finanziert. BIND wurde auf Windows NT- und VMS-Systeme portiert, ist jedoch am häufigsten auf Unix-Systemen zu finden. Der Quellcode von BIND ist frei verfügbar und sehr komplex. Der Großteil der Entwicklung der DNS-Protokolle basiert auf diesem Code, und die meisten Unix-Anbieter liefern auf BIND basierende DNS-Implementierungen aus. Eine Folge davon ist, daß der BIND Name Server der am häufigsten verwendete Name Server im Internet ist. Die neueste Version von BIND beinhaltet Funktionen, die die aktuellsten Entwicklungen von DNS implementieren, wie sie in den Internet Proposed Standards RFC 1996 [268] und RFC 2136 [269] definiert sind.

BNF – BACKUS-NAUR FORM
Referenz: [193]
Die Backus-Naur Form (BNF) ist eine formale Metasyntax, die zum Beschreiben kontextfreier Grammatiken verwendet wird. Die BNF stellt eine der am häufigsten verwendeten metasyntaktischen Notationen zur Festlegung der Syntax von Programmiersprachen, Befehlssätzen, Protokolldateneinheiten und ähnlichen Dingen dar. Die Möglichkeiten der reinen BNF sind jedoch beschränkt, so daß die zwei Varianten *Extended BNF (EBNF)* und *Augmented BNF (ABNF)* populärer geworden sind.

Browser
Ein Browser ist ein Programm, das zum Betrachten von Web-Seiten verwendet wird. Die bekanntesten heutigen Browser sind der *Navigator* von Netscape und der *Internet Explorer* von Microsoft. Der erste Browser, der den Weg zu den modernen, auf intuitiv verwendbaren und auf grafischen Benutzerschnittstellen basierenden Anwendungen bereitete, war *Mosaic* von NCSA, der nicht mehr unterstützt wird. Ein typischer Browser muß HTTP, HTML sowie einige Grafikformate (zumindest GIF und JPEG) verstehen und sollte außerdem mittels externer Viewer oder Plug-Ins erweiterbar sein. Navigator und Internet Explorer sind zudem für E-Mail- und Usenet-Nachrichten verwendbar (durch Implementierung der Protokolle SMTP, POP, IMAP und NNTP), was unabhängig von ihrer Web-Funktionalität ist. Beide Browser implementieren eine Anzahl weiterer Protokolle (z.B. für den Zugriff auf FTP- oder HTTPS-Server sowie proprietäre Protokolle).

CCITT – COMITÉ CONSULTATIF INTERNATIONALE DE TÉLÉPHONES ET TÉLÉGRAPHES
Früherer Name der *International Telecommunications Union (ITU)*, bevor 1993 die Umbenennung erfolgte.

ccTLD – COUNTRY-CODE TOP-LEVEL DOMAIN
Referenz: [213]
Eine Country-Code Top-Level Domain (ccTLD) ist eine DNS Top-Level Domain, die Domänennamen für ein bestimmtes Land bezeichnet. Die verwendeten Country-Codes sind die aus zwei Buchstaben bestehenden Codes, die in ISO 3166 [128] definiert sind. Die *Internet Assigned Numbers Authority (IANA)* ist nicht dafür zuständig, eine Entscheidung darüber zu treffen, was ein Land ist und was nicht. Die Wahl von ISO 3166 als Grundlage für ccTLDs wurde mit dem Wissen getroffen, daß ISO über eine Prozedur verfügt, um zu bestimmen, welche Elemente in dieser Liste enthalten sein sollten.

CDF – CHANNEL DEFINITION FORMAT
URI: `http://www.microsoft.com/standards/cdf`
Referenz: [73]
Das Channel Definition Format (CDF) gibt Publishern die Fähigkeit, einen Inhalt ein einziges Mal zu erstellen und auf verschiedene Weisen zu veröffentlichen – über Web-Browser, Web Crawler, Push-Clients oder Direct Streaming Push. Ein Channel ist als eine Menge von Dokumenten oder als Gruppierung von Inhalt definiert, die als Einheit verarbeitet werden kann und auf die die Operationen Push und Pull angewendet werden können. In den modernen Anwendungen umfassen die Operationen auf einem Channel in erster Linie den automatisch gesteuerten Download für den Offline-Gebrauch (»smart pull«) oder die Multicast-Zustellung für die spätere Verwendung. Das Aufkommen eines Standards auf diesem Gebiet wird jedoch auch die nächste Generation von Anwendungen und Technologien im Content Publishing beeinflussen – Suchen, Indizieren, Profiling, Filtering und Personalisieren von Inhalt unabhängig vom Publishing-Mechanismus.

CERN – EUROPÄISCHES LABOR FÜR TEILCHENPHYSIK
URI: `http://www.cern.ch/`
Das europäische Labor für Teilchenphysik (CERN) ist die Geburtsstätte des Web. Der erste Vorschlag und erste Prototypanwendungen wurden von Tim Berners-Lee beim CERN geschrieben. Das CERN leitete die Entwicklung des Web bis Ende 1994, bevor finanzielle Gründe den Ausschlag gaben, die Aktivitäten auf diesem Gebiet zu beenden. Seitdem liegt die Hauptverantwortung für die Entwicklung von Standards und Empfehlungen für das Web in den Händen des *World Wide Web Consortium (W3C)*.

Zertifikat
Zertifikate sind digitale Dokumente, welche die Vergabe eines Public Key an eine Einzelperson oder eine andere Gruppe bescheinigen und somit die Prüfung der Behauptung ermöglichen, daß ein bestimmter Public Key tatsächlich einer bestimmten Person zugeordnet ist. Zertifikate verhindern, daß jemand einen gefälschten Schlüssel verwendet, um sich als eine andere Person auszugeben. In ihrer einfachsten Form enthalten Zertifikate einen Public Key und einen Namen. Da häufig verwendet, enthält ein Zertifikat außerdem ein Fälligkeitsdatum, den Namen der das Zertifikat ausstellenden Behörde, eine Seriennummer und eventuell weitere Informationen. Ganz besonders wichtig ist, daß die digitale Signatur des Zertifikataustellers enthalten ist. Das meist akzeptierte Format für Zertifikate ist durch die ITU-Recommendation X.509 [137] definiert, so daß Zertifikate von jeder Anwendung gelesen oder geschrieben werden können, die den Bedingungen in X.509 entspricht.

CGI – COMMON GATEWAY INTERFACE

URI: `http://hoohoo.ncsa.uiuc.edu/cgi/`

Das Common Gateway Interface (CGI) ist ein Standard für die Verbindung von externen Anwendungen mit Informations-Servern, wie zum Beispiel HTTP-Servern. Ein unformatiertes HTML-Dokument, daß der Web-Server aufgrund eines Requests aufruft, ist statischer Natur, was bedeutet, daß es in einem konstanten Zustand existiert, zum Beispiel als eine sich nicht ändernde Textdatei. Ein CGI-Programm wird auf der anderen Seite in Echtzeit ausgeführt, so daß es dynamische Informationen erzeugen kann.

CGM – COMPUTER GRAPHICS METAFILE

URI: `http://www.cgmopen.org/`

Referenz: [115]

Das Computer Graphics Metafile (CGM)-Format ist ein rechner- und betriebssystemunabhängiges Format für den Austausch von Daten, das Elemente zur Darstellung geometrischer Grafik (z.B. Polygone oder Kreise) und Rastergrafik (z.B. Pixelarrays) zur Verfügung stellt. Das Format besteht aus einer funktionalen Spezifikation und mehreren Codierungen für verschiedene Zwecke. Es existieren drei standardisierte Codierungen für CGM: Clear-Text, Character und Binary. Clear-Text ist für Menschen lesbar. Die Character-Codierung ist kompakter, verwendet aber immer noch ASCII-Zeichen, so daß ein Austausch ohne protokollspezifische Probleme erfolgen kann. Die Binary-Codierung ist noch kompakter und schnell zu verschlüsseln und entschlüsseln, aber vollständig unlesbar.

Chunked Encoding

Mit der Einführung persistenter Verbindungen in HTTP/1.1 kann die Länge einer Ressource, die in einem Response gesendet wird, nicht länger implizit durch Schließen der Verbindung angezeigt werden. Für die Mehrzahl der Ressourcen ist jedoch die Länge im voraus bekannt und im Header-Feld `Content-Length` angegeben. Für alle anderen Ressourcen (wie zum Beispiel für dynamisch erstellten Inhalt) kann Chunked Encoding verwendet werden. Dabei wird der Message Body als eine Folge von Chunks bekannter Länge übertragen.

CLF – COMMON LOG FORMAT

Das Common Log Format (CLF) ist ein Protokolldateiformat für HTTP-Server, das Informationen über den Host, die Identifikation des Benutzers (falls verfügbar), den autorisierten Benutzernamen (falls verfügbar), das Datum, die Request-Zeile selbst sowie den zurückgegebenen Status und die Anzahl der Bytes enthält. Obwohl die meisten Server so konfiguriert werden können, daß sie andere Formate von Protokolldateien verwenden, existieren viele Werkzeuge für die Analyse von CLF-Dateien, so daß eigene Formate für Protokolldateien nur verwendet werden sollten, wenn es absolut notwendig ist.

Client

Ein Client bildet die eine Seite einer Client/Server-Beziehung. Der Client fordert vom Server Dienste an, welcher dann den Request verarbeitet und einen Response erzeugt. Im Fall des Web ist ein Client durch die Client-Seite von HTTP definiert, die Requests an einen Web-Server sendet. Normalerweise wird ein Client ein Browser sein, wie zum Beispiel Netscape Navigator oder Microsoft Internet Explorer, aber im allgemeinen kann ein Client jedes Programm sein, das HTTP implementiert. Das zweite sehr bekannte Beispiel für einen Client ist daher eine Suchmaschine, die systematisch Informationen von Web-Servern sammelt, indem sie Requests sendet und die Responses in einer großen Datenbank sammelt.

CMS – CRYPTOGRAPHIC MESSAGE SYNTAX

Referenz: [101, 235]

Die Cryptographic Message Syntax (CMS) wird verwendet, um beliebige Nachrichten digital zu kennzeichnen oder zu verschlüsseln. Die CMS beschreibt eine Kapselungssyntax für den Datenschutz und unterstützt digitale Signaturen und Verschlüsselung. Die Syntax erlaubt mehrfache Kapselung, so daß ein Encapsulation Envelope in einen anderen verschachtelt sein kann. Ebenso kann eine Seite zuvor gekapselte Daten digital signieren. Außerdem gestattet das CMS das Festlegen beliebiger Attribute, wie zum Beispiel Signing Time, die zusammen mit dem Inhalt der Nachricht authentifiziert werden, und stellt andere Attribute bereit, wie zum Beispiel Counter-Signaturen, die einer Signatur zugeordnet werden können.

COM – COMPONENT OBJECT MODEL

URI: `http://www.microsoft.com/com/`

Das Component Object Model (COM) von Microsoft ist eine Softwarearchitektur, die es ermöglicht, aus binären Softwarekomponenten Anwendungen zu erstellen. COM ist die zugrundeliegende Architektur zum Bilden von Softwarediensten auf einer höheren Ebene, wie zum Beispiel die, die von *Object Linking and Embedding (OLE)* zur Verfügung gestellt werden. COM definiert einen binären Standard für Funktionsaufrufe zwischen Komponenten, eine Methode, wie Komponenten die von anderen Komponenten implementierten Schnittstellen dynamisch entdecken können und einen Mechanismus zur eindeutigen Bezeichnung von Komponenten und ihren Schnittstellen.

Content Negotiation

Content Negotiation ist ein HTTP-Mechanismus, der verwendet wird, um eine Auswahl zwischen verschiedenen Darstellungen einer Ressource zu treffen. Verschiedene Darstellungen können durch die Sprache, Qualität, Codierung oder andere Parameter charakterisiert sein, die nicht den Inhalt einer Ressource betreffen. HTTP definiert zwei Typen der Content Negotiation: Server-Driven und Agent-Driven. Bei der Server-Driven Content Negotiation nimmt der Server die Auswahl vor und sendet einen Response mit einer angeforderten Ressource in einer Darstellung, die vermutlich den Bedürfnissen des Benutzers entspricht, wobei der Request, die verfügbaren Darstellungen und anderen Informationen die Grundlage dieser Entscheidung darstellen. Bei der Agent-Driven Content Negotiation antwortet der Server mit einer Liste aller Darstellungen, und der Client (oder der Benutzer) nimmt die Auswahl vor und fordert die ausgewählte Darstellung an.

Cookie

Referenz: [152]

Ursprünglich von Netscape eingeführt, stellen Cookies einen allgemeinen Mechanismus dar, den Server-Side-Anwendungen, wie zum Beispiel CGI-Skripte, verwenden können, um auf der Client-Seite der Verbindung Informationen sowohl zu speichern als auch abzufragen. Das Hinzufügen eines einfachen, persistenten Zustands auf der Client-Seite erweitert deutlich die Fähigkeiten von Web-basierter Client/Server-Anwendungen.

CORBA – Common Object Request Broker Architecture

URI: `http://www.omg.org/corba/`

Referenz: [198]

Die Common Object Request Broker Architecture (CORBA) beschreibt die Architektur einer Middleware-Plattform, welche die Implementierung von Anwendungen in verteilten und heterogenen Umgebungen unterstützt. Der CORBA-Standard wird von der *Object Management Group (OMG)* herausgegeben. Im Gegensatz zu anderen Middleware-Plattformen, wie zum Beispiel das *Distributed Component Object Model (DCOM)* von Microsoft, stellt CORBA eine Spezifikation dar, die keine bestimmte Technologie vorschreibt.

CORE – Internet Council of Registrars

URI: `http://www.corenic.org/`

Das Internet Council of Registrars (CORE) ist eine Non-Profit-Organisation, die als Ergebnis eines von der *Internet Society (ISOC)* und der *Internet Assigned Numbers Authority (IANA)* 1996 initiierten Plans gegründet wurde, um dem *Domain Name System (DNS)* des Internet eine neue

Struktur, freies Unternehmertum und Wettbewerb hinzuzufügen, sobald das alte Monopol der Domains `com`, `org` und `net` 1998 endet. Das CORE handelt nach genau definierten Standards, einer globalen Verfassung und ethischen Grundsätzen, die im *Generic Top-Level Domain Memorandum of Understanding (gTLDMoU)* dokumentiert sind.

Crawler → **Suchmaschine**

CSP – CHARACTER SHAPE PLAYER
Der Character Shape Player (CSP) von *TrueDoc* verwendet die *Portable Font Resource (PFR)*, um beim empfangenden System, gewöhnlicherweise ein dynamische Schriften unterstützender Browser, Zeichen darzustellen. Er skaliert die Zeichen auf die gewünschte Größe und rastert sie mit der geforderten Ausgabeauflösung. Der CSP verfügt über integriertes Hinting, Anti-Aliasing, Digital Edge Filtering und Sub-Pixel Positioning, um auf allen Ausgabegeräten eine hervorragende Qualität zu erzielen.

CSR – CHARACTER SHAPE RECORDER
Der Character Shape Recorder (CSR) von *TrueDoc* ist in Authoring-Tools integriert, um Dokumente zu erstellen, die dynamische Schriften enthalten. Wenn ein Autor ein Dokument veröffentlicht, analysiert der CSR die verwendeten Schriften und erstellt eine *Portable Font Resource (PFR)*, welche die Glyphen (Zeichenformen) enthält, die zum späteren Anzeigen des Dokuments notwendig sind.

CSS – CASCADING STYLE SHEETS
URI: `http://www.w3.org/Style/`
Referenz: CSS1 [159], CSS2 [25]
Cascading Style Sheets (CSS) ist die Style-Sheet-Sprache, die für HTML entworfen wurde. Während HTML verwendet werden sollte, um die Inhalte einer Web-Seite zu definieren, ist CSS die Sprache zur Festlegung der Darstellungsaspekte der Seite. Die zwei wesentlichen Vorteile von HTML mit CSS im Gegensatz zu HTML ohne CSS sind zum einen die klare Trennung von Inhalt und Darstellung (was die automatische Verarbeitung von Web-Seiten erheblich erleichtert und die Benutzer befähigt, ihre eigenen Style Sheets anstatt die bereits vom Browser oder einem Web-Designer bereitgestellten zu verwenden) und zum anderen die beträchtliche Erweiterung der Formatierungsmöglichkeiten mit CSS. Die erste Version von CSS (CSS1) weist noch eine Anzahl von Mängeln auf (wie zum Beispiel die fehlende Möglichkeit, die Formatierung von Tabellen festzulegen), die in der Version CSS2 behoben wurden.

CSS-P – CASCADING STYLE SHEETS POSITIONING
Referenz: [255]
In der ersten Implementierung der *Cascading Style Sheets (CSS)* im Netscape Navigator war zusätzliche Funktionalität integriert, die der ursprünglichen Spezifikation von CSS1 absolutes Positioning und Layering hinzufügte. Netscape reichte den Vorschlag für diese Version von CSS beim W3C ein, das daraufhin entschied, die Funktionalität von CSS-P in die nächste Version von CSS aufzunehmen (welche CSS 2 ist). Folglich bietet CSS2 absolutes Positioning und Layering, und es gibt keine offizielle CSS-P Recommendation (abgesehen von dem zwischenzeitlichen Entwurf der ursprünglichen Vorlage von Netscape).

DAP – DIRECTORY ACCESS PROTOCOL
Referenz: [139]
Das Directory Access Protocol (DAP) ist das ursprüngliche Protokoll für den Zugriff auf X.500-Verzeichnisdienste. Da DAP auf OSI basiert und sehr komplex ist, wurde eine auf TCP basierende und vereinfachte Variante von DAP, das *Lightweight Directory Access Protocol (LDAP)* entworfen, das heutzutage verbreiteter als DAP selbst ist.

DARPA – DEFENSE ADVANCED RESEARCH PROJECTS AGENCY
URI: `http://www.darpa.mil/`
Die Defense Advanced Research Projects Agency (DARPA), die bis 1973 die Bezeichnung *Advanced Research Projects Agency (ARPA)* trug, ist die Hauptquelle für Forschungsgelder in den USA. Insbesondere das Internet (sowohl die erste Infrastruktur als auch das Protokollpaket) entstand aus dem ARPANET, einem Netzwerk, das zunächst für militärische Zwecke in den USA entwickelt wurde, wobei das vorrangige Entwicklungsziel die Stabilität darstellte.

DCE – DISTRIBUTED COMPUTING ENVIRONMENT
URI: `http://www.opengroup.org/dce/`
Referenz: [261]
Distributed Computing Environment (DCE) ist ein Industriestandard und eine anbieter-neutrale Menge von Technologien für Distributed Computing. Es werden Sicherheitsdienste für den Schutz von und die Kontrolle des Zugriffs auf Daten, Namensdienste, die das Auffinden verteilter Ressourcen erleichtern, und ein hochgradig skalierbares Modell für die Organisation weit verteilter Benutzer, Dienste und Daten zur Verfügung gestellt. DCE läuft auf allen wichtigen Plattformen und ist dafür vorgesehen, verteilte Anwendungen in heterogenen Hard- und Softwareumgebungen zu unterstützen.

DCOM – DISTRIBUTED COMPONENT OBJECT MODEL
URI: `http://www.microsoft.com/com/dcom.htm`
Referenz: [38]
Das Distributed Component Object Model (DCOM) ist ein Protokoll, das es Softwarekomponenten ermöglicht, direkt über ein Netzwerk zuverlässig, sicher und effizient zu kommunizieren. Zuvor als »Network OLE« bezeichnet, ist DCOM für die Verwendung für mehrere Netzwerktransportprotokolle, darunter Internet-Protokolle wie zum Beispiel HTTP, vorgesehen. DCOM basiert auf der Open Group DCE *Remote Procedure Call* (RPC)-Spezifikation und funktioniert durch die Verwendung des *Component Object Model (COM)* sowohl mit Java-Applets als auch mit ActiveX-Komponenten.

DES – DATA ENCRYPTION STANDARD
Referenz: [189]
Der Data Encryption Standard (DES) wurde ursprünglich von IBM entwickelt. DES ist seit der Veröffentlichung intensiv studiert worden und stellt das weltweit bekannteste und am häufigsten verwendete Verschlüsselungssystem dar. DES ist ein symmetrisches Verschlüsselungssystem (der Sender und der Empfänger müssen denselben geheimen Schlüssel kennen), das sowohl für das Ver- als auch für das Entschlüsseln der Nachricht verwendet wird. DES kann außerdem für die Einzelbenutzerverschlüsselung eingesetzt werden, um beispielsweise Dateien in verschlüsselter Form auf einer Festplatte zu speichern. In einer Mehrbenutzerumgebung kann die Verteilung sicherer Schlüssel schwierig sein. Public-Key-Verschlüsselung liefert für dieses Problem eine ideale Lösung.

DHTML – DYNAMIC HTML
Dynamic HTML (DHTML) bezieht sich nicht auf eine bestimmte Version oder Funktion von HTML, sondern ist vielmehr ein Ausdruck, der häufig verwendet wird, um sich auf alle Funktionen von HTML oder spezielle Varianten von HTML zu beziehen, die über die Darstellung statischer Dokumente hinausgehen. Die bekanntesten Mechanismen, die der Begriff DHTML umfaßt, sind *Cascading Style Sheets (CSS)*, Skripte (die mittels des Elements <SCRIPT> eingebettet werden) und Objekte (deren Einbettung mit Hilfe des Elements <OBJECT> erfolgt). DHTML bezieht sich oftmals auch auf browser-spezifische Erweiterungen bestimmter Mechanismen, wie zum Beispiel Erweiterungen der grundlegenden Skriptmethoden oder die Fähigkeit, Schriften dynamisch herunterzuladen. Die Verbindung zwischen den verschiedenen Komponenten, die zusammen DHTML bilden (hauptsächlich HTML, CSS und eine Skriptsprache), wird durch das *Document Object Model (DOM)* geliefert.

Diffie-Hellman

Referenz: [65, 234]

Das sogenannte Diffie-Hellman Key Agreement beschreibt eine Methode, nach der zwei Parteien ohne vorherige Verabredungen sich auf einen geheimen Schlüssel einigen können, der nur ihnen bekannt ist (und der insbesondere keinem Lauscher bekannt ist, der den Dialog mithört, durch den die Parteien den Schlüssel vereinbaren). Dieser geheime Schlüssel kann zum Beispiel verwendet werden, um die weitere Kommunikation zwischen den Parteien zu verschlüsseln. Die beabsichtigte Anwendung dieses Standards liegt in Protokollen zur Einrichtung sicherer Verbindungen. Einzelheiten zur Interpretation des vereinbarten geheimen Schlüssels liegen außerhalb des Bereichs des Diffie-Hellman Key Agreements. Dasselbe gilt für Details über die Quellen für die von dieser Methode benötigten pseudo-zufälligen Bits. Der Diffie-Hellman Key Exchange ist den Angriffen einer zwischengeschalteten Person gegenüber verwundbar. Dies hängt mit der Tatsache zusammen, daß der Diffie-Hellman Key Exchange die Teilnehmer nicht authentifiziert.

DNS – DOMAIN NAME SYSTEM

Referenz: [177,178]

Das Domain Name System (DNS) ist ein verteilter, replizierter Datenabfragedienst, der hauptsächlich im Internet für die Übersetzung von Host-Namen in IP-Adressen verwendet wird. Die drei Hauptkomponenten von DNS sind: der *Domain Name Space* und *Ressourcendatensätze*, die Spezifikationen eines als Baum strukturierten Name Space und der mit den Namen verbundenen Daten darstellen, *Name Server*, bei denen es sich um Server-Programme handelt, die Informationen über die Baumstruktur der Domain verwalten, und *Resolver*, die als Reaktion auf Client-Requests von den Name Servern Informationen abfragen.

DOI – DIGITAL OBJECT IDENTIFIER

URI: `http://www.doi.org/`

Das Digital Object Identifier (DOI)-System ist ein Mechanismus zur Markierung digitaler Objekte, um den Electronic Commerce zu erleichtern und in einer digitalen Umgebung Copyright-Management zu ermöglichen. DOI stellt nicht nur eine eindeutige Identifikation für digitalen Inhalt zur Verfügung, sondern auch einen Weg, Benutzer der Angebote mit den Besitzern zu verbinden, um den automatisierten digitalen Commerce zu erleichtern. Die DOI zugrundeliegende Technologie ist das *Handle System*, das jedem DOI-Namen eine oder mehrere Locations zuordnet, an denen das Objekt gefunden werden kann.

DOM – Document Object Model
URI: `http://www.w3.org/DOM/`
Referenz: [277]
Das Document Object Model (DOM) ist eine plattform- und sprach-neutrale Schnittstelle, die es Programmen und Skripten ermöglicht, auf den Inhalt, die Struktur und die Formatierung von Web-Dokumenten (gegenwärtig sind Definitionen für HTML- und XML-Dokumente Bestandteil der Spezifikation) dynamisch zuzugreifen bzw. diese zu aktualisieren. Das Dokument kann weiter verarbeitet werden, und es besteht die Möglichkeit, die Ergebnisse dieser Verarbeitung wieder in die dargestellte Seite zu integrieren.

DRP – Distribution and Replication Protocol
Das Distribution and Replication Protocol (DRP) wurde entworfen, um eine hierarchische Menge von Dateien für eine große Anzahl von Clients effizient zu replizieren. Es werden keine Annahmen über den Inhalt oder den Typ der Dateien gemacht, sondern es liegen einfach Dateien in irgendeiner hierarchisch organisierten Form vor. Nach dem anfänglichen Download kann ein Client die Daten auf dem aktuellen Stand halten. Mit Hilfe von DRP kann der Client nur diejenigen Daten downloaden, die seit dem letzten Zeitpunkt der Überprüfung geändert wurden. DRP verwendet Content Identifiers, um Ressourcen, die mehr als einmal angefordert werden, automatisch freizuge-ben. Dies eliminiert redundante Übertragungen häufig benutzter Ressour-cen. Die in DRP verwendeten Content Identifiers basieren auf der weithin akzeptierten Methode der Prüfsummenberechnung.

DSA – Digital Signature Algorithm → **DSS**

DSig – Digital Signature Initiative
URI: `http://www.w3.org/DSig/`
Die Digital Signature Initiative (DSig) schlägt ein Standardformat vor, um digital gekennzeichnete, maschinenlesbare Annahmen über eine bestim-mte Informationsressource zu treffen. PICS 1.1 Labels sind ein Beispiel für solche maschinenlesbaren Annahmen. Die DSig-Spezifikation beschreibt eine Methode, wie den PICS 1.1 Labels Erweiterungen hinzugefügt werden können, um diese zu signieren. Allgemeiner formuliert, ist es das Ziel des DSig-Projekts, einen Mechanismus zur Verfügung zu stellen, der es ermög-licht, daß ein *Teilnehmer* an einer Kommunikation eine *Aussage* über eine *Informationsressource* glauben kann. In DSig 1.0 handelt es sich bei einer solchen *Aussage* um jede Aussage, die mit PICS 1.1 formuliert werden kann.

DSS – DIGITAL SIGNATURE STANDARD
    Referenz: [188, 192]
    Der *Digital Signature Algorithm (DSA)* wurde vom National Institute of
    Standards and Technology im Digital Signature Standard (DSS) veröffent-
    licht. DSA ist lediglich für die Authentifizierung gedacht. Beim DSA läuft
    die Generierung einer Signatur schneller ab als die Überprüfung der
    Signatur, wohingegen beim RSA das Gegenteil zutrifft (falls die öffent-
    lichen beziehungsweise die privaten Exponenten für diese Property
    gewählt wurden, was den üblichen Fall darstellt). NIST behauptet, daß das
    schnellere Erstellen einer Signatur ein Vorteil von DSA ist, aber viele
    Experten auf dem Gebiet der Verschlüsselung sind der Meinung, daß es
    günstiger ist, wenn die Überprüfung die schnellere Operation ist.

DSSSL – DOCUMENT STYLE SEMANTICS AND SPECIFICATION LANGUAGE
    URI: `http://www.jclark.com/dsssl/`
    Referenz: [127]
    Die Document Style Semantics and Specification Language (DSSSL) ist ein
    internationaler Standard zur Spezifikation der Document Transformation
    und der Formatierung in einer plattform- und anbieterneutralen Weise.
    DSSSL kann mit jedem Dokumentformat verwendet werden, für das eine
    Property-Menge entsprechend den *Property Set Definition Requirements*
    des *HyTime*-Standards definiert werden kann. Insbesondere kann DSSSL
    verwendet werden, um die Darstellung von Dokumenten entsprechend
    der *Standard Generalized Markup Language (SGML)* festzulegen. DSSSL
    besteht aus zwei Hauptkomponenten, einer Transformationssprache und
    einer Style-Sprache. Die Transformationssprache wird verwendet, um
    strukturelle Transformationen von SGML-Quelldateien zu spezifizieren.
    Beispielsweise könnte ein Telefonverzeichnis, das als Folge von nach dem
    Nachnamen sortierten Einträgen strukturiert ist, durch Anwenden einer
    Transformationsspezifikation als Folge von nach dem Vornamen sortier-
    ten Einträgen zurückgegeben werden. Die Transformationssprache kann
    außerdem benutzt werden, um das Zusammenführen von zwei oder meh-
    reren Dokumenten, die Erstellung von Indizes und Inhaltsverzeichnissen
    und andere Operationen zu spezifizieren. Obwohl die Transformations-
    sprache ein leistungsfähiges Werkzeug darstellt, um aus Dokumentdaten-
    banken den maximalen Nutzen zu ziehen, konzentrieren sich die frühen
    DSSSL-Implementierungen auf die Style-Sprache.

DSSSL-Lite
    DSSSL-Lite stellt eine frühe Methode zur Definition eines Profiles (d.h.
    einer funktionalen Teilmenge) von DSSSL dar, mit dem Ziel, eine Version
    von DSSSL zu erstellen, die weniger komplex und dennoch leistungsfähig
    genug ist, um den Anforderungen einer großen Anzahl von Anwendungen

zu genügen. DSSSL-Lite wurde niemals ein echter Standard, aber die Arbeit an diesem Projekt wurde als Grundlage für die Aktivitäten bezüglich *DSSSL-Online (DSSSL-O)* verwendet.

DSSSL-O – DSSSL-ONLINE
Basierend auf den Ergebnissen der Arbeit an *DSSSL-Lite*, stellte DSSSL-Online (DSSSL-O) einen Versuch dar, ein Profile (d.h. eine funktionale Teilmenge) von DSSSL zu definieren. Dieses Profile sollte weniger komplex als das vollständige DSSSL und besonders für die Anforderungen des Online-Publishing geeignet sein. DSSSL-O wurde niemals ein echter Standard, aber es wurde als Grundlage für die *Extensible Style Language (XSL)* verwendet, welche als Style-Sheet-Sprache für Dokumente zum Einsatz kommt, die die *Extensible Markup Language (XML)* benutzen.

DTD – DOCUMENT TYPE DEFINITION
Referenz: [110]
Eine Document Type Definition (DTD) ist eine Komponente in einer SGML-Umgebung, welche die syntaktischen Regeln definiert, nach denen ein Dokument zusammengesetzt sein kann. Es existiert keine Semantik, die den in einer DTD definierten Elementen und Attributen zugeordnet ist, obwohl normalerweise die für die Elemente und Attribute gewählten Namen eine bestimmte Bedeutung haben. Mit Hilfe einer DTD und einem SGML-Parser kann ein SGML-Dokument in bezug auf die DTD validiert werden, was bedeutet, daß getestet werden kann, ob das Dokument einer gegebenen DTD entspricht. HTML ist ein Beispiel für eine DTD.

EBNF – EXTENDED BACKUS-NAUR FORM
Eine Extended Backus-Naur Form (EBNF) stellt eine Variante der grundlegenden Metasyntaxnotation *Backus-Naur Form (BNF)* dar und enthält einige der folgenden zusätzlichen Konstrukte: eckige Klammern, die optionale Elemente umschließen, das Suffix »*« für eine Folge von keinem oder mehr Vorkommen eines Elements, das Suffix »+« für ein oder mehr Vorkommen eines Elements, geschweifte Klammern, die eine Liste von Alternativen umschließen, sowie hoch- und tiefgestellte Zahlen, welche die Anzahl der möglichen Vorkommen angeben. Alle diese Konstrukte können mittels zusätzlicher Produktionen in der reinen BNF ausgedrückt werden und wurden für eine bessere Lesbarkeit und kürzere Darstellung hinzufügt.

ECMA – EUROPEAN COMPUTER MANUFACTURERS ASSOCIATION
URI: `http://www.ecma.ch/`
ECMA ist eine internationale, in Europa ansässige industrielle Vereinigung, die 1961 gegründet wurde und sich der Standardisierung von Informations- und Kommunikationssystemen widmet. Viele ECMA-Standards wurden als Grundlage für internationale und europäische Standards ange-

nommen. Um eine enge Zusammenarbeit zu gewährleisten, hat ECMA formale Kooperationen mit allen europäischen und internationalen Standardisierungsorganisationen eingerichtet. ECMA-Standards werden von hochqualifizierten Experten aus der Informationstechnologie und der Telekommunikationsindustrie mit der Verpflichtung entwickelt, technische Lösungen bereitzustellen, die für die Implementierung in Produktumgebungen und dasTesten auf Konformität verwendet werden können.

ECMAScript

Referenz: [74]

ECMAScript ist die standardisierte Version der Skriptsprache, die ursprünglich als *JavaScript* bekannt war. Nach der Standardisierung der Sprache durch die *European Computer Manufacturers Association (ECMA)* sollten Referenzen auf die Sprache selbst den Begriff »ECMAScript« verwenden, während *JavaScript* und *JScript* zwei Implementierungen dieser Sprache darstellen.

EFF – ELECTRONIC FRONTIER FOUNDATION

URI: `http://www.eff.org/`

Die Electronic Frontier Foundation (EFF) ist eine Non-Profit-Organisation, die im öffentlichen Interesse in den Bereichen Computereinsatz und Internet für den Schutz grundlegender bürgerlicher Freiheiten eintritt, wie zum Beispiel für den Erhalt der Privatsphäre und der Meinungsfreiheit. Die EFF versucht zu gewährleisten, daß im Informationszeitalter die üblichen Grundsätze der Beförderung eingehalten werden. Diese Grundsätze verlangen, daß die Netzwerk-Provider sämtliche Meinungen übertragen, und zwar unabhängig von eventuell kontroversen Inhalten. Die EFF unterstützt ein neues allgemeines Beförderungssystem, in dem Systemoperatoren von der Haftung für Handlungen der Benutzer ausgenommen sind, ohne den Aufwand zu haben, der gegenwärtig mit der üblichen Beförderung verbunden ist.

ESMTP – EXTENDED SIMPLE MAIL TRANSFER PROTOCOL

Referenz: [149]

Das Extended Simple Mail Transfer Protocol (ESMTP) beschreibt einen Rahmen für Erweiterungen des *Simple Mail Transfer Protocols (SMTP)*. SMTP liefert immer noch den grundlegenden Mechanismus für den Austausch von E-Mail-Nachrichten, aber es ist offensichtlich geworden, daß es dem Protokoll an einigen wichtigen Funktionen mangelt. Anstatt eine überarbeitete, aber statische neue Version von SMTP zu definieren, spezifiziert ESMTP einen Mechanismus, wie Erweiterungen in das grundlegende Protokoll integriert und in einer verträglichen Weise verwendet werden können.

Fälligkeit
Die Cache-Mechanismen von HTTP basieren auf einem Fälligkeitsmodell, das in Caches abgelegten Responses Fälligkeiten zuordnet. Solche Zeiten können entweder vom Server festgelegt oder heuristischer Natur sein, abhängig davon, ob der Origin Server für den Response eine Fälligkeitszeit festgelegt hat. Wenn ein Response ungültig wird, sollte er vor der Verwendung in einem Response vom Cache validiert werden.

FCGI – FastCGI
URI: `http://www.fastcgi.com/`
FastCGI (FCGI) ist eine Erweiterung des *Common Gateway Interface (CGI)*, die gewisse Nachteile von CGI eliminiert und eine hohe Leistungsfähigkeit zur Verfügung stellt, während sie weiterhin hochgradig kompatibel zu bestehenden CGI-Anwendungen bleibt. FCGI ist CGI konzeptionell sehr ähnlich, wobei es jedoch zwei wichtige Unterschiede gibt. Zum einen sind FCGI-Prozesse persistent, was bedeutet, daß sie nach dem Abarbeiten eines Requests auf einen neuen Request warten, anstatt beendet zu werden. Zum anderen überträgt das FCGI-Protokoll die Umgebungsinformation sowie die Standardeingabe, -ausgabe und -fehler gleichzeitig über eine einzelne Voll-Duplex-Verbindung anstatt Umgebungsvariablen des Betriebssystems und Pipes zu verwenden. Dies ermöglicht es FCGI-Programmen, mit Hilfe von TCP-Verbindungen zwischen dem Web-Server und der FCGI-Anwendung auf entfernten Rechnern zu laufen.

FQDN – Fully-Qualified Domain Name
Ein Fully-Qualified Domain Name (FQDN) ist ein Domain-Name, der alle höheren Domains umfaßt, die für das benannte Entity von Bedeutung sind.

FQHN – Fully-Qualified Host Name
Ein Fully-Qualified Host Name (FQHN) bezeichnet entweder den *Fully-Qualified Domain Name (FQDN)* eines Hosts (d.h., einen vollständig angegebenen Domainnamen, der in einer Top-Level Domain endet) oder die numerische *IP-Adresse* eines Hosts.

Freshness
Die Freshness-Lebensdauer eines HTTP-Response ist die Zeitdauer zwischen der Erzeugung eines Response und der Fälligkeitszeit. Das HTTP-Caching-Modell basiert vor allem auf einem Fälligkeitsmodell und der in den Caches gespeicherten Freshness der Responses. Wenn die Freshness-Lebensdauer eines Response abläuft, wird er als *veraltet*, andernfalls als *fresh* bezeichnet.

FTP – FILE TRANSFER PROTOCOL
  Referenz: [207]
  Das File Transfer Protocol (FTP) ist ein Protokoll für die Dateiübertragung
  zwischen Hosts im Internet. Die Hauptfunktion von FTP besteht darin,
  Dateien zwischen Hosts effizient und zuverlässig zu übertragen sowie die
  zweckmäßige Verwendung der entfernten Dateispeicherung zu ermöglichen. Zu den Zielen gehört die Förderung der gemeinsamen Nutzung von
  Dateien (Computerprogramme und/oder Daten), die Unterstützung des
  indirekten oder impliziten (über Programme) Gebrauchs von entfernten
  Computern, der Schutz der Benutzer vor Änderungen in Dateispeicher-
  systemen zwischen Hosts und die zuverlässige und effiziente Übertragung
  von Daten. Obgleich FTP auch direkt von einem Benutzer an einem
  Terminal verwendet werden kann, ist es hauptsächlich für dieVerwendung
  durch Programme vorgesehen.

Gateway
  Im allgemeinen ist ein Gateway ein System, das Requests von einer Kom-
  munikations-Domain an eine andere weiterleitet (im allgemeinen über die
  Transportschicht einer Kommunikationsarchitektur). Im Zusammenhang
  mit HTTP ist ein Gateway ein Programm, das als Zwischenstelle für andere
  Server agiert, also einem Proxy ähnelt. Ein HTTP-Client, der einen
  Request an ein Gateway sendet, weiß jedoch nicht, daß er nicht mit dem
  ursprünglichen Server kommuniziert, während dies bei einem mit einem
  HTTP-Proxy kommunizierenden Client explizit der Fall ist.

GIF – GRAPHICS INTERCHANGE FORMAT
  Referenz: GIF87 [49], GIF89a [50]
  GIF ist ein auf Datenströmen basierendes Dateiformat, das zur Definition
  des Übertragungsprotokolls LZW-codierter Bitmapdaten verwendet wird.
  GIF-Grafiken können eine Tiefe von bis zu acht Bits (256 Farben) besitzen
  und sind immer komprimiert. Trotz der Tatsache, daß GIF nur eine 8-Bit-
  Farbdarstellung unterstützt und die im Release GIF89a eingeführten
  Multimedia-Erweiterungen nicht besonders intensiv genutzt worden sind,
  bleibt GIF dennoch eine beliebte Alternative für das Speichern von Grafik-
  daten geringerer Auflösung. Jegliche nach 1994 erstellte oder modifizierte
  Software, die die Fähigkeit unterstützt, GIF-Dateien zu lesen und/oder zu
  schreiben, muß mit Unisys Corporation einen Lizenzvertrag abschließen.
  Für das Publishing im Web stellt *JPEG* ein geeignetes Format für foto-
  realistische Grafik dar, während das *Portable Network Graphics (PNG)*-
  Format langfristig GIF ersetzen soll.

Gopher
Referenz: [11]
Das Internet-Protokoll Gopher ist hauptsächlich dafür vorgesehen, als verteiltes Dokumentauslieferungssystem zu agieren. Während Dokumente (und Dienste) sich auf vielen Servern befinden, stellen Gopher-Clients den Benutzern eine Hierarchie von Elementen und Verzeichnissen ähnlich einem Dateisystem zur Verfügung. Tatsächlich soll die Gopher-Schnittstelle einem Dateisystem ähneln, da dieses ein geeignetes Modell für das Anordnen von Dokumenten und Diensten darstellt. Der Benutzer sieht, worauf ein großes vernetztes Informationssystem hinausläuft, das hauptsächlich Dokumente, Verzeichnisse und Sucheinträge enthält. (Die letzteren ermöglichen die Suche nach Dokumenten in Teilmengen der Informationsdatenbank.) Da das Web eine größere Flexibilität hinsichtlich der Struktur und Darstellung verteilter Informationen ermöglicht, nimmt die Verwendung von Gopher-Diensten sowie die Anzahl der Gopher-Server zunehmend ab.

Grammatik
Eine Grammatik ist eine Menge von Regeln, die definieren, wie die Wörter einer Sprache verwendet werden können, um Sätze zu bilden. In einem formalen Kontext kann eine Grammatik durch Regeln definiert werden, die verschiedene Möglichkeiten nutzen, um Worte zu kombinieren, wie zum Beispiel Sequenzen oder optionale Vorkommen. Beispiele von Grammatiken im Zusammenhang mit dem Web sind SGML und XML DTDs. Die HTML DTD kann beispielsweise als eine Grammatik betrachtet werden, die definiert, wie die verschiedenen Elemente von HTML kombiniert werden können, um eine gültige HTML-Seite zu erstellen. Ein Programm, das eine Eingabe daraufhin überprüft, ob die Regeln der Grammatik eingehalten werden, wird gewöhnlich als *Parser* bezeichnet.

gTLD – GENERIC TOP-LEVEL DOMAIN
Referenz: [213]
Eine Generic Top-Level Domain (gTLD) ist eine TLD, die sich nicht auf ein Land bezieht. Jede gTLD wurde für eine allgemeine Kategorie von Organisationen gebildet. Im allgemeinen ist die Struktur unterhalb der gTLDs sehr flach. Das heißt, viele Organisationen sind direkt unter der gTLD registriert, und jede weitere Struktur bezieht sich auf die individuellen Organisationen. Die gegenwärtig definierten gTLDs sind die alten gTLDs `edu`, `com`, `net`, `org`, `gov`, `mil` und `int` sowie die neuen gTLDs `firm`, `shop`, `web`, `arts`, `rec`, `info` und `nom`, wie es durch das *Generic Top Level Domain Memorandum of Understanding (gTLD-MoU)* festgelegt ist.

gTLD-MoU – GENERIC TOP LEVEL DOMAIN MEMORANDUM OF
         UNDERSTANDING
URI: http://www.gtld-mou.org/
Das Generic Top Level Domain Memorandum of Understanding (gTLD-
MoU) ist ein internationales Rahmenwerk, in dem Regeln zurVerwaltung
und Erweiterung des generischen *Domain Name Systems (DNS)* des Internet entwickelt und aufgestellt werden. Diese Regeln werden in Zusammenarbeit mit der *Internet Assigned Numbers Authority (IANA)* entwickelt,
welche die DNS Root verwaltet, um Stabilität und Robustheit zu fördern.
Das *Internet Council of Registrars (CORE)* wird die Registrierung von
neuen Domain-Namen verwalten.

Handle System
URI: http://www.handle.net/
Referenz: [258]
Das Handle System ist ein umfassendes System zur Zuweisung, Verwaltung
und Auflösung persistenter Bezeichner, sogenannter »Handles«, für digi-
tale Objekte und andere Ressourcen im Internet. Handles können als
Uniform Resource Names (URNs) verwendet werden. Das Handle System
umfaßt eine offene Menge von Protokollen, einen Name Space und eine
Implementierung der Protokolle. Letztere ermöglichen es einem verteilten
Computersystem, Handles von digitalen Ressourcen zu speichern und
diese Handles in die Information aufzulösen, die für das Auffinden der
Ressource sowie den Zugriff auf sie notwendig ist. Diese zugeordnete
Information kann gegebenenfalls geändert werden, um den gegenwärtigen
Zustand der identifizierten Ressource zu berücksichtigen, ohne das Handle
zu ändern, und somit zu ermöglichen, daß der Name des Elements auch
bei Änderungen des Speicherorts und anderer Zustandsinformationen
erhalten bleibt. Zusammen mit einem zentral verwalteten Naming Authority Registration Service liefert das Handle System einen vielseitig einsetzbaren, verteilten globalen Naming Service für die zuverlässige Verwaltung
von Informationen in Netzwerken über eine lange Zeitdauer hinweg.

HTML – HYPERTEXT MARKUP LANGUAGE
URI: http://www.w3.org/MarkUp/
Referenz: HTML 2.0 [18], HTML 3.2 [217], HTML 4.0 [219]
Die Hypertext Markup Language (HTML) ist eine einfache Markup-
Sprache, die zum Erstellen plattformunabhängiger Hypertextdokumente
verwendet wird. HTML-Dokumente sind *Standard Generalized Markup
Language (SGML)*-Dokumente mit einer generischen Semantik, die für die
Darstellung von Informationen aus einem weiten Bereich von Domains
geeignet sind. HTML Markup kann Hypertext-Nachrichten, Mail, Doku-

mente und Hypermedia, Optionenmenüs, Ergebnisse von Datenbank-
abfragen, einfach strukturierte Dokumente mit Inline-Grafiken sowie
Hypertextansichten von bestehenden Information Bodies darstellen.

HTTP – HYPERTEXT TRANSFER PROTOCOL
URI: `http://www.w3.org/Protocols/`
Referenz: HTTP/1.0 [20], HTTP/1.1 [75]
Das Hypertext Transfer Protocol (HTTP) ist das für den Informationsaustausch im Web verwendete Protokoll. HTTP definiert, wie Nachrichten
formatiert und übertragen werden und welche Aktionen Web-Server und
Browser durchführen sollten, um auf verschiedene Nachrichten zu reagieren. HTTP verwendet einen zuverlässigen, verbindungsorientierten Transportdienst, wie zum Beispiel das *Transmission Control Protocol (TCP)*.
HTTP ist ein zustandsloses Protokoll, bei dem jede Nachricht ohne Kenntnis der vorherigen Befehle unabhängig interpretiert wird. Die neueste Version von HTTP implementiert persistente Verbindungen und Pipelining,
um eine Transportverbindung für mehrere Request/Response-Interaktio-
nen zu verwenden.

HTTP-ng – HYPERTEXT TRANSFER PROTOCOL – NEXT GENERATION
URI: `http://www.w3.org/Protocols/HTTP-NG/`
Während der Entwicklung von HTTP wurden viele Forderungen und Vorschläge für Erweiterungen und neue Funktionen eingereicht. Der Zweck
von HTTP-ng besteht darin, einen Prototyp für eine neue Generation des
HTTP-Protokolls zu entwerfen, wobei fundierte Ingenieurstechniken angewendet werden: Modularität, Einfachheit und Schichtung. Das Projekt wird
eine neue Architektur für das neue HTTP-Protokoll entwerfen, implementieren und testen, die auf einem einfachen, erweiterbaren, verteilten und
objektorientierten Modell basiert. Ein wesentlicher Bestandteil der Ent-
wicklungsarbeit besteht in der Charakterisierung des Web, was die Auswer-
tung und die Analyse des Systems im realen Leben beinhaltet. Diese Arbeit
wird beim Entwerfen des neuen Protokolls hilfreich sein und das Verständnis erleichtern, wie ein reibungsloser Übergang zu bewerkstelligen ist.

HTTPS – HYPERTEXT TRANSFER PROTOCOL OVER SSL
URI: `http://home.netscape.com/newsref/std/SSL.html`
Referenz: [222]
Das Hypertext Transfer Protocol over SSL (HTTPS) stellt eine sichere
Möglichkeit dar, HTTP zu verwenden. HTTP selbst stellt fast überhaupt
keine Sicherheitsfunktionen zur Verfügung, enthält nur grundlegende
Mechanismen zur Authentifizierung und gibt keine Unterstützung hin-
sichtlich des Erhalts der Privatsphäre. HTTPS löst dieses Problem, indem
die Transportschicht von HTTP, das unsichere *Transmission Control*

Protocol (TCP), durch eine sichere Transportschicht, das *Secure Sockets Layer (SSL),* ersetzt wird. In naher Zukunft wird SSL wahrscheinlich durch das allgemeinere *Transport Layer Security (TLS)*-Protokoll abgelöst, aber es ist unwahrscheinlich, daß die bereits etablierte Bezeichnung HTTPS geändert wird, um diese Änderung zu berücksichtigen.

HyTime – HYPERMEDIA/TIME-BASED STRUCTURING LANGUAGE
Referenz: [132]
Die Hypermedia/Time-based Structuring Language (HyTime) ist eine Anwendung der *Standard Generalized Markup Language (SGML),* die Funktionen zur Verfügung stellt, mit denen die Beziehungen zwischen verschiedenen Typen von Daten beschrieben werden können. Es gibt standardisierte Methoden zur Beschreibung von Hypertext-Links, Time Scheduling sowie zur Synchronisation und Planung von Ereignissen in Multimedia- und Hypermedia-Dokumenten. Um den Charakter des SGML-Standards zu wahren, versucht HyTime nicht, eine standardisierte Methode für die Codierung von Hypermedia-Präsentationen zu liefern, sondern eine Sprache zur Verfügung zu stellen, die verwendet werden kann, um zu beschreiben, wie eine beliebige Menge von Hypermedia-Objekten miteinander verknüpft ist und auf welche Weise Benutzer darauf zugreifen können. Die Benutzergemeinden werden ihre eigenen Anwendungsspezifikationen definieren, die in Form einer SGML Document Type Definition ausgetauscht werden. Der Schwerpunkt in HyTime liegt auf der Identifizierung spezieller Typen von Hypermedia-Objekten, wie zum Beispiel Links und andere lokalisierbare Ereignisse, und auf Mechanismen zur Adressierung, die ein Datensegment identifizieren werden, auf das Benutzer in einer speziellen Weise zugreifen müssen oder das den Benutzern in einer speziellen Weise präsentiert werden muß, unabhängig davon, wie die Quelldaten kodiert wurden.

IAB – INTERNET ARCHITECTURE BOARD
URI: `http://www.iab.org/iab/`
Das Internet Architecture Board (IAB) ist die technische Organisation, welche die Entwicklung der Internet-Protokolle überwacht. Im IAB gibt es zwei Spezialeinheiten: die *Internet Engineering Task Force (IETF)* und die *Internet Research Task Force (IRTF).*

IANA – INTERNET ASSIGNED NUMBERS AUTHORITY
URI: `http://www.iana.org/`
Die Internet Assigned Numbers Authority (IANA) ist die zentrale Koordinationsstelle für die Zuweisung eindeutiger Parameterwerte für Internet-Protokolle. Das Paket der Internet-Protokolle, wie es von der *Internet Engineering Task Force (IETF)* und der *Internet Engineering Steering Group*

(IESG) definiert ist, enthält zahlreiche Parameter, wie zum Beispiel Internet-Adressen, Domain-Namen, autonome Systemzahlen (die in einigen Routing-Protokollen verwendet werden), Protokollnummern, Port-Nummern, Management Information Base Object Identifiers, einschließlich privater Unternehmensnummern, und viele andere. Die gemeinsame Nutzung der Internet-Protokolle durch die Internet-Gemeinde erfordert, daß die in diesen Parameterfeldern verwendeten Werte eindeutig zugewiesen werden. Es ist die Aufgabe der IANA, diese eindeutigen Zuweisungen wie gewünscht vorzunehmen und eine Registrierung der gegenwärtig zugewiesenen Werte zu verwalten.

ICC – INTERNATIONAL COLOR CONSORTIUM
URI: `http://www.color.org/`
Das International Color Consortium (ICC) wurde 1993 von acht industriellen Anbietern mit dem Ziel gegründet, die Standardisierung und Entwicklung einer offenen, anbieterneutralen, plattformübergreifenden Systemarchitektur zur Farbverwaltung und der zugehörigen Komponenten zu fördern und voranzutreiben.

IDEA – INTERNATIONAL DATA ENCRYPTION ALGORITHM
Referenz: [154]
IDEA (International Data Encryption Algorithm) ist die zweite Version einer von Lai und Massey [155] entwickelten und vorgestellten blockweisen Verschlüsselung. Die Geschwindigkeit von IDEA als Software entspricht der des *Data Encryption Standards (DES)*. Eines der Prinzipien während des Entwurfs von IDEA lautete, die Analyse seiner Stärke gegenüber der differentialen Kyrptoanalyse zu ermöglichen. IDEA wird als unanfällig gegen die differentielle Kyrptoanalyse angesehen. Zudem wurden bislang keine linearen kryptoanalytischen Angriffe auf IDEA gemeldet, und es gibt keine bekannte algebraische Schwachstelle in IDEA.

IDL – INTERFACE DEFINITION LANGUAGE
URI: `http://www.omg.org/library/idlindx.htm`
Referenz: [133]
Die Interface Definition Language (IDL) ist eine sprach- und umgebungsneutrale Notation zur Beschreibung von Schnittstellensignaturen für Rechenoperationen. Die Grammatik von IDL ist eine Teilmenge von C++ mit zusätzlichen Konstrukten zur Unterstützung eines Mechanismus für den Operationsaufruf. IDL folgt denselben lexikalischen Regeln wie C++, führt aber neue Schlüsselwörter ein, um Konzepte der Verteilung zu unterstützen. IDL wird für die *Common Object Request Broker Architecture (CORBA)* und für den *Open Distributed Processing (ODP)*-Rahmen der ISO verwendet.

IEC – INTERNATIONAL ELECTROTECHNICAL COMMISSION
URI: `http://www.iec.ch/`
Die 1906 gegründete International Electrotechnical Commission (IEC) ist die Weltorganisation, die internationale Standards für alle elektrischen, elektronischen und verwandten Technologien vorbereitet und veröffentlicht. Mehr als 50 Staaten sind Mitglieder der IEC, darunter alle großen Handelsnationen der Welt und eine zunehmende Anzahl von Industrienationen. Die Aufgabe der IEC besteht darin, über ihre Mitglieder die internationale Zusammenarbeit bei allen Fragen der elektrotechnischen Standardisierung und damit zusammenhängender Themen, wie zum Beispiel die Beurteilung der Übereinstimmung mit Standards auf den Gebieten Elektrizität, Elektronik und verwandte Technologien zu fördern. Die Satzung der IEC umfaßt alle elektrotechnischen Technologien, wie zum Beispiel Elektronik, Magnete und Elektromagnete, Elektroakustik, Telekommunikation, Energieerzeugung und -verteilung sowie zugehörige allgemeine Disziplinen, wie zum Beispiel Terminologie und Symbole, Messung und Leistung, Zuverlässigkeit, Entwurf und Entwicklung sowie Sicherheit und die Umgebung.

IESG – INTERNET ENGINEERING STEERING GROUP
URI: `http://www.ietf.org/iesg.html`
Die IESG ist für die technische Verwaltung der Aktivitäten der Internet Engineering Task Force (IETF) und des Prozesses der Standardisierung im Internet verantwortlich. Als Teil der Internet Society (ISOC) steuert die IESG den Prozeß entsprechend den von den ISOC-Treuhändern ratifizierten Regeln und Prozeduren. Die IESG ist unmittelbar für die Handlungen verantwortlich, die sich auf den Eintritt in die und die Bewegung entlang der »Standard Tracks« beziehen, einschließlich der endgültigen Anerkennung von Spezifikationen als Internet-Standards.

IETF – INTERNET ENGINEERING TASK FORCE
URI: `http://www.ietf.org/`
Die Internet Engineering Task Force (IETF) ist eine große, offene, internationale Gruppe von Netzwerkentwicklern, Betreibern, Anbietern und Forschern, die mit der Entwicklung der Architektur des Internet und der reibungslosen Handhabung des Internet befaßt sind. Die IETF ist für jede interessierte Person offen. Die eigentliche technische Arbeit der IETF wird in Arbeitsgruppen bewältigt, die themenbezogen in mehrere Gebiete aufgeteilt sind (z.B. Routing, Transport, Sicherheit usw.).

IIOP – INTERNET INTER-ORB PROTOCOL
URI: `http://www.omg.org/corba/corbiiop.htm`
Referenz: [198]
Das Internet Inter-ORB Protocol (IIOP) ist das am häufigsten für die Kommunikation in der *Common Object Request Broker Architecture (CORBA)* verwendete Protokoll. IIOP ist ein Protokoll für das Client/Server-Szenario zwischen zwei CORBA-Implementierungen. Ähnlich wie HTTP, das URIs zum Auffinden von Servern und für Requests von Clients an Server benutzt, verwendet CORBA eine *Interoperable Object Reference (IOR)* zur Identifizierung entfernter Objekte. IORs können zum Aufruf von Operationen auf entfernten CORBA-Systemen verwendet werden, wobei IIOP für die Kommunikation benutzt wird.

IMAP – INTERNET MESSAGE ACCESS PROTOCOL
URI: `http://www.imap.org/`
Referenz: [51]
Das Internet Message Access Protocol (IMAP) ist ein Protokoll, das es einem Client ermöglicht, auf E-Mail-Nachrichten auf einem Server zuzugreifen und diese zu bearbeiten. Es erlaubt die Manipulation entfernter Nachrichtenordner (Postfächer) in einer Weise, daß die Funktionalität der von lokalen Postfächern entspricht. IMAP umfaßt Operationen zum Erstellen, Löschen und Umbenennen von Postfächern, Abrufen neuer Nachrichten, dauerhaften Löschen von Nachrichten sowie zum Suchen und gezielten Abrufen von Nachrichtenattributen, Texten und Teilen davon. IMAP stellt kein Mittel zum Senden von Mails zur Verfügung, sondern überläßt dies einem Mail-Protokoll, wie zum Beispiel dem Simple Mail Transfer Protocol (SMTP). IMAP ist neueren Ursprungs und leistungsfähiger als das *Post Office Protocol (POP)*, das für dasselbe Anwendungsgebiet verwendet wird.

IMC – INTERNET MAIL CONSORTIUM
URI: `http://www.imc.org/`
Das Internet Mail Consortium (IMC) ist eine internationale Organisation, die sich mit der kooperativen Verwaltung und Förderung der schnell wachsenden Welt der elektronischen Mail im Internet befaßt. Die Ziele des IMC umfassen die Ausweitung der Rolle von Mail im Internet auf Bereiche, wie zum Beispiel Handel und Unterhaltung, das Entwickeln neuer Mail-Technologien sowie es allen Internet-Benutzern zu erleichtern, dieses wachsende Kommunikationsmedium bestmöglich zu nutzen. Das IMC ist eine industrielle Organisation und keine Endbenutzergruppe. Seine Mitglieder sind hauptsächlich Anbieter von Internet-Mail-Software in vielen Marktbereichen. Andere Mitglieder sind Anbieter von Hardware, die

Internet-Mail-Server vertreiben, Unternehmen und Online-Dienste, die Internet-Mail-Gateways besitzen, und andere ähnliche Unternehmen in diesem Markt.

InterNIC – Internet Network Information Center
URI: `http://www.internic.net/`
Das im Januar 1993 gegründete Internet Network Information Center (InterNIC) ist ein kooperatives Projekt zur Verwaltung der Datenbank mit den Domain-Namen und des Registrierungsprozesses. Das InterNIC stellt Registrierungsdienste für die Generic Top-Level-Domains `com`, `net`, `org` und `edu` zur Verfügung.

IP – Internet Protocol
Referenz: [209]
Das Internet Protocol (IP) ist in seinem Anwendungsbereich ausdrücklich darauf beschränkt, die zur Lieferung eines Bitpakets (eines Internet Datagramms) von einer Quelle zu einem Ziel über ein verbundenes System von Netzwerken notwendigen Funktionen zur Verfügung zu stellen. Es gibt keine Mechanismen zur Verbesserung der End-to-End-Datenzuverlässigkeit, der Flußkontrolle, des Sequencing oder anderer üblicherweise in Host-to-Host-Protokollen zu findender Dienste. In den meisten Fällen wird das *Transmission Control Protocol (TCP)* auf diesem Protokoll aufsetzend verwendet.

IPng – Internet Protocol Next Generation
URI: `http://playground.sun.com/pub/ipng/html/`
Referenz: [33]
Obwohl das Internet Protocol (IP) das am meisten in Erscheinung tretende Internet-Protokoll ist, gibt es viele andere Protokolle, die ebenfalls Bestandteil der Internet-Architektur sind und die ebenso geändert werden müssen, wenn der Übergang von IPv4 zu IPv6 erfolgt. Im Zusammenhang mit IPv6 gibt es auch eine Anzahl von Protokollen, die neu zur Internet-Architektur hinzukommen. Üblicherweise wird der Begriff IPng so verwendet, daß er sich auf alle Protokolle bezieht, die geändert oder hinzugefügt werden müssen, wenn der Wechsel zu IPv6 erfolgt.

IPv6 – Internet Protocol Version 6
Referenz: [61]
Das Internet Protocol Version 6 (IPv6) ist eine neue Version des IP, die als evolutionäre Weiterentwicklung von IPv4 vorgesehen ist (im allgemeinen einfach als IP bezeichnet). IPv6 kann als normales Software-Upgrade in Internet-Geräten installiert werden und ist mit der aktuellen Version IPv4 übergreifend funktionsfähig. Die Verbreitungsstrategie sieht keine freien

Tage «Umstellungszeit» vor. IPv6 ist für den effizienten Einsatz auf Hochgeschwindigkeitsnetzwerken (z.B. ATM) vorgesehen und eignet sich darüber hinaus auch für Netzwerke mit geringer Bandbreite (z.B. Rundfunk). Zusätzlich stellt es eine Plattform für neue Internet-Funktionalität zur Verfügung, die in naher Zukunft erforderlich sein wird.

IRTF – INTERNET RESEARCH TASK FORCE
URI: `http://www.irtf.org/`
Die Internet Research Task Force (IRTF) setzt sich aus einer Anzahl von themenbezogenen, langfristigen und kleinen Forschungsgruppen zusammen. Diese Gruppen befassen sich mit Themen aus den Bereichen Internet-Protokollen, Anwendungen, Architektur und Technologie. Die IRTF konzentriert sich auf langfristigere Forschungsaufgaben in bezug auf das Internet, während sich die parallele Organisation, die *Internet Engineering Task Force (IETF)*, mit kurzfristigen Fragen des Engineerings und der Standardisierung befaßt.

ISC – INTERNET SOFTWARE CONSORTIUM
URI: `http://www.isc.org/`
Das Internet Software Consortium (ISC) ist ein Non-Profit-Unternehmen, das sich dem qualitätsorientierten Software Engineering für wichtige Internet-Standards widmet. Referenzimplementierungen von Internet-Standards besitzen oft die Bedeutung von »De-facto-Standards« und das ISC möchte gewährleisten, daß diese Referenzimplementierungen korrekt unterstützt werden. Das ISC ist außerdem verpflichtet, diese Referenzimplementierungen für die Internet-Gemeinde frei verfügbar zu halten. Das ISC finanziert diese Leistungen durch den Verkauf von Support für die Software und durch Spenden.

ISO – INTERNATIONAL ORGANIZATION FOR STANDARDIZATION
URI: `http://www.iso.ch/`
Die International Organization for Standardization (ISO) ist eine weltweite Vereinigung nationaler Standardisierungseinrichtungen aus mehr als 100 Ländern, wobei jedes Land jeweils einmal vertreten ist. Die ISO ist eine nichtstaatliche Organisation, die 1947 gegründet wurde. Die Aufgabe der ISO ist es, die Entwicklung der Standardisierung und damit zusammenhängender Aktivitäten weltweit mit dem Ziel zu fördern, den internationalen Austausch von Waren und Dienstleistungen zu erleichtern sowie Kooperationen bei intellektuellen, wissenschaftlichen, technologischen und ökonomischen Aktivitäten zu entwickeln. Die Arbeit der ISO schlägt sich in internationalen Vereinbarungen nieder, die als International Standards veröffentlicht werden.

ISOC – Internet Society
URI: `http://www.isoc.org/`
Die Internet Society (ISOC) ist eine professionelle Gesellschaft, zu deren Mitgliedern mehr als 100 Organisationen und viele Einzelpersonen aus über 100 Ländern zählen. Die ISOC übernimmt die Führung in der Behandlung von Fragestellungen, die die Zukunft des Internet berühren, und ist die Dachorganisation für die Gruppen, welche für die Internet-Standards verantwortlich sind, darunter die *Internet Engineering Task Force (IETF)* und das *Internet Architecture Board (IAB)*.

ITU – International Telecommunications Union
URI: `http://www.itu.int/`
Die International Telecommunications Union (ITU) ist eine zwischenstaatliche Organisation, innerhalb derer der öffentliche und der private Sektor hinsichtlich der Entwicklung auf dem Gebiet der Telekommunikation kooperieren. Die ITU übernimmt internationale Vorschriften und Verträge, welche die Nutzung des Frequenzspektrums auf der Erde und im Weltraum sowie die Nutzung der geostationären Umlaufbahn regeln. Sie entwickelt außerdem Standards, um die weltweite Verbindung von Telekommunikationssystemen unabhängig von der eingesetzten Technologie zu erleichtern. Die ITU fördert die Entwicklung der Telekommunikation in Entwicklungsländern, indem in gemeinsamer Beratung mit anderen Partnern aus diesem Sektor eine mittelfristige Entwicklungspolitik und Strategien formuliert werden und indem spezielle technische Hilfestellung in den Bereichen Telekommunikationspolitik, Technologietransfer, Verwaltung, Finanzierung von Investitionsprojekten und Mobilisierung von Ressourcen, Installation und Wartung von Netzwerken, Personalverwaltung sowie Forschung und Entwicklung gegeben wird.

JAR – Java Archive
Das Java Archive (JAR) ist ein plattformunabhängiges Dateiformat, das viele Dateien zu einer einzigen vereinigt. Es können mehrere Java-Applets und ihre erforderlichen Komponenten (Klassendateien, Grafik und Sound) in einer JAR-Datei zusammengefaßt und anschließend von einem Browser in einer einzigen HTTP-Transaktion heruntergeladen werden, wodurch die Geschwindigkeit des Downloads erhöht wird. Das JAR-Format unterstützt außerdem Komprimierung, was die Dateigröße reduziert und somit die Downloadzeit weiter verkürzt. Zusätzlich kann der Autor des Applets einzelne Einträge in einer JAR-Datei digital signieren, um ihren Ursprung zu authentifizieren.

Java ·

URI: `http://java.sun.com/`

Java ist eine vielseitig einsetzbare, objektorientierte Programmiersprache. Java ist im Zusammenhang mit dem Web sehr interessant, weil es in *Java-Bytecode* kompiliert wird, der auf der *Java Virtual Machine (JVM)* ausgeführt wird. Dies gestaltet Java-Programme plattformunabhängig, und Java-Applets, eine spezielle Form von Java-Programmen, können in Web-Dokumente integriert werden. Die meisten aktuellen Browser enthalten eine JVM und eine Laufzeitumgebung für Applets.

JavaScript

JavaScript ist eine Skriptsprache, die für die Verwendung in Web-Seiten vorgesehen ist. Skripte sind in die Web-Seiten eingebettet, und Browser interpretieren diese Skripte, nachdem die Seite geladen wurde. JavaScript besitzt eine ähnliche Syntax wie Java, ist aber eine völlig andere und wesentlich leistungsschwächere Sprache. JavaScript stellte die Quelle für die Standardisierung von *ECMAScript* dar.

JEPI – JOINT ELECTRONIC PAYMENTS INITIATIVE

URI: `http://www.w3.org/ECommerce/`

Die Joint Electronic Payments Initiative (JEPI) ist ein Projekt mit einer Anzahl von Partnern aus der Industrie, das den Prozeß untersucht, der typischerweise nach dem Einkauf und vor dem Beginn der tatsächlichen Zahlung stattfindet. Dies ist der Zeitpunkt, an dem die genaue Zahlungsweise (Kreditkarte, Kundenkarte, Electronic Check, Electronic Cash usw.) zwischen dem Client und dem Server, dem Händler, vereinbart werden muß und nach dem die Transaktion stattfinden kann. Mit der Entwicklung geeigneter HTTP-Erweiterungen wie dem *Protocol Extension Protocol (PEP)* und der *Universal Payment Preamble (UPP)* bietet die JEPI einen automatisierbaren Prozeß zur Auswahl der Zahlungsweise an, was die mehrere Zahlungssysteme nebeneinander ermöglicht.

JFIF – JPEG FILE INTERCHANGE FORMAT

Referenz: [93]

JPEG File Interchange Format (JFIF) ist die technische Bezeichnung für das Dateiformat, das als JPEG bekannt ist. Dieser Begriff wird nur dann benutzt, wenn die Unterscheidung zwischen dem JPEG-Dateiformat und dem JPEG-Algorithmus zur Bildkomprimierung von Bedeutung ist. Genau genommen definiert JPEG jedoch kein Dateiformat, so daß es in den meisten Fällen richtiger wäre, von JFIF anstelle von JPEG zu sprechen. Ein anderes Dateiformat für JPEG ist das *Still Picture Interchange File Format (SPIFF)*, das vom JPEG-Standard selbst definiert wird, aber JFIF ist erheblich verbreiteter als SPIFF.

JPEG – Joint Photographic Experts Group
Referenz: [121, 123, 130]
Joint Photographic Experts Group (JPEG) ist der ursprüngliche Name des Komitees, das den gleichnamigen Algorithmus zur Bildkomprimierung entworfen hat. JPEG ist für die Komprimierung von Farb- oder Graustufenbildern von »natürlichen« Darstellungen aus der realen Welt vorgesehen, funktioniert aber bei unrealistischen Bildern, wie zum Beispiel Cartoons oder Strichzeichnungen, nicht so gut. JPEG komprimiert keine Schwarz-Weiß-Bilder (1 Bit pro Pixel) und bewegte Bilder. JPEG beschreibt selbst kein Dateiformat, sondern spezifiziert lediglich den Komprimierungsalgorithmus. Dateiformate für den Austausch von mit dem JPEG-Algorithmus komprimierten Bildern sind das *JPEG File Interchange Format (JFIF)* und das *Still Picture Interchange File Format (SPIFF)*.

JScript
URI: `http://microsoft.com/jscript/`
Die Skriptsprache JScript von Microsoft ist eine Obermenge der standardisierten Skriptsprache ECMAScript, die vor allem für die Verwendung als Skriptsprache auf HTML-Seiten vorgesehen ist.

LDAP – Lightweight Directory Access Protocol
Referenz: [270]
Das Lightweight Directory Access Protocol (LDAP) wurde definiert, um die Übernahme von X.500-Verzeichnissen voranzutreiben. Das *Directory Access Protocol (DAP)* [139] wurde als zu komplex für die Verwendung durch einfache Internet-Clients angesehen. LDAP definiert ein relativ einfaches Protokoll für die Aktualisierung und die Suche von Verzeichnissen, das über TCP/IP ausgeführt wird.

LiveScript
LiveScript ist die Bezeichnung, die Netscape für die proprietäre Skriptsprache verwendete, die im Navigator 2.0 eingebaut war, bevor ab der Version Navigator 3.0 die Umbenennung in *JavaScript* erfolgte.

LZW – Lempel-Ziv-Welch
Referenz: [273]
Der Lempel-Ziv-Welch (LZW)-Algorithmus ist ein Algorithmus zur Datenkomprimierung, der für jede Datei ein Dictionary sich häufig wiederholender Gruppen von Bitmustern anlegt und diese häufig vorkommenden Muster als kürzere Bitmuster darstellt (mit Hilfe des Dictionary). LZW stellt eine Verfeinerung eines ursprünglich von Lempel und Ziv [281] entwickelten Algorithmus dar. Der LZW-Algorithmus ist von Unisys Corporation patentiert worden und wird vom *Graphics Interchange Format (GIF)* verwendet.

MAC – MESSAGE AUTHENTICATION CODE

Ein Message Authentication Code (MAC) ist ein Authentifizierungs-Tag (eine sogenannte Prüfsumme), das sich aus der Anwendung eines Authentifizierungsschemas und eines geheimen Schlüssels auf eine Nachricht ergibt. MACs werden mit ein und demselben Schlüssel berechnet und geprüft, so daß sie nur vom vorgesehenen Empfänger verifiziert werden können, was einen Unterschied zu digitalen Signaturen darstellt. MACs können aus verschiedenen kryptografischen Techniken und Algorithmen, wie zum Beispiel *SHA*, *MD5* oder *DES*, abgeleitet werden.

MathML – MATHEMATICAL MARKUP LANGUAGE

URI: `http://www.w3.org/Math/`
Referenz: [142]
MathML ist eine XML-Anwendung zur Beschreibung der mathematischen Notation und zur Erfassung ihrer Struktur und ihres Inhalts. Das Ziel von MathML ist es, in der gleichen Weise, wie HTML dies für Text ermöglicht, Funktionalität zum Bedienen, Empfangen und Verarbeiten von mathematischen Daten bereitzustellen. MathML ist nicht für die direkte Verwendung durch Autoren vorgesehen. Während MathML von Menschen gelesen werden kann, ist es bis auf die einfachsten Fälle für die Erstellung per Hand zu aufwendig und fehleranfällig. Statt dessen wird erwartet, daß Autoren Formeleditoren, Umwandlungsprogramme und andere spezialisierte Software-Werkzeuge zur Generierung von MathML verwenden.

MCF – META CONTENT FRAMEWORK

Der XML Meta Content Framework (MCF) ist ein von Netscape verfaßter Vorschlag zur Definition von Web-Metadaten. Der Vorschlag wurde als Grundlage für die Arbeit des W3C am *Resource Description Framework (RDF)* verwendet, der sich gegenwärtig in der Entwicklung befindet.

MD2, MD4, MD5 – MESSAGE DIGEST 2/4/5

Referenz: MD2 [145], MD4 [226], MD5 [227]
Die MD-Algorithmen erhalten als Eingabe eine Nachricht beliebiger Länge und erzeugen als Ausgabe einen 128 Bit großen »Fingerabdruck« oder »Message Digest« der Eingabe. Es wird vermutet, daß es rechnerisch unmöglich ist, zwei Nachrichten zu erzeugen, die denselben Message Digest besitzen, oder eine Nachricht zu erzeugen, die einen gegebenen vorbestimmten Message Digest aufweist. Die MD-Algorithmen sind für Anwendungen vorgesehen, die digitale Signaturen verwenden und in denen eine große Datei in einer sicheren Weise »komprimiert« werden muß, bevor sie in einem Public-Key-Verschlüsselungssystem, wie zum Beispiel RSA, mit einem privaten (geheimen) Schlüssel verschlüsselt wird. Während die Strukturen der MD-Algorithmen sich in etwa ähneln, unter-

scheidet sich das Design von MD2 erheblich von dem der Algorithmen MD 4 und MD5. MD2 ist für 8-Bit-Rechner optimiert, wohingegen MD4 und MD5 für 32-Bit-Rechner vorgesehen sind. Es wurde gezeigt, wie Kollisionen für die vollständige Version von MD4 auf einem herkömmlichen PC in weniger als einer Minute gefunden werden können. Aus diesem Grund sollte MD4 nun als geknackt angesehen werden.

Metadaten

Einfach formuliert, sind Metadaten Daten über Daten. Da der Begriff »Daten« in dem Sinne allgemein ist, daß er auch Metadaten umfaßt, gibt es so etwas wie Meta-Metadaten nicht. Das *Resource Description Framework (RDF)*, das gegenwärtig vom W3C entwickelt wird, stellt einen Versuch dar, ein allgemeines und für Rechner verständliches Format für Web-Metadaten zu definieren. Die Vorteile von für Rechner verständlichen Metadaten liegen in den leistungsfähigeren Methoden für die Suche und das Abfragen von Informationen.

MIDI – Musical Instrument Digital Interface

URI: `http://www.midi.org/`

Referenz: [173]

Das Musical Instrument Digital Interface (MIDI) ermöglicht es Anwendern, Multimedia-Computer und elektronische Musikinstrumente zu verwenden. Es existieren eigentlich drei MIDI-Komponenten, welche das *Protokoll* (die Sprache), den *Connector* (Hardware-Schnittstelle) und ein Verteilungsformat namens *Standard MIDI Files* umfassen. Im Zusammenhang mit dem Web kommt dem Dateiformat als Komponente die größte Bedeutung zu. Prinzipiell enthalten MIDI-Dateien Sequenzen von MIDI-Protokollnachrichten. Wenn diese MIDI-Protokollnachrichten jedoch in MIDI-Dateien gespeichert werden, werden die Ereignisse außerdem mit einem Zeitstempel für das Playback in der richtigen Sequenz versehen. Über MIDI-Dateien bereitgestellte Musik stellt heutzutage die häufigste Nutzung von MIDI dar.

MIME – Multipurpose Internet Mail Extensions

Referenz: [79, 80, 81, 82, 183]

Die Multipurpose Internet Mail Extensions (MIME) stellen Funktionen zur Verfügung, um in einer einzelnen Internet-Nachricht mehrere Objekte zu ermöglichen, um Text aus dem Message Body in einem anderen Character Set als ASCII, Textnachrichten mit mehreren Schriftarten und nicht textorientiertes Material wie Bilder und Klangfragmente darzustellen sowie um ganz allgemein spätere Erweiterungen zu erleichtern, indem neue Typen von Internet-Mail für die Verwendung durch kooperierende Mail-Agenten definiert werden.

MNG – MULTIPLE-IMAGE NETWORK GRAPHICS
Das Multiple-Image Network Graphics (MNG)-Format stellt eine vorge-
schlagene Erweiterung des *Portable Network Graphics (PNG)*-Formats zur
Speicherung und Übertragung von aus mehreren Bildern bestehenden
Animationen und zusammengesetzten Frames dar. Dies würde es ermögli-
chen, auf PNG basierende Animationen zu erstellen, die die *Graphics
Interchange Format (GIF)*-Animationen ersetzen sollen.

MOSS – MIME OBJECT SECURITY SERVICES
Referenz: [55]
MIME Object Security Services (MOSS) ist ein Protokoll, das den im
Internet Proposed Standard RFC 1847 [85] definierten Multipart/Signed-
and-Multipart/Encrypted-Rahmen verwendet, um Dienste hinsichtlich
digitaler Signaturen und Verschlüsselung auf MIME-Objekte anzuwenden.
Die Dienste werden durch die Verwendung von End-to-End-Verschlüsse-
lung zwischen einem Urheber und einem Empfänger auf der Anwen-
dungsschicht zur Verfügung gestellt. Asymmetrische (Public-Key-)
Verschlüsselung wird zur Unterstützung der digitalen Signatur und der
Verwaltung der Schlüssel verwendet, während zur Unterstützung des
Verschlüsselungsdienstes eine symmetrische Verschlüsselung (mit gehei-
men Schlüssel) zum Einsatz kommt. Die Prozeduren sollen mit einer
Vielzahl von Methoden zur Verwaltung von Public Keys, darunter sowohl
Ad-Hoc- als auch auf Zertifikaten basierende Schemata, kompatibel sein.
Es werden Mechanismen zur Verfügung gestellt, die eine Reihe von
Ansätzen zur Verwaltung von Public Keys unterstützen.

Mozilla
URI: `http://www.mozilla.org/`
Im März 1998 entschied Netscape, daß der Communicator (einschließlich
des Web-Browsers Navigator) und der zugehörige Quellcode frei erhältlich
sein sollten. Hinter dieser Entscheidung steckt die Idee, die Öffentlichkeit
zu ermutigen, an der Entwicklung des Navigator (der den Spitznamen
Mozilla trägt) teilzunehmen. Dies wird hoffentlich in einer größeren
Funktionalität und Verfügbarkeit für mehr Plattformen resultieren, als es
von Netscape allein bewerkstelligt werden könnte. Die von Netscape
geführte Mozilla-Organisation versucht, durch Verwalten des Quellcodes
und einer Liste, die aufführt, was in naher Zukunft implementiert werden
sollte, die Bemühungen zu koordinieren.

MPEG – MOVING PICTURES EXPERTS GROUP
URI: `http://drogo.cselt.stet.it/mpeg/`
Referenz: MPEG-1 [116], MPEG-2 [125], MPEG-4 [136]
Die Moving Pictures Experts Group (MPEG) ist eine Arbeitsgruppe von
ISO/IEC, die für die Entwicklung internationaler Standards in bezug auf

Komprimierung, Dekomprimierung, Verarbeitung und kodierte Darstellung von bewegten Bildern, Audio und Kombinationen davon verantwortlich ist. Bislang hat MPEG die Standards MPEG-1 (der Standard für die Speicherung und Abfrage von bewegten Bildern und Audio auf Speichermedien) und MPEG-2 (der Standard für das digitale Fernsehen) herausgebracht und entwickelt zur Zeit MPEG-4 (der Standard für Multimedia-Anwendungen). Obwohl häufig auch von MPEG-3 gesprochen wird, gibt es keinen Standard mit dieser Bezeichnung, sondern der Begriff bezieht sich auf den Audio Coding Layer 3 der Standards MPEG-1 und MPEG-2.

NIST – NATIONAL INSTITUTE OF STANDARDS AND TECHNOLOGY
URI: `http://www.nist.gov/`
Das National Institute of Standards and Technology (NIST) ist eine Abteilung des US Department of Commerce, die ehemals als *National Bureau of Standards (NBS)* bekannt war. Über das *Computer Systems Laboratory* wird die Förderung offener Systeme und übergreifender Funktionsfähigkeit angestrebt, um die Entwicklung von auf Computern basierenden wirtschaftlichen Aktivitäten voranzutreiben. Das NIST veröffentlicht Standards und Richtlinien, von denen es hofft, daß sie von allen Computersystemen in den USA übernommen werden, und sponsort außerdem Workshops und Seminare. Offizielle Standards werden als *Federal Information Processing Standards (FIPS)* veröffentlicht.

NNTP – NETWORKS NEWS TRANSFER PROTOCOL
Referenz: [146]
Das Networks News Transfer Protocol (NNTP) spezifiziert ein Protokoll für die Verteilung, Untersuchung, Abfrage und das Posting von Usenet-Artikeln mittels einer zuverlässigen datenstrombasierten Übertragung von Nachrichten innerhalb der Internet-Gemeinde. NNTP ist so entworfen, daß News-Artikel in einer zentralen Datenbank gespeichert werden, so daß ein Abonnent nur diejenigen Elemente auswählen kann, die er lesen möchte. Features wie Indizierung, Querverweise und Löschung veralteter Nachrichten werden ebenfalls zur Verfügung gestellt.

Nonce
Ein zufällig erzeugter Wert, der zur Abwehr von »Playback«-Angriffen in Kommunikationsprotokollen verwendet wird. Ein Kommunikationsteilnehmer erzeugt in einem zufallsbasierten Verfahren einen Nonce und sendet ihn an den anderen Teilnehmer. Der Empfänger verschlüsselt den Nonce mittels des vereinbarten geheimen Schlüssels und sendet ihn an den Absender zurück. Da der Nonce vom Sender als Zufallswert erzeugt worden ist, kann der potentielle Replayer nicht im voraus wissen, welchen

Nonce der Sender generieren wird, so daß Playback-Angriffe wirksam
verhindert werden. Der Empfänger lehnt Verbindungen ab, die nicht den
korrekt verschlüsselten Nonce aufweisen.

NTP – NETWORK TIME PROTOCOL
Referenz: [175]
Das Network Time Protocol (NTP) stellt Mechanismen zur Synchronisation der Zeit und zur Koordinierung der zeitlichen Verteilung in einem
großen verschiedenartigen Netzwerk bereit, das mit Geschwindigkeiten
von langsam bis extrem schnell betrieben wird. Es verwendet ein auf der
Rückgabe von Zeiten aufbauendes Design, in dem ein verteiltes Subnet
von Zeit-Servern, die in einer selbstorganisierenden, hierarchischen
Master-Slave-Konfiguration operieren, lokale Uhren innerhalb des
Subnets mit nationalen Zeitstandards über Funk oder Radio synchronisiert. Die Server können außerdem eine Referenzzeit über lokale Routing-
Algorithmen und Zeit-Server neu verteilen.

OLE – OBJECT LINKING AND EMBEDDING
Object Linking and Embedding (OLE) ist ein von Microsoft entwickelter
Standard für zusammengesetzte Dokumente. OLE ermöglicht es, Objekte
mit einer Anwendung zu erstellen und diese in einer zweiten Anwendung
zu verknüpfen oder einzubetten. Eingebettete Objekte bewahren ihr
ursprüngliches Format und Verknüpfungen zu der Anwendung, mit der
sie erstellt wurden. Die Unterstützung von OLE ist in die Betriebssysteme
Windows und Macintosh integriert. Ein konkurrierender Standard für
zusammengesetzte Dokumente, der hauptsächlich von IBM und Apple
entwickelt wurde, heißt *OpenDoc*.

OMG – OBJECT MANAGEMENT GROUP
URI: `http://www.omg.org/`
Die 1989 gegründete Object Management Group (OMG) fördert die
Theorie und Praxis der Objekttechnologie für die Entwicklung verteilter
Rechnersysteme. Das Ziel ist es, einen architektonischen Rahmen für
objektorientierte Anwendungen zur Verfügung zu stellen, die auf weithin
verfügbaren Schnittstellenspezifikationen basieren. Zu den Mitgliedern
der OMG zählen mehr als 800 Software-Anbieter, Software-Entwickler
und Endbenutzer. Unter anderem wird von der OMG die *Common Object
Request Broker Architecture (CORBA)* standardisiert.

OpenDoc
URI: `http://www.opendoc.apple.com/`
OpenDoc ist eine im wesentlichen von Apple und IBM entwickelte offene,
plattformübergreifende Architektur für aus mehreren Komponenten beste-

hende Software. Es stellt sowohl einen Standard als auch eine Anwendungsprogrammierschnittstelle dar, die es ermöglicht, voneinander unabhängige Programme (Komponenten) zu entwickeln, die zusammen ein einzelnes Dokument bearbeiten können. Apple kündigte kürzlich an, daß man plant, zugunsten der Java-Technologie die Investitionen in die OpenDoc-Technologie zu verringern. Das mit OpenDoc konkurrierende Produkt ist das von Microsoft entwickelte *Object Linking and Embedding (OLE)*.

OpenType

URI: `http://www.microsoft.com/typography/OTSPEC/`
Das Schriftformat OpenType stellt eine Erweiterung des Schriftformats *TrueType* dar und fügt die Unterstützung für Schriftdaten vom Typ 1 hinzu. Das Schriftformat OpenType wurde gemeinsam von Microsoft und Adobe entwickelt. Genau wie TrueType-Schriften ermöglichen OpenType-Schriften den Umgang mit großen Glyphenmengen mittels der *Unicode*-Codierung. So eine Codierung ermöglicht eine breite internationale Unterstützung sowie Unterstützung von typographischen Glyphenvarianten. Zusätzlich können OpenType-Schriften digitale Signaturen enthalten und es somit Betriebssystemen und Browser-Anwendungen ermöglichen, die Quelle und Integrität von Schriftdateien, einschließlich eingebetteter Schriftdateien in Web-Dokumenten, festzustellen, bevor diese verwendet werden. Außerdem können Entwickler von Schriften in OpenType-Schriften Restriktionen in bezug auf die Einbettung durchsetzen, die in einer vom Entwickler signierten Schrift nicht geändert werden können.

ORB – Object Request Broker

Der Object Request Broker (ORB) ist die Schlüsselkomponente des *Common Object Request Broker Architecture (CORBA)*-Programmierungsmodells. Ein ORB ist für die Übertragung von Operationen von Clients zu Servern zuständig. Dazu muß der ORB eine Server-Implementierung ausfindig machen (und diese möglicherweise aktivieren), die Operation und ihre Parameter übertragen und schließlich die Ergebnisse an den Client zurückgeben.

OSD – Open Software Description

Das Open Software Description (OSD)-Format von Microsoft stellt eine Standardmethode zur Beschreibung von Software-Packages und Abhängigkeiten zur Verfügung. OSD liefert Anbietern ein Format zum Auflisten der Packages, aus denen sich eine Software-Komponente zusammensetzt. Das Format basiert auf der *Extensible Markup Language (XML)* und ist besonders für Anbieter geeignet, deren Komponenten als grundlegende Technologien für andere Software-Produkte verwendet werden.

OSI – Open Systems Interconnection
Referenz: [120]
Die Open Systems Interconnection (OSI)-Standards zur Datenkommunikation gehören zur *Anwendungsschicht* (Schicht 7) des ISO OSI *Basic Reference Modells*. Die Anwendungsschicht wird durch *Application Contexts* spezifiziert und verwendet Buildings Blocks, die *Application Service Elements (ASEs)* genannt werden. Diese Schicht befindet sich oberhalb der *Darstellungsschicht* (Schicht 6), die alternative Codierungen identifiziert, und der *Sitzungsschicht* (Schicht 5), die für die Dialogsteuerung zuständig ist. Gemeinsam stellen diese drei Schichten Anwendungsdienste zur Verfügung und werden gemeinhin als die oberen Schichten bezeichnet. Die unteren Schichten des OSI-Stapels heißen *Transport* (Schicht 4), *Netzwerk* (Schicht 3), *Verbindung* (Schicht 2) und *Physikalisch* (Schicht 1).

P3P – Platform for Privacy Preferences Project
URI: `http://www.w3.org/P3P/`
Referenz: [167]
Das Ziel des Platform for Privacy Preferences Projects (P3P) ist es, den ständigen Konflikt zwischen dem Wunsch der Anbieter von Web-Inhalten nach Informationen über ihre Leserschaft und dem Bedürfnis dieser Personen zu lösen, die Freigabe dieser Informationen kontrollieren zu können. P3P befaßt sich mit diesen beiden Zielen, die Erwartungen der Konsumenten im Web hinsichtlich der Privatsphäre zu erfüllen und gleichzeitig sicherzustellen, daß das Medium für den Electronic Commerce verfügbar und produktiv bleibt. Dem Prinzip folgend, die Konsumenten auf die entsprechenden Regeln der Site aufmerksam zu machen, und es den Benutzern zu ermöglichen, ihre Präferenzen flexibel formulieren zu können, erhöht ein Ziel den Erfolg des anderen Ziels.

PDF – Portable Document Format
Referenz: PDF 1.0 [22], PDF 1.2 [23]
Das Portable Document Format (PDF) ist ein Dateiformat für die Darstellung von Dokumenten in einer Form, die von der ursprünglichen Anwendungssoftware, Hardware und Betriebssystem, die zur Erstellung dieser Dokumente verwendet wurden, unabhängig ist. Eine PDF-Datei kann Dokumente, die Kombinationen aus Text, Grafik und Bildern enthalten, in einem geräteunabhängigen und von der Auflösung unabhängigen Format beschreiben. Der Vorteil von PDF gegenüber *PostScript* ist, daß auf Text innerhalb der PDF-Dateien besser zugegriffen werden kann, da die Dateien weiterhin nach Text durchsucht werden und außerdem strukturelle Informationen wie ein Inhaltsverzeichnis enthalten können.

PEM – PRIVACY ENHANCED MAIL

Referenz: [161]

Privacy Enhanced Mail (PEM) ist ein Standard, der das sichereVersenden von E-Mail im Internet ermöglicht. PEM umfaßt Verschlüsselung, Authentifizierung sowie Schlüsselverwaltung und ermöglicht die Verwendung sowohl von Public-Key- als auch Secret-Key-Verschlüsselungssystemen. Mehrere kryptographische Werkzeuge werden unterstützt. Für jede Mail-Nachricht werden im Header der jeweilige Verschlüsselungsalgorithmus, der Algorithmus zur Erstellung der digitalen Signatur, die Hash-Funktion usw. angegeben. PEM unterstützt explizit nur einige wenige kryptographische Algorithmen, andere können zu einem späteren Zeitpunkt hinzugefügt werden. DES im CBC-Modus ist gegenwärtig der einzige unterstützte Algorithmus für die Verschlüsselung von Nachrichten, und sowohl RSA als auch DES werden in bezug auf die Schlüsselverwaltung unterstützt.

PEP – PROTOCOL EXTENSION PROTOCOL

URI: `http://www.w3.org/Protocols/PEP/`

Referenz: [84]

HTTP wird für eine wachsende Anzahl von Anwendungen verwendet, die verteiltes Authoring, verteilte Zusammenarbeit, verteiltes Drucken und verschiedene RPC-ähnliche Protokolle umfassen. Das Protocol Extension Protocol (PEP) ist ein Erweiterungsmechanismus für HTTP, der die Spannung zwischen privaten Vereinbarungen und öffentlichen Spezifikationen auflösen und der Erweiterung von HTTP-Clients und -Servern durch Software-Komponenten dienen soll.

Perl – PRACTICAL EXTRACTION AND REPORT LANGUAGE

URI: `http://www.perl.com/`, `http://www.perl.org/`

Referenz: [271]

Die Practical Extraction and Report Language (Perl) ist eine vielseitig einsetzbare Interpretersprache, die häufig für das Scannen von Texten und Drucken von formatierten Berichten eingesetzt wird. Sie beinhaltet eine umfassende Unterstützung für die Verwendung regulärer Ausdrücke, Variablen und Funktionen mit dynamischen Gültigkeitsbereichen, erweiterbare Laufzeitbibliotheken, Exception Handling sowie Packages. Perl wird oft für die Programmierung von *Common Gateway Interface (CGI)*-Anwendungen verwendet.

Persistente Verbindungen

Persistente Verbindungen stellen einen Mechanismus dar, um die Funktionsweise von HTTP effizienter zu gestalten. Anstatt eineVerbindung für nur eine Request/Response-Interaktion zwischen einem Client und einem Server zu nutzen, erlaubt das Modell der persistenten Verbindungen, über

eine Verbindung viele Requests zu senden. Dies verringert den Aufwand
für das Öffnen und Schließen einer einzelnen Verbindung für jede
Request/Response-Interaktion erheblich und ist besonders nützlich, da
Clients beim Laden einer Web-Seite oftmals mehrere Ressourcen von
einem Server anfordern (wie zum Beispiel alle in einer Web-Seite eingebetteten Bilder).

PFR – PORTABLE FONT RESOURCE
Die Portable Font Resource (PFR) von TrueDoc ist eine kompakte, plattformunabhängige Darstellung der Glyphen, die für die Darstellung eines
oder mehrerer Dokumente erforderlich sind. Die Umrisse in der PFR sind
voll skalierbar und können in jeder Größe und mit jeder gerätespezifischen
Auflösung dargestellt werden. Die PFR wird vom *Character Shape Recorder
(CSR)* erstellt und mittels des *Character Shape Player (CSP)* angezeigt.

PGML – PRECISION GRAPHICS MARKUP LANGUAGE
Referenz: [4]
Die Precision Graphics Markup Language (PGML) ist eine Sprache für
zweidimensionale Grafik, die sowohl den Anforderungen für die skalier-
baren, einfachen Vektorgrafiken im Web als auch den Forderungen der
Grafikkünstler gerecht wird, die sicherstellen wollen, daß ihre grafischen
Entwürfe auf den Systemen der Endbenutzer mit den korrekten Schriften
und Farben sowie dem Layout und der Zusammensetzung erscheinen, die
sie wünschen. PGML verwendet das Imaging-Modell der Sprache
PostScript.

PGP – PRETTY GOOD PRIVACY
URI: `http://www.pgp.com/`
Pretty Good Privacy (PGP) ist ein ursprünglich von Phil Zimmerman entwickeltes Software-Package, das kryptographische Routinen für E-Mail-
und Dateispeicherungsanwendungen zur Verfügung stellt. Zimmerman
übernahm bereits bestehende Verschlüsselungssysteme und krypto-
graphische Protokolle und entwickelte ein Freeware-Programm, das auf
mehreren Plattformen ausgeführt werden kann und Verschlüsselung von
Nachrichten, digitale Signaturen, Datenkomprimierung und E-Mail-
Kompatibilität bietet. Die für die Verschlüsselung von Nachrichten verwendeten Algorithmen sind *RSA* für den Transport der Schlüssel sowie der
International Data Encryption Algorithm (IDEA) für die eigentliche
Verschlüsselung der Nachrichten. Digitale Signaturen werden durch den
Einsatz von RSA für das Signieren und *MD5* für die Berechnung des
Message Digest erzielt. Das Freeware-Programm *zip* wird verwendet, um
die Nachrichten für die Übertragung und die Speicherung zu kompri-

mieren. Die E-Mail-Kompatibilität wird durch den Einsatz der Radix-64-Konvertierung erreicht.

PHP – HYPERTEXT PREPROCESSOR
URI: `http://php.net/`
PHP ist eine in HTML eingebettete Skriptsprache. Der Großteil der Syntax stammt von C, Java und Perl und umfaßt einige zusätzliche PHP-spezifische Funktionen. Das Ziel der Sprache ist es, Web-Entwicklern die Möglichkeit zu bieten, schnell dynamisch generierte Seiten zu erstellen. PHP wird entweder als *Common Gateway Interface (CGI)*-Skript ausgeführt oder in die Web-Server-Software integriert, wie beispielsweise als *Apache*-Modul.

P-HTTP – PERSISTENT HTTP
Referenz: [180]
Persistent HTTP (P-HTTP) bezieht sich auf eine Variante von HTTP, welche die Verbindung zwischen einem Client und einem Server nicht nach einer einzelnen Request/Response-Interaktion schließt. Dies vermeidet den Aufwand für das mehrmalige Öffnen und Schließen von Verbindungen, wenn mehrere Requests an denselben Server gerichtet werden. HTTP/ 1.1 implementiert persistente Verbindungen und stellt somit einen Weg dar, P-HTTP zu implementieren. Der Begriff P-HTTP wurde hauptsächlich während der Diskussion verwendet, die aufkam, nachdem die Probleme von HTTP/1.0 hinsichtlich der Leistungsfähigkeit so offensichtlich wurden, daß klar wurde, daß in der nächsten Version diesbezüglich etwas geschehen mußte.

PICS – PLATFORM FOR INTERNET CONTENT SELECTION
URI: `http://www.w3.org/PICS/`
Referenz: [151, 174, 215]
Die Platform for Internet Content Selection (PICS) ist ein Paar von Protokollen, die es möglichen, daß Labels auf Internet-Inhalt angewendet werden können. Diese Protokolle ermächtigen jede Einzelperson oder Organisation, Labels zu entwerfen und zu verteilen, die ihre Ansichten über den Inhalt widerspiegeln. PICS wurde vom W3C als praktische Alternative zur globalen staatlichen Zensur im Internet entwickelt. Zusätzlich erleichtert dieselbe Technologie das Suchen im Web und liefert eine Grundlage für das Aufbauen von Vertrauen in die im Web erhältlichen Informationen. PICS-Label sind in ihrer Ausdrucksfähigkeit ziemlich begrenzt. Eine neue Version von PICS wird auf dem *Resource Description Framework (RDF)* basieren und das komplexere Labeling von Ressourcen erleichtern.

Pipelining
Pipelining ist ein HTTP-Mechanismus, der die Effizienz persistenter Verbindungen weiter vergrößert. Pipelining wird verwendet, um die Notwendigkeit auszuschalten, daß ein Client auf den Response eines Servers warten muß. Ohne Pipelining muß ein Client auf den Response auf einen Request warten, bevor er den nächsten Request über eine persistente Verbindung senden kann. Mit Pipelining kann ein Client hingegen einfach alle oder eine Anzahl von Requests senden und auf die Responses vom Server warten.

PKCS – PUBLIC **K**EY **C**RYPTOGRAPHY **S**TANDARDS
URI: `http://www.rsa.com/rsalabs/pubs/PKCS`
Die Public Key Cryptography Standards (PKCS) von den RSA Laboratories, die informellen, zwischen den Anbietern bestehenden Standards wurden 1991 von den RSA Laboratories zusammen mit Vertretern von Apple, Digital, Lotus, Microsoft, MIT, Northern Telecom, Novell und Sun entwickelt. Seit der Veröffentlichung im Juni 1991 ist PKCS Bestandteil von mehreren Standards und Produkten geworden. Diese Standards umfassen RSA-Verschlüsselung, *Diffie-Hellman* Key Agreement, auf Paßwörtern basierende Verschlüsselung, Syntax für erweiterte Zertifikate, Syntax für kryptographische Nachrichten, Syntax für private Schlüsselinformationen und Syntax für Zertifizierungsanforderungen sowie ausgewählte Attribute.

PNG – PORTABLE **N**ETWORK **G**RAPHICS
URI: `ftp://ftp.uu.net/graphics/png/`
Referenz: [26, 27]
Portable Network Graphics (PNG) ist ein erweiterbares Dateiformat für die verlustfreie, portierbare, komprimierte Speicherung von Rastergrafiken. PNG stellt einen patentfreien Ersatz für das *Graphics Interchange Format (GIF)* zur Verfügung und ist außerdem in der Lage, viele gebräuchliche Verwendungszwecke des *Tag Image File Format (TIFF)* zu ersetzen. Indiziert-farbige, graustufige und Echtfarbbilder sowie ein optionaler Alpha-Kanal werden unterstützt. Die Farbtiefen reichen von 1 bis 16 Bits. PNG ist dafür vorgesehen, in Online-Medien, wie zum Beispiel dem Web, gut zu funktionieren, und ist daher mit einer progressiven Anzeigeoption voll datenstromfähig. PNG ist robust und ermöglicht sowohl die Überprüfung der Dateiintegrität als auch die einfache Erkennung von häufigen Übertragungsfehlern. PNG kann außerdem Gamma- und Farbechtheitsdaten für ein verbessertes Color Matching auf heterogenen Plattformen speichern.

POP – POST OFFICE PROTOCOL
Referenz: [187]
Das Post Office Protocol (POP) ermöglicht es einem Client, E-Mail von einem POP-Server abzufragen. Für das Senden von Nachrichten, von dem angenommen wird, daß es mittels des *Simple Mail Transfer Protocol (SMTP)* oder einer anderen Methode ausgeführt wird, stellt POP hingegen keine Funktionalität bereit. POP ist für Computer ohne eine ständige Netzwerkverbindung nützlich, was ein »Post Office« (der POP-Server) erfordert, um die Mail zu speichern, bis die Computer diese abrufen können. POP ist älter und weniger leistungsfähig als das *Internet Message Access Protocol (IMAP)*, das für denselben Anwendungsbereich eingesetzt wird.

PostScript
Referenz: PostScript 2 [2], PostScript 3 [3]
PostScript ist eine stack-basierte Interpretersprache mit der Hauptaufgabe, das Erscheinungsbild von Text, grafischen Formen und gerasterten Bildern auf gedruckten oder angezeigten Seiten zu beschreiben. Ein Programm in PostScript kann eine Dokumentbeschreibung von einem Satzsystem zu einem Drucksystem in einer geräteunabhängigen Weise übermitteln. PostScript ist eine ungewöhnlich leistungsfähige Druckersprache, da es eine vollständige Programmiersprache, und nicht nur eine Reihe von system-nahen Escape-Sequenzen darstellt. Die neueste Version von PostScript, Version 3, integriert das *Portable Document Format (PDF)* vollständig.

PPP – POINT TO POINT PROTOCOL
Referenz: [243]
Das Point to Point Protocol ist für einfache Verbindungen vorgesehen, die Pakete zwischen zwei Peers übertragen. Diese Verbindungen stellen gleichzeitige, bidirektionale Vollduplex-Operationen zur Verfügung und liefern die Pakete in einer bestimmten Reihenfolge aus. Obwohl PPP nicht an einen bestimmten Typ von Paketen gebunden ist, die es transportiert, besteht die häufigste Verwendung in der Kapselung von IP-Packages über Modemleitungen. PPP ähnelt im wesentlichen dem *Serial Line Internet Protocol (SLIP)*, besitzt aber die Vorteile, daß es nicht auf einen Protokolltyp beschränkt ist, eine Configuration Negotiation Phase zu Beginn einer Verbindung aufweist (um die Parameter einer Verbindungskonfiguration automatisch festzulegen) und die Möglichkeit besitzt, standardisierte Prozeduren zur Authentisierung für ein automatisiertes Login zu verwenden. Die zwei von PPP unterstützten Authentisierungsschemata sind das *Password Authentication Protocol (PAP)*, das im Internet Proposed Standard RFC 1334 [162] definiert ist, und das *Challenge Handshake*

Authentication Protocol (CHAP), welches im Internet Draft Standard RFC 1994 [244] definiert ist.

Proxy

Im Zusammenhang mit HTTP ist ein Proxy ein vermittelndes Programm, das sowohl als Server als auch als Client fungiert. Es empfängt einen Request und operiert dann als Client und sendet weitere Requests für andere Clients. Requests an einen Proxy können jedoch auch intern verarbeitet werden, wenn beispielsweise der Proxy seinen Cache verwendet, anstatt einen Request an den Origin Server zu senden. Der Request des Clients ist explizit an den Proxy gerichtet, der dann einen Request an den Server sendet.

Public-Key-Verschlüsselung

Public-Key-Verschlüsselung ist eine Technik, die asymmetrische Codes verwendet. Ein Public-Key-System besteht aus zwei Schlüsseln: einem Public Key und einem Private Key. Nachrichten, die mit dem Public Key verschlüsselt wurden, können nur mit dem zugehörigen Private Key entschlüsselt werden. Umgekehrt können mit dem Private Key verschlüsselte Nachrichten nur mit dem Public Key entschlüsselt werden. Public-Key-Verschlüsselung neigt dazu, extrem rechenintensiv zu sein und ist deshalb als Algorithmus auf breiter Basis nicht so geeignet.

PURL – PERSISTENT URL

URI: `http://purl.oclc.org/`

Referenz: [241]

Ein Persistent Uniform Resource Locator (PURL) ist eine spezielle Form der URL, die eine längere Lebensdauer als eine normale URL besitzen soll. Funktional gesehen, ist eine PURL eine URL. Anstatt jedoch direkt auf den Standort einer Internet-Ressource zu zeigen, verweist eine PURL auf einen zwischengeschalteten Resolution Service. Der PURL Resolution Service verknüpft die PURL mit der eigentlichen URL und gibt diese URL an den Client zurück. Der Client kann die URL-Transaktion in der normalen Weise vervollständigen. Dies wird über einen standardmäßigen HTTP Redirect Response durchgeführt.

Python

URI: `http://www.python.org/`

Referenz: [164]

Python ist eine interaktive, objektorientierte Interpretersprache, die über eine präzise Syntax mit einer kleinen Anzahl leistungsfähiger und hochentwickelter Datentypen verfügt. Python kann durch Hinzufügen neuer Module in einer systematischen Weise erweitert werden, die in einer Compilersprache wie zum Beispiel C oder C++ implementiert sind.

Solche Erweiterungsmodule können neue Funktionen und Variablen sowie neue Objekttypen definieren. Python wird häufig für *Common Gateway Interface (CGI)*-Anwendungen benutzt.

QuickTime

URI: `http://www.apple.com/quicktime/`

QuickTime ist die Archtitektur von Apple für den Umgang mit Multimedia-Daten. Die ersten Versionen von QuickTime waren im Grunde genommen ein Dateiformat für Audio und Video, während die neueren Versionen weitere Medientypen integrieren und beispielsweise 3D und Virtual Reality unterstützen. Als proprietäre Technologie kann QuickTime mit dem *Audio Video Interleave (AVI)*-Format von Microsoft und den *MPEG*-Videostandards verglichen werden.

RC2, RC4, RC5 – RIVEST'S CIPHER 2/4/5

URI: `http://www.rsa.com/`

Die Algorithmen RC2 und RC4 bieten eine hohe Datensicherheit und sind Eigentum von RSA Data Security. RC2 ist ein blockbasiertes Verschlüsselungsverfahren mit variabler Schlüsselgröße, das mittels geeigneter Schlüsselgrößen sicherer oder weniger sicher als DES in bezug auf erschöpfende Schlüsselsuche gestaltet werden kann. Der Algorithmus besitzt eine Blockgröße von 64 Bits und ist in der Softwarepraxis ungefähr zwei- bis dreimal schneller als der *Data Encryption Standard (DES)*. RC4 ist ein datenstrombasiertes Verschlüsselungsverfahren mit variabler Schlüsselgröße, das erwartungsgemäß als Software sehr schnell ist. RC5, eine schnelle blockweise Verschlüsselung, wurde von Rivest [228] veröffentlicht (und wird von den RSA Laboratories patentiert werden) und ist ein parameterisierter Algorithmus mit einer variablen Blockgröße, einer variablen Schlüsselgröße und einer variablen Anzahl von Durchläufen.

RDF – RESOURCE DESCRIPTION FRAMEWORK

URI: `http://www.w3.org/RDF/`

Referenz: [37, 157]

Das Resource Description Framework (RDF) ist eine Spezifikation, die sich gegenwärtig in der Entwicklung im Rahmen der Aktivitäten des W3C in bezug auf Metadaten befindet. RDF soll eine Infrastruktur zur Verfügung stellen, die Metadaten bei vielen web-basierten Aktivitäten unterstützt. RDF ist das Ergebnis einer Anzahl von Benutzergemeinschaften von Metadaten, die ihre Anforderungen zusammengebracht haben, um eine stabile und flexible Architektur für die Unterstützung von Metadaten im Internet und im Web zur Verfügung zu stellen. Beispielanwendungen umfassen Site Maps, Content Ratings, Stream Channel Definitions, Datensammlung durch Suchmaschinen (Web Crawling), digitale Bibliothekssammlungen und Distributed Authoring. RDF ermöglicht es verschiedenen Anwendungsgruppen, die Metadateneigenschaftenmenge zu definieren, die den Anforderungen jeder Gruppe gerecht werden. RDF stellt ein einheitliches und übergreifend funktionsfähiges Mittel zum Austausch von Metadaten zwischen Programmen und über das Web bereit. Weiterhin stellt RDF eine Möglichkeit für das Publishing einer sowohl durch Menschen lesbaren als auch für Rechner verständlichen Definition der Eigenschaftenmenge zur Verfügung. RDF verwendet die *Extensible Markup Language (XML)* als Transfersyntax, um andere Werkzeuge und Code Bases zu nutzen, die um XML herum entworfen wurden.

RDS – RESOLVER DISCOVERY SERVICE
Referenz: [60, 245]
Ein Resolver Discovery Service (RDS) ist ein Dienst, der das Lernen über *Uniform Resource Name (URN)* Resolver unterstützt. Ein RDS hilft, einen Resolver zu finden, der für die weitere Auflösung von URNs kontaktiert wird. Einige Entwürfe von RDS können außerdem die Funktionalität von Resolvern beinhalten.

Revalidierung → Validierung

RFC – REQUEST FOR COMMENT
Referenz: [44]
Die RFCs bilden eine Reihe von Publikationen technischer Dokumente, die 1969 als Teil des DARPA Wide-Area Networking-Projekts (ARPANET) begonnen wurden. Die RFCs umfassen einen weiten Themenbereich, von frühen Diskussionen über neue Forschungskonzepte bis hin zu Berichten über den Zustand des Internet. Das *Internet Architecture Board (IAB)* sieht den Prozeß der RFC-Publikationen als ausreichend wichtig an, die Mitgliedschaft des RFC-Herausgebers im IAB zu gewährleisten. Der Status der Spezifikationen der Internet-Standards wird regelmäßig in einem zusammenfassenden RFC mit dem Titel »Internet Official Protocol Standards« veröffentlicht. (Die neueste Version ist der RFC 2300 [214].) Dieser RFC liefert den Grad der Ausgereiftheit und andere hilfreiche Informationen für jedes Internet-Protokoll oder jede Dienstspezifikation. Der RFC »Internet Official Protocol Standards« enthält die maßgeblichen Aussagen über den Status einer bestimmten Internet-Spezifikation und stellt die »Publication of Record« in bezug auf die Internet-Standardisierung dar.

RMA – REALMEDIA ARCHITECTURE
URI: `http://www.real.com/`
Die von RealNetworks definierte RealMedia Architecture (RMA) stellt den De-facto-Standard für Streaming Media im Web dar. RMA definiert eine

Client/Server-Architektur, in der ein Client eine Verbindung zu einem Media-Server aufbaut, um einen kontinuierlichen Datenstrom zu empfangen. *RealAudio, RealVideo* und *RealPlayer* (Audio und Video kombinierend) sind Produkte, die auf RMA zurückgreifen. RMA basiert auf dem *Real Time Streaming Protocol (RTSP)* als Steuerungsprotokoll und einem proprietären Protokoll (RDP) oder dem *Real Time Protocol (RTP)* als Paketprotokoll. Die neueste Version des RealPlayer unterstützt die *Synchronized Multimedia Integration Language (SMIL)*.

RMI – REMOTE METHOD INVOCATION
URI: `http://java.sun.com/products/jdk/rmi/`
Remote Method Invocation (RMI) befähigt den Programmierer, verteilte Java-zu-Java-Anwendungen zu erstellen, in denen die Methoden entfernter Java-Objekte von einer anderen Java Virtual Machine (JVM), die sich möglicherweise auf einem anderen Host befindet, aufgerufen werden können. Ein Java-Programm kann einen Aufruf an ein entferntes Objekt richten, sobald es eine Referenz auf das entfernte Objekt erhält, entweder indem das entfernte Objekt im von RMI zur Verfügung gestellten Bootstrap Naming Service nachgeschlagen wird oder indem die Referenz als Argument oder Rückgabewert empfangen wird. Ein Client kann ein entferntes Objekt auf einem Server aufrufen, und dieser Server kann ebenfalls ein Client von anderen entfernten Objekten sein. RMI verwendet Objektserialisierung, um eine Parameterreihenfolge festzulegen bzw. aufzuheben, und nimmt keine Kürzung von Datentypen vor, so daß eine echte objektorientierte Polymorphie unterstützt wird.

Robot → Suchmaschine

RSA – RIVEST, SHAMIR AND ADLEMAN
URI: `http://www.rsa.com/`
Referenz: [229, 233]
RSA ist ein Public-Key-Verschlüsselungssystem sowohl für die Verschlüsselung als auch die Authentisierung (dessen Name sich von den Nachnamen der drei Erfinder Rivest, Shamir und Adleman ableitet). Für die Verschlüsselung wird RSA mit einem Secret-Key-Verschlüsselungssystem wie beispielsweise dem *Data Encryption Standard (DES)* kombiniert, um eine Nachricht durch einen Digital Envelope in RSA zu verschlüsseln. Für die Authentisierung wird RSA für gewöhnlich mit einer Hash-Funktion wie zum Beispiel *MD5* kombiniert, um eine Nachricht zu signieren.

RTCP – Real Time Control Protocol

Referenz: [237]

Das Real Time Control Protocol (RTCP) ist das Steuerprotokoll, das in Verbindung mit RTP arbeitet. RTCP-Steuerpakete werden in regelmäßigen Abständen von jedem Teilnehmer einer RTP-Sitzung an alle anderen Teilnehmer übermittelt. Der Rücklauf an Informationen an die Anwendung kann zur Steuerung der Geschwindigkeit und für diagnostische Zwecke verwendet werden.

RTP – Real Time Protocol

Referenz: [237]

Das Real Time Protocol (RTP) stellt End-to-End-Netzwerktransportfunktionen zur Verfügung, die für Anwendungen geeignet sind, die Echtzeitdaten, wie zum Beispiel Audio-, Video- oder Simulationsdaten, über Multicast- oder Unicast-Netzwerkdienste senden. RTP befaßt sich nicht mit der Reservierung von Ressourcen und garantiert nicht die Qualität der Echtzeitdienste. Der Datentransport wird durch ein Steuerprotokoll (RTCP) unterstützt, um die Überwachung der Datenzustellung in einer auf große Multicast-Netzwerke skalierbaren Weise zu ermöglichen und eine minimale Funktionalität für die Steuerung und die Erkennung zur Verfügung zu stellen. RTP und RTCP sind von den zugrundeliegenden Transport- und Netzwerkschichten unabhängig.

RTSP – Real Time Streaming Protocol

Referenz: [238]

Das Real Time Streaming Protocol (RTSP) ist ein Protokoll auf Anwendungsebene für die Steuerung der Zustellung von Daten mit Echtzeiteigenschaften. RTSP stellt einen umfangreichen Rahmen zur Verfügung, um die gesteuerte, auf Anforderung erfolgende Zustellung von Echtzeitdaten, wie zum Beispiel Audio und Video, zu ermöglichen. Die Datenquellen können sowohl aktive Datenzuführungen als auch gespeicherte Clips sein. Dieses Protokoll soll mehrere Datenzustellungssitzungen steuern, ein Mittel für die Auswahl von Zustellungskanälen wie zum Beispiel UDP zurVerfügung stellen, Multicasts von UDP und TCP ausführen und auf RTP basierende Zustellungsmechanismen verwenden.

SDQL – Standard Document Query Language

Referenz: [127]

Die Standard Document Query Language (SDQL) ist Bestandteil des Document Style Semantics and Specification Language (DSSSL)-Standards. SDQL ermöglicht Abfragen und Navigation in der Baumdarstellung eines Dokuments.

Suchmaschine

URI: http://searchenginewatch.com/
Eine Suchmaschine ist ein Programm, das durch rekursives Anfordern von Dokumenten, die auf Hyperlinks innerhalb dieser Dokumente basieren, automatisch die Hypermedia-Struktur des Web durchläuft. Man sollte in diesem Zusammenhang beachten, daß dies die Definition nicht auf einen bestimmten Durchlaufalgorithmus beschränkt. Auch wenn eine Suchmaschine Heuristiken zur Auswahl und Bestimmung der Reihenfolge der zu besuchenden Dokumente verwendet und Requests über einen langen Zeitraum verteilt, so liegt dennoch eine Suchmaschine vor. Gewöhnliche Web-Browser sind keine Suchmaschinen, da sie von einem Menschen bedient werden und referenzierte Dokumente nicht automatisch aufrufen (sofern es sich dabei nicht um Inline-Bilder handelt). Web-Suchmaschinen werden manchmal als Robots, Wanderer, Crawler oder Spider bezeichnet. Diese Namen sind ein wenig irreführend, da sie den Eindruck erwecken, als ob sich das Programm selbst wie ein Virus zwischen den Sites bewegt. Dies ist jedoch nicht der Fall, sondern eine Suchmaschine besucht Sites einfach dadurch, daß sie von ihnen Dokumente anfordert.

Semantische Transparenz

Ein Cache verhält sich semantisch transparent, wenn die Verwendung des Cache lediglich die Geschwindigkeit erhöht, indem ein Request für ein Entity, das im Cache gespeichert ist, vom Cache anstatt vom Origin Server bearbeitet wird. Weder der anfordernde Server noch der Origin Server sollten einen Unterschied hinsichtlich des Gesamtverhaltens des Systems feststellen, abgesehen von verbindungsabhängigen Daten des Requests, wie zum Beispiel Header-Felder, die verwendet werden, um den Request zurückzuverfolgen. Semantische Transparenz kann nur dann auf effiziente Weise erreicht werden, wenn der Origin Server fähig ist, bestimmte Attribute einer Ressource (zum Beispiel die erwartete Gültigkeitsdauer) an einen Cache zu übermitteln.

Semantik

Während die Syntax einer Sprache definiert, wie Sätze einer Sprache zusammengesetzt werden können, definiert die Semantik die Bedeutung dieser Sätze. Da es normalerweise sehr viel schwieriger ist, eine Semantik formal zu definieren, als dies bei einer Syntax der Fall ist, wird die Syntax eines bestimmten Datenformats (zum Beispiel die Nachrichten eines Protokolls wie HTTP) normalerweise formal definiert, während die Semantik informell angegeben wird. Dies führt oftmals zu Problemen mit der Mehrdeutigkeit und Interpretation, aber es ist dennoch die verbreitetste Technik zur Spezifikation der Semantik.

Server

Allgemein formuliert, ist ein Server, wie er im Client/Server-Paradigma gesehen wird, ein Programm, das auf Requests von einem Client wartet. Der Server stellt einen Dienst zur Verfügung, der durch Aufrufen des Servers mittels des geeigneten Zugriffsprotokolls verwendet werden kann. Im Falle des Web stellt ein Web-Server den Dienst zur Verfügung, HTTP-Requests anzunehmen und Responses zu erzeugen. Normalerweise umfaßt dies auch Informationsressourcen, die vom Server verwaltet oder zwischengespeichert werden.

Servlet

Java-Servlets sind Module, die Request/Response-orientierte Server wie zum Beispiel Java-fähige Web-Server erweitern. Servlets sind für Server dasselbe wie Applets für Browser. Anders als Applets besitzen Servlets jedoch keine grafische Benutzerschnittstelle. Servlets können in viele verschiedene Server eingebettet werden, da das Servlet API, welches zum Schreiben von Servlets verwendet wird, keine Annahmen über die Umgebung oder das Protokoll des Servers macht.

SET – Secure Electronic Transactions

Referenz: [239]

URI: `http://www.setco.org/`

Der Secure Electronic Transactions (SET)-Standard ist ein industrieweites Protokoll, das für die sichere Übertragung von vertraulichen, persönlichen und finanziellen Informationen über öffentliche Netzwerke vorgesehen ist. Das SET-Protokoll enthält modernste kryptographische Technologie, die sichere Online-Transaktionen ermöglicht, die dem Schutz in modernen physikalischen, Mail- und Telefonkartentransaktionen gleichwertig oder überlegen ist. Die *RSA Public Key Cryptography Standards (PKCS)* bilden die Menge der in SET verwendeten Public-Key-Algorithmen. Der symmetrische Schlüsselalgorithmus heißt *Data Encryption Standard (DES)*.

SGML – Standard Generalized Markup Language

Referenz: [88, 110]

SGML stellt eine objektorientierte Methode zur Beschreibung von Dokumenten (und anderen Informationsobjekten mit entsprechenden Eigenschaften) zur Verfügung. Der Standard definiert eine Semantikmenge zur Beschreibung von Dokumentstrukturen sowie eine abstrakte Syntax formal codierender Document Type Definitions. Abgesehen von der Definition einer Standardsyntax (die auf dem Code Set ISO 646 [113] basiert), die für die Identifizierung von Text und Markup verwendet werden kann, wenn keine Alternative angegeben ist, schlägt SGML keine bestimmte Art vor, in der Dokumente strukturiert sein sollten, ermöglicht es aber den

Benutzern, die für das Sammeln oder Darstellen von Dokumenten benötigte Struktur zu definieren. Jedes SGML-Dokument beginnt mit einer *Document Type Definition (DTD)* oder einem Zeiger auf eine extern gespeicherte DTD. Extern gespeicherte Dateien, die entweder in SGML codierte Daten oder nicht in SGML codierte Daten (in einer deklarierten Notation codiert) enthalten können, können mittels Public Identifier referenziert werden, die den Regeln für *Public Text Object Identifiers* entsprechen, welche in ISO 9070 [114] festgelegt sind.

SHA – SECURE HASH ALGORITHM → **SHS**

SHS – SECURE HASH STANDARD
Referenz: [190, 191]
Der Secure Hash Standard (SHS), der den *Secure Hash Algoritm (SHA)* definiert, wurde von NIST veröffentlicht. SHA erhält eine Nachricht mit einer Länge von maximal 264 Bits und erzeugt einen 160-Bit-Message-Digest. Der Algorithmus ist etwas langsamer als *MD5*, aber aufgrund des größeren Message Digest ist er sicherer in bezug auf alle Kombinationen ausprobierende Kollisions- und Inversionsangriffe.

S-HTTP – SECURE HYPERTEXT TRANSFER PROTOCOL
Referenz: [223]
Secure HTTP (S-HTTP) ist eine Erweiterung von HTTP, die unabhängig anwendbare Sicherheitsdienste für die Vertraulichkeit von Transaktionen, Authentizität/Integrität und Anerkennung des Ursprungs bereitstellen. Das Protokoll betont die größtmögliche Flexibilität bei der Wahl der Mechanismen zur Schlüsselverwaltung, der Sicherheitsregeln und der kryptographischen Algorithmen, indem die Vereinbarung von Optionen zwischen den Parteien für jede Transaktion unterstützt wird. Der Nachrichtenschutz kann auf drei orthogonalen Achsen zur Verfügung gestellt werden: Signatur, Authentisierung und Verschlüsselung. Jede Nachricht kann gekennzeichnet, authentisiert, verschlüsselt oder mit einer Kombination dieser drei Möglichkeiten versehen werden (einschließlich der Möglichkeit, keinen Schutz zu definieren). Mehrere Standards für das Format kryptographischer Nachrichten können in S-HTTP-Clients und -Server integriert werden, insbesondere, aber prinzipiell nicht darauf beschränkt, *PKCS-7* und *Privacy Enhanced Mail (PEM)*. Clients, die S-HTTP verwenden, können mit Servern kommunizieren, die dies nicht tun, und umgekehrt. Von S-HTTP unterstützte kyptographische Algorithmen umfassen DES, 2-Schlüssel- und 3-Schlüssel- Triple-DES, DESX, IDEA, RC2 und CDMF.

SLIP – SERIAL LINE INTERNET PROTOCOL

Referenz: [230]

Das Serial Line Internet Protocol (SLIP) ist ein paketbasiertes Protokoll, das eine Folge von Zeichen definiert, die IP-Pakete auf einer seriellen Leitung bilden. SLIP stellt keine Mechanismen für die Adressierung, Identifizierung von Pakettypen, Fehlererkennung und -behandlung oder Komprimierung zur Verfügung. Das Protokoll wird für denselben Zweck verwendet wie das *Point to Point Protocol (PPP)*, das die Kapselung von IP-Packages über Modemleitungen behandelt. SLIP bietet im Gegensatz zu PPP weder Configuration Negotiation noch Authentisierungsschemata, was die Konfiguration von SLIP-Verbindungen komplizierter gestalten kann.

SMIL – SYNCHRONIZED MULTIMEDIA INTEGRATION LANGUAGE

URI: `http://www.w3.org/AudioVideo/`

Referenz: [100]

Die Synchronized Multimedia Integration Language (SMIL) ermöglicht es, eine Menge von unabhängigen Multimedia-Objekten zu integrieren, um eine synchronisierte Multimedia-Darstellung zu erstellen. Mit Hilfe von SMIL können Präsentationen, wie zum Beispiel eine mit Audio-Kommentaren synchronisierte Diashow oder ein mit einem Textstream synchronisiertes Video, beschrieben werden. SMIL wurde so entworfen, daß es möglich ist, mit einem Texteditor einfache Präsentationen zu erstellen. Der Schlüssel zum Erfolg war im Falle von HTML, daß ansprechender Hypertext Content erstellt werden konnte, ohne daß ausgereifte Authoring Tools nötig waren. SMIL-Dokumente sind wohlgeformte *Extensible Markup Language (XML)*-Dokumente.

S/MIME – SECURE MIME

URI: `http://www.rsa.com/smime/`

Referenz: [69, 68]

S/MIME ist eine Spezifikation für einen sicheren E-Mail-Verkehr und wurde entwickelt, um die Sicherheit von E-Mail-Nachrichten im *Multipurpose Internet Mail Extensions (MIME)*-Format zu gewährleisten. Die angebotenen Sicherheitsdienste sind Authentisierung (mittels digitaler Signaturen) und Geheimhaltung (mittels Verschlüsselung). S/MIME verwendet eine zweigleisige Methode, um Sicherheit zur Verfügung zu stellen, die oft als »Digital Envelope« bezeichnet wird. Die eigentliche Nachrichtenverschlüsselung wird mit einem symmetrischen Code und der Schlüsselaustausch mit einem Public-Key-Algorithmus ausgeführt. Für digitale Signaturen kommt ebenfalls ein Public-Key-Algorithmus zum Einsatz. S/MIME empfiehlt drei symmetrische Verschlüsselungsalgorithmen: DES,

Triple-DES und RC2. Die wählbare Schlüsselgröße des Algorithmus RC2 macht ihn besonders für Anwendungen nützlich, die für den Einsatz außerhalb der USA vorgesehen sind. RSA ist der erforderliche Public-Key-Algorithmus.

SMTP – SIMPLE MAIL TRANSFER PROTOCOL
Referenz: [211]
Das Simple Mail Transfer Protocol (SMTP) wird verwendet, um E-Mail-Nachrichten zwischen Internet-Servern zu übergeben. Jede Nachricht besitzt einen standardisierten Header, der verwendet wird, um die E-Mail-Adresse(n) der Person(en), an welche die Nachricht gesendet werden soll, sowie die E-Mail-Adresse und den Namen des Absenders (an den automatisch Antworten gesendet werden können) zu bezeichnen und Details über diejenigen Knoten im Netzwerk bereitzustellen, über welche die Nachricht weitergeleitet wurde. Es wurden mit Hilfe des *Extended Simple Mail Transfer Protocols (ESMTP)*, das heutzutage meistens verwendet wird, eine Reihe von Erweiterungen definiert.

SMUX – SESSION MULTIPLEXING PROTOCOL
URI: `http://www.w3.org/Protocols/MUX/`
Das Session Multiplexing Protocol (SMUX, das früher als MUX bezeichnet wurde) ist ein Protokoll zur Sitzungsverwaltung, das den zugrundeliegenden Transport von den Protokollen der höherliegenden Anwendungsschicht trennt. Es stellt der Anwendungsschicht durch gleichzeitige Übertragung von Datenströmen über einen zuverlässigen datenstromorientierten Transport einen einfach zu verwaltenden Kommunikationskanal zur Verfügung. Durch Unterstützung des gleichzeitigen Vorhandenseins mehrerer Protokolle auf Anwendungsebene (z.B. HTTP und HTTP-ng) wird SMUX den Übergang zu zukünftigen Web-Protokollen sowie die Kommunikation von Client-Applets mit Servern mittels privater Protokolle erleichtern, die über dieselbe Transportverbindung ablaufen wie die HTTP-Konversation.

SPDL – STANDARD PAGE DESCRIPTION LANGUAGE
Referenz: [124]
Die Standard Page Description Language (SPDL) hat ihre Ursprünge im Bestreben, eine vollständige Menge an standardisierten Austauschsprachen für alle Stadien des herkömmlichen Publishings zur Verfügung zu stellen. Die *Standard Generalized Markup Language (SGML)* ist die Sprache, die für den Austausch in den Phasen des Authoring und des Bearbeitens verwendet wird. Die Document Style Semantics and Specification Language (DSSSL) liefert die Sprache, in der dem Setzer (Formatierer) angegeben wird, wie das Dokument zusammengesetzt und dargestellt werden soll. SPDL ist die

Sprache, die es ermöglicht, daß die Entscheidungen des Formatierers hinsichtlich Stil und Layout auf verschiedenen Grafikoberflächen umgesetzt werden können (Bildschirm, Papier, Film usw.). Der SPDL-Standard ist effektiv eine internationale Referenzversion von *PostScript.*

SPEC – STANDARD PERFORMANCE EVALUATION CORPORATION
URI: http://www.specbench.org/
Die Standard Performance Evaluation Corporation (SPEC) wurde 1988 von einer kleinen Gruppe von Workstation-Anbietern gegründet. SPEC ist mittlerweile eine der erfolgreichsten Vereinigungen auf dem Gebiet der Performance-Standardisierung geworden und umfaßt mehr als 40 Mitgliedsunternehmen. Die Organisation veröffentlicht in jedem Quartal mehrere hundert verschiedene Performance-Ergebnisse, die sich über eine Vielzahl von Disziplinen der System-Performance erstrecken. Das Ziel von SPEC ist es, zu gewährleisten, daß der Markt über eine faire und hilfreiche Menge von Meßmethoden verfügt, um verschiedene Systeme gegeneinander abwägen zu können. Der eingeschlagene Weg stellt einen Versuch dar, einen Kompromiß zwischen erforderlicher strikter Konformität und der Möglichkeit für Anbieter zu schaffen, ihre Vorzüge zu demonstrieren.

SPECweb96 – SPEC PERFORMANCE TEST FOR HTTP SERVERS
URI: http://www.specbench.org/osg/web96/
SPECweb96 ist ein standardisierter Benchmark zum Vergleich der Leistungsfähigkeit von Web-Servern. Der Benchmark soll vergleichbare Meßwerte liefern, um beurteilen zu können, wie gut Systeme HTTP-GET-Requests verarbeiten können. SPEC legte als Meßlatte für die Leistungsfähigkeit die Analyse der Server-Protokolle von Web-Sites zugrunde, die von kleinen privaten Servern bis hin zu einigen der populärsten Server im Web reichen.

Spider → Suchmaschine

SPIFF – STILL PICTURE INTERCHANGE FILE FORMAT
Referenz: [131]
Das Still Picture Interchange File Format (SPIFF) ist das »offizielle« Dateiformat für Bilder, das den Bildkomprimierungsalgorithmus der *Joint Photographic Experts Group (JPEG)* verwendet. Teil 3 des JPEG-Standards beinhaltet ein vollständig definiertes Dateiformat für die Speicherung von JPEG-Daten. Als das JPEG-Format zum ersten Mal standardisiert wurde, verhinderten unterschiedliche Auffassungen der ISO-Komitees die Erstellung eines Standard-JPEG-Dateiformats. Das sich daraufhin entwickelnde De-Facto-Format war das *JPEG File Interchange Format (JFIF)* von C-cube Microsystems. Das JFIF-Format, obgleich mittlerweile weitverbreitet, ist

sehr beschränkt in seinen Fähigkeiten, was Dateiformate anbetrifft. SPIFF soll das JFIF-Dateiformat ersetzen, wobei weitere Funktionen (mehr Farbbereiche, eine bekannte Methode zum Einfügen von Textblöcken usw.) hinzugefügt und eine Abwärtskompatibilität bereitgestellt wird, die e ermöglicht, daß SPIFF-Dateien von den meisten JPEG/JFIF-Decodern gelesen werden können. JFIF verfügt jedoch gegenüber SPIFF über einen zeitlichen Vorsprung von fünf Jahren, so daß die Wahrscheinlichkeit nicht so hoch ist, daß es irgendwann einmal vollständig ersetzt worden sein wird.

sRGB – STANDARD RGB
Referenz: [109]
Das Ziel des Farbbereichs Standard RGB (sRGB) besteht darin, die gegenwärtigen Strategien zur Farbverwaltung zu ergänzen, indem eine dritte Methode zur Verarbeitung von Farben in Betriebssystemen, Gerätetreibern und im Internet zur Verfügung gestellt wird, die eine einfache und robuste geräteunabhängige Farbdefinition verwendet. Dies bewirkt eine gute Qualität und Abwärtskompatibilität bei geringer Belastung der Übertragungs- und Systemkapazitäten. Basierend auf einem kalibrierten, farbechten RGB-Farbbereich, der gut für Röhrenmonitore, Fernseher, Scanner, digitale Kameras und Drucksysteme geeignet ist, kann ein solcher Raum mit minimalen Kosten für Software- und Hardware-Anbieter unterstützt werden.

SSI – SERVER-SIDE INCLUDES
Server-Side Includes (SSI) ermöglichen es, Informationen in Web-Seiten einzufügen, bevor diese an einen Client gesendet werden. Eine SSI verwendende Web-Seite enthält spezielle Anweisungen, die vom Server interpretiert werden, wenn die Web-Seite angefordert wird. Diese Anweisungen können angeben, daß andere Dokumente (z.B. Dokument-Header oder Fußzeilen) zu integrieren oder dynamische Informationen, wie zum Beispiel das aktuelle Datum oder ein Zugriffszähler, einzufügen sind. Es existiert kein Standard für SSI, so daß jede Server-Implementierung ihre eigene Syntax und Funktionsmenge verwendet.

SSL – SECURE SOCKETS LAYER
URI: `http://home.netscape.com/newsref/std/SSL.html`
Referenz: [83]
Das vorrangige Ziel des Secure Sockets Layer (SSL)-Protokolls besteht darin, die Privatsphäre und Zuverlässigkeit zwischen zwei kommunizierenden Anwendungen zu gewährleisten. Das Protokoll setzt sich aus zwei Schichten zusammen. Auf der unteren Ebene befindet sich das *SSL Record Protocol*, das auf einem zuverlässigen Transportprotokoll aufsetzt, wie beispielsweise auf dem *Transmission Control Protocol (TCP)*. Das SSL Record

Protocol wird für die Kapselung von verschiedenen Protokollen der höher-liegenden Schichten verwendet. Eines dieser gekapselten Protokolle, das *SSL Handshake Protocol*, ermöglicht es dem Server und dem Client, sich gegenseitig zu authentisieren und einen Verschlüsselungsalgorithmus sowie kryptographische Schlüssel auszuhandeln, bevor das Anwendungs-protokoll die ersten Daten übermittelt oder empfängt. Ein Vorteil von SSL besteht darin, daß es unabhängig von Anwendungsprotokollen ist. Ein Protokoll einer höheren Schicht kann in transparenter Weise auf SSL auf-setzen. Für Internet-Anwendungen wird gegenwärtig eine Variante von SSL namens *Transport Layer Security (TLS)* entwickelt.

Syntax

Eine Syntax ist eine Definition, die beschreibt, wie in einer Sprache gültige Sätze erstellt werden. Normalerweise wird eine Syntax durch eine Menge von Symbolen (die gültigen Worte einer Sprache) und eine Menge von Regeln definiert, die beschreiben, wie diese Symbole kombiniert werden können, um gültige Sätze zu bilden. Diese Menge von Regeln wird als Grammatik der Sprache bezeichnet. (In natürlichen Sprachen definiert die Grammatik, wie verschiedene Wortklassen, wie zum Beispiel Substantive und Adjektive, kombiniert werden.) Eine Syntax definiert nicht die Bedeu-tung der Sätze (die durch die Semantik definiert wird), so daß, allgemein formuliert, auch syntaktisch korrekte Sätze überhaupt keine Bedeutung haben können (was dann der Fall ist, wenn mit ihnen keine sinntragende Semantik verbunden ist).

Tcl – TOOL COMMAND LANGUAGE

URI: `http://www.tclconsortium.org/`

Referenz: [201]

Die Tool Command Language (Tcl) ist eine vielseitig einsetzbare, stabile, befehlsorientierte Sprache, die leicht in neue Anwendungen integriert wer-den kann. Eine der nützlichsten Eigenschaften von Tcl ist die Erweiterbar-keit der Sprache. Wenn eine Anwendung Funktionen erfordert, die von der Standardversion von Tcl nicht bereitgestellt werden, können neue Tcl-Befehle mittels der Sprache C implementiert und leicht integriert werden. Da Tcl so einfach zu erweitern ist, haben viele Leute für häufig vorkom-mende Aufgaben Erweiterungs-Packages geschrieben und diese frei verfügbar gemacht. Tcl wird häufig zur Programmierung von *Common Gateway Interface (CGI)*-Anwendungen benutzt.

TCP – TRANSMISSION CONTROL PROTOCOL

Referenz: [210]

Das Transmission Control Protocol (TCP) ist für die Verwendung als sehr zuverlässiges Host-to-Host-Protokoll zwischen Hosts in paketvermittelnden Kommunikationsnetzwerken und in Verbunden solcher Netzwerke gedacht. TCP ist ein flußgesteuertes, verbindungsorientiertes und über die gesamte Verbindungsstrecke hinweg zuverlässiges Protokoll, das in eine aus Schichten bestehende Hierarchie von Protokollen passen soll, die Multinetzwerkanwendungen unterstützen. TCP sorgt für eine zuverlässige prozeßübergreifende Kommunikation zwischen Paaren von Prozessen in Host-Computern, die unterschiedlichen, aber miteinander verbundenen Kommunikationsnetzwerken angehören. Nur sehr wenige Annahmen werden über die Zuverlässigkeit der Kommunikationsprotokolle unterhalb der TCP-Schicht gemacht. TCP setzt voraus, daß es einen einfachen, potentiell unzuverlässigen Datagram Service von den zugrundeliegenden Protokollen, gewöhnlicherweise das *Internet Protocol (IP)*, erhalten kann. TCP ist in der Lage, in einem weiten Spektrum von Kommunikationssystemen zu funktionieren, von festverdrahteten Verbindungen bis hin zu paket- oder leitungsvermittelnden Netzwerken.

TEI – TEXT ENCODING INITIATIVE
URI: `http://www.uic.edu/orgs/tei/`
Die Text Encoding Initiative (TEI) ist ein internationales Projekt zur Entwicklung von Richtlinien für die Vorbereitung und den Austausch von elektronischen Texten für die wissenschaftliche Forschung und allgemeiner zur Erfüllung eines breiten Spektrums an Verwendungszwecken der Sprachindustrie. Die wachsende Vielfalt der Anwendungen für elektronische Texte umfaßt die Verarbeitung natürlicher Sprache, wissenschaftliche Ausgaben, Information Retrieval, Hypertext, Electronic Publishing, verschiedene Formen der literarischen und historischen Analyse sowie die Lexikographie. Das zentrale Ziel der TEI liegt in der Gewährleistung, daß jeder erstellte Text für alle diese Anwendungen und für weitere, noch nicht vollständig verstandene Zwecke verwendet werden kann.

Telnet
Referenz: [212]
Der Zweck des Telnet-Protokolls besteht darin, eine allgemeine bidirektionale, byteorientierte Kommunikationseinrichtung zur Verfügung zu stellen. Das Hauptziel ist es, eine Standardmethode für das gegenseitige Verknüpfen von Terminalgeräten und terminalorientierten Prozessen zu ermöglichen. Die bekannteste Nutzung des Telnet-Protokolls ist das Anmelden in entfernten Systemen. In diesem Szenario ist der Telnet-Client das entfernte Terminal (normalerweise wird eine Art von Terminalemulation ausgeführt), das mit einem Terminalsteuerprogramm verbunden ist, welches das Telnet-Protokoll verwendet.

THTTP – TRIVIAL HTTP
Referenz: [59]
Das Trivial HTTP (THTTP) Resolution Protocol stellt eine sehr einfache Konvention für die Codierung von *Uniform Resource Name (URN) Resolution Service Requests* und *Responses* als HTTP 1.0 oder 1.1 Requests und Responses dar. Das Hauptziel von THTTP besteht darin, einfach zu implementieren zu sein, so daß bestehende HTTP-Server leicht Unterstützung für URN Resolution hinzufügen können. Es wird erwartet, daß in Zukunft HTTP selbst durch neue Methoden für URN Resolution Services erweitert werden wird.

TIFF – TAG IMAGE FILE FORMAT
Referenz: [6]
TIFF definiert einen auf Tags basierenden Datei-Deskriptor, der nahezu jede Form von 2D-Rasterdaten mittels ASCII oder binärer Codierung (Byte, Short, Long oder Rational) charakterisieren kann. »Private« Tags können verwendet werden, um das Hinzufügen von zusätzlichen Parametern zum Deskriptor zu ermöglichen. »Standard-TIFF« erlaubt die Verwendung von PackBits, LZW, Group 3 oder 4 Fax und JPEG-Komprimierungsschemata in übermittelten Bildern. Es werden vier photometrische Klassen unterstützt: TIFF-B für monochrome, TIFF-G für graustufige, TIFF-P für palettenbasierte Codierung sowie TIFF-R für RGB-Codierung.

TIFF/IT – TAG IMAGE FILE FORMAT FOR IMAGE TECHNOLOGY
Referenz: [129]
TIFF/IT ist ein Standard, der ein Format für die Teilmenge von TIFF bereitstellt, die für Anwendungen der Druckvorstufe geeignet ist. TIFF/IT ist ausdrücklich so entworfen, daß zu TIFF 6.0 hinzukommende Felder Default Values annehmen, die äquivalent zur Praxis in TIFF 6.0 sind, so daß vorhandene Anwendungen bereits kompatibel dazu sein sollten.

TLD – TOP-LEVEL DOMAIN
Referenz: [213]
Eine Top-Level Domain (TLD) ist der Teil eines Fully-Qualified Domain Name im Internet DNS, der sich rechts vom am weitesten rechts stehenden Punkt befindet. Aus zwei Buchstaben bestehende Top-Level Domain Names bezeichnen *Country-Code Top-Level Domains (ccTLD)*, aus drei Buchstaben bestehende Kombinationen bezeichnen *Generic Top-Level Domains (gTLD)*, und vierbuchstabige Top-Level Domain Names werden in naher Zukunft für neue gTLDs verwendet, wie es im *Generic Top-Level Domain Memorandum of Understanding (gTLD-MoU)* festgelegt ist.

TLS – TRANSPORT LAYER SECURITY

Referenz: [64]

Das Transport Layer Security (TLS)-Protokoll wird gegenwärtig von der IETF-TLS-Arbeitsgruppe entwickelt. Es basiert auf dem von Netscape vorgeschlagenen *Secure Sockets Layer (SSL)*-Protokoll. Die Struktur des Beginns einer TLS-Sitzung ermöglicht das Aushandeln der Ebene des zu verwendenden Protokolls, so daß ein Client oder Server gleichzeitig TLS und SSL unterstützen und das geeignetste Protokoll für die Verbindung aushandeln kann.

TrueDoc

URI: `http://www.truedoc.com/`

TrueDoc ist ein flexibles System zur Bereitstellung portierbarer, skalierbarer und gerasteter Schriften, das in der Lage ist, eine Vielzahl von Anforderungen bezüglich Schriften zu erfüllen. Es wurde als zentrales Schriftsystem in Laserdruckern, digitalen Set-Top-Boxen und Netzwerkcomputern implementiert und stellt die zugrundeliegende Technologie für dynamische Schriften im Netscape Navigator dar. TrueDoc läßt Benutzer Seiten betrachten, ohne die Schriftformatierung des Verfassers zu beeinträchtigen, und hilft das Problem der Genauigkeit von Schriften zu lösen, indem diese portierbar gemacht werden. TrueDoc unterstützt alle Schriftformate und Codierungen (wie zum Beispiel TrueType, Type 1 und Unicode) sowie nichtlateinische Schriften wie Arabisch, Chinesisch, Japanisch (Kanji) und Koreanisch.

TrueType

URI: `http://fonts.apple.com/`

Referenz: [12]

TrueType ist ein von Apple entwickeltes und für Microsoft lizensiertes Schriftformat, bei dem es sich um das native Format für Windows- und Macintosh-Schriften handelt. TrueType enthält eine hierarchische Menge von Tabellen und Glyphendarstellungen. Durch die Möglichkeit, für jedes Zeichen die Punktgröße festlegen zu können, wird eine exzelente Qualität bei Bildschirmauflösungen erreicht. TrueType-Schriften für Windows und Macintosh weisen einige wenige Unterschiede auf, die jedoch gravierend genug sein können, um eine plattformübergreifende Verwendung zu verhindern. Schriftanbieter liefern TrueType-Schriften für jede Plattform und schließen in der Regel eine Lizenz ein, um elektronische Manipulation zu verhindern und eine plattformübergreifende Transparenz zu erreichen. TrueType bildet eine der Grundlagen für das Schriftformat *OpenType*.

TSAP – TRANSPORT SERVICE ACCESS POINT

Referenz: [231]

Ein Transport Service Access Point (TSAP) stellt die Abstraktion für einen Transportdienst dar, wie es im IS *Open Systems Interconnection (OSI)*-Kommunikationsmodell definiert ist. Die Internet-Gemeinde besitzt eine gut entwickelte, ausgereifte Menge von Transport- und Netzwerkprotokollen (TCP/IP), die recht erfolgreich den Endbenutzern Netzwerk- und Transportdienste zur Verfügung stellen. Sowohl das Paket der Internet-Protokolle als auch die ISO OSI-Protokollsammlung sind aus Schichten zusammengesetzte Systeme. Der Internet RFC 1006 benutzt die Schichtenunabhängigkeit dieser Protokollpakete, um einen TSAP zu definieren, der identisch zu den vom ISO TSAP zur Verfügung gestellten Diensten und Schnittstellen (gemäß ISO 8072 [126]) zu sein scheint, der aber tatsächlich auf TCP/IP aufsetzt, und nicht auf einem ISO-Netzwerkprotokoll. Dies ermöglicht es den höheren ISO-Schichten (Sitzung, Darstellung und Anwendung), vollständig ohne Wissen der Tatsache zu operieren, daß sie auf einem TCP/IP-Netzwerk ausgeführt werden.

T/TCP – TRANSACTION TCP

Referenz. [31, 32]

Transaction TCP (T/TCP) erweitert das *Transmission Control Protocol (TCP)*, um das Transaktionsdienstmodell zu implementieren und gleichzeitig auch weiterhin das virtuelle Verbindungsmodell zu unterstützen. Verteilte Anwendungen, die im Internet immer zahlreicher und ausgeklügelter werden, verwenden eher einen transaktions- als einen verbindungsorientierten Kommunikationsstil. Gegenwärtig muß eine transaktionsorientierte Internet-Anwendung wählen, den durch das Öffnen und Schließen von TCP-Verbindungen bedingten Overhead in Kauf zu nehmen oder aber einen anwendungsspezifischen Transportmechanismus zu konstruieren, der auf dem verbindungslosen *User Datagram Protocol (UDP)* aufsetzt.

Tunnel

Im Zusammenhang mit HTTP versteht man unter einem Tunnel ein Programm, das bei der HTTP-Kommunikation als blinde Zwischenstation auftritt, was bedeutet, daß es das Übergeben von Nachrichten nicht interpretiert oder versteht (und deshalb auch nicht modifiziert).

Typ 1

Referenz: [122]

Ursprünglich von Adobe für die Seitenbeschreibungssprache *PostScript* entwickelt, wurde das Schriftformat Typ 1 als internationaler ISO-Standard akzeptiert. Typ-1-Schriften verwenden eine spezielle Teilmenge der

PostScript-Sprache, die im Hinblick auf eine erhöhte Leistungsfähigkeit und eine kompaktere Darstellung optimiert ist. Die Operatorenmenge von Typ 1 enthält Zusatzinformationen, die den für Schriftrasterung zuständigen Instanzen helfen, genauere Bitmaps für kleinere Größen und niedrigere Auflösungen zu erstellen. Typ 1 bildet eine der Grundlagen für das Schriftformat *OpenType*.

UCS – Universal Multiple-Octet Coded Character Set
Referenz: [118]
Der in ISO 10646 standardisierte Universal Multiple-Octet Coded Character Set (UCS) integriert alle bisherigen auf internationaler/nationaler Ebene vereinbarten Character Sets in eine einzige Codemenge. UCS basiert auf dem als »kanonische Form« bezeichneten 4-Byte- (32-Bit-) Codierungsschema (UCS-4), aber eine 2-Byte- (16-Bit-) Form (UCS-2) wird für die *Basic Multilingual Plane (BMP)* verwendet, wobei die ersten beiden Bytes als 00 00 angenommen werden. Die Codemenge ist in 128 »Gruppen« von »Ebenen« aufgeteilt, die 256 »Reihen« mit 256 »Zellen« für Zeichen enthalten. Jedes Zeichen wird mittels mehrerer Bytes adressiert, von denen das dritte (in UCS-2 das erste) die Reihe bezeichnet, die das Zeichen enthält, und das vierte Byte (in UCS-2 das zweite) dessen Zellnummer. Die ersten 127 Zeichen der BMP, die für den 16-Bit-Code-Austausch verwendet werden, sind diejenigen aus ISO 646 [113]. Die Zeichen, die die zweite Hälfte der ersten Reihe bilden, sind die in ISO 8359-1 verwendeten Zeichen (die den Character Set Latin-1 darstellen).

UDP – User Datagram Protocol
Referenz: [208]
Das User Datagram Protocol (UDP) stellt einen, wenngleich unzuverlässigen Datagramm-Dienst zur Verfügung. UDP garantiert weder die Zustellung noch erfordert es eine Verbindung. Als Folge davon ist es relativ einfach und effizient, aber die Fehlerbehandlung und erneute Übertragung müssen vom Anwendungsprogramm ausgeführt werden. Genau wie das *Transmission Control Protocol (TCP)* setzt UDP auf dem *Internet Protocol (IP)* auf.

Unicode
URI: `http://www.unicode.org/`
Referenz: [265]
Der Unicode-Standard ist der internationale Standard, der für die Codierung von Text zur Verarbeitung durch Computer verwendet wird. Er ist eine Teilmenge von ISO 10646 [118], auch als *Universal Multiple-Octe Coded Character Set (UCS)* bekannt. Der Entwurf von Unicode basiert auf der Einfachheit und Konsistenz von ASCII, geht aber über die beschränkte

Fähigkeit von ASCII, nur das lateinische Alphabet umzusetzen, weit hinaus. Der Unicode-Standard stellt die Kapazität zur Verfügung, alle der in den wichtigsten Schriftsprachen der Welt verwendeten Zeichen zu kodieren. Um den vielen Tausend in internationalen Texten eingesetzten Zeichen Rechnung zu tragen, benutzt der Unicode-Standard eine 16-Bit-Codemenge, die Codes für mehr als 65000 Zeichen zur Verfügung stellt. Um die Zeichencodierung einfach und effizient zu gestalten, weist der Unicode-Standard jedem Zeichen einen eindeutigen 16-Bit-Wert zu und verwendet keine komplexen Modi oder Escape-Codes.

UPP – UNIVERSAL PAYMENT PREAMBLE
URI: `http://www.w3.org/ECommerce/`
Die Universal Payment Preamble (UPP) stellt zwei Funktionen zur Verfügung: die Aushandlung der Zahlungsart und die Initiierung des speziellen Zahlungssystems. Die Informationen über die Zahlungsart und die Initiierung reichen aus, um reibungslos eine Brücke vom Einkauf zur Zahlung zu schlagen und, falls angebracht, von der Zahlung zurück zu anderen Kunden/Anbieter-Interaktionen. Das jeweilige aufgerufene Zahlungssystem, und nicht UPP, ist für die sichere Übertragung der Gelder verantwortlich. UPP setzt auf dem *Protocol Extension Protocol (PEP)* auf.

URC – UNIFORM RESOURCE CHARACTERISTICS
URI: `http://www.w3.org/Addressing/`
Die Uniform Resource Characterics (URC) einer Ressource ist eine Menge von Attribut/Wert-Paaren, die die Ressource beschreiben. Einige der Werte können URIs verschiedener Art sein, während andere beispielsweise den Autor, Publisher, Datentyp, das Datum oder den Status des Urheberrechts enthalten. Normalerweise ist einem Objekt, das durch einen *Uniform Resource Name (URN)* bezeichnet ist, auch eine URC zugwiesen, so daß selbst, wenn das Objekt nicht verfügbar sein sollte, ein Minimum an Informationen von der URC gewonnen werden kann (die von dem Naming System gespeichert wird, das die URN-Auflösung ausführt).

URI – UNIVERSAL RESOURCE IDENTIFIER
URI: `http://www.w3.org/Addressing/`
Referenz: [17]
Das Web enthält Objekte, auf die mit Hilfe einer unbestimmten Anzahl von bestehenden, für das Web selbst entwickelten oder in der Zukunft zu erfindenden Protokolle zugegriffen wird. Zugriffsanweisungen für ein einzelnes Objekt unter einem gegebenen Protokoll werden als Zeichenfolgen mit den Adreßinformationen codiert. Andere Protokolle ermöglichen die Verwendung von Objektnamen verschiedener Art. Um die Idee eines allgemeinen Objekts zu abstrahieren, benötigt das Web die Konzepte der uni-

versellen Menge von Objekten und der universellen Menge von Namen oder Adressen der Objekte. Ein Universal Resource Identifier (URI) ist ein Element dieser universellen Menge von Namen in registrierten Name Spaces und Adressen, die sich auf registrierte Protokolle oder Name Spaces beziehen. Ein *Uniform Resource Locator (URL)* ist eine Form der URI, die die Zuordnung einer Adresse zu einem Zugriffsalgorithmus mit Hilfe von Netzwerkprotokollen beschreibt. Ein *Uniform Resource Name (URN)* ist eine Form der URI, die einen Name Space (und zugehörige Auflösungsprotokolle) für persistente Objektnamen verwendet.

URL – Uniform Resource Locator
URI: `http://www.w3.org/Addressing/`
Referenz: [21, 77]
Ein Uniform Resource Locator (URL) ist im Grunde genommen eine physikalische Adresse eines Objekts, die mit Hilfe von bereits im Internet eingesetzten Protokollen ermittelt werden kann. Eine URL definiert ein Zugriffsprotokoll, das als Schema bezeichnet wird, und einen schemaabhängigen Teil, der ausreichende Informationen zur Verfügung stellen soll, um ein Objekt mittels des angegebenen Schemas ausfindig zu machen. Im Fall der HTTP-URLs ist das Schema HTTP, und der schemaabhängige Teil bestimmt den Namen des HTTP-Servers sowie den Pfad des Objekts auf dem Server.

URN – Uniform Resource Name
URI: `http://www.w3.org/Addressing/`
Referenz: [246, 176]
Ein Uniform Resource Name (URN) ist ein auf Dauer bestehender, global eindeutiger Name, der einem Objekt zugewiesen ist. Im Gegensatz zu einem *Uniform Resource Locator (URL)*, der sich ändert, wenn der Standort eines Objekts sich ändert, ist ein URN nicht vom Standort abhängig und besitzt deshalb eine längere Lebensdauer. Dies wird durch Verwendung eines Naming Service realisiert, der in den meisten Fällen eine Zuordnung von URNs zu URLs liefert. Somit bleibt der URN eines Objekts derselbe, selbst wenn sich die URL des Objekts ändert, da nur der Eintrag des Objekts im Naming Service aktualisiert werden muß.

User Agent → Client

UTF – UCS Transformation Format
Referenz: [278, 89]
Ein UCS Transformation Format (UTF) wird zur Codierung von UCS-Zeichen verwendet. Obwohl UCS Zeichencodierungen definiert (UCS-2 und UCS-4), sind diese in vielen aktuellen Anwendungen und Protokollen, die 8- oder 7-Bit-Zeichen voraussetzen, kaum zu verwenden.

Validierung

Das Caching Model von HTTP basiert auf Fälligkeitszeiten, die in Caches gespeicherten Responses zugewiesen werden. Sobald ein Response seine Fälligkeitszeit erreicht hat (und damit veraltet ist), muß er mit dem Origin Server validiert werden, bevor er in einem Response vom Cache verwendet werden kann. Validierung meint den Prozeß des Sendens einer Identifizierung (eines Validators) an den Origin Server, um als Ergebnis entweder die Information, daß die Ressource sich nicht geändert hat, oder die geänderte Ressource zu erhalten.

VBScript – VISUAL BASIC SCRIPTING EDITION

URI: `http://www.microsoft.com/vbscript/`

Die Visual Basic Scripting Edition (VBScript) von Microsoft ist eine Teilmenge der Programmiersprache Microsoft Visual Basic. VBScript ist ein portabler, einfacher Interpreter für den Einsatz in Web-Browsern und anderen Anwendungen, die ActiveX Controls verwenden.

Virtuelle Hosts

Eine häufige Anforderung an einen Web-Server besteht darin, für mehr als einen Server-Namen Dokumente zu verarbeiten. Besonders im Fall von Internet-Providern, die Web-Dienste für viele Unternehmen zur Verfügung stellen, ist es wichtig, daß die Web-Server des Providers in der Lage sind, auf alle Host-Namen zu antworten, die für die einzelnen Unternehmen definiert worden sind. Dies kann erreicht werden, indem auf dem Web-Server virtuelle Hosts konfiguriert und somit einem Web-Server mehrere Host-Namen zugeordnet werden.

VML – VECTOR MARKUP LANGUAGE

Referenz: [170]

Die Vector Markup Language (VML) definiert ein XML-basiertes Format für die Verschlüsselung von Vektorinformationen zusammen mit zusätzlichem Markup, um zu beschreiben, wie diese Informationen angezeigt und bearbeitet werden können. VML verwendet *Cascading Style Sheets, Level 2 (CSS2)* in derselben Weise wie HTML, um das Layout der enthaltenen Vektorgrafiken zu bestimmen.

VRML – VIRTUAL REALITY MODELING LANGUAGE

URI: `http://www.vrml.org/`

Referenz: [134]

Die Virtual Reality Modeling Language (VRML) ist das standardmäßige Dateiformat für dreidimensionale Multimedia-Darstellungen und gemeinsam nutzbare virtuelle Welten im Internet. Im Vergleich mit HTML fügt VRML der Darstellung von Dokumenten die nächste Stufe der Interaktion hinzu: strukturierte Grafiken und weitere Dimensionen (z und time). Die

Anwendungsbereiche von VRML sind breitgefächert, von einfachen Geschäftsgrafiken über unterhaltsame Grafiken auf Web-Seiten, Anwendungen in den Bereichen Produktion, Wissenschaft, Unterhaltung und Bildung bis hin zu gemeinsam nutzbaren virtuellen 3D-Welten und -Gemeinden.

W3C – WORLD WIDE WEB CONSORTIUM
URI: `http://www.w3.org/`
1994 zur Entwicklung gemeinsamer Protokolle für die Weiterentwicklung des Web gegründet, ist das World Wide Web Consortium (W3C) eine internationale Vereinigung von Industrie- und Dienstleistungsunternehmen, Forschungslabors, Bildungseinrichtungen und Organisationen aller Größenordnungen. Allen diesen Organisationen ist ein zwingendes Interesse an der langfristigen Entwicklung und Stabilität des Web gemeinsam. Das W3C ist eine Non-Profit-Organisation, die teilweise von kommerziellen Mitgliedern finanziert wird. Die Aktivitäten des W3C bleiben dennoch anbieterneutral. Das W3C erhält außerdem Unterstützung von Regierungen, die das Web als ideale Plattform für eine globale Informationsinfrastruktur ansehen. Das W3C wurde ursprünglich in Zusammenarbeit mit CERN, der Geburtsstätte des Web, sowie mit Unterstützung von DARPA und der Europäischen Kommission eingerichtet.

WAI – WEB ACCESSIBILITY INITIATIVE
URI: `http://www.w3.org/WAI/`
Referenz: [266]
Die Web Accessibility Initiative (WAI) beschäftigt sich mit der Zugänglichkeit des Web über fünf Hauptarbeitsgebiete: Aspekte der Zugänglichkeit in bezug auf die Technologie des Web, Erstellen von Richtlinien für Browser, Authoring Tools und die Erstellung von Inhalt, Entwicklung von Auswertungs- und Validierungswerkzeugen für die Zugänglichkeit, Durchführen von Aus- und Fortbildung sowie Verfolgen von Forschung und Entwicklung. In Abhängigkeit von der Unfähigkeit einer Einzelperson (oder den Umständen, unter denen das Web durchsucht wird, beispielsweise auf einem Gerät ohne eine Möglichkeit der Anzeige von Grafiken oder in einer lauten Umgebung) können Grafik, akustischer Inhalt, Steuermöglichkeiten oder andere Aspekte des Web-Designs Hindernisse darstellen.

WAIS – WIDE AREA INFORMATION SERVERS
Referenz: [251]
Die Aufgabe des Wide Area Information Servers (WAIS) ist es, Benutzer bei der Suche nach Informationen über ein Netzwerk zu unterstützen. Die WAIS-Software-Architektur besteht aus vier Hauptkomponenten: dem Client, dem Server, der Datenbank und dem Protokoll. Der WAIS-Client ist ein Benutzerschnittstellenprogramm, das Requests für Informationen

an lokale oder entfernte Server sendet. Der WAIS-Server ist ein Programm, das die Requests der Clients bearbeitet. Der Server wird im allgemeinen auf einem Rechner ausgeführt, der eine oder mehrere Informationsquellen oder WAIS-Datenbanken enthält. Das Protokoll, Z39.50-1988, wird verwendet, um WAIS-Clients und -Server zu verbinden, und basiert auf der Version von 1988 des NISO Z39.50 Information Retrieval Service and Protocol Standards [9]. Da das Web eine größere Flexibilität in der Struktur und der Darstellung von verteilten Informationen ermöglicht, nehmen die Nutzung von WAIS-Diensten und die Anzahl der WAIS-Server immer mehr ab.

Wanderer → Suchmaschine

WAVE – WAVEFORM AUDIO FILE FORMAT
Das Waveform Audio File Format (WAVE) ist ein von Microsoft entwickelter proprietärer Standard für Audiodateien. Das Format kann monaurale oder über mehrere Kanäle gesampelte Klänge in einem Bereich von Klangtypen, Abtastraten und Klangauflösungen speichern.

WDG – WEB DESIGN GROUP
URI: `http://www.htmlhelp.com/`
Die Web Design Group (WDG) wurde gegründet, um die Erstellung von kreativen und informativen Sites zu fördern, die nicht an einen bestimmten Browser oder eine bestimmte Auflösung gebunden und weltweit allen Benutzern zugänglich sind. Zu diesem Zweck bietet die WDG Material zu einer Vielzahl von auf HTML bezogenen Themen an, wie zum Beispiel gute Online-Referenzen von HTML und CSS sowie Links und zusätzliche Informationen wie FAQs und Artikel.

Web Collections
XML Web Collections war ein früher, von Microsoft verfaßter Vorschlag in bezug auf die Definition von Web-Metadaten. Der Vorschlag wurde als Grundlage für *XML-Data* von Microsoft verwendet, das ebenfalls beim W3C eingereicht wurde.

WebCGM
Referenz: [57]
WebCGM ist ein Profil des ISO *Computer Graphics Metafile (CGM)*-Standards, das auf die Anforderungen für skalierbare 2D-Vektorgrafiken in elektronischen Dokumenten im Web zugeschnitten wurde. Das WebCGM Profile ist eine Teilmenge des ISO-Standards und eine Menge von Spezifikationen, die speziell für die effektive Anwendung des ISO-Standards auf die Darstellung von zweidimensionalem grafischen Inhalt in Web-Dokumenten vorgesehen sind.

WebDAV – WWW DISTRIBUTED AUTHORING AND VERSIONING

WWW Distributed Authoring and Versioning (WebDAV) wird HTTP-Erweiterungen definieren, die notwendig sind, um verteilte Web Authoring Tools mit einer breiten übergreifenden Funktionsfähigkeit zu ermöglichen. Das HTTP-Protokoll enthält bereits Funktionen, die das Bearbeiten von Web-Inhalt an einem entfernten Standort erlauben, ohne über ein Betriebssystem direkten Zugriff auf die Speichermedien zu bieten. Diese Fähigkeit wird von mehreren existierenden verteilten HTML Authoring Tools und von einer wachsenden Anzahl von Standardanwendungen (z.B. Textverarbeitungssysteme) genutzt, die es den Benutzern ermöglichen, ihre Arbeit auf einem HTTP-Server zu veröffentlichen. Bis dato hat die Erfahrung mit den HTML Authoring Tools gezeigt, daß diese nicht in der Lage sind, die Bedürfnisse ihrer Benutzer mit Hilfe der Funktionen des HTTP-Protokolls zu erfüllen. Die Konsequenz daraus ist entweder die verzögerte Einführung von verteilten Authoring-Funktionen oder das Hinzufügen von nichtstandardisierten Erweiterungen zum HTTP-Protokoll. Diese isoliert entwickelten Erweiterungen sind allerdings nicht in der Lage, zusammenzuarbeiten.

WebSGML

Der SGML-Standard [110] wurde kürzlich durch zwei Anhänge aktualisiert, die einige Korrekturen sowie neue Funktionen zu SGML hinzufügen, welche eine Reihe Spezifikationen ermöglichen, die für die Verwendung von SGML als Basis für HTML und XML wünschenswert sind. Im wesentlichen ermöglichen die WebSGML-Erweiterungen eine Anzahl von zusätzlichen Funktionen, die in einer SGML Declaration und in einer DTD definiert werden. Bei der Verwendung dieser Funktionen in einer SGML-Umgebung ist es jedoch erforderlich, daß sowohl der Ersteller als auch der Interpreter eines Dokuments in der Lage sind, die WebSGML-Erweiterungen zu verarbeiten, da eine entsprechende SGML-Implementierung die WebSGML-Erweiterungen nicht implementieren muß.

WebStone – TEST DER LEISTUNGSFÄHIGKEIT VON HTTP-SERVERN

URI: `http://www.mindcraft.com/webstone/`

Referenz: [264]

WebStone ist ein von Silicon Graphics (SGI) entwickelter Benchmark zur Messung der Leistungsfähigkeit von Web-Server-Plattformen (Software und Hardware kombiniert). Er ist für die Messung der Leistungsfähigkeit von HTTP-Servern in mehreren Szenarien vorgesehen, die unterschiedliche Web-Site-Profile widerspiegeln. Der Test verwendet realistische Parameter und Clients, um HTTP-Verkehr zu erzeugen, der es ermöglicht, einen Server auf mehrere verschiedene Arten zu belasten.

X.500 – Das Verzeichnis
Referenz: [138]
X.500 ist ein offener, verteilter Online-Verzeichnisdienst, dessen Gültigkeitsbereich global sein soll. X.500 ist ein unterstützender Dienst für den Datenaustausch, der unter anderem Verzeichnisunterstützung für Datenkommunikationsdienste zur Verfügung stellt, die von anderen ISO-Anwendungsstandards spezifiziert sind. Die Standards der X.500-Reihe definieren für Benutzer verfügbare Dienste, das funktionale Modell und die Protokolle, welche die Komponenten des Verzeichnisses verbinden, ein Informationsrahmenwerk und ein Schema der vom Verzeichnis verwalteten Informationen sowie einen Mechanismus, der das gegenseitige Authentisieren von OSI-Komponenten ermöglicht.

X.509 – Das Verzeichnis – Authentication Framework
Referenz: [137]
X.509 beschreibt zwei Ebenen der Authentisierung, die *einfache Authentisierung*, die auf der Verwendung eines Paßworts zur Überprüfung der Benutzeridentität basiert, und die *starke Authentisierung*, die von kryptographischen Methoden erstellte Referenzen verwendet. Der Standard empfiehlt, daß nur die starke Authentisierung als Grundlage für sichere Dienste verwendet werden sollte. Für die starke Authentisierung wird die Public-Key-Verschlüsselung verwendet, aber der Authentisierungsrahmen hängt nicht von der Verwendung eines bestimmten kryptographischen Algorithmus ab, obgleich zwei Benutzer, die sich authentisieren wollen, denselben Algorithmus unterstützen müssen. Das RSA-Verschlüsselungssystem ist als informativer Anhang des Standards definiert.

Xanadu
URI: `http://www.xanadu.net/`
Referenz: [195]
Xanadu ist ein umfassendes Paradigma – ein ideales und allgemeines Modell für alle Computerverwendungen, das auf seitlichen Verbindungen zwischen Dokumenten und Dateien basiert. Dieses Paradigma befaßt sich speziell mit Electronic Publishing, schließt aber auch alle Formen der Speicherung, Darstellung und Verarbeitung von Informationen ein. Das Xanadu-System vereinigt alle Arten von Information, die keine Hierarchien, aber seitliche Verknüpfungen aufweisen, einschließlich Electronic Publishing, persönlicher Arbeit, Organisation von Dateien, Unternehmensarbeit und Groupware. Alle Daten (zum Beispiel Absätze eines Textdokuments) können durch Querverweise und ohne eine bestimmte Reihenfolge mit anderen Daten verbunden werden (zum Beispiel mit Absätzen eines anderen Textdokuments). Dies erfordert neue Formen der

Speicherung und eröffnet neue Darstellungsmöglichkeiten, um diese Verbindungen zu zeigen. Im kleinen Maßstab steht dieses Paradigma für ein Modell der Textverarbeitung, bei dem Kommentare, Gliederungen und andere Bemerkungen unabhängig vom Dokument gespeichert und durch Querverweise mit ihm verbunden sein können. Im größeren Rahmen bedeutet das Paradigma ein Modell für das Publishing, bei dem jeder aus bereits veröffentlichten Dokumenten zitieren und Links auf diese Dokumente veröffentlichen kann, und jeder Leser in der Lage ist, diesen Links zum und vom Dokument zu folgen.

XLink – XML LINKING LANGUAGE
Referenz: [165]
Die XML Linking Language (XLink) definiert, wie Links in XML-Dokumente einzufügen sind. XLink legt ein Rahmenwerk fest, das es XML-Anwendungen ermöglicht, XML-Elemente zu erkennen, als ob sie eine Link-Semantik besitzen würden. Zusätzlich zu den einfachen, zwei Enden besitzenden, unidirektionalen Links, die aus HTML gut bekannt sind, erlaubt XLink allgemeinere Links, die nicht in das Dokument eingebettet werden müssen, eine beliebige Anzahl von Enden besitzen und multidirektional sein können.

XLL – EXTENSIBLE LINKING LANGUAGE
Die Extensible Linking Language (XLL) wird durch die beiden Komponenten *XML Linking Language (XLink)* und *XML Pointer Language (XPointer)* definiert. XLL legt fest, wie in einer XML-Umgebung Links zu verwenden sind, wobei XLink beschreibt, wie Links in XML-Dokumente eingefügt werden, und XPointer definiert, wie in XML-Dokumente verwiesen wird.

XML – EXTENSIBLE MARKUP LANGUAGE
URI: `http://www.w3.org/XML/`
Referenz: [36]
Die Extensible Markup Language (XML) ist eine Teilmenge der *Standard Generalized Markup Language (SGML)*, die dafür vorgesehen ist, den Austausch strukturierter Dokumente über das Internet zu erleichtern. XML-Dateien markieren immer deutlich, wo sich Anfang und Ende der einzelnen Komponenten eines ausgetauschten Dokuments befinden. XML beschränkt die Verwendung von SGML-Konstrukten, um zu gewährleisten, daß Fall-Back-Optionen verfügbar sind, wenn der Zugriff auf bestimmte Komponenten des Dokuments gegenwärtig über das Internet nicht möglich ist. Durch Definieren der Rolle für jedes Element in einem formalen Modell, das als Document Type Definition (DTD) bekannt ist,

können Benutzer von XML prüfen, ob jede Komponente des Dokuments sich an einem gültigen Ort innerhalb des ausgetauschten Datenstroms befindet. Anders als SGML erfordert XML jedoch nicht das Vorhandensein einer DTD. Wenn keine DTD verfügbar ist, weil entweder sie oder Teile davon über das Internet nicht zugänglich sind oder weil der Benutzer daran scheiterte, eine DTD zu erstellen, kann ein XML-System eine Standarddefinition für nicht deklarierte Komponenten des Markup zuweisen.

XML-Data

XML-Data ist ein von Microsoft verfaßter Vorschlag für die Definition von Web-Metadaten. Der Vorschlag wurde als Grundlage für die Arbeit des W3C am *Resource Description Framework (RDF)* verwendet, das sich gegenwärtig in der Entwicklung durch das W3C befindet.

XML Namespaces

Referenz: [35]

XML Namespaces werden verwendet, um eindeutige Namen in XML-Dokumenten zu kennzeichnen, die Schemata von verschiedenen Quellen verwenden. Dies kann vorkommen, weil Schemata (wie zum Beispiel DTDs) wiederverwendet werden. Wenn jedoch Schemata kombiniert werden, ist es möglich, daß Namenskonflikte auftreten. XML Namespaces definieren eine Methode, wie Schemaidentifizierung (durch eine URI) und Namen eines Schemas kombiniert werden, um eindeutige Namen zu erzielen.

XPointer – XML POINTER LANGUAGE

Referenz: [166]

Die XML Pointer Language (XPointer) unterstützt die Adressierung der internen Strukturen von XML-Dokumenten. Insbesondere sorgt sie für spezielle Verweise auf Elemente, Zeichenfolgen und andere Teile von XML-Dokumenten, unabhängig davon, ob diese ein explizites ID-Attribut besitzen. XPointer können als Fragment Identifier zusammen mit der URI-Struktur verwendet werden, um eine genauere Subressource festzulegen. Jeder Fragment Identifier, der auf eine XML-Ressource zeigt, muß ein XPointer sein.

XSL – EXTENSIBLE STYLE LANGUAGE

URI: `http://www.w3.org/Style/XSL/`

Referenz: [47]

Die Extensible Style Language (XSL) wird verwendet, um die Formatierung von XML-Dokumenten festzulegen. Da XML-Elemente und -Attribute durch Anwendungen definiert werden, gibt es keine standardisierte zugehörige Formatierungssemantik (wie es bei HTML-Elementen und -Attributen der Fall ist). Ohne zusätzliche Informationen können XML-Dokumente deshalb nicht formatiert werden. XSL ist eine Style-Sheet-Sprache, die auf der *Document Style Semantics and Specification Language (DSSSL)* basiert. Jedes XSL Style Sheet beschreibt Regeln für die Darstellung einer Klasse von XML-Quelldokumenten. Der Darstellungsprozeß besteht aus zwei Teilen. Zunächst wird aus dem Source Tree der Result Tree konstruiert, und dann wird der Result Tree interpretiert, um eine formatierte Ausgabe auf einem Bildschirm, auf Papier, in Form von Sprache oder auf anderen Medien zu erstellen.

Stichwortverzeichnis

Springer und Umwelt